现代远程教育系列教材

公司理财

（第二版）

罗菲　编著

经济科学出版社

图书在版编目（CIP）数据

公司理财/罗菲编著. —2版. —北京：经济科学出版社，2015.2
现代远程教育系列教材
ISBN 978-7-5141-5539-6

Ⅰ.①公… Ⅱ.①罗… Ⅲ.①公司—财务管理—高等教育—远程教育—教材
Ⅳ.①F276.6

中国版本图书馆CIP数据核字（2015）第043930号

责任编辑：范 莹 赵 蕾
责任校对：靳玉环
责任印制：李 鹏

公司理财（第二版）
罗菲 编著
经济科学出版社出版、发行 新华书店经销
社址：北京市海淀区阜成路甲28号 邮编：100142
总编部电话：010-88191217 发行部电话：010-88191522
网址：www.esp.com.cn
天猫网店：经济科学出版社旗舰店
网址：http://jjkxcbs.tmall.com
北京季蜂印刷有限公司印装
787×1092 16开 32印张 620000千字
2015年4月第2版 2015年4月第1次印刷
ISBN 978-7-5141-5539-6 定价：58.00元（含习题手册）
（图书出现印装问题，本社负责调换。电话：010-88191502）
（版权所有 侵权必究 举报电话：010-88191586
电子邮箱：dbts@esp.com.cn）

现代远程教育系列教材
编审委员会

主任委员：
  阙澄宇

委　员（以姓氏笔画为序）：
  王立国　王绍媛　王景升　车丽娟　方红星
  邢天才　刘　波　李健生　邹世允　宋维佳
  宋　晶　张军涛　张树军　范大军　林　波
  赵大利　赵　枫　姜文学　高良谋　唐加福
  梁春媚　谢彦君

总 序

当今世界，网络与信息技术的发展一路高歌猛进，势如破竹，不断推动着现代远程教育呈现出革命性变化。放眼全球，MOOCs运动席卷各国，充分昭示着教育网络化、国际化正向纵深发展；聚焦国内，传统大学正借助技术的力量，穿越由自己垒起的围墙，努力从象牙塔中走出来，走向社会的中心；反观自我，68所现代远程教育试点院校围绕党的十八大提出的"积极发展继续教育，完善终身教育体系，建设学习型社会"目标，经过十余载的探索前行，努力让全民学习、继续学习、终身学习的观念昌行于世。

教材作为开展现代远程教育的辅助工具之一，与教学课件、学习平台和线上线下的支持服务等要素相互匹配，共同发挥着塑造学习者学习体验和影响最终学习效果的重要作用。技术的飞速进步在不断优化学习体验的同时，也对现代远程教育教材的编写提出了新挑战。如何发挥纸质教材的独特教学功能，与多媒体课件优势互补，实现优质教材资源在优化的教学系统、平台和环境中，在有效的教学模式、学习策略和学习支持服务的支撑下获得最佳的学习成效，是我们长期以来不断钻研的重要课题。为此，我们组织有丰富教学经验及对现代远程教育学习模式有深入研究的专家编写了这套现代远程教育教材。在内容上，我们尽力适应大众化高等教育面对在职成人、定位于应用型人才培养的需要；在设计上，我们尽力适应地域分散、特征多样的远程学生自主学习的需要，以培养具备终身学习能力的现代经管人才。

教材改变的过程正是对教育理念变革的不断践行。我们热切希望求知若渴的学生和读者们不吝各抒己见，与我们一同改进和完善这套教材，在不断深化的继续教育综合改革中为构建全民终身教育体系共同努力。

这套教材的出版得到了经济科学出版社的大力支持，范莹编辑对这套教材无论从选题策划、整体设计还是及时出版都付出了大量劳动，在此一并表示衷心感谢！

现代远程教育系列教材编委会

第二版前言

公司理财在企业管理中发挥着非常重要的作用，它关乎着企业的生存和发展。作为一门理论性和实用性非常强的课程，公司理财学在过去的一个世纪中不断得到发展和创新。在《公司理财（第二版）》教材的编写中，不仅融入了公司理财学研究的最新成果，使读者通过学习本书能够得到完整的理财知识，而且提供了一般性公司理财问题的实务操作过程，使读者只需具备 Excel 的基础知识，就可以根据各种财务变量之间的关系进行实际演练。

根据公司理财的特点，本书内容共分为 14 章。第一部分的内容为公司理财导论与财务工具，包括第 1 章至第 4 章，介绍了财务管理的基本知识，并在介绍货币时间价值的基础上分析了如何对证券进行价值评估，并对风险与收益进行了阐述；第二部分的内容为资本预算，包括第 5 章至第 7 章，介绍了与资本成本有关的内容以及资本预算的方法和风险；第三部分的内容为筹资决策，包括第 8 章至第 10 章，介绍了长期筹资的几种来源以及资本结构和杠杆原理，并对股利政策进行了阐述；第四部分的内容为营运资本管理，包括第 11 章和第 12 章，介绍了流动资产管理的内容和短期筹资问题；第五部分的内容为财务管理专题，包括第 13 章和第 14 章，分别介绍了金融衍生工具在公司理财中的作用和跨国公司财务管理。

本书的特点主要体现在：

（1）针对远程教育特点，突出重点、要点，方便学生自主学习。现代远程教育以学生自主学习为主，本书充分考虑到这一特点，内容深入浅出，先理论后操作，循序渐进；重点、难点突出，讲解清晰。通过每章开始的学习索引，学生可以了解各章所讲内容之间的关系以及难易程度，便于自己合理分配时间和精力。

（2）强调实用性，突出操作技能。本书的撰写时刻围绕远程教育的应用性目的，在内容、资料和素材的选择和定位上，简化"是什么"的陈述性比例，尽可能加大"如何操作"的应用性比例，增强实用性。

（3）增加了功能性栏目。为满足学生学习本专业理论知识的要求，并在最大限度上结合远程学员的切实要求，解决他们在工作中遇到的问题，本书在撰写的过程中注重强调其实用性和适用性，增加了相应的功能性栏目，如"小资料""小思考""小案例"等，活化版面设计，丰富各章内容，帮助学生提高对正文内容的理解，同时为学生学习、思考等提供了足够的空间。

本书的大体结构和主要内容与第一版相比基本不变，但在第二版中更新了每章开头的引言案例，更新了各章的功能性栏目，即"小案例"、"小资料"和"小思考"的内容，同时按国家最新颁布的法规政策调整了文中过时的理论和实务等；第二版删除了各章正文后的知识链接，将其内容并入了书后的参考文献和相关网站；同时，对《〈公司理财〉操作与习题手册》中的内容根据第二版进行了相应调整。

本书由罗菲副教授编著。本书的章节顺序可以作为本课程的一般学习顺序，读者也可以根据实际情况变更次序或根据需要进行某些删减。本书既可以用于会计专业和财务管理专业学生的学习用书，也可以作为相关专业学生以及公司管理人员、财务人员等的参考用书。

任何一本教材的架构和写作不仅源于作者的知识积累和创造，更来自前人的研究成果和贡献。本书在撰写过程中参阅了大量的文献，在此对文献的作者表示感谢。

感谢东北财经大学网络教育学院教务部的林波和廖世成老师，他们为教材编写体例提出了建设性的意见，并在写作过程中给予了大力的帮助和支持。

感谢经济科学出版社的支持，感谢范莹编辑在本书编辑出版过程中所付出的辛勤劳动，他们的支持和帮助使本书增色很多，并使本书得以顺利出版。

本书虽然在编写过程中下了很大工夫，但由于水平及时间、篇幅所限，书中难免有不当和疏漏之处，恳请各位专家、同仁、读者不吝赐教，你们的批评和建议将是本书再次进行修订的重要依据。

罗　菲

2014 年 12 月于东财

2011 年版前言

《公司理财》是一门理论性和实用性关联度非常强的课程，是工商管理学科中非常具有活力的一门学科，在过去的一个世纪中一直在不断地发展和创新。本教材编写的原则是不仅要将公司理财学研究的最新理论成果融入教材，使学生们有所了解和掌握，而且还要提供解决一般性公司理财问题的实务操作过程。而后者，对于现代远程教育会计学专业的学生来说是不可缺少的专业技能。

本教材以公司理财内容为主体，以资产负债表格式为线索，系统阐述了公司理财的基本理论和基本方法。本教材的特点如下：

（1）针对远程教育特点，突出重点、要点，方便学生自主学习。现代远程教育以学生自主学习为主，本教材充分考虑到这一特点，教材内容深入浅出，先理论后操作，循序渐进；重点、难点突出，讲解清晰。通过每章开始的重点内容图示，学生可以了解教材中各部分的难易程度，便于自己合理分配时间和精力。

（2）强调时效性。本教材符合2006年2月15日财政部颁布的新《企业会计准则》的相关规定，摒弃了过时的内容。教材中的知识点、例题和案例等尽量采用了最近时期可获得的资料，突出了本教材的时效性。

（3）强调实用性，突出操作技能。本教材的撰写时刻围绕远程教育的应用性目的，在内容、资料和素材的选择及定位上，简化"是什么"的陈述性比例，尽可能加大"如何操作"的应用性比例，增强实用性。

（4）增加了教材的功能性栏目。为满足学生学习本专业理论知识的要求，并在最大限度上结合远程学员的切实要求，解决他们在工作中遇到的问题，本教材在撰写的过程中注重强调其实用性和适用性，增加了教材的功能性栏目，如"小资料""小思考""小案例"等，活化教材的版面设计，丰富教材的内容，同时为学生学习、思考等提供了足够的空间。

本教材由罗菲副教授编著。内容共分为14章，分别为导论与财务工具（第1章至第4章）、资本预算（第5章至第7章）、筹资决策（第8章至第10章）、营运资本管理（第11章至第12章）和财务管理专题（第13章至第14章）。

任何一本教材的架构和写作不仅源于作者的知识积累和创造，更来自前人的研究成果和贡献。本教材在撰写过程中参阅了大量的文献，在此，对文献的作者表示感谢。

感谢东北财经大学网络教育学院的院长杨青教授、教务部主任林波和廖世成，他们为教材编写体例提出了建设性的意见，并在写作过程中给予了大力的帮助和支持。

感谢我的研究生钟小柏、崔琳琳、贾振国、曹国建、何艳、臧冬霞、刘淑伊，他们对全书进行了仔细的校对，由于他们的工作，本教材才得以顺利完成。

感谢经济科学出版社的支持，感谢责任编辑在本书编辑出版过程中所付出的辛勤劳动，他们的支持和帮助使本书增色很多，并得以顺利出版。

本教材虽然在编写过程中下了很大工夫，但由于水平及时间、篇幅所限，书中难免有不当和疏漏之处，恳请各位专家、同仁、读者不吝赐教，以便使教材得到不断充实和完善。

罗　菲

2011年2月于东财

目录

第1章　财务管理概述 ………………………………………………………… 1
　1.1　财务与财务经理 ……………………………………………………… 2
　1.2　财务管理目标 ………………………………………………………… 7
　1.3　财务管理环境 ………………………………………………………… 13
　1.4　金融市场 ……………………………………………………………… 21
　本章小结 …………………………………………………………………… 24

第2章　货币时间价值 ………………………………………………………… 26
　2.1　货币时间价值基础 …………………………………………………… 27
　2.2　利率决定因素 ………………………………………………………… 37
　2.3　Excel时间价值函数 ………………………………………………… 45
　本章小结 …………………………………………………………………… 50

第3章　证券价值评估 ………………………………………………………… 52
　3.1　债券价值评估 ………………………………………………………… 53
　3.2　股票价值评估 ………………………………………………………… 59
　本章小结 …………………………………………………………………… 74

第4章　风险与收益 …………………………………………………………… 76
　4.1　单项资产的风险和收益 ……………………………………………… 77
　4.2　投资组合的风险和收益 ……………………………………………… 84
　4.3　风险与收益模型——资本资产定价模型 …………………………… 91
　本章小结 …………………………………………………………………… 96

第5章 资本成本 ··· 98
5.1 资本成本概述 ··· 99
5.2 个别资本成本的计算 ··· 101
5.3 综合资本成本和边际资本成本 ··· 107
本章小结 ·· 115

第6章 资本预算方法 ·· 117
6.1 现金流量预测 ··· 118
6.2 投资决策方法 ··· 125
6.3 特定条件下的投资决策 ··· 133
本章小结 ·· 137

第7章 资本预算风险 ·· 139
7.1 投资项目风险分析 ··· 140
7.2 投资项目风险调整 ··· 150
本章小结 ·· 156

第8章 长期筹资 ··· 157
8.1 股票筹资 ··· 158
8.2 债务筹资 ··· 169
8.3 租赁筹资 ··· 179
本章小结 ·· 187

第9章 资本结构 ··· 189
9.1 杠杆分析 ··· 190
9.2 资本结构理论 ··· 196
9.3 资本结构决策 ··· 202
本章小结 ·· 209

第10章 股利政策 ··· 211
10.1 股利政策的基本理论 ··· 212
10.2 股利政策的实施 ··· 216
10.3 股利支付方式 ··· 223
本章小结 ·· 226

第 11 章 流动资产管理 ……………………………………………………… 228
11.1 现金和有价证券管理 …………………………………………… 229
11.2 应收账款管理 …………………………………………………… 238
11.3 存货管理 ………………………………………………………… 245
本章小结 ……………………………………………………………… 248

第 12 章 短期筹资 …………………………………………………………… 250
12.1 短期筹资方式 …………………………………………………… 251
12.2 短期筹资策略及现金预算 ……………………………………… 259
12.3 短期财务计划 …………………………………………………… 266
本章小结 ……………………………………………………………… 272

第 13 章 金融衍生工具 ……………………………………………………… 274
13.1 金融衍生工具简介 ……………………………………………… 275
13.2 期货 ……………………………………………………………… 277
13.3 期权 ……………………………………………………………… 284
13.4 其他金融衍生工具 ……………………………………………… 291
本章小结 ……………………………………………………………… 298

第 14 章 跨国公司财务管理 ………………………………………………… 300
14.1 外汇与外汇风险 ………………………………………………… 301
14.2 跨国筹资管理 …………………………………………………… 315
14.3 跨国直接投资分析 ……………………………………………… 320
本章小结 ……………………………………………………………… 328

附表 ……………………………………………………………………… 330
主要参考文献 …………………………………………………………… 339
相关信息网站 …………………………………………………………… 341

第1章 财务管理概述

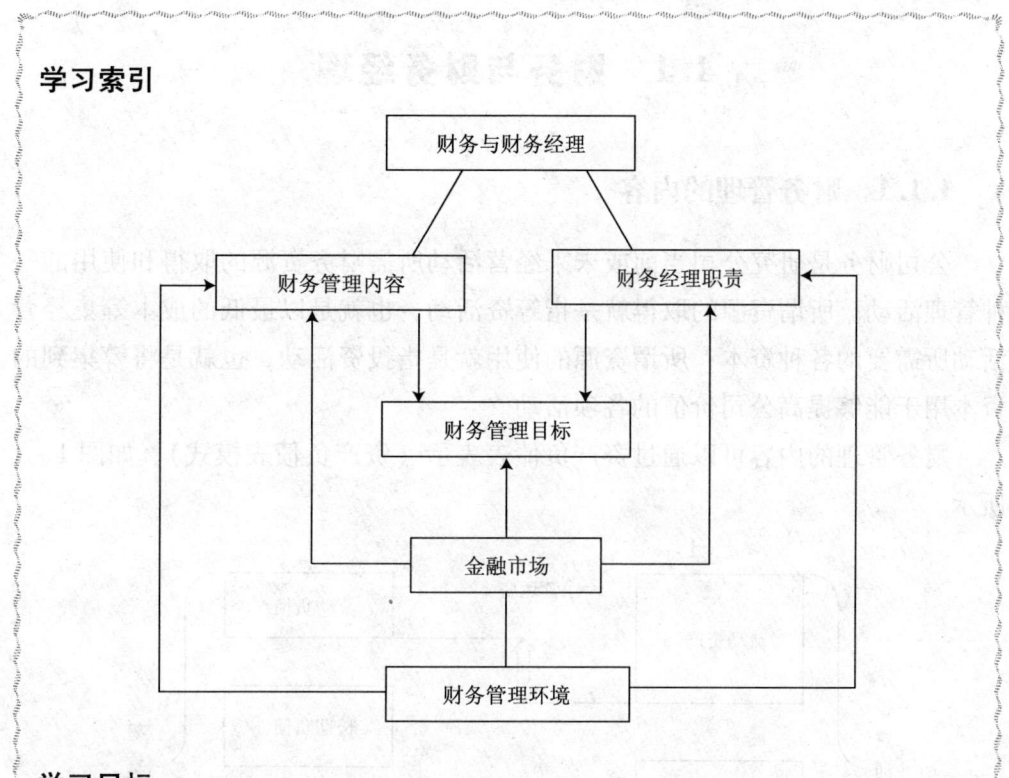

学习索引

学习目标

了解财务管理的基本内容；了解财务经理的职责；理解所有权和经营权的分离对财务管理的影响；掌握公司财务管理目标的选择；熟悉财务管理的环境；掌握金融市场的概念及其对公司财务管理的影响。

企业的生存与发展与财务息息相关，财务管理，尤其是资金管理，在企业管理中发挥着极其关键的作用。近些年来，国内外因经营决策失误造成资金链断裂进而引发公司破产的案件屡见不鲜。以成立于1988年的佛山市首家私营集团公司广大电器为例，该集团公司及其四个关联企业（广东广大电缆有限公司、广东广大变压器有限公司、广大电力电气安装工程有限公司及广大电器厂有限公司）2014年负债17亿元，因严重资不抵债，资金链已断裂，虽然不缺订单，但由于没有资金购买铜等原材料进行生产，已经处于全部停产状态。①其直接原因是管理层在2013年开始建造一栋大型办公楼和一栋新型大厂房，占用了供应商等大量资金未及时归还被起诉，且面临着银行收紧信贷的环境，使得广大电器集团陷入资金链断裂的困境。2014年9月中旬，佛山市中级人民法院称，广大电器集团及其四家关联企业获批正式立案破产重整。

1.1　财务与财务经理

1.1.1　财务管理的内容

公司财务是研究公司当前或未来经营活动所需财务资源的取得和使用的一种管理活动。所谓资源的取得就是指筹资活动，也就是以最低的成本筹集经营活动所需要的各种资本；所谓资源的使用就是指投资活动，也就是将筹集到的资本用于能够提高公司价值的各项活动。

财务管理的内容可以通过资产负债表表示（资产负债表模式），如图1-1所示。

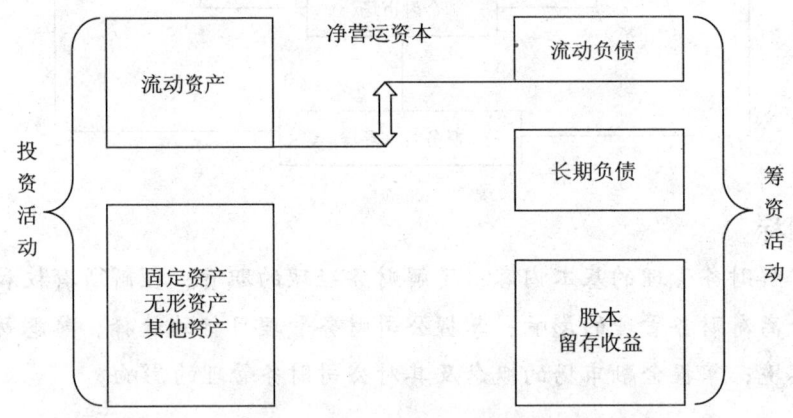

图1-1　财务管理的内容

1. 资产负债表右方——筹资活动

在筹资活动中，财务经理要确定公司适度的筹资规模，选择合理的筹资渠道和筹资工具，确定科学合理的资本结构，在合理的风险承受范围内达到综合资本成本最低。公司的资本来源包括两个部分：一部分是股东的投资（即股本），以及公司在经营过程中形成的资本公积和留存收益；另一部分是公司通

---

① 引自中国经济周刊官方网站 http：//www.ceweekly.cn/2014/0922/93257.shtml。

过不同筹资渠道所形成的借入资本（即负债）。借入资本的筹集方式也有很多种，公司可以发行债券、从银行或金融机构取得借款，也可以利用商业信用等获取短期资本来源。

需要说明的是，股利政策用于确定公司的利润如何在股利和再投资这两个方面之间进行分配。股利的分配会增加股东财富，而如果不将利润作为股利发放给股东，这些资本就会成为公司的一项资本来源，将其进行再投资就可以为股东创造更多的财富。因此，在投资既定的情况下，公司的股利政策可以看做是筹资活动的一个组成部分。

2. 资产负债表左方——投资活动

公司以一定的代价取得资本后，将资本投入正常运转以取得投资收益。根据投资方向不同，投资包括对内投资（如购置固定资产、无形资产、垫支流动资金等）与对外投资（如购买其他单位或经济组织的股票、债券，或以联营形式投资等）。将资本投资形成各类实物资产，如流动资产、固定资产、无形资产及其他资产等，经过不断循环和周转，形成资产价值的转移和各项费用的支付。这些活动集中反映在产品成本中，并在销售产品获得货币收入后得到补偿。

投资与筹资共同作用的结果是使资源的使用效益大于资源的取得成本，实现公司价值的最大化。但是，由于长期资本在公司所处的地位、对长期资本管理的方式和侧重点等都与短期资本有所不同，因此一般都将财务管理的内容分为以下三个部分。

（1）长期投资管理。这部分主要解决公司应该从事什么样的投资问题，主要侧重于公司资本的投向、规模、构成以及使用效果，也就是对资产负债表左下方有关内容的管理。与这一部分有关的决策叫做资本预算决策。

（2）长期筹资管理。这部分主要解决公司的资金从什么地方来的问题，主要侧重于资本的来源渠道、筹措方式、资本成本及资本结构，也就是对资产负债表右下方有关内容的管理。与这一部分有关的决策叫做资本结构决策。

（3）营运资本管理。这部分主要解决公司短期资金的使用和来源问题，主要侧重于流动资产管理和为维持流动资产而进行的筹资活动管理，也就是对资产负债表上方有关内容的管理。这里需要指出的是，从会计的定义上看，营运资本一般是指净营运资本，即流动资产和流动负债的差额，用来衡量公司资产的流动性。但是从管理的角度看，探讨对流动资产和流动负债之间的差额进行管理是没有任何意义的，因此，营运资本管理包括流动资产管理和与此相关的流动负债管理。

> **小资料**
>
> **2012年度国内外十大破产事件**
>
> 2013年2月9日,中国破产网发布"2012十大破产事件——兼新年寄语",其中归纳了2012年发生在国内外的十大破产事件,它们是发生在国内的闽发证券破产清算案、河北泊头火柴破产、深圳唯冠科技破产、"蓝田"重整已获批、广夏重整事件延期以及发生在国外的希腊国家破产、通用从破产中恢复、柯达公司破产、英美推出国际性银行破产处置办法和雷曼兄弟退出破产保护。
>
> 资料来源:在实务中,财务经理们经常对"金融市场"和"资本市场"这两个概念不加区分。但严格来说,资产市场是长期筹资的市场,短期资金市场源于货币市场。本书中所指的金融市场包括所有的筹资渠道。

1.1.2 财务经理的职责

实务中,公司财务管理通常与公司的高层管理人员有关,如财务副总经理(vice president of finance,VPF)、财务经理,或称首席财务官(chief financial officer,CFO)。财务经理的工作就是通过投资决策和筹资决策为公司创造价值。

财务经理一般处于公司经营和金融市场(或资本市场①)之间,其职责可以用图1-2表示,该图说明了现金从投资者流向公司,并最终返还给投资者的过程。

从图1-2可以看出,财务经理需要回答以下两个基本问题:一是哪些实物资产值得公司进行投资,为公司创造价值;二是如何在金融市场上筹集资本,为投资者创造价值。对第一个问题的回答就是公司的投资决策,也就是根据公司的战略规划确定公司资本预算,参与投资方案的财务评估;对第二个问题的回答是公司的筹资决策,也就是根据公司的筹资需要与商业银行或投资银行一起选择或设计各种筹资工具、估算资本成本、设置资本结构和股利政策等。

---

① 姜沅伯:《2012年度十大破产事件》,中国政法大学破产法与企业重组研究中心,参见中国破产法网(http://www.chinainsol.org)。

② 在实务中,财务经理们经常对"金融市场"和"资本市场"这两个概念不加区分。但严格来说,资本市场是长期筹资的市场;短期资金市场源于货币市场。本书中所指的金融市场包括所有的筹资渠道。

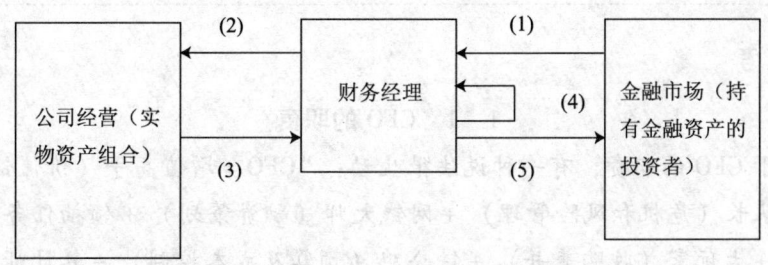

注：(1) 公司向投资者出售证券，募集资金；(2) 现金用于公司经营，购买实物资产；(3) 公司经营产生现金；(4) 现金用于再投资；(5) 现金以利息、股利的形式返还给投资者。

图 1-2　公司经营与金融市场间现金流动

CFO 负责公司的财务管理工作。一般情况下，公司会在 CFO 下设立会计部门和财务部门，其下再根据工作内容设置若干科室。会计部门的职责主要是通过各种会计核算工作向外部投资者和公司管理者提供各种数量化的财务信息；财务部门主要负责公司的现金管理、资本筹集，以及与银行、股东及其他投资者保持良好的关系。公司 CFO 的主要职责是监管会计部门和财务部门的工作，同时更要根据公司的战略规划和经营目标编制和调整财务计划，制定公司的财务政策。

在上述各种管理职责中，有的集中在财务部门，也有的是由几个部门共同管理的，如应收账款中的信贷限额可由财务部门负责，也可以由市场部门负责，但由此引起的现金流量必须通过财务部门才能完成。又比如，为公司目前经营或未来增长提供资本是财务经理的职责之一，但有关筹资工具或金融品种的设计、包装、发行通常要由财务部门和证券管理部门共同完成。虽然公司的资本预算过程由财务部门或 CFO 负责组织、监管，但重大资本投资项目与产品开发计划、产品营销等方面的决策需要相关部门的经理参与筹划和分析，最终的决策需要由公司总裁或董事会决定或批准。

随着经济全球化、金融一体化的进程，公司对资本市场的依赖程度不断增强，这就要求 CFO 不仅要具备扎实的会计专业技能，固守职业操守，还应能够参与部署公司战略并与市场进行良好的沟通。既要在资本经营、价值工程、风险管理、公共关系、业绩评价、财务信息提供等方面发挥重要的作用，又要具备战略视野。目前，战略视野和沟通能力被视为 CFO 应具备的重要技能，其重要性甚至超过了会计专业技能。

> **小思考**
>
> ### 1-1 CFO 的职责
>
> 关于 CFO 的职责，有一种说法很生动："CFO = 增值高手（价值链管理）+ 消防队长（危机和风险管理）+ 网钱大师（融资策划）+ 领袖任务（组织协调）+ 大玩家（收购兼并）+ 铁公鸡（预算及成本控制）+ 算计师（纳税筹划）+ 吹鼓手（内外财务沟通）+ 替罪羊（财务丑闻受过者）"。①
>
> 你对上述说法有何见解？你认为一个合格的财务人员应具备的基本素质是什么？
>
> ### 1-2 未来人才需求计划
>
> 根据 2010 年 4 月 1 日中国共产党中央委员会文件中《国家中长期人才发展规划纲要（2010~2020）》的精神，我国将在经济、金融、财务与会计、国际商务等经济重点领域发展急需紧缺专门人才，具体需求如表 1-1 所示。②
>
> 表 1-1 经济重点领域急需紧缺专门人才一览
>
> | 领域 | 急需紧缺专门人才 | 发展目标（新增） | |
> | --- | --- | --- | --- |
> | | | 2015 年（人） | 2020 年（人） |
> | 金融财会 | 首席或高级经济学家、高级风险评估及预测专家 | 73 000 | 106 000 |
> | | 金融分析、国际会计、保险精算、保险核赔、资产评估、证券投资及经纪、财务总监等高级金融分析专家 | 189 000 | 289 000 |
> | | 金融机构总部和管理部门中层以上管理人员及分支机构负责人 | 100 000 | 150 000 |
> | | 具有国际资质的注册会计师、大型企事业单位高级会计人才、具有国际影响力的会计学教授 | 25 700 | 52 700 |
> | 国际商务 | 跨国经营管理及国际投资管理人才 | 13 000 | 42 000 |
> | | 国际商务营销人才 | 12 000 | 35 000 |
> | | 国际经济法律、国际商务谈判及国际知识产权保护人才 | 5 000 | 14 000 |
>
> 资料来源：①http://blog.sina.com.cn/s/blog_4b7428d9010008b6.html，转引自刘淑莲：《财务管理》，东北财经大学出版社 2013 年版。
> ②引自湖北经济学院经院在线新闻网，http://news.hbue.edu.cn/dhgx/a/tjdt/2010060564.html。

第1章 财务管理概述

1.2 财务管理目标

1.2.1 财务管理目标的选择

公司财务管理目标有如下几种具有代表性的提法。

1. 利润最大化

利润最大化就是假定公司财务管理以实现利润最大为目标。它起源于亚当·斯密，是经济学界的传统观点，时至今日这种观点在理论界和实务界仍有较大影响。

以利润最大化作为财务管理目标，其主要原因有三个：（1）人类从事生产经营活动的目的是为了创造更多的剩余产品。在市场经济条件下，剩余产品的多少可以用利润的多少来衡量；（2）在自由竞争的资本市场中，资本的使用权最终属于获利最多的公司；（3）只有每个公司都最大限度地创造利润，整个社会的财富才能实现最大化，从而带动社会的进步和发展。利润最大化目标的主要优点是：公司追求利润最大化，就必须讲求经济核算，加强管理，改进技术，提高劳动生产率，降低产品成本。这些措施都有利于公司资源的合理配置，有利于公司整体经济效益的提高。

在实践中，利润最大化目标也存在一些难以解决的问题：（1）这里的利润是指公司一定时期实现的利润总额，它没有考虑货币的时间价值。比如，今年1万元的利润和10年以后同等数量的利润其实际价值是不一样的，10年间还会有时间价值的增加，而且这一数值会随着利率的不同而有所不同。（2）没有考虑风险问题。不同行业的风险是不一样的，同等的利润数值在不同行业中的意义也不相同。比如，风险较高的高科技公司和风险相对较低的制造业公司的利润无法进行简单的比较。（3）没有反映创造的利润与投入资本之间的关系，因而不利于不同资本规模的各公司之间或不同期间的比较。（4）片面追求利润最大化，可能导致公司的短期行为，如忽视科技开发、产品开发、人才培养、生产安全、技术装备水平、生活福利设施、履行社会责任等。

2. 股东财富最大化

股东财富最大化是指公司财务管理以实现股东财富最大为目标。在上市公司，股东财富是由其所拥有的股票数量和股票市场价格两方面决定的。在股票数量一定时，股票价格达到最高，股东财富就达到最大。因此，股东财富最大化也可以表示为股票价格最大化。

以股东财富最大化作为财务管理的目标，主要源于股东作为公司的所有者，承担着公司的全部风险，因而理应享受经营活动带来的全部税后收益，或者说，股东对公司收益具有剩余要求权。这种剩余要求权赋予股东的权利、义务、风险、收益都大于公司的债权人、经营者和其他员工。因此，在确定公司财务管理目标时，应从股东的利益出发，选择股东财富最大化。与利润最大化相比，股东财富最大化的主要优点是：（1）考虑了风险因素，因为通常股价会对风险做出较敏感的反应。（2）在一定程度上能够避免公司的短期行为，因为不仅目前的利润会影响股票价格，而且预期未来的利润同样会对股价产生重要的影响。（3）股东财富最大化能够充分体现国内公司所有者对资本保值和增值的要求。

以股东财富最大化作为财务管理目标也存在缺点：（1）股东财富最大化只适用于上市公司，对非上市公司很难适用。（2）股票价格受众多因素的影响，是诸多因素综合影响的结果，因此股票价格的高低实际上不能完全反映股东财富或价值的大小。（3）股东财富最大化目标在实际工作中可能导致公司所有者与其他利益主体之间的矛盾和冲突。

3. 公司价值最大化

公司价值最大化是指公司财务管理以实现公司的价值最大为目标。公司价值是指公司全部资产的市场价值，也就是公司资产未来预期现金流量的现值。公司价值与利润不同，利润只是新创造价值的一部分，而公司价值不仅包含了新创造的价值，而且包含了公司潜在的或预期的获利能力。公司价值是公司债券市场价值与公司股票市场价值的总和。

以公司价值最大化作为财务管理的目标，其优点是：（1）考虑了货币的时间价值和投资的风险价值。（2）反映了对公司资产保值增值的要求。（3）有利于克服管理上的片面性和短期行为。（4）有利于社会资源的合理配置。社会资本通常流向公司价值最大的公司或行业，从而实现社会效益最大化。

以公司价值最大化作为财务管理目标也存在一定的问题，特别是对于非上市公司，这一目标值不能依靠股票市价做出评判，而需要通过资产评估方式进行。由于受评估标准和评估方式的影响，这种估价很难做到客观和准确。另外，股票价值并不是公司自身可以控制的，通常情况下其价格波动与公司财务状况的实际变动也不一致，这给公司实际经营业绩的衡量也带来了一定的问题。

第1章 财务管理概述

小思考

公司相关者利益

现代公司是多边契约关系的总和。在市场经济中，公司的理财主体更加细化和多元化。股东作为公司所有者，在公司中承担着最大的权利、义务、风险和报酬，但是债权人、员工、公司经营者、客户、供应商和政府也为公司承担着风险。例如：

（1）随着举债经营的公司越来越多，举债比例和规模也不断扩大，使得债权人的风险大大增加。

（2）在社会分工细化的当今，由于简单劳动越来越少，复杂劳动越来越多，使得职工的再就业风险不断增加。

（3）在现代企业制度下，公司经理人受所有者委托，作为代理人管理和经营公司，在激烈的市场竞争和复杂多变的形势下，代理人所承担的责任越来越大，风险也随之增加。

（4）随着市场竞争和经济全球化的影响，公司与客户以及公司与供应商之间不再是简单的买卖关系，更多情况下是长期的合作伙伴关系。他们同处于一条供应链上，共同参与同其他供应链的竞争，因此也要与公司共同承担一部分风险。

（5）政府不论是作为出资人，还是作为监管机构，都与公司各方的利益密切相关。

思考：要确立科学的财务管理目标，是否需要考虑以上相关者对公司发展产生的影响？这些相关者的利益与公司价值是什么关系？

小案例

三鹿集团破产案件

2008年9月11日，石家庄三鹿集团公司发出声明，经自检发现部分批次三鹿婴幼儿奶粉受三聚氰胺（三聚氰胺是一种化工原料，可导致人体泌尿系统产生结石）污染，公司决定立即对2008年8月6日以前生产的三鹿婴幼儿奶粉全部召回。那些因三聚氰胺而饱受折磨的人向该公司提起诉讼。2009年2月12日，石家庄中院宣布三鹿集团因不能清偿到期债务，资产不足以清偿全部债务，符合法定破产条件，依法宣布破产。

尽管三鹿集团破产的直接原因是资不抵债，但究其根本原因则在于社会责任的缺失。公司在创造利润、追求股东财富最大化的同时，还应承担对员工、社会和环境等的责任，公平地对待社会各个群体，保护公司相关者的利益。

1.2.2 所有权与经营权的分离

对于大公司来说，所有权和经营权的分离是实务的需要。大多数公司往往拥有成千上万的股东，每个股东都积极地介入公司管理几乎是不可能的。公司的经营管理权只能交付给公司的经理们。所有权和经营权分离的优点是，两权的分离使得公司所有权的变更不会影响公司的正常经营；公司可以聘用具有专业技能的经理人员经营和管理公司。但是，公司经营者和所有者的目标有可能是不相同的，这就产生了所谓的委托代理问题。例如，股东追求股票价格最大化，而经理人关心工资待遇和工作条件，债权人希望到期收回本金和利息，供应商和客户则重视产品的质量和价格，政府关心税收和环境问题等。

由于各方利益相关者目标不同，因而不可避免地引起代理各方利益的相互冲突。解决矛盾与冲突的方式就是关系人各方签订一系列合约，因此，现代公司的代理关系可以定义为一种契约或合同关系。这种契约或合同可能是明确的，也可能是模糊的。明确的合同如公司与债权人之间的借款合同，公司与员工之间的用工合同，公司与供应商、客户之间的购买与销售合同等；模糊的合同如股东与管理者之间的契约（管理者承诺按股东的最佳利益行事）等。而这些契约也决定了这些关系人对公司收益索偿权的不同。一般来说，除股东之外，其他关系人对公司收益具有固定的索偿权或法定索偿权；股东对公司收益仅仅是剩余索偿权，公司收益只有在满足其他关系人的索偿权之后（如工资、利息、税收等），才能以股利等方式支付给股东。

在公司制下，委托代理关系主要表现为三个方面：（1）股东与经营者；（2）股东与债权人；（3）公司与社会。

1. 股东与经营者

股东与经营者之间的委托代理关系产生的首要原因就是资本的所有权与经营权相分离。但代理关系并不必然导致代理问题。如果代理人（经营者）的目标与委托人（股东）的目标完全一致，则不会引发代理问题。但在两权分离的条件下，这种情况是很难出现的。拥有公司所有权的股东具有剩余索取权，因此他们追求的目标是资本的保值、增值，最大限度地提高资本收益，增加股东价值，这些集中表现为货币性收益目标；而拥有公司经营权的经营者作为所有者的代理人，除了追求货币性收益目标，如高工资、高奖金以外，还会追求非货币性的收益目标，如奢侈的办公条件、长期的休假享受以及个人声誉、社会地位等。由于代理人的目标既包括货币性收益，又包括非货币性收益，因此在其他因素一定的条件下，代理人对非货币性收益的追求是以牺牲股东利益为代价的。那么，如果没有适当的激励约束机制，代理人就有可能利用委托人的授权谋求更多的非货币性收益，使股东的利益受损。

解决股东与经营者之间矛盾与冲突的最好方法就是建立一个激励和约束经营者的长期契约或合约，一方面通过契约关系和对代理人（经营者）行为进行密切监督以便约束代理人那些有悖于委托人（股东）利益的活动；另一方面提供必要的激励和动力，如对经营者实行股票期权或年薪制等，使代理人为实现委托人的利益而努力工作。

2. 股东与债权人

当债权人将资本出借给公司后，便与股东形成了一种委托代理关系。从某种意义上说，股东与债权人之间是一种"不平等"的契约关系。股东对公司资产承担有限责任，但对公司价值享有剩余追索权。有限责任给予股东将公司资产交给债权人（公司破产时）而不必偿付全部债务的权利；而剩余追索权则给予股东获得潜在收益的最大好处。也可以说，在公司处于极端不利的情况下，如公司破产时，有限责任将借款人的损失限定在一个最低的水平上（即债务人的收入），而在极端有利的情况下，借款人获得的收益却没有最高限制（因为偿还给债权人的本金和利息是固定的）。这种风险与收益的"不对等契约"是股东与债权人之间矛盾与冲突的根源所在。

另外，在债权人和债务人之间也存在着信息不对称的现象，因为债务人比处于公司外部的债权人更了解公司的状况。他们可能会利用私有信息选择有利于增进自身效用而不利于债权人的各种活动，如债务人违反借款协议、私下改变资本用途、从事高风险投资、转移资本等。而债权人既不能亲自监督债务人的活动选择过程，又无法证实债务人已经选择的活动是违背契约的，因此可能会遭受损失。

对于债务人的各种违约行为，理性债权人的应对措施可以是减少债券投资的支付价格，或提高资本贷放的利率，以反映他们对股东活动的重新评估。另外，他们还可以在债务契约中增加各种限制性条款，监督公司的各种活动。这些条款通常包括限制生产或投资条款，限制股利支付条款，限制筹资条款和约束条款等。

3. 公司与社会

如果公司目标是公司价值最大化或股东财富最大化，那么在制定和实施财务决策中就可能存在一定的社会成本①，如为了公司自身利益生产各种污染环

---

① 社会成本是指公司经营过程中产生，不能追索或向公司收取补偿费用以弥补的成本。

境的产品或损害公共利益的产品等。有时这些社会成本是巨大的,且无法追索。因此,一般认为当公司知道存在巨大社会成本时,公司价值最大化或股东财富最大化目标应服从于广义的社会利益。如果公司希望从公司员工、客户、供应商或社会那里获得不合理的利益,最终一定会减少股东或公司的利润。众所周知,目前越来越多的公司意识到对社会环境、就业等社会责任应予以充分的重视,只有这样,才能使公司得到长远发展。即使以股东财富最大化作为财务管理目标,也意味着要公平对待社会各个群体,因为这些群体的经济状况与公司的经营状况和公司的价值密切相关。

小案例

跨国公司对我国环境的破坏①

2006年6月,有33家在华知名跨国公司并肩走上了一份榜单。可惜的是,这并不是一份任何与荣誉有关的榜单,而是一份全国各级环保局综合2004~2006年的涉及环保违规企业的耻辱榜。

登上这份耻辱榜的跨国公司有:上海松下电池有限公司(废水处理设施未保证正常运转致废水超标排放)、长春百事可乐公司(超标排放污染物废水)、上海雀巢饮用水有限公司(环保设施未经验收,主体工程擅自投入生产)、3M上海研磨产品制造有限公司(未办理环境影响评价审批手续,擅自投入生产使用)、上海雀巢饮用水有限公司(环保设施未经验收,主体工程擅自投入生产)……

除了以上几家"世界500强企业"以外,其他涉及环保违规的跨国公司还有:日资上海花王有限公司,因"任意排放超标废水"被列入上海"2005年第二批该市环保系统查处违法企业名单"。在这份名单上的还有"世界十大卫生陶瓷公司之首"的美国标准公司在华合资企业,以及美国百胜餐饮集团下属的上海必胜客等。在福建,德国诺尔起重设备有限公司投资的一家公司,因"未建污染治理设施便擅自投入生产,造成严重污染",被列为福建省挂牌督办企业;在浙江,英国漂莱特集团在华下属的公司被列为浙江2005年省级重点污染企业之一;在湖南,日本雅马哈发动机株式会社的下属独资企业,因"电镀生产线存在重大环境安全隐患"成为株洲挂牌督办的20家"污染大户"之一……

据非政府组织(Non-Governmental Organization, NGO)"公众与环境研究中心"主任马军介绍,上述名单只涉及有水污染的企业,其他诸如大气污染和固体废物污染的企业并未包括,所以只是在华跨国企业违规记录的一部分而已。

---

① 张小平:节选自"跨国公司频患'中国病'",价值中国网,2007年7月23日。

> **小资料**
>
> **全球十大环境污染事件**
>
> 历史上著名的全球十大环境污染事件是比利时的马斯河谷烟雾事件（1930年）、洛杉矶光化学烟雾事件（1943年）、美国的多诺拉烟雾事件（1948年）、伦敦烟雾事件（1952年）、日本水俣病事件（1953年、1956年）、日本骨痛病事件（1955年、1972年）、日本米糠油事件（1968年）、印度博帕尔事件（1984年）、切尔诺贝利核泄漏事件（1986年）以及瑞士巴塞尔市的剧毒物污染莱茵河事件（1986年）。究其原因，这十大事件几乎全部都是工业化进程的产物，是公司的排泄物直接造成的，严重影响了社会和人民的利益。
>
> 资料来源：引自http：//wenku.baidu.com/link?url=ahGoKQbUOvb47aSdcnYJTp0g53LPf9YbHPIAd9F0XJA6FpNeVvcHGJFkFzjYlvbgog92ZpFZKk5FKdZaAxK52tEEVbC——AmHv07tqZXNVK3。事件具体信息可参见上述网站。

1.3 财务管理环境

1.3.1 财务管理环境概念与分类

财务管理环境，是指对公司财务活动产生影响作用的公司内外的各种条件。从系统论的观点来看，所谓环境就是存在于研究系统之外的、对研究系统有影响作用的一切系统的总和。如果把财务管理活动当做一个系统，那么财务管理活动系统之外的，能够对其产生影响的一切系统总和，就构成了财务管理环境。

财务管理活动与环境的关系是相互依存、相互制约的。在市场经济条件下，任何一个财务管理主体都处于各种既定的财务管理环境中。财务管理环境既是财务活动赖以生存的土壤，也是开展财务活动的平台。各种财务活动只有适应其生存的环境，才能在财务管理主体与外部环境之间的作用形成良性循环，因此，正确认识和评价财务管理环境具有重要的意义。

根据不同的分类标准，财务管理环境具有以下几种分类：

1. 根据环境包括的范围，可将财务管理环境分为宏观财务管理环境和微观财务管理环境

宏观财务管理环境是对财务管理有重要影响的宏观方面的各种因素，如国家政治经济形势、经济发展水平、金融市场状况等宏观环境的变化。宏观财务管理环境一般对各类公司的财务管理都会产生影响。

微观财务管理环境是对财务管理有重要影响的微观方面的各种因素，包括企业组织形式、生产状况、技术状况、营销状况、企业文化、企业内部组织结构等。一般来说，微观财务管理环境的变化只对特定公司的财务管理产生影响。

2. 根据环境的变化状况，可将财务管理环境分为静态财务管理环境和动态财务管理环境

静态财务管理环境是指那些对财务管理活动有重要影响，但本身在通常情况下处于相对稳定状态的各种环境因素。这样的因素通常包括那些容易预见、变化不大、对财务管理活动影响程度也相对稳定的因素，如地理环境、人文环境、政治环境等。一般情况下，静态财务管理环境可以设定为是不变的，因此在财务管理过程中一般无须过多地考虑其变化。但是也要注意，静态环境的这种不变性也只是相对的，一旦变化则会给财务管理活动带来十分严重的影响。因此，如果有迹象表明其将呈现出不稳定的情况，则应当给予特别的关注。

动态财务管理环境是指那些对财务管理活动有着重要影响，且本身处于经常变动之中的环境因素。这样的因素通常包括那些预见性较差、变化性较强、对财务管理活动影响程度不稳定的因素，如利率、汇率、通货膨胀率、商品购销价格等。由于动态环境因素经常处于变化之中，因此通常是财务管理过程中需要考虑的重点。公司应将重点放在对这些可变因素的调查、分析、预测上，这样可以大体把握动态环境因素的变化趋势，判断其对财务管理活动可能产生的影响，从而采取相应的措施，提高财务管理活动对环境的适应能力和应变能力。实际上，从长远观点来看，所有的财务管理环境都是发展变化的，都是变化状态下的动态财务管理环境。

3. 根据环境与公司的关系，可将财务管理环境分为公司外部财务管理环境和公司内部财务管理环境

公司外部财务管理环境是指公司外部的影响财务管理的各种因素，例如国家政治、经济形势、法律制度、公司所面临的市场状况及国际财务管理环境等。

公司内部财务管理环境是指公司内部的影响财务管理的各种因素，例如公司的生产情况、技术情况、经营规模、资产结构、生产经营周期等。

4. 根据环境因素的可控性，可将财务管理环境分为可控财务管理环境和不可控财务管理环境

可控财务管理环境是指那些对财务管理活动有着重要影响，但本身可以被公司所控制的环境因素，例如公司内部人员状况、生产状况、技术状况等。一般来说，公司的内部环境因素都是可控环境因素。对于可控环境因素，公司应采取主动的态度进行调整，改变环境因素以适应财务管理决策。

不可控财务管理环境是指那些对财务管理活动有着重要影响，且不能被公司所控制的环境因素，例如政治环境、法律环境、自然地理环境、经济体制环境等。一般来说，企业的外部环境因素都是不可控环境因素。对于不可控环境因素，公司应财务适应的态度，调整财务管理决策以适应环境因素。

总之，不同的财务管理环境各有不同的特点，它们对财务管理的影响也不相同。只有充分地把握不同财务管理环境的特征，才能在财务管理过程中充分利用好环境因素，才能与环境协调发展，有利于财务管理目标的尽快实现。

1.3.2 财务管理环境的构成

财务管理环境的构成因素包括经济环境、法律环境、社会文化环境等。

1. 经济环境

与财务管理活动关系最密切、最直接的就是经济环境。经济环境是影响公司财务管理的各种经济因素的总和，如经济发展周期、经济发展水平、经济体制等。

（1）经济发展周期。经济发展周期是指整个国民经济活动中，所出现的由扩张到收缩的循环往复，这种循环往复呈现出周期性波动的特征，一般可以分为复苏、繁荣、衰退和萧条四个阶段。在不同的发展时期，公司的生产规模、销售能力、获利能力及由此产生的资本需求都会出现很大的差异。一般来说，当生产扩大、物价上涨时，经济就开始复苏，甚至向着繁荣的阶段迈进，这种情况下就业率就增加，工资也不断上涨；反之就会朝着衰退甚至萧条期发展。

西方财务学界曾提出，在不同的经济发展周期，公司应采取不同的财务对策，如表1-2所示。

表1-2　　　　　　　　不同经济发展周期公司采取的财务对策

复苏期	繁荣期	衰退期	萧条期
增加厂房设备	扩充厂房设备	停止扩张	设立投资标准
进行长期租赁	增加存货	出售多余设备	保持市场份额
增加存货	提高商品价格	停产不利产品	缩减管理费用
引入新产品	发展营销规划	停止长期采购	放弃次要利益
增加劳动力	增加劳动力	削减存货	削减存货
		停止雇员	停止雇员

这些理论确实是值得借鉴的，但要注意的是，经济发展周期的波动也有长短期之分，并且还有总量周期波动与产业及行业周期波动的差别。因此，表1-2中采取的财务对策仅是一般情况下的做法，具体各周期应采取的财务战略的实施时间、力度和持续的时间安排，都应该以具体经济发展周期的特征分析为前提。

（2）经济发展水平。经济发展水平是一个相对的概念。想要在世界范围内说明某个国家所处的经济发展阶段和当前的经济发展水平实际上是非常困难的。因此，这里我们按照常用的概念，将国家分为发达国家、发展中国家和不发达国家三类，并以此来说明经济发展水平对财务管理的影响。

财务管理的发展水平是和经济发展水平密切相关的，经济发展水平越高，财务管理水平就越高；如果经济发展水平较低，财务管理水平也会较低。发达国家经历了较长时间的资本主义经济发展历程，经济发展水平、资本的集中和垄断已经达到了相当高的程度，经济发展水平在世界上处于领先地位。这些国家的财务管理水平也比较高，原因就在于：高度发达的经济必然要求进行科学的财务管理，这就决定了随着经济发展水平的提高，必然创造出越来越多的先进的理财方法。经济生活中许多新的内容、更复杂的经济关系及更完善的生产方式往往也最先出现在这些国家，这就决定了发达国家的财务管理内容是不断创新的。经济的发展，计算机、通信设备的不断更新，为财务管理采用更复杂的方法创造了有利条件。

发展中国家一般呈现以下特征：基础较薄弱、发展速度较快、经济政策变更频繁、国际交往日益增多。这些因素决定了发展中国家的财务管理具有以下特征：财务管理的总体发展水平在世界上处于中间地位，但发展速度较快；与财务管理有关的法律政策频繁变更，给公司理财造成很多困难；财务管理实践中还存在着财务管理目标不明确、财务管理方法简单等不足之处。

不发达国家是经济发展水平很低的国家，这些国家的共同特征一般表现为以农业为主要经济部分，工业，特别是加工业很不发达，企业规模小、组织结构简单决定了这些国家的财务管理呈现出水平低、发展慢、功能不全等特征。

（3）经济体制。经济体制是指对有限资源进行配置而制定并执行决策的各种机制。目前世界上典型的经济体制有计划经济体制和市场经济体制两种。

在计划经济体制下，企业的一切财务管理活动都要按照国家计划进行，企业的财务管理工作以完成国家下达的计划为目标。企业资金由国家统一供给，投资由国家决策，分配由国家规定，企业不是真正的财务管理主体，只是国家计划的执行者。财务管理工作主要采用财务计划作为手段，通过制订、实施计划来完成财务管理工作，财务管理工作从属于企业的生产经营工作，处于服务地位。此时，企业虽然是一个独立的核算单位，但它没有独立的理财权力，财务管理活动的内容比较单一，财务管理方法比较简单。

在市场经济体制下，企业的一切财务管理活动要面向市场，而不是接受政府的行政命令。市场经济体制要求企业要设定自己的财务管理目标，而不是完成国家下达的计划。此时，企业作为财务管理主体，自主筹资，在遵守国家有关规定的前提下进行投资决策和利润分配，而国家不直接参与企业的财务管理活动。在市场经济体制下，企业要通过市场预测和决策来完成财务管理工作，而不是完成行政命令下的财务计划。财务管理工作不再从属于企业的生产经营工作，它已经成为独立的财务管理活动，企业财务部门可以独立完成筹资、投资和分配等财务管理活动。因此，企业作为独立的经济实体，有独立的经营权、理财权，财务管理活动的内容比较丰富，方法复杂多样。

> **小案例**
>
> **经济体制变革下财务管理如何决策**[①]
>
> 　　华美机械制造有限公司原本是一家省属大型国有企业，其作业以铜为主，集采、选、冶、科、工、贸为一体，并实现了产品多样化。经营近30年来，企业财务绩效不是太好，但其形象在省内却一直是有口皆碑，工人工资水平及相关的福利待遇令人艳羡，当地人都以能到该企业工作而自豪，华美的总经理位子也历来都被视为老总晋升到省级干部的砺金石。在原来的经营环境下，华美人从来不愁，因为作为省属重点国有企业，政府保护着它"旱涝保收"，即便是1984年以推行"两权"分离和经济承包责任制、扩大企业自主权为主要内容的国企改革大潮中，它依然没有压力，因为政府不能让它垮掉——它肩负着几万人社会保障的功能。李先生是1990年开始任华美财务处处长的。他还清楚地记得，1991年华美用世界银行近3亿元的贷款购买了德国一条十分先进的生产线，设备购回后，老总因有胆识、有策略而升任某市副市长。但生产过程却并不是如此愉快。由于技术不熟练、人员不配套而生产了一大批报废产品。对于华美来说，世界银行的贷款不要说还本，即便是付息也成了泡影。尽管如此，当时的华美人仍然没有感受到任何压力，因为政府承担了这笔费用。
>
> 　　然而，1993年开始的以试行股份制改造、建立现代企业制度为主要内容，以逐步使企业成为自主经营、自负盈亏、自我发展、自我约束的法人实体和市场竞争主体为目的的国有企业改革，却不能不令华美感觉到了生死存亡的压力。已经升为财务副总经理的李先生觉得自己似乎正从"手心里的宝"变成

---

① 张先治主编：《财务学概论》，东北财经大学出版社2006年版，第116~117页。

> "没娘的孩子"，因为筹资不再由政府给跑项目；投资若失败，那就是砸掉几万人的饭碗。李先生清醒地意识到，"等、靠、要"的好日子已经一去不复返了，现在是重新树立理财观念、建立财务制度、充分准备，以应对充满风险和不确定性的新环境的时候了。

2. 法律环境

财务管理的法律环境是指公司在从事各种财务活动，以及在处理各种财务关系时所应遵守的各种法律、法规。随着经济改革的深化，财务管理活动以及公司的其他各项活动受法律规范的约束表现得日益显著。目前，直接影响公司财务机制运行的重要法律规范主要包括财政税务法规、金融证券法规、财务会计法规，以及公司和行业监管法规等。

（1）税收法规。税收是政府为了满足社会公共需要，凭借政治权力，强制、无偿地取得财政收入的一种形式。税收具有三个特征，即无偿性、强制性和固定性。一方面，国家财政收入的主要来源是公司所缴纳的税金，而国家财政状况和财政政策对于公司资金供应和税收负担有着重要影响。同时，国家各种税种的设置、税率的调整还具有调节生产经营的作用。公司的财务管理决策应当适应税收政策的导向，合理安排资金投放，以追求最佳经济效益。另一方面，对个人收入通过纳税进行调节，既有利于国家税收来源的保障，又有利于调节社会收入分配不均的问题。纳税人逃税漏税的行为不仅仅是道德问题，还将触及法律。

我国现行税收法律体系由17个税收法律、法规组成，按照性质作用可以分为五类：第一，商品和劳务税类（间接税），包括增值税、消费税、营业税和关税；第二，所得税类（直接税），包括企业所得税和个人所得税；第三，财产和行为税类，包括房产税、车船税、印花税、契税；第四，资源税类，包括资源税、土地增值税、城镇土地使用税；第五，特定目的税类，包括城市维护建设税、车辆购置税、耕地占用税和烟叶税等。

（2）金融证券法规。随着经济的发展，金融市场在财务管理活动中发挥的作用越来越重要。相应地，金融工具也成为公司重要的理财工具。针对金融市场及相关的金融证券法规是规范公司财务管理活动的重要手段，因此，财务管理活动必须遵循相关金融证券法规的规定。主要的金融证券法规有《中华人民共和国证券法》（2005年10月27日第十届全国人民代表大会常务委员会第十八次会议修订）、《中华人民共和国证券投资基金法》（2003年10月28日第十届全国人民代表大会常务委员会第五次会议通过）、《中华人民共和国合同法》(1999年3月15日第九届全国人民代表大会第二次会议通过)、《中华人民共和国信托法》(2001年4月28日第九届全国人民代表大会常务委员会第二十一次会议通过)以及《中华人民共和国反洗钱法》(2006年10月31日第十届全国人民代表大会常务委员会第二十四次会议通过)等。

（3）财务会计法规。在财务会计法规方面，截至目前，我国已形成了由《中华人民共和国会计法》(1985年1月21日第六届全国人民代表大会常务委员会第九次会议首次通过，1999年10月31日中华人民共和国主席令第二十四号公布修正案，自2000年7月1日起施行)、《企业财务会计报告条例》(2000年6月21日中华人民共和国国务院令第287号)、《企业会计准则》(1992年11月第一次颁布，1997年实施第一个具体会计准则，其间经历了2001年、2006年及2013年等数次修订和更新)、《企业财务通则》等法规制度组成的财务会计规范体系。其中，《企业财务通则》是设立在我国境内的各类企业进行财务活动必须遵循的基本原则和规范，是财务规范体系中的基本法规，在财务法规、制度体系中起着主导作用。《企业财务通则》于1994年7月1日起施行，主要对建立资本金制度、固定资产折旧、成本开支范围、利润的分配等内容作出规定。2006年12月4日，财政部颁发了新的《企业财务通则》，于2007年1月1日起施行。修订的《企业财务通则》对企业财务的管理方式、政府投资等财政性资金的财务处理政策、企业职工福利费的财务制度、规范职工激励制度、强化企业财务风险管理等方面进行了改革。

（4）公司和行业监管法规。最重要的是《中华人民共和国公司法》，它是针对企业中的公司制组织形式的法律，对企业财务管理发挥着极为重要的作用。《中华人民共和国公司法》中的很多限制性条款决定了公司可能的筹资、投资政策，以及相关的财务制度安排。另外还有《中华人民共和国审计法》、《中华人民共和国商标法》、《中华人民共和国著作权法》及各行业相关法规制度等。

3. 社会文化环境

社会文化环境是指社会文化、民族文化、企业文化，以及政府行为通过潜移默化的形式渗透在财务管理之中，从而形成的财务人员心理定式、思维结构、价值取向、信念追求、职业道德、行为准则等。观念现代化是理财行为现代化的前提，作为人类的一种社会实践活动，财务管理必然受社会文化的影响。但是，社会文化环境的各个方面对财务管理的影响程度是不相同的，有的具有直接影响，有的可能只是间接影响；有的影响程度较深，有的可能影响程度很小。

小思考

1-3 公司应该关心员工的利益吗?[①]

任何一个企业在进行财务决策时不但要考虑投资者的利益,还应承担相应的社会责任。如果一个投资项目引发了一个关于道德的问题,即该项目是否符合道德准则时,决策就变得较为困难了。当盈利目标与道德准则相矛盾时,企业就会陷入道德困境;当继续生产该产品并不违法时,这种决策变得尤其困难。

先锐公司是一家高科技公司。由于特殊的工艺流程,该公司的部分员工在生产过程中会接受较长时间的放射性辐射。短时间内放射性辐射的危害并不明显,但从长时期来看这种辐射对人体极为有害,会导致员工头发脱落、浑身乏力、四肢僵硬,大大增加员工白血病及各类癌症的发病率。吴先生作为该公司的总裁对这一情况十分了解。早在公司刚刚创建之初,相关刊物的记者就该问题致信吴先生,并要求向公众披露这一事实,但被吴先生制止。

随着时间的推移,该公司员工受辐射而引发的症状越发明显,先锐公司的压力越来越大。吴先生被迫组建调查小组,对放射性问题进行具体的研究。但是,吴先生说,如果形式适宜而且不损害公司利益的话,可以将此信息予以公布。他认为这样做既合乎法律也有利于公司利益。

最终,该公司的员工将先锐公司告上法庭。法院判决先锐公司的员工胜诉,获得了要求的赔偿,并要求先锐公司在其产品上贴明警示标签。

根据以上资料回答下列问题:

(1) 先锐公司对其员工由于接受放射性辐射而引起的职业疾病是否应负道德责任?或者说是否只有卷入其中的主要人物,如吴先生才应该负责?

(2) 吴先生凭主观臆测做出了他认为对公司最有利的决策,他所做的一切均是合法的。在什么基础上(如果有的话)他的行为应受到批评?

(3) 假设吴先生认为"如果公布关于放射性影响的数据,公司将会被诉讼赔偿上百万美元,而且整个行业的声誉也会受损,因此应对有关放射性研究的真实数据予以一定的保留。"这样做你认为合适吗?

(4) 如果你是先锐公司的股东,你赞成吴先生的行为吗?如果不赞成的话,理由是什么?

(5) 有人说保证与放射性有关生产的健康和安全是政府的责任,而不是该行业的责任,在缺乏合适的政府法规时,具有放射性物质的生产商除了有效运营外没有其他责任。你同意该观点吗?

(6) 吴先生的关于向工人隐瞒他们健康状况的解释说明了拘泥于行业和公

司目标将与个人道德行为相悖吗？或者你是否认为吴先生在道德上做了他作为该公司雇员所应该做的？

（7）已有证据表明先锐公司员工的子女也会受到很大的影响，因为他们的父母受到放射性辐射后会发生基因突变，因而会遗传给子女。有无可能让先锐公司的个别人承担这些后果？公司本身应该对此负责吗？

资料来源：刘淑莲：《高级财务管理理论与实务》，东北财经大学出版社2005年版，第26~27页。

1.4 金融市场

1.4.1 金融市场含义及类型

金融市场是资本供应者和资本需求者双方通过金融工具进行交易，从而融通资本的场所。金融市场以资本作为交易对象，在金融市场上，资本被当做一种特殊商品来交易，金融市场可以是有形的，也可以是无形的。金融市场对公司财务管理的作用主要表现为以下几个方面：资本的筹措和投放、分散风险、转售或交换金融资产、降低交易成本，以及确定金融资产价格。

按照不同的标准，金融市场可以分为以下几种：

（1）按金融工具的种类划分。金融市场可分为股票市场、公司债券市场、政府债券市场、大额可转让存单市场、银行承兑市场、银行同业拆借市场、外汇市场、期货合同市场、期权市场等。可以说，有一种金融工具在交易，就有一个金融市场存在。

（2）按金融市场的组织方式划分。金融市场可分为拍卖市场（又称交易所市场）和柜台市场（又称证券公司市场或店头市场）。

（3）按金融工具的期限划分。金融市场可分为长期金融市场（又称资本市场）和短期金融市场（又称货币市场）。前者如期限在一年以上的股票、债券交易市场；后者如期限不超过一年的银行同业拆借市场、票据贴现市场、银行短期信贷市场、短期证券市场等。

（4）按金融市场活动的目的划分。金融市场可分为有价证券市场和保值市场。前者如股票、债券市场等；后者如期货市场、期权市场等。

（5）按金融交易的过程划分。金融市场可分为初级市场和二级市场。前者是指从事新证券和票据等金融工具买卖的转让市场，又称为发行市场或一级市场；后者是指从事已上市的旧证券或票据等金融工具买卖的转让市场，又称为流通市场或次级市场。

（6）按金融市场所处的地理位置和范围划分。金融市场可分为地方金融市场、区域性金融市场、全国性金融市场、国际金融市场等。

在实务中，金融市场通常以金融工具大类为标准进行分类，即把金融市场分为六个市场：股票市场、债券市场、货币市场、外汇市场、商品期货市场、期权市场。其中前三个市场又称为有价证券市场，这三个市场的金融工具主要发挥筹措资本、投放资本的功能。无论从市场功能上还是从交易规模上看，有价证券市场都构成了整个金融市场的核心部分。

1.4.2 金融资产的价值决定

1. 金融资产的价值特征

金融资产是对未来现金流入量的索取权，其价值取决于它所能带来的现金流入量。由于这个现金流入量是未来的、尚未实现的，因此它具有时间性和不确定性两个特性。

从时间性分析，金融资产是一种特殊的资产形态，其特殊性在于对于购买人来说，获得金融资产时支付的是现金，而持有金融资产后获得的收入流量仍然是现金。因此，购买金融资产，实质上购买人把今天的现金收入变成未来的现金收入，把自己今天的现金使用权在一段时间内让渡给他人，然后按商定的条件逐渐收回。在商品经济条件下，金融资产的购买人通常要求所购买的金融资产能够带来比其价款多的现金流入量，多出的部分即为让渡现金时资本使用权的补偿，这个补偿额的高低通常按让渡时间的长短计算。金融资产的期限越长，购买人要求的时间补偿就越大，这就是金融资产现金流入量的时间性因素特征。

从不确定性分析，当金融资产被购买后，购买人今天的现金流入量便转移到金融资产出售人手中。出售人用这笔现金流入量购买有形资产，通过生产过程使其增值，再从这些有形资产创造的收入流量中分出一部分，变成现金支付给金融资产购买人。金融资产购买人要承担生产性风险，但他承担这种风险并不是无条件的，他要求生产性投资人支付一定的报酬作为承担风险的补偿。这个补偿额的大小与投资风险成正比，金融资产的风险越大，购买人要求的风险补偿也越大，这就是金融资产现金流入量的不确定性因素特征。

2. 利率的决定因素

货币的时间价值和风险价值通常是以利率（就广义而言）的形式表现出来的。从资本借贷关系看，利率既是借款者（资本使用权购买者）所支付的代价，也是贷款者（资本使用权出售者）所取得的收益。利率作为资本使用权的转移价格，一般受以下四个因素的影响：

(1) 资本预期收益能力。资本预期收益能力是股票、债券及其他所有金融资产收益的根本来源。资本预期收益的大小受制于技术进步状况和其他一些资源因素（如自然资源、劳动力）和市场对资本所生产的货物和服务的需求情况。但这些都会随时间和地点的不同而变化。对资本的预期收益越高，市场利率水平就越高，反之亦然。

(2) 资本供求关系。在其他因素不变的条件下，资本求大于供（银根紧缩）则利率趋于上升；资本供大于求（银根放松）则利率趋于下降。资本供求是影响利率高低的最重要因素，除此之外，经济周期、通货膨胀、国家货币政策和财政政策、国际关系、国家利率管制等对利率的变动均有不同程度的影响。这些因素有些也是通过影响资本供求而影响利率的。

(3) 消费者的时间偏好。任何人进行投资都是牺牲目前的消费来换取未来的消费，由于未来消费具有不确定性，因此，人们看重于现在消费甚于未来消费，即人们具有消费的时间偏好。这种时间偏好越强，对推迟消费要求的补偿就越大，市场利率水平就越高，反之亦然。

(4) 投资者的风险厌恶程度。理性的市场参加者总是厌恶风险的。金融市场提供了这样一种机制，市场参与者要想投资于无风险资产，他们就必须放弃部分收益，而接受风险的市场参与者将因此获得风险补偿。整个市场对风险的厌恶程度越大，接受风险的投资者要求的风险补偿就越大。

在金融市场中，各种不同的金融工具具有不同的风险特性，对它们所要求的风险补偿率也各不相同，因此需要有一类利率作为基准，这就是无风险利率。由于通货膨胀会影响货币资本的实际购买力，因此在市场上表现的利率通常包含了通货膨胀的影响，这一利率一般称作名义利率。扣除通货膨胀影响后的利率是真实利率。名义利率和真实利率之间的关系如图1-3所示。

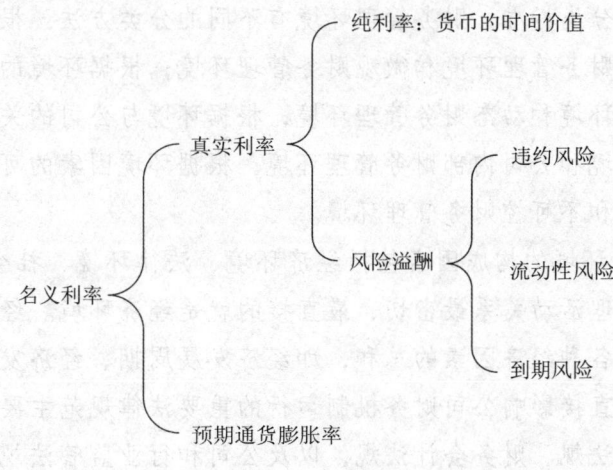

图1-3 利率关系

图1-3中的真实利率包含两部分,即纯利率和风险溢酬。因此,市场(名义)利率又可分解成纯利率、通货膨胀率和风险溢酬三部分。其中纯利率是指无通货膨胀、无风险时的均衡利率,在实务中一般以扣除通货膨胀后的国债利率表示。

本 章 小 结

1. 公司财务是研究公司当前或未来经营活动所需财务资源的取得和使用的一种管理活动。所谓资源的取得就是指筹资活动,也就是以最低的成本筹集经营活动所需要的各种资本;所谓资源的使用就是指投资活动,也就是将筹集到的资本用于能够提高公司价值的各项活动。

2. 财务经理需要回答两个基本问题:一是哪些实物资产值得公司进行投资,为公司创造价值;二是如何在金融市场上筹集资本,为投资者创造价值。对第一个问题的回答就是公司的投资决策;对第二个问题的回答是公司的筹资决策。

3. 公司财务管理目标有如下几种具有代表性的提法:利润最大化、股东财富最大化、公司价值最大化。本书采用的观点为公司价值最大化。

4. 由于公司各方利益相关者目标不同,因而不可避免地引起代理各方利益的相互冲突。解决矛盾与冲突的方式就是关系人各方签订一系列合约,因此,现代公司的代理关系可以定义为一种契约或合同关系。在公司制下,委托代理关系主要表现为三个方面:(1)股东与经营者;(2)股东与债权人;(3)公司与社会。

5. 财务管理环境是指对公司财务活动产生影响作用的公司内外的各种条件。根据不同的分类标准,财务管理环境有不同的分类方法:根据环境包括的范围,分为宏观财务管理环境和微观财务管理环境;根据环境的变化状况,分为静态财务管理环境和动态财务管理环境;根据环境与公司的关系,分为公司外部财务管理环境和公司内部财务管理环境;根据环境因素的可控性,分为可控财务管理环境和不可控财务管理环境。

6. 财务管理环境的构成因素包括经济环境、法律环境、社会文化环境等。其中,与财务管理活动关系最密切、最直接的就是经济环境。经济环境是影响公司财务管理的各种经济因素的总和,如经济发展周期、经济发展水平、经济体制等。目前,直接影响公司财务机制运行的重要法律规范主要包括财政税务法规、金融证券法规、财务会计法规,以及公司和行业监管法规等。社会文化环境的各个方面对财务管理的影响程度是不相同的,有的具有直接影响,有的可能只是间接影响；有的影响程度较深，有的可能影响程度很小。

7. 金融市场是资本供应者和资本需求者双方通过金融工具进行交易，从而融通资本的场所。按照不同的标准，金融市场可以分为不同的种类：（1）可以按金融工具的种类划分；（2）可以按金融市场的组织方式划分；（3）可以按金融工具的期限划分；（4）可以按金融市场活动的目的划分；（5）可以按金融交易的过程划分；（6）也可以按金融市场所处的地理位置和范围划分。

8. 金融资产是对未来现金流入量的索取权，其价值取决于它所能带来的现金流入量。由于这个现金流入量是未来的、尚未实现的，因此它具有时间性和不确定性两个特性。

9. 货币的时间价值和风险价值通常是以利率（就广义而言）的形式表现出来的。从资本借贷关系看，利率既是借款者（资本使用权购买者）所支付的代价，也是贷款者（资本使用权出售者）所取得的收益。利率作为资本使用权的转移价格，一般受四个因素的影响：资本预期收益能力、资本供求关系、消费者的时间偏好和投资者的风险厌恶程度。

10. 在金融市场中，各种不同的金融工具具有不同的风险特性，对它们所要求的风险补偿率也各不相同，因此需要有一类利率作为基准，这就是无风险利率。市场上表现的利率通常包含了通货膨胀的影响，这一利率一般称作名义利率。扣除通货膨胀影响后的利率是真实利率。真实利率包含两部分，即纯利率和风险溢酬。

第 2 章 货币时间价值

学习索引

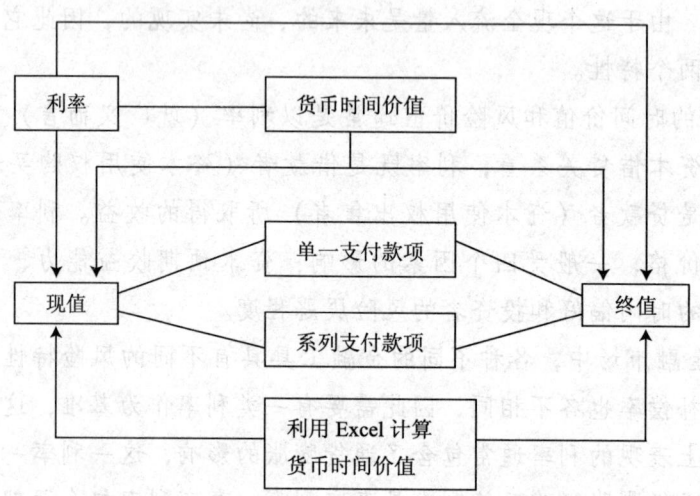

学习目标

理解货币时间价值的基本含义；熟悉货币时间价值的表示方法；掌握货币时间价值的计算；掌握利率的构成；了解利率的期限结构；熟悉利用 Excel 计算货币时间价值的财务函数。

大牌体育明星的签约价值都非常夸张，然而有时候高额的数字会令人产生误解。例如，美国橄榄球联盟印第安纳小马队的 18 号佩顿曼宁，他是大联盟最富有的球员。佩顿曼宁，1976 年 3 月 24 日出生，196 厘米，104 公斤，1998 年选秀第 1 顺位加入小马队。7 年职业生涯中，5 次入选全明星阵容，2003 年、2004 年赛季连续获得联盟最有价值球员（MVP）称号。2004 年，他和小马队签订了 9 年价值 9 200 万美元的巨额合同，同时还一次性获得 3 400 多万美元的签字费。至此，他的平均年薪达到了创纪录的 1 400 万美元，成为历史上最富有的橄榄球运动员。在这一年，他的收入仅次于泰格·伍兹、沙克·奥尼尔和勒布朗·詹姆斯，在所有体育明星中位居第四。

从数字上看，佩顿曼宁的待遇相当优厚，但实际上却与报出的数字相差甚远。虽然报道中报出的合约总价值为 1.26 亿美元，但首先，合约价值是分成两部分的，其中包括 3 404 万美元的签约奖金以及 9 150 万美元的工资和未来的奖金；其次，工资和未来奖金是分年支付的，其中 2004 年 53.5 万美元，2005 年 66.5 万美元，2006 年 1 000 万美元，2007 年 1 100 万美元，2008 年 1 150 万美元，2009 年 1 400 万美元，2010 年 1 580 万美元，2011 年和 2012 年则都是 1 400 万美元。

2.1 货币时间价值基础

2.1.1 基本概念及符号

1. 时间轴

严格来讲，时间轴并不是货币时间价值的基本概念，而是货币时间价值中非常有用的一种工具。在解决货币时间价值的问题，甚至在解决整个公司理财中遇到的各种财务问题时，时间轴总是第一个步骤。

顾名思义，时间轴就是能够表示各个时间点的数轴。如果不同时间点上发生的现金流不能够直接进行比较，那么在比较现金数量的时候，就必须同时强调现金发生的时点。如图 2-1 所示，时间轴上的各个数字代表的就是各个不同的时点，一般用字母 t 表示。

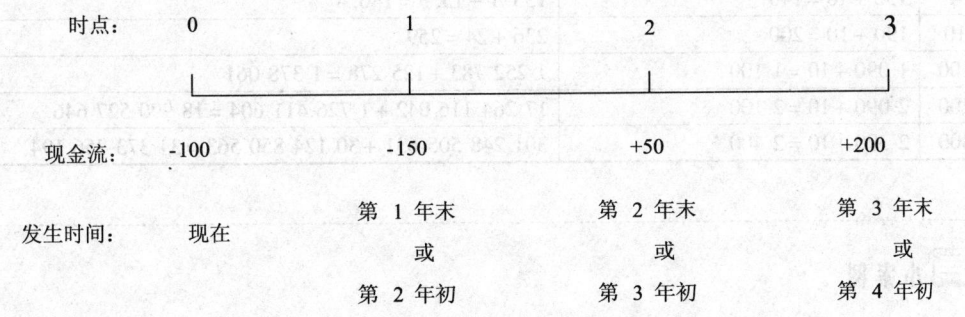

图 2-1 货币时间价值时间轴

这里需要注意两点：一是除 0 点以外，每个时点数字代表的都是两个含义，即当期的期末和下一期的期初，如时点 t=1 就表示第 1 期的期末和第 2 期的期初。二是现金流数字前面的正负号表示的是现金流入还是现金流出，其中正号表示的数值是从公司外部流入到公司内部的现金，如收回的销售收入、固定资产的残值收入等；负号表示的数值则是指从公司内部流到外部的现金，如初始投资或其他现金投资等。

为简化，本书中以后的现金流都做如下假设，即现金流入量均发生在每期期末，现金流出量均发生在每期期初。除非特别说明，决策所处的时点均为时点 t=0，即"现在"。

2. 单利和复利

单利和复利是两种不同的利息计算体系。在单利（simple interest）情况下，只有本金计算利息，利息不计算利息；在复利（compound interest）情况下，除本金计算利息之外，每经过一个计息期所得到的利息也要计算利息，逐期滚算，俗称"利滚利"。

如果期限较短的话，单利和复利差别不大。但期限越长，二者之间的差别就越大。以100元人民币进行复利投资和单利投资为例，假设利率为10%：投资1年，二者终值完全相同；投资2年，单利终值为120元（100+100×2×10%）；复利终值为121元（100×1.1^2），二者差别为1元；而投资100年，二者差别为1 376 961元，如表2-1所示。

除非特别说明，公司理财中货币的时间价值一般都按复利计算。

表2-1　　单利投资和复利投资的价值比较（利率10%，100元人民币）　　单位：元

年数	单利	复利
	初始金额+利息=期末金额	初始金额+利息=期末金额
1	100+10=110	100+10=110
2	110+10=120	110+11=121
3	120+10=130	121+12.1=133.1
4	130+10=140	133.1+13.3=146.4
10	190+10=200	236+24=259
100	1 090+10=1 100	1 252 783+125 278=1 378 061
200	2 090+10=2 100	17 264 116 042+1 726 411 604=18 990 527 646
300	2 390+10=2 400	301 248 505 631+30 124 850 563=31 373 356 194

小案例

24美元能再次买下纽约吗？①

纽约是美国最大的工商业城市，有美国经济首都的称号。但是在1626年9月11日，荷兰人彼得·米纽伊特（Peter Minuit）从印第安人那里只花了24美元买下了曼哈顿岛。据说这是美国有史以来最合算的投资，超低风险超高回报，而且所有的红利全部免税。彼得·米纽伊特简直可以做华尔街的教父。就连以经商著称于世的犹太人也嫉妒死了彼得·米纽伊特。

---

① 张先治主编：《财务学概论》，东北财经大学出版社2006年版，第54页。

> 但是，如果我们换个角度来重新计算一下呢？如果当年的24美元没有用来购买曼哈顿，而是用来投资呢？我们假设每年8%的投资收益，不考虑中间的各种战争、自然灾害、经济萧条等因素，这24美元到2004年会是多少呢？说出来吓你一跳：4 307 046 634 105.39美元，也就是43万亿多美元。这仍然能够购买曼哈顿。如果考虑到由于"9·11"事件后纽约房地产的贬值的话，更是不在话下。这个数字是美国2003年国民生产总值的2倍多，是我国2003年国民生产总值11万亿元人民币的30倍。这是一个可怕的数字。而这个数字之所以能够产生，主要是复利的魔力。

3. 现值和终值

现值即现在（$t=0$）的价值，是一个或多个发生在未来的现金流相当于现在时刻的价值，用PV（present value，PV）表示。终值即未来值（如$t=n$时的价值），是一个或多个现在发生或未来发生的现金流相当于未来时刻的价值，用FV（future value，FV）表示。

4. 单一支付款项和系列支付款项

单一支付款项是指在某一特定时间内只发生一次的简单现金流量，如投资于到期一次偿还本息的公司债券就是单一支付款项的问题。

系列支付款项是指在n期内多次发生现金流入或现金流出。年金是系列支付款项的特殊形式，是在一定时期内每隔相同时间（如一年）发生相同金额的现金流量，如折旧、租金、利息、保险金等通常都采用年金的形式。年金用A表示（annuity），可以分为普通年金、预付年金、递延年金和永续年金等形式。

（1）普通年金。普通年金又称为后付年金，是指一定时期内，每期期末发生的等额现金流量。例如从投资的每年支付一次利息、到期一次还本的公司债券中每年得到的利息就是普通年金的形式。普通年金，既可以求现值，也可以求终值。

（2）预付年金。预付年金又称为先付年金，是指一定时期内，每期期初发生的等额现金流量。例如对租入的设备，如果要求每年年初支付相等的租金额，那么该租金就属于预付年金的形式。与普通年金相同，预付年金也既可以求现值，也可以求终值。

（3）递延年金。递延年金又称为延期年金，是指第一次现金流量发生在第2期、第3期、第4期……的等额现金流量。一般情况下，假设递延年金也是发生在每期期末的年金，因此，递延年金也可以简单地归纳为：第一笔现金流量不是发生在第1期的普通年金，都属于递延年金。对于递延年金，既可以求现值，也可以求终值。

（4）永续年金。永续年金是指无限期支付的年金，即永续年金的支付期 n 趋近于无穷大。由于永续年金没有终止的时间，因此只能计算现值，不能计算终值。

2.1.2 终值和现值的计算

货币时间价值中最常用的是终值（FV）和现值（PV）的计算。

1. 单一支付款项的终值和现值

单一支付款项的终值和现值一般简称为复利终值和复利现值。以下计算中，我们以 r 表示利率或折现率（计算终值时一般叫做利率，而在计算现值时常被称为折现率，两者并没有本质上的差别），以 n 表示计算期间。

（1）复利终值（已知 PV，求 FV）。复利终值是指一项现金流按复利计算的一段时期后的价值，其计算公式为：

$$FV = PV(1+r)^n \tag{2.1}$$

式（2.1）中，$(1+r)^n$ 通常称为"复利终值系数"，记作（F/P, r, n），可直接查阅书后的附表1（复利终值系数表）。

【例 2-1】假设某公司向银行借款 100 万元，年利率为 10%，借款期为 5 年，5 年后该公司应向银行偿还的本利和是多少？

解：5 年后该公司应向银行偿还的本利和为 FV

$$FV = PV(1+r)^n = 100 \times (1+10\%)^5 = 100 \times (F/P, 10\%, 5)$$
$$= 100 \times 1.6105 = 161.05 （万元）$$

复利终值与时间和利率正相关。在其他条件一定的情况下，现金流量的终值与利率和时间呈同方向变动，现金流量时间间隔期越长，利率越高，终值越大。

（2）复利现值（已知 FV，求 PV）。计算现值的过程通常称为折现，是指将未来预期发生的现金流按折现率调整为现在的现金流的过程。对于单一支付款项来说，现值和终值是互为逆运算的。现值的计算公式为：

$$PV = FV(1+r)^{-n} \tag{2.2}$$

式（2.2）中，$(1+r)^{-n}$ 通常称为"复利现值系数"，记作（P/F, r, n），可直接查阅书后的附表2（复利现值系数表）。

【例 2-2】假设某投资项目预计 5 年后可获得收益 800 万元，按年折现率 12% 计算，求这笔收益的现在价值是多少？

解：该笔收益的现值为 PV

$$PV = FV(1+r)^{-n} = 800 \times (1+12\%)^{-5} = 800 \times (P/F, 12\%, 5)$$

$$= 800 \times 0.5674 = 453.92 \text{（万元）}$$

∴ 在折现率为 12% 的条件下，5 年后的 800 万元与现在的 453.92 万元在价值量上是相等的。

复利现值系数与时间和利率负相关。在其他条件不变的情况下，现金流量的现值与折现率和时间呈反向变动，现金流量间隔的时间越长，折现率越高，现值越小。

>  小案例
>
> **玫瑰花悬案**
>
> 公元 1797 年，拿破仑参观卢森堡第一国立小学的时候，向该校赠送了一束价值 3 个金路易的玫瑰花。拿破仑宣称，玫瑰花是两国友谊的象征，为了表示法兰西共和国爱好和平的诚意，只要法兰西共和国存在一天，他将每年向该校赠送一束同样价值的玫瑰花。当然，由于年年征战，拿破仑并没有履行他的诺言。但历史前进的脚步一刻也不曾停息，转眼间已是近一个世纪的时光。公元 1894 年，卢森堡王国郑重向法国政府致函：要求法国政府在拿破仑的声誉和 1 375 596 法郎中，选择其一进行赔偿。这就是著名的"玫瑰花悬案"。而其中，这高达百万法郎的巨款，就是 3 个金路易的本金（当时，1 金路易约等于 20 法郎），以 5% 的年利率，在 97 年的货币时间价值作用下的产物。当然，最后法国政府站在了诚信一边，保证"法国将始终不渝地对卢森堡大公国的中小学教育事业予以支持和赞助，来兑现我们的拿破仑将军那一诺千金的'玫瑰花'的信誓"。

2. 系列支付款项的终值和现值

由于系列支付款项可以分为普通年金、预付年金、递延年金和永续年金等形式，因此，计算终值和现值时要区别对待。

（1）普通年金终值（已知 A，求 FV）。普通年金（A）又称为后付年金，是指一定时期内，每期期末发生的等额现金流量（本书中凡涉及年金问题，如不作特殊说明均指普通年金）。年金终值犹如零存整取的本利和，它是一定时期内每期期末现金流量的复利终值之和。

设每年的支付金额为 A，利率为 r，期数为 n，则普通年金终值的计算公式为：

$$FV = A + A(1+r) + A(1+r)^2 + A(1+r)^3 + \cdots + A(1+r)^{n-1} \qquad (2.3)$$

等式两边同乘（1+r），则

$$FV(1+r) = A(1+r) + A(1+r)^2 + A(1+r)^3 + \cdots + A(1+r)^n \qquad (2.4)$$

用式（2.4）减式（2.3），可得：

$$FV(1+r) - FV = A(1+r)^n - A$$

即：$FV = A\left[\dfrac{(1+r)^n - 1}{r}\right]$ (2.5)

式（2.5）中方括号中的数值，通常称作"年金终值系数"，记作（F/A, r, n），可直接查阅书后的附表3（年金终值系数表）。

∴ 公式（2.5）也可以写成：

$FV = A(F/A, r, n)$ (2.6)

【例2-3】假设某项目在3年建设期内每年年末向银行借款100万元，借款年利率为10%，求项目竣工（即第3年年末）时应该支付给银行的本利和是多少？

解：项目竣工后年金终值为FV

$$FV = A\left[\dfrac{(1+r)^n - 1}{r}\right] = A(F/A, r, n)$$
$$= 100 \times \left[\dfrac{(1+10\%)^3 - 1}{10\%}\right] = 100 \times (F/A, 10\%, 3)$$
$$= 100 \times 3.3100 = 331 \text{（万元）}$$

在实际工作中，公司可根据要求在贷款期内建立偿债基金，以保证在期满时有足够的现金偿还贷款的本金或兑现债券。此时的债务实际上等于年金终值FV，每年提取的偿债基金等于分次付款的年金A。也可以说，年偿债基金的计算实际上是年金终值的逆运算。其计算公式为：

$A = FV\left[\dfrac{r}{(1+r)^n - 1}\right]$ (2.7)

式（2.7）中方括号中的数值称作"偿债基金系数"，记作（A/F, r, n），可通过年金终值系数的倒数推算出来。

【例2-4】假设某公司有一笔4年后到期的借款，数额为1 000万元，为此设置偿债基金，年利率为10%，到期一次还清借款，求每年年末应存入的金额是多少？

解：每年应存入的年金额为A

$$A = 1\,000 \times \left[\dfrac{10\%}{(1+10\%)^4 - 1}\right] = 1\,000 \times \left[\dfrac{1}{(F/A, 10\%, 4)}\right]$$
$$= 1\,000 \times 0.215 = 215 \text{（万元）}$$

（2）普通年金现值（已知A，求PV）。普通年金现值是指一定时期内每期期末现金流量的现值之和。年金现值计算的一般公式为：

$PV = A(1+r)^{-1} + A(1+r)^{-2} + \cdots + A(1+r)^{-n}$ (2.8)

等式两边同乘（1+r）可得到：

$PV(1+r) = A + A(1+r)^{-1} + A(1+r)^{-2} + \cdots + A(1+r)^{-(n-1)}$ (2.9)

用式（2.9）减式（2.8），可得：

$$PV(1+r) - PV = A - A(1+r)^{-n}$$

$$PV = A\left[\frac{1-(1+r)^{-n}}{r}\right] \tag{2.10}$$

式（2.10）中方括号内的数值称作"年金现值系数"，记作（P/A，r，n），可直接查阅书后的附表4（年金现值系数表）。

∴ 公式（2.10）也可以写作：PV = A（P/A，r，n）

【例2-5】假设公司租入A设备，租期3年，要求每年年末支付租金100元，在年折现率为10%的情况下，该公司3年中租金的现值是多少？

解：公司租入A设备的年金现值为PV

$$PV = 100 \times \left[\frac{1-(1+10\%)^{-3}}{10\%}\right] = 100 \times (P/A, 10\%, 3)$$

$$= 100 \times 2.4869 = 248.69（元）$$

年金现值的逆运算是年资本回收额的计算。资本回收额是指在给定的年限内等额回收或清偿初始投入的资本或所欠的债务，年资本回收额的计算公式为：

$$A = PV\left[\frac{r}{1-(1+r)^{-n}}\right] \tag{2.11}$$

式（2.11）中方括号内的数值称作"资本回收系数"，记作（A/P，r，n），可利用年金现值系数的倒数求得。

【例2-6】假设某公司现在借到1 000万元的贷款，要按年利率12%在10年内均匀偿还，那么该公司每年应支付的金额是多少？

解：该公司的年资本回收额为A

$$A = 1\,000 \times \left[\frac{12\%}{1-(1+12\%)^{-10}}\right] = 1\,000 \times \left[\frac{1}{(P/A, 12\%, 10)}\right]$$

$$= 1\,000 \times 0.177 = 177（万元）$$

> **小思考**
>
> **个人住房贷款还款方式的选择**
>
> 在我国，个人住房贷款可以采用等额本息偿还法和等额本金偿还法两种。前者又称等额法，即借款人每月以相等的金额偿还贷款本息；后者又称递减法，即借款人每月等额偿还本金，贷款利息随本金逐月递减，还款额逐月递减。一项调查表明，许多借款者认为等额本息法支付的利息多于等额本金法，因此，选择等额本金法有助于降低购房成本。
>
> 请根据本章所学知识，思考以下问题：

> （1）两种还款方式发生差异的原因是什么？
>
> （2）不同的还款方式有什么特点？主要适用于哪种收入人群？假设你正在申请银行按揭，你将选择哪一种还款方式？

（3）预付年金终值（已知 A，求 FV）。预付年金与普通年金的差别仅在于现金流量的发生时间不同。由于年金终值系数表和年金现值系数表是按常见的普通年金编制的，在利用这种普通年金系数表计算预付年金的终值和现值时，可在计算普通年金的基础上加以适当的调整。

预付年金终值的一般计算公式为：

$$FV = A\left[\frac{(1+r)^{n+1}-1}{r} - 1\right] \tag{2.12}$$

式（2.12）中方括号内的数值称作"预付年金终值系数"，它和普通年金终值系数 $\left[\frac{(1+r)^n - 1}{r}\right]$ 相比，期数加 1，系数减 1，可记作 [（F/A，r，n+1）−1]。

因此公式（2.12）也可以写成：

$$FV = A[(F/A, r, n+1) - 1] \quad 或 \quad FV = A(F/A, r, n)(1+r)$$

（4）预付年金现值（已知 A，求 PV）。预付年金的现值可以在普通年金现值的基础上加以调整，其计算公式为：

$$PV = A\left[\frac{1 - (1+r)^{-(n-1)}}{r} + 1\right] \tag{2.13}$$

式（2.13）中方括号内的数值称作"预付年金现值系数"，它和普通年金现值系数 $\left[\frac{1 - (1+r)^{-n}}{r}\right]$ 相比，期数减 1，系数加 1，可记作：[（P/A，r，n−1）+1]。

因此公式（2.13）也可以写成：

$$PV = A[(P/A, r, n-1) + 1] \quad 或 \quad PV = A(P/A, r, n)(1+r)$$

（5）递延年金终值（已知 A，求 FV）。递延年金的第一次现金流并不是发生在第一期的，但如果将发生递延年金的第一期设为时点 1，则用时间轴表示的递延年金与普通年金完全相同，因此递延年金终值的计算方法与普通年金终值的计算相同，只是发生的期间 n 是发生递延年金的实际期限。

（6）递延年金现值（已知 A，求 PV）。递延年金现值的计算有两种方法：

①分段法，其基本思路是将递延年金分段计算。先求出正常发生普通年金期间的递延期末的现值，然后再将该现值按单一支付款项的复利现值计算方法，折算为第一期期初的现值。假设递延期为 m（m < n），即先求出 m 期后的 (n−m) 期普通年金现值，然后再将此现值折算到第一期期初的现值。其计算公式为：

$$PV = A(P/A, r, n-m)(P/F, r, m) \tag{2.14}$$

②扣除法，其基本思路是假定递延期中也进行收付，先将递延年金视为正常的普通年金，计算普通年金现值，然后再扣除递延期内未发生的普通年金，其结果即为递延年金的现值。其计算公式为：

$$PV = A[(P/A, r, n) - (P/A, r, m)] \tag{2.15}$$

【例 2-7】假设某公司打算在年初存入一笔资本，从第 4 年起每年年末取出 100 元，至第 9 年年末取完，在年利率为 10% 的情况下，求该公司最初一次应该存入多少钱？

解：该递延年金现值为 PV

$$PV = 100 \times (P/A, 10\%, 9-3) \times (P/F, 10\%, 3)$$
$$= 100 \times 4.355 \times 0.751 = 327 \text{（元）}$$

或：$PV = 100 \times [(P/A, 10\%, 9) - (P/A, 10\%, 3)]$
$$= 100 \times (5.759 - 2.487) = 327 \text{（元）}$$

（7）永续年金现值（已知 A，求 PV）。永续年金的现值可以通过普通年金现值的计算公式（2.10）推导得出。

由 $PV = A \left[\dfrac{1-(1+r)^{-n}}{r} \right]$

当 $n \to \infty$ 时，$(1+r)^{-n}$ 的极限为零，故式（2.10）可写成：

$$PV = A \times \frac{1}{r} \tag{2.16}$$

【例 2-8】假设某公司拟建立一项永久性的奖学金，每年计划颁发 10 000 元奖金资助某大学学生。如果利率为 10%，求公司现在应该存入多少钱？

解：该公司奖学金的永续年金现值为 PV

$$PV = \frac{10\,000}{10\%} = 100\,000 \text{（元）}$$

（8）增长型永续年金现值（已知第 0 期现金流量为 C_0，每年增长率为 g，求 PV）。增长型永续年金是指无限期支付的，但每年呈固定比率增长的各期现金流量。它与永续年金的区别在于，永续年金每期发生的金额都是固定的；而增长型永续年金的各期现金流量是以固定比率每期增长的。现实生活中，增长型永续年金的典型例子是普通股股利，因此在普通股估价中经常会使用增长型永续年金的现值计算公式。

设 C_0 为第 0 期的现金流量，g 表示现金流量每年预计增长率，则第 1～n 期及以后的增长型永续年金发生额分别为：$C_1 = C_0(1+g)$，$C_2 = C_0(1+g)^2$，$C_3 = C_0(1+g)^3$，…，$C_n = C_0(1+g)^n$，其现值计算公式可表示为：

$$PV = \frac{C_1}{1+r} + \frac{C_2}{(1+r)^2} + \frac{C_3}{(1+r)^3} + \cdots + \frac{C_n}{(1+r)^n}$$

$$= \frac{C_0(1+g)}{1+r} + \frac{C_0(1+g)^2}{(1+r)^2} + \frac{C_0(1+g)^3}{(1+r)^3} + \cdots + \frac{C_0(1+g)^n}{(1+r)^n}$$

上式是对几何级数求和，对此我们有一个简单的公式①：当增长率小于折现率（g<r）时，该增长型永续年金现值可简化为：

$$PV = \frac{C_0(1+g)}{r-g} = \frac{C_1}{r-g} \qquad (2.17)$$

小思考

彩票奖金方式的选择

小王购买彩票中了奖，获得一项奖励。可供选择的奖金方式有：（1）立刻领取100 000元；（2）第5年末领取180 000元；（3）每年领取11 400元，不限期限；（4）今后10年每年领取19 000元；（5）第2年领取6 500元，以后每年增加5%，不限期限。

思考：如果利率为12%的话，你会建议小王选择哪种领取奖金的方式？

2.1.3 利率与计算期数的计算

影响现金流时间价值的因素有四个：现值、终值、利率（折现率）和计息期数，只要知道了其中任意三个因素就可求出第四个因素。在以上计算中都是假定利率（折现率）、计息期数、现值（或终值）是已知的，求解终值（或现值）。但在某些情况下，也可以根据计息期数、终值或现值求解利率（折现率），或根据利率（折现率）、终值或现值求解计息期数。

1. 利率的计算

计算利率（r）时，首先列出终值或现值的计算公式，然后通过求解方程式的方法将未知数 r 求出来。首先根据已知的条件计算出终值或现值的换算系数：

$$(F/P, r, n) = \frac{FV}{PV}; \quad (P/F, r, n) = \frac{PV}{FV}$$

$$(F/A, r, n) = \frac{FV}{A}; \quad (P/A, r, n) = \frac{PV}{A}$$

---

① 该公式为推导后得出的结果，推导过程略。

求出换算系数后,可从有关系数表中的 n 期各系数中找到最接近的系数。这个最接近的系数所属的 r,就是要求的利率或折现率的近似值。如果要使利率或折现率计算得相对准确,可采用插值法或利用 Excel 软件进行计算。

【例 2-9】 假设你现在向银行存入 10 000 元,问折现率为多少时,才能保证在以后的 10 年中每年年末都能够从银行取出 2 000 元?

解:现值的换算系数为 (P/A,r,10)

$$(P/A,r,10) = \frac{10\ 000}{2\ 000} = 5$$

从年金现值表中可以看出,在 $n=10$ 的各系数中,$r=14\%$ 时,系数是 5.216;$r=16\%$ 时,系数是 4.833,可见利率应在 14%~16%。

设 x 为超过 14% 的百分数,则可用插值法计算 x 值如下:

$$\frac{x}{2\%} = \frac{0.216}{0.383}$$

$$r = 14\% + x = 14\% + 2\% \times \frac{0.216}{0.383}$$

$$= 14\% + 1.128\% = 15.128\%$$

2. 计息期数的计算

在已知终值、现值、利率的情况下,即可求出计息期数(n),其基本方法同利率(折现率)的确定方法相同。在实务中通常是利用 Excel 软件进行计算。

2.2 利率决定因素

在货币时间价值的计算中,利率因素是必不可少的,因此我们必须理解利率报价的方式。由于金融机构提供的利率报价有可能和我们使用的利率有不同的时间间隔,如按月、半年计息等,所以有必要对利率进行调整,以使其与现金流量发生的时期相匹配。

2.2.1 利率报价与调整

到目前为止我们一直假设现金流发生在每年年末,且每年计息一次。在实务中,大多数公司的债券都是每年付息一次,如法国和德国。但在美国和英国,其债券大多是半年付息一次。在中国,每年付息一次和半年付息一次的债券都比较常见。如果是半年付息一次,那么这些债券的投资者获得的第一笔利息就能获得额外 6 个月期的利息,即 100 元的债券投资,当利率为 10%,半年复利一次,6 个月后将变成 105 元,到年底就是 $1.05^2 \times 100 = 110.25$ 元。换句话说，利率为10%，半年复利一次就等同于年利率10.25%每年复利一次。

在实务中，金融机构提供的利率报价为名义的年利率（annual percentage rate，APR）。当年复利期数大于1，则每半年、每季度或每月复利一次，按不同计息期计算的现值或终值就会发生很大差别。通常将以年为基础计算的利率称为名义年利率，将名义年利率按不同计息期调整后的利率称为有效利率（effective annual rate，EAR）。

设1年复利次数为 m 次，名义年利率（APR）为 r_{nom}，则有效利率（EAR）的调整公式为：

$$\text{EAR} = \left(1 + \frac{r_{\text{nom}}}{m}\right)^m - 1 \tag{2.18}$$

以 APR 是 6% 为例，不同复利次数的 EAR 如表 2-2 所示。

表 2-2　　　　　　　　　不同复利次数的 EAR　　　　　　　　　单位：%

频率	m	r_{nom}/m	EAR
按年计算	1	6.000	6.00
按半年计算	2	3.000	6.09
按季计算	4	1.500	6.14
按月计算	12	0.500	6.17
按周计算	52	0.115	6.18
按日计算	365	0.016	6.18
连续计算	∞	0	6.18

表 2-2 表明，如果每年复利一次，APR 和 EAR 相等，随着复利次数的增加，EAR 逐渐趋于一个定值。从理论上说，复利次数可以为无限大的值，当复利间隔趋于零时即为连续复利（continuous compounding），此时：

$$\text{EAR} = \lim_{m \to \infty}\left[\left(1 + \frac{r_{\text{nom}}}{m}\right)^m - 1\right] = e^{r_{\text{nom}}} - 1 \tag{2.19}$$

【例 2-10】假设你刚刚从银行取得了 250 000 元的房屋抵押贷款，年利率 12%，贷款期为 30 年。银行给你提供了两种还款建议：（1）在未来 30 年内按年率 12% 等额偿还；（2）在未来 30 年内按月率 1% 等额偿还。

解：银行工作人员建议你选择第二种还款方式，理由是薪金按月支付，这样贷款偿还额可以每月直接从银行账户扣除，而且第二种还款方式成本更低。

（1）如果按年偿还，则每年偿还额 × (P/A, 12%, 30) = 250 000（元）

其中，$(P/A, 12\%, 30) = \dfrac{1-(1+12\%)^{-30}}{12\%} = 8.055$

因此，每年偿还额 = 250 000/8.055 = 31 037（元）

（2）如果按月偿还，月利率为 1%，共有 30×12 = 360 个月，则

每月偿还额 × （P/A, 1%, 360）= 250 000（元）

其中，$(P/A, 1\%, 360) = \dfrac{1-(1+1\%)^{-360}}{1\%} = 97.218$

即　　每月偿还额 = 250 000/97.218 = 2 572（元）

也就是说，使用第二种偿还方式可使每年偿还额降低 173 元，即 31 037 − 12×2 572 = 173（元）。

但是，例 2-10 的分析忽略了货币的时间价值。尽管按月偿还的总金额是减少的，但支付的时间提前了。将货币时间价值因素纳入考虑范围，则按月偿还的本利总额就会高于按年偿还的本利总额。

从有效利率的调整计算中也可以得出相同的结论，根据公式（2.18）可得：

$$\text{EAR} = \left(1+\dfrac{r_{\text{nom}}}{m}\right)^m - 1 = \left(1+\dfrac{12\%}{12}\right)^{12} - 1 = 12.68\%$$

即如果选择按月支付 1%，那么有效利率不是 12%，而是 12.68%，每年的利息支出高出了 0.68 个百分点。

在货币时间价值的现值或终值计算中，可以首先将 APR 调整为计息期（如月或半年）的利率，然后按实际计息期数计算；也可以首先将 APR 调整为 EAR，然后按每年计息计算。二者将得到相同的结果。

在例 2-10 中，如果按月计息，本利和应为：250 000 × $(1+1\%)^{360}$ = 8 987 410（元）；如果按年计息，本利和应为：250 000 × $(1+12.68\%)^{30}$ = 8 981 423（元）①。如果采用第一种还款方式，则到期本利和仅为：250 000 × $(1+12\%)^{30}$ = 7 489 980（元），比按月偿还少很多。

2.2.2　利率构成

一般情况下，利率（r）由以下三大主要因素构成，即真实无风险利率（real risk-free rate，RRFR）、预期通货膨胀率（inflation，I）及风险溢价（risk premium，RP）。用公式可以表示为：

利率 = 真实无风险利率 + 预期通货膨胀率 + 风险溢价　　　　（2.20）

---

① 理论上二者应该是相等的，但此处相差了 5 987 元（8 987 410 − 8 981 423），原因是 12.68% 是四舍五入后的数值，因此出现了 5 987 元的累计误差。

公式（2.20）中真实无风险利率（RRFR）和预期通货膨胀率（I）构成基准利率（benchmark interest rate, BIR）。因此公式（2.20）还可以写成：

利率＝基准利率＋风险溢价 (2.21)

1. 真实无风险利率与名义无风险利率

真实无风险利率是指无通货膨胀、无风险时的均衡利率，即货币的时间价值，反映了投资者延期消费要求的补偿。影响这一利率的主观因素是个人对其收入进行消费的时间偏好。影响真实无风险利率的客观因素是经济中存在的投资机会，这种投资机会取决于经济的长期真实增长率。经济的快速增长使资本有更多和更好的投资机会，并使投资产生正的收益率。通常，经济的真实增长率和真实无风险利率之间存在着一种正向关系。

名义无风险利率（nominal risk-free rate, NRFR）是指无违约风险、无再投资风险的收益率。在实务中，名义无风险利率等于现金流期限相同的零息政府债券利率。影响名义无风险利率的因素主要是资本市场条件和预期通货膨胀率。在投资中，如果投资者预期在其投资期内价格水平升高，他们就会要求收益率包含对预期通货膨胀率的补偿。假设你对一项无风险投资要求4%的真实收益率，但预期在投资期内价格会上升3%。在这种情况下，投资的必要收益率应达到7%左右的水平，即$(1.04 \times 1.03) - 1$。如果不增加必要收益率，年末你只能获得1%的真实收益率。因此，对一项无风险投资而言，一个投资者的名义无风险利率为：

名义无风险利率＝（1＋真实无风险利率）×（1＋预期通货膨胀率）－1 (2.22)

根据上式，一项投资的真实无风险利率如下：

真实无风险利率＝$\dfrac{1 + 名义无风险利率}{1 + 预期通货膨胀率} - 1$ (2.23)

假设在一个特定年份短期国库券的名义收益率为9%，该年预期通货膨胀率为5%，则短期国库券的真实无风险利率为3.8%。

2. 风险溢价

基准利率与有效利率之间的利差不是由经济因素造成的，而是由产生不同风险溢价的不同资产的基本特征引起的。以债券为例，风险溢价可从五个方面进行分析：债券信用质量、债券流动性、债券到期期限、契约条款和外国债券特别风险。在这五个因素中，债券信用质量和到期期限对公司债券风险溢价的影响最大。

（1）债券信用质量。债券信用质量反映了发行者偿付未清偿债务的能力。在实务中，它一般是根据公司的信用等级来确定，且可以根据财务比率度量债券发行主体的违约风险（见表2-3）。常用的财务比率包括利息保障倍数、经营现金净流量与负债总额及投资收益率等。

表2-3　　不同信用等级（S&P等级）10年期债券的违约风险溢价
（2004年1月）
单位：%

债券评级	国债利率	债券利率	违约风险溢价
AAA	4.00	4.30	0.30
AA	4.00	4.50	0.50
A+	4.00	4.70	0.70
A	4.00	4.85	0.85
A-	4.00	5.00	1.00
BBB	4.00	5.50	1.50
BB	4.00	7.50	3.50
B+	4.00	8.25	4.25
B	4.00	9.00	5.00
B-	4.00	12.25	8.25
CCC	4.00	16.50	12.50
CC	4.00	18.00	14.00
C	4.00	20.00	16.00
D	4.00	24.00	20.00

（2）流动性风险。流动性风险（liquidity risk）是指某项资产迅速转化为现金的可能性。衡量流动性的标准有两个：资产出售时可实现的价格和变现时所需要的时间长短。其判断基础是，在价格没有明显损失的条件下，在短期内大量出售的能力。资产的流动性越低，为吸引投资者所需要的收益率就越高。

（3）期限风险。期限风险是指因到期期间长短不同而形成的利率变化的风险。例如，在流动性和违约风险相同的情况下，5年期国库券利率比3年期国库券利率要高，差别在于到期时间不同。一般来说，证券期限越长，其市场价值波动的风险越高。因此，为鼓励对长期证券的投资，必须给予投资者必要的风险补偿。

（4）税收和债券契约条款。税收和债券契约条款也会影响债券利率的高低。通常，对债券和银行存款投资获得的债息和利息政府要征收一定的所得税，但对国库券利息则免征所得税。因此，国库券比其他由公司或银行发行的债务工具更优越。

(5) 外国债券特别风险，如外汇风险和国家风险等。外汇风险（exchange rate risk）是指投资者购买不以本国货币标价的证券而产生的收益的不确定性。国家风险（country risk）也称政治风险，是指一个国家的政治或经济环境发生重大变化的可能性所导致的收益不确定性。这种由于外汇汇率波动或政治因素导致的风险越大，投资者要求的风险溢价也就越大。

2.2.3 利率的期限结构

不同期限债券与利率之间的关系，称为利率的期限结构（the term structure of interest rate）。在市场均衡情况下，借款者的利率与贷款者的收益率是一致的，因此，利率的期限结构也可以说是收益率的期限结构①。

1. 即期利率

假设有一笔在时点 1 支付 1 元钱的简单贷款，则这笔贷款的现值为：

$$PV = \frac{1}{1+r_1}$$

这里是用一个对于 1 年期贷款的适当利率水平 r_1 来对现金流进行折现，这一利率通常就被称为当前的 1 年期即期利率（spot rate）。使用即期利率表示，可以假设有一笔贷款，要求必须在时点 1 和时点 2 分别支付 1 美元，则其现值应为：

$$PV = \frac{1}{1+r_1} + \frac{1}{(1+r_2)^2}$$

即第 1 个期间的现金流是用当前的 1 年期即期利率折现；第 2 个期间的现金流要用当前的 2 年期即期利率折现。而一系列的即期利率 r_1、r_2 等正是利率期限结构（term structure）的一种表示方法。

给定期限的零息债券（zero coupon bond）的收益率就是该期限内的即期利率。由于一种期限的即期利率是单一的，即期利率可以准确地反映货币的时间价值。在任何一个时点，资本需求和资本供给共同决定了每个期限的即期利率，这个即期利率可以用来为各种未来现金流量定价。

理解这一问题的方法是把附息债券（国库券）看做一组零息债券②的组合，各期收到的利息就是到期价值与所付价值间的差额。例如，面值为 1 000

---

① 利率的期限结构有两个限制条件：一是只同债务性证券有关，因为只有债务性证券才有固定的偿还期限范畴；二是利率的期限结构仅指其他条件（如风险、税收、变现力等）相同而只是期限不同的债务利率之间的关系。

② 零息债券是指不支付利息但却以低于面值折价出售给投资者的一种债券，它提供给持有者的报酬不是利息收入，而是资本增值。

元、息票率为5%、5年期的附息国库券，可以看成5张零息债券：第一张的到期价值为50元，1年后到期；第二张的到期价值为50元，2年后到期……最后一张的到期价值为1 050元，5年后到期。显然，对于每种有息债券，它的价值等于其组成的零息债券的价值之和。假设有一张不能提前赎回的2年期债券，面值1 000元，息票率为5%，目前市场报价为914.06元，则债券的现值（PV_d）可写为：

$$PV_d = \frac{50}{1+r_1} + \frac{1\ 050}{(1+r_2)^2} = 914.06$$

上述计算结果可以看做两张零息债券的现值之和，式中的r_1、r_2是零息债券的收益率，或称即期利率。最短期的即期利率可从市场上观察到，然后依次计算各期的即期利率。假设$r_1 = 8\%$，则2年期零息债券的利率（r_2）为：

$$PV_d = \frac{50}{1+8\%} + \frac{1\ 050}{(1+r_2)^2} = 914.06$$

这个方程解出的即期利率或零息债券收益率为10%，高于第1期的即期利率。在这种情况下，用横轴代表期限、纵轴代表利率水平划出的收益率曲线是向上倾斜的，即期限越长，收益率越高。这一方式连续进行，就可以求出各期零息债券利率或不同期限的即期利率。

2. 远期利率

即期利率适用于贷款等现在投资而在以后偿还的债务合约，远期利率则是现在签订合约在未来借贷一定期限资金时使用的利率。因此，在任何一个时点上可以有一个1年后发放1年期贷款的远期利率，有另一个2年后发放1年期贷款的远期利率，也可以有一个1年或1年后发放的2年期贷款的远期利率。即期利率与远期利率之间的关系如式（2.24）所示：

$$f_n = \frac{(1+r_n)^n}{(1+r_{n-1})^{n-1}} - 1 \tag{2.24}$$

其中，f_n表示n年后的远期利率；r_n表示n年的即期利率；r_{n-1}表示$n-1$年的即期利率。

假设投资者面临两种可选择的投资策略：(1) 投资于一张面值为100元、年利率（折现率）为10%的2年期零息债券；(2) 投资于一张面值为100元、年利率为8%的1年期债券，同时签订一个远期合约，以远期利率f_1在1年后再投资于一张1年期的零息债券。

对于第一种选择，面值为100元的2年期零息债券的现值为82.64元，也就是说，将82.64元投资2年，每年利率为10%，2年后可得到100元。事实上，一个2年期债券的支付可以看成是以2个潜在的不同利率投资2年的结果。

这样,在第二种选择中,开始投入的 82.64 元在第 1 年年末为 $82.64 \times (1+r_1)$,第 2 年年末为 $82.64 \times (1+r_1)(1+f_2)$。如果第 1 年的利率为 8%,2 年后的投资所得是 100 元,则远期利率 f_2:

$$82.64 \times (1+0.08) \times (1+f_2) = 100$$

或 $(1+0.1)^2 = (1+0.08) \times (1+f_2)$

$$f_2 = 12.04\%$$

上式结果表明,1 年后再进行一个 1 年期的投资,其隐含的利率是 12.04%。如果这一利率高于 12.04%,投资者可以选择第二种方案;如果这一利率低于 12.04%,投资者可以借入 1 年期现金,同时卖出一个 1 年的远期利率合约,并以 2 年的即期利率进行投资,以获得无风险收益。

即期利率与远期利率的关系可用下式描述:

$$(1+r_n)^n = (1+f_1)(1+f_2)\cdots(1+f_n) \tag{2.25}$$

式(2.25)表明,即期利率是远期利率的几何平均数,而远期利率可以看成是未来某一段时期借款或贷款的边际成本。

3. 利率的期限结构

利率的期限结构可根据收益率曲线进行分析,图 2-2 描绘了四种假设国库券收益率曲线的形状。

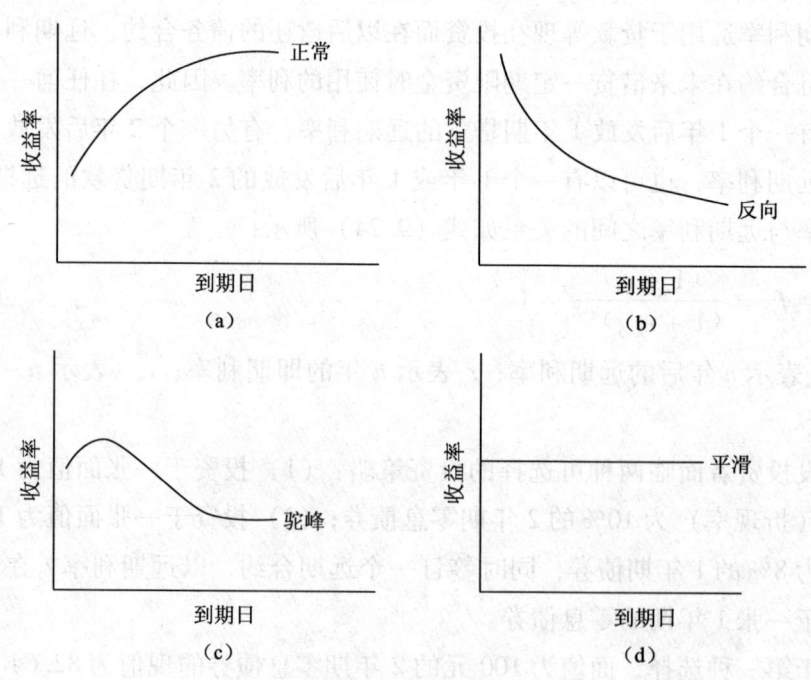

图 2-2 国库券收益率

图 2-2（a）中的收益率曲线自左下方向右上方延伸，这种形状的债券收益率曲线称作正收益率曲线（positive yield curve）。债券的正收益率曲线是在整个经济运行正常、不存在通货膨胀压力和经济衰退条件下出现的。它表示在其他条件一定的情况下，长期债券的即期利率高于短期债券的即期利率。或者说，未来债务合约的开始时间越远，远期利率越高。

图 2-2（b）中的收益率曲线从左上方向右下方延伸，这种形状的收益率曲线称作反收益率曲线（inverse yield curve）。反收益率曲线意味着未来债务合约的开始日越远，远期利率越低。在市场供求关系支配下，当人们过多追求长期债券的高收益时，必然造成长期资本供大于求，引起长期债券利率下降而短期利率上升，最后导致短期利率高于长期利率的反收益率曲线现象。反收益率曲线通常不会仅仅靠资本的供求关系影响而自动调整为正收益率曲线。在投资人对长期债券的信心和兴趣恢复以前，中央银行必须首先采取有效的货币政策措施来消除利率混乱，修正收益率曲线。

当人们过分追求短期利率而把资本投入较短期限的债券时，短期利率因资本供应过多而下降，长期利率却因资本供应不足而上升，反收益率曲线又开始向正收益曲线回复。在正反收益率曲线相互替代的利率变化过程中，经常出现一种长、短期收益率趋于一致的过渡阶段。这时，债券的收益率曲线同坐标系中的横坐标趋于平行，这种形状的收益率曲线称作平收益率曲线（flat yield curve），如图 2-2（d）所示。

收益率曲线还存在另一种形状，即在某期限之前债券的利率期限结构是正收益率曲线，而在该期限之后却变成了反收益率曲线，如图 2-2（c）所示。这种形状的收益率曲线称作拱收益率曲线（humped yield curve）。表示在某一时间限度内债券的期限越长，收益率越高，超过这一限度，期限越长，收益率越低。拱收益率曲线是短期利率急剧上升阶段所特有的利率期限结构现象。在西方经济极不稳定、市场利率起伏剧烈的 20 世纪 70 年代，拱收益率曲线成为美国债券市场和货币市场上一种最为常见的利率期限结构。

2.3　Excel 时间价值函数

前面介绍了货币时间价值计算的基本方法：即从 PV→FV、FV→PV、A→FV、FV→A、A→PV、PV→A 等的互相转换公式。所谓互相转换，就是指在一个确定的投资过程中，当其利率与时间均已确定时，不同时点上的各种资本之间的等值关系。在计算机和各种软件出现之前，这种换算通常是借助于各种换算表格（见附录1）进行计算，原理虽然简单，但计算方法极其繁琐。目前,小型财务计算器和一些办公软件,如 Excel 软件的广泛应用,不仅能方便快捷地检查和计算各种复杂形态的现金流量的价值,而且还能相当有效地进行敏感性分析。

2.3.1 Excel 时间价值函数基本模型

在采用公式计算货币的时间价值时,每个公式都包含了四个变量,如简单现金流量的四个变量是:PV、FV、r、n;系列现金流量的变量是:PV 或 FV、A、r、n。只要知道其中三个变量,就可以求出第四个变量。

Excel 电子表格程序通常包含五个变量:PV、FV、PMT(A)、RATE(r)、NPER(n)。这是因为计算机程序中被设计成:如果输入 PMT(等额款项),PV 或 FV 的值有一个为零时默认解决年金问题;输入 PMT 值为零时处理的是简单现金流问题。在这五个变量中,只要输入四个变量值,就可以计算第五个变量。现以 Microsoft Excel™ 为例进行简要说明,各个变量的求解公式如表 2-4 所示。

表 2-4　　　　　　　　　　电子表格程序输入公式

求解变量	输入函数
计算终值(FV):	=FV(Rate, Nper, Pmt, PV, Type)
计算现值(PV):	=PV(Rate, Nper, Pmt, FV, Type)
计算每期等额现金流量(PMT):	=PMT(Rate, Nper, PV, FV, Type)
计算期数(n):	=NPER(Rate, Pmt, PV, FV, Type)
计算利率或折现率(r):	=RATE(Nper, Pmt, PV, FV, Type)

利用电子表格程序求解任何一个变量值,可按照表 2-4 中"输入函数"栏中的括号内的顺序输入三个已知变量的值,将第四个变量值设为 0(求简单现金流量的现值或终值,将 PMT 设为 0;求年金终值,将 PV 设为 0;求年金现值,将 FV 设为 0)。如果现金流发生在每期期末,则 Type 项为 0 或忽略;如果现金流发生在每期期初,则 Type 项为 1。

在变量输入过程中,需要注意以下五个问题:

第一,现金流的符号问题。在 FV、PV 和 PMT 三个变量中,其中总有一个数值为零,因此,在每一组现金流中,总有两个异号的现金流。在 Excel 内置函数中,PV 函数认定年金 PMT 和终值 FV 现金流的方向与计算出的现金流现值的方向相反,即如果年金 PMT 和终值 FV 是付款,计算出的现值为收款;

反之亦然。为了使计算出的现值显示为正数，应在输入 PMT 和 FV 参数时加上负号。计算复利现值或终值时亦然。

第二，如果某一变量值为零，可直接输入"0"或省略。

第三，如果某一变量值（在输入公式两个变量之间）为零，也可以用","代替。

第四，在使用函数时，函数名与其后的括号"("之间不能有空格；当有多个参数时，参数之间要用逗号","分隔；参数可以是数值、文本、逻辑值、单元格地址或单元格区域地址，也可以是各种表达式或函数；函数中的逗号、引号等都是半角字符，而不是全角字符。

第五，如果对表 2-4 列示的各种输入公式不熟悉，可在 Excel 电子表格中，点击菜单栏中的"f_x"项，在"粘贴变量"对话框中点击"财务"，在"变量名"中点击需要计算的变量，如 FV（终值）、PV（现值）等，点击"确定"后，即可根据对话框中的提示进行操作，求解变量值。

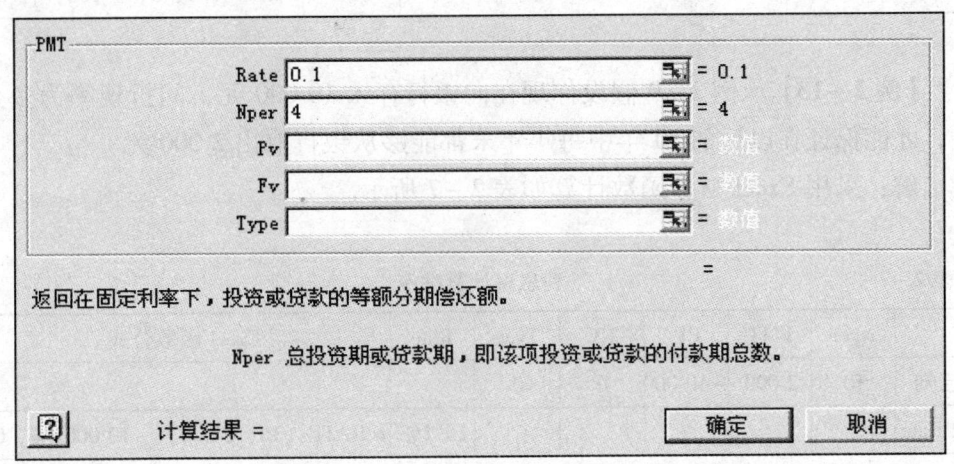

图 2-3 利用 Excel 求解 PMT

2.3.2 现值、终值及其他变量计算举例

现以已使用的例题来说明如何利用 Excel 财务函数求解货币的时间价值。

【例 2-11】承例 2-2 假设某投资项目预计 5 年后可获得收益 800 万元，按年折现率 12% 计算，问这笔收益的现在价值是多少？

解：采用 Excel 财务函数计算如表 2-5 所示。

表 2-5　　　　　　　　　　　　　复利现值计算举例

	Rate	Nper	PMT	FV	Type	PV	Excel 函数公式
已知	0.12	5	0	-800	0		
求 PV						453.94	=PV (0.12, 5, 0, -800, 0)

【例 2-12】承例 2-3 假设某项目在 3 年建设期内每年年末向银行借款 100 万元，借款年利率为 10%，问项目竣工（即第 3 年年末）时应该支付给银行的本利和总额是多少？

解：采用 Excel 财务函数计算如表 2-6 所示。

表 2-6　　　　　　　　　　　　　年金终值计算举例

	Rate	Nper	PMT	PV	Type	FV	Excel 函数公式
已知	0.1	3	-100	0	0		
求 FV						331	=FV (0.1, 3, -100, 0, 0)

【例 2-13】承例 2-9 假设你现在向银行存入 10 000 元，问折现率为多少时，才能保证在以后的 10 年中每年年末都能够从银行取出 2 000 元？

解：采用 Excel 财务函数计算如表 2-7 所示。

表 2-7　　　　　　　　　　　　　利息率计算举例

	Nper	PMT	PV	FV	Type	Rate	Excel 函数公式
已知	10	2 000	-10 000	0	0		
求 Rate						15.1%	=RATE (10, 2 000, -10 000, 0, 0)

2.3.3　混合现金流的现值与折现率

Excel 中的函数符号与财务教材通用的符号所代表的含义不完全相同。NPV 在财务中表示净现值（现金流入量现值－现金流出量现值），在 Excel 中表示现值①，在计算净现值时，应将项目未来现金流用 NPV 函数求出的现值再减去该项目的初始投资的现值。

NPV 函数输入方式：=NPV (rate, value1, value2, …)

---

① 在 Excel 中，函数 NPV 假定投资现金流量（初始投资）发生在第 1 期末（value1），而在我们的分析中，通常假设投资发生在第 0 期。

式中，value1，value2，…分别代表 1～29 笔支出或收入参数值，时间均匀分布并出现在每期期末。

【例 2-14】某投资项目在未来 4 年的年末分别产生 90 元、100 元、110 元、80 元确定的现金流量，初始投资 300 元，折现率为 8%。求该项目的净现值（NPV）。

解：采用 Excel 财务函数计算如表 2-8 所示。

表 2-8　　　　　　　　　混合现金流量现值计算举例

	Rate	value 1	value 2	value 3	value 4	NPV	Excel 函数公式
已知	0.08	90	100	110	80		
求 NPV						15.19	=NPV（0.08，90，100，110，80）-300

当各期现金流量不相等时，可使用 IRR 函数计算折现率，IRR 函数的功能是返回由数值代表的一组现金流量的内部收益率，这些现金流量不一定必须为均衡的，但它们必须按固定的间隔发生（如按月或年）。

输入方式：=IRR（values，guess）

式中，value 为数组或单元格，包含用来计算内部收益率的数字。value 必须包含至少一个正值和一个负值。函数 IRR 根据数值的顺序来解释现金流量的顺序，因此应确定按需要的顺序输入数值。guess 是对函数 IRR 计算结果的估计值，在大多数情况下，并不需要为函数 IRR 的计算提供 guess 值，如果省略 guess，假设为 0.1。

【例 2-15】某公司支付 200 万元购买 1 台设备，预计使用 5 年。设备投入使用后每年预计现金净流量分别为 30 万元、50 万元、60 万元、80 万元和 60 万元。请计算该公司购买这台设备的内部收益率 IRR。

解：采用 Excel 财务函数计算如表 2-9 所示。

表 2-9　　　　　　　　　混合现金流折现率计算举例

	value1	value2	value3	value4	value5	value6	IRR	Excel 函数公式
已知	-200	30	50	60	80	60		
求 IRR							10.96%	=IRR（B2:G2）

本章小结

1. 时间轴就是能够表示各个时间点的数轴;单利和复利是两种不同的利息计算体系。在单利情况下,只有本金计算利息,利息不计算利息;在复利情况下,除本金计算利息之外,每经过一个计息期所得到的利息也要计算利息,逐期滚算,俗称"利滚利"。

2. 现值是一个或多个发生在未来的现金流相当于现在时刻的价值,用 PV 表示;终值是一个或多个现在发生或未来发生的现金流相当于未来时刻的价值,用 FV 表示。

3. 单一支付款项是指在某一特定时间内只发生一次的简单现金流;系列支付款项是指在 n 期内多次发生现金流入或现金流出。年金是系列支付款项的特殊形式,是在一定时期内每隔相同时间(如 1 年)发生相同金额的现金流。可以分为普通年金、预付年金、递延年金和永续年金等形式。

4. 货币时间价值中最常用的是终值(F)和现值(P)的计算;但在某些情况下,也可以根据计息期数、终值或现值求解利率(折现率),或根据利率(折现率)、终值或现值求解计息期数。

5. 金融机构提供的利率报价有可能和我们使用的利率有不同的时间间隔,如按月、半年计息等,所以有必要对利率进行调整,以使其与现金流发生的时期相匹配。

6. 在实务中,金融机构提供的利率报价为名义的年利率。如果年复利期数大于 1,如每半年、每季度或每月复利一次,则按不同计息期计算的现值或终值就会发生很大差别。通常将以年为基础计算的利率称为名义年利率(APR),将名义年利率按不同计息期调整后的利率称为有效利率(EAR)。

7. 一般情况下,利率由三大主要因素构成,即真实无风险利率(RRFR)、预期通货膨胀率(I)及风险溢价(RP)。以债券为例,风险溢价可从五个方面进行分析:债券信用质量、债券流动性、债券到期期限、契约条款和外国债券特别风险。

8. 不同期限债券与利率之间的关系,称为利率的期限结构。在市场均衡情况下,借款者的利率与贷款者的收益率是一致的,因此,利率的期限结构也可以说是收益率的期限结构。利率的期限结构可根据收益率曲线进行分析。

9. Excel 电子表格程序通常包含五个变量:PV、FV、PMT(A)、RATE(r)、NPER(n)。在这五个变量中,只要输入四个变量值,就可以计算第五个变量。

10. 在变量输入过程中，需要注意五个问题：一是现金流的符号问题；二是如果某一变量值为零，可直接输入"0"或省略；三是如果某一变量值（在输入公式两个变量之间）为零，也可以","代替；四是在使用函数时，变量的输入格式问题；五是可以使用 Microsoft Excel 电子表格中财务函数的"变量名"帮助求解变量值。

第3章 证券价值评估

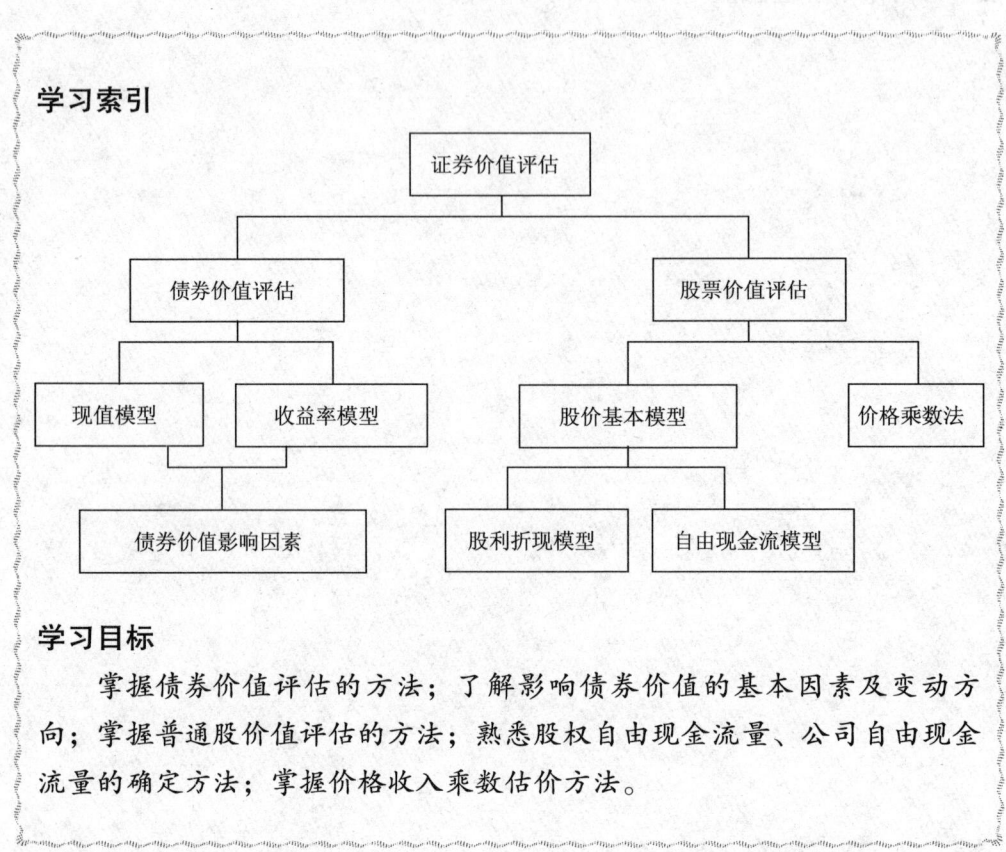

学习索引

学习目标

掌握债券价值评估的方法；了解影响债券价值的基本因素及变动方向；掌握普通股价值评估的方法；熟悉股权自由现金流量、公司自由现金流量的确定方法；掌握价格收入乘数估价方法。

投资者之所以愿意对证券进行投资，是因为证券具有一定的投资价值。那么，投资者在投资之前就必须要对拟投资的证券进行价值评估，该评估价值与投资者预期可得到的价值进行比较，从而决定是否对该证券进行投资。但是，证券的投资价值受很多因素的影响，并随着这些因素的变化而发生相应的变化。例如，债券的投资价值受市场利率水平的影响，并随着市场利率的变化而变化；而影响股票投资价值的因素更为复杂，它会受宏观经济、行业形势和公司经营管理等多方面因素的影响。

3.1 债券价值评估

3.1.1 现值估价模型

1. 债券估价基本模型

从财务学的角度出发，债券（或任何其他资产）的内在价值等于其预期现金流量的现值。在现值估价模型下，债券价值（P_d）的计算公式为：

$$P_d = \sum_{t=1}^{n} \frac{CF_t}{(1+r_d)^t} \tag{3.1}$$

式（3.1）中，CF_t 代表第 t 期债券现金流量，主要指利息（I）和到期本金（F）；r_d 代表投资者要求的收益率或债券资本成本。

假设债券每年付息一次，投资者要求的收益率各期不变，债券现值的计算公式为：

$$P_d = \frac{I_1}{1+r_d} + \frac{I_2}{(1+r_d)^2} + \cdots + \frac{I_n}{(1+r_d)^n} + \frac{F}{(1+r_d)^n} \tag{3.2}$$

一般来说，债券内在价值既是发行者的发行价值，又是投资者的认购价值。如果市场是有效的，债券的内在价值与票面价值应该是一致的，即债券的票面价值可以公平地反映债券的真实价值。但债券的价值不是一成不变的，债券发行后，虽然债券的面值、息票率和债券期限一般会依据债券契约保持不变，但必要收益率会随市场状况的变化而变化，由此引起债券的价值（未来现金流量序列的现值）也会随之变化。

【例 3-1】2014 年 11 月 10 日我国发行的 3 年期凭证式国债，票面年利率 5.00%。本期国债从购买之日开始计息，到期一次还本付息，不计复利，逾期兑付不加计利息。假设某投资者决定购买，那么在市场平均收益率为 6.5% 的情况下，债券的现值是多少？

解：根据公式（3.2），债券的现值或内在价值计算如下：

$$P_d = \frac{100 \times 5.00\% \times 3 + 100}{1.065^3} = 95.2 \text{（元）}$$

上述计算表明，由于该国债提供的息票率 5.00% 小于市场收益率 6.5%，使得其价值 95.2 元小于其面值 100 元。

2. 可赎回债券估价

如果债券契约中载明允许发行公司在到期日前将债券从持有者手中赎回的条款，则当市场利率下降时，公司会发行利率较低的新债券，并以所筹措的资金赎回高利率的旧债券。在这种情况下，可赎回债券持有者的现金流量包括两部分：赎回前正常的利息收入和赎回价格，即面值+赎回溢价。

【例3-2】某公司拟发行债券融资，债券面值为1 000元，息票率为12%，期限为20年，每年付息一次，到期偿还本金。债券契约规定，5年后公司可以1 120元价格赎回。目前同类债券的利率为10%，分别计算债券被赎回和没有被赎回的价值。

解：如果债券被赎回，债券价值计算为：

$$P_d = 1\,000 \times 12\% \times (P/A, 10\%, 5) + 1\,120 \times (P/F, 10\%, 5)$$
$$= 120 \times 3.7908 + 1\,120 \times 0.6209$$
$$= 1\,150.3\,（元）$$

如果债券没有赎回条款，持有债券至到期日时债券的价值为：

$$P_d = 1\,000 \times 12\% \times (P/A, 10\%, 20) + 1\,000 \times (P/F, 10\%, 20)$$
$$= 120 \times 8.5136 + 1\,000 \times 0.1486$$
$$= 1\,170.23\,（元）$$

在上述计算结果中，如果债券被赎回，1 150.3元是该公司承诺的现金流量的现值；如果债券不被赎回，1 170.23元是该公司承诺的现金流量的现值。这两者之间的差额表示如果债券被赎回该公司将节约的数额。如果5年后利率下跌，债券被赎回的可能性很大，因此与投资者相关的最可能价格是1 150.3元。

3.1.2 收益率估价模型

采用现值估价模型时，假设折现率已知，通过对债券的现金流量进行折现计算债券价值。在收益率模型中，假设折现率未知，用债券当前的市场价格代替公式（3.1）中债券的内在价值（P_d），从而计算折现率或预期收益率。其决策标准是，如果计算出来的收益率等于或大于必要收益率，则应购买该债券；反之，则应放弃。

收益率估价模型中的收益率可以分为两大类：到期收益率和赎回收益率。

1. 债券到期收益率

债券到期收益率（yield to maturity，YTM）是指债券按当前市场价格购买并持有至到期日所产生的预期收益率。如果同时满足两个假设条件，债券到期收益率就等于投资者实现的收益率：一是假设投资者持有债券直到到期日；二是假设所有期间的现金流量（利息支付额）都以计算出的YTM进行再投资。具体来说，到期收益率是指债券预期利息和到期本金（面值）的现值与债券现行市场价格相等时的折现率。其计算公式为：

$$P_d = \sum_{t=1}^{n} \frac{CF_t}{(1+YTM)^t} \tag{3.3}$$

到期收益率一般根据 Excel 内置函数"RATE"来完成。一些网站，如 http://www.chinabond.com.cn 列示了我国国债、企业债券的到期收益率等。

【例 3-3】 假设你以 1 050 元的价值购进 15 年后到期，票面利率为 12%，面值为 1 000 元，每年付息 1 次，到期一次还本的某公司债券。如果你购进后一直持有该债券至到期日，则债券到期收益率是多少？

解：首先，根据题意，列出方程式为：

$P_d = 1\,000 \times 12\% \times (P/A, YTM, 20) + 1\,000 \times (P/F, YTM, 20)$
$\quad = 1\,050 \,(元)$

其次，根据 Excel 财务函数（见表 3-1）解得债券到期收益率（YTM）为 11.29%：

表 3-1   债券到期收益率

	Nper	PMT	PV	FV	Type	Rate	Excel 函数公式
已知	15	120	-1 050	1 000	0		
求 Rate						11.29%	=RATE(15, 120, -1 050, 1 000)

2. 债券赎回收益率

如果债券被赎回，投资者应根据债券赎回收益率（yield to call，YTC）而不是到期收益率来估算债券的预期收益率。在例 3-2 中，假设债券按面值发行，如果 5 年后市场利率下降到 8%，债券一定会被赎回，那么债券赎回时的收益率计算如下：

$P_d = 1\,000 \times 12\% \times (P/A, YTC, 5) + 1\,120 \times (P/F, YTC, 5) = 1\,000 \,(元)$

根据 Excel 财务函数解得 YTC 为 13.82%。

上式计算表面上看投资者似乎从债券赎回中得到了好处，其实不然。每年从每张债券收到 120 元的投资者，现在将收到一笔 1 120 元的新款项，假设将这笔款项按目前市场利率（8%）进行 15 期的债券投资，每年的现金流量就会从 120 元降到 89.6 元（1 120×8%），即投资者在以后 15 年中每年收入减少了 30.4 元。尽管现在投资者可以在赎回日收到 1 120 元，但由于投资者减少的收入现值约为 260 元，即 30.4×（P/A，8%，15），超出了赎回溢价 120 元的（1 120-1 000），因此债券赎回会使投资者蒙受损失。

从投资收益率看，虽然债券赎回可使投资者得到 13.82% 的高收益率，但仅仅是在 5 年内，在以后的几年里，收益率就下降到 8%。20 年期、利率为

12%的债券收益率将优于前5年收益率为13.82%和后15年收益率为8%的债券。假设债券在5年后被赎回，并且投资者把从债券回收得到的1 120元再按8%的利率进行投资，则此时20年债券的预期收益率为：

$$1\,000 = \sum_{t=1}^{5} \frac{120}{(1+\text{YTC})^t} + \sum_{t=1}^{15} \frac{89.6}{(1+\text{YTC})^t} \times \frac{1}{(1+\text{YTC})^5} + \frac{1\,120}{(1+\text{YTC})^{20}}$$

利用Excel财务函数解得预期收益率为10.54%。这表明，如果债券被赎回，投资者的债券投资收益率就会由原来的13.82%下降到10.54%，下降了3.28%。

3.1.3 债券价值的影响因素

债券价值主要由息票率、期限和收益率（市场利率）三个因素决定。它们对债券价值的影响主要表现在：（1）对于给定的到期时间和市场收益率，息票率越低，债券价值变动的幅度就越大；（2）对于给定的息票率和市场收益率，期限越长，债券价值变动的幅度就越大，但价值变动的相对幅度随期限的延长而缩小；（3）对同一债券，市场收益率下降一定幅度引起的债券价值上升幅度要高于由于市场收益率上升同一幅度引起的债券价值下跌的幅度。

1. 收益率变动对不同息票率债券价值的影响

假设有X和Y两种债券，面值均为1 000元，期限均为5年，息票率分别为5%和9%，如果初始收益率均为9%，则收益率变化对两种债券价值的影响如表3-2所示。

表3-2　　　　　　　　收益率变动对不同息票率债券价值的影响

收益率（%）	收益率变动（%）	X（5年期，5%）（元）	Y（5年期，9%）（元）
6.0	-33.33	957.88	1 126.37
7.0	-22.22	918.00	1 082.00
8.0	-11.11	880.22	1 039.93
9.0	0.00	844.41	1 000.00
10.0	11.11	810.46	962.09
11.0	22.22	778.25	926.08
12.0	33.33	747.67	891.86

续表

收益率	债券价值变动百分比（%）		
	收益率变动	X（5年期，5%）	Y（5年期，9%）
6.0	-33.33	13.44	12.64
7.0	-22.22	8.71	8.20
8.0	-11.11	4.24	3.99
9.0	0.00	0.00	0.00
10.0	11.11	-4.02	-3.79
11.0	22.22	-7.84	-7.39
12.0	33.33	-11.46	-10.81

从表3－2可以看出，当债券收益率为9%时，X、Y债券的价值分别为844.41元和1 000元。如果收益率下降至6%，X债券的市场价值为957.88元，上升了13.44%；Y债券价值为1 126.37元，上升了12.64%。如果收益率上升至12%，X债券的市场价值为747.67元，下降了11.46%；Y债券价值为891.86元，下降了10.81%。这表明息票率为5%的债券价值变动幅度大于息票率为9%的债券价值变动幅度；而且，对同一债券，收益率下降一定幅度引起的债券价值上升幅度要大于收益率上升同一幅度引起的债券价值下降幅度。

2. 收益率变动对不同期限债券价值的影响

假设债券面值1 000元，息票率为9%，债券的期限分别为5年、10年和15年，如果以9%的债券收益率作为定价基础，则收益率变动对不同期限债券价值的影响如表3－3所示。

表3－3 　　　　　收益率变动对不同期限债券价值的影响　　　　　单位：元

收益率（%）	收益率变动（%）	5年	10年	15年
6.0	-33.33	1 126.37	1 220.80	1 291.37
7.0	-22.22	1 082.00	1 140.47	1 182.16
8.0	-11.11	1 039.93	1 067.10	1 085.59
9.0	0	1 000.00	1 000.00	1 000.00
10.0	11.11	962.09	938.55	923.94
11.0	22.22	926.08	882.22	856.18
12.0	33.33	891.86	830.49	795.67
债券价值变动（%）				
收益率	收益率变动	5年	10年	15年
6.0	-33.33	12.64	22.08	29.14
7.0	-22.22	8.20	14.05	18.22
8.0	-11.11	3.99	6.71	8.56
9.0	0	0	0	0

续表

收益率	收益率变动	债券价值变动（%）		
		5年	10年	15年
10.0	11.11	-3.79	-6.14	-7.61
11.0	22.22	-7.39	-11.78	-14.38
12.0	33.33	-10.81	-16.95	-20.43

从表3-3可以看出，债券期限越长，价值变动的幅度就越大。如果收益率从9%下降到6%，则5年期、10年期和15年期债券价值分别上升了12.64%、22.08%和29.14%；10年期和5年期债券的价值变动率相差9.44%，15年期和10年期债券的价值变动率相差7.06%。如果收益率从9%上升到12%，则不同期限债券价值分别下降了10.81%、16.95%和20.43%；10年期和5年期债券价值的变动率相差6.14%，15年期和10年期债券价值变动率相差3.48%。

> 小资料
>
> **债券久期——衡量债券价值对收益率变化的敏感性**
>
> 债券久期（或称持续期），是以未来收益的现值为权数计算的到期时间（即债券各期现金流量现值的加权平均年份，权数是每一现金流量的现值在总现金流量现值中的比例），主要用于衡量债券价值对利率（收益率）变化的敏感性。债券久期越大，利率变化对该债券价值的影响也越大。在降息时，久期大的债券价值上升幅度较大；在升息时，久期大的债券价值下跌的幅度也较大。债券久期可按下式计算：
>
> $$\text{债券久期} = \frac{\sum_{t=1}^{n}\left[\frac{CF_t}{(1+r)^t} \times t\right]}{\sum_{t=1}^{n}\left[\frac{CF_t}{(1+r)^t}\right]}$$
>
> 其中，CF_t为第t年现金流量，r为折现率。
>
> 债券久期的特征为：(1) 零息债券的久期或一次还本付息债券的久期与债券期限相同；(2) 有息债券的久期小于债券期限；(3) 息票率与久期呈负相关关系；(4) 到期期限较长的债券久期通常较长；(5) 在其他条件相同的情况下，到期收益率与久期呈负相关；(6) 偿债基金和提前赎回条款对债券久期的影响很大；(7) 债券久期具有可加性，所以这种方法可以扩展到分析利率变动对整个公司价值的影响。

3.2 股票价值评估

3.2.1 股票估价的基本模型

与债券价值评估类似,对普通股进行价值评估一般可以采用现金流量折现法(discounted cash flow,DCF),其一般模型为:

$$P_0 = \sum_{t=1}^{\infty} \frac{CF_t}{(1+r_e)^t} \tag{3.4}$$

其中,P_0 为股票价值;r_e 为折现率(投资者的必要收益率或股权资本成本);CF_t 为第 t 期预计现金流量。

由于模型中的预计现金流量可以分为两种:股利或股权自由现金流量,因此普通股价值评估模型也可以分为两大类:股利折现模型和自由现金流量折现模型。

3.2.2 股利折现模型

股利折现模型中的现金流量包括两部分:(1)每期的预期股利;(2)股票出售时的预期价格。因此,利用股利折现模型对普通股进行价值评估的一般模型如下:

$$P_0 = \frac{Div_1}{1+r_e} + \frac{Div_2}{(1+r_e)^2} + \cdots + \frac{Div_t}{(1+r_e)^n} + \frac{P_n}{(1+r_n)^n} \tag{3.5}$$

式中,Div_t 代表未来各期的普通股股利或红利(t = 1,2,…,n);r_e 代表普通股投资必要收益率;P_n 代表普通股在第 n 期预期售价;P_0 代表普通股未来预期现金流量的现值。

从表面上看,公式(3.5)与债券价值评估模型很相似,因为它们都遵循了相同的估值概念:证券的价值等于期望未来现金流量的现值。但普通股的估值比债券价值评估要难得多。原因主要有两个方面:一是普通股投资期限是无限的,公司永远不必将它们收回;二是普通股未来现金流量不像债券那样可以明确约定,未来现金流量必须以对公司未来的盈利和股利政策的预期为基础进行估计。

公式(3.5)假设在第 n 期末卖出股票。对于在第 n 期末买入,其后再持有 m 期的第二个持有者来说,这一股票价值可以用同样的方式确定。第 n 期股票的价值 P_n 可以表示成:

$$P_n = \frac{Div_{n+1}}{1+r_e} + \frac{Div_{n+2}}{(1+r_e)^2} + \cdots + \frac{Div_{n+m}}{(1+r_e)^m} + \frac{P_{n+m}}{(1+r_e)^m}$$

把 P_n 的这一表达式代入公式（3.5），P_0 可以写成：

$$P_0 = \frac{Div_1}{1+r_e} + \frac{Div_2}{(1+r_e)^2} + \cdots + \frac{Div_{n+m}}{(1+r_e)^{n+m}} + \frac{P_{n+m}}{(1+r_e)^{n+m}}$$

当然，这仅仅是比第一种情况更长的时间段（即第 n+m 期）出售股票。如果将上述代入过程一直进行下去，即将这一概念用于所有的未来股票持有者，当持有期限趋于无穷大时（n→∞），其结果是股票的公平价格可以被表示成用期望未来现金股利付款的无限流量的现值。公式（3.5）可写成：

$$P_0 = \frac{Div_1}{1+r_e} + \frac{Div_2}{(1+r_e)^2} + \cdots = \sum_{t=1}^{\infty} \frac{Div_t}{(1+r_e)^t} \tag{3.6}$$

根据公式（3.6），股票价值可根据未来预期股利和必要收益率求得。那么如何评价一种从未支付股利的股票的价值呢？在实务中，许多盈利公司很少支付现金股利，而是将所有的收益都用于再投资。公司股东虽然未得到股利，但可通过出售股票（股价上涨时）获得资本利得。当有利的投资机会缩小，公司持有的资本超过投资需要时，公司就会开始支付股利（或回购其股份）。通常，公司通过扩大投资所赢得的收益，至少和持股人接受股利所获得的收益相等。因此，在用公式（3.6）评估股票价值时，通常假设公司会在未来某一时候支付股利，或者说，当公司清算或被并购时会支付清算性股利或回购股票而发生现金支付。

1. 不同类型的普通股价值评估

在对普通股进行估价时，根据股利的变化情况，一般可以将股票分为三类：零增长股、固定增长股和非固定增长股。

（1）零增长股。如果公司每年均发放固定的股利给股东，即预期股利增长率为零，这种股票称为零增长股。此时，各年股利 Div 均为一固定常数，其股票价值可按永续年金折现公式计算：

$$P_0 = \frac{Div}{r_e} \tag{3.7}$$

（2）固定增长股。如果某种股票的股利按照一个常数 g 增长，那么未来第 t 期的预期股利为：$Div_t = Div_0(1+g)^t$ 如果必要收益率 r_e 大于股利增长率 g，则可按增长型永续年金折现公式计算：

$$P_0 = \sum_{t=1}^{\infty} \frac{Div_0(1+g)^t}{(1+r_e)^t} = \frac{Div_1}{r_e - g} \tag{3.8}$$

尽管式（3.8）中假设 g 和 r_e 是常数（且 $r_e > g$），这与现实不符，但它通常可以提供用于价值预测的近似值。从公式（3.8）中可以看出，股票价值与预期股利、必要收益率和股利增长率三个因素的关系如下：每股股票的预期股利越高，股票价值越大；必要收益率越小，股票价值越大；股利增长率越大，股票价值越大。

【例 3-4】 假设一个投资者正考虑购买 X 公司的股票。该股票从今天起的一年里将按每股 3 元支付股利，该股利预计在可预见的将来以每年 8% 的比例增长，投资者基于对该公司的风险评估，认为应得的收益率为 12%，那么，该公司股票价格是多少？

解：$P_0 = \dfrac{3}{12\% - 8\%} = 75$（元）

(3) 非固定增长股。根据公司未来的增长情况，非固定增长股可分为两阶段模型或三阶段模型。现以两分阶段模型加以说明。两阶段模型将增长分为两个阶段：股利高速增长阶段和随后的稳定增长阶段。在这种情况下，公司价值由两部分构成：即高速增长阶段股利现值和固定增长阶段股票价值的现值。其计算公式为：

$$P_0 = \sum_{t=1}^{n} \frac{Div_t}{1 + r_e} + \frac{P_n}{(1 + r_e)^n} \tag{3.9}$$

式中，P_n 为第 n 期期末股票价值，$P_n = \dfrac{Div_{n+1}}{r_{en} - g_n}$；$r_{en}$ 为第 n 期以后股票投资必要收益率；g_n 为第 n 期以后股利稳定增长率。

【例 3-5】 假设 Y 公司目前拥有一种引起公众注意的新产品，预计在未来的 3 年内，销售每年以 50% 的速度增长，其股利将以每年 13% 的速度增长，此后预计股利增长率为 7%。如果股东投资的必要收益率为 15%，公司最近发放的现金股利为每股 1.4 元，Y 公司的股票价值是多少？

解：根据资料，我们可以将该公司前三年作为高速增长阶段，第四年以后作为固定增长阶段。两个阶段股票价值计算如下：

$$P_{高速增长} = \frac{1.4 \times 1.13}{1 + 15\%} + \frac{1.4 \times (1.13)^2}{(1 + 15\%)^2} + \frac{1.4 \times (1.13)^3}{(1 + 15\%)^3}$$
$$= 1.37 + 1.35 + 1.33 = 4.05 \text{（元）}$$
$$P_{固定增长} = \frac{1.4 \times (1.13)^3 \times 1.07}{15\% - 7\%} \times \frac{1}{(1 + 15\%)^3} = 17.76 \text{（元）}$$

因此，Y 公司普通股价值为 4.05 + 17.76 = 21.81（元）。

如果股利增长情况不限于两种情况，则还可以继续划分为三阶段或多阶段，只要最后将各个阶段的现值相加即可。

(4) 普通股价值评估举例。下面以青岛啤酒股份有限公司的股票价格评估为例来说明股票价值的评估①：

---

① 选自刘淑莲主编：《公司理财》，北京大学出版社 2007 年版，第 93、94 页。

青岛啤酒股份有限公司是一家历史悠久的啤酒生产企业。假设青岛啤酒采用两阶段模型估计股票价格,有关资料如下:

第一,背景信息:2004年每股收益(EPS)为0.2639元,股利支付率为56.84%,净资产收益率为7.799%;

第二,高速增长阶段输入变量:① 预计高速增长期为10年,根据青岛啤酒的历史增长率和未来发展情况等相关信息,预计在此期间青岛啤酒每股收益年均增长率为10%;② 根据历史资料统计,青岛啤酒股权资本成本为8.9608%。

第三,稳定增长阶段输入变量:① 假设稳定增长率等于预期的经济增长率(8%);② 稳定增长时期公司留存收益比率为60%,即股利支付率为40%;③ 在稳定时期,估计青岛啤酒股票β系数将上升到1,其他因素保持不变,则青岛啤酒股本成本为9.4%。

根据上述资料,高增长时期股利现值预测如表3-4所示。

表3-4 高增长时期股利现值 单位:元

年份	每股收益增长率	EPS(元)	股利支付率	DPS(元)	股利现值(8.9608%)
0		0.2639	0.5684	0.1500	
1	0.10	0.2903	0.5684	0.1650	0.1514
2	0.10	0.3193	0.5684	0.1815	0.1529
3	0.10	0.3513	0.5684	0.1997	0.1543
4	0.10	0.3864	0.5684	0.2196	0.1558
5	0.10	0.4250	0.5684	0.2416	0.1573
6	0.10	0.4675	0.5684	0.2657	0.1588
7	0.10	0.5143	0.5684	0.2923	0.1603
8	0.10	0.5657	0.5684	0.3215	0.1618
9	0.10	0.6223	0.5684	0.3537	0.1634
10	0.10	0.6845	0.5684	0.3891	0.1649
合计				1.5811	

高增长时期股利现值也可根据股票股价基本公式直接计算,加上稳定增长时期股票价值现值,即可得到青岛啤酒股票价格:

$$P_0 = \sum_{t=1}^{10} \frac{D_t}{(1.0896)^t} + \frac{0.2639 \times 1.1^{10} \times 1.08 \times 0.4}{(9.4\% - 8\%)} \times \frac{1}{(1.0896)^{10}}$$

$$= 1.58 + 8.62 = 10.20 \text{(元)}$$

2. 股票收益率与股利增长率

从以上论述中可以看出,在普通股估价中,普通股投资的必要收益率是非常重要的。那么,如何确定普通股投资的必要收益率呢?在学术界有两种方法:一种是根据资本资产定价模型确定;另一种是根据预期收益率确定必要收益率。这里只介绍第二种方法。

对于公开交易的股票来说,最近支付的价格是最易获得的价值估计。与债券价值评估模型一样,普通股价值评估模型提供了估计必要收益率的最好方法。如果已知股票市场价格、预期股利及股利增长率,根据公式(3.8)即可计算股票预期收益率:

$$r_e = \frac{Div_1}{P_0} + g \tag{3.10}$$

如果资本市场是有效的,必要收益率与期望收益率相等,因此按公式(3.10)估计的期望收益率是必要收益率的一个较好的估计。在式(3.10)中,股票收益率来源于两个因素:一是预期股利收益 Div_1/P_0;二是资本利得收益,它是预期的股票价格的年变化率。

假设在例3-4中,X公司股票的现时售价为75元,下一年的股利支付为3元,股利增长率为8%,则投资者的预期收益率或必要收益率为:

$$r_e = \frac{3}{75} + 8\% = 4\% + 8\% = 12\%$$

这一预期收益率包括4%的股利收益率和8%的资本利得收益率。如果下一年的预期股利为3.24(3×1.08),这将导致P_1的预期价值为:

$$P_1 = \frac{Div_2}{r_s - g} = \frac{3.24}{12\% - 8\%} = 81(元)$$

此时,资本利得收益率为8%,即(81-75)/75=8%。这一例证说明了一个重要原理:在股利按常数增长的情况下,股票价格和股利可以预期按相同比率增加。

股利增长率是影响股票价值的重要因素,如果没有外来资本,股利增长的来源是留存收益和由该留存收益带来的报酬。对于公司的收益,公司可以将其用于投资,以获得比上一年更多的收益,进而可以支付更多的股利。如果公司将收益全部用于支付股利,则留存收益为零,或再投资等于零。在这种情况下,通常假设用金额等于折旧的一笔资本投资来维持公司的收益(公司收益不变)。再投资中大于折旧的部分,它只能来自留存收益。在股利固定增长情况下,股利增长率可分解为两个部分:

股利增长率 = (1 - 股利支付率)×净资产收益率
= 留存收益比率×净资产收益率 (3.11)

【例3-6】假设Z公司近5年共获利1 000万元,同期共支付400万元的股利,股利支付率为40%。该公司预期明年的每股收益为4.5元,每股股利支付为1.8元。当前，Z公司的股票每股售价为36元。如果Z公司预期净资产收益率为15%，Z公司股票的必要收益率为多少？

解：根据公式（3.11）和公式（3.10）计算Z公司股利增长率和必要收益率分别为：

$$g = (1 - 40\%) \times 15\% = 9\%$$

$$r_e = \frac{1.8}{36} + 9\% = 14\%$$

计算结果表明，投资必要收益率为14%，小于Z公司未来投资机会的预期净资产收益率15%，因此，该项投资会增加公司价值。如果Z公司未来投资机会的预期收益率不是15%，而是10%，在其他资料相同的条件下，该公司投资必要收益率为11%，超过了10%的预期投资收益率，这表明Z公司未来有净现值为负的投资项目。如果Z公司未来投资机会的预期收益率不是15%，而是12.5%，在其他资料相同的条件下，该公司投资必要收益率与期望投资收益率相同，这表明Z公司未来有净现值等于0的投资项目。以上从三个方面分析了未来投资期望收益率的各种假设对股票估计必要收益率的影响。实际上，股票只有一个必要收益率。

3. 增长机会

如果公司的收益不是全部用于股利支付，而是将其中的一部分转化为新的净投资，追加新的净投资会创造出新的收益。因此，可以把现在股票的价值分解为两部分：公司现有资产预期创造的收益（EPS_1）的现值和公司未来投资机会收益的现值，后一种价值可称作增长机会的现值（present value of growth opportunities，PVGO）。在这种情况下，公司股票价格可表示为：

$$P_0 = \frac{EPS_1}{r_e} + PVGO \tag{3.12}$$

式中，第一项表示现存资产收益现值，即公司把所有的收益都分配给投资者时的股票价格；第二项表示增长机会的收益现值，即公司留存收益用于再投资所带来的新增价值。

为分析方便，假设根据股利支付率和新增投资收益率不同将例3-4中的X公司分为三种不同情况：

第一，假设X公司为增长型公司，相关资料如例3-4相同，公司目前股票价格为75元。

第二，假设X公司为维持型公司，每年的投资仅用来更新已损耗的设备，即维持原有的生产能力不变，这样公司未来净投资为零，未来增长机会的净现值也为零。如果该公司以后各期股票的每股收益均为5元，且全部用于股利发

放,假设投资必要收益率为12%,则公司目前股票价格应为:

$$P_0 = \frac{EPS_1}{r_e} = \frac{5}{12\%} = 41.67(元)$$

第三,假设 X 公司为收益型公司,虽然收益中的40%用于再投资,但新投资的期望收益率与原来公司必要收益率(12%)相同,其他因素与前述相同。按照固定股利增长模型来估值,这时 X 公司的收益增长率(股利增长率)为4.8%,即40%×12% =4.8%,则股票价格为:

$$P_0 = \frac{3}{12\% - 4.8\%} = 41.67(元)$$

上述分析结果表明,增长型公司股票价格为75元,维持型公司与收益型公司股票价格为41.67元,其间的差异为33.33元,即为未来增长机会的现值。

通常可以利用 PVGO 来区分成长股和绩优股股票。例如,几乎所有人都将微软(Microsoft)视为成长股,而将康明斯发动机(Cummins)或陶氏化学公司(Dow Chemical)这样的成熟公司视为绩优股。表3-5列示了2007年年初这些公司和其他几家公司 PVGO 的估计值①。

表3-5　　　　　　　　　　八家公司 PVGO 估计值

股票	股票价格（P）	EPS(1)	股权成本（r）(2)	PVGO（P-EPS/r）	PVGO 占股票价格（%）
绩优股:					
康明斯发动机（美元）	118.18	12.03	0.157	41.56	35
陶氏化学公司（美元）	39.90	4.11	0.125	7.02	18
Unilever（英镑）	14.16	0.896	0.091	4.31	30
Scottish Power（英镑）	7.40	0.462	0.097	2.64	36
成长股:					
微软（美元）	29.86	1.57	0.123	17.10	57
星巴克（美元）	35.42	0.985	0.092	24.71	70
E2v Technologies（英镑）	3.80	0.234	0.15	2.24	59
Logica（英镑）	1.85	0.111	0.159	1.15	62

注:(1) EPS 被定义为维持型公司的平均利润,是用当前及预计每股收益平均值估计出来的数值。资料来源:Yahoo! Finance (finance.yahoo.com)。

(2) 股权成本是用资本资产定价模型估计的。本例使用的市场风险溢价是7%,无风险利率为5%(美国)和5.5%(英国)。

---

① Richard A. Brealey, Stewart C. Myers, Franklin Allen. "Principles of Corporate Finance" (Concise Edition). 2009年1月东北财经大学双语教材引进版,第101页。本表中还包括了其他的几家公司,包括英国的成熟公司和高科技成长公司等。

在表3-5中，PVGO是根据各公司当前股票价格减去该公司现存资产收益的现值近似得出的。以Cummins为例，假设该公司现存资产每年创造EPS均为每股12.03美元，则现存资产收益的现值为76.62美元，即12.03/15.7%＝76.62（元），公司未来增长机会的现值为41.56美元，即118.18－76.62，PVGO相当于股票价格的35%。其他公司计算方法相同。

表3-5表明，成长股公司的PVGO占股票价格的比重远远超过一半。投资者希望这些公司能够增大投资、成长迅速，因此能为他们带来远远超过资本成本的收益。

> **小思考**
>
> **力臂运动器材公司（Reeby Sports）**①
>
> 1998年，乔治·里比（George Reeby）创办了一家小型邮购公司，销售高级运动器材。从那时开始，力臂运动器材公司稳步发展，盈利状况一直良好。公司曾发行200万股股票，完全由乔治和他的五个孩子所拥有。
>
> 几个月来，乔治一直在思考公司是否到了上市的时候。上市能够使其部分投资变现，同时也能为今后公司扩张的融资提供便利条件。
>
> 但是，公司的股价应该定为多少呢？乔治的第一个本能就是看一下自己公司的资产负债表。报表显示，公司权益的账面价值为2 634万美元，也就是每股13.17美元，而13.17美元的股价意味着6.6倍的市盈率，但这与他的主要竞争对手茉莉运动器材公司（Molly Sports）13.1倍的市盈率相比要低得多。
>
> 乔治觉得账面价值对股票的市场价值未必能有很好的指导意义，他想到了自己的女儿珍妮。她在一家投资银行工作，想必珍妮肯定知道股票应该如何定价。乔治决定，在她下班之后晚上的9点，或在她第2天上班之前的早晨6点，给她打个电话。
>
> 打电话前，乔治找出了一些公司盈利状况的基本数据，如表3-6所示。除了最初的亏损，转向盈利后的公司收益超过了其估计的资本成本估计值10%。乔治非常自信地认为，公司在今后的6～8年内仍然会继续相当稳定地增长。事实上，他还觉得过去几年里公司的发展被耽搁了，因为有两个孩子总要求公司派发大量的股利。也许公司上市后就可以留住股利，可以将资金更多地用于再投资和企业的发展。

---

① 理查德·A. 布雷利、斯图尔特·C. 迈尔斯、弗兰克林·艾伦：《公司理财原理》（精要版）（罗菲译），东北财经大学出版社2010年版。

当然，未来的天空也不是晴空万里，因为竞争在加剧。就在这一天上午，茉莉运动器材公司刚刚宣布成立一个邮购分部。因此乔治担心，在接下来的6年或稍晚一些，公司可能很难再找到值得投资的市场机会了。

乔治知道，珍妮要想给出力臂公司价值的最终数据，必须得到有关公司前景的更多信息，但他希望现有的这些信息已经足以使她能够对公司的股价给出一个初步的判断。

表 3-6 力臂运动器材公司相关基本数据   单元：美元

时间	1999	2000	2001	2002	2003	2004	2005	2006	2007	2008
每股收益	-2.10	-0.70	0.23	0.81	1.10	1.30	1.52	1.64	2.00	2.03
每股股利	0.00	0.00	0.00	0.20	0.20	0.30	0.30	0.60	0.60	0.80
每股账面价值	9.80	7.70	7.00	7.61	8.51	9.51	10.73	11.77	13.17	14.40
ROE(%)	-27.10	-7.1	3.0	11.6	14.5	15.3	16.0	15.3	17.0	15.4

问题：

（1）帮助珍妮预测力臂运动器材公司未来派发的股利，估计其股票价值。不一定要得出唯一的结果。例如，你可以假设进一步的有利投资机会到第6年会减少，也可以假设是第8年减少，这样就可以计算出两个不同的结果。

（2）在对力臂运动器材公司股票价值的估计中，有多少来自于公司成长机会的现值？

3.2.3 自由现金流量模型

在股利折现法下，假设股利是股东收到的唯一现金流量。事实上，股利与净收益或现金流量在绝大多数情况下并不相等，按此种方法预测的结果往往不能真实反映股票价值。由于公司的股利政策受多种因素的影响，有的公司从不支付股利，有的公司虽然支付股利，但实际支付的金额与公司的支付能力出入很大（支付不足或支付超额）。在这种情况下，股权自由现金流量或公司自由现金流量就成为公司收益相对准确的替代指标。

1. 股权自由现金流量

股权自由现金流量（free cash flow to equity, FCFE）是指归属于股东的剩余现金流量，即公司在履行了所有的财务责任（如债务的还本付息），并满足其本身再投资需要之后的剩余现金流量，如果有发行在外的优先股，还应扣除优先股股息。其估算公式如下：

$$FCFE_t = NI_t + NCC_t - \Delta W_t - F_t - d_t + \Delta P_t + \Delta D_t \quad (3.13)$$

式中，FCFE 为股权自由现金流量；NI 为净收益或税后利润；NCC 为非现金支出净额（折旧或摊销）；ΔW 为营运资本追加支出；F 为资本性追加支出；d 为优先股股息；ΔP 为优先股净增加额；ΔD 为债务净增加额（发行新债与偿还旧债之间的差额）。

公式（3.13）中的股权自由现金流量是以利润表进行中的净收益（NI）为起点进行调整的，有关调整项目说明如下：

第一，调整非现金支出。非现金支出是指各种不引起当期经营现金流量变动的项目净额。在估价中，非现金支出主要有以下几项：

（1）折旧、无形资产摊销及资产减值类费用，已经从当期收益中扣除，但它们并没有实际支付现金，因此，应将其加回到经营活动的现金流量中。

（2）债券溢价（折价）摊销，通过减少（增加）财务费用影响净收益，但它们并未引起现金流量的变化，因此，应从经营活动的现金流量中扣除（添加）。

（3）长期资产处置的收益（损失）之所以要扣除（添加），并不是因为处置行为不产生现金流量，而是因为资产重组的现金流量属于投资活动，而非经营活动。

（4）对于递延所得税来说，虽然从长期来看，应交所得税和所得税费用是一致的，但是，由于税法和会计对所得税确认的时间、口径不同，可能会产生递延所得税，因此，在进行调整时，必须用递延所得税将所得税费用还原到公司本期实际应交税金。对于一些属于非现金支付的重组费用，也要进行一定的调整。

第二，调整资本性支出。资本性支出是指当年发生的固定资产投资、无形资产投资及其他长期资产投资，如厂房的新建、改建和扩建，设备更新、购置和新产品试制、专利费用支出等。获得资本性支出的信息主要来源于公司资产负债表和现金流量表中的投资现金流量。不过，当公司不是通过现金购买的方式直接取得长期资产，而是通过发行债券或股票等非现金交易形式（重大非现金交易在现金流量表的附注中披露），或者在公司并购中一并接收了长期资产，应对公司今后资本性支出的金额做出合理的估计。此外，根据现金流量表计算资本性支出时，对处置长期资产所得的现金流量要予以扣除。例如，2009年公司在现金流量表的投资现金流量中披露，2009年公司以10万元的价格转让运输汽车一辆，那么这10万元就作为当年公司资本性支出的减项。此外，公司发生的研究开发费用和经营性租赁费用应进行资本化处理，以便正确衡量公司资本性支出。

第三，调整其他项目。主要指派发优先股股息、偿还债务本金及发行新债等引起的现金流量。

以上是以净收益为起点计算 FCFE，如果公司以目标负债比率（负债/总资本 = D/A）为追加的资本支出和营运资本进行融资，且通过发行新债偿还旧债券的本金，则股权自由现金流量可按下式计算：

$$FCFE_t = NI_t - (1 - D/A) \times (F_t - D_t) - (1 - D/A) \times \Delta W_t \quad (3.14)$$

股权自由现金流量可以为正数，也可以为负数。在一般情况下，如果股权自由现金流量为负数，则公司将不得不通过发行新股来筹集股权资本；如果股权自由现金流量为正数，则公司就可能以股票现金红利的形式将剩余的现金流量派发给股权资本持有者。在实务中，股权自由现金流量是公司能否支付股利的一个指标，有的公司将其所有的 FCFE 都作为股利支付给股东，但大多数公司都或多或少地保留部分股权自由现金流量。

以 FCFE 为基础预测股权价值，其计算方式与股利折现模型是一样的，差别仅在于将股利折现模型中的股利换成股权自由现金流量即可。因此一般形式可以表示为：

$$P_0 = \sum_{t=1}^{\infty} \frac{FCFE_t}{(1 + r_e)^t} \quad (3.15)$$

式中，P_0 表示公司股票价值；$FCFE_t$ 表示第 t 年预期股权自由现金流量，r_e 为投资者要求的收益率或股本成本。

【例 3 - 7】假设 XYZ 公司拥有较强的市场销售渠道，一流的生产设施和品牌，预期在未来 5 年内一直保持高速增长，5 年之后，公司进入稳定增长阶段。有关估价资料如下：

（1）背景信息：目前，公司每股销售收入为 28 元，每股收益为 7.2 元，每股股利为 2.52 元，股利支付率为 35%；每股资本支出 10.9 元，折旧 5.29 元，营运资本是销售收入的 20%，本期营运资本追加支出为 0.6 元；目标资本结构（D/A）= 51.20%。

（2）5 年内公司高速增长，预计净资产收益率为 17.8%，股利支付率保持不变；净资本支出、折旧增长率为 10%；该期间股本成本为 12.75%。

（3）5 年后公司进入稳定增长阶段，销售收入、净收益增长率为 5%；资本性支出可以由折旧来弥补，营运资本仍为销售收入的 20%；该期间股本成本为 11.5%。

解：根据以上资料，估计 XYZ 公司股票价格方法如下：

第一步，计算高速增长阶段 FCFE 的增长率：

增长率 =（1 - 股利支付率）× 净资产收益率 =（1 - 35%）× 17.8%
　　　 = 11.57%

第二步，计算高速增长阶段 FCFE 的现值，见表 3 - 7。

根据表 3-7，XYZ 公司高速增长阶段 FCFE 的现值为 20.79 元（即表 3-7 最后一行的合计数）。

第三步，计算稳定增长阶段 FCFE 的现值：

第 6 年净收益 = 12.45 × (1 + 5%) = 13.07（元）

第 6 年营运资本追加支出 = (48.41 × 1.05 − 48.41) × 20% = 0.48（元）

第 6 年的 FCFE = 13.07 − 0.48 × (1 − 51.2%) = 12.84（元）

高速增长阶段结束时股票期末价值的现值：

$$P_n = \frac{12.84}{11.5\% - 5\%} \times \frac{1}{(1+12.75\%)^5} = 108.41（元）$$

表 3-7 XYZ 公司高速增长阶段 FCFE 现值 单位：元

项目	0	1	2	3	4	5
每股销售收入	28.00	31.24	34.85	38.89	43.39	48.41
营运资本 ($F_t - D_t$)	5.60	6.25	6.97	7.78	8.68	9.68
营运资本追加支出 (ΔW_t)	0.60	0.65	0.72	0.81	0.90	1.00
净收益	7.20	8.03	8.96	10.00	11.16	12.45
$(1 - D/A) \times (F_t - D_t)$	2.74	3.01	3.31	3.64	4.01	4.41
$(1 - D/A) \times \Delta W_t$	0.29	0.32	0.35	0.39	0.44	0.49
股权自由现金流量	—	4.71	5.30	5.96	6.71	7.55
FCFE 现值 (12.75%)		4.17	4.17	4.16	4.15	4.14

第四步，计算公司当前股票价值：即高速增长阶段 FCFE 现值 20.79 元与稳定增长阶段 FCFE 现值 108.41 元的合计数，为 129.2 元。

FCFE 模型可以看做股利折现模型的另一种表现形式。由于这两种模型有时会得出不同的估价结果，在增长率和折现率一定的情况下，可根据影响股利和 FCFE 的因素分析两者产生差别的原因。

2. 公司自由现金流量

公司自由现金流量（free cash flow to firm, FCFF）是指公司在支付了经营费用和所得税之后，向公司权利要求者（普通股股东、公司债权人和优先股股东）支付现金之前的全部现金流量。公司自由现金流量等于股权自由现金流量、债权现金流量和优先股权现金流量之和，用公式可以表示为：

$$\begin{aligned} FCFF_t &= [NI_t + NCC_t - \Delta W_t - F_t - d_t + \Delta P_t + \Delta D_t] \\ &\quad + [I_t(1-\tau_t) - \Delta D_t] + [d_t - \Delta P_t] \\ &= NI_t + NCC_t - \Delta W_t - F_t + I_t(1-\tau_t) \end{aligned}$$

$$= EBIT_t(1 - \tau_t) + NCC_t - \Delta W_t - F_t \tag{3.16}$$

式（3.16）中，等号右边的第一项为股权资本自由现金流量；第二项为归属于债权人的现金流量，主要由税后利息、本金偿还额和发行新债等因素构成；第三项为归属于优先股股东的现金流量。

应用公司自由现金流量是对整个公司而不是股权进行估价，但股权价值可以用公司价值减去发行在外债务的市场价值得到。由于公司自由现金流量是债务偿还前的现金流量，所以使用公司估价方法的好处是不需要明确考虑与债务相关的现金流量，而估计股权自由现金流量时必须考虑这些与债务相关的现金流量。在财务杠杆预期将随时发生重大变化的情况下，这一特点有利于简化计算，但在确定折现率时需要负债比率和利率等信息来计算加权平均资本成本。

采用 FCFF 模型，公司价值是指公司预期自由现金流量的现值，其基本表现形式为：

$$\text{公司价值} = \sum_{t=1}^{\infty} \frac{FCFF_t}{1 + r_w} \tag{3.17}$$

$$\text{股权价值} = \sum_{t=1}^{\infty} \frac{FCFF_t}{1 + r_w} - MV_D \tag{3.18}$$

式（3.17）和式（3.18）中，$FCFF_t$ 表示第 t 期公司自由现金流量；r_w 表示加权平均资本成本；MV_D 表示公司负债的市场价值。

同样，利用自由现金流量方法时，也可以根据自由现金流量增长率的不同特点采用零增长模型、固定增长模型或二阶段或更多阶段的非固定增长模型等对普通股进行价值评估。

3.2.4 价格乘数法

1. 价格乘数法的基本含义

价格乘数法又称作相对估价法，主要是通过拟估价公司的某一变量乘以价格乘数来进行价值评估。在这种方法下，确定适当的变量和乘数是应用这一方法的关键。在实务中，乘数是指股价与财务报表上某一指标的比值，常用的报表指标有每股收益、息税折旧摊销前收益、销售收入、账面价值和现金流量等，利用它们可以分别得到价格收益乘数（P/E ratio）、公司价值乘数（EV/EBITDA ratio）、销售收入乘数（P/S ratio）及账面价值乘数（P/BV ratio）等。只要估价变量与公司价值保持有相对长期稳定的关系，就可以作为价格乘数的备选变量。这些比率或乘数只采用了财务报表的部分信息，计算方法简单易学，在实务中应用比较广泛。

根据 Morgan Stanley 的分析报告[①]，在欧洲企业价值评估中，采用最多的方法是价格/收益乘数法（P/E），其后分别是公司价值与 EBITDA 乘数法、剩余收益法（residual income）、公司价值/收益增长率（EV/EG）乘数法，而折现现金流量方法 DCF 位于第五位。下面主要以采用最多的价格/收益乘数法（P/E）为例进行说明，利用其他方法的基本原理大体相似，仅乘数的表现形式不同。

2. 价格/收益乘数

价格/收益乘数（P/E），又称市盈率，是股票价格相对于当前会计收益的比值。自 20 世纪 20 年代出现于华尔街以来，经 Benjamin Graham 在其 1934 年名著《证券分析》中正式表述得以流传，目前已成为股票价值评估最常用的类比估价模型。价格/收益乘数的数学意义为每 1 元年税后收益对应的股票价格；经济意义为购买公司 1 元税后收益支付的价格，或者按市场价格购买公司股票回收投资需要的年份，因此，又称为本益比。P/E 乘数的投资意义是以一定的价格/收益乘数为基准，超过视为高估；低于视为低估。但这一投资实践意义并不明确，因为基准价格/收益乘数和高估或低估的数值界限很难确定。

价格/收益乘数把股价和公司盈利能力结合起来，在一般情况下可以真实地反映股票价格的高低。采用价格/收益乘数进行估价的一般公式为：

$$P_0 = EPS_1 \times P/E \tag{3.19}$$

应用公式（3.19）确定股票价值，主要取决于每股收益与价格/收益乘数两个因素。在确定每股收益时，应注意以下几个问题：（1）对于那些偶发事件导致的非正常收益，在计算 EPS 时应加以剔除；（2）对于受商业周期或行业周期影响较大的企业，应注意不同周期（如成长期和衰退期）对 EPS 的影响；（3）对于会计处理方法变更引起的 EPS 的差异，应进行相应的调整；（4）如果公司有发行在外的认股权证、股票期权、可转换优先股或可转换债券，应注意这些含有期权性的证券行权后对每股收益的影响，计算稀释后的 EPS（diluted EPS）。

如果以 b 代替留存收益比率，则股利支付率为（1 - b），在股利以固定比率增长的条件下，公式（3.8）可改写为：

$$P_0 = \frac{EPS_1(1 - b)}{r_e - g} \tag{3.20}$$

等式两边同除以 EPS_1，可以得到：

[①] Fernández, Pablo, "Valuation using multiples How do analysts reach their conlusions?", SSRN working paper, 2001.

$$\frac{P_0}{EPS_1} = \frac{1-b}{r_e - g} \tag{3.21}$$

式（3.21）表明，影响市盈率的因素主要是留存收益比率（或股利支付率）、股利增长率及股权资本成本。应用公式（3.19）确定股票价值，关键在于对公司市盈率的分析和预测，而市盈率的高低与整个经济形势和市场景气状况有关。一般来说，经济前景良好、有发展潜力公司的股票市盈率会趋于上升；反之公司发展机会不多、经营前景黯淡的公司，其股票市盈率会处于较低的水平。但在股票市场上，一个公司股票的市盈率可能会被非正常地抬高或压低，无法反映出该公司的资产收益状况，从而很难正确地评估股票价值。

在例3-4中，X公司的股票市盈率为：

$$\frac{P_0}{EPS_1} = \frac{1-b}{r_e - g} = \frac{1-40\%}{12\% - 8\%} = 15(倍)$$

按市盈率法，股票价格为：

$$P_0 = EPS_1 \times P/E = 15 \times 5 = 75(元)$$

上述计算结果表明，如果市场是有效的，市盈率法与现金流量折现法所得出的结论是一致的。这种方法简明易懂，计算简单，在实务中应用较多。

小资料

使用市盈率法应注意的问题[①]

市盈率乘数法是从公司的盈利状况与行业市盈率的角度考虑问题，要注意到盈利情况与行业市盈率对股票价格解释方面的差异，注意可能由于对估计上的差异造成的定价上的不合理性。进一步讲有三点：

第一，要注意到公司的行业属性。我们提到过，市盈率乘数法的含义是在假定计算公司的经营状况与行业表现相符的情况下，它在回收期内可以创造的总收益之和。这就提出了对公司盈利稳定性的要求，而公司经营的稳定与行业属性关系非常大。行业盈利状况比较好预期、经营比较稳定、行业内公司经营的差异性较小、计算的误差就会减小；反之，计算的误差就会比较大。如环保行业业务差别很大，不同公司之间的市盈率相差很大，市盈率倍数法定价就不是很适用；石油开采类公司可比性较强，市盈率也很接近，市盈率就比较适用。

---

① 齐亮：《股票定价：市盈率乘数法的应用》，载于《上海证券报》2005年3月3日。作者进行了调整。

> 第二，要注意到不正常的每股盈余对定价的影响，尤其在每股盈余非常小的情况下，定价可能会失去意义。一般来说，每股收益较高（如在 0.6 元以上）的公司市盈率一般低于每股收益低的公司，也低于行业平均水平，这些公司的定价一般应低于理论的定价和行业的平均水平。而每股收益很低的公司（如只有几分钱、几厘钱），其市盈率往往是不正常地高，采用市盈率倍数法定价就没有意义。
>
> 第三，由于采用了以市场价值的方法作为计算行业市盈率的权数，因此市场价值比较高的公司，其理论价值更可能接近实际价格；而市场价值小的公司，偏离程度则可能较大。

从理论上说，运用上述各种估值模型预测或分析股票价值一般都可以得到正确的结果，但其前提是估值所采用的各种参数必须是正确的，也就是说，普通股价值评估的质量最终取决于所获得的信息的质量。因为不论什么参数，都会得到某种答案。如果各种参数不真实，则对股票进行的价值评估就毫无用处，即通常所说的"垃圾进，垃圾出"（garbage in, garbage out）。利用价值评估模型需要注意的另一个问题就是获得信息的成本。任何答案的值必须与利用这一模型的成本相权衡。如果获得充分信息的成本太高，这个模型就毫无意义。

本 章 小 结

1. 债券（或任何其他资产）的内在价值等于其预期现金流量的现值，即等于预期收到的利息和本金的现值。可以分为一般情况下的债券估价和可赎回情况下的债券估价。

2. 在收益率模型中，假设折现率未知，用债券当前的市场价格代替现值评估公式中债券的内在价值，从而计算折现率或预期收益率。其决策标准是，如果计算出来的收益率等于或大于必要收益率，则应购买该债券；反之，则应放弃。

3. 债券收益率估价模型中的收益率可以分为两大类：到期收益率（YTM）和赎回收益率（YTC）。债券到期收益率是指债券按当前市场价格购买并持有至到期日所产生的预期收益率。如果债券被赎回，投资者应根据债券赎回收益率而不是到期收益率来估算债券的预期收益率。

4. 债券价值主要由息票率、期限和收益率（市场利率）三个因素决定。

5. 债券价值与相关决定因素之间的关系可以归纳为：（1）对于给定的到期时间和市场收益率，息票率越低，债券价值变动的幅度就越大；（2）对于给定的息票率和市场收益率，期限越长，债券价值变动的幅度就越大，但价值变动的相对幅度随期限的延长而缩小；（3）对同一债券，市场利率下降一定幅度引起的债券价值上升幅度要高于由于市场利率上升同一幅度引起的债券价值下跌的幅度。

6. 与债券价值评估类似，对普通股进行价值评估一般可以采用现金流量折现法（DCF），但其评估难度一般都比债券价值评估要大。

7. 由于普通股价值评估模型中的预计现金流量可以分为两种：股利或股权自由现金流量，因此普通股价值评估模型也可以分为两大类：股利折现模型和自由现金流量折现模型。

8. 股利折现模型中的现金流量包括两部分：（1）每期的预期股利；（2）股票出售时的预期价格。根据股利的变化情况，一般可以将股票分为三类：零增长股、固定增长股和非固定增长股。在估价中，对股票收益率和股利增长率的确定是非常重要的。

9. 普通股价值评估的方法为自由现金流量法，分为股权自由现金流量方法和公司自由现金流量方法两大类。

10. 普通股价值评估的另一种方法为价格乘数法，是通过拟估价公司的某一变量乘以价格乘数来进行价值评估。其中，最常见的价格乘数是价格/收益乘数（P/E Ratio），即市盈率。

第 4 章　风险与收益

学习索引

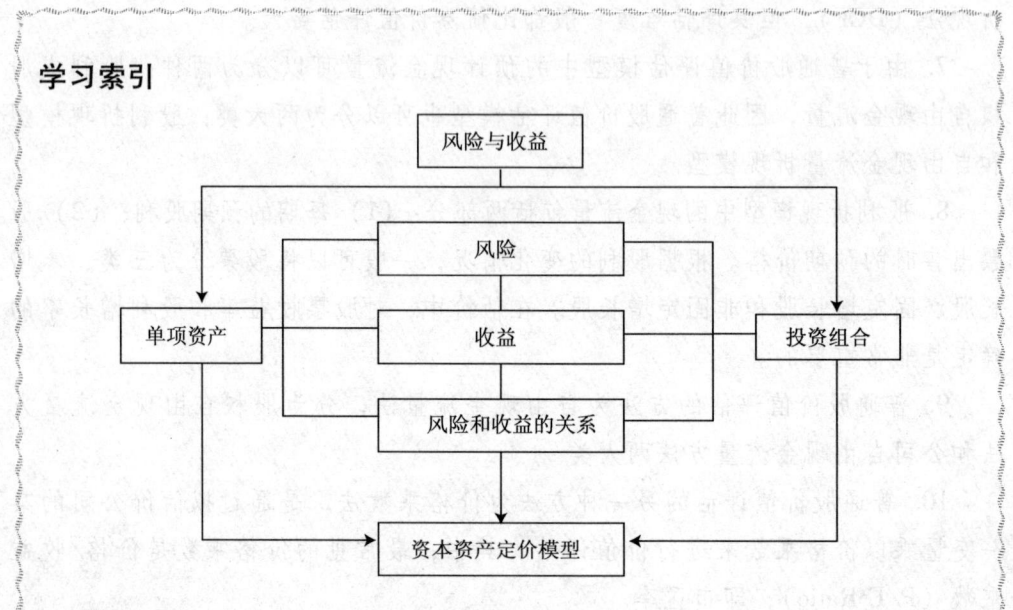

学习目标

　　熟悉风险的含义，了解风险的特征，掌握风险的类别；理解和掌握单项资产的风险衡量方法，理解和掌握单项资产的收益衡量方法；了解投资组合的风险衡量方法，掌握投资组合的收益衡量方法，掌握资本资产定价模型的相关内容。

　　2005 年 7 月，李开复离开微软，闪电加盟 Google，并担任 Google 中国区总裁，直至 2009 年 9 月 4 日正式辞职自我创业。这时，李开复已经不再是那个微软亚洲研究院院长，那个温文尔雅的学者，而是被 Google 重金请来的"打工皇帝"。开始商业化思考问题的李开复，对个人财务也有了更多关注。当被记者问到有没有卖掉 Google 股票时，他悄悄地说，"当然卖掉部分啦！鸡蛋不能放在一个篮子里。"

　　"鸡蛋不能放在一个篮子里"是一个典型的风险规避原则。在公司的经营活动中，风险是无处不在、无时不有的。经营者必须学会在经营中将风险因素纳入考虑范围，时刻关注各种不同的风险对公司价值的影响，在公司风险承受范围内做出最明智的投资、筹资和经营决策。

4.1 单项资产的风险和收益

4.1.1 风险的衡量

生活中，风险无处不在。我们在考虑收益的时候是否也应该考虑风险呢？答案是肯定的。尤其是公司经营者必须了解风险的含义及其衡量方式。

1. 风险的含义及特征

在韦氏（Webster's）词典里，风险被定义为"冒险的事；危险；有可能受损失或伤害"。显然，传统意义上的风险是指不利事件发生的可能性，是一个"贬义词"。而事实不是这样的，风险既是挑战，也是机会，应该是一个"中性词"。但人们通常对可能发生的损失的关注度明显要强于收益。

从财务学的角度来说，风险是指资产未来实际收益相对预期收益变动的可能性和变动幅度。在汉语中，风险可用"危机"一词来描述，风险包含了"危险"和"机会"双重含义。机会使投资者和公司敢于承担风险，危险要求承担风险必须得到补偿。风险是衡量资产未来收益不确定性的量的标准。因此风险具有一定的可测性。如果用数学公式表示，风险是某种事件（不利或有利）发生的概率及其后果的函数。

> **小资料**
>
> 严格来说，不确定性和风险是有区别的。1921年美国经济学家F. H. 奈特在《风险、不确定性和利润》一书中将风险与不确定性进行了重要区分。他认为风险是"可测定的不确定性"，而不可测定性才是真正意义上的不确定性。也就是说，对于风险来说，事前可以知道可能的结果以及每种结果的概率，而不确定性是不知道可能的结果以及每种结果的概率，是无法计量的。例如，天然气开采活动，我们知道结果只有开采成功和开采不成功两种，但不知道这两种情况发生的概率。但在公司理财中，我们可以为不确定性估计一些主观概率。如天然气开采人员可以根据开采前的探测、开采经验等确定有30%的可能是采不到，而有70%的概率是可以开采得到天然气。因此，在公司理财中，不确定性和风险这两个概念常常是可以相互替代的。

风险具有如下特征：

（1）客观性。风险是事件本身的不确定性，无论人们愿意与否，它都客观存在。不过，风险是一定条件下的风险，是否冒风险或冒多大的风险，是由人们主观决定的。一旦做出决策，就必须承担风险。

（2）时间性。风险是一定时期的风险，其大小随时间的推移而变化。随着时间的延续，事件的不确定性在缩小，到事件完成，其结果也就可以完全肯定了，此时风险消失。

（3）相对性。风险产生的主要原因是决策时缺乏相关、可靠的信息，所以，同样的经济活动，对于某一个人，由于他掌握充分的信息，可能风险就比较小；但对于另外一个人，由于他掌握的信息不够，可能就会面临比较大的风险。

（4）可测性。虽然风险是预期结果的不确定性，但并不是说人们对它就毫无主动认识能力。人们可以根据同类经济活动发生的历史统计数据和影响其变动的未来环境条件的预测资料，对经济活动可能出现的结果及其概率做出主观判断和估计。风险的可测性为人们控制和防范风险提供了依据。

（5）收益性。风险可能会带来超出预期收益的结果，也可能会带来超出预期损失的结果。因此，只要敢于冒险，一般都会得到风险的收益，否则就不会有人甘愿冒风险了。

2. 风险的类别

在风险管理中，通常根据风险的不同特征进行分类。按风险能否分散，分为系统风险和非系统风险；按风险的来源，分为经营风险和财务风险；按风险产生的阶段，可以分为筹资风险、投资风险和分配风险。

（1）系统风险和非系统风险。系统风险又称市场风险、不可分散风险，是指由于政治、经济及社会环境等公司外部某些因素的不确定性而产生的风险，如通货膨胀、利率和汇率的波动、国家宏观经济政策变化、战争冲突、政权更迭、所有制改造等。系统风险的特点是由综合的因素导致的，这些因素是个别公司或投资者无法通过多样化投资予以分散的。

非系统风险，又称公司特有风险、可分散风险，是指由于经营失误、消费者偏好改变、劳资纠纷、工人罢工、新产品试制失败等因素影响所产生的个别公司的风险。非系统风险的特点是它只发生在个别公司中，由单个的特殊因素所引起的。由于这些因素的发生是随机的，因此可以通过多样化投资来分散，也就是说，发生于某一公司的不利因素可以被其他公司的有利因素所抵消。

（2）经营风险和财务风险。经营风险是指经营行为（生产经营和投资活动）给公司收益带来的不确定性。通常用息税前利润的变动描述经营风险的大小。这种风险是公司商业活动中固有的风险，主要来自客观经济环境的不确定性，如经济形势和经营环境的变化、市场供求和价格的变化、税收政策和金融政策的调整等外部因素，以及公司自身技术装备、产品结构、成本水平、研发能力等因素的变化等。

财务风险一般是指举债经营给公司收益带来的不确定性。通常用股东权益收益率（ROE）或每股收益（EPS）的变动描述财务风险的大小。这种风险主要来源于利率、汇率变化的不确定性以及公司负债比重的大小。如果公司的经营收入到期不足以偿付利息和本金，就会使公司陷入财务危机，甚至导致公司破产。

（3）筹资风险、投资风险和分配风险。筹资风险①是指筹资中因负债而带来的风险，它会使公司的财务状况变得不确定。筹资风险又可以分为收支性风险和现金性风险。收支性风险是指公司由于收不抵支发生亏损而造成的，不能偿还到期债务以致破产的风险，是公司的终极风险，它不仅是源于理财不当，更主要是源于经营不当。现金性风险是指公司在特定时点上现金流出量超过流入量，以致不能如期偿还债务的风险，它主要是由于理财不当所造成的，现金的流入和流出在时间上和金额上发生了错位。

投资风险是公司投资活动，即资金的投放和使用所产生的风险，它使投资收益变得不确定。投资风险又可以分为投资结构风险、投资项目风险和投资组合风险。投资结构风险是指公司在投资，即安排所有的资产时，由于流动资产与非流动资产、流动资产内部各项目、非流动资产内部各项目之间的比例不当而造成的流动性风险。投资项目风险是指投资于某一具体项目不能产生收益，或者产生的收益偏离预期收益的风险。投资组合风险是指选择不同投资组合而带来的风险。

分配风险是指收益分配可能给公司今后的生产经营活动产生的影响。分配风险包括收益确认风险和收益分配行为风险。收益确认风险是指由收益确认不当而带来的超额分配收益的风险。收益分配行为风险是指对给投资者分配股利的时间、形式和金额把握不准而产生的风险，以及各种收益分配次序和比例不当而产生的风险。

3. 风险的衡量

（1）概率及其分布。未来收益具有不确定性的资产叫风险资产（risky assets）。由于风险本身不易计量，对风险的衡量，只能依靠对投资的可能结果及其出现的可能程度的估计并结合概率的方法予以确定。表4-1中列出了四种概率分布，它们一一对应于四种投资方案，其中政府债券的收益是确定的，即不论经济状况如何，它都有8%的收益，因此，政府债券具有零风险。与此不同，其他三种投资方案的收益不能在事先确切得知，因而被定为风险投资。

---

① 沈洪涛、樊莹、罗淑贞：《初级财务管理》，东北财经大学出版社2008年版。

表4-1根据三种不同的经济环境分别假设了四种资产的各种收益水平，并将影响收益水平变化的其他因素都舍弃。以数学上常用的方式来表达，就是把经济环境看做一个离散型的随机变量，而资产的收益水平则是这个随机变量的函数。在这里，每种资产收益水平的概率分布都是投资者主观评价的产物。不言而喻，不同投资者对各种资产收益水平的判断是不同的，这与他们获取信息、加工信息的能力有关。

表4-1　　　　　　　　　　　　　　四种待选投资方案

经济环境	发生概率	投资收益率（%）			
		政府债券	公司债券	股票X	股票Y
萧条	0.2	8.0	12.0	-6.0	-7.0
一般	0.5	8.0	9.0	12.0	15.0
繁荣	0.3	8.0	7.0	25.0	30.0
合计	1.0	—	—	—	—

（2）期望收益率。根据资产未来收益水平的概率分布确定其期望收益率，是一种最基本的衡量方法。这种方法的假设条件是，某种资产未来收益的变化服从其历史上实际收益的大致概率分布。根据统计学中的大数定理，某项资产的期望收益率就是其未来各种可能收益率的均值。其计算公式为：

$$E(R) = \sum_{i=1}^{n} R_i P_i \tag{4.1}$$

式（4.1）中，$E(R)$ 代表期望收益率；R_i 是在第 i 种可能情况下的收益率；P_i 是第 i 种可能情况出现的概率；n 是可能情况的个数。

根据表4-1的资料，投资于股票Y的期望收益率为：

$$E(R) = (-7\%) \times 20\% + 15\% \times 50\% + 30\% \times 30\% = 15.1\%$$

（3）方差（σ^2）、标准差（σ）与标准离差率（CV）。期望收益率是某种资产所有可能的未来收益水平的取值中心，投资者主要通过这一数值水平来评价资产未来收益的大小。但是，未来的实际收益率并不一定和预期收益率相等。也就是说，尽管一项资产的期望收益率已经算出来了，但是该项资产的未来收入流量仍然是不确定的。期望收益率的计算过程说明了投资风险的存在，但它却没有说明这种风险有多大。从统计学的角度分析，资产的这种风险可以用未来可能收益水平的离散程度来表示。或者说，风险量的大小，可以直接表示为未来可能收益水平围绕期望收益率变化的区间大小。概率分布的离散程度或随机变量取值区间的大小，在概率论中通常用随机变量的方差来表示。方差即指概率分布相对于其期望值的离散程度。离散程度越大，随机变量的方差就越大，投资的风险也就越大；反之亦然。离散型概率分布的方差可用下列公式计算：

$$\sigma^2 = \sum_{i=1}^{n} [R_i - E(R)]^2 P_i \qquad (4.2)$$

根据表 4-1 的资料，股票 Y 的方差可计算如下：

$$\begin{aligned}\sigma^2 &= (-7\% - 15.1\%)^2 \times 20\% + (15\% - 15.1\%)^2 \times 50\% \\ &\quad + (30\% - 15.1\%)^2 \times 30\% \\ &= 0.016429\end{aligned}$$

为便于理解，通常用标准差代替方差来度量各可能值相对于期望值的离散程度，即：

$$\sigma = \sqrt{\sigma^2} \qquad (4.3)$$

股票 Y 的标准差为：

$$\sigma = \sqrt{0.016429} = 12.82\%$$

一般情况下，期望收益率较高的投资方案比期望收益率较低的方案具有更大的标准差。为了说明标准差在度量期望收益率不同的投资项目风险时的确切含义，应将标准差标准化，以便度量单位收益的风险，这一目的可借助标准离差率来实现。标准离差率是指标准差与期望收益率之比，其计算公式为：

$$CV = \frac{\sigma}{E(R)} \qquad (4.4)$$

股票 Y 的标准离差率为：

$$CV = 12.82\% / 15.1\% = 84.90\%$$

将前述四个投资方案的期望收益率、标准差和标准离差率汇总如表 4-2 所示。

表 4-2　　　　　　　　　　各投资方案的收益和风险　　　　　　　　　　单位：%

期望收益率或风险	政府债券	公司债券	股票 X	股票 Y
期望收益率	8.0	9.00	12.30	15.10
标准差	0	1.73	10.74	12.82
标准离差率	0	19.22	87.32	84.90

根据表 4-2 中的数据，如果按标准差的顺序衡量各方案的风险程度，其顺序为政府债券、公司债券、股票 X、股票 Y；如果按标准离差率排列，则其顺序为政府债券、公司债券、股票 Y、股票 X，即股票 Y 和股票 X 顺序换位。在这种情况下，一般认为按标准离差率进行排列较为准确。这是因为，股票 X 标准离差率大于股票 Y 的标准离差率，即表示股票 X 的单位收益率风险高于

股票 Y，因此，可以认为，尽管股票 Y 的标准差较大，其风险却小于股票 X。

4.1.2 收益的衡量

收益一般是指初始投资的价值增量，如一年期股票投资收益主要包括股利和资本利得（股票市场价格相对于初始购买价格的升值）两部分。在分析投资收益时，应注意期望收益率、必要收益率、实际收益率三者之间的联系和区别。

期望收益率（expected rate of return）是指各种可能预测收益的加权平均数，如银行存款的期望收益率就是银行标定的利率；股票投资的期望收益率则取决于公司未来的股利支付和未来的股票价格，它反映了投资者在购买股票时能够获得的关于该股票的相关信息。与此同时，投资者还要考虑在某项特定投资中他们必须得到多大的收益率，即股票投资要求得到的必要收益率（required rate of return）。必要收益率与投资风险有关，如果某家公司陷入困境的可能性很大，或者说，它导致较低收益率或投资损失的可能性很大，那么投资于该公司股票的投资者就会要求得到一个较高的期望收益率，这一收益率反映了投资者要求的最低收益率，通常由无风险收益和风险溢酬两部分构成。在一个完善的资本市场中，期望收益率等于必要收益率。

实际收益率是在特定时期实际获得的收益率，它是已经发生的，不可能通过一次决策所能改变的收益率。由于存在着风险，实际收益率很少与期望收益率相同，这两者之间的差异越大，风险就越大，反之亦然。而实际收益率与必要收益率之间没有必然的联系。

期望收益率可根据概率分布进行计算，如公式（4.1）。也可根据股票历史收益率的平均值作为预期的未来收益率①。假设投资者在第 t-1 期末购买股票，在第 t 期末出售该股票，则第 t 期股票投资收益率可按以下方法计算。

离散型股票投资收益率可定义为：

$$R_t = \frac{(P_t - P_{t-1}) + D_t}{P_{t-1}} \tag{4.5}$$

式（4.5）中，R_t 表示第 t 期股票投资收益率；P_t 和 P_{t-1} 分别表示第 t 期和第 t-1 期股票价格；D_t 表示第 t 期股利。

仍假设投资者在第 t-1 期末购买股票，在第 t 期末出售该股票，则连续型股票投资收益率可定义为：

---

① 假设历史收益率与预期未来收益率之间存在一定的联系，尽管这种联系的可靠性值得怀疑。

$$R_t = \ln\left(\frac{P_t + D_t}{P_{t-1}}\right)$$

连续型收益率比离散型收益率要小,但一般差别不大。

> **小案例**
>
> 某公司 2002~2012 年间各年末股票价格、每股股利,以及按离散型股票投资收益率和连续型收益率两种方法计算的收益率如表 4-3 所示。
>
> 表 4-3　　　　　　　　　某公司股票收益率计算
>
> | 年份 | 年末股票价格(元) | 每股股利(元) | 离散型收益率(%) | 连续型收益率(%) |
> |---|---|---|---|---|
> | 2002 | 33.00 | — | — | — |
> | 2003 | 30.69 | 2.50 | 0.568 | 0.567 |
> | 2004 | 41.75 | 2.50 | 44.196 | 36.600 |
> | 2005 | 42.25 | 3.00 | 8.383 | 8.050 |
> | 2006 | 34.38 | 3.00 | -11.538 | -12.260 |
> | 2007 | 28.88 | 1.60 | -11.345 | -12.042 |
> | 2008 | 32.25 | 1.40 | 16.537 | 15.304 |
> | 2009 | 54.88 | 0.80 | 72.636 | 54.601 |
> | 2010 | 42.13 | 0.80 | -21.777 | -24.560 |
> | 2011 | 52.88 | 1.10 | 28.131 | 24.788 |
> | 2012 | 55.75 | 1.60 | 8.463 | 8.1242 |
> | 年平均收益 | | — | 13.425 | 9.92 |
> | 收益的标准差 | | — | 27.148 | 22.838 |

4.1.3　风险与收益的关系——风险溢酬

所谓风险溢酬(risk premium),也叫做风险溢价,是指投资者因承担风险而获取的超过货币时间价值的额外补偿。一般来说,投资者都是厌恶风险的,力求回避风险。但为什么投资者还会进行风险性投资呢?这就是因为风险投资可以得到额外补偿,即风险溢酬。

人们从事风险活动的实际结果与预期结果(期望值)会发生偏离,这种偏离可能是反方向的(低于期望值),也可能是正方向的(高于期望值),因此,风险既意味着危险,也意味着机遇。一方面,冒着风险进行投资可能蒙受损失,产生不利影响;另一方面,冒着风险进行投资也可能会获得成功,获取风险溢酬,而且,风险越大,失败的损失就越大,同样成功的风险溢酬也越大。巨大风险背后隐藏的巨大成功、高额回报的可能性成为人们愿意冒风险从事各项经济活动的动力。风险与收益的并存性,使人们愿意从事各种风险活动。

因此,风险和收益的基本关系可以归纳如下,即风险越大,要求的收益率就越高。各投资项目的风险大小是不同的,在投资收益率相同的情况下,人们都会选择风险最小的投资,竞争的结果是风险增加,收益率下降。最终,高风险的项目必须有高收益,否则就不会有人愿意投资;低收益的项目必须风险很低,否则也不会有人愿意投资。风险和收益的这种均衡关系是市场竞争的结果。

投资者将自己的资金投入公司,由于要承担风险,因此他们当然要求期望收益率与风险相适应。如果不考虑通货膨胀,投资者进行风险投资要求得到的投资收益率就是必要收益率(required rate of return),它是货币的时间价值(即无风险收益率)和风险溢酬的合计数,其中,无风险收益率通常用国库券利率来表示。

风险溢酬与风险的大小有关,风险越高,要求的收益率就越大。同时,风险溢酬还与投资者对风险的态度有关,表现为风险溢酬斜率的大小。如果大家都愿意冒风险,则风险溢酬的斜率就小,风险溢酬就不大;如果大家都不愿意冒风险,风险溢酬斜率就大,风险溢酬也就大,如图4-1所示。

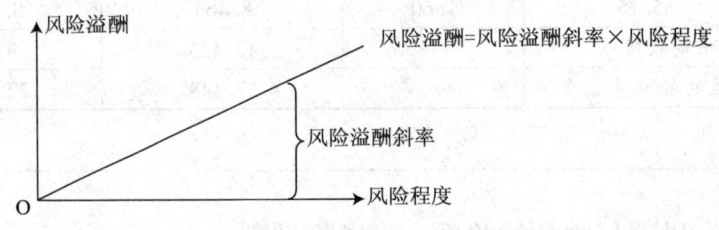

图4-1 风险溢酬与风险溢酬斜率、风险程度的关系

风险溢酬与风险溢酬斜率的关系为:风险溢酬=风险溢酬斜率×风险程度。其中,风险程度可以用标准离差来衡量;风险溢酬斜率则取决于全体投资者的风险回避态度,可以通过统计方法来测定。

4.2 投资组合的风险和收益

投资组合是指两个或两个以上资产所构成的集合,也叫做资产组合。

4.2.1 投资组合的收益

投资组合的收益是投资组合中单个资产或证券预期收益率的加权平均数，其计算公式为：

$$E(R_p) = \sum_{i=1}^{n} W_i E(R_i) \tag{4.6}$$

式（4.6）中，$E(R_p)$ 表示投资组合的期望收益率；W_i 表示第 i 种证券在投资组合总体中所占的比重；$E(R_i)$ 表示第 i 种证券的期望收益率；n 表示投资组合中证券的种数。

【例 4–1】某投资组合由 A、B、C 三种证券组成，其预期收益率分别为 12%、8% 和 10%。这三种证券的投资额在投资总额中的比重分别为 20%、30% 和 50%。计算该投资组合的预期收益率。

解：$E(R_p) = \sum_{i=1}^{n} W_i E(R_i) = 20\% \times 12\% + 30\% \times 8\% + 50\% \times 10\% = 9.8\%$

4.2.2 投资组合的风险

投资组合的风险可以用方差和标准差来衡量。投资组合的期望收益率是它所包含的各种资产期望收益率的加权平均数，但投资组合的风险并不是各项资产方差或标准差的加权平均数。投资组合的风险不仅取决于组合内各单项资产的风险，还与各单项资产间的相互关系有关。

投资组合的方差是各种资产收益方差的加权平均数，加上各种资产收益的协方差。因此，两项资产投资组合收益率的方差可按式（4.7）计算。

$$\sigma_P^2 = W_1^2 \sigma_1^2 + W_2^2 \sigma_2^2 + 2W_1 W_2 COV(R_1, R_2) \tag{4.7}$$

式（4.7）中，W_1 和 W_2 分别表示资产 1 和资产 2 在投资组合总体中所占的比重；σ_1^2 和 σ_2^2 分别表示组合中两种资产各自期望收益的方差；$COV(R_1, R_2)$ 表示两种资产期望收益的协方差。

两个随机变量（如证券 1 和证券 2 的收益率）之间的协方差 $COV(R_1, R_2)$ 的计算公式为：

$$COV(R_1, R_2) = \sum_{i=1}^{n} [R_{1i} - E(R_1)][R_{2i} - E(R_2)] P_i \tag{4.8}$$

式（4.8）中，$[R_{1i} - E(R_1)]$ 表示证券 1 的收益率在经济状态 i 下对其期望值的离差；$[R_{2i} - E(R_2)]$ 表示证券 2 的收益率在经济状态 i 下对其期望值的离差；P_i 表示在经济状态 i 下发生的概率。

公式（4.8）表明，协方差是两个变量（证券收益率）离差之积的期望值。就证券投资而言，如果协方差大于零，表明两种证券期望收益率变动方向相同;如果协方差小于零,表明两种证券期望收益率的变动方向相反;如果协方差为零,表明两种证券的变动无关。一般来说,两种证券的不确定性越大,其标准差和协方差也越大;反之亦然。

表4-4列出了四种证券收益率的概率分布。

表4-4　　　　　　　　　　四种证券期望收益率概率分布

概率	期望收益率分布（%）			
	A	B	C	D
0.1	10.0	6.0	14.0	2.0
0.2	10.0	8.0	12.0	6.0
0.4	10.0	10.0	10.0	9.0
0.2	10.0	12.0	8.0	15.0
0.1	10.0	14.0	6.0	20.0
期望收益率	10.0	10.0	10.0	10.0
标准差	0.0	2.2	2.2	2.2

根据表4.4中资料,计算证券B和证券C之间的协方差如下:

$$\begin{aligned} COV(R_B, R_C) &= (6-10)(14-10) \times 0.1 + (8-10)(12-10) \times 0.2 \\ &\quad + (10-10)(10-10) \times 0.4 + (12-10)(8-10) \\ &\quad \times 0.2 + (14-10)(6-10) \times 0.1 \\ &= -4.8 \end{aligned}$$

证券B和证券C的协方差为负数,表示这两种证券的收益呈反方向变动;同理可计算证券B和证券D之间的协方差$COV(R_B, R_D) = +10.8$,表明这两种证券变动方向相同;证券A和证券B之间的协方差为零,表明它们之间的收益不相关,彼此独立,证券A的收益率恒为10%,标准差为0,则它与其他任何证券之间的协方差必定为零。

反映两个变量之间相互关系的另一个统计指标是相关系数。在财务学中,相关系数被用来描述资产组合中各种资产收益率变化的数量关系,即一种资产的收益率发生变化时,另一种资产的收益率将发生什么样的变化。相关系数以ρ表示,以资产1和资产2收益率的相关系数(ρ_{12})为例,其计算公式为:

$$\rho_{12} = \frac{COV(R_1 R_2)}{\sigma_1 \sigma_2} \tag{4.9}$$

根据表4-4的资料,利用公式(4.9)计算证券B和证券C的相关系数可得:

$$\rho_{BC} = \frac{-4.8}{2.2 \times 2.2} = -1.0$$

计算结果表明，证券 B 和 C 之间为完全负相关。同理可求证券 B 和证券 D 的相关系数为 +0.9，这意味着强正相关。

> **小思考**
>
> 如果说协方差给出的是两个变量相互关系的绝对值，那么相关系数则是度量两个变量相互关系的对数。相关系数是标准化的协方差，其取值范围在 ±1 之间。如果两种资产的相关系数等于 +1，表明它们之间完全正相关，即两种资产收益率的变动方向相一致；如果相关系数等于 -1，表明它们之间完全负相关，即两种资产收益率的变动方向相背离；如果两种资产的相关系数等于 0，表明两种资产收益率的变化没有任何数量上的关系。相关系数（ρ_{12}）与协方差的关系可用下式描述：
>
> $$COV(R_1, R_2) = \rho_{12}\sigma_1\sigma_2$$
>
> 协方差和相关系数的计算都是比较复杂的。那么，运用 Excel，可否设计一套计算程序以简化手工计算量呢？

4.2.3 投资组合与风险分散

从前面的分析可以看出，投资组合的风险 σ_P 通常不等于投资组合中各单项资产风险的加权平均数。从理论上来说，投资于投资组合的风险要小于单独投资于一项资产的风险，这就是投资组合的风险分散作用。

【例 4-2】某投资者投资 A、B 两种股票，将两种股票组合成一个投资组合，投资额各占一半。且两种股票的平均收益率均为 15%，标准差均为 22.6%。请说明以下各不相关情况下该投资组合的风险情况：（1）A、B 两种股票的相关系数为 -1，即完全负相关。两种股票最近 5 年的收益率分别为：A 股票 40%、-10%、35%、-5%、15%；B 股票 -10%、40%、-5%、35%、15%。（2）A、B 两种股票的相关系数为 +1，即完全正相关。两种股票最近 5 年的收益率分别为：A 股票 -10%、40%、-5%、35%、15%；B 股票 -10%、40%、-5%、35%、15%。（3）A、B 两种股票的相关系数为 +0.67，即强正相关。两种股票最近 5 年的收益率分别为：A 股票 40%、-10%、35%、-5%、15%；B 股票 28%、20%、41%、-17%、3%。

解：第一种情况，将这两种股票及投资组合的收益率和标准差列示在表 4-5 中。

表 4-5 中 AB 投资组合收益率的各项数值计算如下：

(1) AB 投资组合平均收益率：15% × 50% + 15% × 50% = 15%

(2) AB 投资组合的标准差：

$$\sqrt{50\%^2 \times 22.6\%^2 + 2 \times 50\% \times 50\% \times (-1) \times 22.6\% \times 22.6\% + 50\%^2 \times 22.6\%^2}$$
$= 0$

表 4–5　　　　　两种股票及投资组合的收益率和标准差

（第一种情况）　　　　　　　　　　　单位：%

年份	A 股票收益率	B 股票收益率	AB 投资组合收益率
1	40	-10	15
2	-10	40	15
3	35	-5	15
4	-5	35	15
5	15	15	15
平均收益率	15	15	15
标准差	22.6	22.6	0

由此可见，如果单独投资于 A 股票或 B 股票，两种股票的标准差均为 22.6%，风险都很高，但将它们组成 AB 组合后，组合的标准差为 0，组合风险消失了。之所以会出现这样的情形，是因为 A 股票和 B 股票收益率的变动方向刚好相反，当 A 股票收益率下降时，B 股票收益率上升，且幅度一致。从统计学角度来说，这两种股票是完全负相关的，相关系数为 -1。

第二种情况，将这两种股票及投资组合的收益率和标准差列示在表 4–6 中。

表 4–6　　　　　两种股票及投资组合的收益率和标准差

（第二种情况）　　　　　　　　　　　单位：%

年份	A 股票收益率	B 股票收益率	AB 投资组合收益率
1	-10	-10	-10
2	40	40	40
3	-5	-5	-5
4	35	35	35
5	15	15	15
平均收益率	15	15	15
标准差	22.6	22.6	22.6

表 4–6 中 AB 投资组合收益率的各项数值计算如下：

（1）AB 投资组合平均收益率：15% × 50% + 15% × 50% = 15%

（2）AB 投资组合的标准差：

$$\sqrt{50\%^2 \times 22.6\%^2 + 2 \times 50\% \times 50\% \times (+1) \times 22.6\% \times 22.6\% + 50\%^2 \times 22.6\%^2}$$
$$= 22.6\%$$

由此可见，将 A、B 两种股票组成 AB 组合后，组合的标准差为 22.6%，与单独投资于 A 股票或 B 股票的标准差相同，组合风险并没有减少。之所以会出现这样的情形，是因为 A 股票和 B 股票收益率的变动方向是一致的，当 A 股票收益率下降时，B 股票收益率也下降，且幅度一致。两种完全正相关的股票组成投资组合，不能分散任何风险。

第三种情况，将这两种股票及投资组合的收益率和标准差列示在表 4-7 中。

表 4-7　　　　两种股票及投资组合的收益率和标准差

（第三种情况）　　　　　　　　　　单位:%

年份	A 股票收益率	B 股票收益率	AB 投资组合收益率
1	40	28	34
2	-10	20	5
3	35	41	38
4	-5	-17	-11
5	15	3	9
平均收益率	15	15	15
标准差	22.6	22.6	20.6

表 4-7 中 AB 投资组合收益率的各项数值计算如下：

（1）AB 投资组合平均收益率：15% × 50% + 15% × 50% = 15%

（2）AB 投资组合的标准差：

$$\sqrt{50\%^2 \times 22.6\%^2 + 2 \times 50\% \times 50\% \times (+0.67) \times 22.6\% \times 22.6\% + 50\%^2 \times 22.6\%^2}$$
$$= 20.6\%$$

在现实中，完全负相关和完全正相关的股票是非常少见的。大多数股票是正相关，但不是完全正相关，比如第三种情况的 A、B 股票。在这种情况下，如果单独投资于 A 股票或 B 股票，标准差均为 22.6%。在进行 AB 组合的投资时，其标准差为 20.6%，比单独进行投资的风险要小。也就是说，A 股票和 B 股票组成的投资组合可以减少风险，但不能完全消除。

通过例 4-2，我们可以得出以下结论：

（1）在投资组合中，如果各种资产的收益率完全正相关，那么进行组合投资不能分散风险。

（2）在投资组合中，如果各种资产的收益率完全负相关，那么从理论上来说，进行组合投资可以分散掉全部非系统风险。

（3）实务中，像 A、B 股票收益率完全正相关或完全负相关的现象是不存在的。大部分投资组合都可以部分地减少风险，但不能完全消除风险。

以上分析的是两种资产的投资组合在分散投资风险方面的作用。现实中也可以进行多于两种资产的组合投资。由于投资组合中资产之间的相关系数通常都在 0~1 之间，在这种情况下，随着组合中资产数量的增加，投资组合的风险将会更低。如果投资组合中有足够多的资产，所有的非系统风险都被分散掉也是有可能的。但是，对于那些影响所有公司的因素，如战争、经济衰退、通货膨胀等带来的系统风险，是不能通过投资组合分散的。投资组合与风险分散的关系如图 4-2 所示。

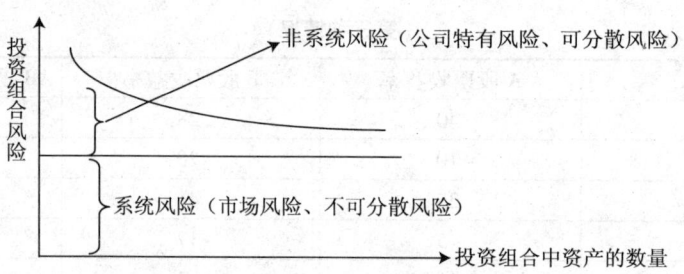

图 4-2　投资组合与风险分散关系

> **小资料**
>
> 　　国际证券组合投资的收益率比单纯国内证券组合投资的收益率要高。由于不同国家之间的证券投资收益的相关性小于同一国家内证券投资收益的相关性，因此投资者通过证券在不同国家的有效组合，可以在一定风险的条件下获得更高的收益率，或在一定收益率条件下降低风险，或者同时达到以上两个目标。很多实践结果证实了国际证券组合投资的有效性。
>
> 　　例如，美国统计资料表明，美国国内股票投资组合的风险为 0.16，收益率为 6.8%；美国国际股票组合投资的风险为 0.142，收益率为 9.4%；美国国际股票和债券组合投资的风险为 0.097，收益率为 9.4%。由此可见，美国国际股票组合、美国国际股票和债券组合，都要比美国国内股票组合更有利可图，获利多且风险小。同时由于国际债券的加入，使组合的内容扩大至整个证券，所以在相同获利水平（9.4%）的情况下，风险损失下降幅度为 32%[①]。

---

① 夏乐书、李琳编著：《国际财务管理》，东北财经大学出版社 2006 年版，第 501 页。

4.3 风险与收益模型——资本资产定价模型

衡量风险与收益之间关系的模型包括资本资产定价模型及套利定价模型等。这里只介绍较为常用的资本资产定价模型。

资本资产定价模型（capital asset pricing model，CAPM）是在证券组合理论基础上发展起来的一种证券投资理论，它试图揭示多样化投资组合中资产的风险与收益之间的关系。但在具体介绍 CAPM 之前，先要了解一种衡量系统风险的指标——β 系数。

4.3.1 β 系数

1. β 系数的含义

对于系统风险，通常可以采用 β 系数来衡量。β 系数是一个统计学概念，通常用来说明一个统计指标随着另外一个统计指标变动的敏感程度。在公司理财中用 β 系数衡量系统风险，则表示单个证券的收益率随市场组合收益率的波动而波动的幅度。市场组合收益率是指所有证券组成的市场投资组合的收益率，从理论上讲，市场投资组合是由所有风险性证券组成的，它的收益率是无法确定的。但在实务中，通常是以一些具有代表性的证券指数作为市场投资组合，再根据证券指数中个别证券的收益率来估计市场投资组合的收益率，然后再采用一定的方法估算 β 系数。

用 β 系数衡量系统风险，揭示了证券收益率相对于市场投资组合收益率变动的敏感程度。通常市场组合的 β 系数定为 1，则有：（1）如果某种证券的 β 系数等于 1，表示该种证券的风险与市场组合的风险相同，该证券的预期收益率也与市场组合的收益率相同。（2）如果某种证券的 β 系数大于 1，表示该种证券的风险高于市场组合的风险，因此该证券的预期收益率也应大于市场组合的收益率。（3）如果某种证券的 β 系数小于 1，表示该种证券的风险低于市场组合的风险，因此该证券的预期收益率也应小于市场组合的收益率。

2. β 系数的计算

对于单个证券来说，某种证券的 β 系数是由该种证券的收益率与市场组合收益率之间的线性关系确定的。通常 β 系数不需要投资者自己计算，而由相关证券公司提供上市公司的 β 系数，以供投资者参考和使用。

对于证券投资组合来说，投资组合的 β 系数则是该组合中各种证券 β 系数的加权平均数。这也是 β 系数的一个重要的特征。证券投资组合 β 系数的计算公式为：

$$\beta = \sum_{i=1}^{n} W_i \beta_i \tag{4.10}$$

式（4.10）中，β_i表示第i种证券的β系数；W_i表示第i种证券在证券投资组合中所占的比重。

【例 4-3】 某投资者持有三种股票组成的证券投资组合，其β系数分别为 2.2、1.3 和 0.8，它们在证券投资组合中所占的比重分别为 50%、30% 和 20%。

解：该投资组合的β系数为：$50\% \times 2.2 + 30\% \times 1.3 + 20\% \times 0.8 = 1.65$

4.3.2 资本资产定价模型

1. 模型基本假设

资本资产定价模型是建立在一些假设基础上的，这些假设包括：

（1）所有的投资者都追求单期最终财富的效用最大化，他们根据投资组合期望收益率和标准差来选择优化投资组合。

（2）所有的投资者都能以给定的无风险利率借入或贷出资本，其数额不受任何限制，市场上对卖空行为无任何约束。

（3）所有的投资者对每一项资产收益的均值、方差的估计相同，即投资者对未来的展望相同。

（4）所有的资产都可以完全细分，并可以完全变现（即可以按市价卖出，且不发生任何交易费用）。

（5）无任何税收。

（6）所有的投资者都是价格的接受者，即所有投资者各自的买卖活动不影响市场价格。

上述基本假设可能与现实经济生活并不符合，但采用这些简化的形式，有助于进行基本的理论分析，且资本资产定价模型的实际应用可以不受这些基本假设的严格限制。

2. 证券市场线

风险与收益的基本关系可以表述为：必要收益率 = 无风险收益率 + 风险溢酬。同时，投资组合理论认为，非系统风险可以通过投资组合分散，理性的投资者面临的风险主要是系统风险，即市场风险。所以，系统风险越大，β系数越大，投资者要求的必要收益率就越大；反之，系统风险越小，β系数就越小，投资者要求的必要收益率就越小。如果资本市场是有效且均衡的，则意味着投资者要求的必要收益率等于预期收益率。

资本资产定价模型认为：投资者对单项资产投资或投资组合所要求的收益

率应等于市场对无风险投资所要求的收益率加上该资产或该投资组合的风险溢酬,其计算公式为:

$$E(R_j) = R_f + \beta_j \times (R_m - R_f) \tag{4.11}$$

式(4.11)中,$E(R_j)$ 表示第 j 种资产或组合的期望收益率或必要收益率;R_f 表示无风险利率,通常用政府债券利率来表示;β_j 表示第 j 种资产 β 系数,用于衡量系统风险;R_m 表示市场资产组合收益率;$(R_m - R_f)$ 表示市场风险溢酬;$\beta_j \times (R_m - R_f)$ 表示第 j 种资产或资产组合的风险溢酬。

假设现行政府债券利率为6%,证券市场平均收益率为10%,则市场风险溢酬就等于4%(10%-6%);如果 $\beta_j = 0.5$,则第 j 种证券的风险溢酬为2%(4%×0.5);由此可计算出第 j 种证券期望收益率为8%,小于市场收益率,则

$$E(R_j) = 6\% + 0.5 \times (10\% - 6\%) = 8\%$$

如果第 j 种证券的风险较大,且 $\beta_j = 2.0$,则此种证券的期望收益率为14%,大于市场收益率,则

$$E(R_j) = 6\% + 2.0 \times (10\% - 6\%) = 14\%$$

如果第 j 种证券的风险与市场风险相同,$\beta_j = 1$,则此种证券期望收益率与市场收益率相等,则

$$E(R_j) = 6\% + 1.0 \times (10\% - 6\%) = 10\%$$

资本资产定价模型在图形上表现为一条直线,这条线被称为证券市场线(security market line,SML)。以上述三种情况为例,利用资本资产定价模型计算的结果如图4-3所示。

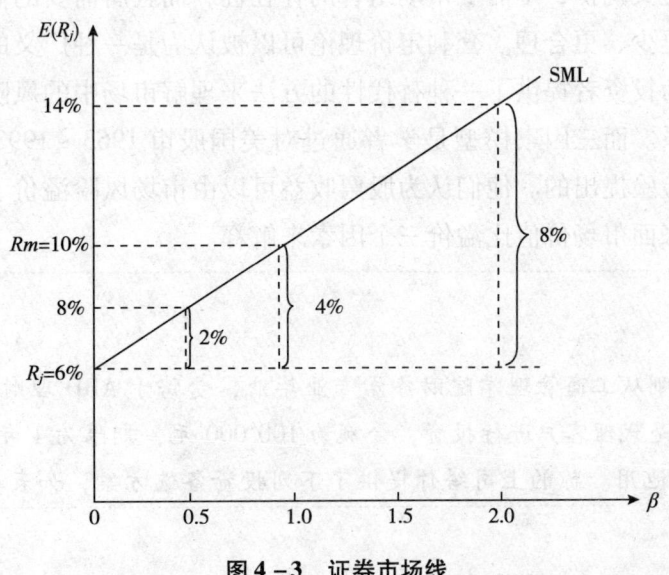

图4-3 证券市场线

图 4-3 纵轴表示任意证券的期望收益率；横轴表示以 β 系数为参数衡量的系统风险；证券市场线与纵轴相交于无风险利率 R_f 点，其 β_j 为 0。

> **小资料**
>
> 有关证券市场线，需要注意以下几点：
> （1）证券市场线表明单个证券的期望收益与其市场风险或系统风险之间的关系，因此，在均衡条件下，所有证券都将落在一条直线上——证券市场线（SML）。
> （2）根据投资组合理论，任一证券对市场投资组合的贡献与该证券的期望收益率有关；对市场投资组合风险的影响与该证券与市场投资组合的协方差有关，但通常不用协方差表示风险，而是采用相对协方差概念，即 β 系数。
> （3）证券市场线的斜率不是 β 系数，而是市场补偿率，即 $(R_m - R_f)$。
>
> 证券市场线与单个证券在线上的位置，会随着利率、投资者的风险回避程度以及单项证券的 β 系数等因素的改变而改变。如预期通货膨胀增加时，投资者所要求的无风险收益率就会增加，从而导致 SML 线向上移；如果投资者的风险厌恶感增强，也会引起 SML 线的斜率增加；在经济走向繁荣时或市场利率下跌时，SML 线的斜率就会下降。

资本资产定价模型（CAPM）建立在严格的假设条件基础上，这些假设条件不仅使实证检验变得困难，而且与现实差距太大，造成其对实际价格运动的解释力度不够。因此，在资本资产定价模型之后，许多学者进行了大量的研究。其中，影响最深的研究成果是套利定价模型和三因素模型。套利定价模型用套利概念定义均衡，不需要市场组合的存在性，而且所需要的假设比资本资产定价模型更少、更合理。套利定价理论可以被认为是一种广义的资本资产定价模型，它为投资者提供了一种替代性的方法来理解市场中的风险与收益率之间的均衡关系。而三因素模型是学者通过对美国股市 1963～1993 年年间的数据进行实证检验提出的。他们认为股票收益可以由市场风险溢价、公司规模因素溢价以及账面市场价值比溢价三个因素来解释。

> **小思考**
>
> 假设你刚从工商管理学院财务学专业毕业，受聘于 ABD 理财公司。你的第一个任务是代理客户进行投资，金额为 100 000 元，期限为 1 年，1 年后这笔资金另作他用。你的上司给你提供了下列投资备选方案，如表 4-8 所示，

你需要在回答各个问题时填出其中的空格及有关资料①。

表 4-8　　　　　　　　　　　投资备选方案及有关资料

经济状态及其指标	概率	估计收益率					
		国库券	股票 A	股票 B	股票 C	市场组合	A、B 组合
萧条	0.1	8.0%	(22.0%)	28.0%	10.0%	(13.0%)	3.0%
复苏	0.2	8.0%	(2.0%)	14.7%	(10.0%)	1.0%	10.0%
正常	0.4	8.0%	20.0%	0.0%	7.0%	15.0%	
高涨	0.2	8.0%	35.0%	(10.0%)	45.0%	29.0%	15.0%
繁荣	0.1	8.0%	50.0%	(20.0%)	30.0%	43.0%	3.3
R			1.7%	13.8%	15.0%		0.3
σ			13.4%	18.8%	15.3%		
CV			7.9	1.4	1.0		
β			-0.86	0.68			

在上述各种预测资料中，股票 A 属于高科技产业，该公司经营电子产品；股票 B 属于采矿业，该公司主要从事金矿开采；股票 C 属于橡胶与塑料业，生产与此有关的各种产品；ABD 理财公司还保持一种"指数基金"，它包含了公开交易的所有股票，代表着市场的平均收益率。根据上述资料，回答下列问题：

1. 为什么国库券的收益与经济状态无关？为什么股票 A 的收益率变动与经济状况变动呈同方向，而股票 B 的收益率变动与经济状态变化呈反方向变化？

2. 计算不同投资方案的期望收益率，并填入上表中的 R 行处。

3. 你知道仅仅依靠期望收益率进行投资选择是不够的，还必须进行风险分析。并且你的委托人是一个风险规避者。衡量投资风险的一个重要指标是标准差，计算不同投资方案的标准差，并填入表 4-8 的中的 σ 行划线处。你认为标准差一般用来衡量哪种类型的风险？

4. 衡量风险的另一指标是标准离差率，计算不同投资方案的标准离差率，并填入表 4-8 中的 CV 行处。将 CV 的计算结果与标准差 σ 进行对比，如果发生排序矛盾，你主张以哪一种标准为主？为什么？假设你设计一个投资组合，将 100 000 元分别投资于股票 A 和股票 B，投资比重相同，计算投资组合的收

---

① 选自刘淑莲主编：《MPAcc 高级财务管理理论与实务》，东北财经大学出版社 2005 年版，第 100～101 页，作者进行了调整。

益率 RP 以及投资组合收益标准差 σP，并填入表 4-8 处。比较投资组合风险与单独持有某一种股票的风险。

5. ABD 理财公司为你提供了各种证券投资的期望收益率与 β 系数，如表 4-9 所示：

表 4-9　　　　　　各证券投资的期望收益率与 β 系数

证券	期望收益率 R（%）	风险系数 β
股票 A	17.4	1.29
市场组合	15.0	1.00
股票 C	13.8	0.68
国库券	8.0	0.00
股票 B	1.7	(0.86)

（1）什么是 β 系数？β 系数用来衡量什么风险？期望收益率与各投资方案的市场风险是否有关？根据所提供的信息你将选择何种投资方案？

（2）画出证券市场线，并用它来计算各种证券的必要收益率。比较预期收益率和必要收益率。股票 B 的必要收益率是否比国库券的收益率更小？将股票 A 和股票 B 以 1∶1 的比例组合成一个投资组合，请计算出此投资组合的必要收益率及市场风险（β）。如果是由股票 A 和股票 C 组合而成，情况又是怎样呢？

本 章 小 结

1. 从财务学的角度来说，风险是指资产未来实际收益相对预期收益变动的可能性和变动幅度。风险具有的特征：客观性、时间性、相对性、可测性及收益性。

2. 在风险管理中，通常根据风险的不同特征进行分类。按风险能否分散，分为系统风险和非系统风险；按风险的来源，分为经营风险和财务风险；按风险产生的阶段，可以分为筹资风险、投资风险和分配风险。

3. 可以利用统计学中的概率知识衡量风险，如方差、标准差与标准离差率。

4. 收益一般是指初始投资的价值增量。在分析投资收益时，应注意期望收益率、必要收益率和实际收益率三者之间的联系和区别。

5. 所谓风险溢酬（risk premium），也叫做风险溢价，是指投资者因承担风险而获取的超过货币时间价值的额外补偿。风险溢酬与风险的大小有关,风险越高,要求的收益率就越大。同时,风险溢酬还与投资者对风险的态度有关。

6. 投资组合是指两个或两个以上资产所构成的集合,也叫做资产组合。投资组合的收益是投资组合中单个资产或证券预期收益率的加权平均数,投资组合的方差是各种资产收益方差的加权平均数,加上各种资产收益的协方差。

7. 投资组合的风险通常不等于投资组合中各单项资产风险的加权平均数。从理论上来说,投资于投资组合的风险要小于单独投资于一项资产的风险,这就是投资组合的风险分散作用。

8. 在投资组合中,如果各种资产的收益率完全正相关,那么进行组合投资不能分散风险;如果各种资产的收益率完全负相关,那么从理论上来说,进行组合投资可以分散掉全部非系统风险;但在实务中,收益率完全正相关或完全负相关的股票是不存在的。大部分投资组合都可以部分地减少风险,但不能完全消除风险。

9. 资本资产定价模型(capital asset pricing model,CAPM)是在证券组合理论基础上发展起来的一种证券投资理论,它试图揭示多样化投资组合中资产的风险与收益之间的关系。其公式为:$E(R_j) = R_f + \beta_j \times (R_m - R_f)$。

10. 对于系统风险,通常可以采用 β 系数来衡量。如果某种证券的 β 系数等于1(大于1或小于1),表示该种证券的风险等于(高于或低于)市场组合的风险,该证券的预期收益率也等于(大于或小于)市场组合的收益率。

第5章 资本成本

学习索引

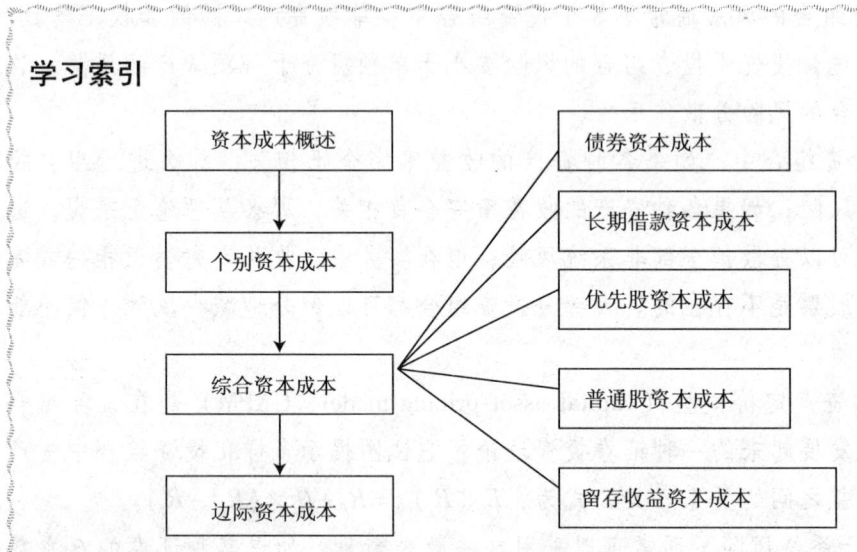

学习目标

熟悉资本成本的概念，了解资本成本概念在筹资决策和投资决策中的作用，熟练掌握长期借款、债券、优先股、普通股等资本成本的计算方法，熟练掌握综合资本成本的计算，了解边际资本成本的含义。

西方有句谚语，"天下没有免费的午餐"，意思是世界上根本不存在不收取任何费用的午餐（在中世纪的西方，早餐和晚餐都是非常简单的，只有中餐才是他们的正餐，所以谚语用中餐进行比喻）。同样意思的还有"天上不会掉馅饼"等。对于公司的筹资来说也是一样。公司可以采用很多种手段和方法获取资本来源，但每一种都要付出相应的代价。同时，资本"成本"，顾名思义是一个负指标，成本越低越好。在获取收益一定的情况下，成本越低，净收益越大。

根据2007年1月国务院国资委颁布及2013年2月最新修订的《中央企业负责人经营业绩考核暂行办法》中对中央企业经营业绩进行考核时全面采用的EVA指标就是与资本成本息息相关的。经济增加值（EVA）产生于20世纪80年代，是由美国思腾思特咨询管理公司提出的一种新的价值评估体系，其基本内涵是企业经营要考虑各种要素成本，包括资本的成本，只有企业的创造扣除了资本等所有要素成本之后还有盈余，才能真正称之为企业创造了财富。目前，EVA 正逐渐称为央企经营业绩考核的重点。

5.1 资本成本概述

5.1.1 资本成本的含义和作用

1. 资本成本的含义

资本成本是由于资本所有权和资本使用权相分离所产生的一个重要财务概念，它是资本使用者为了获得资本的使用权，支付给资本所有者的费用，也就是取得和使用资本的成本。它对筹资管理和投资管理都有很重要的现实意义。资本成本是衡量资本结构优化程度的标准，也是对投资获得经济效益的最低要求。企业筹集的资本付诸使用以后，只有投资报酬率高于资本成本率，才能表明所筹集的资本取得了较好的经济效益。

> **小资料**
>
> 资本成本这一概念具有三种含义：从资产的角度看，它是将资产创造的未来现金流量折为现值的折现率；从负债的角度看，它是竞争环境下公司吸引和保持资本的经济成本；从投资者的角度看，它是投资者要求的最低收益率或投资的机会成本。虽然它们看待资本成本的角度不同，但三种含义涉及的数字都是相同的①。

2. 资本成本的作用

（1）在投资决策中的作用。投资决策中，必须确保选用的项目能够获得超过资本成本的利润率。资本成本是投资决策中的判别标准。此外，在进行投资决策的过程中，很多决策指标都需要以确定资本成本为先决条件。如果项目的资本成本过高，会导致原本可行的项目不能实施，错过投资机会；如果项目的资本成本过低，会导致原本不可行的项目能够获得通过，导致投资者遭受损失。

（2）在筹资决策中的作用。在筹资决策中，公司的目的是为了获得最低的资本成本。因此，必须准确地计算出各种资本成本，综合考虑各种因素对公司财务问题产生的影响。资本成本在整个筹资决策中起着基础性的作用，如果

---

① ［美］弗兰克·C·埃文斯、大卫·M·毕晓，郭瑛英译：《并购价值评估——非上市公司并购价值创造和计算》，机械工业出版社 2003 年版，第 121 页。

不能正确计算资本成本，公司将难以做出正确的筹资决策。

（3）在收益分配中的作用。收益分配从广义上看也是一种筹资决策。公司通过收益分配政策来决定如何将经营所得的剩余价值在股利和留存收益之间进行划分，收益分配政策会直接影响到留存收益的数量，从而影响到公司的筹资决策。因此，只有正确地计算出留存收益的成本，才能作出是否需要分配收益、何时分配收益以及收益分配数量的决策。

3. 资本成本的一般表达式

公司从不同渠道、以不同方式取得的资本所付出的代价和承担的风险是不同的，为了便于理解和比较，资本成本通常都以对数表示。从理论上说，资本成本是公司接受不同来源资本净额的现值与预计未来资本流出量现值相等时的折现率或收益率。这里的资本净额是指公司收到的全部资本扣除各种筹资费用（如委托金融机构代理发行股票、债券所支付的注册费、代办费、向银行取得借款支付的手续费等）后的剩余部分；未来资本流出量是指公司需要逐年支付的各种利息、股利和本金等。资本成本的一般表达式为：

$$P_0(1-f) = \frac{CF_1}{1+r} + \frac{CF_2}{(1+r)^2} + \frac{CF_3}{(1+r)^3} + \cdots + \frac{CF_n}{(1+r)^n}$$

式中，P_0 为公司筹资获得的资本总额；f 为筹资费用与筹资总额的比率，简称筹资费率；CF_n 为第 n 期支付的使用费用；r 为资本成本。

一般表达式之所以采用资本净额，原因在于筹资总额扣除各种筹资费用后的剩余部分才是公司可使用的资本数额。从更严格的意义上讲，筹资费用作为财务费用可抵扣一部分所得税，公式应采用税后筹资费用计算筹资净额。为简化，一般假设不考虑筹资费用的抵税效应。

5.1.2 资本成本的影响因素

1. 总体经济环境

总体经济环境和状态决定公司所处的国民经济发展状况和水平，以及预期的通货膨胀。总体经济环境变化的影响，反映在无风险报酬率上，如果国民经济保持健康、稳定、持续增长，整个社会经济的资金供给和需求相对均衡，且通货膨胀水平低，资金所有者投资的风险小，预期报酬率低，筹资的资本成本相应就比较低。相反，如果国民经济不景气或者经济过热，通货膨胀持续居高不下，投资者投资风险大，预期报酬率高，筹资的资本成本就高。

2. 资本市场条件

资本市场效率表现为资本市场上的资本商品的市场流动性。资本商品的流动性高，表现为容易变现，且变现时价格波动较小。如果资本市场缺乏效率，证券的市场流动性低，投资者投资风险大，要求的预期报酬率高，那么通过资本市场筹集的资本其资本成本就会比较高。

3. 公司经营状况和筹资状况

公司内部经营风险是公司投资决策的结果，表现为资产报酬率的不确定性；公司筹资状况导致的财务风险是公司筹资决策的结果，表现为股东权益资本报酬率的不确定性。两者共同构成公司总体风险，如果公司经营风险高，财务风险大，那么公司总体风险水平就高，投资者要求的预期报酬率就高，公司筹资的资本成本相应就大。

4. 公司对筹资规模和时间的需求

在一定时期内，国民经济体系中资金供给总量是一定的，资本是一种稀缺资源。因此公司一次性需要筹集的资金规模越大、占用资金时间越长，资本成本就越高。当然，筹资规模、时间与资本成本的正向相关性并非线性关系，一般来说，筹资规模在一定限度内，并不会引起资本成本的明显变化。只有当筹资规模突破一定限度时，才会引起资本成本的明显变化。这在边际资本成本中体现得最为明显。

5.2 个别资本成本的计算

理论上，资本包括短期负债、长期负债和全部的所有者权益，但资本成本是长期投资决策和资本结构决策的基础。由于短期负债通常用于满足公司周期性经营或季节性生产的临时性资本需要，与流动资产的关系更加密切，而与长期筹资和投资并不密切，因此在计算资本成本时暂不考虑短期资本来源，即不考虑短期负债。

由于从不同渠道、以不同方式取得的资本，公司付出的代价和承担的风险是不同的。因此，在计算资本成本时，应区别不同来源的资本分别计算。另外在实务中，有一种常用的简便方法计算资本成本，即不考虑货币时间价值情况下的资本成本。其一般计算公式为：

$$资本成本 = \frac{实际支付的利息、股利等资本使用费}{筹资总额 \times (1 - 筹资费用率)} \tag{5.1}$$

与资本成本密切相关的资本构成项目包括：发行债券、银行借款、发行优先股、发行普通股以及留存收益。以下将详细介绍在不考虑货币时间价值的情况下，利用公式（5.1）计算五种来源资本的资本成本。

5.2.1 债券资本成本

长期债券资本成本主要包括债券筹资过程中支付的筹集费用和在债券有效

期内按债券面值和票面利率支付给债权人的利息。按照现行税法和会计制度的规定，债券利息可以在所得税前列支，这样能使公司抵减一部分利润，少交所得税。因此，公司每年自身实际承担的债券利息应为：

$$债券利息 = 债券面值 \times 债券利息率 \times (1 - 所得税税率) \quad (5.2)$$

如果公司发行的债券是每年付息一次，到期还本的，则债券的资本成本计算如下：

$$债券资本成本 = \frac{债券面值 \times 债券利息率 \times (1 - 所得税税率)}{债券发行额 \times (1 - 筹资费费率)} \quad (5.3)$$

【例5-1】A公司按面值发行公司债券，该债券条件为：面值1 000元，票面利率10%，期限25年，每年年末支付一次利息，到期一次还本。债券的筹资费费率为3%。该公司所得税税率25%。那么该债券的资本成本为多少？

解：该债券的资本成本计算如下：

$$\frac{1\,000 \times 10\% \times (1 - 25\%)}{1\,000 \times (1 - 3\%)} = 7.73\%$$

> **小思考**
>
> **债券发行的灵活性**
>
> 债券发行具有非常大的灵活性。例如从发行价格上来说，债券有溢价发行、折价发行和等价发行几种情况。溢价发行是按照高于票面值的价格发行债券；折价发行是按照低于票面值的价格发行债券；等价发行是债券发行价格和票面值相等。
>
> 从还本付息方式上来看，常见的债券还本付息方式有每年年末支付一次利息、到期一次还本，但有些债券是半年付息一次的，如美国的国库券（美国的国库券通常面值为1 000美元，半年支付一次利息，到期一次还本）；另外还有些债券可以规定分次偿还本金（如5年期债券，规定还本方式为：第三年年末偿还债券面值总额的30%，第四年年末偿还30%，第五年年末偿还剩余的40%等）。
>
> 请问：(1) 如果债券是溢价（或折价）发行的，对债券资本成本有何影响？资本成本应该升高还是降低？(2) 如果债券半年付息一次，对债券资本成本有何影响？资本成本应该升高还是降低？(3) 如果债券分次还本，对债券资本成本有何影响？资本成本应该升高还是降低？

5.2.2 长期借款资本成本

长期银行借款的资本成本包括借款利息和借款手续费两部分。由于借款利息可在税前列入费用支出，这就可以抵减公司的一部分所得税，因此长期银行借款的资本成本可以比照债券的资本成本计算。

【例 5-2】B 公司从银行借入长期借款 100 万元,期限 10 年,年利率为 8%,利息每年年末支付,到期一次还本,借款手续费为借款额的 0.5%。公司所得税税率为 25%。该公司向银行借款的资本成本是多少?

解:该银行借款的资本成本可以计算如下:

$$银行借款资本成本 = \frac{100 \times 8\% \times (1 - 25\%)}{100 \times (1 - 0.5\%)} = 6.03\%$$

在计算长期银行借款资本成本时,由于借款手续费相对较少,有时也可以忽略不计。这样,长期银行借款的资本成本也可以简化为:

$$银行借款资本成本 = 利息率 \times (1 - 所得税税率) \tag{5.4}$$

小思考

银行规定的借款条件

(1) 补偿性余额。为了降低银行贷款风险,补偿其可能遭受的损失,公司在申请长期借款时,银行往往要求借款人在银行中保留按贷款限额或实际借用额一定百分比(通常为 10%~20%)计算的最低存款余额,这种存款余额叫做补偿性余额。

(2) 名义利率。通常,银行借款合同中规定的利率都是名义利率,即利息的基本年利率,也就是假设利息每年支付一次时的利率水平。

请问:(1) 补偿性余额对借款的资本成本有什么影响?(2) 在什么情况下,名义利率金和公司负担的实际有效利率是相等的?在什么情况下二者不相等?在不相等的情况下,二者的大小关系如何?

5.2.3　优先股资本成本

优先股同时具有债券和普通股的一些特征。与债券相同之处是优先股筹资一般要定期按固定的股利率向持股人支付股息;不同之处在于它没有到期日。与普通股相同之处是同样都属于股权资本,股息支付必须在所得税之后进行,因此不具有所得税的抵减作用。优先股的资本成本包括筹资费用和股息支付。由于优先股没有到期日,且每年的股息是固定不变的,因此可以将优先股股息看成是一种永续年金,则优先股资本成本可按下式计算:

$$优先股资本成本 = \frac{优先股股息}{优先股市场价格 \times (1 - 筹资费率)} \tag{5.5}$$

【例 5-3】C 公司发行面值为 100 元的优先股,规定年股息率为 10%。该优先股为溢价发行,发行价格为每股 120 元,筹资费率为发行价格的 4%,那么该公司发行的优先股资本成本是多少?

根据以上公式,该公司优先股资本成本可计算如下:

$$优先股资本成本 = \frac{100 \times 10\%}{120 \times (1-4\%)} = 8.68\%$$

在公司破产清算时,优先股股东的求偿权位于债权人之后,因此优先股股东的风险要大于债权人的风险,这就使得优先股的股息率一般大于债券的利息率。并且,由于优先股的股利必须在税后支付,不具有抵减公司所得税的功能,因此优先股的资本成本一般要大于债券的资本成本。

5.2.4 普通股资本成本

从理论上说,普通股的资本成本可以看做是为保证普通股股东的必要投资利益,公司必须向投资者支付的最低收益率。由于普通股的股利可能会随公司的经营情况变化而变化,因此实务中普通股的资本成本计算是最困难的。在这里,我们只介绍常用的三种方法,即股利折现法、资本资产定价模型法和债券收益加风险补偿率法。

1. 股利折现法

股利折现法是利用普通股股利现值的股价模型来计算普通股资本成本的一种方法。其基本假设普通股股东长期持有股票,股票的股利以固定的年增长率增长,且增长率小于投资者要求的收益率。如果以 P_0 表示股票的当前市场价格;D_1 表示第1年的预期股利;K_s 表示普通股股东要求的收益率;g 表示普通股股利年增长率的话,则普通股的现值应为:

$$P_0 = \frac{D_1}{K_s - g} \tag{5.6}$$

从公式(5.6)可以推导出投资者要求的收益率 K_s 为:

$$K_s = \frac{D_1}{P_0} + g \tag{5.7}$$

如果是发行新的普通股股票,还需要将发行成本考虑进去,f 表示筹资费费率,即:

$$K_s = \frac{D_1}{P_0 \times (1-f)} + g \tag{5.8}$$

【例5-4】D公司流通在外的普通股股数为650万股,每股面值10元,目前每股市场价格为12.55元,年股利支付额为每股0.365元,预计今后每年增长15%,筹资费为发行价格的6%,那么该普通股的资本成本是多少?

解:根据公式(5.8),该普通股的资本成本可计算如下:

$$普通股资本成本 = \frac{0.365 \times (1+15\%)}{12.55 \times (1-6\%)} + 15\% = 18.56\%$$

股利折现法的主要优点在于计算简单，只要知道当前股利、股票价格和固定的未来股利增长率，就可以确定投资者要求的必要收益率。该方法的缺点：其应用基础是假设预期股利以固定的增长率 g 持续增长，往往不切实际。

> **小资料**
>
> 在实务中，对公司发放股利的不定期观察表明，股利既不可能保持恒定不变，也不可能永远按照恒定比率增长，甚至有的公司根本不发放股利，或者至少在一定时期内不发放股利。对于这些公司，不仅要预测公司股利支付额，还需要预测公司什么时候发放股利。因此，公式（5.8）只适用于那些定期发放股利、股利增长十分稳定的公司，如公用事业公司。对于大部分公司来说，公式中的假设是不现实且不可信的。

2. 资本资产定价模型法

除了运用股利折现法以外，我们还可以利用资本资产定价模型（CAPM）来估计投资者要求的收益率。利用 CAPM 模型，投资者要求的收益率可表示为：

$$K_s = R_f + \beta(R_m - R_f) \tag{5.9}$$

其中，K_s 是投资者要求的收益率；R_f 为无风险收益率（通常用国库券利率表示）；R_m 为市场平均收益率。

【例 5-5】 E 公司普通股股票的 β 系数是 1.5，政府发行的国库券年利息率为 5%，本年度证券市场平均报酬率为 10%，那么当年普通股资本成本应该是多少？

解：根据公式（5.9）：

$K_s = 5\% + 1.5 \times (10\% - 5\%) = 12.5\%$

资本资产定价模型法有两个主要优点：一是计算简单，易于理解和运用。模型中所需要的变量可以从公共咨询机构获得，但小公司或非上市公司的 β 系数除外；二是资本资产定价模型不需要对股利的增长率作出假设，即使公司目前没有分配股利，或者未来股利不以固定增长率增长，也可以应用这个模型。但尽管资本资产定价模型在理论上比较严密，但这一模型需要的 β 和 R_m 都有可能测算不够充分，影响到 K_s 的计算结果。

> **小资料**
>
> 资本资产定价模型在理论上比较严密,但这一模型的假设条件与现实不完全相符。首先,该模型只考虑了股票市场的系统风险,也就是相当于假设普通股的相关风险只有市场风险,从而低估了普通股资本成本;其次,由于将 β 系数定义为股市平均风险的倍数,并用它来计算个别股票风险补偿相对于股市平均风险补偿的倍数,实际上是假设风险与收益呈线性关系,而这是缺乏逻辑依据的;最后,模型中所需要的各项资料特别是风险系数有时很难取得,如果在估计时误差较大,最后的计算将可能毫无意义。

3. 债券收益加风险补偿率法

债券收益加风险补偿率法是在公司发行的长期债券利率的基础上,加上一定的风险报酬率来确定普通股资本成本的一种方法。由于普通股股东的投资风险大于债券投资者的投资风险,因此普通股股东要求得到比债券持有者更高的报酬率。按此方法计算的普通股资本成本为:

普通股资本成本 = 长期债券收益率 + 风险报酬率

这种方法的优点是不需要计算 β 系数,且长期债券收益率的确定比较简单。如果长期债券是公开发行的,公司可以通过证券市场或投资银行等中介机构获得。缺点是风险报酬率较难确定。如果风险报酬率长期保持不变或变化是在一个较稳定的范围内,那么就可以采用平均的历史风险报酬率来估算现在和未来的风险报酬率。研究表明,在利率稳定期间,风险报酬率也相当稳定;利率变化较大时,风险报酬率变化也较大。

5.2.5 留存收益资本成本

对大多数公司来说,为扩建和改建现有资产而新筹集的大部分资本来自公司税后收益中的留存收益部分。这部分收益是股东权益的一部分,属于股东对公司的追加投资。股东放弃一定的股利,期望将来获取更多的股利,因此要求获得与直接购买普通股的投资者一样的收益。假定对股利不征税,公司使用这部分资本的最低成本和普通股成本相同,差别在于它不必考虑筹资费。如果用 K_e 表示留存收益资本成本,则有以下公式:

$$K_e = \frac{D_1}{P_0} + g \quad (5.10)$$

承例 5-4,如果 D 公司以留存收益满足投资需求,则该留存收益的资本成本为:

$$K_e = \frac{0.365 \times (1+15\%)}{12.55} + 15\% = 18.34\%$$

> **小资料**
>
> 在实务中，当公司的税后收益作为股利分配时，股东需要缴纳一定的股利所得税；而后将税后收益进行再投资，还需要支付一定的再投资经纪费。这样股东实际再投资的数额比用留存收益直接投资的数额要小，因此股东对留存收益要求的收益率比较低。

总结以上各类资本成本，可以了解它们之间的异同点。各类资本成本的相同之处在于它们均表示投资者提供资本所要求的最低收益率；各类资本成本都可表现为预期现金流量的折现率；不同之处在于各类资本的风险程度不同。

5.3 综合资本成本和边际资本成本

5.3.1 综合资本成本

公司从不同来源取得的资本的成本是不相同的，为了进行筹资和投资决策，需要计算全部资本来源的综合资本成本。

1. 综合资本成本的计算

综合资本成本是以各种不同资本来源的个别资本成本为基数，以各种不同资本来源占资本总额的比重为权数计算的加权平均资本成本（weighted average cost of capital，WACC）。其计算公式为：

$$WACC = \sum_{j=1}^{n} w_j r_j \qquad (5.11)$$

式（5.11）中，WACC 代表加权平均资本成本；w_j 代表第 j 种资本来源在资本总额中所占比重；r_j 代表第 j 种资本来源的资本成本。

计算综合资本成本的方法有两种：一种是以账面价值为权数进行加权平均；另一种是以市场价值为权数进行加权平均。前者是以各类资本的账面价值为基础，计算各类资本占资本总额的比重，并以此为权数计算全部资本的加权平均资本成本。后者是以各类资本来源的市场价值为基础，计算各类资本的市场价值占全部资本市场价值的比重，并以此为权数计算全部资本的加权平均资本成本。

2. 账面价值与市场价值

账面价值是指反映公司发行证券时的原始出售价格；市场价值反映了这些

证券当前的市场价格。

假设某公司发行新股筹资100 000元，发行价格为每股10元，发行股数10 000股；同时，发行债券筹资100 000元，每张债券发行价值为1 000元，共发行债券100张。假设股票和债券发行半年后，该公司的股票价格上升到每股12元，由于利率上升导致债券价格下跌到850元。证券价格的市场变化并不影响其账面价值。不同时期各种证券的账面价值、市场价值及其资本结构如表5-1所示。

表5-1　　　　　　某公司不同价值基础的资本结构　　　　　单位:%

证券	初始资本结构		发行半年后资本结构	
	账面价值	市场价值	账面价值	市场价值
普通股	50	50	50	58.5
债券	50	50	50	41.5

在表5-1中，以市场价值为基础计算的资本结构随着证券价格的变化而变化，但以账面价值为基础计算的资本结构与证券市场价格变化无关。下面我们举例说明，分别以账面价值和市场价值为基础对资本成本进行比较和分析。

【例5-6】新成立的F公司按每股10元的价格出售10万股普通股，筹资100万元，预期当年的股利为每股0.2元，股利年增长率为5%，筹资费为发行价格的4%。该公司同时出售面值为1 000元的长期债券500份，筹资50万元，年利息率为8%，筹资费率为3%。公司的所得税率为30%。公司成立三年后，普通股股票的市场价格上涨至每股12元。由于市场利率的上升导致债券的价格下降为950元。

请计算两种情况下公司的综合资本成本：（1）公司成立时，以账面价值为基础的测算；（2）公司成立三年后，以市场价值为基础的测算。

解：（1）公司成立时，以账面价值为基础测算的该公司初始资本结构、个别资本成本和综合资本成本如表5-2所示。

$$债券资本成本 = \frac{1\,000 \times 8\% \times (1-30\%)}{1\,000 \times (1-3\%)} = 5.77\%$$

$$普通股资本成本 = \frac{0.2 \times (1+5\%)}{10 \times (1-4\%)} + 5\% = 7.19\%$$

表 5-2　　　　　F 公司以账面价值为基础测算的综合资本成本

资本种类	筹资总额（元）	占总筹资额的比重（%）	个别资本成本（%）	综合资本成本（%）
债券	500 000	33.33	5.77	1.92
普通股	1 000 000	66.67	7.19	4.79
合计	1 500 000	100.00	—	6.71

（2）三年后，以市场价值为基础测算的该公司资本结构、个别资本成本和综合资本成本如表 5-3 所示。

表 5-3　　　　　F 公司以市场价值为基础测算的综合资本成本

资本种类	筹资总额（元）	占总筹资额的比重（%）	个别资本成本（%）	综合资本成本（%）
债券	475 000	28.36	6.09	1.73
普通股	1 200 000	71.64	6.81	4.88
合计	1 675 000	100.00	—	6.61

债券筹资额 = $950 \times 500 = 475\,000$（元）

普通股筹资额 = $12 \times 100\,000 = 1\,200\,000$（元）

债券资本成本 = $\dfrac{1\,000 \times 8\% \times (1 - 30\%)}{950 - 1\,000 \times 3\%} = 6.09\%$

普通股资本成本 = $\dfrac{0.2 \times (1 + 5\%)}{12 - 10 \times 4\%} + 5\% = 6.81\%$

通过表 5-2 和表 5-3 可以看出，基于资本的账面价值和市场价值所计算出的综合资本成本是不相同的。实际上，账面价值与公司已存在的资本相关，或与历史筹资成本相关。以账面价值为权数，容易从资产负债表中取得这些资料，计算结果相对稳定；但若债券和股票的市场价值已脱离账面价值，据此计算的综合资本成本就不能正确反映实际的资本成本水平。

与账面价值不同，市场价值与资本市场的当前情况相关，以市场价值为权数，代表了公司目前实际的资本成本水平，有利于财务决策。但由于证券市场价值处于经常变动之中，因而需要采用一定的方法进行预测。

为了解决账面价值和市场价值的矛盾，一个常见的做法是采用目标市场价值法。也就是使用假定公司在目前，或将来会尽力去达到的一个目标市场价值，资本结构采用以目标市场价值为基础的目标资本结构，股票、债券等也按目标市场价值计算其个别资本成本。其数据可以由有关财务人员根据公司未来的筹资要求和债券、股票在证券市场上的变动趋势预测得出。

3. 综合资本成本实例：迪士尼公司资本成本[①]

迪士尼公司主要由媒体网络、主题乐园和度假村、影视娱乐以及消费产品四个事业部组成。以 2003 年美国国债利率 4% 为无风险利率；以 1928~2003 年美国历史风险报酬率为依据，确定市场风险报酬率为 4.82%。现计算迪士尼公司的资本成本。

第一步，计算迪士尼公司的负债资本成本

负债成本一般由以下几个变量决定：现行利率水平、违约风险以及与负债相关的税收优惠等。2003 年迪士尼公司的信用等级为 BBB +，无风险利率为 4%，BBB + 等级的违约风险报酬率为 1.25%，税前负债成本为 5.25%，所得税税率为 37.3%，税后负债成本为 3.29%。

第二步，计算迪士尼公司优先股资本成本

迪士尼公司发行在外的优先股每股价格为 26.74 美元，2003 年 3 月发放的股利为每股 1.75 美元，则股利收益率或优先股成本为 6.54%（1.75/26.74）。

第三步，计算普通股资本成本

以不同行业中可比公司为基础，在假设各事业部均以 26.62% 负债与股权比率筹措资本的情况下，迪士尼公司 2003 年各事业部的 β 系数估计如表 5 – 4 所示。该表同时列出了各事业部的市场风险报酬率及普通股资本成本。

表 5 – 4　迪士尼公司各事业部股本成本　单位：%

事业部	β 系数	无风险利率	市场风险报酬率	股本成本
媒体网络	1.261833	4.00	4.82	10.08
主题乐园和度假村	1.049255	4.00	4.82	9.06
影视娱乐	1.151707	4.00	4.82	9.55
消费产品	1.202703	4.00	4.82	9.80
迪士尼	1.187993	4.00	4.82	9.73

资料来源：根据 http://pages.stern.nyu.edu/~adamodar 提供的数据进行一定的修正。

第四步，计算加权平均资本成本

公司负债账面价值、息票率和到期日如表 5 – 5 所示。

[①] 选自刘淑莲主编：《公司理财》，北京大学出版社 2007 年版，第 161~163 页。作者进行了部分调整。

表 5-5　　　　　　　　　迪士尼公司债务（2003 年 9 月）　　　　单位：百万美元

负债	账面价值	名义利率（%）	债务期限（年）	账面价值权数	加权平均期限（年）
商业票据	0	2.00	0.5	0.00000	0.00000
中期票据	8 114	6.10	15.0	0.61939	9.29084
优先可转换债券	1 323	2.13	10.0	0.10099	1.00992
其他美元标价负债	597	4.80	15.0	0.04557	0.68359
私募债券	343	7.00	4.0	0.02618	0.10473
欧洲中期债券	1 519	3.30	2.0	0.11595	0.23191
优先股*	485	7.40	1.0	0.03702	0.03702
收购 Capital Cities 发行的债券	191	9.30	9.0	0.01458	0.13122
其他债务	528	3.00	1.0	0.04031	0.04031
合计	13 100	5.60		1.00000	11.52954

注：优先股不是负债，由于其数额比较小，因此将其列入债务。
资料来源：根据 http://pages.stern.nyu.edu/~adamodar/提供的数据进行一定的修正。

以税前债务成本 5.25% 作为折现率，以息票率计算的现行每年的利息费用为 666 百万美元，到期值 13 100 百万美元的现值为：

$$\text{预期债务市场价值}_{\text{迪士尼}} = 666 \times \left[\frac{1 - \frac{1}{1.0525^{11.53}}}{0.0525}\right] + \frac{13\,100}{1.0525^{11.53}} = 12\,915 \text{（百万美元）}$$

或采用 Excel 函数计算，在 Excel 电子表格中输入："= PV（0.0525, 11.53, -666, -13100）"，回车后即可得到 12 915。

迪士尼公司在此期间经营性租赁现值为 1 753 百万美元，因此，该公司负债现值为 14 668 百万美元。迪士尼公司的股权账面价值为 24 219 百万美元，市场价值为 55 101 百万美元。按账面价值和市场价值计算的负债比率如表 5-6 所示。

表 5-6　　　　　　　　　迪士尼公司负债比率计算

	市场价值	账面价值
$\dfrac{\text{债务}}{\text{股权资本}}$	$\dfrac{14\,668}{55\,101} = 26.62\%$	$\dfrac{13\,100}{24\,219} = 54.09\%$
$\dfrac{\text{债务}}{\text{债务} + \text{股权资本}}$	$\dfrac{14\,668}{14\,668 + 55\,101} = 21.02\%$	$\dfrac{13\,100}{13\,100 + 24\,219} = 35.10\%$
$\dfrac{\text{股权资本}}{\text{债务} + \text{股权资本}}$	$\dfrac{55101}{14\,668 + 55\,101} = 78.98\%$	$\dfrac{24\,219}{13\,100 + 24\,219} = 64.90\%$

综合上述计算结果，迪士尼公司资本成本计算结果如表5-7所示。

表5-7　　　　　　　　迪士尼公司资本成本计算　　　　　　　　单位：%

事业部	股本成本	负债成本	股权资本权数	负债资本权数	资本成本
媒体网络	10.08	3.29	78.98	21.02	8.65
主题乐园和度假村	9.06	3.29	78.98	21.02	7.84
影视娱乐	9.55	3.29	78.98	21.02	8.23
消费产品	9.80	3.29	78.98	21.02	8.43
迪士尼	9.73	3.29	78.98	21.02	8.37

以公司资本成本作为风险调整折现率可用于评估迪士尼公司价值，也可作为项目投资要求的最低收益率。

5.3.2　边际资本成本

边际资本成本是公司追加筹资的成本。公司的个别资本成本和加权平均资本成本，是公司过去筹集的单项资本的成本和目前使用的全部资本的成本。当公司在追加筹资时，不能只考虑目前所使用资本的成本，还要考虑新筹集资金的成本，即边际资本成本。边际资本成本是公司进行追加筹资的决策依据。

1. 边际资本成本的计算

公司在追加筹资时，通常会面临两种情况，即改变现行的资本结构和不改变现行的资本结构。通过前面的论述可知，公司在计算WACC时一个常见的做法是采用目标价值法，即假设公司在目前或将来能够达到一个目标资本结构。因此，公司在追加筹资时也是遵循目标资本结构，在既定的目标资本结构下进行。

如果公司在追加筹资时保持既定的目标资本结构不变，就会出现两种情况：一是个别资本成本保持不变；二是个别资本成本发生改变。事实上，在资本市场中，资本需要量越大，资本供应者要求的收益率就越高，公司筹措资本的成本就会越高。也就是说，边际资本成本将会随筹资规模的扩大而上升。

边际资本成本的计算步骤如下：

（1）确定追加筹资的目标资本结构。公司追加筹资时是否保持原有的资本结构，主要取决于它是否符合公司筹资的要求。如果公司当前的资本结构已经是最佳资本结构，公司在追加筹资时就可以令其目标资本结构与原有资本结构保持一致。

（2）确定各种筹资方式的个别资本成本的临界点。在某一确定的资本成本下，公司难以筹集到大量的资本，所以公司有必要确认能够使资本成本改变的筹资临界点，该临界点是指个别资本成本发生变化前的最高筹资限额。

（3）确定筹资总额分界点。根据个别资本成本临界点和目标资本结构的要求确定筹资总额分界点是计算边际资本成本非常关键的一个步骤。筹资总额分界点的计算公式如下：

$$筹资总额分界点 = \frac{某筹资方式追加资本的临界点限额}{该项资本在目标资本结构中的比重} \quad (5.12)$$

由此可见，公式（5.12）就是根据筹资的局部限量计算保证目标资本结构的筹资整体限量。

公司筹资方式的多样性和个别资本成本随着筹资数额的变动性，使得每种筹资方式都可以根据不同的资本成本确定相应的筹资总额分界点。将不同筹资方式下的筹资总额分界点组合起来，就可以确定公司总的筹资规模的范围。

（4）计算不同筹资范围的边际资本成本。在不同的筹资范围内，边际资本成本是不同的。公司应根据自身的需要控制边际资本成本，作出追加筹资的决策。

【例5-7】G公司的财务人员经过认真分析，认为目前的资本结构就是最优的资本结构。因此在今后筹资时，仍将继续保持长期债务占20%，优先股5%，普通股75%的资本结构。该公司财务人员认真分析了目前金融市场状况和公司的筹资能力，认为随着公司筹资规模的不断增加，各种筹资成本也会增加，详细情况如表5-8所示。

表5-8　　　　　　　　　　　　G公司筹资资料

筹资方式	目标资本结构（%）	新筹资的数量范围（元）	资本成本（%）
长期债务	20	0~10 000（含10 000）	6
		10 000~40 000	7
		大于40 000	8
优先股	5	0~2 500（含2 500）	10
		大于2 500	12
普通股	75	0~22 500（含22 500）	14
		22 500~75 000	15
		大于75 000	16

解：根据表5-8的资料，首先计算筹资总额分界点，如表5-9所示。

表 5-9　　　　　　　　　　　筹资总额分界点及资本成本

筹资方式及目标结构	资本成本（%）	特定筹资方式的筹资范围（元）	筹资总额分界点（元）	筹资总额的范围（元）
长期债务（20%）	6	0～10 000	10 000÷0.2=50 000	0～50 000
	7	10 000～40 000	40 000÷0.2=200 000	50 000～200 000
	8	大于40 000	—	大于200 000
优先股（5%）	10	0～2 500	2 500÷0.05=50 000	0～50 000
	12	大于2 500	—	大于50 000
普通股75%	14	0～22 500	22 500÷0.75=30 000	0～30 000
	15	22 500～75 000	75 000÷0.75=100 000	30 000～100 000
	16	大于75 000	—	大于100 000

根据表 5-9 中"筹资总额的范围"，可以得出如下五组新的筹资总额范围：（1）0～30 000；（2）30 000～50 000；（3）50 000～100 000；（4）100 000～200 000；（5）200 000 以上。对这五个筹资范围计算加权平均资本成本，就可以得到各种筹资范围的边际资本成本，如表 5-10 所示。

表 5-10　　　　　　　　　　　边际资本成本计算

筹资总额范围（元）	资本来源	资本结构（%）	资本成本（%）	边际资本成本
0～30 000	长期债务	20	6	20%×6%+5%×10%+75%×14%=12.2%
	优先股	5	10	
	普通股	75	14	
30 000～50 000	长期债务	20	6	20%×6%+5%×10%+75%×15%=12.95%
	优先股	5	10	
	普通股	75	15	
50 000～100 000	长期债务	20	7	20%×7%+5%×12%+75%×15%=13.25%
	优先股	5	12	
	普通股	75	15	
100 000～200 000	长期债务	20	7	20%×7%+5%×12%+75%×16%=14%
	优先股	5	12	
	普通股	75	16	
200 000 以上	长期债务	20	8	20%×8%+5%×12%+75%×16%=14.2%
	优先股	5	12	
	普通股	75	16	

2. 边际资本成本的应用

边际资本成本法在不同资本来源和资本结构下，综合资本成本动态的变化，它是进行投资决策的重要参数。边际资本成本决定了投资方案的折现率，当需要确定某个投资方案是否可行时，需要运用边际资本成本确定投资方案的净现值，具体计算在以后的章中将会进行详细介绍，这里不再赘述。

另外，当公司面临多个项目投资机会时，总是希望投资的所有项目净现值之和为最大，这就需要考虑边际资本成本和投资项目的内部收益率之间的关系。只有各投资项目的内部收益率大于该项目所需筹集资本的边际资本成本时，所对应的资本筹集规模才是最优的资本预算。

> **小资料**
>
> 项目资本成本通常不等于实施该项目公司的资本成本，两者之间的差异在于风险不等价。
>
> （1）如果项目风险与其实施该项目的公司风险相等，那么公司加权平均资本成本就是项目的资本成本。
>
> （2）如果项目的风险与该公司的风险不等价，那么就不能以该公司的资本成本作为项目的资本成本。在这种情况下，可以找出与该项目风险等价的重置公司，用重置公司的资本成本评估项目，或者直接根据特定项目的资本来源、筹资比例、筹资成本进行估算。就方法而言，项目资本成本与公司资本成本估算基本相同。从某种意义上说，每一个项目都有它自己的成本，公司的资本成本正是这些项目资本成本的加权平均数。
>
> （3）如果每一个投资项目被视为追加的边际项目，那么应采用与该项投资相对应的边际资本成本作为折现率，投资项目的取舍取决于边际收益与边际成本的比较。在确定项目资本成本时，还应注意通货膨胀的影响。根据现金流量与折现率相匹配的原则，名义现金流量应与名义折现率相匹配，真实现金流量应与真实折现率相匹配。

本 章 小 结

1. 资本成本是由于资本所有权和资本使用权相分离所产生的一个重要财务概念，它是资本使用者为了获得资本的使用权，支付给资本所有者的费用，也就是取得和使用资本的成本。它对筹资管理和投资管理都具有很重要的现实意义。

2. 实际中，资本成本主要受到各种因素的影响：总体经济环境；资本市场条件；公司经营状况和筹资状况；公司对筹资规模和时间的需求。

3. 在计算资本成本时暂不考虑短期资本来源，即不考虑短期负债。与资本成本密切相关的资本构成项目包括五项：发行债券、银行借款、发行优先股、发行普通股及留存收益。

4. 如果公司发行的债券是每年付息一次，到期还本的，则债券的资本成本计算如下：

$$债券资本成本 = \frac{债券面值 \times 债券利息率 \times (1 - 所得税税率)}{债券发行额 \times (1 - 筹资费费率)}$$

5. 长期银行借款的资本成本包括借款利息和借款手续费两部分。由于借款利息可在税前列入费用支出，这就可以抵减公司的一部分所得税，因此长期银行借款的资本成本可以比照债券的资本成本计算。

6. 优先股资本成本可按下式计算：

$$优先股资本成本 = \frac{优先股股息}{优先股市场价格 \times (1 - 筹资费费率)}$$

7. 从理论上说，普通股的资本成本可以看做是为保证普通股股东的必要投资利益，公司必须向投资者支付的最低收益率。常用的有三种方法，即股利折现法、资本资产定价模型法和债券收益加风险补偿率法。

8. 假定对股利不征税，公司使用留存收益的最低成本和普通股成本相同，差别在于它不必考虑筹资费。

9. 综合资本成本是以各种不同资本来源的个别资本成本为基数，以各种不同资本来源占资本总额的比重为权数计算的加权平均资本成本。计算综合资本成本的方法有两种：一种是以账面价值为权数进行加权平均；另一种是以市场价值为权数进行加权平均。

10. 边际资本成本是公司追加筹资的成本。公司在追加筹资时，不能仅仅考虑目前所使用资本的成本，还要考虑新筹集资金的成本，即边际资本成本。边际资本成本是公司进行追加筹资的决策依据。

第6章 资本预算方法

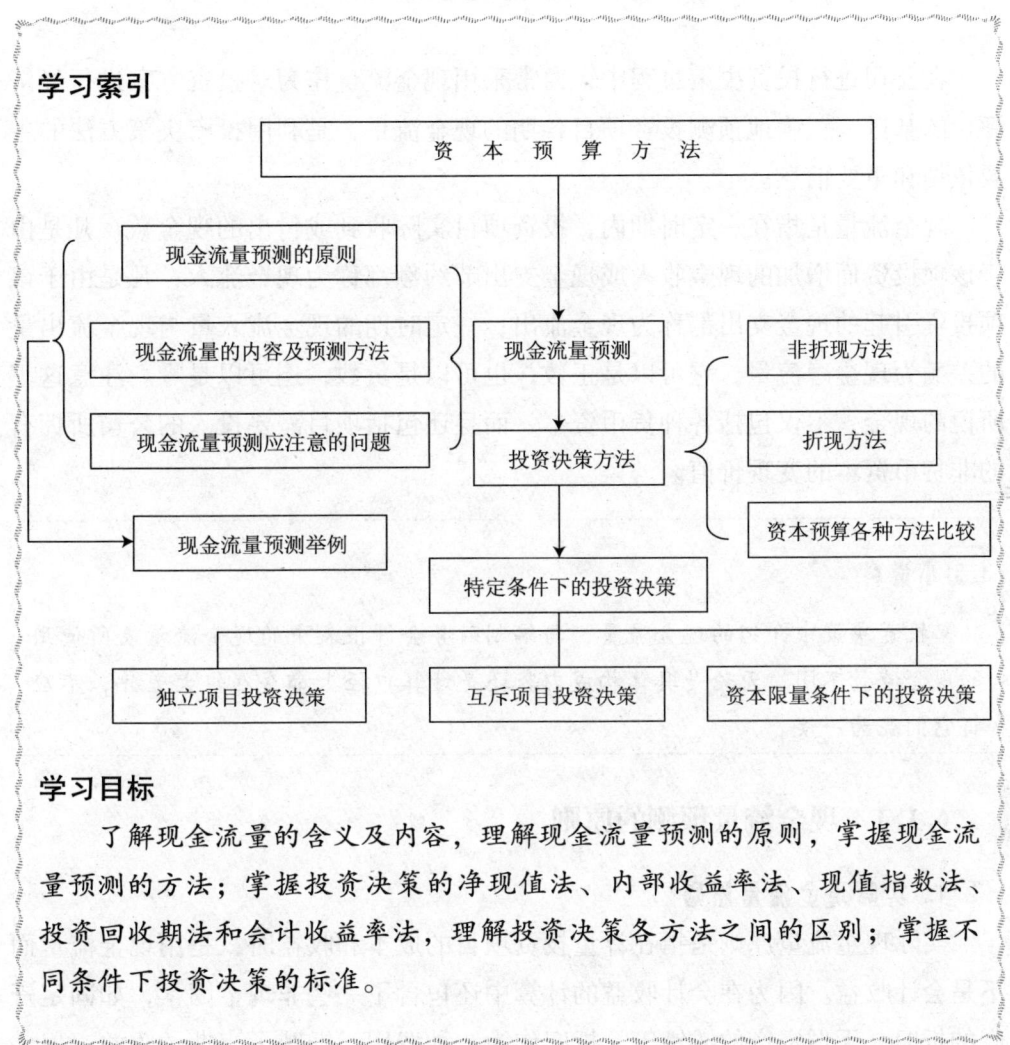

学习目标

了解现金流量的含义及内容,理解现金流量预测的原则,掌握现金流量预测的方法;掌握投资决策的净现值法、内部收益率法、现值指数法、投资回收期法和会计收益率法,理解投资决策各方法之间的区别;掌握不同条件下投资决策的标准。

万科企业股份有限公司成立于1984年5月,以房地产为核心业务,是目前中国最大的专业住宅开发企业。经过多年努力,万科建立了科学系统的房地产项目投资决策程序和相关规范,对房地产类投资项目在风险收益分析的基础上,通过严格的分级授权审批程序对重大投资实施全程监控,将资本预算视为公司战略的实施计划,将所选投资项目对战略执行的有效性视为衡量投资项目是否可行的标准。万科还开拓出多元化的融资渠道为资本预算运作提供保障,并通过完善各项管理制度，塑造有助于资本预算成功执行的组织文化。可以说，万科的成功与其科学完整的资本预算体系，及其与公司战略、公司文化的有机结合是密不可分的，它们为万科竞争优势的充分发展创造了必要条件。

6.1 现金流量预测

在公司进行投资决策过程中，通常采用现金流量作为对投资方案进行经济评价的基础。正确地预测投资项目各期的现金流量，是利用投资决策方法的主要依据和重要信息。

现金流量是指在一定时期内，投资项目实际收到或付出的现金数。凡是由于该项投资而增加的现金收入或现金支出节约额都称为现金流入；凡是由于该项投资引起的现金支出都称为现金流出；一定时期的现金流入量与现金流出量的差额为现金净流量，它可以是正数，也可以是负数，还可以是零。注意这里所说的现金，不仅包括各种货币资本，而且还包括项目需要投入的公司所拥有的非货币资本的变现价值。

> **小资料**
>
> 投资决策中介绍的现金流量，与编制财务会计报表中的现金流量表所使用的现金流量不同，无论是具体构成内容还是计算口径上都存在较大差异，不应将它们混为一谈。

6.1.1 现金流量预测的原则

1. 实际现金流量原则

实际现金流量原则是指在计量投资项目的成本和收益时，是用现金流量而不是会计收益。因为在会计收益的计算中还包含了一些非现金因素，如固定资产的折旧、无形资产的摊销等。折旧作为一种费用，抵减了当期的收益，但并没有发生实际的现金流出。因此，不能将其视为现金流出来看待，否则就会出现项目投资支出的重复计算。除此之外，还应注意剔除收益中的非现金项目。

实际现金流量原则的另一层含义是项目未来的现金流量不是用现在的价格和成本计算的，而必须用预计未来的价格和成本计算。

2. 增量现金流量原则

预测现金流量应遵循增量现金流量原则，只有增量现金流量才是与项目相关的现金流量。所谓增量现金流量，是指接受或拒绝某个投资项目后，企业总现金流量因此发生的变动。只有那些由于采纳某个项目引起的现金支出增加额，才是该项目的现金流出；只有那些由于采纳某个项目引起的现金流入增加额，才是该项目的现金流入。

为了正确计算投资项目的增量现金流量，需要正确判断哪些支出会引起企业总现金流量的变动，哪些支出不会引起企业总现金流量的变动。在进行这种判断时，应注意以下几个问题：

（1）区分相关成本和无关成本。相关成本是指与特定项目决策有关的、在判断现金流量时必须加以考虑的成本。例如，差额成本、未来成本、重置成本、机会成本等都属于相关成本。无关成本是指与特定项目决策无关的、在判断现金流量时不必加以考虑的成本。例如，项目实施前所发生的市场调研费用、咨询论证费用等。如果将无关成本纳入投资方案的总成本，则一个有利的方案可能因此变得不利，一个较好的方案可能变为较差，从而造成决策的失误。

（2）要考虑投资项目（方案）对公司其他部门或产品的影响。当公司采纳一个新的项目后，该项目可能对公司的其他部门或产品造成有利或不利的影响，这种效应被称为附加效应。例如，假设索尼公司想要投产 PS4（PlayStation 4），这是视频游戏机的一个更新版本。那么对这一新产品的需求肯定会减少索尼公司目前游戏机的销量。在考察增量现金流量时，这样的连带影响必须纳入考虑范围之内。并且，这些连带影响有可能持续很长的时间。当某机械公司设计生产出新的喷气式发动机后，他们获得的现金流量不仅仅是发动机的销售收入。因为一旦售出了一台发动机，该公司可能就要提供 20 年甚至更长时间的服务，公司可以从提供服务和维护设备中获利。而这期间客户对更换发动机的零部件也会产生稳定的需求。另外，一旦发动机在使用中得到了好评，公司还有可能继续为同样的客户提供其他型号的产品。所有这些"下游"活动都能够创造大量的增量现金流量。

（3）必须考虑机会成本。在投资方案的选择中，如果选择了一个投资方案，则必须放弃投资于其他途径的机会，其他投资机会可能取得的收益是实施本方案的一种代价，被称为机会成本。例如，某公司一投资项目需要占用一块土地，该公司刚好拥有一块土地，如果将其出售，可得净收入 100 万元；如果将这块土地用于项目投资，公司将损失 100 万元出售土地的收入，这部分丧失的收入即为投资的机会成本。机会成本并不是简单意义上的"成本"含义，它不是一种费用，而是失去的收益。这种收益不是实际发生的，而是潜在的。忽略机会成本可能会使较差的项目看似优秀，从而导致错误的决策。

（4）要剔除沉没成本。沉没成本就像泼出去的水，它们已经成为过去，是不可逆转的现金支出。由于沉没成本已经发生，它们不受是否接受项目的决策的影响，因此不能将其纳入考虑范围之内。例如，某投资项目前期工程投资50万元，要使工程全部完工，需追加50万元。如果工程完工后的收益现值为60万元，则应追加投资，完成这一项目。因为公司面临的不是投资100万元收回60万元的问题，而是投资50万元加收回60万元的投资。因此，工程前期发生的50万元投资是与决策无关的沉没成本。如果决策者将沉没成本纳入投资成本总额中，则会使一个有利的项目变得无利可图，从而造成决策失误。一般来说，大多数沉没成本是与研究开发及投资决策前进行市场调查有关的成本。

（5）不能忽略对营运资本的影响。投资于新建项目，有时需要增加现金、应收账款和存货。这种营运资本的投资在其发生时应视为现金流出，而在项目寿命期末收回营运资本时应视为现金流入。要注意的是，营运资本投资的增减不一定仅限于项目开始和结束时，在任何时候都可以发生。

（6）要注意间接费用。间接费用包括管理人员工资、租金、供暖及照明费用等。进行项目投资可能会产生额外的间接费用，也可能没有。但根据增量现金流量原则，在对投资项目进行评估时，只能包括项目带来的额外支出。因此在确定项目现金流量时，只有那些确因本投资项目而引起的费用，才能计入投资项目的现金流量；与公司投资进行与否无关的费用，则不应计入投资项目现金流量中。

3. 税后原则

在预测投资项目的现金流量时，应充分考虑所得税因素。将税前现金流量调整为税后现金流量，因为只有税后现金流量才与投资者的利益相关。

6.1.2 现金流量的内容及预测方法

1. 现金流量的内容

现金流量包括现金流入量、现金流出量及现金净流量三个概念。

现金流入量是指能够使投资方案的现实货币资金增加的项目，简称为现金流入。具体包括：（1）营业收入。它是指项目投产后，各期正常的生产经营活动中形成的现金流入量。（2）回收的固定资产残值。它是指项目投资形成的固定资产在其项目期满或者中途进行处置时，如报废、清理、出售、变卖或转让等，估计可以回收的价值。（3）回收的流动资金。它是指项目计算期满，因项目终结而回收的原项目进行期间垫支的流动资金（即营运资本）投资额。（4）其他现金流入量。

现金流出量是指能够使投资方案的现实货币资金减少或需要动用现金的项

目，简称为现金流出。具体包括：（1）固定资产投资支出。它主要指项目建设期内按照项目投资决策规划要求而投入的固定资产建设资金。（2）垫支的营运资本。也可以称为垫支的流动资金、流动资金投资等，是指项目投产前后分次或一次投放于流动资产上的资本增加额。（3）经营成本。它是指经营期内为满足正常生产经营活动而需要实际支付现金的有关成本费用，如产品制造成本、管理费用等中需要支付的现金部分。（4）有关税金。它主要指项目投产后需要依法缴纳的、单独列示的各项税款，如流转税和所得税等。（5）其他现金流出。

现金净流量，又称为净现金流量，是指项目计算期内，某年度的现金流入量与同年现金流出量之间的差额。

2. 现金流量的预测方法

（1）初始现金流量。初始现金流量是指投资项目开始时（主要发生在项目建设过程中）发生的现金流量，主要包括：①固定资产投资支出，如设备买价、运输费、安装费、调试费等。②垫支的营运资本，是指项目投产前后分次或一次投放于流动资产上的资本增加额，又称铺底营运资本。其计算公式为：

$$某年营运资本增加额 = 本年流动资本需用额 - 上年流动资本 \qquad (6.1)$$

③原有固定资产的变价收入，是指固定资产更新时原有固定资产变卖所得的现金净流量。④其他费用，是指不属于以上各项的投资费用，如与投资项目有关的筹建费用、职工培训费用等。⑤所得税效应，是指固定资产重置时变价收入的税负损益。按照税法规定，出售资产（如旧设备）时，如果出售价高于原价或账面价值应缴纳所得税，则多缴的所得税部分应视为现金流出量；而出售资产时发生的损失（出售价低于账面净值）可以抵减当年所得税支出，则少缴所得税形成的节约部分应视为现金流入量。

项目建设期发生的现金流量大多为现金流出量（也不排除有少量流入的可能），它们可以是一次性发生的，也可以是分次发生的。

（2）经营现金流量。经营现金流量，又称营业现金流量，是指投资项目投入使用后，在经营使用期内由于生产经营所带来的现金流入和现金流出的金额。这种现金流量一般以年为单位进行计算。这里的现金流入一般是指经营现金收入；现金流出一般是指经营现金支出和缴纳的税金。

一般情况下，经营现金净流量可以按三种方法计算：一是根据经营现金净流量的定义计算，即经营现金净流量 = 营业收入 - 付现成本 - 所得税；二是根据年末营业结果来计算。由于企业每年现金增加主要来自两个方面：当年增加的净利和计提的折旧（以现金形式从销售收入中扣回，留在企业里），因此，经营现金净流量 = 税后净利润 + 折旧；三是根据所得税对收入、成本和折旧的影响计算，即经营现金净流量＝收入×（1－税率）－付现成本×（1－税率）＋折旧×税率＝税后收入－税后成本＋折旧抵税额。

这三种方法的计算结果是一致的。在实务中，一般采用年末营业结果数据对税后净利润进行调整的方法预测经营现金净流量。其基本计算公式为：

$$经营现金净流量＝税后净利润＋折旧 \qquad (6.2)$$

【例6-1】甲、乙两个投资项目在项目计算期内的基本情况如表6-1所示。

表6-1　　　　　　　甲、乙投资项目经营现金净流量计算　　　　　　单位：万元

项目	项目甲	项目乙
销售收入	1 000	1 000
付现营业成本	500	500
折旧	150	200
营业成本合计	650	700
税前利润	350	300
所得税（40%）	140	120
税后净利	210	180
营业现金净流量	360	380

从表6-1的计算结果可以看出，甲、乙两个项目的经营净现金流量是不同的。项目乙的经营现金净流量之所以高出项目甲20万元，是源于二者折旧费差额的节税额，即（200－150）×40%＝20（万元）。

（3）终结现金流量。终结现金流量是指项目经济寿命终了时所发生的现金流量，既包括经营现金流量，又包括非经营现金流量。经营现金流量的内容与预测方法与前述经营现金流量相同，非经营现金流量主要包括两部分：一是固定资产的残值收入或变价收入及税负损益；二是垫支营运资本的回收、停止使用的土地的变价收入等。

6.1.3　现金流量预测应注意的问题

项目投资现金流量的预测涉及的内容很多，影响现金流量预测结果及其分布状况的因素也很多。因此，在现金流量预测过程中有以下一些问题值得关注。

1. 注意折旧的影响

折旧作为一种客观现象而存在，它所带来的影响效果是多重的。首先，折

旧方法及折旧率的选择不同，导致各年的折旧额的分布不同（直线法除外），进而影响到各年的会计利润。计提折旧多的年份，使该年利润减少；反之，则相反。其次，折旧又是收回项目投资的一个途径。一项投资的收回，除了靠项目本身每年所创造的收益以外，还要靠计提折旧。因此，通常将折旧作为现金流入的一个方面。最后，在存在所得税的条件下，折旧还会带来抵税效应。某年计提的折旧越多，带来的抵税效果越明显，形成的现金流入也越多。用公式可以表示为：

$$折旧抵税额 = 折旧额 \times 所得税税率 \tag{6.3}$$

2. 对利息费用的假设

在投资项目评估中，利息费用对投资项目的影响主要有两种分析模式：一种是将这些影响因素视作费用支出，从现金流量中扣除；另一种是将筹资影响归入现金流量的资本成本（折现率）中。在实务中广泛采用的是后一种方法，因为在给定资本结构的情况下，可随时根据不同的负债水平和风险情况调整项目的折现率。这里的折现率一般是指为项目提供资本的投资者要求的收益率，如果不考虑所得税和筹资费，项目投资者要求的收益率就是项目的资本成本。如果从项目的现金流量中扣除利息费用，然后再按此折现率进行折现，就等于双重计算筹资费用。

因此在预测现金流量时一般可遵循全投资假设，即在确定项目的现金流量时，只考虑全部投资的运作情况，而不具体区分自有资金和借入资金等具体的形式。即使实际存在借入资金，也将其作为自有资金对待。

3. 对通货膨胀的处理

通货膨胀是影响当今经济社会一个非常重要的因素，在投资项目评估中，通货膨胀可能会同时影响项目的现金流量和投资必要收益率（折现率）。

估计通货膨胀对项目的影响应遵循一致性原则，即如果折现率是以名义利率给出的，就要求现金流量的预测和估计也必须是名义现金流量，必须考虑销售价格、人工成本和材料成本等因素的变化趋势。也就是说，如果预测的现金流量和折现率中有一个包括通货膨胀的影响，那么另一个也必须包括。反之亦然。

6.1.4 现金流量预测举例

ABC公司打算开设一个印刷厂，并在1年前支付了50 000元的市场调研费对其潜在的市场情况进行了调查研究，通过调研得到的资料如下：

（1）需要购置印刷设备一台，价值为110 000元，估计可用5年。税法规定的残值为10 000元，按直线法折旧。

（2）印刷厂生产车间可利用公司一处闲置的厂房，该厂房当前的市场价格为105 000元。

(3) 设备印刷的产品各年的预计销售量为5 000件、8 000件、12 000件、10 000件、6 000件，市场售价第1年为每件20元，由于竞争和通货膨胀因素，售价每年将以2%的幅度增长；单位付现成本第1年为每件10元，以后随原材料价格的上升，单位付现成本每年将以10%的幅度增长。

(4) 投资该项目需在期初垫付营运资本10 000元。

(5) 公司所得税税率为30%。

根据以上资料可编制表6-2和表6-3，对销售收入和成本以及现金流量进行预测。需要注意的是，市场调研费50 000元已经支付，属于沉没成本，不再纳入考虑范围之内。

表6-2 销售收入和成本预测 单位：元

年 期	1	2	3	4	5
销售量（件）	5 000	8 000	12 000	10 000	6 000
单价	20	20.4	20.81	21.23	21.65
销售收入	100 000	163 200	249 720	212 300	129 900
单位付现成本	10	11	12.1	13.31	14.64
成本总额	70 000	108 000	165 200	153 100	107 840

注：成本总额 = 单位付现成本 × 销售量 + 折旧额，年折旧额 = (110 000 - 10 000) ÷ 5 = 20 000（元）。

表6-3 现金流量预测 单位：元

年 期	0	1	2	3	4	5
初始投资						
购置新设备	-110 000					
旧厂房利用	-105 000					
垫支营运资本	-10 000					
合计	-225 000					
经营现金流量						
营业收入		100 000	163 200	249 720	212 300	129 900
付现成本		50 000	88 000	145 200	133 100	87 840
折旧		20 000	20 000	20 000	20 000	20 000
税前利润		30 000	55 200	84 520	59 200	22 060
所得税		9 000	16 560	25 356	17 760	6 618
税后净利		21 000	38 640	59 164	41 440	15 442
合计		41 000	58 640	79 164	61 440	35 442

续表

年　期	0	1	2	3	4	5
终结现金流量						
回收残值						10 000
回收营运资本						10 000
经营现金流量						35 442
现金净流量	−225 000	41 000	58 640	79 164	61 440	55 442

6.2　投资决策方法

投资决策方法是利用一系列综合反映投资效益、投入产出关系的量化指标对方案进行决策的方法。按照是否考虑货币的时间价值，投资决策指标可以分为非折现指标和折现指标，因此这些方法也可以相应分为非折现方法和折现方法两大类。

6.2.1　非折现方法

1. 投资回收期

投资回收期（payback period，PP）是指通过项目的现金净流量回收原始投资额所需要的时间，一般以年为单位。投资回收期还可细分为包括建设期的投资回收期和不包括建设期的投资回收期。投资回收期的计算可以分为以下几种情况。

（1）原始投资一次支出，且每年的经营现金净流量相等。如果在项目的整个有效期限内，原始投资是一次支出的，而且每年的经营现金净流量相等，则投资回收期可按公式（6.4）计算。

$$\text{投资回收期} = \frac{\text{原始投资额}}{\text{每年相等的现金净流量}} \tag{6.4}$$

（2）原始投资分几次投入，或每年的经营现金净流量不相等。在这种情况下，投资回收期通常可以通过列表的方式求得。表 6-4 中需要计算每年的累计现金净流量，累计现金净流量等于零时对应的年数即为项目的投资回收期。

【例 6-2】假设某公司有两个投资方案，A 方案期限 5 年，原始投资额为 14 400 元，投产后各年的现金净流量均为 4 500 元；B 方案期限 4 年，原始投资额为 14 000 元，投产后第一年至第四年的现金净流量分别为 3 000 元、5 000 元、8 000 元和 4 000 元。则 A、B 两方案的投资回收期如何计算。

解：A 方案的投资回收期 = 14 400 ÷ 4 500 = 3.2（年）

B方案的投资回收期首先需要列表,如表6-4所示。

$$投资回收期 = 2 + \frac{6\,000}{8\,000} = 2.75（年）$$

利用投资回收期进行项目评价的决策规则是:如果项目的投资回收期小于基准回收期(公司自行确定或根据行业标准确定)时,则该项目可以接受;反之,则应放弃。在实务分析中,一般认为投资回收期小于项目周期的一半时才可行。

表6-4　　　　　　　　　　B方案累计现金净流量　　　　　　　　　　单位:元

年期 项目	0	1	2	3	4
现金净流量	-14 000	3 000	5 000	8 000	4 000
累计现金净流量	-14 000	-11 000	-6 000	2 000	6 000

投资回收期是最早用于评估资本预算项目的方法,曾一度被广泛运用。该方法计算简便直观,且容易为决策人所理解。其缺点在于:它不仅忽视了货币的时间价值和风险,而且也没有考虑回收期以后的现金流量。事实上,具有战略意义的长期投资往往早期收益较低,而中后期收益较高。回收期优先考虑急功近利的项目,可能导致放弃长期成功的方案。因此,在项目评价时,投资回收期只能作为一个辅助标准,必须和其他标准相结合才能判断项目的可行性。

2. 会计收益率

会计收益率(accounting rate of return,ARR)又称为平均报酬率,是指投资项目年平均净收益与该项目平均投资额的比率。年平均收益可根据需要采用项目的年平均利润、年平均息税前利润或销售利润等指标,实务中较常用的是年平均净利润;年平均投资额是指固定资产投资账面价值的算术平均数。

会计收益率的计算公式为:

$$会计收益率 = \frac{年平均净收益}{项目平均投资额} \times 100\% \tag{6.5}$$

依据例6-2的资料,可以计算出A、B两个方案的会计收益率为:

$$会计收益率（A） = \frac{4\,500}{14\,400 \div 2} = 62.5\%$$

$$会计收益率（B） = \frac{(3\,000 + 5\,000 + 8\,000 + 4\,000) \div 4}{14\,000 \div 2} = 71.4\%$$

会计收益率的决策规则是:如果项目的会计收益率大于基准会计收益率(通常由公司自行确定或根据行业标准确定),则应接受该项目;反之,则应放弃。在有多个互斥方案的选择中,则应选择会计收益率最高的项目。

会计收益率指标的优点是简明、易懂、易算,但也存在明显的不足,其不足之处在于:第一,它没有考虑货币的时间价值和投资风险价值,将第1年的会计收益和最后1年的会计收益看做具有同等的价值,所以有时会作出错误的决策;第二,当备选方案的原始投资、有效期限及净利润总额均相等时,所计算的会计收益率相同,则无法判断方案的优劣,因此也许会忽略最佳的方案;第三,会计收益率以会计核算数据而不是以项目的现金流量作为计算基础,各年的现金流量与会计收益在量上往往相差很大,以会计收益率的高低作为决策依据缺乏客观性;第四,当投资项目存在机会成本时,以会计收益率为标准的判断结果与净现值等标准差异很大,有时甚至得出相反的结论,影响投资决策的正确性。因此,会计收益率只能作为一种辅助指标来衡量投资项目的优劣。

6.2.2 折现方法

1. 净现值

净现值(net present value,NPV)是指在项目计算期内,投资项目或方案未来现金流入量的现值与未来现金流出量的现值之差,或称为各年现金净流量现值的代数和。其计算公式可以表示为:

$$NPV = \sum_{t=0}^{n} \frac{NCF_t}{(1+K)^t} = \sum_{t=0}^{n} NCF_t (1+K)^{-t} \tag{6.6}$$

其中,NCF_t代表第t期现金净流量;K代表资本成本或投资必要收益率,为简化计算,假设各年不变;n代表项目周期(指项目建设期和使用期)。

【例6-3】某公司现在面临两个固定资产投资方案,这两个固定资产均可使用4年,方案的相关现金流量资料如表6-5所示(公司资本成本为10%)。

表6-5　　　　　　　　　固定资产投资项目有关资料　　　　　　　　单位:元

方　案	A	B
初始投资:		
固定资产投资	25 000	39 000
垫支流动资金	5 000	6 000
经营现金流量:		
第一年	10 000	20 000
第二年	10 000	16 000
第三年	10 000	16 000
第四年	10 000	12 000

续表

方案	A	B
终结现金流量：		
固定资产残值收入	5 000	9 000
回收流动资金	5 000	6 000

解：根据表6-5中资料，首先测算A方案各时点现金净流量如下：

A方案：

$NCF_0 = -(25\,000 + 5\,000) = -30\,000$（元）

$NCF_{1-3} = 10\,000$（元）

$NCF_4 = 10\,000 + 5\,000 + 5\,000 = 20\,000$（元）

按公司资本成本10%折现，该方案的净现值为：

$$NPV = -30\,000 + 10\,000 \times (P/A, 10\%, 3) + 20\,000 \times (P/F, 10\%, 4)$$
$$= -30\,000 + 10\,000 \times 2.4869 + 20\,000 \times 0.6830$$
$$= +8\,529\,（元）$$

B方案由于各年经营现金流量不等，因此使用列表的方式测算各时点现金净流量并计算净现值将更为直观，如表6-6所示。

表6-6　　　　　　　　　B方案现金净流量及净现值　　　　　　　　　单位：元

t	NCF	(P/F, 10%, t)	PV
0	-45 000	1	-45 000
1	20 000	0.9091	18 180
2	16 000	0.8264	13 222.4
3	16 000	0.7513	112 020.8
4	27 000	0.6830	118 441
	NPV		+16 864.2

采用净现值方法的决策规则，在只有一个备选方案的决策中，如果方案的净现值大于零，表明该项目的投资收益大于资本成本，则该项目可行；如果方案的净现值小于零，则应放弃该项目。在有多个备选方案的互斥选择决策中，应选择净现值最大的方案。

净现值方法的优点：这种方法充分考虑了货币的时间价值和项目计算期内全部的现金流量，能够反映投资项目的收益水平；其取舍标准也最好地体现了财务管理的基本目标——公司价值最大化。净现值的不足在于：(1)确定折现率比较困难；（2）对于经济寿命不等的项目，用净现值难以评估；（3）对于初始投资额不等的项目，仅用净现值难以评估其优劣；（4）它不能揭示各个投资方案本身可能达到的实际收益率是多少。

2. 现值指数

现值指数（profitability index，PI）又称获利指数，是指投资项目未来现金流入量的现值与现金流出量的现值的比率。其计算公式为：

$$PI = \frac{\sum_{t=0}^{n} CIF_t (1+K)^{-t}}{\sum_{t=0}^{n} COF_t (1+K)^{-t}} \tag{6.7}$$

其中，CIF 和 COF 分别代表现金流入量和现金流出量。

依据例 6-3 的资料可分别计算出 A、B 两个方案的现值指数分别为：

$PI_A = 38\ 530.1 \div 30\ 000 = 1.28$

$PI_B = 61\ 867.23 \div 45\ 000 = 1.37$

利用现值指数进行投资决策的规则：如果项目或方案的现值指数 PI 大于等于 1，说明项目的收益率大于或等于预定的折现率，则应接受该项目或方案；反之，如果项目或方案的现值指数 PI 小于 1，表明项目的收益率小于预定的折现率，则应放弃。

现值指数方法的优点：充分考虑了货币的时间价值；它以相对数来表示，反映了投资的效率，即 1 元投资可望获得的现值收益。与 NPV 评价方法相比，这两种指标使用相同的信息评价投资项目，因此得出的结论通常是一致的，但在投资规模不同的互斥项目的选择中则有可能得出不同的结论，这时应以净现值作为选择标准。

3. 内部收益率

内部收益率（internal rate of return，IRR）又称内含报酬率，是指能够使投资项目的未来现金流入量现值和流出量现值相等（净现值为零时）的折现率，它反映了投资项目的真实收益。内部收益率应满足下面公式：

$$NPV = \sum_{t=0}^{n} NCF_t (1+IRR)^{-t} = 0 \tag{6.8}$$

内部收益率一般采用内插法或通过计算机计算。在内插法下，第一个步骤，先预估一个折现率，并按此折现率计算方案的净现值。如果计算出的净现值为正数，表明预估的折现率小于方案的实际内部收益率，应提高折现率，再进行测算；如果计算出的净现值为负数，表明预估的折现率大于方案的实际内部收益率，应降低折现率，再进行测算。经过如此反复测算，找到净现值由正到负并且比较接近于零的两个折现率。第二个步骤，根据上述两个邻近的折现率，运用内插法计算出方案的内部收益率。

依据例 6-3 中 A 方案的资料，其 NPV 计算为：

$NPV = -30\,000 + 10\,000 \times (P/A, IRR, 3) + 20\,000 \times (P/F, IRR, 4)$

经过反复测试，当折现率为 21% 和 22% 时，NPV 最接近零，即当折现率为 21% 时，$NPV = +69.1$；当折现率为 22% 时，$NPV = -82.0$。则利用内插法：

$$内部收益率 = 21\% + (22\% - 21\%) \times \frac{69.1}{69.1 + 82.0} = 21.46\%$$

在实务中通常利用电子表格或 Excel 软件来计算 IRR。以例 6-3 中 B 方案资料为例，在电子表格中输入：=IRR({-45 000, 20 000, 16 000, 16 000, 27 000})，回车后即可得到 B 方案的内部收益率为 25.59%。

利用内部收益率进行决策的规则：如果投资项目（方案）的 IRR 大于或等于项目的资本成本或投资要求的最低收益率，则接受该项目；反之，则应放弃。

内部收益率是方案本身的收益能力，反映其内在的获利水平，以内部收益率的高低来决定方案的取舍，使资本预算更趋于精确化。内部收益率指标可直接根据投资项目本身的参数（现金流量）计算其投资收益率，在一般情况下，能够正确反映项目本身的获利能力，但在互斥项目的选择中，利用这一标准有时会得出与净现值不同的结论，这时应以净现值作为选择标准。

6.2.3 资本预算各种方法比较

1. 非折现方法与折现方法比较

从 20 世纪 70 年代开始，折现的现金流量方法在项目投资评价中就已占据了主导地位，并形成了以折现方法为主、以非折现方法为辅的多种方法并存的评价体系。通过二者的比较，可以发现以下一些问题：

（1）非折现方法把不同时点上的现金收入和支出当做毫无差别的资本进行对比，忽略了货币时间价值因素，这是不科学的；而折现方法则把不同时点收入或支出的现金按统一的折现率折算到同一时点上，使不同时期的现金更具有可比性，符合投资决策的要求。

（2）非折现方法中的投资回收期只能反映投资的回收速度，不能反映投资的主要目标——净现值的多少，同时，由于回收期没有考虑货币的时间价值因素，因而夸大了投资的回收速度。

（3）对于寿命不同、资本投入时间和提供收益时间不同的投资方案，非折现方法缺乏鉴别能力；而折现方法则可做出正确合理的决策。

(4) 非折现方法中的投资回收期和会计收益率，由于没有考虑货币的时间价值，因而实际上是夸大了项目的盈利水平；而折现方法中的内部收益率是以预计的现金流量为基础，并综合考虑了货币的时间价值计算出的真实收益率。

(5) 在运用投资回收期这一方法时，标准回收期是方案取舍的依据，但标准回收期一般都是以经验或主观判断为基础来确定的，缺乏客观依据；而折现方法中的净现值和内部收益率等指标实际上都是以企业的资本成本为取舍依据的，任何企业的资本成本都可以通过计算得到，因此，这一取舍标准符合客观实际。

2. 非折现方法之间比较

作为非折现方法，投资回收期和会计收益率在对同一个投资项目或方案进行评价时，可能会得出不同的结论，也就是说以投资回收期为标准评价该项目，该项目的回收期小于基准回收期，此时会得出该项目可行的结论，但同时以会计收益率为标准评价该项目，还可能会得出不可行的结论，究其原因，主要有两点：

第一，投资回收期和会计收益率两者的指标性质不同，前者属于反指标，回收期越短越好；后者属于正指标，会计收益率越大越好。

第二，投资回收期和会计收益率两者的计算口径不同。在初始投资相同的情况下，投资回收期是以所实现的全部经营现金净流量（税后净利 + 折旧）为计算基础，依此确定的回收期可能较短；而会计收益率是以净收益为计算基础，剔除了折旧因素，因而计算的会计收益率可能较低。

在资本预算实务中，由于人们重视现金流量而轻视会计净收益，因此，当二者出现矛盾时，通常以投资回收期作为主要指标来判定投资项目的可行性。

3. 折现方法之间比较

折现方法是科学的投资决策方法，但是，折现方法包括净现值（NPV）、现值指数（PI）和内部收益率（IRR）。这三种方法，哪一种更好呢？

要想回答上述问题，首先应区分投资项目或方案的性质，投资项目或方案一般可以分为独立性投资项目或方案与互斥性投资项目或方案（将在下一节进行具体阐述）。在对某一独立性的投资项目或方案的可行性判定中，利用上述三种评价方法往往都会得出相一致的结论，也就是说，若某一独立方案的净现值大于零，其现值指数必然大于1，其内部收益率必然大于计算净现值和现值指数时所使用的折现率；反之，若某一独立方案的净现值小于零，则其现值指数小于1，其内部收益率小于计算净现值和现值指数时所使用的折现率；若某一独立方案的净现值为零，则其现值指数为1，所用折现率即为其内部收益率。

但在进行互斥投资项目或方案的可行性判定时，上述三种评价方法有时会出现不一致的结论。例如在项目的投资规模不同，或现金流量的时间分布不同，或项目有效期不同的情况下，净现值与内部收益率有可能发生冲突。此时一般情况下，均应以净现值方法为准。但在项目有效期不同时，如果公司面对的是相互独立的项目，则可以优先安排内部收益率高的项目。又如，采用净现值和现值指数评价投资项目的优劣时，在大多数情况，它们常常会得出相一致的结论，但在投资规模不同的互斥项目的选择中，有时也会产生分歧，有可能得出相反的结论。此时，一般应采用净现值作为决策的标准。

相比之下，在这三种评价标准中，以净现值作为项目的评价标准是最好的选择（无资本限量条件下）。

小资料

曾有学者对美国公司 CFO 在资本预算中使用的方法进行过调查，其调查结果如图 6-1 所示①。

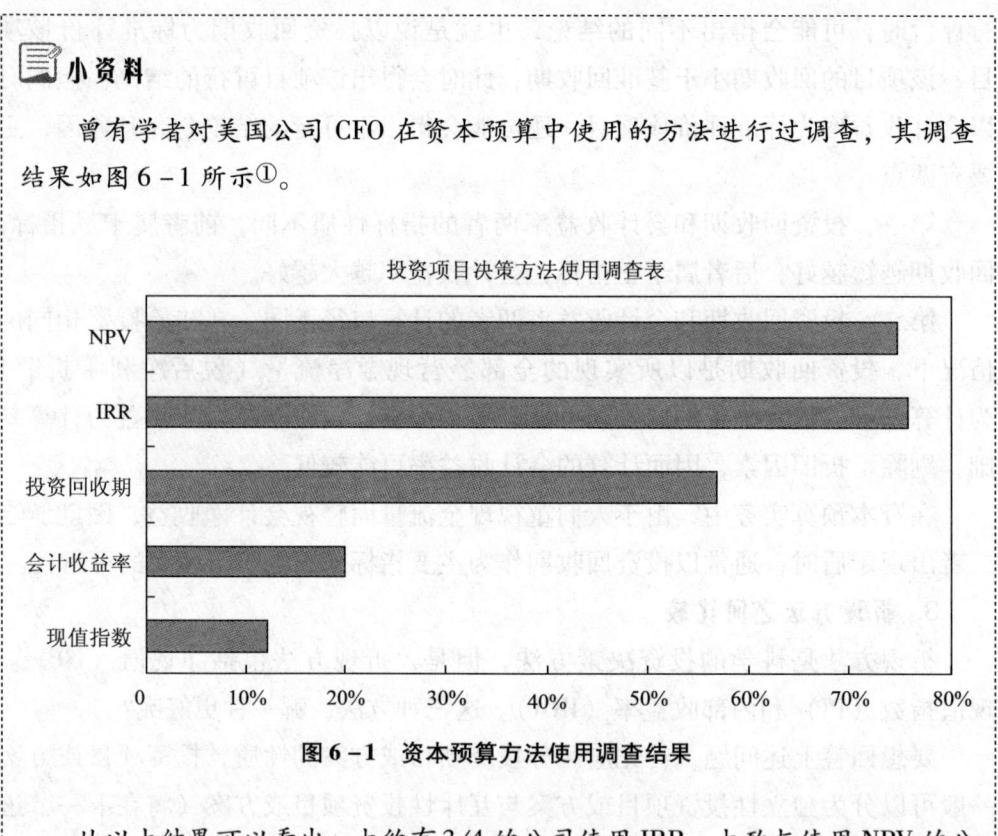

图 6-1　资本预算方法使用调查结果

从以上结果可以看出，大约有 3/4 的公司使用 IRR，大致与使用 NPV 的公司数量持平。实际上，IRR 与 NPV 有着非常密切的联系，如果运用得当，通常两种方法得出的结论是一致的。

---

① 选自 J. R. Graham and C. R. Harvey, "The Theory and Practice of Finance: Evidence from the Field," *Journal of Financial Economics* 61 (2001), pp. 187 – 243, ⓒ 2001 with permission from Elsevier Science.

6.3 特定条件下的投资决策

6.3.1 独立项目投资决策

所谓独立项目是指一组相互独立、互不排斥的项目。在独立项目中，选择某一项目并不排斥选择另一项目。独立项目的决策是指对待定投资项目采纳与否的决策，而且该项目的取舍只取决于项目本身的经济价值，而不用考虑其他投资项目采纳与否的影响。

对于独立项目的决策，可运用投资回收期、会计收益率及净现值、现值指数、内部收益率等任何一个合理的标准进行分析，决定项目的取舍。只要运用得当，一般都能做出正确的决策。

6.3.2 互斥项目投资决策

在一组项目中，采纳其中某一项目意味着放弃其他项目时，这组项目就被称为互斥项目。对互斥项目进行投资决策，就是要在两个或两个以上互相排斥的待选项目中进行比较，区分它们的优劣，从而最终选择出最优的投资方案。

在进行互斥项目的投资决策分析时，常用的方法有以下几种：

1. 排列顺序法

在排列顺序法中，全部待选项目可分别根据它们各自的 NPV、PI 和 IRR 按降级顺序排列，然后进行项目挑选，通常选其大者为最优。通常情况下，按上述三个评价指标对互斥项目进行排序选择的结果是一致的，但在某些情况下也会得出不一致的结论，即出现排序矛盾。在这种情况下，通常应以净现值作为选择标准。

2. 增量分析法

增量分析法，也可以称为差量分析法，是指在对互斥项目进行投资决策时，可根据其现金流量的增量计算增量净现值、增量现值指数或增量内部收益率，并按相应的标准进行项目的选择。其判断标准是：如果增量净现值大于零，或增量现值指数大于1，或增量内部收益率大于资本成本，则增量投资在经济上是可行的，即投资额大的项目较优；反之，投资额小的项目较优。

【例 6-4】某公司的一个新产品开发项目有两个投资方案可供选择，该公司的行业基准收益率设定为 15%。项目计算期内有关现金流量如表 6-7 所示。

表 6-7　　　　　　　　　　　A、B 方案现金流量　　　　　　　　　　单位：元

年　期	净现金流量		差额净现金流量
	A 方案	B 方案	
0	-30 000	-21 000	-9 000
1	4 500	3 300	1 200
2	20 000	14 000	6 000
3	18 000	12 000	6 000

解：以表 6-7 最后一列 "差额净现金流量" 为资料，首先使用试算法进行测算：

当折现率 = 16% 时，NPV = +338；当折现率 = 18% 时，NPV = -22

应用内插法可得：

$$增量内部收益率 = 16\% + (18\% - 16\%) \times \frac{338}{338 - (-22)} = 17.88\%$$

由于增量内部收益率 17.88% 大于行业基准收益率 15%，因此应选择投资额大的项目，即 A 方案。

对于旧设备是否更新的选择，通常是站在新设备的角度进行分析，并计算增量净现值、增量现值指数或增量内部收益率。如果增量净现值大于零，或增量现值指数大于 1，或增量内部收益率大于资本成本，则应选择设备更新；反之，则应继续使用旧设备。

3. 总费用现值法

总费用现值法是指通过计算各备选项目的全部费用的现值来进行项目选择的一种方法。这种方法一般适用于收入相同、计算期相同的项目之间的选择，其选择标准是以总费用现值较小者为最佳。

【例 6-5】某公司打算进行设备更新，有关新旧设备的资料如表 6-8 所示。设公司要求的投资收益率为 10%，不考虑所得税因素。

表 6-8　　　　　　　　　　　新旧设备现金流量资料　　　　　　　　　　单位：元

项　目	旧设备	新设备
新设备购置成本 旧设备出售收入		50 000
年经营成本（1~5 年）	20 000	2 000
残值收入	6 000	1 000

解：由于本例中收入与决策无关，新旧设备的使用年限相同，因此可以使

用总费用现值法进行选择。

使用新旧设备的费用现值总额计算如下（本例中将旧设备的出售收入视为继续使用旧设备的机会成本，也可以将其看成是新设备投资的减少额。两种计算方法结果是一样的）：

旧设备费用现值总额 = 20 000 + 6 000 × (PA，10%，5)
= 42 274.8（元）

新设备费用现值总额 = 50 000 + 2 000 × (PA，10%，5)
 − 1 000 × (P/F，10%，5)
= 56 960.7（元）

由于旧设备费用现值总额低于新设备的费用现值总额，因此应继续使用旧设备。

4. 年均成本法

年均成本法适用于收入相同但计算期不同的项目的选择。这种方法是把继续使用旧设备和购置新设备看成是两个互斥的方案，而不是一个更换设备的特定方案。也就是说，要有正确的"局外观"，即从局外人的角度来考察：一个方案是购置旧设备；另一个方案是购置新设备，新、旧设备的使用期限不同，在此基础上，比较各自的年均成本，并做出选择，以年均成本较小者作为优选项目。

【例 6 – 6】某企业有一旧设备，生产使用部门提出更新要求，技术人员及财务人员提供的相关数据见表 6 – 9。

表 6 – 9　　　　　　　　　　新、旧设备分析测算

项目	旧设备	新设备
原始价值（购价）（元）	22 000	24 000
预计使用年限（年）	10	10
已使用年限（年）	4	0
尚可使用年限（年）	6	10
变现价值（元）	6 000	24 000
每年付现成本（元）	7 000	4 000
期末残值（元）	2 000	3 000

假设该企业要求的最低投资收益率为 15%，那么该企业是继续使用旧设备，还是以新设备替代旧设备（假设不考虑所得税因素）？

解：由于新、旧设备的使用年限不同，因此必须计算两个方案的年均成

本，计算过程及结果如下：

旧设备年均成本 $= \dfrac{6\,000 + 7\,000 \times (P/A, 15\%, 6) - 2\,000 \times (P/F, 15\%, 6)}{(P/A, 15\%, 6)}$

$= 8\,357.20$（元）

新设备年均成本 $= \dfrac{24\,000 + 4\,000 \times (P/A, 15\%, 10) - 3\,000 \times (P/F, 15\%, 10)}{(P/A, 15\%, 10)}$

$= 8\,637.19$（元）

上述计算结果表明，继续使用旧设备的年均成本低于设备更新的年均成本，因此应选择继续使用旧设备。

6.3.3 资本限量条件下的投资决策

资本限量是指公司资本有一定限度，不能投资于所有可接受的项目。也就是说，有很多获利项目可供投资，但由于公司内部原因（如出于安全或控股需要拒绝举债方式筹资等）或资本市场上各种条件的限制，公司无法筹集到足够的资本。此时，可以按照各个投资项目现值指数的大小顺序为标准进行排列组合，并挑选在资本限量内净现值合计数最大的组合，这个投资组合就是实现限量资本的最优投资组合。

【例 6－7】假设某公司可用于投资的资本总额为 65 000 万元。经分析，可供选择的投资项目有 8 个，其项目有关数据如表 6－10 所示。

表 6－10　　　　　　　可供选择的投资项目基本数据

项目	初始净现金流量（万元）	IRR（%）	NPV（万元）	PI
A	50 000	15	12 000	1.24
B	35 000	19	15 000	1.43
C	30 000	28	42 000	2.40
D	25 000	26	1 000	1.04
E	15 000	20	10 000	1.67
F	10 000	37	11 000	2.10
G	10 000	25	13 000	2.30
H	1 000	18	100	1.10

解：根据数据分别按内部收益率（IRR）、净现值（NPV）和现值指数（PI）的大小顺序，对在资本限量要求内的可行项目进行排列，可得出三个不同的组合方案，如表 6－11、表 6－12 和表 6－13 所示。

第 6 章 资本预算方法

表 6-11　　　组合方案一（按内部收益率 IRR 大小顺序排列）

项目	IRR（%）	NPV（万元）	初始净现金流量（万元）
F	37	11 000	10 000
C	28	42 000	30 000
D	26	1 000	25 000
合计		54 000	65 000

表 6-12　　　组合方案二（按净现值 NPV 大小顺序排列）

项目	NPV（万元）	IRR（%）	初始净现金流量（万元）
C	42 000	28	30 000
B	15 000	19	35 000
合计	57 000		65 000

表 6-13　　　组合方案三（按现值指数 PI 大小顺序排列）

项目	PI	NPV（万元）	初始净现金流量（万元）
C	2.40	42 000	30 000
G	2.30	13 000	10 000
F	2.10	11 000	10 000
E	1.67	10 000	15 000
合计		76 000	65 000

由于组合方案三的净现值合计数最大，因此方案三（即按现值指数排序）属于最优投资组合，它们的初始现金流量之和为 65 000 元，提供的总净现值为 76 000 元。没有别的项目组合能够提供比这一组合更大的净现值。这是因为，资本限量问题的关键就是选择一个项目组合，能够使预算限额中的"每一元钱都发挥最大的作用"，而这正是按现值指数递减的顺序选择项目所具有的特征。因此，按现值指数的大小顺序排序能够保证在资本限量要求内净现值总额达到最大。

本 章 小 结

1. 现金流量是指在一定时期内，投资项目实际收到或付出的现金数。凡是由于该项投资而增加的现金收入或现金支出节约额都称为现金流入；凡是由于该项投资引起的现金支出都称为现金流出；一定时期的现金流入量与现金流出量的差额为现金净流量，它可以是正数，也可以是负数，还可以是零。

2. 现金流量预测的原则包括实际现金流量原则、增量现金流量原则和税后原则。

3. 现金流量包括现金流入量、现金流出量及现金净流量三个概念。现金流入量包括营业收入、回收的固定资产残值、回收的流动资金和其他现金流入量。现金流出量包括固定资产投资支出、垫支的营运资本、经营成本、有关税金和其他现金流出。

4. 现金流量的预测可以分为初始现金流量的预测、经营现金流量的预测和终结现金流量的预测三项内容。

5. 在现金流量预测过程中有一些问题值得关注：折旧的影响、对利息费用的假设及对通货膨胀的处理。

6. 投资决策方法是利用一系列综合反映投资效益、投入产出关系的量化指标对方案进行决策的方法。按照是否考虑货币的时间价值，投资决策指标可以分为非折现指标和折现指标，因此这些方法也可以相应分为非折现方法和折现方法两大类。

7. 非折现方法包括投资回收期和会计收益率。折现方法包括净现值、现值指数和内部收益率。

8. 通常情况下，如果折现方法和非折现方法进行比较，应以折现方法为主；如果对折现方法内部的各方法进行比较，大部分情况下应以净现值方法为主。

9. 对于独立项目的决策，可运用投资回收期、会计收益率及净现值、现值指数、内部收益率等任何一个合理的标准进行分析；在进行互斥项目的投资决策分析时，常用的方法有几种：排列顺序法、增量分析法、总费用现值法和年均成本法。

10. 资本限量是指公司资本有一定限度，不能投资于所有可接受的项目。此时，可以按照各个投资项目现值指数的大小顺序为标准进行排列组合，并挑选在资本限量内净现值合计数最大的组合，这个投资组合就是实现限量资本的最优投资组合。

第7章 资本预算风险

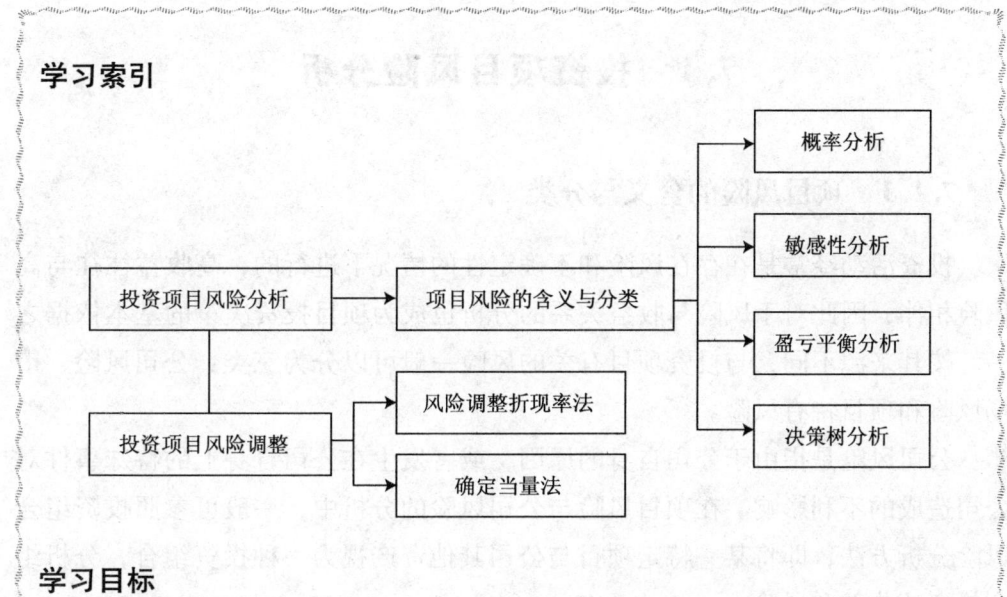

学习目标

　　了解投资项目风险的含义，理解投资项目风险的分类，掌握投资项目风险的概率分析方法和敏感性分析方法，熟悉投资项目风险的盈亏平衡分析方法，了解投资项目风险的决策树分析方法，掌握投资项目的风险调整折现率法和确定当量法。

　　投资决策的正确与否对公司的发展影响很大。在第1章引例中介绍了佛山市首家私营集团公司广大电器因经营决策失误造成资金链断裂，进而引发公司破产的案件。在西方，比较典型的决策失误案例是Lockneed公司关于L-1011型三星商用飞机的投资决策。1971年，美国的Lockneed公司在国会听证会上希望寻求2.5亿美元的联邦担保，以保证完成L-1011型三星商用飞机的投资所需要的银行贷款。Lockneed公司在决定投资三星飞机生产线时，预测盈亏临界点的销售量为195~205架飞机，公司已获得103张订单，外加75张有选择购买的订单，公司发言人证实销售量最终会突破盈亏临界点，而该计划也将成为"一次商业上可行的尝试"。据此，公司决定投资10亿美元建设生产线。但后来的事实证明Lockneed公司的分析是错误的，主要表现在：（1）低估了三星飞机项目的资本成本。三星飞机项目是以 Lockneed 公司资产（三星计划前）的资本成本 10% 作为折现率，这一折现率不足以反映该投资项目的风险；（2）低估了盈亏临界点的销售量。投产后才发现盈亏临界点的销售量大于 200 架，而这又是公司无法达到的。这一投资决策失误使公司损失惨重，其股价也从每股 73 美元跌至每股 3 美元。

7.1 投资项目风险分析

7.1.1 项目风险的含义与分类

投资活动经常是在存在风险和不确定性的情况下进行的，高收益往往与高风险相伴，因此对于风险与收益关系的分析也成为项目投资决策的基本依据之一。按其来源不同，与投资项目有关的风险一般可以分为三类：公司风险、市场风险和项目特有风险。

公司风险是指由于公司自身的原因，或者发生在公司自身上的特殊事件对公司造成的不利影响。在项目风险与公司风险的分析中，一般可参照投资组合风险分析方法，即将某一特定项目与公司其他资产视为一种投资组合，分析组合投资的收益和风险。

市场风险是指站在拥有高度多元化投资组合的公司股票持有者的角度来衡量投资项目风险。由于项目的市场风险不能通过多角化投资加以分散，因此它对项目的影响非常重要。

项目特有风险是公司风险的一部分，是指某一投资项目本身特有的风险，即不考虑与公司其他项目的组合风险效应，单纯反映特定项目未来收益（净现值或内部收益率）的可能结果相对于预期值的离散程度。

分析投资项目的风险，可以采用几种方法：概率分析法、敏感性分析、盈亏平衡分析及决策树分析法等。

7.1.2 概率分析

概率分析是衡量风险的主要工具，是指根据各有关不确定因素的变化及其概率，计算投资项目的年期望现金流量和期望净现值等评价指标，并据此评价项目财务可行性的方法。

各年期望现金流量的计算公式为：

$$\overline{NCF_t} = \sum_{i=1}^{m_{ti}} NCF_{ti} P_{ti} \qquad (7.1)$$

其中，$\overline{NCF_t}$为第 t 年期望现金净流量；NCF_{ti}为第 t 年第 i 种可能结果的现金净流量；P_{ti}为第 t 年与第 i 种可能结果相对应的概率；m_{ti}为第 t 年可能结果的数量。

【例 7-1】MW 公司的一个投资项目各年的现金净流量与其概率分布情况如表 7-1 所示，公司资本成本为 10%。请对该项目的财务可行性进行评价。

表 7-1　　　　　　　　　MW 公司投资项目现金净流量分布

年期	概率 P	现金净流量（元）
第 0 年	1.0	40 000
第 1 年	0.4	25 000
	0.6	15 000
第 2 年	0.2	30 000
	0.6	20 000
	0.2	10 000
第 3 年	0.3	35 000
	0.4	25 000
	0.3	15 000

解：首先应根据表 7-1 资料，计算各年期望现金净流量。计算过程及结果如下所示：

$$\overline{NCF_1} = 25\,000 \times 0.4 + 15\,000 \times 0.6 = 19\,000（元）$$

$$\overline{NCF_2} = 30\,000 \times 0.2 + 20\,000 \times 0.6 + 10\,000 \times 0.2 = 20\,000（元）$$

$$\overline{NCF_3} = 35\,000 \times 0.3 + 25\,000 \times 0.4 + 15\,000 \times 0.3 = 25\,000（元）$$

其次，根据上述各年期望现金净流量计算投资项目的期望净现值，如下所示：

$$\begin{aligned}NPV &= \overline{NCF_1} \times (P/F, 10\%, 1) + \overline{NCF_2} \times (P/F, 10\%, 2) + \overline{NCF_3} \\ &\quad \times (P/F, 10\%, 3) - NCF_0 \\ &= 19\,000 \times 0.9091 + 20\,000 \times 0.8264 + 25\,000 \times 0.7513 - 40\,000 \\ &= +12\,583.4（元）\end{aligned}$$

由于该项目的期望净现值为正，因此基本上可以认为该投资项目具有财务可行性。

7.1.3 敏感性分析

敏感性分析是衡量不确定因素变化对项目评价标准（如 NPV 或 IRR）的影响程度。如果某一因素在较小范围内发生变动，就会影响原定项目的盈利能力，就表明该因素的敏感性强；如果某一因素在较大范围内变动，才会影响原定项目的盈利能力，就表明该因素的敏感性弱。敏感性分析的目的是找出投资机会的"盈利能力"对哪些因素最敏感，从而为决策者提供重要的决策信息。

投资项目敏感性分析的具体步骤如下：

第一，确定敏感性分析对象。在进行敏感性分析时，可根据不同投资项目的特点，挑选出最能反映项目效益的指标作为分析对象，如净现值、内部收益率等。并根据投资项目现金流量中的收入、成本等基本数据，分别计算出项目或几个对比项目的净现值、内部收益率等评价指标。

第二，选择不确定因素。根据项目的规模、类型的不同，投资项目不确定因素的内容也有所不同。例如，对于一家工厂改建的评估，必须估计与总改建费用（包括机器）、劳动力成本、广告费用、原材料成本和销售收入等有关的现金流量。此外，还需要有关折现率和项目寿命期的信息。显然，在这个过程中产生的各种评估数据都会受到不确定因素的影响。在评估中，通常不需要对全部可能出现的不确定因素逐个进行分析，而只是分析那些在成本收益构成中占比重较大、对盈利能力有重大影响并在经济寿命周期中最有可能发生的因素。一般共同的不确定因素主要包括：市场规模、销售价格、市场增长率、市场份额、项目投资额、变动成本、固定成本、项目周期等。对选取的不确定因素，可按其发生变化时增加（减少）一定的百分比（±10%、±15%、±20%）分别计算出这些因素变化对项目净现值、内部收益率等评价指标的影响。

第三，调整现金流量。进行敏感性分析时，有可能一个敏感性因素的变化会使其他因素发生相应的变化。因此在调整现金流量时，需注意几个问题：（1）销售价格的变化，直接影响销售收入的变化。同时在调整时不能忽略与销售收入有关的税金的变化。（2）原材料、燃料价格的变化，要调整变动成本。（3）项目投产后，如果产量发生了变化，在相关范围内，可以只调整变动成本，固定成本不变。

在分析计算的过程中，先假定一个因素变化而其他因素不变，算出项目效益对这个变化的敏感程度，再假定第二个因素变化，算出项目效益对这个变化的敏感程度，这样逐个向下进行，直到把对投资项目的经济效益有影响的那些主要因素和它们相应的敏感度都测算完为止。

完成上述各项步骤之后，可将得到的数据按不同项目列入表内（见表 7 -

2)，彼此相互对照，并据以进行项目的取舍。

表 7-2　　　　　　　　　　常见的敏感性分析

因素及其变动幅度	评价指标（IRR）
基本方案	20%
销售量提高 20%	24.0%
销售量降低 20%	17.2%
销售价格提高 10%	26.8%
销售价格降低 10%	12.6%
项目投资额增加 10%	18.4%
项目投资额降低 10%	22.0%
变动成本提高 20%	13.9%
变动成本降低 20%	27.3%

【例 7-2】商场正在考虑增加一个某品牌服装专卖店，其有关资料如表 7-3 所示。

表 7-3　　　　　　　品牌服装专卖店投资项目资料　　　　　　　单位：万元

年期 变量	第 0 年	第 1~12 年
投资额	-10 800	
销售收入		32 000
变动成本		26 000
固定成本		4 900
其中：折旧		900
税前利润		1 100
所得税（40%）		440
税后利润		660
经营现金流量		1 560
现金净流量	-10 800	1 560

解：如果该投资项目的折现率为 8%，则该项目净现值为：

$NPV = -10\ 800 + 1\ 560 \times (P/A, 8\%, 12) = 956$（万元）

在决定是否接受该项目之前，可以将影响项目的关键变量，如投资额、销售收入、成本等方面的变化，分为乐观、悲观、正常（预期值）三种情况。不同情况下有关变量的变化及其对投资净现值的影响如表 7-4 所示。

表 7-4　　　　　不同情况下变量的变化及对净现值的影响　　　　　单位：万元

变量	范围			净现值		
	悲观	正常	乐观	悲观	正常	乐观
投资额	12 400	10 800	10 000	-242	+956	+1 556
销售收入	28 000	32 000	36 000	-2 436	+956	+4 348
变动成本	28 800	26 000	23 240	-1 576	+956	+2 764
固定成本	4 200	4 000	3 800	+52	+956	+1 860

从表 7-4 中资料可知：

（1）投资项目的净现值对每年销售收入的变化非常敏感，当销售收入每年由 32 000 万元降低为 28 000 万元时，净现值就由预期的 +956 万元变为 -2 436 万元，降低了近 4 倍；当销售收入由 32 000 万元上升到 36 000 万元时，净现值则由 +956 万元增加到 +4 348 万元，增加了 3 392 万元。投资项目净现值的敏感因素是变动成本和投资总额的变化，因此有必要对这三个变量做进一步的分析。

（2）投资项目的净现值对固定成本的变化相对来说不非常敏感，因为不论固定成本提高还是降低，投资项目的净现值仍然大于零。这就表明，在投资过程中，即使固定成本发生了变化，该项目仍然可以接受。

敏感性分析主要解决一系列"如果……会怎样"的问题。例如，如果销售量比预期值下降 10% 会怎样？如果投资额增加 20% 会怎样？这种方法在一定程度上就多种不确定因素的变化对项目评价标准的影响进行定量分析，它有助于决策者了解项目决策时需要重点分析与控制的因素。

但敏感性分析也存在一定的局限性，如它没有考虑各种不确定因素在未来发生变动的概率分布状况，因而影响风险分析的正确性。在实际中可能会出现这样的情况，通过敏感性分析找出的某一敏感因素未来发生不利变化的概率很小，所引起的风险也很小。而另一个相对不太敏感的因素未来发生不利变化的概率却很大，实际所带来的风险比敏感因素更大。另外，敏感性分析采取固定其他变量、改变某一变量的方法，往往与实际情况相脱离。事实上，许多变量都是相互联系的，孤立地考察每一变量的影响情况往往不能得出正确的结论。

7.1.4　盈亏平衡分析

盈亏平衡分析是敏感性分析的一个具体应用，是就销售量变化对投资收益的影响进行分析，以确定项目不亏损所需要的最低销售量。

盈亏平衡分析一般是根据项目正常年份的销售价格、变动成本、固定成本等因素确定盈亏平衡点的销售量（或销售收入），也就是项目年收入与年成本相等时的销售水平。其计算公式为：

$$盈亏平衡点销售收入 = \frac{固定成本}{贡献边际率} \tag{7.2}$$

根据例 7-2 的资料，贡献边际率 =（32 000 - 26 000）÷32 000 = 18.75%，则：

$$盈亏平衡点销售收入 = \frac{4\,900}{18.75\%} = 26\,133（万元）$$

式（7.2）代入值计算表明，当项目正常年份的销售收入等于或大于 26 133 万元时，公司将不会发生亏损；否则公司将亏损。

通过盈亏平衡分析，公司可以了解市场需求对公司盈利状况的影响。在预计市场需求量远大于盈亏平衡点时，公司投资比较安全；但如果预计需求量接近盈亏平衡点，公司在投资决策时就必须特别慎重，以防止预计失误给公司带来不利后果。

7.1.5 决策树分析

决策树分析，是就每年现金流量不独立的风险投资项目进行决策分析的一种方法。所谓每年现金流量不独立，是指上下年的现金流量相互关联，上一年的现金流量状况是下一年的基础，下一年的现金流量状况是上一年的发展等。

假设某投资项目的初始投资为 100 万元，项目周期为 2 年。如果第 1 年的现金流量是 60 万元，则第 2 年的现金流量可能是 30 万元或 60 万元；如果第 1 年的现金流量是 70 万元，则第 2 年的现金流量可能是 30 万元、50 万元或 70 万元；如果第 1 年的现金流量是 80 万元，则第 2 年的现金流量可能是 40 万元、60 万元或 80 万元……在这种情况下，可以按无风险利率为基础，首先计算各现金流量序列的净现值，按 10% 计算，然后按联合概率计算整个项目的期望净现值，并据此评价项目的可行性。在实际中，通常可以通过编制决策树的方式来完成，如表 7-5 所示。

表 7-5 中组合 1 的有关计算如下：

$$净现值 = -100 + 60 \times (P/F, 10\%, 1) + 30 \times (P/F, 10\%, 2)$$
$$= -20.68（万元）$$

联合概率 = 0.5 × 0.2 = 0.10

期望净现值 = -20.68 × 0.10 = -2.068（万元）

这是其中的一种可能，用同样的方法对其他各种组合依次进行计算，然后汇总，就可以得到期望净现值为 6.664 万元。由于期望净现值为正，因此可认为该投资项目具有财务可行性。

表7-5 某投资项目决策树

第0年		第1年现金流量（万元）		第2年现金流量（万元）	组合	净现值（万元）	联合概率	期望净现值（万元）
-100	P = 0.5	60	P = 0.2	30	1	-20.68	0.10	-2.068
			P = 0.8	60	2	4.10	0.40	1.64
	P = 0.3	70	P = 0.2	30	3	-11.59	0.06	-0.695
			P = 0.3	50	4	4.93	0.09	0.444
			P = 0.5	70	5	21.45	0.15	3.218
	P = 0.2	80	P = 0.2	40	6	5.76	0.04	0.230
			P = 0.7	60	7	22.28	0.14	3.119
			P = 0.5	80	8	38.80	0.02	0.776
合计						65.05	1.00	6.664

以下是王牌航空公司[①]利用决策树进行分析的又一个例子。

王牌航空公司是由王女士创办的，提供中国飞往美国专项包机飞行服务的一家新公司。其创建者看准的是一种日渐成熟的企业需求，也就是很多公司目前虽没有常备飞机的需要，却不时会有包机这种需求。但这个业务前景并不明朗。第1年里有40%的可能业务需求量也许会非常低，而如果真的需求比较低的话，那么有60%的可能今后各年将继续保持较低的需求。但如果初始需求较高，则有80%的可能这种高需求会持续下去。

公司需要的飞机要从美国购进，但当前急需解决的问题是决定要购进什么样的飞机。涡轮螺旋桨飞机的成本为550 000美元，而带活塞发动机的飞机成本只需250 000美元，但其运载能力较差，对客户的吸引力也不足。另外，带活塞发动机的飞机设计比较陈旧，可能折旧年限较短。王女士估计，到下一年二手的活塞发动机飞机就只值150 000美元了。

这给王女士提供了一个想法：为什么不先购进一架带活塞发动机的飞机，然后如果需求量依然很高的话再购进另一架呢？这时的扩张成本只需要150 000美元。如果需求量较低，那么王牌航空公司可以仍然保持其一架相对来说较为低廉的飞机。

---

① 改编自理查德·A. 布雷利、斯图尔特·C. 迈尔斯、弗兰克林·艾伦著，罗菲译：《公司理财原理（精要版）》，东北财经大学出版社2010年版，第285页。

图7-1列示了这些选择。左边的方块表示的是公司初始决策的选择，也就是应该购买550 000美元的涡轮螺旋桨飞机，还是250 000美元的带活塞发动机的飞机。进行完这一决策之后，第一年的需求量要看运气了。可以从括号中的需求概率看出需求量有可能是高的，也有可能是低的，同时我们还给出了在高需求和低需求情况下现金流的结果。由于不想考虑风险问题，因此在图7-1中我们都将期望的不确定的现金流转化成了确定当量现金流。这意味着我们可以用无风险利率对这些确定当量现金流正确地进行折现。

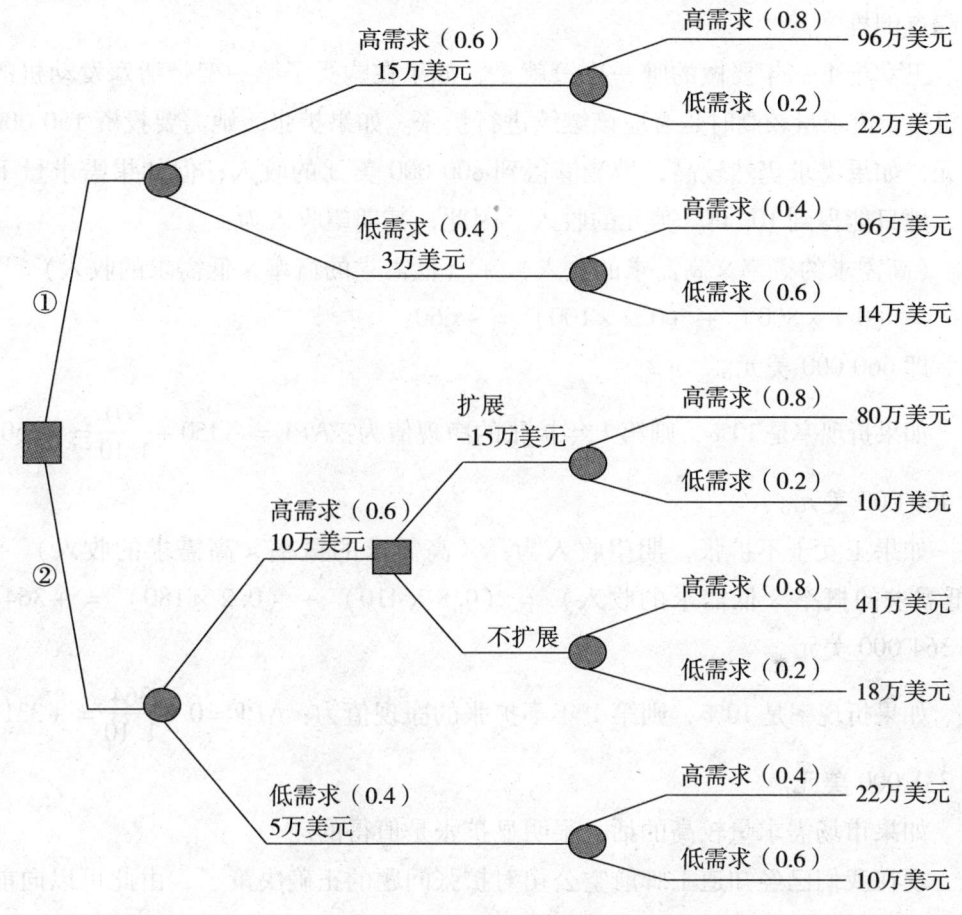

图7-1 王牌航空公司项目决策树

注：①代表涡轮螺旋桨飞机（-55万美元）；
②代表带活塞发动机的飞机（-25万美元）。
如果需求量较高的话，那么1年后还可以再购进一架带活塞发动机的飞机（概率用括号表示）。

如果公司最初选择的是带活塞发动机的飞机，则年末公司还要再次进行决策：可以扩张，或维持原有规模。这一决策用图中的第二个方块表示。最后还要看运气，决定第2年的需求量水平。同样，还可以从括号中的概率情况看出需求量是高还是低。要注意,第 2 年的概率是取决于第 1 年结果的。比如说,如果第 1 年的需求量较高,那么就有 80% 的可能第 2 年需求还是很高。也就是第 1 年和第 2 年需求量都高的概率是 $0.6 \times 0.8 = 0.48$。括号后面,我们还是同样给出了不同的需求水平和不同的飞机选择所对应的利润情况。可以将这些数值看成是第 2 年年末及以后期间全部现金流的现值。

对于王女士,问题在于当前应该做什么。为解决这一问题,我们先来看一下她下一年应该做什么。这就意味着我们要从决策树的右边开始,然后向左边的起点倒推。

王女士下一年要做的唯一决策就是,如果在购买了第一架带活塞发动机的飞机后,需求量较高时是否应该继续进行扩张。如果扩张,她需要投资 150 000 美元,如果需求仍然较高,她能够得到 800 000 美元的收入;但如果需求量下降,她只能得到 100 000 美元的收入。因此,其期望收入为:

(高需求的概率×高需求的收入) + (低需求的概率×低需求的收入)

 = $(0.8 \times 800) + (0.2 \times 100)$ = +660

即 660 000 美元。

如果折现率是 10%,则第 1 年扩张的净现值为:$NPV = -150 + \dfrac{660}{1.10} = +450$,即 450 000 美元。

如果王女士不扩张,期望收入为:(高需求的概率×高需求的收入) + (低需求的概率×低需求的收入) = $(0.8 \times 410) + (0.2 \times 180)$ = +364,即 364 000 美元。

如果折现率是 10%,则第 1 年不扩张的净现值为:$NPV = 0 + \dfrac{364}{1.10} = +331$,即 331 000 美元。

如果市场需求量较高的话,很明显扩张是值得的。

现在我们已经知道王牌航空公司对扩张问题的正确决策了,由此可以向前倒推至当前的决策。如果购买了第一架带活塞发动机的飞机,而市场需求量又很高的话,王牌公司将在 1 年后得到 550 000 美元的收入;如果需求量较低,则可以得到 185 000 美元:

```
                高需求 (0.6)
                ─────────────→  550 000 美元  { 100 000 美元现金流
                                              { 加上 450 000 净现值
   投资
250 000 美元
                低需求 (0.6)                    { 50 000 美元现金流加上
                ─────────────→  185 000 美元  { $\dfrac{0.4 \times 220 + 0.6 \times 100}{1.10}$ =
                                              { 135 000 美元净现值
```

因此，对带活塞发动机的飞机进行投资的净现值为：

$$NPV = -250 + \frac{0.6 \times 550 + 0.4 \times 185}{1.10} = 117$$，即117 000美元。

如果王牌公司购进的是涡轮螺旋桨飞机，就不用分析未来的决策了，因此也就不需要往前倒推。我们只需要计算期望现金流，然后折现即可：

$$NPV = -550 + \frac{0.6 \times 150 + 0.4 \times 30}{1.10} +$$

$$\frac{0.6 \times (0.8 \times 960 + 0.2 \times 220) + 0.4 \times (0.4 \times 930 + 0.6 \times 140)}{(1.10)^2}$$

$$= -550 + \frac{102}{1.10} + \frac{670}{(1.10)^2} = +96$$

即96 000美元。

于是，对带活塞发动机的飞机进行投资，NPV为117 000美元；对涡轮螺旋桨飞机进行投资，NPV为96 000美元，所以，带活塞发动机的飞机更好一些。但是要注意，如果我们不考虑扩张期权的话，结果可能就不同了。在这种情况下，带活塞发动机的飞机NPV将从117 000美元降为52 000美元：

$$NPV = -250 + \frac{0.6 \times 100 + 0.4 \times 50}{1.10} +$$

$$\frac{0.6 \times (0.8 \times 410 + 0.2 \times 180) + 0.4 \times (0.4 \times 2200 + 0.6 \times 100)}{(1.10)^2}$$

$$= +52$$，即52 000美元。

图7-1的决策树告诉我们，如果王女士购进的是带活塞发动机的飞机的话，其投资也并不一定就拘泥于这一个，因为她得到了一份扩张期权，如果公司提供的服务需求量出乎意料的高的话，她可以再购进一架飞机。但图中也假设，如果王女士选择的是购进一架涡轮螺旋桨飞机的话，如果市场需求量出乎意料的低，那么她无法采取任何补救措施。但这个假设是不实际的。如果第1年业务需求量很低，王女士完全可以出售涡轮螺旋桨飞机，并放弃整个投资项目。我们可以在图7-1中再加一条决策线（另一个方块），表示如果公司购进的是涡轮螺旋桨飞机而第1年需求量非常低的情况下放弃项目的期权。如果真发生这种情况，王女士可以决定出售飞机，也可以坚持下去，期望市场需求回暖。如果这种放弃期权的价值相当可观，那么选择涡轮螺旋桨飞机，从而追求高额的回报就是值得的。

此外，常用的方法还有蒙特卡洛模拟分析法（monte carlo simulation）。上述敏感分析只能测算允许一个变量单独发生变动情况下的影响，但如果观察不同方案下的项目，实际上可以得到很多数量的变量合理组合情况下的影响。蒙特卡洛模拟正是能够考察所有可能组合的一种方法，它能够观察到项目结果的全部分布状况。

> **小案例**
>
> 　　设想你是一个蒙特卡洛的赌博者，你完全不知道什么概率法则，但一个朋友给你提了一个玩轮盘赌的建议。你的朋友自己并没有真正验证过这种策略，但他相信，在每50次的轮盘转动中，平均来说将有2.5%的收益。你朋友的乐观估计是每50次轮盘转动将使你得到55%的收益，而悲观估计则是损失50%。那么，你该怎样检验这个概率是否真是这样呢？一个简单但却非常昂贵的方法就是亲自玩一下这个轮盘游戏，并记录每一回合的50次轮盘转动的结果。比如在100个回合的50次轮盘转动结束之后，你可以画出这些结果的频率分布图，并计算出均值和上下限。如果发现一切真的很好的话，那你就可以认真地实际赌一把了。
>
> 　　另一种方法就是让计算机模拟这个轮盘游戏和给出的策略。换句话说就是，你可以让计算机随机挑选数字来决定每次轮盘转动的结果，然后计算特定的赌博策略究竟给你带来了多大的输赢。
>
> 　　以上就是蒙特卡洛模拟的一个例子。在资本预算中，我们用项目方案代替了赌博策略，用项目的经营环境代替了轮盘赌的转盘，但其运作原理是完全相同的。

7.2　投资项目风险调整

　　对投资项目进行风险调整主要有两种基本方法：一个是风险调整折现率法；另一个是确定当量法。这两种方法都可以根据净现值的公式，以无风险利率为基础，通过调整净现值公式的分母（风险调整折现率法）或分子（确定当量法）的方式，考察项目的风险承受能力。

7.2.1　风险调整折现率法

　　风险调整折现率法（risk-adjusted discount rate method）是指将与特定项目有关的风险加入到项目的折现率中，并据以进行投资决策分析的方法。以净现值评价指标为例，风险调整折现率法就是调整净现值公式的分母，项目的风险越大，折现率就越高，项目收益的现值就越小。风险调整折现率的确定方法主要有两种：一种根据项目的类别调整折现率；另一种根据项目的标准离差率调整折现率。

1. 根据项目的类别调整折现率

有些公司预先根据经验，按风险大小为经常发生的某些类型的风险项目规定了高低不等的折现率，以供决策分析时使用。例如，某公司对不同类型风险项目的折现率规定如表7-6所示。

表7-6　　　　　　　　　不同类型风险项目的风险调整折现率

风险项目	调整方法	风险调整折现率（%）
扩充：		
第一类：新的机器和设备，可产出与目前产品相同的产品	资本成本+1%	11
第二类：新的机器和设备，可产出与目前相互补充的产品	资本成本+2%	12
第三类：新的机器和设备，可产出与目前产品无关的产品	资本成本+4%	14
更新：		
第一类：用新设备更新与其性能基本相同的旧设备	资本成本-1%	9
第二类：用新设备更新与其性能相差较大的旧设备	资本成本+1%	11
第三类：用更先进的设备更新目前现代化的设备	资本成本+5%	15

注：假设资本成本为10%。

2. 根据项目的标准离差率调整折现率

在这种方法下，公司可以根据同类项目的风险报酬斜率（通常用b表示）与反映特定项目风险程度的标准离差率估计风险溢价，然后再加上无风险利率，就可以得到该项目的风险调整折现率。其计算公式为：

风险调整折现率 = 无风险利率 + 同类项目风险报酬斜率
　　　　　　　　× 特定项目的标准离差率　　　　　　　　（7.3）

【例7-3】某公司要求的无风险报酬率为6%，现有两个投资方案，预计各年现金流量及概率如表7-7所示。

表7-7　　　　　　　　某公司备选方案现金流量及概率分布　　　　　　单位：元,%

T（年）	A方案		B方案	
	现金流量	概率	现金流量	概率
0	(10 000)	1	(4 000)	1
1	6 000	0.25	1 500	0.20
	4 000	0.50	2 000	0.60
	2 000	0.25	2 500	0.20
2	8 000	0.30	1 500	0.20
	6 000	0.40	2 000	0.60
	4 000	0.30	2 500	0.20

续表

T（年）	A方案		B方案	
	现金流量	概率	现金流量	概率
3	5 000	0.20	1 500	0.20
	4 000	0.60	2 000	0.60
	3 000	0.20	2 500	0.20

解：以 A 方案为例，相关的计算步骤为：

（1）计算方案各年现金流量的期望值（E）。

$E_1 = 6\,000 \times 0.25 + 4\,000 \times 0.50 + 2\,000 \times 0.25 = 4\,000$（元）

$E_2 = 8\,000 \times 0.30 + 6\,000 \times 0.40 + 4\,000 \times 0.30 = 6\,000$（元）

$E_3 = 5\,000 \times 0.20 + 4\,000 \times 0.60 + 3\,000 \times 0.20 = 4\,000$（元）

（2）计算方案各年现金流量的标准差（d）。

$d_1 = \sqrt{(6\,000 - 4\,000)^2 \times 0.25 + (4\,000 - 4\,000)^2 \times 0.50 + (2\,000 - 4\,000)^2 \times 0.25}$
$= 1\,414.21$（元）

$d_2 = \sqrt{(8\,000 - 6\,000)^2 \times 0.30 + (6\,000 - 6\,000)^2 \times 0.40 + (4\,000 - 6\,000)^2 \times 0.30}$
$= 1\,549.19$（元）

$d_3 = \sqrt{(5\,000 - 4\,000)^2 \times 0.20 + (4\,000 - 4\,000)^2 \times 0.60 + (3\,000 - 4\,000)^2 \times 0.20}$
$= 632.46$（元）

（3）计算方案现金流量总的离散程度，即综合标准差（D），其计算公式为：

$$D = \sqrt{\sum_{t=1}^{n} \frac{d_t^2}{(1+i_0)^{2t}}} \tag{7.4}$$

其中，d_t 为第 t 年现金流量的标准差，i_0 为无风险报酬率。

将 A 方案资料代入公式（7.4）得：

$$D_A = \sqrt{\sum_{t=1}^{n} \frac{d_t^2}{(1+i_0)^{2t}}} = \sqrt{\frac{1\,414.21^2}{(1+6\%)^2} + \frac{1\,549.19^2}{(1+6\%)^4} + \frac{632.46^2}{(1+6\%)^6}}$$
$= 1\,990.73$（元）

（4）计算方案各年的综合风险程度，即综合标准离差率（Q）。为了综合各年的风险，对具有一系列净现金流量的项目通常可以采用综合标准离差率来表示项目风险的大小，其计算公式为：

$$Q = \frac{D}{EPV} \tag{7.5}$$

其中，EPV 是净现金流量的期望值的现值，计算公式为：

$$EPV = \sum_{t=1}^{n} \frac{E[NCF_t]}{(1+i_0)^t} \quad (7.6)$$

将 A 方案资料代入公式（7.6），可得：

$$EPV_A = \frac{4\,000}{1+6\%} + \frac{6\,000}{(1+6\%)^2} + \frac{4\,000}{(1+6\%)^3} = 12\,472.04(元)$$

因此，$Q = \dfrac{1\,990.73}{12\,472.04} = 0.16$

（5）确定风险报酬斜率（b）。风险报酬斜率的高低反映风险程度变化对风险调整折现率的影响，其数值是根据经验数据确定的，可以根据历史统计资料用高低点法或线性回归法求出。不同行业的 b 值也有所不同，因此在评价项目时要根据项目所处的行业、类似项目的报酬率、基准收益率及该行业报酬率的统计资料来确定 b 的具体数值。

在本例中，假设该公司根据过去五项投资的投资报酬率和标准离差率之间的关系，确定 b = 0.1。

（6）根据公式（7.3）计算风险调整折现率。

风险调整折现率 = 无风险利率 + 同类项目风险报酬斜率
　　　　　　　　× 特定项目的标准离差率
　　　　　　　　= 6% + 0.1 × 0.16
　　　　　　　　= 7.6%

（7）根据风险调整折现率计算净现值。

$$NPV_A = \frac{4\,000}{1+7.6\%} + \frac{6\,000}{(1+7.6\%)^2} + \frac{4\,000}{(1+7.6\%)^3} - 10\,000$$

$$= 3\,717.47 + 5\,182.35 + 3\,210.87 - 10\,000$$

$$= 2\,110.69（元）$$

同理，可以计算出 B 方案的综合标准离差率 Q 为 0.09（计算过程略），因此风险调整折现率为 6.9%（6% + 0.1 × 0.09）。对 B 方案按 6.9% 作为风险调整折现率计算出的净现值为 1 258 元（计算过程略）。

从上述计算结果可以看出，A、B 两个方案现金流量的分布不同，因而风险也不同。A 方案的综合标准离差率大于 B 方案（0.16 大于 0.09），按风险调整后的折现率也高于 B 方案（7.6% 高于 6.9%），因而计算净现值时只有采用相对较高的折现率，才能体现其高风险的特点。

> **小资料**
>
> 在实务中，还可以根据项目的资本成本确定折现率。项目的资本成本是投资者要求的报酬率，主要由无风险利率和风险溢价两部分构成。可以资本资产定价模型为例加以说明。假设某公司股票的 β 系数是 1.8，无风险利率为 8%，市场投资组合的报酬率为 13%，那么根据资本资产定价模型，该公司的股本成本，也就是投资者要求的报酬率就可以计算为：
>
> 折现率 = 8% + 1.8 × (13% − 8%) = 17%

采用风险调整折现率法时，对风险大的项目采用较高的折现率，对风险小的项目采用较低的折现率。这种方法简单明了，符合逻辑，在实际中运用较为普遍。但是这种方法把风险收益与时间价值混在一起，并依此进行现金流量的折现，不论第 t 年为哪一年，第 t+1 年的复利现值系数总是小于第 t 年的复利现值系数，这意味着风险必然随着时间的推移而被人为地逐年扩大。这样处理常常与实际情况相反，有的投资项目，往往对前几年的现金流量没有把握，而对以后的现金流量却较有把握，如果按风险调整折现率法，则将不能正确地反映项目的风险程度。

7.2.2 确定当量法

确定当量法又称为肯定当量法，其基本思路是先用一个确定当量系数（α_t）把有风险的现金流量调整为无风险的现金流量，然后用无风险的折现率计算净现值，以便用净现值方法准则判断投资项目的可行性。确定当量法下的 NPV 计算公式为：

$$NPV = \sum_{t=0}^{n} \frac{\alpha_t NCF_t}{(1+i)^t} \tag{7.7}$$

式中，α_t 是第 t 年现金流量的确定当量系数，i 为无风险折现率；NCF_t 为第 t 年的风险现金流量。即：

$$\alpha_t = \frac{确定现金流量}{风险现金流量} \quad (0 \leq \alpha_t \leq 1) \tag{7.8}$$

确定当量法的难点是如何选定合适的确定当量系数。一般公司可以由有经验的分析人员主观判断确定，也可以根据各年现金流量不同的离散程度，也就是标准离差率来确定。可以将标准离差率划分为若干档次，并为每一个档次规定一个相应的确定当量系数，标准离差率越低，风险越小，确定当量系数就越大；反之，确定当量系数就越小。但标准离差率与确定当量系数之间并没有一致公认的客观标准,因此标准离差率如何分档,各档的确定当量系数如何规定,都取决于投资决策者对风险的态度。敢于冒风险的人可能选择较高的确定当量系数,而不愿意冒风险的人可能会选择较低的确定当量系数。

比较常用的标准离差率与确定当量系数的对照表,如表7-8所示。

表7-8　　　　　　　　标准离差率与确定当量系数对照

标准离差率	确定当量系数
0.00~0.07	1.0
0.08~0.15	0.9
0.16~0.23	0.8
0.24~0.32	0.7
0.33~0.42	0.6
0.43~0.54	0.5
0.55~0.70	0.4

【例7-4】某公司准备进行一项投资,其各年的净现金流量和分析人员确定的确定当量系数已经列示在表7-9中。假设无风险折现率为10%,试判断该项投资的可行性。

表7-9　　　　　　　投资项目净现金流量及确定当量系数

项目	第0年	第1年	第2年	第3年	第4年
NCF_t	-20 000	8 000	8 000	8 000	8 000
α_t	1.0	0.95	0.90	0.80	0.80

解:根据表7-9资料,可以利用净现值法进行判断:

$$NPV = \frac{8\,000 \times 0.95}{1+10\%} + \frac{8\,000 \times 0.90}{(1+10\%)^2} + \frac{8\,000 \times 0.80}{(1+10\%)^3} + \frac{8\,000 \times 0.80}{(1+10\%)^4} - 20\,000 \times 1.0$$
$$= 2\,033（元）$$

从以上分析可以看出,按风险程度对现金流量进行调整后,计算出的净现值为正数,因此该投资项目可行。

采用确定当量法对现金流量进行调整从而作出投资决策,克服了风险调整折现率法夸大远期风险的缺点。但如何准确、合理地确定当量系数仍然是一个比较困难的问题。

本章小结

1. 按其来源不同，与投资项目有关的风险一般可以分为三类：公司风险、市场风险和项目特有风险。

2. 公司风险是指由于公司自身的原因，或者发生在公司自身上的特殊事件对公司造成的不利影响。

3. 市场风险是指站在拥有高度多元化投资组合的公司股票持有者的角度来衡量投资项目风险。

4. 项目特有风险是指某一投资项目本身特有的风险，即不考虑与公司其他项目的组合风险效应，单纯反映特定项目未来收益（净现值或内部收益率）可能结果相对于预期值的离散程度。

5. 概率分析是衡量风险的主要工具，是指根据各有关不确定因素的变化及其概率，计算投资项目的年期望现金流量和期望净现值等评价指标，并据此评价项目财务可行性的方法。

6. 敏感性分析是衡量不确定因素变化对项目评价标准（如 NPV 或 IRR）的影响程度。如果某一因素在较小范围内发生变动，就会影响原定项目的盈利能力，表明该因素的敏感性强；如果某一因素在较大范围内变动，才会影响原定项目的盈利能力，就表明该因素的敏感性弱。敏感性分析的目的是找出投资机会的"盈利能力"对哪些因素最敏感，从而为决策者提供重要的决策信息。

7. 盈亏平衡分析是敏感性分析的一个具体应用，是就销售量变化对投资收益的影响进行分析，以确定项目不亏损所需要的最低销售量。

8. 决策树分析是就每年现金流量不独立的风险投资项目进行决策分析的一种方法。所谓每年现金流量不独立，是指上下年的现金流量相互关联，上一年的现金流量状况是下一年的基础，下一年的现金流量状况是上一年的发展等。

9. 对投资项目进行风险调整主要有两种基本方法：一种是风险调整折现率法；另一种是确定当量法。风险调整折现率法（risk – adjusted discount rate method）是指将与特定项目有关的风险加入到项目的折现率中，并据以进行投资决策分析的方法。以净现值评价指标为例，风险调整折现率法就是调整净现值公式的分母，项目的风险越大，折现率就越高，项目收益的现值就越小。

10. 确定当量法又称为肯定当量法，其基本思路是先用一个确定当量系数（α_t）把有风险的现金流量调整为无风险的现金流量，然后用无风险的折现率计算净现值，以便用净现值方法准则判断投资项目的可行性。

第 8 章　长期筹资

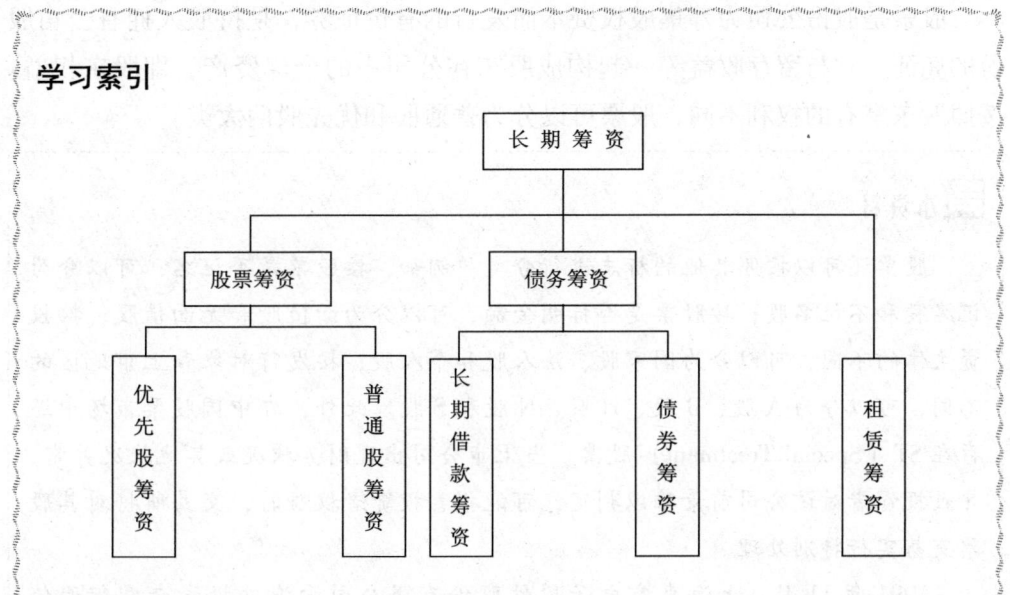

学习索引

学习目标

　　了解优先股的特征和种类，了解普通股股票的发行方式，理解并掌握普通股的有关概念，了解长期借款的条件，熟悉债券的种类和条件，掌握债券筹资的决策、了解租赁的概念和种类，掌握利用优先股、普通股、长期借款、债券及租赁方式进行筹资的优缺点。

　　1984 年 11 月 18 日，经中国人民银行上海市分行批准，上海飞乐音响公司成立，并向社会发行每股面值 50 元的股票 1 万股，筹集了 50 万元资本。这是改革开放后我国公开发行的第一只股票。从此，新中国的股票在神州大地如雨后春笋般落地生根，茁壮成长，蓬勃发展起来。债券市场上，根据《中国证券报》的报道，截至 2012 年 12 月 27 日，债券市场累计新债发行总规模为 80 688.68 亿元，较 2011 年全年的 64 056.79 亿元增加 1 6631.89 亿元，增加百分比为 25.96%，其中企业债合计发行 6 430.31 亿元，是 2011 全年发行量的 2.6 倍。租赁业方面，我国的租赁业尽管起步较晚，但在 1981 年中国第一家租赁公司挂牌成立后，租赁业务开始大规模发展起来。根据国银金融租赁有限公司的数据显示，截至 2013 年 3 月底，中国金融租赁公司数量已达到 20 家，资产总额达到 8 443.38 亿元，成为资本市场中一股不可忽视的力量。

8.1 股票筹资

股票是股份公司为筹集股权资本而发行的有价证券，是持股人拥有公司股份的凭证。它与留存收益等一起构成股东在公司中的全部资产，即股东权益。按照股东享有的权利不同，股票可以分为普通股和优先股两大类。

> **小资料**
>
> 股票还可以按照其他的标志进行分类。例如，按股票是否记名，可以分为记名股和不记名股；按股票是否标明金额，可以分为面值股和无面值股；按投资主体的不同，可以分为国家股、法人股和个人股；按发行对象和上市地区的不同，可以分为 A 股、B 股、H 股、N 股和 S 股。此外，在中国股票市场中还存在 ST（Special Treatment）股票。当上市公司出现财务状况或其他状况异常，导致投资者对该公司前景难以判定，可能损害投资者权益时，交易所将对其股票交易实行特别处理。
>
> 1991 年 11 月，上海真空电子器件股份有限公司向海外投资者发行面值 100 元人民币、总共 100 万股的人民币特种股票，并于 1992 年 2 月在上交所上市。这是中国证券市场的第一支 B 股股票。1993 年 6 月，青岛啤酒股份有限公司在中国香港发行上市，成为中国内地首家在香港上市的 H 股。1994 年 8 月，山东华能发电股份有限公司在纽约证券交易所发行上市，成为中国内地首家在纽约上市的 N 股。1997 年 3 月，北京大唐发电股份有限公司在伦敦证券交易所挂牌上市，成为中国内地首家在伦敦上市的 L 股。1997 年 5 月，天津中新药业在新加坡证券交易所发行上市，成为中国内地首家在新加坡上市的 S 股。

8.1.1 优先股筹资

1. 优先股的特征

优先股是介于普通股和债券之间的一种混合证券，其主要特征是：（1）作为一种股权资本，优先股具有优先权。优先股的优先权主要表现在：优先股股东领取股息先于普通股股东；对公司剩余财产的索偿权先于普通股股东，但次于债权人。（2）优先股股息率是固定的。优先股的股息率一般是事先确定的，这一点与债券相同。但公司对这种股息的支付却带有随意性，并非必须支付。

即使不支付优先股股息,也不会像债券那样,使公司濒临破产的境地。另外,优先股股息在税后支付,没有抵减所得税的作用,这与普通股的股利发放相同。

2. 优先股的种类

公司为了保障优先股股东的利益,通常对优先股规定某些附属条件。根据附属条件的不同,优先股通常有以下几种类型:

(1) 累积优先股与非累积优先股。累积优先股是指任一年度未支付的股利都可以递延到以后年度一起发放,也就是说,当公司的税后利润不足以支付优先股股利时,未支付的股利可以累积到下一年度支付。在累积分派的优先股股利未补足之前,不得分派普通股股利。例如,某公司连续两年没有发放10%的优先股股利,如果优先股的总面额为100万元,那么公司就积欠了20万元的优先股股利,在没有支付完20万元的优先股股利之前,公司不能支付普通股股利。

非累积优先股是指股利当年结清,如果当年未能分派或分派不足,以后年度不再补发。从投资者角度来看,此类股票风险大且收益率低,因此在实际中很少发行此类优先股,一般只在公司改组的情况下才发行。

(2) 参与优先股与非参与优先股。参与优先股是指优先股股东在获得定额股息后,还有权与普通股股东一起参加公司剩余利润的分配,即优先股股东可以获得双重分红权。这种优先股又进一步分为全部参与优先股和部分参与优先股,其中全部参与优先股股东可与普通股股东等额地参与剩余利润的分配;部分参与优先股股东则只能按规定在一定限额内参与剩余利润的分配。

非参与优先股是指除了按规定分得当期的固定股利外,无权再参与对当期剩余利润的分配。可以看出,非参与优先股是一般意义上的优先股,其优先体现不是在股利的多少上,而是在分配顺序上。

(3) 可转换优先股与不可转换优先股。可转换优先股是指股票持有者有权根据优先股发行时的规定,在将来某一时期内按预先规定的转换率或转换价格将优先股转换为普通股。优先股股东拥有转换的权利,但没有转换的责任。只有当普通股价格上升,通过转换,优先股股东可以从中获利时,才行使这一权利。例如,某公司目前每股普通股的价格为10元,每股可转换优先股的价格为40元,公司规定今后两年内,股票持有者可以1股可转换优先股换4股普通股。当然,只有在两年内,普通股的价格超过10元,优先股的价格不超过40元,优先股的持有人才愿意转换。

不可转换优先股是指优先股发行后,其持有者只能享受固定股利,不能将其转换成其他种类的股票。

(4) 可赎回优先股与不可赎回优先股。可赎回优先股是指在优先股的发行条款中设有赎回条款，当赎回的条件出现时，公司有权按预定的价格和方式赎回已发行的优先股。一般认为优先股是公司的永久性资本来源，但是可赎回优先股却不具有这种性质，它可以依照股票发行时所附的赎回条款，由公司出价提前赎回。这种优先股与可转换优先股的权利恰好相反，可转换优先股的选择权在优先股股东，可赎回优先股的选择权在公司。

不可赎回优先股是指发行后根据规定不能赎回的优先股。公司如果要收回这类优先股，只能在证券市场上按市场价格收购，或者以其他证券调换。

3. 优先股筹资的优缺点

优先股筹资的优点主要表现在：（1）优先股筹资没有到期日，不需要偿还本金，可以视为一种永久性的资本。只有在对企业有利时，企业才会提前收回优先股，这就增强了企业利用资金的灵活性。（2）股利的支付既固定，又有一定的弹性。一般来说，优先股都采用固定股利，但对固定股利的支付并不构成公司的法定义务。当企业的经营状况良好、利润较多时，支付给优先股的股利是固定不变的；当企业的经营状况不佳、利润较少时，企业又可以暂时不支付优先股股利，这极大地保护了普通股股东的权益。（3）增强企业的举债能力。优先股与普通股一样，属于权益性资本，发行优先股，有利于企业巩固资本的基础，增加企业的信誉，加强企业的举债能力。

优先股筹资的缺点主要表现在：（1）优先股筹资的资本成本较高。优先股的股利要从企业的税后利润中支付，因此不能得到税收优惠。尽管优先股的资本成本低于普通股，但是还是高于债券。（2）由于优先股在股利分配和财产清偿等方面拥有优先权，所以在公司收益不多时，普通股股东的收益就会受到影响。（3）优先股筹资对企业具有一定的限制。例如，企业不能连续3年拖欠优先股的股利，企业有盈利必须首先给优先股股东分配股利，企业举债额度较大时，要征求优先股的股东意见等。

8.1.2 普通股筹资

普通股是指在公司的经营管理和盈利及财产的分配上享有普通权利的股份，代表满足所有债权偿付要求及优先股股东的收益权与求偿权要求后对企业盈利和剩余财产的索取权，它构成公司资本的基础，是股票的一种基本形式。

1. 普通股的相关概念

（1）面值。普通股股票可以有面值，也可以无面值。有面值股票票面标明股数和金额，无面值股票票面未标明股数和金额，但标明股票占公司股本总额的比例。在实际中，股票价格不是由面值决定，而是由市场决定的，特别是经过长期的入市流通后,股票市价与股票面值往往相差很大。因此,从理论上说,股票面值几乎没有实质性的经济意义。但中国对普通股有明文规定,股票必须标明面值,且股票发行价格不得低于其面值。股价高于面值部分,作为"资本公积"记入有关会计账户。

(2) 授权股、发行股、库藏股。公司章程规定的可发行股票的最大限额称为授权股,实际售出的股票为发行股。如果拟发行的股票数超过授权股的限额时,必须得到公司股东的同意,重新修订授权股的限额。因此,公司章程规定的授权股一般都高于发行股数额。公司重新购回发行在外的普通股,称为库藏股。库藏股由公司保存,直至取消或重新出售。由于库藏股的存在,流通在外的普通股股数可能小于公司已发行的股票数额。中国法律规定,公司因减资等原因回购股票后,需在规定的日期内注销股票,即我国不存在库藏股。

(3) 账面价值、市场价值、清算价值。账面价值是指公司资产净值,如果公司还有优先股,则应从公司资产净值中扣除优先股价值。每股账面价值是指普通股账面价值总额与公司普通股股数之商。市场价值即指股票在当前市场上的交易价格,它是股票预期收益和风险的一个函数。清算价值是指公司解散清算时每股所代表的实际价值。由于在清算时要发生各种清理费用,这些费用要由公司股东负担,因此清算价值相对较低。

2. 普通股的特征

普通股的特征主要体现在以下几点:

(1) 期限上的永久性。普通股是公司最基本的资本来源,在公司正常的生产经营期限内,投资者一般不能要求公司返还普通股股本,如果股东要抽回股本,可在证券市场上公开转让其股票,或在法律允许的范围内私下转让。只有在公司破产、解散清算时,普通股股东才有求偿权。

(2) 责任上的有限性。股东作为公司资产的所有者,要承担公司对外的所有债务。一旦公司破产倒闭,股东应承担偿还公司债务的责任,但其偿还责任仅以股东的出资额为限。

(3) 收益上的剩余性。公司在经营过程中创造的收益应首先支付到期债务本息,缴纳各种税款,提取各种公积金、公益金以及支付优先股股息,完成上述分配后,剩余收益才能作为普通股股利进行分配。股利的多少取决于剩余收益的多少,无剩余收益,一般不分配股利。

(4) 清偿上的附属性。股份有限公司由于某种原因宣布清偿时,应首先偿还拖欠的职工工资、政府税款和其他公司债权人的债务等。只有在债权人的债务分别清偿完毕后,法律才允许公司将剩余财产(如果有的话)变卖以偿还普通股股东的股本。

3. 普通股股东的权利

普通股股东的权利主要包括以下几个方面：

（1）对公司的管理权。普通股股东有权参加股东大会，并有选举权、被选举权、查账权和表决权，有权就公司重大问题进行发言和投票表决。如果股东不能亲自参加股东大会，可以委托他人代表其行使股东权利。

（2）收益分配权。普通股股东有按股份参与企业收益分配的权利，但必须在公司向债权人及优先股股东分别支付了利息和股利之后才享受收益分配权，所以，普通股的股利通常是不固定的，由公司的盈利状况及分配政策决定。

（3）优先认股权。如果公司增发普通股股票时，现有普通股股东有权按其持股比例，以低于市价的某一特定价格优先购买一定数量的新发行股票，从而保持其对企业所有权的原有比例。

（4）剩余资产分配权。当公司破产或清算时，如果公司的资产在偿还欠债后还有剩余，则普通股股东有权按持股比例对剩余部分进行分配，但其受偿顺序列于优先股股东之后。

当然，权利与义务是对等的，股东在享受权利的同时还具有遵守公司章程、缴纳股款、对公司负有限责任、不得退股等义务。

4. 普通股的发行方式

（1）按是否向社会公开募集划分，普通股的发行可以分为公募发行和私募发行两种。

第一，公募发行。公募发行，也称公开招股发行，是指发行时公开向不特定的多数投资者募集资本的一种发行方式。这种发行方式的募集对象广泛，面向社会公众。公募发行又可以细分为现金发行、附权发行和配股发行三种。

现金发行是通过直接支付现金而认购新股的发行方式，其认购对象是任何投资者，包括社会公众和原有股东；附权发行，又称认股权发行，是发行公司先规定每股与认股权的比例，股东根据拥有的认股权折算为新股，按照新股发行价支付现金而认购新股的发行方式。这种发行方式的认购对象只有原股东；配股发行是发行公司给予原有股东按原持股比例认购新股的权利。例如，某股东持有某公司 3% 的股票，当该公司采用配股形式发行新股时，则他有权认购新股的 3%。

显然，在附权发行和配股发行形式下，新股的认购对象都是原股东。由于普通股股东具有优先认股权，因此采用这两种形式发行新股的目的是保持原有股东的股权比例，使原股权结构不会由于新股的发行而被稀释。

以下举例说明附权发行的方式。

【例8-1】假定某公司现有普通股股数为 420 000 股,股票现行市场价格为每股 100 元。公司最近宣布通过认股权筹资 1 120 万元用于新的投资项目,并决定新股票以每股 80 元的价格向股东出售;另外公司规定股东每持有一份股票可获得一个认股权。求计算购买一份新股票需要的认股权份数。

解:公司应发行的新股票数 $= \dfrac{11\ 200\ 000}{80} = 140\ 000$(股)

由于股东每持有一份股票可获得一个认股权,则购买一份新股票所需的认股权份数为:

$$\dfrac{\text{购买一份新股票}}{\text{需要的认股权数}} = \dfrac{420\ 000}{140\ 000} = 3\ (\text{份})$$

上述计算结果表明,每个股东只要拥有 3 份认股权并支付 80 元,就可以购买一份新股票。

第二,私募发行。私募发行是指发行时公司向特定少数投资者募集资本的一种发行方式。在这种方式下,募集对象不是社会公众和现有股东,而是单个投资者或由他们组成的集团以及与公司有着一定关系的人或单位。这种发行方式的弹性较大,发行成本低;但发行范围小,股票的变现性差。

(2) 按是否缴纳现金或实物划分,可以分为有偿增资发行、无偿增资发行和有偿无偿并行增资发行三种。

有偿增资发行是指发行时投资者必须按认购的股数及规定的价格缴纳现金或实物的一种发行方式;无偿增资发行是指发行时股东无须缴纳现金或实物的一种发行方式。即股东可以无代价取得新股;有偿无偿并行增资发行是指发行时股东只需交付一部分股款,其余部分由公积金抵免的一种发行方式。

(3) 按是否通过中介机构划分,募集具体又可分为直接发行和间接发行两种。

直接发行是指公司不经过任何专门的证券发行机构而直接向投资者发行股票的一种发行方式。这种发行方式不必向中介机构支付任何费用,因此发行成本较低;间接发行是指通过中介机构公开向社会公众发行股票的一种发行方式。这种发行方式借助于中介机构,其手续繁杂,发行成本较高。而按照中国《公司法》的相关规定,当公司采用募集设立方式向社会公开发行新股时,必须由证券经营机构承销,承销期最长不得超过 90 天。证券经营机构承销可以分为包销和代销两种方式。

(4) 按是否招标划分,可以分为招标发行与非招标发行两种。

招标发行是指证券发行者通过招标的方式来决定证券发行的条件和方法的一种发行方式;非招标发行又称协商议价发行,是指证券发行人与承销商直接协商发行条件，确定证券发行适宜时机的一种发行方式。

> **小资料**
>
> 1980年1月，中国人民银行抚顺市支行代理抚顺红砖厂面向企业发行280万股股票，获得成功。1980年7月，成都市工业展销信托股票公司，按面值向全民和集体所有制单位发行股票，招股2 000股，每股1元，至1983年实际募资1 400万元。这是新中国成立以来有记载的第一家以募集方式成立的股份公司。1983年7月，广东省联合投资公司在《深圳特区报》刊登招股公告，以县财政为担保，向社会发行股票集资1 300万元。这是首家通过报刊公开招股的公司。1984年7月，北京天桥百货公司向社会公开发行定期3年的股票，这是首家进行股份制改造的国有企业。

5. 股票的发行程序

通常公司的设立有发起设立和募集设立两种形式。发起设立方式下的股票发行十分简单，只要发起人交付全部股资，就标志着股票发行结束，之后再选举董事会和监事会，由董事会办理设立登记事项。募集设立方式下，面向社会公众发行的股票必须采用公募形式发行，即股票上市发行，其发行程序较发起设立方式要复杂得多。

股票上市发行是一个冗长的过程，一般需要几个月的时间，其发行程序如下：

（1）发起人认购股份。在募集设立方式下，按照国家规定，发起人应认购公司发行股份的比例不少于35%。在发起人认足股份并以现金或实物等形式交付股资后，其余部分向社会公开募集。

（2）提出募集股份申请。发起人必须向国务院证券管理部门递交募股申请，并报送批准设立公司的文件、公司章程、经营估算书、发起人认购股份数、出资种类及验资证明、招股说明书、代收股款银行的名称及地址、承销机构的名称及有关协议等文件。

（3）公告招股说明书并签订承销协议。募股申请获批后，发起人应在规定期限内向社会公告招股说明书，包括公司章程、每股的票面价值和发行价格、无记名股票的发行总数、认股人的权利和义务、本次募股的起止期限、逾期未募足时认股人可撤回所认股份的说明等事项。在此之后，制作认股书，并与证券承销机构签订承销协议，另外还应同银行签订代收股款协议。

（4）招认股份。通常承销机构以广告或书面通知形式招募股份。如果认股者总股数超过发起人拟招募总股数，可以采取抽签方式确定哪些认股者有权认股。认股者应在规定的期限内向代售股票的银行缴纳股款，同时交付认股书。股款缴足后，发起人应委托法定的机构验资，并出具验资证明。

（5）召开创立大会。股款缴足后，发起人应在规定期限（法定30天）内主持召开创立大会，创立大会应有代表股份总数半数以上的认股人出席方可举行。会上应通过公司章程，选举董事会和监事会成员，认股人有权对公司的设立费用进行审核，对发起人用于抵作股款的财产的作价进行审核。

（6）办理公司设立登记并交割股票。在创立大会结束后30天内，应办理申请公司设立的登记事项。登记成立后，就可以向股东正式交付股票。

> **小资料**
>
> 　　按照中国《股票发行与交易管理暂行条例》，股份有限公司申请公开发行股票，应当符合下列条件：①其生产经营符合国家产业政策。②其发行的普通股限于一种，同股同权，同股同利。③发起人认购的股本数额不少于公司拟发行的股本总额的35%。④在公司拟发行的股本总额中，发起人认购的部分不少于人民币3 000万元，但是国家另有规定的除外。⑤向社会公众发行的部分不少于公司拟发行的股本总额的25%，其中公司职工认购的股本数额不超过拟向社会公众发行的股本总额的10%；公司拟发行的股本总额超过人民币4亿元的，证监会按照规定可以酌情降低向社会公众发行的部分的比例，但是最低不少于公司拟发行的股本总额的15%。⑥发起人在近3年内没有重大违法行为。⑦证券委规定的其他条件。
>
> 　　原有企业改组成立股份公司，申请公开发行股票除应当符合上述条件外，还应符合下列条件：①发行前1年末的净资产在总资产中所占比例不低于30%，无形资产在净资产中所占比例不高于20%，但是证券委另有规定的除外；②近3年连续盈利。
>
> 　　股份公司增资公开发行股票，除应符合上述条件外，还应符合下列条件：①前一次发行的股份已募足，并间隔1年以上；②公司在最近3年内连续盈利，并向股东支付股利；③公司在最近3年内财务会计文件无虚假记载；④公司预期利润率可达同期银行存款利率。

6. 股票发行价格的确定方法

股票的发行价格是指投资者认购股票时所支付的价格。按照国际惯例，股票的最终发行价格通常有三种：等价、时价和中间价。按照中国《公司法》的相关规定，股票只能溢价或等价发行，但不能折价发行。事实上，这三种发行价格的确定建立在一定分析方法的基础上，并结合因素调整而最终形成。

实务中，新股发行定价常常采用以下几种方法：

（1）市盈率定价法。市盈率定价法是直接以市盈率确定的底价作为新股发行价格的一种定价方法。计算公式为：

$$发行价格 = 每股净收益 \times 发行市盈率 \tag{8.1}$$

式中，每股净收益可以按发行当时的每股税后收益计算，也可以根据发行之前若干年的每股税后收益，采用一定的方法加以计算；发行市盈率可以根据同行业已上市公司的市盈率和本身的各种财务指标加以估计。中国在1996～1999年一直采用此法确定股票的发行价格。

市盈率定价法中的每股净收益可以用每股税后利润来表示，其确定方法有两种：加权平均法和全面摊薄法。

①加权平均法，是用发行前两年的每股税后利润加上发行年度的加权每股税后利润除以3。例如，A股份有限公司2009年3月9日公布的招股说明书列示，该公司2007年、2008年的实际每股税后利润分别为0.66元和0.85元，2009年2月实际每股税后利润为0.18元。假设当时二级市场同类股票的市盈率为22倍，则该公司股票发行价格为：（0.66 + 0.85 + 0.18 ÷ 2 × 12）÷ 3 × 22 = 18.99（元）。

②全面摊薄法，是用发行年度预测全年税后利润除以总股本。这种方法是发行公司和主承销商根据对可比公司的分析，选择行业相同、流通股本相当、盈利能力接近的10家可比公司进行分析，根据可比上市公司最近15个交易日和最近30个交易日的平均收盘价、平均市盈率、总股本、流通股本、主营业务收入等指标确定发行价格，具体计算公式为：

$$股票发行价格 = \frac{发行当年预测税后利润}{发行当年加权平均股本数} \times 市盈率$$

$$= \frac{发行当年预测税后利润}{发行前总股本 + 本次公开发行股本数 \times \frac{12 - 发行月份}{12}} \times 市盈率 \tag{8.2}$$

假设B公司2008年11月23日以25倍市盈率确定发行价格，该公司1～10月实际完成税后利润为1 600万元，预测11～12月税后利润为420万元，新股发行后总股本为4 000万股，则其发行价格为：（1 600 + 420）÷ 4 000 × 25 = 12.63（元）。

（2）协商定价法。协商定价法又称议价法，是由股票发行人与主承销商协商确定发行价格的一种定价方法。协商的结果，可能会出现两种方式确定的价格：第一，固定价格方式。即发行人和主承销商在新股公开发行前商定出一个固定价格，然后根据这个价格进行公开发售的一种形式。在美国，当采用代销方式时，新股发行价格的确定采用固定价格方式，发行人和投资银行在新股发行前商定一个发行价格和最小及最大发行量，股票销售期开始，投资银行尽力向投资者推销股票。如果在规定的时间和给定的价格下，股票销售额低于最低发行量,股票发行将被终止,已筹集的资本返还给投资者。第二,市场询价方式。这种方式首先采用一定的方法确定新股的内在价值和新股发行的价格区间,然后根据投资者的反馈订单修正初始价格并进行发售的一种形式。在西方,承销商推销股票时常常要进行路演。所谓路演是指由发行公司和承销商共同向投资者或机构投资者宣传新股的一种方法。路演过程中,通常向投资者发送预订邀请文件,征集在各个价位上的需求量,通过对反馈回来的投资者的预订单进行统计,主承销商和发行人据此对最初的发行价格进行修正并最后确定新股的发行价格。这种定价方式在美国新股销售采用包销方式时普遍使用。这也是目前我国政策要求采用的定价方法。

(3)投标定价法。投标定价法又称竞价法,是由各股票承销商或者投资者以投标方式相互竞争确定股票发行价格的一种定价方法。在具体实施过程中,又可以分为三种方法:网上投标定价法、机构投资者投标定价法和券商投标定价法。

网上投标定价法是通过证券交易所电脑交易系统按集中竞价原则确定新股发行价格的一种方法。新股竞价发行申报时,主承销商作为唯一的"卖方",其卖出数为新股实际发行数,卖出价格为发行公司宣布的发行底价,投资者作为买方,以不低于发行底价的价格进行申报。

机构投资者投标定价法采取对机构投资者配售和对一般投资者上网发行相结合的方式,通过机构投资者竞价来确定股票发行价格的一种方法。一般由主承销商确定发行底价,机构投资者根据自己的意愿申报申购价格和申购股数,申购结束后,由发行人和主承销商对机构投资者的有效预约申购数按照申购价格由高到低进行排序,根据事先确定的累计申购数量与申购价格的关系确定新股的发行价格。

券商投标定价法是指在新股发行前,发行人事先通知股票承销商,对各承销商投标进行选择并确定发行价格的一种方法。通常发行人向各承销商说明新股发行计划、发行条件和对新股承销的要求。各承销商据此结合自己的实际情况拟定各自的标书,并以投标方式相互竞争,最终发行人根据中标标书中的价格来确定股票的发行价格。

小资料

在中国,证监会于2004年12月7日公布了《关于首次公开发行股票试行询价制度若干问题的通知》及配套文件《股票发行审核标准备忘录第18号——对首次公开发行股票询价对象条件和行为的监管要求》。它标志着我国新股发行定价方式已经从最早严格的市盈率行政定价方式走向市场化定价方式。

新股发行询价制的要点如下：（1）规定以新股发行后的总股本作为计算每股收益和发行市盈率的依据；（2）规定披露发行市盈率时所使用的每股收益应扣除非经常性损益的影响；（3）询价对象目前指符合证监会规定条件的证券投资基金管理公司、证券公司、信托投资公司、财务公司、保险机构投资者和合格境外机构投资者（QFII），以及其他经证监会认可的机构投资者；（4）规定询价必须经过初步询价和累计投标询价两个过程。

此外，为了规避询价对象存在报价随意性强、报价行为缺乏诚信等问题，证监会发布了《关于对询价对象参与首次公开发行股票询价若干要求的函》，对询价对象的报价行为"约法四章"，要求如下：（1）进行负责任的报价。询价对象必须在充分研究的基础上报价，并对自己的报价负责。每次参与报价都应指定专人负责相关工作；（2）报价必须客观有据，保证报价的独立性。在初步询价时，询价对象必须提供明确的报价依据，不得故意压低或抬高报价，不得随意报价，不得通过任何形式相互串通报价；（3）必须诚实守信，不得误导定价。询价对象在初步询价时的报价与累计投标时的报价必须具有逻辑一致性。在发行人及市场未出现重大变化且询价对象未能做出合理解释的情况下，前后两个阶段的报价不得出现重大差异，不得有累计投标时的报价完全脱离初步询价时的报价区间的投机行为；（4）指定的资金、证券账户仅限于询价对象自用，严禁通过任何形式出租、出借询价专用账户。

7. 普通股筹资的优缺点

普通股筹资的优点主要表现在：（1）普通股筹资没有固定的到期日，无需偿还。利用普通股筹集的资金是永久性的资金，在公司持续经营期间可长期使用，能够保证企业最低的资金需求。（2）普通股筹资没有固定的利息负担。公司发行普通股进行筹资，每年应支付给股东多少股利，取决于公司的盈利水平和股利政策，而不像债券筹资那样，无论是否盈利都要支付固定的利息。（3）能增强公司的举债能力。利用普通股筹集的主权资本是公司借入资金的基础，公司的主权资本越多，对债务偿还的保证能力就越强。因此，普通股筹资可以提高企业的信誉，同时也为使用更多的债务资本提供了强有力的支持。（4）股票筹资比债券筹资更容易。由于普通股的预期收益大于债券收益，而且在通货膨胀时期，由于公司不动产的增值会使股票的价值也随之提高，所以普通股比债券得到的保障大。

普通股筹资的缺点主要表现在：（1）普通股筹资的资本成本较高。一方面，普通股股利要在税后利润中支付，即股利不能抵扣所得税；另一方面，从股东的角度来看，由于股票投资风险大，所以股东要求较高的收益率作为补偿，因此，普通股的资本成本大于债券的资本成本。（2）容易分散控制权。

当公司发行新股、引进新股东时，会导致公司控制权的分散。（3）稀释每股收益，降低股票价格。当公司增加股票发行时，则新股东对公司已积累的盈余具有分配权，这就会降低普通股的每股收益，从而可能引起普通股市价下跌。

8.2 债务筹资

与股票筹资不同，公司通过债券筹资获得的资本属于负债资本，公司对此负有到期偿还的法定义务。比较常见的债务筹资方式包括长期借款筹资和债券筹资。

8.2.1 长期借款筹资

长期借款是指公司向银行等金融机构以及向其他单位借入的、期限在1年以上的各种借款，主要用于购建固定资产和满足长期流动资本占用的需要。中国目前各种金融机构提供的长期借款主要有固定资产投资借款、更新改造借款、科技开发和新产品试制借款等。

1. 长期借款的条件

公司申请借款一般应具备的条件是：（1）独立核算、自负盈亏、有法人资格；（2）经营方向和业务范围符合国家产业政策，借款用途属于银行贷款办法规定的范围；（3）借款公司具有一定的物资和财产保证，担保单位具有相应的经济实力；（4）具有偿还贷款的能力；（5）财务管理和经济核算制度健全，资本使用效益及公司经济效益良好；（6）在银行开立账户，办理结算。

符合上述条件的公司可向银行提出申请，陈述借款原因与金额、用款时间与计划、还款期限与计划。银行据此对借款公司的信用状况、盈利水平、发展前景、借款用途等进行分析审查。若同意借款即与借款公司进一步协商贷款的具体条件，明确贷款的种类、用途、金额、利率、期限、还款的资本来源及方式、保护性条款、违约责任等，并以借款合同的形式将其法律化。借款合同生效后，公司即可取得借款。

由于长期借款的期限长、风险大，按照国际惯例，银行通常对借款公司提出一些有助于保证贷款按时足额偿还的条件。这些条件写进借款合同中，形成了合同的保护性条款。这些条款主要是：

（1）一般性限制条款。一般性限制条款是对借款公司资产的流动性及偿债能力等方面的要求条款。主要包括：公司需要持有一定限额的货币资本及其他流动资产，以保持资产的合理流动及偿债能力；限制公司支付现金股利和再购入股票，以减少公司资本的过分外流，保证借款公司的债务清偿能力；限制公司资本支出的规模，以保持公司资产的流动性，保证贷款的安全清偿；限制公司借入其他长期资本，以防止其他债权人取得对借款公司资产的优先索偿权。

（2）例行性限制条款。例行性限制条款是指大多数借款合同中固定不变地列示的条款。主要包括：借款公司应定期向银行报送财务报表，使贷款银行能及时、充分地了解借款公司的财务状况和经营成果；未经贷款银行同意，不得在正常情况下出售太多的资产，以保持公司正常的生产经营能力；如期清偿应缴纳的税金和其他到期负债，以防被罚款而造成现金流失；不能以公司的资产抵押获得其他形式的贷款，以避免公司过重的偿债负担；禁止公司让售应收账款和贴现应收票据，以减少或有负债；限制借款公司租赁固定资产，防止公司因负担巨额租金而削弱其偿债能力等。

（3）特殊性限制条款。特殊性限制条款是指为了全面保证贷款的安全，针对贷款的特定情况而特别规定的条款。特殊性限制条款仅在部分借款合同中出现，并在特殊情况下才能生效。主要包括：明确规定贷款用途，借款公司不得挪作他用；限制借款公司的投资，以防止公司投资于在短期内不能收回的项目；限制公司高级管理人员的工资和奖金总额，以防止公司支付过多的报酬而影响公司的利润；要求公司主要负责人购买人身保险，并要求其在合同有效期内担任领导职务，以保证公司经营的正常进行等。

2. 长期借款的利率

长期借款利率的大小取决于金融市场的供求状况、借款期限、抵押品的流动性及企业的信誉等因素。长期借款利率通常分为固定利率和变动利率。

（1）固定利率。固定利率是指借贷双方找出一家风险类似于借款企业的其他企业，再以这家企业发行的期限与长期借款期限相同的债券的利率作为参考，确定长期借款利率，利率一经确定，不得随意改变。只有当借款企业预测将来的市场利率会不断攀升，才与银行签订固定利率合同，否则就应签订变动利率合同。

（2）变动利率。变动利率是指长期借款在借款期限内，利率可以根据具体情况进行调整，一般根据金融市场的行情每半年或1年调整一次，或者在贷款协议中规定根据金融市场的变动情况随时调整，借款企业尚未偿还的本金则按调整后的利率计算利息。在一个自由的资本市场中，无论是固定利率还是变动利率都存在风险。

目前，中国企业的长期借款多采用变动利率，即在中国人民银行制定的贷款基准利率基础上，各金融机构按照中国人民银行规定的贷款利率浮动区间，通过对借款企业的信用状况、还款能力、发展前景等各方面的分析与借款企业协商确定借款利率。

3. 长期借款的偿还

公司以长期借款方式筹集的资本属于借入资本，需要按期还本付息。长期借款的还本付息方式主要有一次性偿付法、等额利息法、等额本金法和等额本息法等。一次性偿付法是指在借款到期时一次性偿还本金和利息的方法；等额利息法是指借款期内每期末按借款利率偿还固定利息，到期一次还本；等额本金法是指借款期内每期偿还固定的本金及按借款余额计算的利息。在这一还款方式下，每期偿还的本金数相等，但每年支付的利息数额随着每期剩余本金余额的减少而逐年降低；等额本息法是指借款期内每期偿还相等数额的款项。在这种还款方式下，每期偿还的本金和利息总额相等，但每年偿还的利息和本金各不相等。随着本金的不断偿还，每期剩余的未偿还本金逐步减少，从而每期偿还额中所包含的利息逐步减少，而每期偿还额中所包含的本金逐年增加。

长期借款有多种偿还方式，不同的偿还方式对公司财务指标和经营业绩的影响是不同的，主要表现在利息和借款费用的抵税作用上。在选择借款的偿还方式时，可以通过计算每种还本付息方式税后成本的现值之和来做判断。在具体的计算过程中，可以直接采用 Excel 的函数和公式进行。

4. 长期借款筹资的优缺点

长期借款的优点主要表现在：（1）筹资速度快。与发行股票、债券相比，长期借款的程序相对简单，无需像发行证券那样经历申报、审批、印刷、发行等环节，因而花费时间较短，企业可以较快地获得所需要的资本。（2）筹资成本较低。长期借款的利息在税前支付，减少了企业实际负担的利息费用，因此筹资成本比股票筹资低得多。与债券筹资相比，长期借款的利率通常低于债券利率，而且取得长期借款没有大量的发行费用，筹资的取得成本较低。（3）借款弹性较大。在借款之前，企业与银行直接接触，协商确定借款的数额、期限、利率、偿还方式等事项。在借款期间，如果企业财务状况发生某些变化，也可以与银行再协商，变更借款数额、期限等条件，借款到期后，企业如果有正当理由，还可延期归还。因此，长期借款对企业较大的灵活性。（4）可以发挥财务杠杆作用。企业借入长期借款后，当企业的资本利润率高于债券的利息率时，可产生财务杠杆作用，增加普通股股东的收益。

长期借款的缺点主要表现在：（1）财务风险较高。长期借款通常有固定的利息费用和固定的偿付期限。当企业经营不利、财务困难的时候，固定的利息支出无疑加重了企业的负担，甚至可能使企业无法偿付到期债务，引起破产。（2）限制条件较多。银行为了保护自身的利益，因此在与企业签订的借款合同中通常附加了许多限制性的条款。这些条款限制了企业对借入资本的灵活运用,并在一定程度上影响了企业的再筹资能力。(3)筹资数量有限。由于长期借款只是向某家或某几家金融机构筹资而不是向社会筹资,所以很难像发行股票或债券那样筹集大量的资本。

8.2.2 债券筹资

1. 债券的种类

债券是筹资者为筹集资本而发行的,约定在一定期限内向债权人还本付息的有价证券。按照不同的标志,债券可以进行如下分类。

(1)按照是否记名,可分为记名债券和无记名债券。记名债券是在债券券面上记有债券持有人的姓名或名称的债券。发行企业对记名债券上的记名人偿还本金,持券人凭印鉴支取利息。记名债券如果转让,由记名债券的记名人以背书的方式进行,并由发行企业将受让人的姓名或名称载于企业债券存根簿上。无记名债券是在债券券面上不记有债券持有人的姓名或名称的债券。债券的持有人凭票按期领取利息,到期收回本金。记名债券的安全性高,但不利于转让;而无记名债券的安全性较差,但是转让方便。目前,中国企业债券的形式都采用实名制记账式的记名债券。

(2)按照有无特定的财产担保,可分为抵押债券和信用债券。抵押债券又称担保债券,是指发行企业有特定财产作为担保品而发行的债券。企业可用做抵押品的有动产、不动产以及企业持有的债券和股票。当债券发行企业违约时,信托管理人就可以将抵押财产变卖,而后支付债券持有人的欠款,但不能保证完全偿还债券本息。信用债券是指没有抵押品,完全靠企业良好的信誉而发行的债券。信用债券通常只有实力雄厚、信誉卓著的企业才能发行。由于信用债券没有特定的抵押品,并且财产清偿的顺序位于抵押债券之后,对债权人而言风险较大,因此其利率要比同一时期发行的抵押债券利率略高。

(3)按照利率是否固定,可分为固定利率债券和浮动利率债券。固定利率债券是在偿还期内利率不变的债券。在偿还期内,无论市场利率如何变化,债券持有人都将按债券票面载明的利率获取利息。浮动利率债券是指票面利率随某一利率指标(如国库券利率、银行存款利率)的变动而调整的债券。这种债券的利率通常与市场利率挂钩,当市场利率上升时,债券的利率也相应上浮;反之,当市场利率下降时,债券的利率也相应下调。

(4)按照期限的长短,可分为短期债券、中期债券与长期债券。按照债券的期限进行分类,目前国际上尚无统一的标准,一般认为期限在 5 年之内的债券为短期债券,期限在 5 年以上 10 年以内的债券为中期债券,期限在 10 年以上的债券为长期债券。

发行企业在选择债券期限时，通常都结合本企业自身的财务结构及市场投资者的偏好，采用多种期限相结合的发行方式，为投资者提供多种期限选择。例如，国家电力公司2002年6月发行的电力网建设债券，发行总额为40亿元，其中3年期的5亿元，15年期的35亿元；中国移动2002年10月发行的中国移动债券，发行总额为80亿元，其中5年期的30亿元，15年期的50亿元；武汉钢铁于2002年1月发行的武钢债券，发行总额为20亿元，其中3年期的5亿元，7年期的15亿元。发行企业通过不同期限债券的组合，既可以规避利率波动的风险，降低单次发行债券的总成本，又能满足不同期限偏好的投资者需求，提高投资者认购的积极性。

（5）按照是否可转换，可分为可转换债券和不可转换债券。可转换债券是发行企业依照法定程序发行、在一定期限内依据约定的条件可以转换成企业股票的企业债券。这种债券享有转换特权，在转换前是企业的债务，转换后相当于增发了股票。可转换债券兼有债权和股权的双重性质。不可转换债券是指债券发行时没有约定可在一定条件下转换成普通股这一特定条件的债券。可转换债券与不可转换债券的利率是不同的。一般来说，市场投资者对含有利于发行人的赎回条款的债券会要求较高的收益，而对含有利于投资者的转换条款的债券则要求较低的收益，因此，可转换债券的利率一般较低。

（6）按照是否可提前偿还，可分为可提前偿还债券和不可提前偿还债券。可提前偿还债券也称为可赎回债券，是指债券发行时约定发行企业可在债券到期前的某一时间以某一价格提前收回的债券。可提前偿还债券有利于发行企业灵活地调整资本结构，降低筹资成本。例如，当市场利率下降时，企业可以发行利率较低的新债券，收回原先的旧债券，以降低筹资成本，改变资本结构。但是，发行企业必须在发行债券时就规定收回的期限及偿还价格，并且可提前偿还债券的偿还价格必须高于发行价格，以便对债券持有人予以补偿。不可提前偿还债券也称为不可赎回债券，即不能在债券到期前提前偿还的债券。不可提前偿还债券的持有人只能获得债券发行时约定的收益，在市场利率上升时，对债券持有人不利。

2. 债券的评级

债券评级即对债券的信用状况进行等级评定，通常是由专门的信用评级机构对债券发行人所发行债券的到期还本付息能力和可信任程度进行综合评价。向社会公开发行的债券通常由专门的债券评级机构进行等级评定，以不同的等级级别表示债券质量的好坏、还本付息能力的强弱和债券投资风险的高低。

（1）债券评级的作用。债券信用评级可以促进社会资源的合理流动，提高证券市场的运行效率。它对投资者和发行公司的作用体现在三个方面。第一,有利于投资者进行投资决策。由债券评信机构对公开发行的债券的还本付息能力和风险程度进行评价,使投资者充分了解拟投资的债券,为投资者进行投资决策提供有价值的参考。第二,有利于发行公司降低筹资成本。债券评定的结果等级高,则表明债券信誉好,还本付息能力强,风险小,投资者愿意接受,并且要求的收益率低,债券发行单位发行较容易且筹资成本低;债券评定的结果等级低,则表明债券信誉差,还本付息能力差,风险大,投资者不愿意接受或要求较高的投资收益率,则债券发行单位筹资就困难。第三,债券评级是债券承销谈判的砝码。按目前我国证券发行的有关规定,债券发行公司需要委托证券公司代理销售债券,在代理销售条件的谈判中,评定结果较好的债券就具有优势,使债券发行公司居于主动。由此可见,债券信用评级的结果对债券发行单位和投资者都有重大意义,它直接影响债券的发行效果和投资者的投资选择,因此国外很多公开发行债券的公司都会主动申请评定等级。

(2)债券评级的标准。根据中国人民银行的有关规定,凡是向社会公开发行的公司债券,需由中国人民银行及其授权的分行指定的资信评定机构或公证机构进行信誉评定。国务院发布的《公司债券管理条例》规定,公司发行债券,可以向经认可的债券评信机构申请信用评级,但目前我国尚未形成统一的债券评级标准和系统的债券评级制度。

按照国际惯例,债券的等级一般分为三级九等,各等级所表示的信用状况如表8-1所示。

表8-1 资信评级的符号及其含义

信用等级	信用状况	含义
AAA级	最高级	信用极好	公司的信用程度高,债务风险小。该类公司具有优秀的信用记录,经营状况佳,盈利能力强,发展前景广阔,不确定性因素对其经营与发展的影响极小
AA级	高级	信用优良	公司的信用程度较高,债务风险较小。该类公司具有优良的信用记录,经营状况较佳,盈利水平较高,发展前景较为广阔,不确定性因素对其经营与发展的影响很小
A级	中上级	信用较好	公司的信用程度较好,在正常情况下偿还债务没有问题。该类公司具有较好的信用记录,经营处于良性循环状态,但是可能存在一些影响其未来经营与发展的不确定性因素,进而削弱其盈利能力和偿债能力
BBB级	中级	信用一般	公司的信用程度一般,偿还债务的能力一般。该类公司的信用记录正常,但其经营状况、盈利水平及未来发展易受不确定性因素的影响,偿债能力有波动

续表

信用等级	信用状况		含 义
BB 级	中下级	信用欠佳	公司信用程度欠佳，偿债能力不足。该类公司有较多不良信用记录，未来前景不明朗，含有投机性因素
B 级	下级	信用较差	公司的信用程度较差，偿债能力较弱
CCC 级	完全投机级	信用很差	公司的信用很差，几乎没有偿债能力
CC 级	最大投机级	信用极差	公司的信用极差，没有偿债能力
C 级	最低级	没有信用	公司无信用

通常认为只有前三个等级的债券才具有实际投资的价值，且债券的信用等级与利率成反比。信用等级高的债券利率比较低，因此发行单位如果能提高其债券的信用等级，则可以降低资本成本。

一些评定机构，如美国的标准普尔公司、穆迪公司、加拿大的债务级别服务公司等都是国际上公认的信用评定机构，它们的评定结果对公司和投资者都有极大的影响。

> **小资料**
>
> 世界上最著名的四大评级机构是标准普尔公司（Standard & Poor's Corporation）、穆迪公司（Moody's Investors Service）、达夫菲而普斯信用评级公司（Duff and Phelps Credits Rating Corporation）、菲奇投资者服务公司（Fitch Investors Service），它们评级系统的标识符较为相似，如表 8-2 所示。
>
> 表 8-2　　　　　　　　四大评级公司的评级系统和标识符
>
> | S&P | Moody's | D&P | Fitch | 简单要义 |
> |---|---|---|---|---|
> | AAA | Aaa | AAA | AAA | 一流质量，最高安全性 |
> | AA + | Aa1 | AA + | AA + | 优等，高质量 |
> | AA | Aa2 | AA | AA | |
> | AA - | Aa3 | AA - | AA - | |
> | A + | A1 | A + | A + | 中上等 |
> | A | A2 | A | A | |
> | A - | A3 | A - | A - | |
> | BBB + | Baa1 | BBB + | BBB + | 中下等 |
> | BBB | Baa2 | BBB | BBB | |
> | BBB - | Baa3 | BBB - | BBB - | |
> | BB + | Ba1 | BB + | BB + | 低等，投机型 |
> | BB | Ba2 | BB | BB | |
> | BB - | Ba3 | BB - | BB - | |

续表

S&P	Moody's	D&P	Fitch	简单要义
B+	B1	B+	B+	高度投机型
B	B2	B	B	
B-	B3	B-	B-	
CCC+				风险极大,处境困难
CCC	Caa	CCC	CCC	
CCC-				
CC	Ca		CC	极度投机型,比上述更具投机性,C1＝收入债券,不付利息
C	C		C	
C1				
			DDD	违约
			DD	
			D	

（3）债券评级的方法。债券评级的方法是指对受评客体信用状况进行分析并判断优劣的技巧，贯穿于分析、综合和评价的全过程。按照不同的标志，信用评级方法有不同的分类，其中使用范围最广、影响最大的是要素分析法和综合分析法。

第一，要素分析法是金融机构对客户作信用风险分析时所采用的专家分析法之一。这类方法的主要代表有"5C"要素分析法、"5W"要素分析法和骆驼评估体系。

"5C"要素分析法主要集中在借款人的道德品质（character）、还款能力（capacity）、资本实力（capital）、担保（collateral）和经营环境条件（condition）五个方面进行全面的定性分析以判别借款人的还款意愿和还款能力。

"5W"要素分析法，即借款人（who）、借款用途（why）、还款期限（when）、担保物（what）及如何还款（how）。也有的银行将其归纳为"5P"因素，即个人因素（personal）、借款目的（purpose）、偿还（payment）、保障（protection）和前景（perspective）。

骆驼评估体系包括资本充足率（capital adequacy）分析、资产质量（asset quality）分析、管理水平（management）分析、收益状况（earnings）分析、流动性（liquidity）分析五个部分，其英文第一个字母组合在一起为"CAMEL"，正好与"骆驼"的英文名字相同而得名。

无论是"5C"要素分析法、"5W"要素分析法，还是骆驼评估体系，其共同之处都是将道德品质、还款能力、资本实力、担保和经营环境条件或者借款人、借款用途、还款期限、担保物及如何还款等要素逐一进行评分，可以让银行对贷款人的整体状况有比较清晰的认识。

第二，综合分析法是依据受评客体的实际统计数据计算综合评级得分（或称指数）的数学模型。目前公司信用综合评级方法很多，但实际计算中普遍采用的方法是加权评分法。

加权评分法的一般做法是根据各具体指标在评级总目标中的不同地位，给出或设定其标准权数；同时确定各具体指标的标准值（通常为该指标的行业平均值），然后比较指标的实际数值与标准值，得到级别指标分值，最后汇总指标分值求得加权评估总分。其中最具代表性的是运用线性判别技术建立起的，用于判别公司是否破产（或违约）的著名的"Z 计分模型"。

3. 债券的发行价格

债券的发行价格是发行公司（或其承销机构）发行债券时所使用的价格，也是投资者向发行公司认购其所发行债券时实际支付的价格。影响公司债券发行价格的因素主要包括：

(1) 发行者的类型。债券市场是按发行人的类型分类的，不同的发行人被称为不同的市场部门（market sector），如公司、政府等。

(2) 发行人的信用等级。违约风险或信用风险是指发行人不能按期还本付息的风险，大多数市场参加者都是根据公司的商业信用等级来确定其违约风险的大小。如果国库券与公司债券除品质以外其他方面均相同，那么这两者间的利差被称为质量差幅（quality spread）或信用差幅（credit spread）。例如，根据美国有关资信评定的资料，1980 年发行的 AAA 级债券的平均利率为 11.94%；AA 级债券的平均利率为 12.5%；A 级债券的平均利率为 12.89%；BBB 级债券的平均利率为 13.67%。如果发行公司能将其债券从 BBB 级提高到 A 级，利率可以从 13.67% 降低到 12.89%，降低了 0.78%，这可以节约大量的利息费用。

(3) 偿还期。偿还期表明某种金融工具的期望持续时间，或是债务人承诺履行义务的时间。债券价格的波动与它的偿还期密切相关，债券偿还期越长，价格波动的可能性就越大。市场中不同期限债券间的利差被称为到期差幅，到期日不同的可比债券收益间的关系称为利率的期限结构。根据利率的期限结构，在任何时点，长期债券收益与短期债券收益的关系取决于收益率曲线的形状。公司在确定债务期限时应尽量使偿债流出量与公司预期经营现金流入量一致，以降低无力偿债的风险。

(4) 赎回与转换条款。在债券契约中，通常设置某些条款，如允许债券发行人全部或部分提前偿还债务的赎回条款（call provision）。持有可转换债券的债权人可根据情况将手中的债权转换为股权等。含赎回或转换条款的债券与国债或与不含这些条款的可比债券间的利率是不相同的。一般来说，市场投资者对含有利于发行人的赎回条款的债券会要求较大的收益，而对含有利于投资者的转换条款的债券则要求较小的收益。

除上述因素外，利息的税收待遇（是否征税）以及债券的预期流动性都会影响债券的收益率，从而影响债券的利率水平。

债券的买卖价格，包括发行价格和转让价格都是根据债券的现值来确定的。当然，其他许多经济的、非经济的因素也在同时影响债券的发行价格，但无论这些因素的作用有多大，债券的发行价格始终围绕债券的内在价值上下波动。在实务中，公司债券的发行价格通常有等价、溢价、折价三种情况。

4. 债券的发行条件

按照国际惯例，发行债券需要符合规定的条件。一般包括发行债券最高限额、发行公司自有资本最低限额、公司获利能力、债券利率水平等。

根据中国《公司法》规定，公司发行债券必须符合下列条件：公司规模达到规定的要求；公司财务会计制度符合国家规定；具有偿债能力；公司经济效益良好，发行债券前3年盈利；所筹资本的用途符合国家的产业政策，不得用于房地产买卖、股票买卖和期货交易等与本公司生产经营无关的风险性投资。按规定，发行公司发生下列情形之一的，不得再次发行公司债券：（1）前一次发行的公司债券尚未募足的；（2）对已发行的公司债券或其债务有违约延迟支付本息的事实，且仍处于继续状态的；（3）最近3年平均可分配利润不足以支付发行债券一年利息的。

5. 债券的偿还与收回

（1）赎回条款。如果公司债券契约中规定了赎回条款，公司就可以按特定的价格在到期之前买回债券。赎回条款一般有两种：随时赎回条款和推迟赎回条款。随时赎回条款规定，债券一经发行，债券发行人即有权随时赎回债券；推迟赎回条款规定，债券发行人只能在一定时间后才能赎回已发行的债券。公司债券的赎回价格一般比面值要高，并随到期日的接近而逐渐减少。具有赎回条款的债券可使公司筹资有较大的弹性。当公司现金有结余时，可赎回债券；当预期利率下降时，也可赎回债券，同时以较低的利率发行新债券。

（2）偿债基金。在到期日前为定期收回债券而设立的基金，要求发行公司定期向受托人支付偿债基金。通过偿债基金收回债券有两种方式：一种方式是公司向受托人支付一笔现金，由受托人按照偿债基金赎回价格回收债券（偿债基金赎回价格通常低于普通赎回价格），并按照债券的序列号以抽签的方式决定被收回的债券。另一种方式是发行公司在公开市场上购买债券。偿债基金减少了该债务的实际期限，从而能和期限较短的债务一样减少债务的风险。

(3) 分批偿还债券。在发行同一种债券的当时就订有不同的到期日的债券，为分批偿还公司债券。由于投资者可以选择最适合自己的到期日，因此，发行这类债券比发行同一天到期的债券能吸引更广泛的投资者群体。

(4) 以新债券换旧债券。发行新的债券来调换一次或多次发行的原有的债券叫债券调换。这种债券调换，主要是因为：第一，以较低利率的新债券替换利率较高的旧债券，从而减少债务的利息；第二，消除债券原契约中某些限制性条款，以利于公司的进一步发展；第三，推迟债务的到期日，以改善公司的现金流量；第四，将公司多次发行且尚未清偿的债券予以合并，从而便于对债券的统一管理；第五，保持当前最佳的资本结构和赋税效果。

(5) 转换成普通股。如果公司发行的是可转换债券，那么，可通过转换成普通股来收回债券。

6. 债券筹资的优缺点

债券筹资优点主要表现在：(1) 债券成本较低。公司债券的利息费用可在税前支付，从而可以享受扣减所得税的优惠，因而其实际负担的资本成本较低。(2) 可利用财务杠杆。债券持有人一般只能收取固定的利息，不能参加剩余利润的分配，当公司资本收益率高于债券利率时，可以为普通股股东带来更多的收益。(3) 便于调整资本结构。在公司发行可转换债券或可提前赎回债券的情况下，公司可根据需要主动合理地调整资本结构。(4) 保障股东控制权。债券持有人无权参与公司经营管理，因此，发行债券筹资不会分散股东对公司的控制权。

债券筹资的缺点主要表现在：(1) 财务风险较高。债券有固定的到期日，并需要定期支付利息，发行公司必须承担按期还本付息的义务。在公司经营不景气时，也需要向债券持有人支付本息，这会给公司带来更大的财务困难，有时甚至会导致破产。(2) 限制条件较多。发行债券的限制条件一般要比定期借款、租赁筹资的限制条件要多且严格，从而限制了公司对债券筹资方式的使用，有时还会影响公司以后的筹资能力。

8.3 租赁筹资

8.3.1 租赁的概念及种类

租赁是出租人以收取租金为条件，在契约或合同规定的期限内，将资产租让给承租人使用的一种经济行为。一项租赁业务，根据所有权是否最终转移，通常可以分为经营租赁和融资租赁两大类。

1. 经营租赁

经营租赁，又称服务性租赁，是指出租人在较短的时间内向承租人出租资产，并提供保养、维修、人员培训等服务的租赁。

经营租赁的基本特点是：租赁期较短，通常小于租赁设备的使用寿命；租赁合同一般包含解约条款，在合理限制条件范围内，承租人有权在租赁期内预先通知出租人后，解除租赁合同或要求更换租赁的资产；设备的维修、保养由出租人负责；租赁期满或合同终止以后，租赁的财产一般归还给出租者。

2. 融资租赁

融资租赁，又称资本租赁，是一种以融通资本为目的的租赁方式。在这种租赁方式下，承租人按照租赁合同可在资产的大部分使用寿命周期内，获得资产的使用权，出租人收取租金，但不提供维修、保养等服务。

融资租赁的主要特点是：出租的资产一般由承租人提出要求，出租人融通资本，购进用户所需资产，然后再租给出租人使用；租赁期较长，融资租赁的租期一般要超过租赁资产寿命的 75%；融资租赁禁止中途解约；租约期满后，按事先约定的方法处理租赁资产，包括将设备作价转让给承租人、由出租人收回、延长租期、继续租赁等；租赁资产的维修、保养等均由承租人负责。

> **📋 小资料**
>
> 世界各国对融资租赁和经营租赁有不同的规定。根据我国财政部于 2006 年发布的《企业会计准则第 21 号——租赁》（以下简称《租赁准则》），承租人和出租人应当在租赁开始日将租赁分为融资租赁和经营租赁。其中，租赁开始日是指租赁协议日与租赁各方就主要租赁条款作出承诺日中的较早者。
>
> 融资租赁，是指实质上转移了与资产所有权有关的全部风险和报酬的租赁。其所有权最终可能转移，也可能不转移。符合下列一项或数项标准的，应当认定为融资租赁：(1) 在租赁期届满时，租赁资产的所有权转移给承租人。(2) 承租人有购买租赁资产的选择权，所订立的购买价款预计将远低于行使选择权时租赁资产的公允价值，因而在租赁开始日就可以合理确定承租人将会行使这种选择权。(3) 即使资产的所有权不转移，但租赁期占租赁资产使用寿命的大部分。(4) 承租人在租赁开始日的最低租赁付款额现值，几乎相当于租赁开始日租赁资产公允价值；出租人在租赁开始日的最低租赁收款额现值，几乎相当于租赁开始日租赁资产公允价值。(5) 租赁资产性质特殊，如果不作较大改造，只有承租人才能使用。
>
> 经营租赁是指除融资租赁以外的其他租赁。

融资租赁包括多种方式，根据租赁所涉及的关系复杂程度，通常可以细分为直接租赁、售后租回和杠杆租赁。

(1) 直接租赁。它是指出租人直接将资产出租给承租人，签订合同并收取租金的一种租赁方式。这种租赁方式只涉及出租人和承租人两个当事人。直接租赁的主要出租人是制造商、财务公司、银行、独立的租赁公司等。除制造商外，其他出租人都是先向制造商或供应商买入资产，再将资产租给承租人。通常所指的融资租赁，不作特别说明时即为直接租赁。

(2) 售后租回。企业先将其拥有的资产卖给出租人，然后再按照特定条件将其租回使用，这种取得资产的筹资方式称为售后租回。从事售后租回的出租人通常包括保险公司、商业银行、专业租赁公司或投资者；而承租人则是出售资产后再将资产租回的企业。在这种租赁形式下，出售资产的企业可得到相当于资产售价的一笔资本，同时仍然可以使用资产，就如同企业贷款买进资产并以之作为贷款的抵押品一样，所以售后租回与抵押贷款非常相似。

(3) 杠杆租赁。前面的两种租赁方式只涉及承租人和出租人两方当事人，而杠杆租赁则要涉及承租人、出租人和贷款机构三方当事人。从承租人的角度来看，按照合同规定在承租期内定期支付租金，从而获得承租期资产的使用权，因此杠杆租赁与其他租赁方式没有什么不同。但对出租人来说却不一样，他只提供租赁资产所需资本的一部分（一般为20%~40%），其余部分则以该资产为担保向贷款机构借入款项支付。在这里出租人既是资产的出借人，同时也是贷款的借入人。出租人收取的租赁费首先用于偿还贷款机构的贷款本息，剩余部分是出租人的投资报酬。由于租赁收益通常大于借款成本，出租人借此而获得财务杠杆好处。通常采用杠杆租赁是为了适应金额巨大的设备租赁项目。

8.3.2 租赁对税收的影响

如果租赁业务符合租赁准则的规定，那么无论是出租人还是承租人都会享受税收抵减的优惠，事实上，抵税效应是租赁业能否持续下去的关键，如果没有抵税效应，租赁业很快就会萎缩并消失殆尽。租赁对税收的抵减作用主要体现为以下几点：

(1) 按照中国税法规定，对经中国人民银行批准经营融资租赁业务的单位所从事的融资租赁业务，无论租赁的货物的所有权是否转让给承租方，均按《中华人民共和国营业税暂行条例》的有关规定征收营业税，不征收增值税。其他单位从事的融资租赁业务，租赁的货物的所有权转让给承租方，征收增值税，不征收营业税；租赁的货物的所有权未转让给承租方，征收营业税，不征收增值税。根据中国税法规定,增值税税率为17%,远高于营业税税率5%,由此可见,租赁业务收入较销售收入适用更低的税率,因此可以大大地节省与收入有关的流转税。但到2013年8月1日,已经推广到全国实行的"营业税改征增值税试点方案"实施后,由于已将"有形动产租赁服务"纳入试点范围,上述税收优惠力度减小。

(2) 按照租赁准则的规定,无法合理确定租赁期届满后承租人是否能够取得租赁资产的所有权,则应以租赁期与租赁资产尚可使用年限两者中较短者作为折旧期间。而如果企业通过购买方式取得资产,资产必须按照税法规定的折旧年限计提折旧,二者比较而言,企业通过租赁方式取得资产,可以加大每年提取的折旧额,从而达到节税的目的。为了更好地说明这个问题,我们假设某家公司计划购买价值为120万元的豪华汽车,其经济寿命为5年,假设该公司采用直线折旧法,其每年的折旧额为24万元。如果该公司与卖方签订一份租赁合同,租赁期为3年,目前并不能确定租赁期满是否购入该汽车,则按照租赁准则规定,每年的折旧额为40万元,远远大于购买方式每年提取的折旧额,这样通过租赁方式取得的节税收益现值要大于直接购买汽车而取得的节税收益现值。

(3) 在融资租赁下,承租人向出租人支付的租金中,包含了租赁设备的购置成本、利息、租赁手续费等,因此承租人负担的长期应付款大于租赁资产的入账价值,其差额即是未确认的融资费用。当承租人支付租金时,一方面应减少长期应付款;另一方面应同时将未确认的融资费用按一定的方法确认为当期融资费用,并在融资租赁期满时,全部摊销完毕。这部分费用实际上是租金在税前的列支,从而可以减轻企业的税收负担。

8.3.3 租赁对资产负债表的影响

租赁准则规定,在融资租赁下,承租人通常应当将租赁开始日租赁资产公允价值与最低租赁付款额的现值两者中较低者作为租入资产的入账价值列示在资产负债表的左方,将最低租赁付款额作为长期应付款列示在资产负债表的右方,并将两者的差额作为未确认融资费用。融资租入资产后,承租人就应将其视同自有资产一样进行核算,比如,应当计提租赁资产的折旧。这与经营租赁的规定是不同的,在经营租赁下,经营租赁的租金应当在租赁期内的各个期间按合理的方法确认为费用,经营租赁不必在资产负债表中体现,对资产负债表的左右两方没有影响。

这种区别的会计含义可以通过表8-3来说明。假设某公司若干年前由股东出资100万元购买了厂房设备,现在该公司需要一台价值30万元的卡车,公司可以通过租赁方式来获得卡车,其最低租赁付款额为45万元。由表8-3可以看到,如果该项租赁被判断为经营性租赁,则租赁资产卡车的价值以及由此而承担的租赁责任则不在资产负债表中反映;如果该项租赁是融资租赁,则租用的卡车被视为资产,租赁合同中的租金支付被作为负债处理。

表 8-3　　　　　　　经营租赁与融资租赁对资产负债表的影响　　　　　　　单位:元

资产负债表			
(1) 经营租赁(公司通过经营租赁获得卡车)			
厂房设备	1 000 000	负债	0
卡车	0	权益	1 000 000
固定资产合计	1 000 000		
资产总计	1 000 000	负债与股东权益总计	1 000 000
(2) 融资租赁(公司通过融资租赁获得卡车)			
厂房设备	1 000 000		
卡车	300 000	负债	450 000
固定资产合计	1 300 000	股东权益	1 000 000
未确认融资费用	150 000		
资产总计	1 450 000	负债与股东权益总计	1 450 000

一般认为一家企业的融资能力与其负债数量呈负相关。由于经营租赁产生的负债不必在资产负债表中反映,所以存在经营租赁的公司的资产负债表所反映的融资能力要强于存在相同数量融资租赁的公司。考虑到这种情况,一些公司希望将融资租赁视为经营租赁处理,以改善企业对外筹资的形象,对于这一倾向,租赁准则也做了相应规定,准则要求承租人应当对重大的经营租赁作如下披露:(1)资产负债表日后连续3个会计年度每年将支付的不可撤销经营租赁的最低租赁付款额;(2)以后年度将支付的不可撤销经营租赁的最低租赁付款额总额。由此企业将无法掩盖与经营租赁业务相关的信息。

8.3.4　租赁筹资决策

由于企业可以利用租赁筹资取代常规负债,因此,企业在进行租赁分析时,最恰当的办法是将租赁筹资的成本与债务筹资的成本相比较,进而做出决策。通常的做法是,先求出在租赁筹资与债务筹资方式下每年的现金流出量,然后计算各年现金流出量的现值,最后比较两种方式下现金流出量的现值总和。

【例8-2】 某公司打算添置一台新设备,该设备的购置成本为1 200 000元(包括运送与安装成本),设备至少可以使用5年,5年后其净残值约为40 000元。公司可以采用两种方式取得该设备①:(1)银行借款购买方式。公司可以使用年利率为10%的5年期银行借款来筹措1 200 000元购入该设备,购入设备后,公司采用直线法计提折旧,且每年需支付60 000元设备维修费。(2)公司还可以采用融资租赁的方式来获得这一设备。租赁条件是:租赁费率为8%,租赁期为5年,每年年末需支付的租赁费为300 548元,此外每年需支付维修费60 000元,5年租赁期满后,公司有权以40 000元的价格将设备买下。假设公司所得税税率为40%。

解:根据以上资料,我们将银行借款购买与融资租赁两种方式下的现金流出量计算,如表8-4和表8-5所示。

表8-4　　　　　　　　　银行借款现金流出量现值　　　　　　　单位:元

年　　度	1	2	3	4	5
1. 借款摊销					
(1) 年支付额	316 556	316 556	316 556	316 556	316 556
(2) 利息费用	120 000	100 344	78 723	54 940	28 773*
(3) 本金支付	196 556	216 212	237 833	261 616	287 783
(4) 年末贷款余额	1 003 444	787 232	549 399	287 783	0
2. 折旧摊销					
(5) 折旧基础	1 160 000	1 160 000	1 160 000	1 160 000	1 160 000
(6) 折旧费	232 000	232 000	232 000	232 000	232 000
3. 现金流出量					
(7) 贷款支付额	316 556	316 556	316 556	316 556	316 556
(8) 税后节约额 [(2)+(6)]×40%	140 800	132 938	124 289	114 776	104 309
(9) 净现金流出量 [(7)-(8)]	175 756	183 618	192 267	201 780	212 247
(10) 税后现金流出量现值 [(9)×(P/F, 6%, N)]	165 808	163 420	161 427	159 830	158 612
(11) 税后现金流出量总现值					809 097

注:*计算误差。

---

① 刘淑莲:《高级财务管理理论与实务》,东北财经大学出版社2005年版。

表 8-5　　　　　　　　　租赁筹资现金流出量现值　　　　　　　　单位：元

年　　　度	1	2	3	4	5
1. 租赁摊销					
（1）租赁费	300 548	300 548	300 548	300 548	300 548
（2）利息费用	96 000	79 636	61 963	42 876	22 265*
（3）本金支付	204 548	220 912	238 585	257 672	278 283
（4）本金余额	995 452	774 540	535 955	278 283	0
2. 折旧摊销					
（5）折旧基础	1 160 000	1 160 000	1 160 000	1 160 000	1 160 000
（6）折旧费	232 000	232 000	232 000	232 000	232 000
（7）5年后设备残值					40 000
3. 现金流出量					
（8）租赁费	300 548	300 548	300 548	300 548	300 548
（9）税后节约额 [（2）+（6）]×40%	131 200	124 654	117 585	109 950	101 706
（10）净现金流出量 [（7）+（8）-（9）]	169 348	175 894	182 963	190 598	238 842
（11）税后现金流出量现值 [（10）×（P/F, 6%, N）]	159 763	156 546	153 616	150 973	178 487
（12）税后现金流出量总现值					799 385

注：*计算误差。

表 8-4 列出的是在银行购买方式下的现金流出量，它分为三个部分：第一部分是运用贷款摊销表来计算每年的贷款支出及利息费用；第二部分是运用折旧摊销表来计算每年的折旧费用；第三部分将每年的贷款支付与来自利息和折旧的所得税节约相减，确定借款购买计划每年给公司带来的现金流出量，最后将其折合成现值并求和，其中利息费用的计算如下：

利息费用＝本年年初贷款余额×利率

本年年初贷款余额＝上年年末贷款余额

　　　　　　　　＝上年年初贷款余额-上年还款额

各年的还本额＝各年贷款支付额-各年利息费用

各年贷款支付额＝贷款总额÷年金现值系数

在本例中，各年的贷款支付额＝1 200 000÷（P/A, 10%, 5）＝1 200 000÷3.7908＝316 556（元），年初的贷款余额与利率分别为 1 200 000 元和

10%，则：

第1年利息费用 = 1 200 000 × 10% = 120 000（元）

第1年还本额 = 316 556 − 120 000 = 196 556（元）

第2年年初贷款余额 = 1 200 000 − 196 556 = 1 003 444（元）

第2年利息费用 = 1 003 444 × 10% = 100 344（元）

依次类推。

折旧费用的计算如下：

折旧基础 = 设备原值 − 净残值 = 1 200 000 − 40 000 = 1 160 000（元）

折旧费用 = 折旧基础 ÷ 使用年限 = 1 160 000 ÷ 5 = 232 000（元）

需要注意的是：(1) 租赁筹资与债务筹资的现金流量差异不涉及或很少涉及风险问题，因此应该用税后债务成本作为折现率计算现金流出量的现值。(2) 租赁设备每年的维修费在分析中可以忽略不计，因为在两个方案中都需要支付维修费，故应视为与方案决策无关的成本。

表8−5列出的是在融资租赁方式下的现金流出量，它也分为三个部分：第一部分是运用租赁摊销表来计算每年的租赁费支出及利息费用；第二部分是运用折旧摊销表来计算每年的折旧费用；第三部分将每年的租赁费与来自利息和折旧的所得税节约相减，但在第5年要加上该设备的残值，以确定融资租赁方式下每年给公司带来的现金流出量，最后将其折合成现值并求和，其中之所以要加上5年后设备的购买价格（即净残值），是因为公司打算5年后买入该设备，因此这部分也算作租赁成本。具体来看，其中利息费用的计算如下：

利息费用 = 本年年初本金余额 × 租赁费率

本年年初本金余额 = 上年年末本金余额

= 上年年初本金余额 − 上年租赁费

各年的还本额 = 各年租赁费支付额 − 各年利息费用

本例中各年的租赁费与租赁费率分别为300 548元与8%，则：

第1年的利息费用 = 1 200 000 × 8% = 96 000（元）

第1年的还本额 = 300 548 − 96 000 = 204 548（元）

第1年年末本金余额 = 1 200 000 − 204 548 = 995 452（元）

依次类推。

按规定租赁费中的利息和租赁设备的折旧费可以从应税收益中扣除，因此表8−5中 (9) = [(2) + (6)] × 40%。

通过表8−4与表8−5所列示的税后现金流出量总现值可以看出，采用融资租赁方式取得较银行借款方式购入可使公司节省净现金流出量，其可节省的现值为9 712元（809 097 − 799 385）。显然，在本例中，该公司采用融资租赁方式比较恰当。

8.3.5 租赁筹资的优缺点

租赁筹资的优点主要表现在：（1）能迅速获得所需资产。融资租赁是融资与融物相结合的筹资方式，因此往往比先筹措资本再购置设备速度更快，更有利于企业尽快形成生产能力，开始生产产品，及时占领市场。（2）租赁筹资限制较少。租赁筹资可以减少债务筹资所附加的各种限制性条款，从而为企业筹资提供了更大的弹性空间。（3）税收效应。承租人所支付的利息部分可以在税前扣除，因此可以减少公司所得税负担。（4）维持企业的信用能力。当企业的负债比率较高、外部筹资困难时，采用租赁方式可使企业在资本不足的情况下，不用付出大量资本就能取得所需的资产。这样，既加强了企业未来的举债能力，又能维持企业现有的信用状况。（5）减少固定资产陈旧过时的风险。科学技术的迅速发展，使得固定资产的更新周期不断缩短，企业固定资产陈旧过时的风险很大，利用租赁筹资则可以减少这方面的风险。这是因为，如果承租人利用经营租赁的方式租入资产，在租赁期满后，资产归还出租人，这种风险完全由出资人承担；如果承租人利用融资租赁方式租入资产，租赁的期限一般为资产的75%，因此，承租人也不会像自己购买设备那样整个期间都承担风险；而且多数租赁协议都规定由出租人承担资产陈旧过时的风险。

租赁筹资的缺点主要表现在：资本成本较高，一般而言，租赁资产所付的租金要比负债筹资的利息高得多，而且企业所支付的租金总额通常要高于租赁资产价值的30%；承租人在财务困难时期，固定的租金也会构成一项较沉重的负担。另外，采用租赁方式如果不能享有设备残值，也将是承租人的一种损失。

本 章 小 结

1. 股票是股份公司为筹集股权资本而发行的有价证券，是持股人拥有公司股份的凭证。它与留存收益等一起构成股东在公司中的全部资产，即股东权益。按照股东享有的权利不同，股票可以分为普通股和优先股两大类。

2. 优先股是介于普通股和债券之间的一种混合证券，其主要特征是作为一种股权资本，优先股具有优先权；优先股股息率是固定的。

3. 普通股是指在公司的经营管理和盈利及财产的分配上享有普通权利的股份，代表满足所有债权偿付要求及优先股股东的收益权与求偿权要求后对企业盈利和剩余财产的索取权，它构成公司资本的基础，是股票的一种基本形式。

4. 普通股的特征主要体现出几点：期限上的永久性、责任上的有限性、收益上的剩余性和清偿上的附属性。

5. 普通股股东的权利主要包括几个方面：对公司的管理权、收益分配权、优先认股权和剩余资产分配权。按是否向社会公开募集划分，普通股的发行可以分为公募发行和私募发行两种。

6. 股票的发行价格是指投资者认购股票时所支付的价格。按照国际惯例，股票的最终发行价格通常有三种：等价、时价和中间价。按照中国《公司法》的相关规定，股票只能溢价或等价发行，但不能折价发行。事实上，这三种发行价格的确定建立在一定分析方法的基础上，并结合因素调整而最终形成。实务中，新股发行定价常常采用以下几种方法：市盈率定价法、协商定价法和投标定价法。

7. 长期借款是指公司向银行等金融机构以及向其他单位借入的、期限在1年以上的各种借款，主要用于购建固定资产和满足长期流动资本占用的需要。中国目前各种金融机构提供的长期借款主要有固定资产投资借款、更新改造借款、科技开发和新产品试制借款等。

8. 债券是筹资者为筹集资本而发行的，约定在一定期限内向债权人还本付息的有价证券。按照不同的标志，债券可以有不同的分类。

9. 债券评级即对债券的信用状况进行等级评定，通常是由专门的信用评级机构对债券发行人所发行债券的到期还本付息能力和可信任程度进行综合评价。向社会公开发行的债券通常由专门的债券评级机构进行等级评定，以不同的等级级别表示债券质量的好坏、还本付息能力的强弱和债券投资风险的高低。

10. 租赁是出租人以收取租金为条件，在契约或合同规定的期限内，将资产租让给承租人使用的一种经济行为。一项租赁业务，根据所有权是否最终转移，通常可以分为经营租赁和融资租赁两大类。

第 9 章 资本结构

学习索引

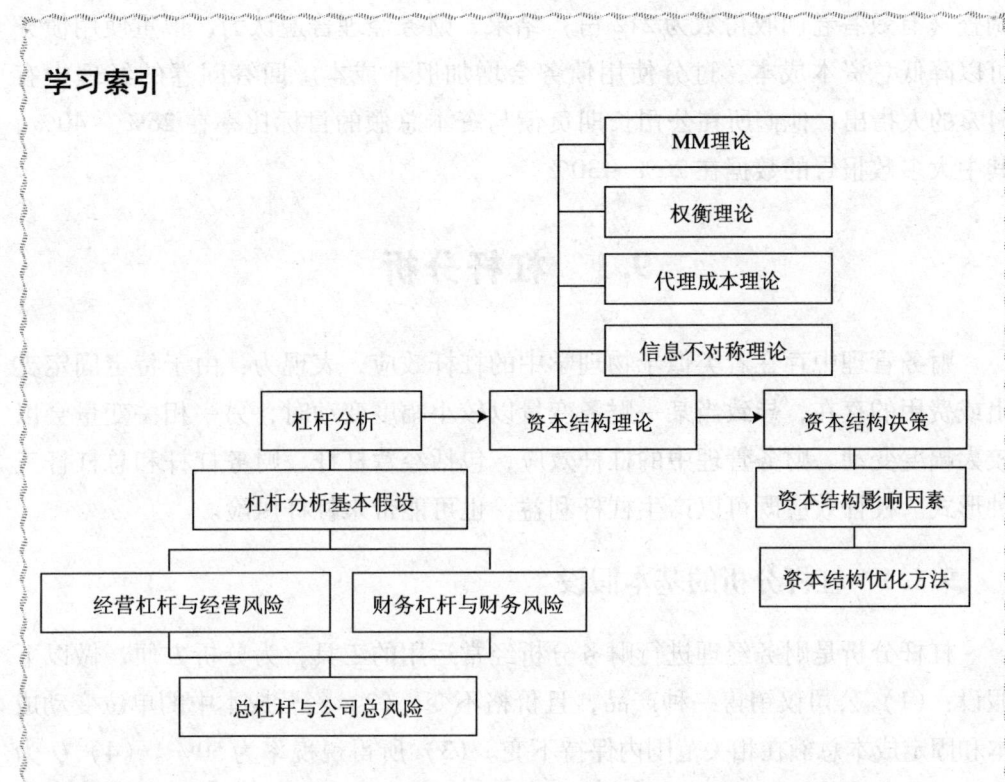

学习目标

了解杠杆作用的基本原理，理解并掌握经营杠杆与经营风险之间的关系，了解财务杠杆与财务风险之间的关系以及总杠杆与公司总风险之间的关系，熟悉并掌握MM资本结构理论，熟悉权衡理论和代理成本理论，了解信息不对称理论，理解并掌握资本结构的影响因素，了解资本结构的优化方法。

海信集团董事长周厚健认为：财务是企业的血液，如果血液流通不畅，企业就会休克甚至死亡。在企业发展速度与财务健康的选择上，海信宁可牺牲前者，也要保持企业财务的健康。近些年海信的主要经济指标比过去放大了近20倍，但2014年3月31日企业的资产负债率却仅为47%，比一般国有企业负债率还低（同期，即2014年2月末我国国有企业平均资产负债率为64.75%）。

财务健康是海信的最大优势之一，稳健的财务战略能够也即将继续促使海信集团在"马拉松式"的市场竞争中受益无穷。

采取过分冒险的资本结构是非常危险的，美国历史上第二大破产公司格兰特公司的失败原因与1997年的八佰伴集团如出一辙，都是由于近乎100%的负债经营最终导致了破产的命运。根据对美国1 000名大型公司财务经理的问卷调查（有效答卷回收份数为212份）结果，财务经理普遍认为，慎重使用债务可以降低总资本成本，过分使用债务会增加股本成本。回答问卷的经理中有64%的人指出：他们所在公司长期负债与资本总额的目标比率在26%～40%，其中大多数报告的数据在26%～30%。

9.1 杠杆分析

财务管理中存在着类似于物理学中的杠杆效应，表现为：由于特定固定支出或费用的存在，导致当某一财务变量以较小幅度变动时，另一相关变量会以较大幅度变动。财务管理中的杠杆效应，包括经营杠杆、财务杠杆和总杠杆三种形式。杠杆效应既可以产生杠杆利益，也可能带来杠杆风险。

9.1.1 杠杆分析的基本假设

杠杆分析是财务经理进行财务分析经常运用的工具，为分析方便，做以下假设：(1) 公司仅销售一种产品，且价格不变。(2) 经营成本中的单位变动成本和固定成本总额在相关范围内保持不变。(3) 所得税税率为50%。(4) Q 为产品销售数量；P 为单位产品价格；V 为单位变动成本；F 为固定成本总额；$MC = (P - V)$ 为单位边际贡献；$EBIT$ 为息税前收益；I 为利息费用；T 为所得税税率；D 为优先股股息；N 为普通股股数；EPS 为普通股每股收益。

9.1.2 经营杠杆与经营风险

1. 经营杠杆

经营杠杆是指由于固定性经营成本（F）的存在，使得企业的资产报酬（用息税前收益表示）变动率大于销售量变动率的现象。经营杠杆反映了资产报酬的波动性，可以用于评价企业的经营风险。销售量与息税前收益之间的关系为：

$$EBIT = Q(P - V) - F = Q \cdot MC - F \tag{9.1}$$

式 (9.1) 中，影响 $EBIT$ 的因素包括产品售价、产品需求、产品成本等因素。当产品成本中存在固定成本时，如果其他条件不变，销售量的增加虽然不会改变固定成本总额,但会降低单位产品分摊的固定成本,从而提高单位产品收益,使息税前收益的增长率大于销售量的增长率,进而产生经营杠杆效应。当不存在固定性经营成本时,所有成本都是变动成本,边际贡献总额等于息税前收益总额,此时息税前收益变动率与销售量的变动率完全一致。

2. 经营杠杆系数

反映经营杠杆的作用程度,估计经营杠杆利益的大小,评价经营风险的高低,一般可通过经营杠杆系数进行分析。经营杠杆系数是指息税前收益变动率相当于销售量变动率的倍数,其计算公式为:

$$DOL = \frac{\Delta EBIT/EBIT}{\Delta Q/Q} \quad (9.2)$$

式(9.2)中,DOL 表示销售量为 Q 时的经营杠杆系数,用于反映公司息税前收益对销售量的敏感程度。根据公式(9.2)可推导出经营杠杆系数的简化计算公式:

$$DOL = \frac{Q(P-V)}{Q(P-V)-F} = \frac{Q(P-V)}{EBIT} \quad (9.3)$$

公式(9.3)的优点是可以清晰地表明在某一销售水平上的经营杠杆系数。不同销售水平上的 DOL 是不相同的,这一点在计算 DOL 时应特别注意。

【例 9-1】 XY 公司生产 A 产品,现行销售量为 20 000 件,销售单价(已扣除税金)为 5 元,单位变动成本 3 元,固定成本总额 20 000 元,息税前收益为 20 000 元。假设销售单价及成本水平保持不变,当销售量为 20 000 件时,经营杠杆系数是多少?

解:$DOL = \dfrac{20\ 000 \times (5-3)}{20\ 000 \times (5-3) - 20\ 000} = \dfrac{40\ 000}{20\ 000} = 2$(倍)

上述计算结果表明,在销售量为 20 000 件的基础上,销售量每增加 1 个百分点,息税前收益就增加 2 个百分点。如果销售量增长 10%,息税前收益将增长 20%,即销售量增长百分比 × DOL = 10% × 2 = 20%;或者说,当销售量增长 10% 时,息税前收益就由 20 000 元上升到 24 000 元,即 20 000 × (1 + 10% × 2) = 24 000(元)。

3. 经营杠杆与经营风险

表 9-1 列出了在不同销售水平下的 $EBIT$ 和 DOL。假设单价为 50 元,单位变动成本为 25 元,固定成本总额为 100 000 元。从表 9-1 可以看出,销售量相对盈亏平衡点销售量(4 000)越远,公司的息税前收益或亏损的绝对值就越大,用 DOL 衡量的息税前收益对销售量的敏感程度就越低。当销售量超过盈亏平衡点时,DOL 趋向于 1(大于 1),这意味着当销售量超过盈亏平衡点时,固定成本的存在对息税前收益带来的放大效应逐渐减小。

表 9-1　　　　　　　　　不同销售水平下的经营杠杆系数

销售量（件）	息税前收益（元）	经营杠杆系数
0	-100 000	0.00
1 000	-75 000	-0.33
2 000	-50 000	-1.00
3 000	-25 000	-3.00
4 000	0	无穷大
5 000	25 000	5.00
6 000	50 000	3.00
7 000	75 000	2.33
8 000	100 000	2.00
10 000	150 000	1.67

比较公式（9.1）和公式（9.3）可以发现，影响经营杠杆系数的四个因素（销售量、单位价格、单位变动成本、固定成本总额）恰恰就是影响息税前收益的基本因素，不过这四个因素对 DOL 和 EBIT 的影响刚好相反。前两个因素与 DOL 呈反方向变化，与 EBIT 呈同方向变化，在其他因素一定的情况下，销售量越高或价格越高，经营杠杆系数就越小，息税前收益就越大；后两个因素与 DOL 呈同方向变化，与 EBIT 呈反方向变化，在其他因素一定的情况下，单位变动成本越高或固定成本总额越大，经营杠杆系数就越大，公司的经营风险就越大，息税前收益就越小。需要指出的是，经营杠杆系数本身并不是经营风险变化的来源，如果公司保持固定的销售水平和成本水平，再高的 DOL 也是没有意义的。事实上，是销售和成本水平的变动，引起了息税前收益的变化，而经营杠杆系数只不过是放大了 EBIT 的变化，也就是放大了公司的经营风险。因此，经营杠杆系数应当仅被看做是对"潜在风险"的衡量，这种潜在风险只有在销售和成本水平变动的条件下才会被"激活"。

9.1.3　财务杠杆与财务风险

1. 财务杠杆

财务杠杆主要反映息税前收益与普通股每股收益之间的关系，用于衡量息税前收益变动对普通股每股收益变动的影响程度。两者之间的关系为：

$$EPS = \frac{(EBIT - I)(1 - T) - D}{N} \tag{9.4}$$

如前所述，经营杠杆是由于固定经营成本的存在产生的，而财务杠杆则来自于固定的筹资成本。如果一个公司的筹资成本包含固定的债务资本（如从银行借款、签订长期筹资租赁合同、发行公司债券）及股权资本（优先股），当息税前收益的某个变化引起普通股每股收益更大的变化，这就被认为是财务杠杆在发挥作用。也就是说，在公司资本结构一定的条件下，公司从息税前收益中支付的固定筹资成本是相对固定的，当息税前收益发生增减变动时，每1元息税前收益所负担的固定资本成本就会相应地减少或增加，从而给普通股股东带来一定的财务杠杆利益或损失。

事实上，财务杠杆是两步收益放大过程的第二步，第一步是经营杠杆放大了销售量变动对息税前收益的影响；第二步是利用财务杠杆将前一步导致的息税前收益变动对每股收益变动的影响进一步放大。

2. 财务杠杆系数

财务杠杆作用的大小可通过财务杠杆系数来衡量。财务杠杆系数（DFL）是指普通股每股收益变动率相当于息税前收益变动率的倍数，其计算公式为：

$$DFL = \frac{\Delta EPS/EPS}{\Delta EBIT/EBIT} \tag{9.5}$$

根据公式（9.5），可推导出财务杠杆系数的简化计算公式：

$$DFL = \frac{EBIT}{EBIT - I - D/(1 - T)} \tag{9.6}$$

【例9-2】假设例9-1中XY公司的资本来源为：债券100 000元，年利率5%；优先股500股，每股面值100元，年股利率7%；普通股500股，每股收益8元，XY公司所得税税率为50%，则财务杠杆系数是多少？

解：$DFL = \dfrac{20\ 000}{20\ 000 - 5\ 000 - 3\ 500/(1 - 50\%)} = 2.5$（倍）

计算结果表明，XY公司在息税前收益20 000元的基础上，EBIT每变动1个百分点，EPS就变动2.5个百分点。如果EBIT增长20%，每股收益就增长50%，即20%×2.5=50%；每股收益将由8元变为12元，即8×(1+20%×2.5)=12（元）。

3. 财务杠杆与财务风险

财务风险也称筹资风险，是指举债经营给公司未来收益带来的不确定性。影响财务风险的因素主要有资本供求变化、利率水平变化、获利能力变化、资本结构变化等。财务风险可以用财务杠杆系数来衡量。

从公式（9.6）可知，财务风险主要取决于财务杠杆的大小，当公司在资本结构中增加负债或优先股筹资比例时，固定的现金流出量就会增加，从而加大了公司财务杠杆系数和财务风险。一般来说，财务杠杆系数越大，每股收益因息税前收益变动而变动的幅度就越大；反之，则越小。较大的财务杠杆可以为公司带来较强的每股收益扩张能力，但固定筹资费用越多，按期支付的可能性就越小，由此引发的财务风险就越大。如果公司全部资产收益率低于固定筹资费率，那么普通股收益率就会低于公司投资收益率或出现资本亏损的情况。

【例9-3】某公司为拟建项目筹措资本1 000万元，现有三个筹资方案。甲方案：全部发行普通股筹资；乙方案：发行普通股筹资500万元，发行债券筹资500万元；丙方案：发行普通股筹资200万元，发行债券筹资800万元。假设该公司当前普通股每股市价50元，不考虑证券筹资费用；假设该项目预计息税前收益为200万元，借入资本利率为8%，所得税税率为30%，求三个方案的财务杠杆系数和普通每股收益。

解：三个方案的财务杠杆系数和普通股每股收益如表9-2所示。

表9-2　　　不同筹资方案的财务杠杆系数和普通股每股收益

项目	甲方案	乙方案	丙方案
资本总额（万元）	1 000	1 000	1 000
其中：普通股（万元）	1 000	500	200
公司债券（万元）	0	500	800
息税前收益（万元）	200	200	200
利息（8%）	0	40	64
税前收益（万元）	200	160	136
所得税（30%）	60	48	41
税后收益（万元）	140	112	95
普通股股数（万股）	20	10	4
每股收益（元/股）	7	11.2	23.75
财务杠杆系数	1	1.25	1.47

如果息税前收益从200万元降到150万元，即降低25%，三个方案的每股收益分别为：

甲方案：每股收益 $= 7 \times (1 - 25\% \times 1) = 5.25$（元/股），降低率为25%；

乙方案：每股收益 $= 11.2 \times (1 - 25\% \times 1.25) = 7.7$（元/股），降低率为31.25%；

丙方案：每股收益 $= 23.75 \times (1 - 25\% \times 1.47) = 15.02$（元/股），降低率为36.75%。

> **小思考**
>
> 在2008年席卷全球的金融危机中，美国华尔街的知名投行均遭受了严重打击，有的破产，有的被并购。为了尽快走出金融危机的影响，避免类似的局面再次发生，政府监管当局提出了"去杠杆化"的政策，并将金融危机部分归咎于过度使用的财务杠杆。
>
> 请对金融危机时期财务杠杆所发挥的作用加以分析，并尝试评述政府监管当局政策的合理性。

9.1.4 总杠杆与公司总风险

1. 总杠杆

总杠杆主要用于反映销售量与每股收益之间的关系，两者之间的关系式为：

$$EPS = \frac{[Q(P-V)-F-I](1-T)-D}{N} \tag{9.7}$$

在经营杠杆的计算中，销售量是自变量；在财务杠杆的计算中，息税前收益是自变量；而在总杠杆中，息税前收益不再作为一个独立的变量，它被分解为：销售量×单位边际贡献－固定成本总额，其中销售量又变成了自变量。总杠杆系数（DTL）是指每股收益变动率相当于销售量变动率的倍数，其计算公式为：

$$DTL = \frac{\Delta EPS/EPS}{\Delta Q/Q} \tag{9.8}$$

根据公式（9.8），可推导出总杠杆系数的简化计算公式：

$$DTL = \frac{Q(P-V)}{EBIT-I-D/(1-T)} \tag{9.9}$$

根据例9-1和例9-2的资料，当销售量为20 000件时，XY公司总杠杆系数为：

$$DTL = \frac{20\,000 \times (5-3)}{20\,000 - 5\,000 - 3\,500/(1-50\%)} = 5 \text{（倍）}$$

当然，上述计算结果也可直接根据DOL和DFL计算，即：

$$DTL = DOL \times DFL = 2 \times 2.5 = 5$$

这一结果表明，在销售量为20 000件的基础上，销售量每变动1个百分点，普通股每股收益就变动5个百分点。或者说，如果销售量增长10%，普通股每股收益就增长50%，即销售量变动率×总杠杆系数＝10%×5；普通股每股收益将由8元变为12元，即8×(1＋10%×5)。当然，如果销售量下降

10%，普通股每股收益就会下降50%，即从8元降为4元。

2. 总杠杆与公司总风险

公司经营风险和财务风险的总和构成了公司的总风险。一般来说，公司总杠杆系数越大，每股收益随销售量增长而扩张的能力就越强，但风险也随之越大。公司的风险越大，债权人和投资者要求的贷款利率和预期的投资收益率就越高。或者说，过多使用总杠杆的公司将不得不为此付出较高的固定成本；而较高的固定成本支出反过来又在一定程度上抵消了普通股股东因公司发挥财务杠杆和经营杠杆的作用而获得的收益。除此之外，公司总风险的增大还会引起公司股票市价下跌。

在公司总风险中，经营风险是由其资产组合中各资产的特性决定的，组合中各资产的风险系数共同决定了公司整体的经营风险。与此不同的是，财务风险不是由单项资产而是由公司整体决定的。如果公司完全通过股权资本筹资，则它只存在经营风险，没有财务风险。由于财务杠杆决定了财务风险，所以对财务风险的影响进行调整的行为一定发生在那些有债务的公司中。

一般来说，公司对财务风险的控制程度相对大于对经营风险的控制程度。公司可以通过财务政策的选择（即资本结构的选择及债务到期日的选择），在合理的范围内（通常指合理的成本）来控制其财务风险。相对而言，公司经营风险的控制难度较大。尽管公司可以在对投资项目或资产的选择中通过经营杠杆来影响它的经营风险，但对项目或资产的选择通常会受到一些限制，技术上的某些问题会迫使公司使用一些固定费用或变动费用占较大比例的生产工艺。

在实际工作中，公司对经营杠杆和财务杠杆的运用可以有各种不同的组合。例如，某公司较多地使用了财务杠杆，为了达到或维持某种适度的总杠杆系数，就可用较低的经营杠杆系数来抵消财务杠杆系数较高的影响；反之，假如公司过多地发挥了经营杠杆的作用，就可通过减少使用财务杠杆来加以平衡。假设某公司正在考虑一项资本支出，为了抵消较高经营杠杆的影响，公司可在其资本结构中减少债务或优先股的比重，即通过采取降低财务杠杆系数的做法来实现一个适宜的总杠杆系数。

9.2 资本结构理论

自20世纪50年代以来，西方经济学家对资本结构进行了广泛的研究，出现了许多经典理论，如MM理论、权衡理论、代理理论、信息不对称理论、控制权理论等。在这些理论中，如果说MM理论和权衡理论是从效用学的角度研究资本结构与公司价值、资本成本的关系，试图通过资本结构的表面现象，寻找出资本结构的内在本质；那么其他经典理论则是从行为学的角度研究资本结构的影响因素，试图解释与指导公司的资本结构安排行为。

9.2.1 MM 资本结构理论

1. MM 的基本假设

MM 理论研究的核心内容是资本结构与公司价值、资本结构与资本成本的关系。为讨论方便，通常假设：（1）公司只有长期负债和普通股两项长期资本；（2）公司资产总额不变，但其资本结构可通过发行债券回购股票或相反方式得以改变；（3）公司预期的息税前收益为一常数，即预期 EBIT 在未来任何一年都相等；（4）公司增长率为零，且全部收入均以现金股利形式发放；（5）没有公司和个人所得税，没有财务危机成本（这些假设随后取消）。

2. MM 无公司税理论

MM 无公司税理论的基本观点是，在没有公司税的情况下，公司总体价值大小与负债比率高低无关。他们提出了两个命题。

命题 1：不管有无负债，任何企业的价值都等于其预期息税前收益除以适用于其风险等级的报酬率，即：

$$V_U = V_L = \frac{EBIT}{r_{SU}} = \frac{EBIT}{r_w} = \frac{EBIT - I}{r_{SL}} + \frac{I}{r_b} \tag{9.10}$$

式（9.10）中，V_U 表示无负债公司价值；V_L 表示负债公司价值；r_w 表示加权平均资本成本；r_{SU} 表示无负债公司股本成本或无负债公司股东要求的收益率；r_{SL} 表示负债公司股本成本或负债公司股东要求的收益率。

公式（9.10）表明：（1）公司的价值不受资本结构的影响；（2）负债公司加权平均资本成本等于同一风险等级无负债公司的股本成本；（3）r_{SU} 和 r_w 的高低视公司的经营风险而定。

命题 2：有负债企业的权益资本成本等于固定的加权资本成本加上风险补偿率，而风险补偿率的高低取决于财务杠杆程度（B/S）。有负债企业的权益成本会随着负债程度的上升而增加，即：

$$r_{SL} = r_{SU} + (r_{SU} - r_b)(B/S) \tag{9.11}$$

公式（9.11）中的第一项为无负债公司股本成本；第二项为负债公司承担风险而得到的风险溢价。公式表明，负债公司的股本成本会随着杠杆比率的提高而增加。也可以说，低成本举债的利益正好被股本成本的上升所抵消。因此，在无赋税条件下，公司资本结构不会影响公司价值和资本成本。

3. MM 含公司税理论

1963 年，MM 理论放松了"不存在公司所得税"的假设，提出了含税条件下的 MM 模型。MM 的公司税模型也对应有两个命题。

命题 1：有负债公司的价值等于相同风险等级的无负债公司的价值加上负债的节税效应。负债的节税效应等于公司的所得税税率（T）乘以负债总额（B），即：

$$V_L = V_U + TB \tag{9.12}$$

公式（9.12）表明，考虑公司所得税后，负债公司的价值会超过无负债公司价值，且负债越高，这个差额就会越大。当负债达到 100% 时，公司价值最大。

命题 2：有负债公司的权益资本成本等于无负债公司的权益资本成本加上风险报酬，风险报酬的大小由负债程度和公司税决定，即：

$$r_{SL} = r_{SU} + (r_{SU} - r_b)(1 - T)(B/S) \tag{9.13}$$

这两个命题结合得出的结论为：公司税的存在会使有负债公司的价值比没有负债公司的价值高，且负债程度越高，公司的加权资本成本越低，公司价值越大。

9.2.2 权衡理论

权衡理论放松了 MM 理论无破产危机的假设，认为负债不仅具有节税价值，同时还会产生财务危机成本和代理成本。因此，最佳资本结构应是边际节税价值与边际财务危机成本和债务代理成本之间的平衡。

财务危机是指公司没有足够的偿债能力，不能及时偿还到期债务，影响正常生产经营，甚至导致破产。公司负债能带来破产成本、额外费用和各种机会成本，即构成财务危机成本。一般来说，公司财务危机的大小与其债务大小呈同方向发展，公司负债越多，发生财务危机的可能性就越大，债权人的风险就越大。考虑到财务危机成本，公司不能无限制地增加债务，而应选择一个最佳债务比例，使税负节约减去财务危机成本的净值最大，即公司价值最大。在这种情况下，公司价值可按下式计算：

$$V_L = V_U + TB - FPV \tag{9.14}$$

式（9.14）中，FPV 代表财务危机成本现值。财务危机成本现值的大小主要取决于发生财务危机的概率以及财务危机引起的损失数额。但如何确定这一数值，至今尚无定论。一般来说，可以将财务危机成本分为直接成本和间接成本两种。财务危机直接成本一般是指破产成本，按其性质不同又可分为两种：(1) 公司破产时为所需经历的各项法律程序及其他有关工作支付的费用，如在破产纠纷中产生的律师费、法庭收费和行政开支等；(2) 公司破产而引发的无形资产（如公司的技术优势、发展机会、人力资源等）损失。

财务危机间接成本主要包括：（1）公司发生财务危机但尚未破产时在经营管理方面遇到的各种困难和麻烦。由于公司负债过多，公司不得不放弃有价值的投资机会，减少研究开发费用，缩减市场开支以积累现金避免破产。消费者可能会因此对公司长期生产能力和服务能力产生质疑，最终决定消费其他公司的产品；供应商可能会因此拒绝向该公司提供商业信用；优秀员工可能会因此离开公司。由于负债过多，公司可能会丧失利息抵税的杠杆利益。所有这些间接成本都会给公司价值带来负面影响，并且随着公司负债比重的增加，这些影响越来越显著。（2）发生财务危机时，由于债权人与债务人的利益各不相同，他们之间在投资方向选择上的矛盾与斗争通常会偏离正常的投资决策行为，从而造成公司价值的降低，这种情况在公司发生财务危机时尤为突出。

债务的代理成本是指债权人为了保护自身的利益，而在借款合同中加入一些限制性条款，对公司的各种行为进行监督而产生的费用；另外，这些限制性条款在一定程度上约束了公司的经营活动，可能导致一些筹资机会或投资机会的丧失，产生机会成本。

> **小思考**
>
> **债权侵蚀问题**
>
> 债券的发行或贷款的提供是假定借款人事后不会发行或借贷具有同一次序或更优次序的债券或贷款，如果公司股东和经营者事后违约，为了增加利润而加大财务杠杆，那么原来风险较低的公司债券就会变成风险较高的债券。因此，旧债券的价值将会减少。为了防止这种现象的发生，债权人在签订债务契约时，通常要对契约条款反复推敲，对借款公司的行为进行种种限制，契约签订后还要进行必要的监督、审查，所有这些，都将增加债务成本（如提高贷款利率），同时也会给公司的资本运营带来一定的困难。
>
> 你还可以举出其他有关债务代理成本的例子吗？

在考虑了所得税、财务危机成本和债务代理成本之后，负债公司的价值可按式（9.15）计算：

$$V_L = V_U + TB - FPV - APV \tag{9.15}$$

式（9.15）中，APV 表示代理成本现值。公式右边的前两项代表了 MM 理论的思想，即负债越多，由此带来的减税收益也越多，公司的价值就越大。但考虑了财务危机成本和代理成本之后，情况就不一样了。因为随着负债减税收益的增加，后两种成本的现值也会增加，当减税增量收益大于增量成本现值之和时，可以增加负债以趋近最优的资本结构；当运用负债的减税增量收益小于增量成本现值之和时，表明公司债务规模过大；当减税增量收益等于增量成本现值之和时，表明确立了最佳资本结构。在图9-1中，负债额为B^*时的资本结构可使公司价值达到最大。

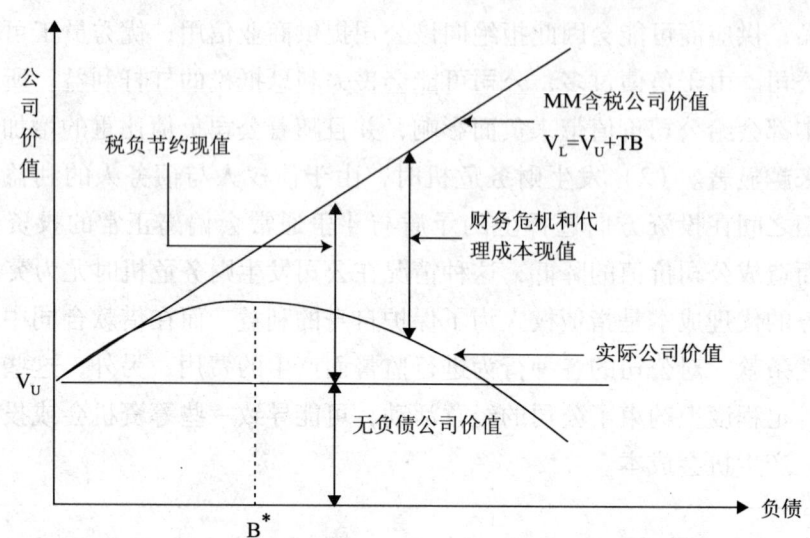

图9-1　公司价值与财务危机成本、代理成本及负债比率的函数关系

9.2.3　代理成本理论

代理成本学说的创始人詹森和麦克林（Jensen and Meckling）认为，公司资本结构会影响经营者的工作努力水平和其他行为选择，从而影响公司未来现金流量和公司市场价值。例如，当经理人不作为内部股东而作为代理人时，其努力的成本由自己负担而努力的收益却归于他人，其在职消费的好处由自己享有而消费成本却由他人负责。这时，他可能采取有利于自身效用的满足而损害委托人利益的行动，由此造成的无效率应该与经营者所持公司股票的份额呈负相关关系。如果经营者持有的公司股票和公司总资产不变，提高负债率就相应增加了经营者持有公司股票的百分比，可能有助于减少公司经营者与股东间的利益冲突。

代理成本论认为债务筹资可能降低由于两权分离产生的代理成本，主要表现在：

（1）减少股东监督经营者的成本。只要公司发行新债，潜在的债权人就会仔细分析公司的情况以确定该债务的公平价格，于是每发行一次新债，现有债权人和股东就免费享受一次对公司的外部审计，这种外部审计降低了为确保代理人（经营者）尽职尽责而花费的监督成本。

（2）举债并用借款回购股票会在两方面减少股权筹资的代理成本。第一，用债券回购股票减少了公司股份，同时也减少了公司现金流量中归属于股东的部分。由于经营者必须用大量的现金偿还债务，因此，归属于债权人的份额增加了，这意味着能被经营者用来"在职消费"的现金流量或支配的现金流量减少了。第二，如果经营者已经拥有部分股权资本，那么公司增加负债后，经营者所占有的份额就会增加（即使他们拥有股权资本的量没有改变），这样会促使经营者为股东的利益而工作，因为负债筹资将经营者和股东的利益紧密地联系在一起，使它成为减少代理成本的一个工具。

（3）举债引起的破产机制会减少代理成本。由于经营者投资于管理公司的人力资本相当大，公司破产给经营者造成的损失可能是很大的，不仅他们在管理该公司过程中长期积累的很多经验在别的地方没有价值，同时还丧失了控制权收益及个人声望。由于存在无法偿还债务的财务危机风险甚至破产风险，经营者必须做出科学的投资决策，努力工作以避免或降低风险。因此，从某种意义上说，举债筹资可以看做是一种"无退路"的筹资方式，经营者为了保证在职好处会努力追求公司价值最大化。

如上所述，债务筹资同样会产生代理成本，在确定公司资本结构时应充分考虑这些代理成本的存在。在通常情况下，股权代理成本与债务代理成本之和最低的资本结构为最佳资本结构。

9.2.4 信息不对称理论

在 MM 理论中，假设投资者和经营者在获得公司信息的能力和可能性上是均等的。罗斯（Ross）完全保留了 MM 理论的全部假设，仅仅放松了关于充分信息的假设。假设公司经营者对公司的未来收益和投资风险有充分的信息，而投资者没有这些信息，他们只能通过经营者输送出来的信息间接评价市场价值。罗斯认为，债权作为一个硬性约束，负债筹资的比例是高质量的公司用来与低质量公司相区别的显示信号。高质量的公司能够承受高比例负债筹资所带来的还本付息的压力，而低质量的公司则无法承受。因此，投资者通过观察公司负债筹资的比例就可以区分优质公司和劣质公司，为了使债务比例成为可靠的信息传递机制，罗斯对破产公司的经营者加上"惩罚"约束，而使公司债务比例成为正确信号。

> **小资料**
>
> 迈尔斯（1984）提出了在信息不对称条件下公司筹资的顺序，即排序理论（pecking order theory）。根据这一理论，公司筹资的顺序应当为：
>
> 第一，内部筹资，如留存收益、折旧资本等。因为使用这部分资本对公司价值通常不会引起错误信号，而且这部分资本的使用成本较低。
>
> 第二，负债筹资，如发行公司债券、可转换债券等。负债筹资对股票市场价值影响很小，由于债务通常有抵押担保或保护性条款，因此信息不对称对负债筹资影响不大，即负债价值被错估的可能性较小。在公司股利政策一定的条件下，如果内部资本不能满足投资机会的需要，则发行债券；如果内部资本有剩余，则偿还债务或投资于有价证券。
>
> 第三，股票筹资。股票筹资通常是一项极普通、易被投资者接受的筹资方式，但在信息不对称环境中，股票筹资成为一种风险极大、代价很高的筹资方式。因为在投资者看来，公司发行新股可能是因为股价被高估了，或公司的前景暗淡，出于保护自身利益考虑，他们会抛售公司的股票，造成股价下跌，结果使发行新股筹资的代价太大。这一因素决定了股票筹资被列在筹资排序的底部。

信息不对称理论认为，经理人有更多的关于公司经营和发展的信息，而且所有参与者具有相同信息的假设是不成立的。投资者只能通过管理者输出的信息，间接评价公司发展前景与市场价值，而资产负债率或公司负债比率就是将公司内部信息传递给市场的工具之一。由于负债的成本较低以及财务杠杆作用，一般认为，当公司的发展前景比较好时，公司选择负债筹资方式，当发展前景暗淡或投资项目风险大时，选择发行股票筹资，以避免可能的财务危机。因此，当公司拟发行新股时，投资者会推测公司的前景暗淡。因此，发行新股会降低投资者对公司的预期与价值的估计，导致股票市场价格下跌，公司价值下降。因此。信息不对称的结果是股利管理层在负债筹资与股票筹资之间总是优先选择负债筹资。而负债筹资与内部筹资相比，又会导致财务危机成本和代理成本的增加，因此应优先利用留存收益筹资。于是在信息不对称理论中，公司的筹资优先顺序为：首先是内部留存收益，其次是债务筹资，最后才是股票筹资。

9.3　资本结构决策

9.3.1　资本结构影响因素

资本结构是一个产权结构问题，是社会资本在企业经济组织形式中的资源配置结果。资本结构的变化，将直接影响社会资本所有者的利益。

1. 企业经营状况的稳定性和成长率

企业产销业务量的稳定程度对资本结构有重要影响：如果产销业务量稳定，企业可较多地负担固定的财务费用；如果产销业务量和盈余有周期性，则要负担固定的财务费用，将承担较大的财务风险。经营发展能力表现为未来产销业务量的增长率，如果产销业务量能够以较高的水平增长，企业可以采用高负债的资本结构，以提升权益资本的报酬。

2. 企业的财务状况和信用等级

企业财务状况良好，信用等级高，债权人就愿意向企业提供信用，企业就容易获得债务资本。相反，如果企业财务状况欠佳，信用等级不高，债权人投资风险大，这样就会降低企业获得信用的能力，加大债务资本筹资的资本成本。

3. 企业资产结构

资产结构是企业筹集资本后进行资源配置和使用后的资金占用结构，包括长短期资产构成和比例，以及长短期资产内部的构成和比例。资产结构对企业资本结构的影响主要包括：拥有大量固定资产的企业主要通过长期负债和发行股票筹集资金；拥有较多流动资产的企业更多地依赖流动负债筹集资金；资产适用于抵押贷款的企业负债较多；以技术研发为主的企业则负债较少。

4. 企业投资人和管理当局的态度

从企业所有者的角度看，如果企业股权分散，企业可能更多地采用权益资本筹资以分散企业风险。如果企业为少数股东控制，股东通常重视企业控股权问题，为防止控股权稀释，企业一般尽量避免普通股筹资，而是采用优先股或债务资本筹资。从企业管理当局的角度看，高负债资本结构的财务风险高，一旦经营失败或出现财务危机，管理当局将面临市场接管的威胁或者被董事会解聘。因此，稳健的管理当局偏好于选择低负债比例的资本结构。

5. 行业特征和企业发展周期

不同行业资本结构差异很大。产品市场稳定的成熟产业经营风险低，因此可提高债务资本比重，发挥财务杠杆作用。高新技术企业的产品、技术、市场尚不成熟，经营风险高，因此可降低债务资本比重，控制财务杠杆风险。在同一企业的不同发展阶段，资本结构安排也有所不同。企业初创阶段，经营风险高，在资本结构安排上应控制负债比例；企业发展成熟阶段，产品产销业务量稳定和持续增长，经营风险低，可适度增加债务资本比重，发挥财务杠杆效应；企业收缩阶段，产品市场占有率下降，经营风险逐步加大，应逐步降低债务资本比重，保证经营现金流量能够偿付到期债务，保持企业持续经营能力，减少破产风险。

6. 经济环境的税务政策和货币政策

资本结构决策必然要研究理财环境因素，特别是宏观经济状况。政府调控经济的手段包括财政税收政策和货币金融政策。当所得税税率较高时，债务资本的抵税作用大，企业可以充分利用这种作用来提高企业价值。货币金融政策影响资本供给，从而影响利率水平的变动。当国家执行紧缩的货币政策时，市场利率较高，企业债务资本成本增大。

小资料

影响公司资本结构的因素很多，在实务中，公司财务经理用来进行资本结构设置所需考虑的几个因素为FRICTO：FRICTO分别代表灵活性（flexibility），即公司后续发展中的筹资弹性；风险性（risk），即财务杠杆对公司破产和股东收益变动的影响；收益性（income），即举债筹资对每股收益或股东收益水平的影响；控制权（control），即公司筹资与决策权在新旧股东、债权人和经营者之间分配的相互作用；时间性（timing），即公司发行证券的时机选择；其他因素（other），不包括在上述中的有关因素。

根据负债筹资利弊，影响公司资本结构的各种因素可归纳为表9-3所示①。

表9-3　　　　　　　　　资本结构的影响因素

	负债筹资的有利因素
主要因素	
公司所得税	债务筹资的最大优点是可以享受利息减税优惠，而股权筹资却不具备这一优势，但考虑个人所得税后会降低利息减税的影响
次要因素	
股权代理成本	负债筹资会相对减少股东的监督成本，减少经营者现金流量支配权的"在职消费"，偿债压力和破产机制迫使经营者努力工作，以提高公司价值
保持控制权	负债筹资可以使当前所有者保持对公司的控制权，防止股权稀释
信息不对称	负债筹资可解决经营者与外部投资者之间信息不对称问题。相对股票筹资而言，在信息不对称条件下，债务筹资给市场传递的是"好消息"
筹资成本	债权人要求的收益率低于股票投资，加上利息减税，使债务筹资成本相对较低

---

① 刘淑莲：《公司理财》，北京大学出版社2007年版。

续表

	负债筹资的有利因素
主要因素	
财务危机成本	过度负债会加大财务危机发生的概率，降低公司价值，特别是有大量无形资产和非流动资产的公司、息税前利润波动很大的公司更易发生财务危机
次要因素	
负债代理成本	过度负债会引起股东与债权人之间的利益纷争，加大债务合约成本和监督成本，以及各种限制条款产生的机会成本
股利政策	过度负债会影响公司采取股利支付的稳定性
财务弹性	过度负债会降低公司再筹资能力，可能会丧失投资机会

以上所讨论的影响公司资本结构决策的有关因素可以帮助公司确定最优的资本结构，但事实上，影响资本结构的因素很多，很难全部包括在上述的内容中，这里所能做的只是提供一个基本的分析框架。公司在确定资本结构时，应以行业平均负债率作为分析的起点，再根据公司特定的经营环境和经营条件，结合本章所讨论的有关因素进行多次调整，才能最后确定公司的资本结构。公司一旦确定了目标资本结构，就应做出与此相一致的筹资决策。但这并不意味着公司的实际负债一定等于它的目标价值。如果一个公司需要外部资本，它没有必要一定按照目标负债比率进行负债筹资和股权筹资，另外金融市场有时也可能偏好某一种筹资方式，或公司在特定时期的投资机会、公司特定的股利政策都会使公司的资本结构暂时偏离其目标负债率。但公司的长期平均负债比率应与目标负债比率基本保持一致，如果引起某一特定目标负债比率的经营环境和金融环境发生了变化，公司也要随之改变其目标资本结构以反映环境的这种变化。

9.3.2 资本结构优化方法

资本结构优化，要求企业权衡负债的低资本成本和高财务风险的关系，确定合理的资本结构。资本结构优化的目标，是降低平均资本成本率或提高普通股每股收益。资本结构的优化方法主要包括以下几种。

1. 每股收益分析法

可以用每股收益的变化来判断资本结构是否合理，即能够提高普通股每股收益的资本结构就是合理的资本结构。在资本结构管理中，利用债务资本的目的之一，就在于债务资本能够提供财务杠杆效应，利用负债筹资的财务杠杆作用来增加股东财富。

每股收益受到经营利润水平、债务资本成本水平等因素的影响，分析每股收益与资本结构的关系，可以利用每股收益无差别点。所谓每股收益无差别点，是指不同筹资方式下每股收益都相等时的息税前利润或业务量水平。根据每股收益无差别点，可以分析判断在什么样的息税前利润水平或产销业务量水平前提下，适用于采用什么样的筹资组合方式，进而确定企业的资本结构安排。

在每股收益无差别点上，无论是采用债务筹资还是股权筹资方案，每股收益都是相等的。其选择标准是，当预期息税前利润或业务量水平大于每股收益无差别点时，应当选择财务杠杆效应较大的筹资方案，反之亦然。在每股收益无差别点时，不同筹资方案的EPS是相等的，用公式可以表示为：

$$\frac{(\overline{EBIT}-I_1)(1-T)}{N_1}=\frac{(\overline{EBIT}-I_2)(1-T)}{N_2} \quad (9.16)$$

$$\overline{EBIT}=\frac{I_1\times N_2-I_2\times N_1}{N_2-N_1} \quad (9.17)$$

式中，$\overline{EBIT}$是息税前利润平衡点，也就是每股收益无差别点；I_1、I_2是两种筹资方式下的债务利息；N_1、N_2是两种筹资方式下的普通股股数；T是所得税税率。

【例9-4】 某公司目前资本结构为：总资本1 000万元，其中债务资本400万元（年利息40万元）；普通股资本600万元（600万股，面值1元，市价5元）。企业由于有一个比较好的新投资项目，需要追加筹资300万元，有A、B两种方案可供选择：A方案为向银行取得长期借款300万元，年利息率16%；B方案为增发普通股100万股，每股发行价格3元。

根据财务人员预测，追加筹资后销售额可望增加到1 200万元，变动成本率为60%，固定成本为200万元，所得税税率20%。假设不考虑筹资费用，问该公司应选择哪种方案？

解：将已知数据代入无差别点公式（9.16），得：

$$\frac{(\overline{EBIT}-40)(1-20\%)}{600+100}=\frac{(\overline{EBIT}-40-300\times 16\%)(1-20\%)}{600}$$

可以计算出，$\overline{EBIT}=376$（万元）

或根据公式（9.17）计算得：

$$\overline{EBIT} = \frac{40 \times 600 - (40+48) \times (600+100)}{600 - (600+100)} = 376(万元)$$

因此，376万元是这两个筹资方案的每股收益无差别点，在这点上，两个方案的每股收益相等，都是0.384元。因为企业预期追加筹资后的销售额为1 200万元，此时预期获利280万元，即1 200×（1-60%）-200=280（万元），低于无差别点376万元，因此应当采取财务风险较小的B方案，即增发普通股方案。在1 200万元的销售额水平上，B方案的 EPS 为0.274元，A方案的 EPS 为0.256元，B方案比A方案高0.018元。

当企业需要的资本额较大时，可能会采用多种筹资方式的组合融资。此时，要详细比较分析各种组合筹资方式下的资本成本及其对每股收益的影响，选择每股收益最高的组合筹资方式。

2. 平均资本成本比较法

平均资本成本比较法，是通过计算和比较各种可能的筹资组合方案的平均资本成本，选择平均资本成本率最低的方案。也就是能够降低平均资本成本的资本结构就是合理的资本结构。这种方法侧重于从资本投入的角度对筹资方案和资本结构进行优化分析。

【例9-5】某公司需要筹集100万元长期资本，可以用贷款、发行债券、发行普通股三种方式进行筹集，其个别资本成本率已经分别测定，如表9-4所示。甲、乙、丙方案中哪种资本结构更合理？

表9-4　　　　　　　　　某公司资本成本与资本结构数据　　　　　　　　　单位:%

筹资方式	资本结构			个别资本成本率
	甲方案	乙方案	丙方案	
贷款	40	30	20	6
债券	10	15	20	8
普通股	50	55	60	9
合计	100	100	100	

解：首先，分别计算三个方案的综合资本成本率：
甲方案 = 40%×6% + 10%×8% + 50%×9% = 7.7%
乙方案 = 30%×6% + 15%×8% + 55%×9% = 7.95%
丙方案 = 20%×6% + 20%×8% + 60%×9% = 8.2%

其次，根据企业筹资评价的其他标准，考虑企业的其他因素，对各个方案进行修正之后，再选择其中成本最低的方案。如在本例中，如果其他因素对方案的选择影响比较小，可以忽略不计，那么甲方案的综合资本成本就是最低的。这样，该公司的资本结构安排就可以是贷款 40 万元，发行债券 10 万元，发行普通股 50 万元。

3. 公司价值分析法

前两种方法都是从账面价值的角度进行资本结构的优化分析，并没有考虑市场反应，也没有考虑风险因素。公司价值分析法，是在考虑市场风险的基础上，以公司的市场价值为标准进行资本结构的优化。也就是，能够提升公司价值的资本结构就是合理的资本结构。这种方法主要用于对现有资本结构进行调整，适用于资本规模较大的上市公司资本结构优化分析。同时，在公司价值最大的资本结构下，公司的平均资本成本率也是最低的。

假设 V 表示公司价值；B 表示债务资本价值；S 表示权益资本价值。公司价值应该等于资本的市场价值，即：

$$V = S + B$$

当公司各期的 EBIT 保持不变，债务资本的市场价值等于其面值，权益资本的市场价值可通过式（9.18）计算：

$$S = \frac{(EBIT - I)(1 - T)}{K_S} \tag{9.18}$$

且：$K_S = R_S = R_f + \beta (R_m - R_f)$ \hfill (9.19)

此时，$K_W = K_b \dfrac{B}{V}(1 - T) + K_S \dfrac{S}{V}$ \hfill (9.20)

其中，K_W 是加权平均资本成本（综合资本成本）；K_S 是权益资本成本；K_b 是债务资本成本；R_M 为证券市场平均报酬率；R_f 是无风险报酬率。

【例 9 – 6】某公司息税前利润为 400 万元，资本总额账面价值为 1 000 万元。假设无风险报酬率为 6%，证券市场平均报酬率为 10%，所得税税率 40%。经测算，不同债务水平的权益资本成本率和债务资本成本率如表 9 – 5 所示。

表 9 – 5　　　　　　债务资本成本率和权益资本成本率　　　　　　单位：万元,%

债务市场价值（B）	税前债务利息率（K_b）	股票 β 系数	权益资本成本率（K_S）
0		1.50	12.0
200	8.0	1.55	12.2
400	8.5	1.65	12.6
600	9.0	1.80	13.2
800	10.0	2.00	14.0
1 000	12.0	2.30	15.2
1 200	15.0	2.70	16.8

根据表 9-5 所示的资料，可以计算出不同资本结构的企业总价值和综合资本成本，如表 9-6 所示。

表 9-6　　　　　　　　　公司价值和平均资本成本率　　　　　　单位：万元,%

债务市场价值	股票市场价值	公司总价值	债务税后资本成本率	普通股资本成本率	平均资本成本率
0	2 000	2 000		12.0	12.0
200	1 889	2 089	4.80	12.2	11.5
400	1 743	2 143	5.1	12.6	11.2
600	1 573	2 173	5.40	13.2	11.0
800	1 371	2 171	6.00	14.0	11.1
1 000	1 105	2 105	7.20	15.2	11.4
1 200	786	1 986	9.00	16.8	12.1

从表 9-6 可以看出，在没有债务资本的情况下，公司的总价值等于股票的账面价值。当公司增加一部分债务时，财务杠杆开始发挥作用，股票市场价值大于其账面价值，公司总价值上升，平均资本成本率下降。在债务达到 600 万元时，公司总价值最高，平均资本成本率最低。债务超过 600 万元后，随着利息率的不断上升，财务杠杆作用逐步减弱甚至出现副作用，公司总价值下降，平均资本成本率上升。因此，债务为 600 万元时的资本结构是该公司的最优资本结构。

本 章 小 结

1. 财务管理中的杠杆效应，包括经营杠杆、财务杠杆和总杠杆三种形式。杠杆效应既可以产生杠杆利益，也可能带来杠杆风险。

2. 杠杆分析是财务经理进行财务分析经常运用的工具，为分析方便，本书的杠杆分析做以下假设：公司仅销售一种产品，且价格不变；经营成本中的单位变动成本和固定成本总额在相关范围内保持不变；所得税税率为 50%。

3. 经营杠杆是指由于固定性经营成本的存在，使得企业的资产报酬（用息税前收益表示）变动率大于销售量变动率的现象。经营杠杆系数越大，公司经营风险越大。

4. 财务杠杆主要反映息税前收益与普通股每股收益之间的关系，用于衡量息税前收益变动对普通股每股收益变动的影响程度。财务杠杆系数越大，公司财务风险越大。

5. 总杠杆主要用于反映销售量与每股收益之间的关系，总杠杆系数等于经营杠杆系数和财务杠杆系数的乘积。总杠杆系数越大，公司总风险就越大。

6. 自20世纪50年代以来，西方经济学家对资本结构进行了广泛的研究，出现了许多经典理论，如MM理论、权衡理论、代理理论、信息不对称理论、控制权理论等。其中，MM理论研究的核心内容是资本结构与公司价值、资本结构与资本成本的关系，分为无公司税和有公司税两种情况。

7. 权衡理论认为负债不仅具有节税价值，同时还会产生财务危机成本和代理成本。因此最佳资本结构应是边际节税价值与边际财务危机成本和债务代理成本之间的平衡。代理成本学说认为，公司资本结构会影响经营者的工作努力水平和其他行为选择，从而影响公司未来现金流量和公司市场价值。信息不对称理论认为，债权作为一个硬性约束，负债筹资的比例是高质量公司用来与低质量公司相区别的显示信号，同时，经理人有更多的关于公司经营和发展的信息，而且所有参与者具有相同信息的假设是不成立的。

8. 影响公司资本结构的各种因素可归纳如下：企业经营状况的稳定性和成长率、企业的财务状况和信用等级、企业资产结构、企业投资人和管理当局的态度、行业特征和企业发展周期、经济环境的税务政策和货币政策。

9. 资本结构优化，要求企业权衡负债的低资本成本和高财务风险的关系，确定合理的资本结构。资本结构优化的目标，是降低平均资本成本率或提高普通股每股收益。

10. 资本结构的优化方法主要包括三种：每股收益分析法、平均资本成本比较法和公司价值分析法。

第10章 股利政策

学习索引

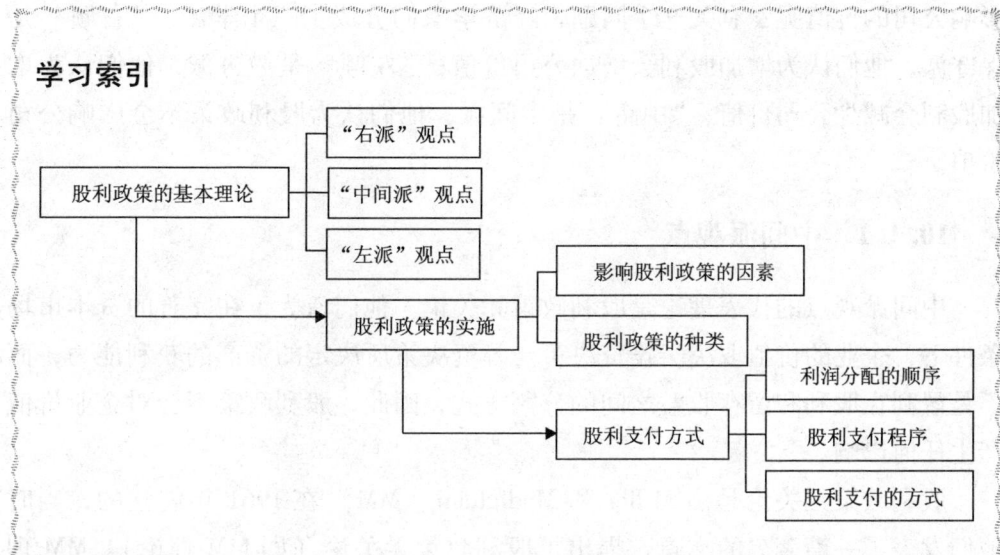

学习目标

了解股利政策的基本理论,理解并掌握有关股利政策的中间派、左派和右派的基本观点及理由;熟悉影响股利政策的因素,了解股利政策的种类;熟悉并掌握上市公司中利润分配的顺序,理解并掌握股利支付的程序;熟悉并掌握股利支付的具体方式,并了解各种方式的基本异同。

股利在公司理财体系中扮演着重要角色,从股票估价模型到资本结构决策,都需要对公司的股利进行分析。但观察股利政策的实践,可以发现公司进行收益分配的方式各不相同。以同处中国白酒行业领军者的贵州茅台酒股份有限公司和宜宾五粮液股份有限公司为例,二者采取的股利政策就截然不同。贵州茅台从2001年在上交所上市以来,一直实施高现金股利分红的政策,连续蝉联"最牛现金分红股"称号,其中2011年为每10股派发39.97元。而五粮液早在1998年就在深交所上市交易,但在投资者心目中的形象却一直以铁公鸡、一毛不拔著称,自上市以来真正意义上的现金分红并不多见。2001~2007年现金股利寥寥无几,且毫无连续性可言,仅偶有送股和转增股份,从2008年起才开始逐渐提高现金股利金额,但至2011年仅为每10股派发5元。

10.1 股利政策的基本理论

股利政策所涉及的问题是企业将其盈余如何进行分配，有多少作为股利发放给股东，有多少作为留存收益保留下来进行再投资。那么，股利政策是否会影响公司的价值呢？有关这个问题，经济学家们分成了三个学派。"右倾"是保守派，他们认为增加股利会增加公司价值；"左倾"是激进派，他们认为增加股利会减少公司价值；"中庸"是中间派，他们认为股利政策不会影响公司价值。

10.1.1 中间派观点

中间派观点的代表理论是股利政策无关论。他们认为，在完善的资本市场条件下，企业的价值取决于投资决策与筹资决策所决定的资产的获利能力，而不是盈利在股利和留存收益之间的分割方式，因此，股利政策不会对企业价值产生任何影响。

股利政策无关论是由 Miller 和 Modigliani（MM）在 1961 年创立的，当时他们发表了一篇著名的文章，提出了股利政策无关论（即 MM 理论）。MM 理论是建立在完美市场假设基础之上的，即：（1）投资者与管理者拥有相同的信息，信息完全对称；（2）投资者都是理性的；（3）企业发行证券没有发行费用；（4）不存在税收；（5）证券交易瞬间完成，没有交易成本；（6）企业的投资决策和筹资决策已确定，不受股利政策的影响。

在完美的市场条件下，MM 理论怎么会得出一个股利无关论的观点呢？同资本结构无关论一样，MM 认为在企业投资决策既定的情况下，股利的支付不过是一个细枝末节的小问题，不会影响股东的财富，企业的价值完全取决于该企业当期获得的，并且随着企业投资决策的实施会继续获得的营业利润，只要企业接受了所有正净现值的投资项目，并且当资本不足时，可以无成本地在资本市场上筹集资本，那么它就可以支付它愿意支付的任何一期任何水平的股利，所以，盈利在股利和留存收益之间的分割方式无法影响企业的价值。在这种条件下，投资者不再关心他们的收入是来自资本利得还是股利收入，因为投资者可以自制任何一种企业可以支付，但当期没有支付的股利。如果投资者获得的股利比预期的少，他可以通过出售部分股票来获得预期的现金分配额；如果投资者获得的股利比预期的多，他可以用股利购买该企业更多的股票。由于投资者完全能够"自制"股利，所以，不同的股利政策没有优劣之分，股利政策是无关的。

小资料

支持中间派观点的还有股利的顾客效应理论。股利的顾客效应是指投资者倾向于投资股利政策符合他们偏好的公司。例如,高税收等级的股东不需要从股利支付中获得现金流量,所以他们会投资低股利政策的公司;而低税收等级的股东和一些免税机构需要现金股利,他们通常会投资高股利政策的公司。这种股东聚集在满足各自偏好的股利政策的公司的现象就是"顾客效应"。顾客效应理论为股利政策的中间派提供了又一个论据。因为顾客效应理论认为不同的投资者要求不同的股利水平,当一家公司改变其股利政策时,它就会失去一些投资者,从而引起股票价格的暂时下跌。但是它同时也吸引了另一些投资者以较低的价格大量购入该公司的股票。结果每个投资者都买到自己满意的股票,公司的价值保持不变。但是这一理论的成立要有一个假设条件,就是每种股利顾客中都存在众多的投资者,因而无论股利政策如何变化,公司都能被公平定价。

10.1.2 "左派"观点

"左派"观点的代表理论是差别税收理论,即只要股利纳税比资本利得纳税多,那么公司发放的股利就应该尽量降低,应将所有的可用现金都留存下来,或用于股票回购。如果落实这样的支付政策,公司就可以把股利转化为资本利得。

最早提出差别税收理论的是 Brennan(1970)。这种理论认为,当股利与资本利得存在税收差异时,投资者往往偏好资本利得。一般来说,政府对股利征收的所得税要比对资本利得征收的所得税高,比如,从20世纪60年代开始,美国税法规定的股利适用税率前后为90%、80%、70%、50%、40%、33%与39.6%;而与此同时的资本利得适用税率却仅为25%、29.5%、32.5%、35%、28%、20%、28%、33%与28%。由此可见,投资者获得股利收益要比获得资本利得收益多支付税收。再比如,我国也存在这种情况,我国税法中规定股东因股票投资所获得的现金股利,必须按照15%的固定税率缴纳所得税;而对股东买卖股票而获得的资本利得不征资本收益税,即使把股票买卖过程中的5‰的佣金和3‰的印花税考虑在内,股东获得现金股利的成本要比获得资本利得收益的成本高出20倍,所以,企业发放高股利实质上有损于投资者的利益。基于差别税收的考虑,企业留存收益少发股利或不发股利对投资者更有利,或者说对这两种所得均需纳税的投资者更倾向于选择资本利得而非现金股利。另外,资本利得的税收可以递延到股票真正出售时才支付,考虑到货币的时间价值,这种延期支付税收的特点成为资本利得的另一优点。因此,当存在税收差异时,企业采用高股利政策会损害投资者的利益,而采用低股利政策则会抬高股价，增加企业的市场价值。

10.1.3 "右派"观点

"右派"观点的代表理论是"一鸟在手"理论和"信号"理论。他们支持派发大额的股利，认为大量派发股利有利于公司价值的提升。

1. "一鸟在手"理论

最早提出"一鸟在手"理论（bird-in-the-hand theory）的是 M. Gordon（1962年），他假设投资者都是厌恶风险的，在他们心目中，股利是定期的、确定的报酬，属于相对稳定的收入，而放弃股利进行再投资获得资本利得则有很大的不确定性，因而投资者更偏好股利而非资本利得。由于现在获得股利的风险低于将来赚取资本利得的风险，所以，投资者将以比未来预期资本利得更低的必要收益率作为折现率对企业的未来盈利加以贴现，由此使企业的价值得到提高。虽然投资者现在获得股利会使整个投入资本减少，从而减少了将来获得资本利得的可能性，但是已实现的报酬远不同于未实现的报酬，所谓"双鸟在林，不如一鸟在手"（a bird in the hand is worth two in bush）。

2. "信号"理论

在非完美市场中，由于企业的管理者与投资者存在着信息不对称，所以，股利政策常被管理者用来传递公司有关未来前景的信息。这种观点认为股利政策之所以能影响企业的市场价值，是因为股利增加通常被认为是一个积极的信号，代表管理当局对企业的未来前景看好，而且不仅仅是对外发布好消息，还通过提高股利来加以证实，结果将会导致股票价格的上涨和投资者对企业价值的重新评估；反之，股利削减通常被认为是一个消极的信号，代表企业未来的盈利水平下降，因而，当某一企业采取这一行动时，投资者就会认为企业陷入了巨大的财务危机，其结果导致股价下跌。

小资料

据国外某经济学报纸报道：公司发展到某一时刻，积累现金就会成为负担……微软，已经成长为世界上最大的软件公司……几年之前就开始以每月10亿美元的速度创造金钱。7月20日，微软终于正式提出了这个问题。

微软的解决方法是：第一，史无前例地通过各种方式向股东返还750亿美元，其中作为股利派发给股东的现金将高达320亿美元，在12月份一次性派发；第二，用300亿美元用于股票回购，在今后4年内完成；第三，微软将加倍派发正常股利,每年32美分,按季派发。对一家公司持续期还没有到30年,且在2003年才发放了第一笔股利的公司来说,这绝不是件坏事①。

小案例

北京用友软件股份有限公司于2001年5月18日上市,上市当日开盘价就为每股76元,已经比发行价每股36.68元高出2倍有余,当日最高更是创下了每股100元的辉煌价格,并以每股92元报收,创出中国股市新股上市首日最高收盘价②。

2002年4月28日该公司召开股东大会,审议通过了公司2001年度利润分配方案:本公司2001年度净利润为70 400 601元,提取法定盈余公积金7 040 060元,提取法定公益金3 520 030元,上年度结转利润286 436元,期末可供股东分配的利润为60 126 947元。公司在2002年度对2001年度净利润进行一次分配,每10股派发现金6元(含税),共计派发现金股利6 000万元,占本次可分配利润的99.79%,剩余126 947元利润留待以后年度分配。此次分配不计提盈余公积金。本年度不进行公积金转赠股本。

股东会仅有7名中小股东出席,由于股权较集中,分红方案没有任何悬念地顺利通过。审议刚一通过,市场便众说纷纭,董事长王文京更是由于其大股东的地位成为旋涡中心,因为按照王文京对用友的持股比例推算,他可以从这次股利派现中分得3 312万元。

为了澄清事实,董事长王文京特别让财务总监吴政平补充说明了高派现问题。吴政平说,首先,此方案不是"超分配",用友每股0.6元的分红是盈利来的,也是在保证今年有充足现金流的前提下制定的,这有利于投资者的长期投资,而不是短期的炒作;其次,选择派现而没有选择送股,用友响应管理层有关"现金分红的倡导";最后,吴政平特别说明"虽然发起人和流通股股东一样享受分红,但其实是两个概念,发起人只是法人公司拿到红利,具体某一个人拿多少,还要再作决定"。

但小股东的不满情绪还是让股东会一度陷入尴尬。一位高先生坦言:"我不同意这个方案,明显是对大股东有利,对小股东不利,为什么不考虑流通股的成本,不考虑小股东的利益。"他还建议,能否派现兼送股,"大股东要钱,小股东要股,相对平衡一下"。在投票表决时,高先生投了反对票。

---

① "An End to Growth?" *The Economist*, July 24, 2004, p.61. © 2004 The Economist Newspaper Group, Inc. Reprinted with permission. Further reproduction prohibited (www.economist.com)。

② 王化成、汤谷良:《财务案例》,浙江人民出版社2003年版,第220~221页。

> 王文京在股东会上一直为几位小股东介绍用友的发展规划。对此次分红风波，他认为，其实给股东最好的回报是把业绩做好，但同时他也表示，2002年分配会充分考虑各方股东的实际情况。

上述三种观点分别得出了几个相互矛盾的结论，MM理论认为，股利支付水平的高低不会影响企业的价值，股利政策无优劣之分，这种观点在完美市场假设条件下是完全正确的，但是在现实经济中，这种观点却难以令人赞同；"一鸟在手"理论和"信号"理论认为，投资者偏好实实在在的股利，高股利可以提高企业的价值；而差别税收理论认为当股利收入与资本利得存在税收差异时，投资者往往偏好资本利得，低股利将增加企业价值。那么，作为企业的财务管理者究竟应该相信何种理论呢？财务学的专家为此做了大量的实证研究，但都没有得到肯定的结果，因此我们认为，有关股利政策的各种观点都是正确的，因为它们都能在理论和实际生活中得到验证。

10.2　股利政策的实施

股利政策是指企业确定股利及与股利有关的事项所采取的方针与策略，是企业财务管理的重要内容。股利支付的多少既关系到投资者和债权人的利益，又关系到企业的未来发展。所以对于企业管理当局而言，如何制定股利政策，使股利的发放既满足投资者的需要又能促进企业的发展，并使企业的股票价格稳中有升，便成为企业管理者的终极目标。

10.2.1　影响股利政策的因素

股利政策的制定在实践中往往是一个十分复杂的问题，是多重因素共同影响的结果。以下仅就一些比较重要的影响因素加以分析和说明。

1. 法律因素

法律为企业的股利政策限定了一个范围，在这个范围内，管理当局再根据其他因素制定其具体的股利政策。就中国的情况而言，目前有《公司法》《证券法》《税法》等法律法规对企业的股利政策加以限制，其限定的内容主要有：

（1）资本保全的规定。即企业不能用筹集的经营资本支付股利。如中国法律规定，公司的股本及溢缴的资本都不能用来支付股利。这一规定的目的是为了保证企业具有完整的资本基础，以保护债权人的利益。

（2）留存收益的规定。该规定要求企业在当期的收益中必须保留一定的利润作为留存收益,以满足未来的投资需求,而不能将利润全部作为股利发放。如中国法律规定公司的年度税后利润必须提取 10% 的法定盈余公积金和一定比例的任意盈余公积金,只有当公司提取公积金累积数达到注册资本 50% 时才可以不再提取。这一规定要求,公司股利只能从公司当期的利润或过去累积的留存收益中支付,也就是公司股利的支付不能超过当期与过去累积的留存收益,从而防止资本被侵蚀,债权人利益不受损害。

(3) 偿债能力的规定。即规定公司只有保证充分的偿债能力的前提下,才能发放股利,否则就损害了债权人的利益。

除此之外,一些国家为了防范企业低额发放股利而超额积累利润,帮助股东避税,往往在税法中规定超额累积要加征额外税款。我国目前有关的法规没有关于超额累计利润的限制。

2. 行业因素

股利政策具有明显的行业特征。一般来说,成熟的行业趋向将盈利的大部分作为股利来支付,而新兴的、成长较快的行业,由于资本需求量大,其股利支付率相对较低。另外,行业规模大,资产相对密集的公司(有形资产占公司资产总额比例较大)股利支付率较高,而无形资产比例大的公司,股利支付率较低。行业的受管制程度对股利政策也产生一定的影响,通常受管制的行业比不受管制的行业支付的股利要高,如公用事业公司的股利支付率就高于其他行业公司的股利支付水平。

3. 契约性约束

当公司通过长期借款、债券、优先股、租赁合约等形式向外部筹资时,常常应对方的要求,接受一些有关股利支付的限制条款。例如,规定只有在流动比率和其他安全比率超过规定的最小值后,企业才可支付股利;优先股的契约通常也会声明在累积的优先股股利付清之前,企业不得支付普通股股利;企业的盈利必须达到某一水平,才能发放现金股利等。确立这些契约性约束条件,目的在于促使企业将一部分利润按有关条款要求的某种形式(如偿债基金)进行再投资,以扩大企业规模,增强企业的经济实力,从而保证债务如期偿还,维护债权人的利益。

4. 企业内部因素

企业管理当局制定股利政策时,除了考虑企业外部各因素对股利的影响,还要考虑企业内部的相关因素对股利政策的限制。具体而言,有以下几个方面:

(1) 企业资产的流动性。所谓资产的流动性是指企业资产转化为现金的难易程度。因为支付股利代表着现金流出,所以,企业的现金越充足,资产的流动性越强，其支付现金股利的能力就越强；如果企业因扩充或偿债已消耗大量现金，资产的流动性较差，则支付现金股利的能力就比较弱。由此可见，企业现金股利的支付能力，在很大程度上受其资产流动性的限制。

（2）企业的筹资能力。筹资能力是指企业举借银行存款、发行债券和发行股票的能力，企业的筹资能力也是限制企业股利政策的一个重要因素。一般而言，规模大、获利丰厚的大企业能比较容易地筹集到所需资本，因此，它们倾向于多支付现金股利；而创办时间短、规模小的企业，由于经营风险大、外部的筹资渠道少，往往会限制股利的支付，而较多地留存利润，因为这或许是它们唯一的筹资方式。

（3）企业的投资机会。股利政策在很大程度上受企业投资机会的左右。当企业有良好的投资机会，且预期的投资收益大于机会成本时，企业往往会将大部分盈利用于投资，而少发放股利，尤其对于那些处于发展中的公司，资本的需求量大且紧迫，则较少支付现金股利，而将大部分盈利留存下来用于再投资；如果企业暂时缺乏良好的投资机会，则倾向于向股东多支付股利，以防止保留大量现金造成资本浪费，留用盈利的比重则相对较低。

（4）企业盈利的稳定性。企业管理当局在制定股利政策时，不仅要考虑当期的盈利水平，还要考虑盈利的稳定性。一般来说，收益不稳定的企业，股利支付水平较低，因为企业担心是否有能力维持高股利的支付；而收益稳定且可以预期的企业则可支付较高的股利，如处于周期性行业的汽车、房地产公司，以及收益变动很大的高科技公司，其股利支付率就小于收益稳定的公用事业公司。

5. 股东因素

股东在股权稀释、税负等方面的要求也对企业的股利政策产生影响。

（1）股权稀释。当企业支付了大量的现金股利后，通常要发行新的普通股筹集所需资本，如果现有的股东没有足够的现金认购新股，则他的控股权就有可能被稀释。为防止自己的控制权被稀释，控股股东则宁愿企业采取低股利政策，甚至不分配股利。另外，如果企业发行新的普通股，那么流通在外的普通股股数必将增加，结果将会导致普通股的每股盈利和每股市价下降，从而影响现有股东的利益。

（2）税负。根据差别税收理论，当股利与资本利得存在税收差异，且资本利得税率低于股利收入税率时，投资者往往偏好资本利得，愿意企业多留存盈利少支付股利。即使政府对资本利得和股利收入征收相同的税率，资本利得的税收可以递延到股票真正出售时才支付，给股东一个有价值的时机选择权。但是当股利和资本利得之间没有税收差异时，如美国的退休基金和养老金基金组织对股利和资本利得都不纳税,则有些股东因不愿冒风险去获得资本利得,所以,就更重视当期的股利,倾向企业采用高股利政策。

6. 其他因素

(1) 通货膨胀因素。通货膨胀使企业的资本购买力下降,如果企业要维持现有的经营规模,则需要减少股利支付,将较多的税后利润留存企业。例如20世纪80年代,美国发生了严重的通货膨胀,美元贬值,企业的折旧储备资本已无法满足固定资产重置的需要,所以,大多数公司纷纷调整其股利政策,降低其股利支付率。有数据表明,美国公司在1982~1984年期间,平均股利支付率水平比70年代下降了25%(Doran,1990)。

(2) 股利政策的稳定性。所谓股利政策的稳定性是指企业的股利支付呈线性趋势,而且是向上倾斜的趋势。一般来说,企业非常注重支付给投资者股利的稳定性,不会经常调整它们的股利政策,因为,股利的支付可以用来消除投资者心中的不确定性,稳定的股利可以表明管理当局对企业未来盈利能力的信心,从而影响股东对企业的预期。相反不稳定的股利政策会在市场上产生负面影响,导致股价下跌。另外,对于那些希望定期获得特定数额收入的投资者来说,也将选择股利稳定的公司,而不选择股利不稳定的公司。

总之,确定股利政策要考虑许多因素,而这些因素之间往往是相互联系和相互制约的,其影响也不可能完全用定量方法来分析。所以,股利政策的制定主要依赖对具体企业所处的具体环境进行定性分析,以实现各种利益关系的均衡。

> **小资料**
>
> 经调查问卷研究表明,中国上市公司在制定各种股利政策过程中的主要影响因素是①:
>
> 第一,中国上市公司在制定股利支付水平时,主要考虑的因素是本期及以后各期的盈利能力;
>
> 第二,中国上市公司在制定股利支付水平时,债权人的限制并不是主要因素;
>
> 第三,中国上市公司分配现金股利,主要是向市场表明公司财务状况良好,现金流量充足;
>
> 第四,中国上市公司分配现金股利,并不是机构投资者需要的现金股利;

---

① 魏刚:《中国上市公司股利分配问题研究》,东北财经大学出版社2001年版,第187页。

第五，中国上市公司不分配现金股利，主要是因为有较好的投资项目；

第六，中国上市公司不分配现金股利，并不是因为流通股股东不喜欢现金股利；

第七，中国上市公司分配股票股利，主要是对公司未来前景看好，通过支付股票股利向市场传递这个消息；

第八，中国上市公司不分配股票股利，主要是因为怕稀释每股收益；

第九，中国上市公司转增股本，主要是因为公司资本公积金充足；

第十，中国上市公司不转增股本，主要是因为公司资本公积金较少；

第十一，中国上市公司不分配股利，主要是因为有较好的投资项目，现金流量紧张；

第十二，中国证监会把现金分红作为上市公司再筹资的必要条件，有利于增强投资者的信心，有利于减少上市公司股利分配的随意性和波动性。

10.2.2 股利政策的种类

1. 剩余股利政策

剩余股利政策（residual dividend policy）主张将企业的盈余首先用于收益率超过投资者要求的必要收益率的投资项目上，在满足了这些投资项目的资本需要以后，才将剩余部分作为股利发放给投资者。采用剩余股利政策时，应遵循四个步骤：(1) 设定目标资本结构；(2) 确定目标资本结构下投资所需的股东权益数额；(3) 尽可能地使用留存收益来融通投资方案中所需的股东权益资本；(4) 投资方案所需股东权益资本已经满足后若有剩余盈余，再将其作为股利发给投资者。

【例 10-1】假设某公司现有盈利 300 万元，公司的目标资本结构为 30% 的负债和 70% 的股东权益资本，现有一投资项目计划需要投入资本 200 万元。假设公司采用剩余股利政策，则该投资项目需要由留存收益提供多少资本？

解：$200 \times 70\% = 140$（万元）

剩余部分可用于股利发放，因此，可作为股利发放的最大限额为：

$300 - 140 = 160$（万元）

在例 10-1 中，如果投资项目需要投入的资本是 500 万元，则目标资本结构下投资所需的股权资本为 350 万元，现有的盈利满足不了投资项目对股权资本的需要，所以，企业不仅不能发放股利，反而还要发行新股 50 万元，以弥补股东权益资本的不足。

从上述分析可知，按照剩余股利政策，企业每期支付的股利随企业投资机会和盈利水平的变动而变动，在盈利水平不变的情况下，投资机会越多，企业发放股利越少或者不发放股利。反之，投资机会越少，企业发放股利越多。剩余股利政策的主要优点是将股利分配作为投资机会的因变量，从而降低筹资成本、优化资本结构；它的主要缺点是用于股利分配的盈余随投资机会的增减呈反向变化，而且，在企业销售额波动、资本投资项目波动的情况下，股利支付也处于剧烈的波动之中，企业难以形成一个稳定、持久的股利政策，从某种意义上讲，这不利于公司形象的培养。所以，在现实生活中，很少有企业完全机械地采用剩余股利政策，而是在企业进行长期财务规划时，结合企业未来时期的资本投资机会，确定企业未来5年、10年或更长时期内的股利分派比例。

2. 固定或持续增长的股利政策

这一股利政策是将每年发放的股利固定在某一固定的水平上并在较长的时期内不变，只有当企业认为未来盈余的增加足以使它能将股利维持到一个更高的水平时，企业才会提高股利的发放额。不过，在通货膨胀的情况下，大多数企业的盈余会随之提高，且大多数投资者也希望企业能提供足以抵消通货膨胀不利影响的股利，因此，在长期通货膨胀的年代里也应提高股利发放额，这就要求企业每年的留存收益增长率必须等于其股利增长率。

固定股利政策的主要优点是：（1）稳定的股利额将传递给市场一个稳定的信息，表达了企业管理者对企业未来的预期，有利于保持企业股票价格的稳定，增强投资者对企业的信心，树立良好的企业形象；（2）稳定的股利额，有利于投资者有规律地安排股利收入和支出，尤其对那些期望每期有固定数额收入的投资者更是如此。固定股利政策的主要缺点是，股利支出与企业税后净利脱节，不能像剩余股利政策一样能筹措成本较低的资本，而且，净利降低时，股利仍需照常支付，容易导致企业资本短缺，财务状况恶化。

3. 固定股利支付率政策

该政策是指企业每期股利的支付率保持不变，每股股利是每股盈利的函数，随每股收益的变动而变动。这一政策的主要优点是保证企业的股利支付与企业的盈利状况之间保持稳定，股利支付额随盈利额的变动而相应变动，能使股利支付与企业盈利得到很好的配合。其主要缺点是企业的股利支付路径极不稳定，传递给股票市场的是企业经营不稳定的信息，容易造成企业的信用地位下降、股票价格下跌与股东信心动摇的局面，不利于实现企业价值最大化。因此，在实践中很少有企业采用这种股利政策，但是股利支付率可以大致描述某个行业的税后利润分配情况，具有较高的综合评价价值。根据有关资料可知，美国自1980～1994年有关行业平均的股利支付率为：建筑材料为20.8%，医药卫生为21.8%，食品业为28.6%，办公设备为32.7%，石油为39.7%，化学工业为 51.8%，电力为 79.8%。

4. 低正常股利加额外股利政策

这种股利政策是上述两种股利政策的折中政策。其特征是：企业每年向股东支付固定的、数额较低的股利，当企业盈利有较大幅度增加时，再根据实际情况向股东加付一部分额外股利的政策。这种股利政策灵活性较大，尤其是对那些利润水平在各年之间波动较大的企业，提供了一种较为理想的股利分配政策。其灵活性在一定程度上对固定股利政策、固定股利支付率政策的缺点提供了补偿。当企业盈利较少或投资所需现金较多时，可维持较低的设定的正常股利，而当企业盈利有较大幅度增加时，则加付额外股利。这种股利政策既能保持股利的稳定性，又能实现股利与盈余之间较好的配合，因而为许多企业所采用。

> **小资料**
>
> 通用汽车公司是众所周知的实行低正常股利加额外股利政策的典型例证。表 10-1 是该公司 20 世纪 70 年代末连续三年四个季度的股利发放情况：
>
> 表 10-1　　　　　　　　　通用汽车公司股利支付情况　　　　　　　　单位：美元
>
> | | 第一季度 | 第二季度 | 第三季度 | 第四季度 |
> | --- | --- | --- | --- | --- |
> | 第 1 年 | 0.85 | 1.85 | 0.85 | 3.25 |
> | 第 2 年 | 1.00 | 1.50 | 1.00 | 2.50 |
> | 第 3 年 | 1.00 | 1.65 | 1.15 | 1.50 |
>
> 如表 10-1 所示，该公司第 1 年的正常股利为 0.85 美元，第二季度和第四季度分别支付了 1.00 美元和 2.4 美元的额外股利。第 2 年的正常股利是 1.00 美元，第二季度和第四季度分别支付了 0.5 美元和 1.5 美元的额外股利。第 3 年该公司的正常股利在第三季度增长为 1.15 美元，第二季度和第四季度分别支付了 0.5 美元和 0.35 美元的额外股利。
>
> **小思考**
>
> 根据《财经》2009 年 4 月的报道，公开数据显示，有 13 家公司的 16 只开放式基金在 2006 年、2007 年连续盈利，但自 2007 年至今始终没有进行过分红，截至 2007 年年底截留了高达 810 亿元的可分配利润，充当了不折不扣的"铁公鸡"。根据 2008 年年报，上述 16 只基金全部亏损，亏损总额达 935.9 亿元，从总额上看，已经"吃掉"原来的 810 亿元红利，无法满足分红条件。更有 9 只基金净值跌破 1 元，投资者已面临亏本赎回。
>
> 请对这 16 只开放式基金的股利政策加以分析。

10.3 股利支付方式

10.3.1 利润分配的顺序

1. 利润分配项目

按中国《公司法》规定，公司利润分配的项目包括盈余公积金、公益金和股利三个部分。

（1）盈余公积金。盈余公积金是从税后净利润中提取的，用于弥补公司亏损、扩大公司生产经营或转增公司资本的资金。盈余公积金分为法定盈余公积金和任意盈余公积金。公司分配当年税后利润时，应当按税后利润10%的比例提取法定盈余公积金；但当年盈余公积金累计额达到公司注册资本50%时，可不再提取。任意盈余公积金的提取由股东会根据需要决定。

（2）公益金。公益金也从净利润中提取，专门用于职工集体福利。公益金按照税后利润的5%~10%的比例提取形成。

（3）股利。公司向股东（投资者）支付股利（分配利润）要在提取盈余公积金、公益金之后。股利（利润）的分配应以各股东持有股份的数额为依据，每一股东取得的股利与其持有的股份数成正比。股份有限公司原则上应从累计盈利中分派，无盈利不得支付股利，即所谓"无利不分"原则。但若公司用盈余公积金抵补亏损后，为维持其股票信誉，经股东大会特别决议，也可用盈余公积金支付股利，不过留存的法定公积金不得低于注册资本的25%。

2. 税后利润分配的顺序

根据中国《公司法》规定，公司税后利润应按下列顺序依次分配：

（1）弥补亏损。公司法定公积金不足以弥补公司前期亏损的，应先用当期利润弥补亏损。弥补亏损后即可得出本年累计盈利或亏损。如为累计亏损，则不能进行后续的分配。

（2）计提法定盈余公积金。经计算有本年盈利的，按抵减年初累计亏损后的本年净利润计提法定盈余公积金。提取盈余公积金的基数，不是累计盈利，也不一定是本年的税后利润。只有在不存在年初亏损的情况下，才能按本年税后利润计算提取。这样规定的目的在于不能用资本发放股利和提取盈余公积金。

（3）计提公益金。即按上一步骤的基数计提公益金。

（4）向优先股股东支付股利。

（5）计提任意盈余公积金。

（6）向普通股股东（投资者）支付股利（分配利润）。

公司股东会或董事会违反上述利润分配顺序，在抵补亏损和提取法定盈余公积金、公益金之前向股东分配利润的，必须将违反发放的利润退还公司。

10.3.2 股利支付程序

企业是否发放股利由董事会决定，一旦董事会宣布发放股利，股利就会成为企业一项不可撤销的负债。一般而言，企业的股利会依以下程序支付：

（1）股利宣告日。股利宣告日即董事会宣告发放股利的日期。例如 A 公司的董事会于 2010 年 12 月 15 日开会，通过决议，宣布于 2011 年 2 月 16 日向 2011 年 1 月 31 日登记在册的所有股东每股发放 0.5 元的股利。2010 年 12 月 15 日就是股利宣告日。

（2）股权登记日。股权登记日是确定股东是否有资格领取股利的截止日期。只有在股权登记日之前登记注册的股东才有权利分享股利。例如 A 公司的某位股东将其股票卖给另一位投资者，而且在股权登记日 2011 年 1 月 31 日下午 5 点之前办妥所有权转移手续，则这位新股东就可以得到股利。但是如果股票所有权转移手续是在 2011 年 1 月 31 日当天或以后才能办好，则卖出股票的股东将收到股利。

> **小资料**
>
> 国外的规定与中国稍有不同。如在美国，通常是股权登记日往前算的第四天是除息日；而在香港，一般是股权登记日往前算的第二天是除息日。这是因为，股票的买卖过户需要一段时间，所以有股权登记日当天购入股票的股东很难在当日办完所有权转移手续。因此，只有在往前算的前几天，即除息日进行买卖，才有可能在股权登记日之前将股票所有权的转移手续办理完毕，买方才能成为股票持有人，并获得享有这次股利的权利。

（3）除息日。除息日是指领取股利的权利与股票彼此分开的那一日。中国一般规定，股权登记日后的第一个交易日就是除息日。如前例中，除息日应为 2011 年 1 月 31 日后的第 1 个交易日，即 2011 年 2 月 1 日。

（4）股利支付日。股利支付日即企业向股东发放股利的日期。如前例中的 A 公司只有在 2011 年 2 月 16 日才会将股利支票寄给名字已列入"股权登记日股东名册"中的股东手中。

从投资者的角度分析，股票价格通常会在除息日下跌。在既没有税收又没有交易成本的理想环境下，股票价格的下跌金额应等于宣告发放的股利金额。

10.3.3　股利支付的具体方式

常见的股利支付方式有现金股利、股票股利、财产股利和负债股利等。其中前两种方式最为普遍。而现金股利与股票回购、股票股利与股票分割又十分相似。

1. 现金股利

现金股利是指公司以现金的形式发放给股东的股利，这种方式是公司在分配股利时最常用的方式，也是投资者最容易接受的方式。但这种分配方式会增加公司的现金流出量，增加公司支付货币资金的压力。因此，公司支付现金股利除了要有足够的未指明用途的留存收益外，还要有足够的现金。

股票回购是指上市公司出资将其发行的流通在外的股票以一定价格购买回来予以注销，或作为库藏股的一种资本运作方式。股票是上市公司的所有权证书，代表了投资者在公司中的投资及其衍生权益，因此，股票回购可以被理解为减少公司资本的行为。但是，上市公司真正直接为了"减资"而进行股票回购的情况是比较少的，通常公司回购股票是为了调整资本结构、发挥财务杠杆的作用，从而改善资金运用效率，达到利润分配或反收购等目的。股票回购是证券市场发展到一定阶段的产物，是上市公司财务管理中的一个重要领域，其最终目的在于使股价上升，使股东财富最大化。

2. 股票股利

股票股利是指公司以增发股票的方式代替货币资金，按股东股份比例分发给股东作为股息。中国实务中通常也称其为"红股"。具体做法为：在公司注册资本尚未足额时，以其未被认购的股票作为股利分配给股东，或公司以新发行的股票分配给股东。有的公司增资发行新股时，预先扣除当年分配的股利，再配售给老股东，也有的发行新股时进行无偿增资配股，即股东在不用支付现金和资产的情况下就能得到公司新发行的股票。由于股票股利既不改变股东权益数量，也不使股东获得现金，一般不必缴纳个人所得税。但是，股票股利会对公司的每股收益和每股价格产生影响。

股票分割又称股票拆细，是指公司将面额较高的股票转换成面额较低的股票的行为。在实务中，如果上市公司认为自己公司的股票市场价格过高，不利于其良好的流动，有必要将其降低，就可能进行股票分割。例如，将原来一股股票转换成两股股票，即在外流通股的股数增加一倍，每股收益和每股净资产减半，以推动股价下调。从会计的角度看，股票分割对公司的资本结构、资产的账面价值、股东权益的各账户（股本、资本公积、盈余公积、未分配利润等）均不会产生影响，股东权益的总额保持不变，只是使公司发行在外的股票总数增加，使得每股股票代表的账面价值降低，每股收益下降。因此，股票分割与发放股票股利的作用相似，都是在不增加股东权益的情况下增加股票的数量。所不同的是，股票股利虽不会引起股东权益总额的变化，但股东权益构成项目之间的比例会发生变化，而股票分割之后，股东权益总额及其构成项目的金额均不会发生任何变化，变化的只是股票面值。

3. 财产股利

财产股利是以现金以外的资产支付的股利，主要是以公司所拥有的其他企业的债券、股票等有价证券作为股利支付给股东。财产股利支付方式一般不受股东欢迎，因为股东投资入股的根本目的是获取现金股利，而非获取实物股利。

4. 负债股利

负债股利是公司以负债支付的股利，通常以公司的应付票据支付给股东，在不得已的情况下也有发行公司债券抵付股利的。由于票据或债券都是带息的，并有固定的到期日，会增加公司支付利息的财务压力，所以负债股利只是公司已经宣布并必须立即发放股利而货币资金不足时采用的一种权宜之计。负债股利是在公司财务状况不佳的情况下采用的，它会对公司的股票价格产生负面影响。因此，采用这种股利支付方式时一定要谨慎。

财产股利和负债股利实际上都是现金股利的替代方式，目前这两种股利方式在中国公司实务中极少使用。

本 章 小 结

1. 股利政策所涉及的问题是企业将其盈余如何进行分配，有多少作为股利发放给股东，有多少作为留存收益保留下来进行再投资。在股利政策是否会影响公司的价值这个问题上，经济学家们分成了三个学派。

2. "中间派"观点的代表理论是股利政策无关论。他们认为，在完善的资本市场条件下，企业的价值取决于投资决策与筹资决策所决定的资产的获利能力，而不是盈利在股利和留存收益之间的分割方式，因此，股利政策不会对企业价值产生任何影响。

3. "左派"观点的代表理论是差别税收理论，即只要股利纳税比资本利得纳税多，那么公司发放的股利就应该尽量降低，应将所有的可用现金都留存下来，或用于股票回购。如果落实这样的支付政策，公司就可以把股利转化为资本利得。

4. "右派"观点的代表理论是"一鸟在手"理论和"信号"理论。他们支持派发大额的股利，认为大量派发股利有利于公司价值的提升。

5. 股利政策的制定在实践中往往是一个十分复杂的问题，是多重因素共同影响的结果。具体影响因素包括法律因素、行业因素、契约性约束、企业内部因素、股东因素和其他因素。

6. 常用的股利政策类型包括四种：剩余股利政策、固定或持续增长的股利政策、固定股利支付率政策以及低正常股利加额外股利政策。

7. 按中国《公司法》规定，公司利润分配的项目包括以下三个部分：盈余公积金、公益金和股利。

8. 根据中国《公司法》规定，公司税后利润应按下列顺序依次分配：弥补亏损、计提法定盈余公积金、计提公益金、向优先股股东支付股利、计提任意盈余公积金、向普通股股东（投资者）支付股利（分配利润）。

9. 企业是否发放股利由董事会决定，一旦董事会宣布发放股利，股利就会成为企业一项不可撤销的负债。一般而言，企业的股利发放会经过以下几个日期：股利宣告日、股权登记日、除息日和股利支付日。

10. 常见的股利支付方式有现金股利、股票股利、财产股利和负债股利等。其中前两种方式最为普遍。

第 11 章 流动资产管理

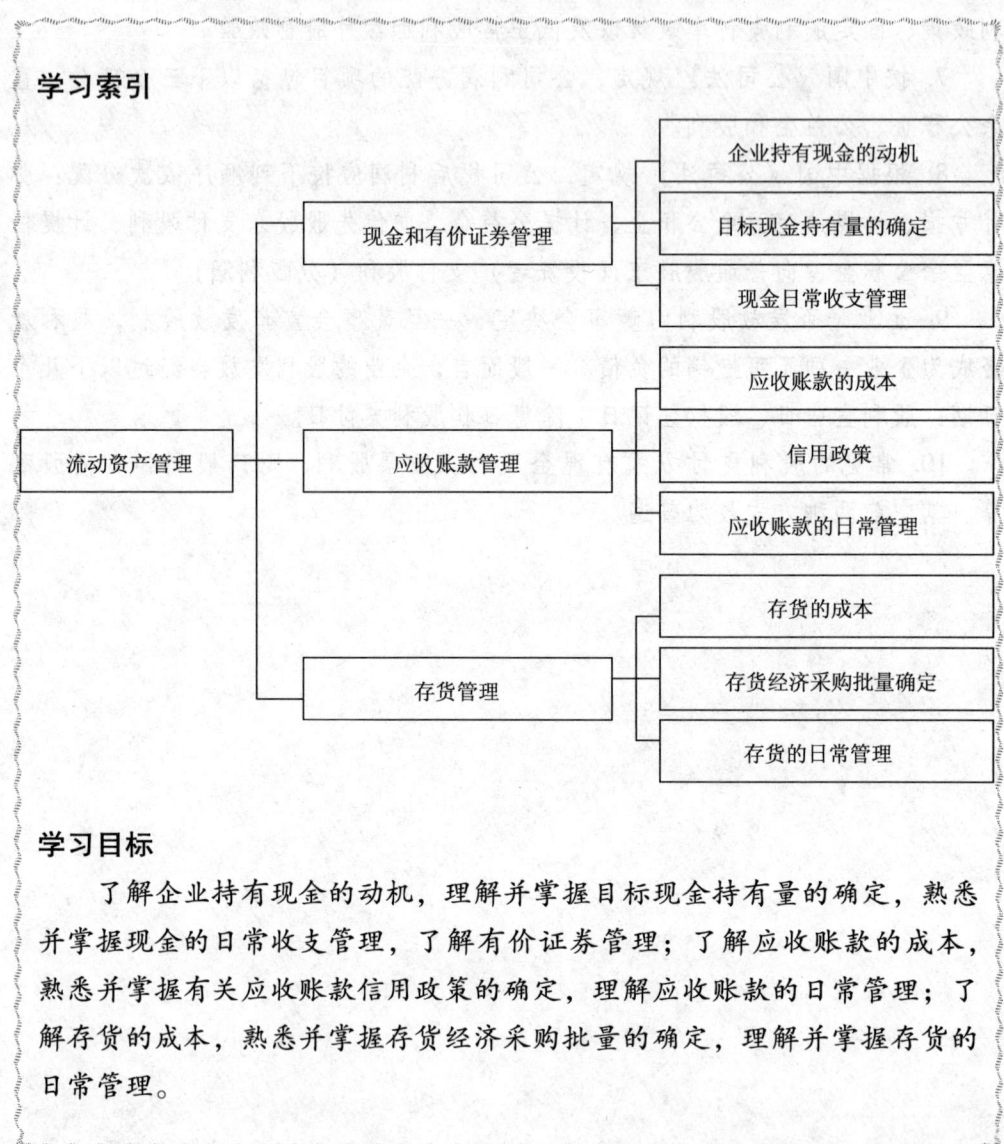

学习索引

学习目标

　　了解企业持有现金的动机,理解并掌握目标现金持有量的确定,熟悉并掌握现金的日常收支管理,了解有价证券管理;了解应收账款的成本,熟悉并掌握有关应收账款信用政策的确定,理解应收账款的日常管理;了解存货的成本,熟悉并掌握存货经济采购批量的确定,理解并掌握存货的日常管理。

　　20 世纪 60 年代,为适应消费需要变得多样化、个性化,日本丰田公司实行了一种新的生产体系,以及为此生产体系服务的物流体系——即时制(Just In Time,JIT)。JIT 指将必要的零件以必要的数量在必要的时间送到生产线,并且只将所需要的零件、只以所需要的数量、只在正好需要的时间送到生产线。它是一种生产方式，但其核心是削减库存，直至实现零存货，同时又能使生产过程顺利进行，因此这种生产方式也叫"零存货生产"。之后，国外的戴尔公司及国内的海尔公司、盼盼集团等也开始实施零存货管理。

11.1 现金和有价证券管理

现金是指生产过程中暂时停留在货币形态的资金，是公司中变现能力及流动性最强的资产，具体包括：库存现金、银行存款、银行本票、银行汇票等。短期有价证券由于变现能力强，可以随时和现金之间进行转换，当公司现金多余时，可将现金兑换成有价证券；当现金不足时，则可出售有价证券以弥足现金。因此，通常将短期有价证券视作"现金等价物"，属于"现金"的一部分，主要包括短期国库券、银行承兑汇票、商业票据、大额可转让存单、回购协议等。

11.1.1 企业持有现金的动机

现金是每个公司进行交易必不可少的一项资产，拥有足够的现金可以满足经营开支的各种需要，对保持公司经营稳定，降低风险，增强现金的流动性和债务的可清偿性具有十分重要的意义。但是，现金属于非营利性的资产，即使是银行存款，其利率也非常低，而且，如果公司持有现金太多，又会增加持有现金的机会成本，降低公司的收益。因此，公司持有一定量的现金主要是为了满足交易性动机、预防性动机和投机性动机。

1. 交易性动机

交易性动机是指公司持有现金以满足日常经营业务现金支付的需要。例如，公司为了组织生产经营活动，必须保持一定数额的现金余额，用于购买原材料、支付工资和水电费、缴纳税款、偿还到期债务、派发现金股利等。公司在经营过程中，经常发生现金流入和现金流出，但二者在时间和数量上很难同步同量发生，当现金流入大于现金流出时，形成现金结余；而当现金流入小于现金流出时，则需要补充现金短缺。因此，公司应保留一定的现金余额以便在现金流出大于现金流入时，不至于中断交易。一般来说，为满足交易性需要所持有的现金余额主要取决于公司的销售水平，通常公司的销售扩大，销售额增加，所需要的现金余额也会随之增加。

2. 预防性动机

预防性动机是指公司为了应付意外紧急事件而持有的现金。公司预计的现金需要量一般是指正常情况下的需要量，但由于市场行情的瞬息万变和其他各种不测因素的存在，许多意外事件的发生会影响公司的现金收入与支出，例如，地震、水灾、火灾等自然灾害、生产事故等都会打破公司的现金收支计划，使现金收支出现不平衡。因此，在正常经营活动现金需要量的基础上，追加一定数量的现金余额以应付未来现金流入和流出的随机波动，是公司在确定必要现金持有量时应当考虑的因素。预防性需要所持有的现金余额主要取决于以下三方面：一是公司对现金流量预测的准确程度；二是公司临时借款能力的强弱；三是公司愿意承担现金短缺风险的程度。

3. 投机性动机

投机性动机是指公司持有现金用于不寻常的购买机会的需要。例如，遇到廉价原材料或其他资产供应的机会，可以立即以手中持有的现金大量购入以获取低成本优势；又如，当有价证券市价大幅度跌落时，公司可用现金购入有价证券，而在价格反弹时卖出从而获得高额资本利得。通常，除金融机构和投资公司外，一般公司很少为投机行为而专设现金储备，当遇到不寻常的购买机会时，常常是设法临时筹集现金。但是，拥有一定数额的现金储备，无疑为捕捉有利的投资机会提供了方便。

此外，有时公司为满足银行的要求也需保持一定的现金余额，如公司向银行借款时，银行为了降低借款风险，要求公司在银行中保持按借款限额或实际借款额的一定百分比计算的补偿性余额。

> **小资料**
>
> 现金是公司里流动性最强的资产，拥有足够的现金可以满足经营开支的各种需要，对保持公司经营稳定，降低风险，增强现金的流动性和债务的可清偿性具有十分重要的意义。但是，现金属于非营利性的资产，即使是银行存款，其利率也非常低，而且，如果公司持有现金太多，又会增加持有现金的机会成本，降低公司的收益。因此，公司现金管理的目标就是要在资产的流动性和收益性之间进行权衡抉择，即在保证公司正常经营所需现金支付的同时尽量减少闲置现金的数量，以提高现金的收益率。

11.1.2　目标现金持有量的确定

基于公司持有现金动机的需要，在日常管理中公司必须保持一定数量的现金。但由于现金流入与流出在时间和数量上很难完全控制，导致了现金余额经常大幅度波动，因此，如何确定目标现金持有量是现金管理的重要任务。通常目标现金持有量的确定应根据公司的经营管理范围和现金管理的特点，选择适当的模型来进行。比较常见的模型有：成本分析模型、存货模型和随机模型。

1. 成本分析模型

成本分析模型是通过分析公司持有现金的相关成本，寻求使持有现金的相关总成本最低的现金持有量的模型。在成本分析模型下，公司持有一定量的现金通常会发生以下成本：

（1）机会成本，是指公司持有一定量的现金所放弃的将其用于其他投资机会而可能获得的收益。一般是按有价证券的利息率计算。这一成本的大小与现金持有量呈同方向变动，现金持有量越大，持有现金的机会成本就越高。

（2）管理成本，是指公司持有一定量现金所发生的管理费用，如管理人员的工资、福利和安全措施费用等。在一定范围内，管理成本通常是一种相对稳定的固定成本，它的大小与公司现金持有量之间无明显的变化关系。

（3）短缺成本，是指因公司现金持有量不足，不能应付业务开支需要，又无法通过有价证券变现加以补充而给公司造成的损失或为此付出的代价，如丧失购买能力成本、信用损失成本等。短缺成本的大小与现金持有量呈反向变动，现金持有量越大，短缺成本越小。当现金持有量为零时，短缺成本最大；当公司现金持有量达到一定量时，公司的现金短缺成本可能等于零。

最佳现金持有量就是指能使持有现金的总成本最低，上述三项成本之和最小的现金持有量，如图 11-1 所示。

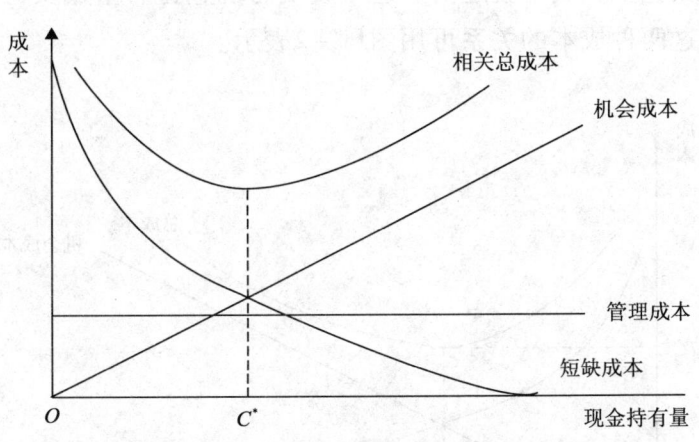

图 11-1 成本分析模型确定目标现金持有量

在图 11-1 中，机会成本线向右上方倾斜，短缺成本线向右下方倾斜，管理成本线是平行于横轴的平行线，总成本线是一条凹形抛物线，该抛物线的最低点即为公司持有现金总成本的最低点。在此点之前，短缺成本大于机会成本；超过这一点，机会成本大于短缺成本。这一点所对应的横轴上的现金持有量 C^*，即为最佳现金持有量。

实际工作中运用该模式确定最佳现金持有量的具体步骤为：(1) 根据不同的现金持有量测算并确定有关成本数值；(2) 按照不同的现金持有量及其有关成本资料编制最佳现金持有量预测表；(3) 在测算表中找出相关总成本最低的现金持有量，即最佳现金持有量。成本分析模式的优点是相对简单、易于理解，但要求能够比较准确地确定相关成本与现金持有量的函数关系。

2. 存货模型

存货模型也称鲍莫尔模型，是由美国经济学家威廉·鲍莫尔（William J. Baumol）在1952年首先提出的，这种模型类似于存货的经济采购批量模型。采用存货模型确定目标现金持有量的基本假设前提是：(1) 公司的现金流入量与流出量是稳定并且可以预测的；(2) 在预测期内，公司的现金需求量是一定的；(3) 在预测期内，公司不能发生现金短缺，并且可以出售有价证券来补充现金。

存货模型的基本原理是将公司现金持有量和有价证券联系起来衡量，即将持有现金机会成本同转换有价证券的交易成本进行权衡，以求得二者相加总成本最低时的现金持有量，从而得出目标现金持有量。与现金持有量有关的成本主要包括：(1) 持有现金的机会成本。(2) 现金与有价证券转换的交易成本，如经纪人费用及其他管理成本，假设这种成本只与交易次数有关，交易次数越多，成本就越高。这一成本与现金持有量成反比例变化。现金持有量与这两种成本的关系可用图11-2表示。

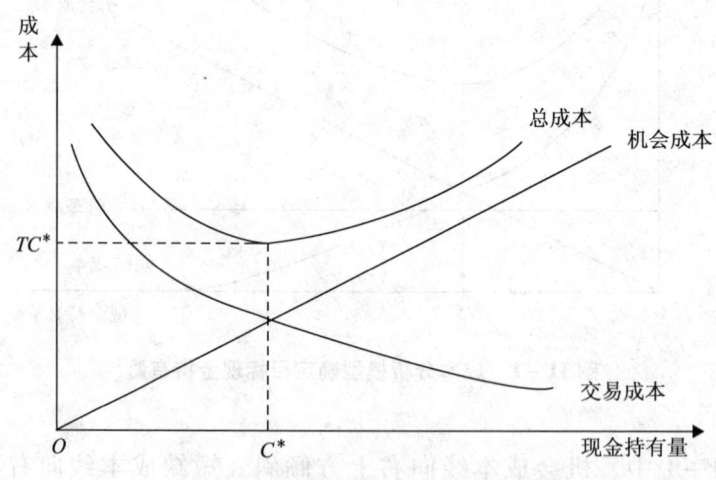

图11-2 存货模型确定现金持有量

从图11-2可以看出，现金持有量的大小与机会成本呈同方向变化，而与交易成本呈反方向变化。当公司持有现金持有量为 C^* 时，机会成本与交易成本之和（TC^*）为最小。用公式表示为：

$$TC = (C/2) \times r + (T/C) \times F \qquad (11.1)$$

式（11.1）中，TC 为总成本；C 为现金持有量（每次证券变现的数量）；r 为有价证券利息率（机会成本）；T 为一个周期内现金总需求量；F 为每次转换有价证券的交易成本。

如果将总成本对现金持有量求导并令其等于零，就可以得到成本最小时的现金持有量 C^*：

$$C^* = \sqrt{\frac{2TF}{r}} \qquad (11.2)$$

【例 11-1】假设某公司预计每月需要现金 720 000 元，现金与有价证券转换的交易成本为每次 100 元，有价证券的月利率为 1%，试计算该公司最佳现金持有量；每月有价证券交易次数；持有现金的总成本。

解：根据公式（11.2），该公司最佳现金持有量计算如下：

$$C^* = \sqrt{\frac{2 \times 720\,000 \times 100}{1\%}} = 120\,000(元)$$

每月有价证券交易次数 = 720 000/120 000 = 6（次）

公司每月现金持有量的总成本为：

$$\begin{aligned}TC &= (120\,000/2) \times 1\% + (720\,000/120\,000) \times 100 \\ &= 600 + 600 = 1\,200(元)\end{aligned}$$

上述计算表明，当公司现金持有量为零时，公司应出售有价证券获得现金 120 000 元。公司每月交易有价证券 6 次，持有现金的总成本为 1 200 元。

存货模型是对现金管理的一大贡献，但这一模型也有一些局限性：（1）这一模型假设计划期内只有现金流出，没有现金流入。但事实上，绝大多数公司在每一个工作日内都会发生现金流入和现金流出；（2）这一模型没有考虑安全现金库存，以减少发生现金短缺的可能性。当然如果公司能够很方便地出售有价证券或借款筹措资本，公司的安全现金库存就可能会很低。

3. 随机模型

随机模型又称米勒—奥尔模型（Miller-Orr Model）。美国经济学家莫顿·米勒（Merton Miller）和丹尼·奥尔（Denid Orr）将不确定性引入现金管理中，提出了公司在现金流量每日随机波动、无法准确预测情况下确定目标现金持有量的一种方法。

这一模式假设公司每日的现金净流量近似地服从正态分布，它可以等于正态分布的期望值，也可以高于或低于其期望值，因此，公司每日现金净流量呈随机型变动，如图 11-3 所示。这种方法的基本原理是制定一个现金控制区间，定出上限（H）和下限（L）以及回归点（R）或最佳现金持有量。公司的现金持有量在上下限间随机波动，在现金处于 H 和 L 之间时，不会发生现金交易。当现金持有量升至 H 时，如在 T_1 点时，公司将购入 $H-R$ 单位（元）的有价证券，此时，现金持有量降至 R 线上；当现金持有量降至 L 时，如在点 T_2 时，公司就需售出 $R-L$ 单位有价证券，使现金持有量回升到 R 线上。最低限（L）一般是根据公司对现金短缺风险愿意承担的程度确定的。

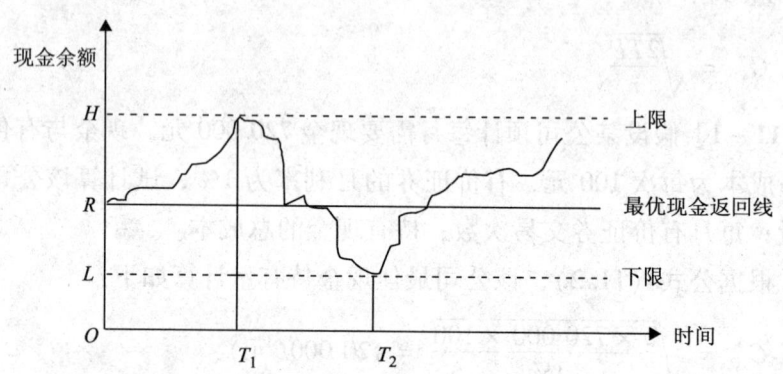

图 11-3　随机模型确定目标现金持有量

在随机模型中，当给定 L 值时，最优现金返回线（R）和上限（H）的现金持有量以及平均现金持有量的计算公式分别为：

$$R = \sqrt[3]{\frac{3F\sigma^2}{4r}} + L \qquad (11.3)$$

$$H = 3R - 2L \qquad (11.4)$$

$$平均现金持有量 = \frac{4R - L}{3} \qquad (11.5)$$

式中，F 表示每次证券转换的交易成本；σ^2 表示每日现金净流量的方差；r 表示日利率（按日计算的机会成本）。

根据随机模型确定目标现金持有量的基本步骤为：第一，确定现金持有量的下限，这个下限可以等于零或大于零的某一安全储备额，或银行要求的某一最低现金持有量。第二，估算每日现金流量的方差。一般是根据历史资料，采用统计的方法进行分析得到。第三，确定利息率和交易成本。第四，根据上述资料计算现金持有量上下限及回归点（R）。

【例 11-2】假设某公司根据现金流动性要求和有关补偿性余额的协议，该公司的最低现金持有量为 5 000 元，每日现金流量的标准差为 900 元，有价证券年利率为 10%，每次证券转换的交易成本为 72 元，如果一年按 360 天计算，那么在随机模型下，该公司最优现金返回线（R）、上限（H）以及平均现金持有量分别为多少？

解：$R = \sqrt[3]{\dfrac{3 \times 72 \times 900^2}{4 \times (10\% \div 360)}} + 5\,000$

$= 5\,400 + 5\,000 = 10\,400(元)$

$H = 3 \times 10\,400 - 2 \times 5\,000 = 21\,200(元)$

平均现金持有量 $= \dfrac{4 \times 10\,400 - 5\,000}{3} = 12\,200(元)$

上述计算结果表明，如果该公司现金持有量增至 21 200 元，则需购进 10 800 元（21 200 - 10 400）有价证券，即将现金转化为有价证券，使现金持有量恢复到 10 400 元。如果现金持有量减至 5 000 元时，则应出售 5 400 元（10 400 - 5 000）有价证券，即将有价证券转化为现金，使现金持有量恢复到合理的水平。公司平均现金持有量为 12 200 元。

在理解随机模型时，应注意以下几个问题：（1）现金持有量返回线（R）并不是现金流量上限和下限的中间值，它取决于每次的交易成本，每一期的利率以及现金净流量的标准差等因素。（2）现金持有量返回线（R）与交易成本 F 正相关，与机会成本 r 负相关。这一发现与存货模式的结论是基本一致的。（3）随机模式说明现金持有量返回线（R）及平均现金持有量都与现金流量这一变量正相关。这意味着现金流量更具不确定性的公司应保持更大的平均现金持有量。

11.1.3　现金日常收支管理

企业在确定了最佳现金持有量之后，还应该采取各种措施加强现金的日常收支管理，以保证现金使用的安全与高效。为了保证现金周转的安全完整，企业必须采取以下的现金管理方法：第一，建立健全现金收支的内部控制制度；第二，按照国家颁布的《现金管理暂行条例》、《银行结算办法》和《票据法》等结算纪律组织现金收支。

为了提高现金的使用效率，加速现金周转，企业应该在现金回收和现金支出这两个方面加强管理。

1. 现金回收管理

现金回收管理的主要目的是加速现金回收，避免本企业的资金被他人无偿占用，使应该收回的现金可以尽早地投入本企业的生产经营之中。加速现金回收首先应该做到尽早将发票寄给客户，以使客户更快地付款。为此，企业可以将发票赋予所发出的商品中，也可以用传真传送发票复印件或者在客户提货时即出具发票。其次，现金回收管理最重要的内容是减少现金浮游时间，即从客户寄出支票到它变成企业可用现金之间的总时间，包括客户支票邮寄时间、企业收到支票后的处理时间和支票在银行的清算时间等。

企业可以通过提高自身业务处理效率、要求客户尽量开具效率较高制度规范的银行支票、敦促银行缩短业务处理时间等手段来减少现金浮游时间。除此之外还可以运用以下三种方法：

（1）邮政信箱法，又称锁箱法，也就是企业在一些主要城市租用专门的邮政信箱并开立分行存款户，然后通知客户将支票直接寄送当地的邮政信箱，授权当地银行每日开启信箱，在取得客户票据以后立即进行结算。

（2）集中银行法，也就是企业在总部以外销售业务比较集中的地区建立多个收款中心来办理收款业务，客户收到账单以后直接汇给当地汇款中心，各地的收款中心收款后立即通过当地银行转给企业总部所在地银行，以缩短收款时间。

（3）电子付款法，也就是利用迅速发展起来的电子信息技术，通过电子清算系统及互联网络进行转账结算。电子付款方式大大简化了收款和资金集中的程序，极大地降低了收款成本、减少了现金浮游时间，因而在近年来得到了日益广泛的运用。

2. 现金支出管理

与现金回收的管理相反，现金支出管理的主要目的是在不影响本企业商业信誉的前提下，尽可能地延迟现金的支出时间。具体的措施有：

（1）延缓支付应付款。企业应该在各项债务恰好到期时支付，一般不宜提早或推迟，从而最大限度地利用无资本成本的自然融资。如果企业想获得应付账款的现金折扣，就应当在现金折扣期末付款；否则应当在信用期限后的最后一天付款。

（2）合理利用现金浮游量。所谓现金浮游量是指由于企业与银行双方出账与入账时间差造成的、企业从银行存款账户开出的支票总额超过其银行存款账户的余额。企业如果能够正确预测现金浮游量，并加以利用，就可以相应地减少银行存款余额，提高现金利用率。

加强浮游管理就是公司应该尽可能地缩短各种基于票据收款的浮游，延长各种票据支出的浮游，由此获利。例如，销货公司开出发票后，应尽早将发票传递到客户，减少发票浮游时间，以便于客户尽快付款，为此可以将发票附于所发出的商品中，也可以用传真传送发票复印件或在购货方提货时即出具发票等。而收入浮游与支出浮游的时间长短主要取决于交易所采取的支付结算机制与支付工具。通常，同城人民币结算机制（Intra-city Clearing Mechanisms）由当地中国人民银行管理下的票据清算所（Clearing Houses）来运作，银行有时也通过内部转账来结算。同城交易结算一般需耗时 24～48 小时,主要取决于特殊的支付工具。同城支付工具主要包括现金、公司支票、银行本票和本地资金的转账(贷记凭证)等。异地结算机制(Inter-city Clearing Mechanisms)通常是银行通过内部结算机制进行人民币结算、资金转账以及一些如商业汇票等票据的结算。票据的结算机制可能需要花费较长的时间,主要取决于具体的支付工具。例如商业汇票的结算,根据结算行的距离和效率不同可能需花费 5～30 天的时间,而对于在四大国有银行有开户的当地资金间的转账,根据两行间的距离不同,一般不超过 48 小时。而在现代电子结算机制下,全国现代化支付系统(CNAPS)覆盖了 32 个城市。通过 CNAPS,支付结算可在交易当天及时被执行。对于没有加入 CNAPS 的城市,本币资金转账可以通过银行间电子系统(electronic interbank network,EIN)完成。

例如不同结算机制下具体支付工具获得资金的时效,见表 11 - 1。

(3) 使用汇票付款。当企业使用汇票支付款项后,受票人将汇票送达银行,银行需将汇票送交付款企业承兑,并由付款人将一笔相当于汇票金额的资金存入银行,银行才会付款给受票人,这样就有可能合法地延期付款。

(4) 设置支付账户。企业一般在固定的日期支付职工工资和股利等,但往往这些款项并不是在支付的当日全部兑现。企业可以在银行为工资和股利的支付设置一个单独的账户,并根据经验预测现金支付的时间分布,据此来决定向银行支付支票的时间和额度。

表 11 - 1　　　　　　　　　　不同支付工具汇总①

转账类型	工具	获取资金的时效	备注
同城转账	公司支票	48 小时内	·需要公司财务章 ·在特定支票结算领域进行结算
	银行本票	立即	·从签发日期算起 10 天有效
	通过贷记凭证进行当地资金转账	24 小时内	从签发日期算起 1 个月内有效 两个清算议程上午 10∶30 和下午 16∶30
	经当地银行的内部结算机制进行当地资金转账	24 小时内	

---

① 选自《中国的现金管理、银行账户和支付》,载于《财资中国》,2006 年第 4 期。

续表

转账类型	工具	获取资金的时效	备注
异地转账	经 CNAPS 进行当地资金转账	实时执行 不超过 24 小时	如果收发行是 CNAPS 的直接结算成员，而且它们已与 CNAPS 建立了直接联系，那么在接到指示后可以立即执行。在当地法规下，超过 1 000万元人民币的支付必须通过 CNAPS
	经 EIN 进行当地资金转账	48 小时内	
	通过当地银行内部清算机制进行当地资金转账	24~48 小时	批次处理（Batch Processed）
	即期汇票	48 小时内	
	银行承兑汇票	5~30 天	即期汇票在 1 个月内有效 从出票日开始 6 个月内有效
	商业汇票	5~30 天	从出票日开始 6 个月内有效

11.2 应收账款管理

应收账款是公司流动资产中的一个重要项目，是商业信用的直接产物。随着市场经济的不断发展，商业竞争的日趋加剧，公司的应收账款数额明显增多，因此，应收账款管理已成为流动资产管理中的重要课题。应收账款管理的目的，就是正确衡量信用成本和信用风险，合理确定信用政策，及时回收账款，保证流动资产价值的真实性。

11.2.1 应收账款的成本

应收账款成本是指公司持有一定应收账款所付出的代价，包括机会成本、管理成本和坏账成本。

1. 机会成本

公司资金如果不投放于应收账款，便可用于其他投资并获得收益，比如投资于有价证券便会有利息收入。这种因投放于应收账款而放弃的其他收入，即为应收账款的机会成本。

2. 管理成本

公司对应收账款进行管理所耗费的各种费用，即为应收账款的管理成本，主要包括：对客户的资信调查费用、应收账款账簿记录费用、收账费用、收集相关信息的费用、其他相关费用。

3. 坏账成本

应收账款因故不能收回而给公司带来的损失，称为应收账款的坏账成本。此项成本一般与应收账款的额度成正比。为避免坏账成本给公司生产经营活动的稳定性带来的不利影响，公司应按规定提取一定的坏账准备。

11.2.2 信用政策

为了确保企业能一致性地运用信用和保证公平性，企业必须保持恰当的信用政策，必须明确地规定信用标准、信用条件、信用期间和折扣条件。

1. 信用标准

信用标准是客户获得公司商业信用所应具备的最低条件，如果客户达不到这些条件，就不能享受公司按商业信用提供的各种优惠，或只能享受较低的信用优惠。信用标准主要是根据市场竞争激烈程度、客户的资信状况、本公司的实际经营和财务状况以及公司自身承担违约风险的能力等因素来制定，通常以预期的坏账损失率作为判断标准。如果公司制定的信用标准过严，只对信誉好、坏账损失率低的客户予以赊销，将使许多客户因信用品质达不到标准而被拒之门外，这样尽管有利于降低违约风险及应收账款的信用成本，但不利于公司市场竞争能力的提高和销售收入的扩大；相反，如果公司采取较低的信用标准，虽然有利于公司扩大销售，提高市场竞争力和占有率，但同时也会导致坏账损失风险的加大和信用成本的增加。因此，公司在制定信用标准时应考虑周全，在权衡利弊得失的基础上做出决策，并经常针对不同的客户进行信用评估与分析，及时修正现行信用标准的宽严程度。

公司在确定信用标准时，可以采用传统的 5C 评估法。该法是重点分析影响客户信用的 5 大因素的一种方法。具体内容是：

(1) 品质（character）。指客户的信誉，即履行偿债义务的可能性。公司必须设法了解客户的付款历史，看其是否有按期如数付款的一贯做法，与其他供货公司的关系是否良好。这是衡量客户是否信守契约的重要标准，也是决定是否赊销的首要条件。

(2) 能力（capacity）。指客户的偿债能力，即其流动资产的数量和质量以及与流动负债的比例关系等。客户的流动资产越多，即流动比率越高，其转化为现金支付款项的能力就越强。同时，还应注意客户流动资产的质量，看其是否存在过多的不良债权或积压存货以及影响其变现能力和支付能力的情况。

(3) 资本（capital）。指客户的财务实力和财务状况，表明客户可能偿还债务的背景。

(4) 抵押（collateral）。指客户拒付款项或无力支付款项时能被用作抵押的资产，这对于不知底细或信用状况有争议的客户尤为重要。一旦这些客户的款项不能收回，便以抵押品抵补。如果这些客户提供足够的抵押，就可以考虑向他们提供相应的信用。

（5）条件（conditions）。指可能影响客户付款能力的经济环境。例如，万一出现经济不景气等因素，会对客户的付款能力产生什么影响，客户会如何做等，这需要了解客户在过去经济环境困境时期的付款历史。

> **小资料**
>
> 企业可以使用各种外部信息来源来帮助其确定申请人的信誉。申请人的财务报表是该种信息的主要来源之一。无论是经过审计的还是没有经过审计的财务报表，都可以将这些财务报表及其相关比率与行业平均数进行对比，因此它们都提供了有关信用申请人的重要信息。
>
> 获得申请人付款状况的第二个信息来源是一些商业参考资料或申请人过去获得赊购的供货商。另外，银行或其他贷款机构（如商业贷款机构或租赁公司）可以提供申请人财务状况和可使用信息额度方面的标准化信息。最后，一些地方性和全国性的信用评级机构收集、评价和报告有关申请人信用状况的历史信息。

2. 信用条件

信用条件是销货企业要求赊购客户支付货款的条件，由信用期限和现金折扣两个要素组成。规定信用条件包括涉及销售合同或协议来明确规定在什么情形下可以给予信用。企业必须建立信息系统或购买软件对应收账款进行监控以保证信用条款的执行，并且查明顾客还款方式在总体和个体方面可能发生的变化。

（1）约束信用政策的因素。有许多因素影响企业的信用政策。在许多行业，信用条件和政策已经成为标准化的惯例，因此某一家企业很难采取与其竞争对手不同的信用条件。企业还必须考虑提供商业信用对现有贷款契约的影响。因为应收账款的变化可能会影响流动比率，可能会导致违反贷款契约中有关流动比率的约定。

（2）对流动性的影响。公司的信用条件、销售额和收账方式决定了其应收账款的水平。应收账款的占用必须有相应的资金来源，因此企业对客户提供信用的能力与其自身的借款能力相关。不适当地管理应收账款可能会导致顾客延期付款进而导致流动性问题。然而，当应收账款用于抵押贷款或作为债务担保工具或出售时，应收账款也可以成为流动性的来源。

（3）提供信用的收益和成本。因为提供信用可以增加销售额，所以商业信用可能会增加企业的收益。赊销的另一个潜在的收益来源是从分期收款销售安排中获得利息收益。利息可能是一块很大的利润来源，尤其是零售型企业通过自己私有品牌的信用卡或分期收款合同向顾客提供直接融资时更是如此。提供信用也有成本。应收账款的主要成本是持有成本。一般来说，企业根据短期借款的边际成本或加权平均资本成本确定应收账款的持有成本。运营和维持企业信用部门的成本也是非常高的，其成本包括人员成本、数据处理成本和还款处理成本、信用评估成本和从第三方购买信用信息的成本。

3. 信用期间

信用期间是指公司允许客户从购货到支付货款的时间间隔。公司产品的销售量与信用期限之间存在着一定的依存关系。一般而言，延长信用期限可以在一定程度上扩大销售，从而增加营业利润。但不适当地延长信用期限，也会给公司带来不良后果：一是使平均收账期延长，占用在应收账款上的现金相应增加，影响公司现金周转的速度，并导致机会成本增加；二是导致管理成本及坏账成本的增加。因此，公司应否延长客户的信用期限，应视延长信用期限增加的边际收益是否大于增加的边际成本而定。

4. 折扣条件

延长信用期限会增加应收账款占用的时间和金额，许多公司为了加速现金周转，及时收回货款，减少坏账损失，往往在延长信用期限的同时，采用一定的优惠措施，即在规定的时间内提前偿付货款的客户可按销售收入的一定比例享受折扣。这里，为客户规定的可享受现金折扣的付款时间即为折扣期限；在顾客提前付款时所给予的价格优惠即为现金折扣。有时，公司可能根据需要采用阶段性的折扣期限与不同的现金折扣率，如"2/10，1/20，$n/30$"，即给予客户30天的信用期限，如果客户能在发票开出后的10天付款，即可以享受2%的现金折扣；超过10天但能在20天之内付款，则可享受1%的现金折扣；否则，必须在30天内全额支付款项。

现金折扣的决策原则与信用期限的决策原则是相同的，因为提供现金折扣能够吸引客户，扩大销售，加速应收账款的现金周转，但现金折扣的优惠实际上是产品价格的扣减，使公司丧失折扣额本身的收益，所以公司是否提供以及提供多大程度的现金折扣，应着重考虑提供折扣后所得的收益是否大于现金折扣的成本，并以此作为决策的依据。

> **小资料**
>
> 公司针对客户违反信用条件，拖欠甚至拒付账款时而采取的收账策略与措施称为公司的收账政策。对于客户拖欠或拒付的款项，无论采取何种方式加以催收，都需要付出一定的代价，即收账费用，如收账所花费的邮电通信费、派专人收款的差旅费和不得已时的法律诉讼费等。通常，公司如果采取较积极的收账政策，将会导致拖欠款项的客户减少及拖延款项的时间缩短，从而减少应收账款上占用的现金和坏账损失，但却会增加收账费用；如果采取较消极的收账政策，则将会导致拖欠款项的客户增多并且拖延款项的时间延长，从而增加应收账款占用的现金和坏账损失，但却会减少收账费用。
>
> 一般地，收账费用投入越多，坏账损失越少，但两者之间并不是呈现一种线性关系。一般情况下，公司一开始增加一些收账费用，在某一范围内只能减少一小部分的坏账损失，当收账费用增加到一定程度时，进一步增加收账费用会使坏账损失明显地减少，但当收账费用达到某一限度后，再增加收账费用对减少坏账损失几乎没有意义了，这个限度被称为饱和点，它表明一定量的坏账损失是无法避免的，收账费用的增加不应超过这个饱和点。
>
> 因此，制定收账政策的基本原则是要在增加的收账费用与减少的坏账损失及应收账款上的现金占用之间进行权衡，若前者小于后者，则说明制定的收账政策是可取的。

11.2.3 应收账款的日常管理

完善信用管理部门职能，建立系统性的应收账款日常控制体系非常重要，而完整的客户档案是信用管理的基础。客户档案应包括以下内容：客户基本资料、客户信用资料、赊销合同、以往交易记录等。信用管理部门依靠完整的客户资料评价和跟踪客户的信用状况，确定客户的信用额度，对逾期账款进行有效管理。客户档案应从与客户建立交易关系前就着手建立，并在客户关系的发展过程中予以及时补充和更新。

1. 账龄分析

公司应收账款能否收回以及能收回多少，不一定完全取决于时间的长短，但一般来说，账款被拖欠的时间越长，发生坏账的可能性越大。根据一份调查数据显示，应收账款逾期的时间越长，那么追账的成功率就越低。当逾期时间为一个月时，追账成功率为93.80%，当逾期半年时，成功率急剧降至57.80%，而当逾期两年左右时，成功率只能达到13.50%。

账龄分析就是将所有赊销客户的应收账款的实际归还期编制成表，汇总反映其信用分类、账龄、比重、损失金额和百分比。账龄分析表是显示应收账款在外天数（账龄）长短的报告。具体格式见表11-2。

表11-2　　　　　　　　　　某某年度账龄分析表

应收账款账龄	客户数量	应收金额（万元）	金额比例（%）
信用期内（一个月）	30	300	30
超过信用期一个月	15	200	20
超过信用期两个月	10	200	20
超过信用期三个月	5	100	10
超过信用期半年	3	100	10
超过信用期一年	2	50	5
超过信用期两年	1	30	3
超过信用期三年以上	5	20	2
合　　计	—	1 000	100

根据账龄分析表11-2，可按下列方式进行分析：

（1）有多少欠账尚在信用期内。由于这部分款项没有超过信用期属正常欠款，但到期后能否收回，还应具体分析，故应及时监控。

（2）有多少欠账已超过信用期，超过时间不等的款项各占多少，有多少欠款最终形成坏账。表11-2显示，有700万元的应收账款已超过信用期。所占比例为70%，其拖欠时间较短（如一个月内）的有200万元，所占比例为20%，其收回的可能性相对较大；账龄越长的款项，其坏账的可能性越大。公司应针对不同客户采取相应的收账方法、制定经济可行的收账政策，防止出现不良账务。此外，应借助于账款逾期率、账款回收周期、账龄结构、坏账率等财务比率进行客户信用风险分析。

2. 日常管理

（1）确定合理的收账程序。催收账款的程序一般是：信函通知、电话催收、派员面谈、法律行动。当客户拖欠账款时，要先给客户一封有礼貌的通知信件；接着，可寄出一封措辞较直率的信件；进一步则可通过电话催收；如果再无效，公司的业务员可直接与客户面谈，协商解决；如果谈判不成，就只好交给公司的律师采取法律行动。

（2）确定合理的讨债方法。客户拖欠货款的原因可能比较多，但可以概括为两类：无力偿还和故意拖欠。

无力偿付是指客户因经营管理不善，财务出现困难，没有资金偿还到期债务，对这种情况要进行具体分析。如果客户确实遇到暂时困难，经过努力可以东山再起，公司应该帮助客户渡过难关，以便收回较多的账款；如果客户遇到严重困难，以达到破产界限，无法恢复活力，则应及时向法院起诉，以期在破产清算时得到债权的部分清偿。

故意拖欠是指客户虽然有能力付款，但为了无偿使用或其他目的，想方设法不付款。这时则需要确定合理的讨债方法，以达到回笼货款的目的。目前采取追债公司追账的方式比较可行。特别是涉及海外应收账款时，往往会出现时差、语言隔阂、商业程序等问题。聘请专门的追债公司，会弥补公司在经验方面的不足。目前追账公司追账主要有两种方式：当公司成为追账公司会员时，交纳一定的会员费即可；对于非会员来讲，则需要交纳一定的手续费。当应收账款追回时，公司与收账公司双方分成，分成比例根据应收账款追收难度的大小确定。

> **小案例**
>
> 　　20 世纪末以来①，国内家电行业生产能力过剩，需求下降，迫使许多家电企业把目光转向海外市场。中国最大的彩电生产商四川长虹急于开拓海外市场，与名不见经传的美国 APEX（Apex Digital）公司开始合作。从 2002 年起，美国 APEX 公司将四川长虹电视机运入了美国市场。2002 年，四川长虹以全球销售 1 129 万台和出口 398 万台彩电夺得销量和出口两项第一。四川长虹在 2001 年的彩电出口量仅为 12 万台，一年内增长了 33 倍多。四川长虹 2002 年的出口额达到 7.6 亿美元，其中依靠美国 APEX 的出口额占了近 7 亿美元。2003 年，四川长虹出口额达 8 亿美元左右，其中美国 APEX 公司占 6 亿美元。
>
> 　　但是，一车车运出去的彩电却没能为四川长虹换回大把的美元，美国 APEX 公司总是以质量或货未收到为借口，拒付或拖欠货款。四川长虹 2003 年年报披露，截至 2003 年年末，公司应收账款为 49.85 亿元人民币，其中来自美国 APEX 公司的应收账款为 44.46 亿元。
>
> 　　四川长虹 2004 年年报显示，公司自上市以来首次亏损。公司全年亏损 36.81 亿元人民币，报告期内大额计提资产减值准备是四川长虹巨亏的主要原因。公司对美国 APEX 公司所欠货款按个别认定法计提坏账准备金额折合人民币 25.97 亿元，该项估计对 2004 年的利润总额影响约为 22.36 亿元。
>
> 　　2004 年 12 月 14 日，四川长虹在美国洛杉矶高等法院起诉美国 APEX 公司。一场被舆论称为是近年来中国企业在国外涉案金额最大的应收账款官司正式上演。

---

① 沈洪涛、樊莹、罗淑贞编著：《初级财务管理》，东北财经大学出版社 2008 年版。

11.3 存货管理

11.3.1 存货的成本

一般来说,存货管理并不是财务经理的直接责任,但存货资本的投放与控制却与财务经理的工作有关。因此,财务经理必须掌握如何有效地配置存货水平和资本使用效率,减少投资于存货上的成本。一般来说,存货成本主要包括以下四项。

(1) 采购成本,是指由买价和运杂费构成的成本,其数额取决于采购数量和单位成本。单位采购成本一般不随采购数量的变动而变动。因此,存货的采购成本,在采购批量决策中一般属于无关成本;但如果供应商采用"数量折扣"等优惠办法时,采购成本就成了决策的相关成本。

(2) 订货成本,是指为订货而发生的各种成本,包括采购人员的工资、采购部门的一般经费(如办公费、水电费、折旧费等)和采购业务费(如差旅费、邮电费、检验费等)。订货成本可分为两个部分:在订货成本中,为了维持一定的采购能力而发生的、各期金额比较稳定的成本,称为固定订货成本;而随订货次数的变动作正比例变动的成本,称为变动订货成本。

(3) 储存成本,是指因储存存货而发生的各种成本,包括支付给储运部门的仓储费、存货占用资本应计的利息(若公司用现金购买存货,便失去了现金存放银行或投资于证券而取得的利息,视为"放弃利息";若公司借款购买存货,便要支付利息费用,视为"付出利息")、保险费、损耗费、公司自设仓库的一切费用等。储存成本也可分为两部分:在储存成本中,总额稳定,与储存存货数量和储存时间无关的成本,称为固定储存成本;总额大小取决于存货数量和储存时间的成本,称为变动储存成本。

对于订货成本和储存成本要进行成本分解,以便算出存货决策所需要的每次订货的变动订货成本、单位存货一年的变动储存成本。至于固定的订货成本和固定的储存成本,往往是存货决策中的无关成本。

(4) 缺货成本,是指由于存货数量不能及时满足生产和销售的需要而给公司带来的损失。如停工待料而引起的损失、由于商品不足而失去的销售机会、由于采取紧急措施补足所需存货而发生的超额费用等。缺货成本大多是机会成本,计算比较困难,但为了决策的需要,应估算出单位缺货成本(缺一个单位存货一次给公司带来的平均损失)。

11.3.2 存货经济采购批量的确定

经济采购批量是指既能满足生产经营需要，又能使存货费用达到最低的一次采购批量。在一般情况下，采购批量越小，采购次数越多，订货成本就越高，但储存成本就越低；反之，采购批量越大，采购次数越少，订货成本就越低，但储存成本就越高。存货决策的目的就是要找出使两种成本合计数最低的订货批量，即经济采购批量。

经济采购批量的基本模型，通常是建立在如下基本假设基础上的：(1) 公司能够及时补充存货，所需存货市场供应充足，在需要存货时，可以立即到位；(2) 存货集中到货，而不是陆续入库；(3) 不允许缺货，即无缺货成本；(4) 一定时期的存货需求量能够确定，即需求量为常量；(5) 存货单价不变，且为已知常量，不考虑现金折扣；(6) 公司现金充足，不会因现金短缺而影响进货。在上述假设条件下，存货总成本等于年储存成本与年订货成本之和。

$$T = \frac{Q}{2} \times C + \frac{A}{Q} \times P \tag{11.6}$$

式 (11.6) 中，A 表示某种存货的全年需要量；Q 表示订货批量；A/Q 表示订货次数；P 表示每批订货成本；C 表示单位存货年储存成本；T 表示年成本合计。

对公式 (11.6) 求一阶导数并令其结果为零，即可求得经济订货批量 Q^* 如下：

$$Q^* = \sqrt{\frac{2AP}{C}} \tag{11.7}$$

由此求出最低年成本合计 T^* 的计算公式：

$$T^* = \sqrt{2APC} \tag{11.8}$$

【例 11-3】假设某厂全年耗用 A 材料 1 200 千克，每次订货成本 10 元，每千克材料的年储存成本 0.6 元。据此，经济订货批量 Q^*，最低年成本 T^* 和最佳订货次数 A/Q^* 分别为多少？

解：$Q^* = \sqrt{\dfrac{2 \times 1\,200 \times 10}{0.6}} = 200(千克)$

$T^* = \sqrt{2 \times 1\,200 \times 10 \times 0.6} = 120(元)$

$A/Q^* = 1\,200/200 = 6(次)$

11.3.3 存货的日常管理

1. ABC 分析法

存货管理的 ABC 分析法是意大利经济学家巴雷特于 19 世纪首创的，以后经过不断的发展与完善，现已广泛用于现代公司的存货管理与控制。ABC 分析法是对存货各项目（如原材料、在产品、产成品等）按种类、品种或规格分清主次，重点控制的方法。ABC 分析法的操作步骤如下：

（1）计算每一种存货在一定期间内（通常为 1 年）的资金占用额；

（2）计算每一种存货资金占用额占全部资金占用额的百分比，并按大小顺序排列，编成表格；

（3）将存货占用资金巨大，品种数量较少的确定为 A 类；将存货占用资金一般，品种数量相对较多的确定为 B 类；将存货品种数量繁多，但价值金额较小的确定为 C 类；

（4）对 A 类存货进行重点规划和控制；对 B 类存货进行次重点管理；最后，对 C 类存货实行一般管理。

通过对存货 A、B、C 分类，可使公司分清主次，并采取相应的措施进行有效的管理和控制。从财务管理的角度来看，A 类存货种类虽然较少，但占用资金较多，应集中主要精力，对其经济批量进行认真规划，实施严格控制；C 类存货虽然种类繁多，但占用资金很少，不必耗费过多的精力去分别确定其经济批量，也难以实行分品种或分大类控制，因此，可凭经验确定进货量；B 类存货介于 A 类和 C 类之间，也应给予相当的重视，但不必像 A 类那样进行非常严格的规划和控制，管理中根据实际情况采取灵活措施。

2. 即时制

即时制（just-in-time，JIT），是指存货恰好在需要时取得并且投入流程的方法。在工艺流程中，即时制思想能够使得生产准备成本最小，经济订货批量下降，存货占用资金量较低。这就要求公司具有高效的采购计划、极为可靠的供应商以及有效的存货处理系统。通过计算机网络获得即时信息，有利于即时制思想成为现实。

对于原材料存货，可以通过提高内部管理效率减少，同时，通过与可靠供应商的合作，对于降低原材料库存至关重要；对于减少在产品的占用，通过提高内部物流管理效率可以达到目标；对于产成品存货而言，将受到客户满意程度的影响，适销对路，必然减少库存。即时制将导致较快的生产流程，要求管理者一方面降低存货水平；另一方面防止缺货成本的发生，实现最佳的存货投资水平。

> **小思考**
>
> 20世纪90年代信息技术和互联网技术兴起之后,存货管理发生了很大变化。通过信息技术在公司中的运用(如ERP、SAP等),可以使公司的生产计划与市场销售的信息充分共享,计划、采购、生产和销售等各部门之间也可以更好地协同。而通过互联网技术可以使存货预测较以前更准确、可靠。戴尔公司是这次互联网技术的成功实践者,几乎完全消灭了成品库存。
>
> 请上网查询戴尔公司存货管理模式,说明戴尔公司存货管理的特点和基本做法,以及对公司存货管理的启发。

本章小结

1. 现金是指生产过程中暂时停留在货币形态的资金,是公司中变现能力及流动性最强的资产;短期有价证券可被视作"现金等价物",属于"现金"的一部分,主要包括短期国库券、银行承兑汇票、商业票据、大额可转让存单、回购协议等。

2. 现金是每个公司进行交易必不可少的一项资产,公司持有一定量的现金主要是为了满足交易性动机、预防性动机和投机性动机。

3. 通常目标现金持有量的确定应根据公司的经营管理范围和现金管理的特点,选择适当的模型来进行。比较常见的模型有:成本分析模型、存货模型和随机模型。

4. 为了保证现金周转的安全、完整,企业必须采取以下的现金管理方法:第一,建立健全现金收支的内部控制制度;第二,按照国家颁布的《现金管理暂行条例》、《银行结算办法》和《票据法》等结算纪律组织现金收支。同时,必须加强现金回收管理和现金支出管理。

5. 应收账款成本是指公司持有一定应收账款所付出的代价,包括机会成本、管理成本和坏账成本。

6. 为了确保企业能一致性地运用信用和保证公平性,企业必须保持恰当的信用政策,必须明确地规定信用标准、信用条件、信用期间和折扣条件。

7. 应收账款的日常控制应重视账龄分析和日常管理。

8. 一般来说,存货成本主要包括四项:采购成本、订货成本、储存成本和缺货成本。

9. 经济采购批量是指既能满足生产经营需要,又能使存货费用达到最低的一次采购批量。在一般情况下,采购批量越小,采购次数越多,订货成本就越高，但储存成本就越低；反之，采购批量越大，采购次数越少，订货成本就越低，但储存成本就越高。存货决策的目的就是要找出使两种成本合计数最低的订货批量，即经济采购批量。

10. 常见的存货的日常管理方法包括 ABC 分析法和即时制。

第 12 章　短期筹资

学习索引

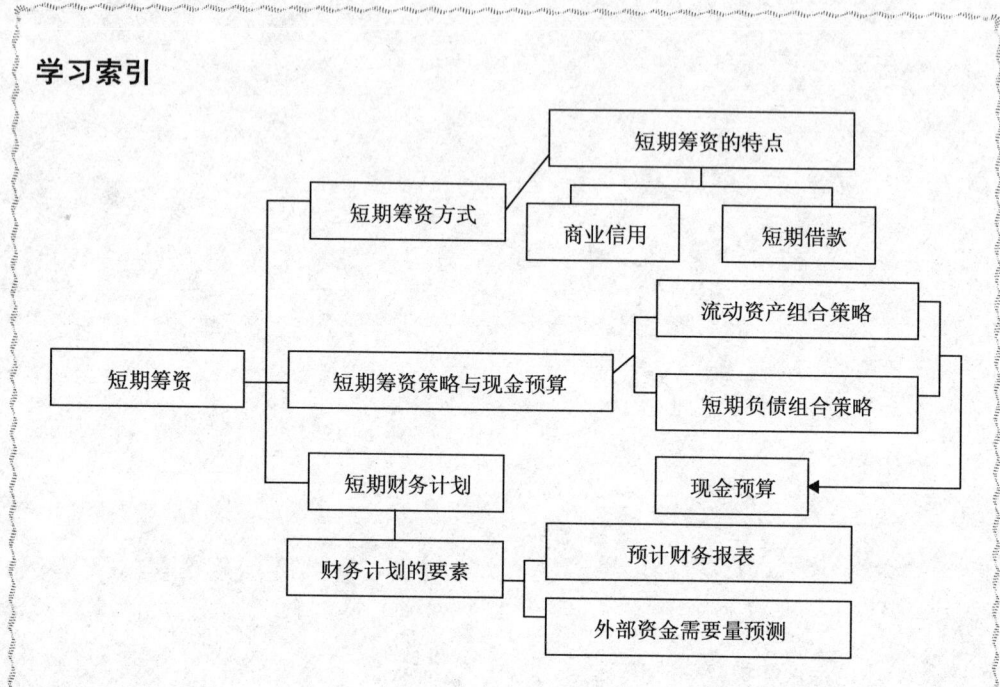

学习目标

　　了解短期筹资的特点；理解并掌握利用商业信用进行短期筹资的相关内容；熟悉并掌握短期借款这种短期筹资方式；理解流动资产的组合策略；了解短期负债各项目的组合策略；熟悉并掌握现金预算的内容及编制方法；了解财务计划要素和内容；理解并掌握预计财务报表的编制；熟悉并掌握外部资金需要量的预测方法和程序。

　　日本著名跨国公司"松下电器"的创始人、被人誉为"经营之神"的松下幸之助曾经说过："修筑水坝的目的在于拦阻和储存河川的水，应根据季节或天气的变化，经常保持必要的用水量。如果公司的各部门都能像水坝一样，那么一旦外界情势有变化，也不会受到影响，而能够维持稳定的发展，这就是'水坝式经营'的观念。公司的设备、资金、人员、库存、技术、企划或新产品的开发，等等，各方面都必须有水坝，发挥其功能。换句话说，在经营上，各方面都要保留宽裕的运用弹性。"①

"水坝式经营"是指公司经营犹如堤坝一般，经营良好时，要充分蓄水，以备应急之用。而短期筹资主要指为流动资产筹资，即为满足现金、应收账款、存货等需要构筑"水坝"。作为公司筹资的一部分，它与长期筹资之间的比例，取决于公司资金季节性需求和长期性需求的比例以及管理层对这两类资金需求所采取的态度。尽管它不像资本预算和长期筹资那样重要，但恰如其分的短期筹资策略对改善公司财务状况、增强财务弹性具有重要的作用。

12.1 短期筹资方式

12.1.1 短期筹资的特点

短期筹资是指为满足公司临时性流动资产需要而进行的筹资活动。由于短期资本一般是通过流动负债方式取得，因此，短期筹资也可称为流动负债筹资或短期负债筹资。

与长期负债筹资相比，短期负债筹资具有如下特点：

（1）速度快。申请短期借款往往比申请长期借款更容易、更便捷，通常在较短时间内便可获得。长期借款借贷的时间长，贷方风险大，贷款人需要对公司的财务状况评估后方能做出决定。因此，当公司急需资本时，往往首先寻求短期借款。

（2）弹性高。与长期债务相比，短期贷款给债务人更大的灵活性。长期债务债权人为了保护自己的利益，往往要在债务契约中对债务人的行为加以种种限制，使债务人丧失某些经营决策权。而短期借款契约中的限制条款比较少，使公司有更大的行动自由。对于季节性公司，短期借款比长期借款具有更大的灵活性。

（3）成本低。在正常情况下，短期负债筹资所发生的利息支出低于长期负债筹资的利息支出。而某些"自然性筹资"（如应付税金、应计费用等）则没有利息负担。

（4）风险大。尽管短期债务的成本低于长期债务，但其风险却大于长期债务。这主要表现在两个方面：一方面，是长期债务的利息相对比较稳定，即在相当长一段时间内保持不变。而短期债务的借款利率则随市场利率的变化而变化，时高时低，使公司难以适应。另一方面，如果公司过分筹措短期债务，当债务到期时，公司不得不在短期内筹措大量资本还债，这极易导致公司财务

---

① 松下幸之助：《经营管理文集》第一卷，春风文艺出版社1993年版，第979页。

状况恶化，甚至无法及时还债而破产。

12.1.2 商业信用

商业信用是指在商品交易中以延期付款或预收货款进行购销活动而形成的借贷关系，它是公司间直接的信用行为。商业信用产生于商品交换之中，其具体形式主要是应付账款、应付票据、预收账款等。据有关资料统计，这种短期筹资在许多公司中占短期负债的40%左右，已成为公司重要的短期资金来源。

1. 应付账款筹资

应付账款，即赊购商品，这是一种典型的商业信用形式。在这种方式下，买卖双方发生商品交易，买方收到商品后不立即支付货款，也不出具借据，而是形成"欠账"，延迟一定时期后才付款。这种关系完全由买方的信用来维持。对于卖方来说，可以利用这种方式促销，而对于买方来说，延期付款等于向卖方借用资金购进商品，以满足短期资金需要。

公司在一定时期应付账款筹资额度的大小不但与公司生产经营状况有关，也与供应商（卖方）提供的信用条件有关。如供应商的信用条件是"net 30"，表示购货方必须在30天内支付货款。有时供应商为促使购货方按期付款，及早付款，通常给预购货方一定的现金折扣，如信用条件为"2/10，n/30"，表示购货方如在购货后10天内付款，可以享受2%的现金折扣；如在10~30天内付款，购货方必须支付全额货款；允许购货方付款的期限最长为30天。假设某公司按"net 30"的条件平均每天从供货商处采购价值5 000元的货物，如果公司在信用期限末（第30天）付款，则它相当于通过应付账款获得了价值15万元的筹资（30天×5 000元）。如果公司的采购计划随着生产计划进行调整，其应付账款筹资额度也将随之变动。

应付账款筹资按其是否支付一定的费用，分为"免费"筹资和有代价筹资两种。如果供应商不提供现金折扣，购货方在信用期限内任何时间支付货款均无代价；如果供应商提供现金折扣，购货方在折扣期限内支付货款也没有成本，这两种情况通常称为"免费"筹资（在许多情况下，供应商已将这一成本包括在其产品价格中）；如果购货方在规定的信用期限延迟付款，或放弃现金折扣、在折扣期限外支付货款，则称为有代价筹资。

【例12-1】假设某公司按"2/10，n/30"的条件购买一批商品，价值100 000元。如果公司在10天内付款，则可获得最长为10天的免费筹资，并可获得现金折扣2 000元（100 000×2%），免费筹资额为98 000元（100 000 - 2 000）。如果公司放弃这笔折扣，在第30天付款，付款总额为100 000元。那么,公司放弃现金折扣的实际利率是多少?

解:公司为推迟付款20天,需多支付2 000元。这种情况可以看做一笔为期20天、金额为98 000元的借款,利息为2 000元,其借款的实际利率为:

20天的实际利率 = (2 000/98 000) ×100% = 2.04%

利息通常以年表示,因此,必须把20天的利率折算为360天利率。假设按单利计算,则实际年利率为:

实际年利率 = 2.04% ×360/20 = 36.73%

放弃现金折扣的实际利率(或机会成本)也可根据下式计算:

$$\text{放弃现金折扣实际利率} = \frac{\text{折扣率}}{1 - \text{折扣率}} \times \frac{360}{\text{信用期限} - \text{折扣期限}} \quad (12.1)$$

根据资料,放弃现金折扣的实际利率为:

$$\text{放弃现金折扣实际利率} = \frac{2\%}{1 - 2\%} \times \frac{360}{30 - 10} = 36.73\%$$

计算结果表明,公司放弃现金折扣以取得这笔为期20天的资金使用权,是以承担36.73%的年利率为代价的。或者说,放弃2%的现金折扣意味着该公司可向供应商融通98 000元的资金使用20天。

公司是否放弃现金折扣,通常应与其短期筹资成本相比较,如果其他筹资成本低于这一水平,就不应放弃赊销方提供的折扣优惠,公司可通过其他渠道融通成本较低的资金,提前支付这笔应付款。假设上例中同期银行短期借款利率为12%,则买方可利用银行借款支付货款。假设该公司在第10天利用银行借款98 000元支付货款,并在第30天偿还这笔借款的本金和利息。这笔借款20天的利息为653.33元(98 000×0.12×20/360),那么在第30天公司应向银行偿还98 653.33元,这比发票金额减少了1 346.67元。因此,公司应该利用现金折扣,在第10天付款。

如果公司推迟付款,在第45天而不是30天付款,那么获得35天信用期的代价是丧失2 000元的折扣,放弃现金折扣的实际利率计算如下:

$$\text{放弃现金折扣实际利率} = \frac{2\%}{1 - 2\%} \times \frac{360}{45 - 10} = 20.99\%$$

尽管实际利率仍然高于12%的利率,但实际成本比原先在第30天付款少多了。付款推迟的时间越长,实际利率就越低。

延期付款可降低成本,但由此会带来一定的风险或潜在的筹资成本,主要包括:(1)信用损失。如果公司过度延期支付应付账款,或严重违约,公司的信用等级就将遭受损失。不良的信用等级会影响公司与其他供应商和金融机构的关系。(2)利息罚金。有些供应商可能会向延期付款的客户收取一定的利息罚金;有些供应商则将逾期应付账款转为应付票据或本票,这两者都是付款义务的正式凭证,一旦破产,应付票据或本票对供应商更为有利。(3)停止送货。拖欠货款会使供应商停止或推迟送货,这不但会因停工待料而丧失生产或销售机会,也会失去公司原有的客户。(4)法律追索。供应商可能利用某些法律手段,如对公司所购原材料保留留置权,控制存货,或诉诸法庭,使公司不得不寻求破产保护等。

2. 应付票据筹资

应付票据是购销双方按购销合同进行商品交易,延期付款而签发的、反映债权债务关系的一种信用凭证。根据承兑人的不同,应付票据分为商业承兑汇票和银行承兑汇票两种。商业承兑汇票是由收款人签发,经付款人承兑或由付款人签发并承兑的票据;银行承兑汇票是由收款人或承兑申请人签发、由承兑申请人向开户银行申请,经银行审查同意,并由银行承兑的票据。商业汇票承兑后,承兑人(即付款人)负有将来无条件支付票款的责任,经承兑的商业票据允许背书转让。

应付票据的承兑期限由交易双方商定,一般为1~6个月,最长不超过9个月。应付票据可以带息,也可以不带息。带息应付票据利息率通常低于其他筹资方式的利率,如低于短期借款利率,且不用保持相应的补偿性余额和支付各种手续费等。

使用应付票据结算方式,收款人需要资本时,可持未到期的商业承兑汇票或银行承兑汇票向其开户银行申请贴现。贴现银行需要资本时,可持未到期的汇票向其他银行转贴现。

贴现和转贴现的期限一律从其贴现之日起到汇票到期日止。实际支付贴现金额按票面金额扣除贴现息后计算。

票据贴现实际上是持票人把未到期的汇票转让给银行,贴付一定利息以取得银行借款的行为。因此,它是商业信用发展的产物,实为一种银行信用。应付票据贴现息及应付贴现票款的计算方法如下:

$$贴现息 = 汇票金额 \times 贴现天数 \times (月贴现率 \div 30 天) \qquad (12.2)$$

$$应付贴现票款 = 汇票金额 - 贴现息 \qquad (12.3)$$

【例12-2】假设A公司向B公司购进材料一批,价款100 000元,双方商定6个月后付款,采用商业承兑汇票结算。B公司于3月10日开出汇票,并经A公司承兑。汇票到期日为9月10日。如B公司急需资本,于4月10日办理贴现,其月贴现率为0.6%,那么,该公司应付贴现款是多少?

解:根据上述资料计算如下:

$$贴现息 = 100\,000 \times 150 \times 0.6\% \div 30 = 3\,000 \text{(元)}$$

应付贴现票款 = 100 000 - 3 000 = 97 000（元）

计算结果表明，A 公司通过商业承兑汇票取得了一笔短期资本来源；B 公司虽然为 A 公司提供了商业信用，但当它需要资本又可通过贴现取得资本。因此，应付票据是一种灵活的短期筹资方式。

在证券市场较为发达的西方国家，许多信用程度极高的大型公司，往往通过发行商业票据来筹集短期资本。公司利用发行商业票据满足各种不同的筹资需求：(1) 临时性或季节性资本需求；(2) 转换信用，以获得连续不断的资本来源；(3) 当长期资本市场不能提供令人满意的长期筹资条件时，公司发行商业票据可暂缓进行长期筹资的时间；(4) 补充或替代商业银行贷款。由于发行商业票据不是以现实的商品交易为基础，而是以公司信用作为担保，因此，只有信用程度极高的公司才可能利用这种筹资方式。

> **小资料**
>
> 银行承兑汇票，由于有银行参与，信用程度比商业承兑汇票高，它通常是对外贸易公司经常采取的一种筹资来源。例如，中国某进口公司准备从美国某公司进口一批价值 100 万美元的材料，双方商定以一张为期 90 天的定期汇票来结束这笔交易。为此，中国公司首先要求其开户银行开出信用证，表示负责承兑由美国出口公司向中国公司开出的汇票；当美国公司发货，同时开出指令中国公司在 90 天内付款的汇票，委托美国某家银行收款。按照双方的约定，美国银行将汇票寄给中国某银行，由中国某银行承兑后，该汇票就成了银行承兑汇票。即中国某银行承担了支付汇票的责任，也就是用银行信用代替了中国公司的信用。与商业承兑汇票一样，银行承兑汇票也可以转让、贴现等，是公司一种灵活的筹资方式。

3. 预收账款筹资

预收账款是卖方公司在交付货物之前向买方预先收取部分或全部货款的信用形式。对于卖方来说，预收账款相当于向买方借用资金后用货物抵偿。预收账款一般用于生产周期长、资金需要量大的货物的销售。

公司在生产经营活动中往往还形成一些应付费用，如应付水电费、应付工资、应付税金、应付利息等。这些项目的发生受益在先，支付在后，支付期晚于发生期，故为公司形成一种"自然性筹资"。其期限通常有强制性的规定，如按月支付工资、按规定期限缴纳税金等。这些短期筹资项目也视作无息负债。

4. 利用商业信用筹资的优缺点

与其他短期筹资方式相较，商业信用筹资的主要优势体现在以下两个方面：一是易于取得。公司无须办理任何复杂的手续，且自主权较大。二是无须担保。在商业信用筹资方式下，公司无义务将自有资产抵押给债权方，不存在无法偿付时抵押资产被强行拍卖或处置的风险。

这种方式的弊端也显而易见，主要体现在三个方面：第一，筹资时间短。商业信用筹资仅可作为公司短期资金的周转使用，为了保证公司信用等级，合理安排和平衡资金，如期付款是公司长久运行的保证。第二，筹资限制较大。对于商品销售方而言，商业信用往往存在于供小于求的卖方市场，只有在这一市场上，才可能出现预先收取货款的短期筹资方式。对于商品购买方而言，商业信用往往存在于供大于求的买方市场，在这一市场上先提货后付款的筹资行为较多发生。第三，隐性成本较大。商业信用筹资方式使用不当的代价往往是信用等级下降，支付能力受到质疑，在当今这一以"信用经济"为特质的社会中，信用的缺失会使公司陷入经营失败的危机。

12.1.3 短期借款

在我国，短期银行借款主要用于满足公司生产周转性资金、临时资金和结算资金等需求。短期借款按有无担保分为无担保短期借款和担保短期借款两种。

1. 无担保短期借款

无担保短期借款是指公司凭借自身的信誉从银行取得的贷款。公司申请无担保借款时，需要将公司近期的财务报表、现金预算和预测报表送交银行。银行根据这些资料对公司的风险与收益进行分析后，决定是否向公司贷款，并拟定具体的贷款条件。这些条件主要是：

（1）信用额度。信用额度是借款公司与银行之间正式或非正式协议规定的公司向银行借款的最高限额。信用额度的确立一般以银行出具的信函通知书为准（或者是一份更为正式的、具有法律约束的协议），上面写明银行的信用额度、期限或贷款条件等。虽然大部分信用额度的时间以一年为限，但只要借款人的信用风险维持不变，而且银行能够接受，那么信用额度到期后往往可再续约。当信用额度更新时，信用限额、利率及其他条件也会随之变化。

（2）周转信贷协议。周转信贷协议是指银行具有法律义务承诺提供不超过某一最高限额的贷款协议。在协议的有效期内，只要公司的借款总额未超过最高限额，银行必须满足公司任何时候提出的借款要求。公司享用周转信用协议，通常要对贷款限额的未使用部分付给银行一笔承诺费。这是因为尚未使用的信用额度仍属稀缺资源，尤其那种定立了有法律约束力的信用额度协议。承诺费一般按信用额度总额中尚未使用部分的一定百分比计算。如果周转信用额度为100万元，借款公司年度内使用了60万元，余额为40万元，借款公司该年度内应向银行支付承诺费，假设承诺费率为0.5%，则公司在该年度内享有周转信贷协议所付出的代价为2 000元（400 000×0.5%）。周转信贷协议不仅可以满足公司季节性资金需要，而且还可以满足一般流动资金需要。

（3）补偿性余额。补偿性余额是银行要求借款公司在银行中保持按贷款限额的一定百分比（10%~20%）计算的最低存款余额。从银行的角度看，补偿性余额可以降低贷款风险，对于借款公司来说，补偿性余额则提高了借款的实际利率。例如，某公司按8%向银行借款100 000元，银行要求维持贷款限额15%的补偿性余额，那么公司实际可用的借款只有85 000元，该项借款的实际利率为9.4%（100 000×8%÷85 000）。

（4）利息率。通常商业贷款的票面（名义）利率是由借贷双方协商确定的。在某些情况下，利率也会随货币市场的状况而变动。

（5）逐笔贷款。逐笔贷款是指根据某种短期需要向银行取得的借款。对于这类贷款，银行要逐笔审核公司的贷款申请，并测算和确定贷款的相应条件和信用保证。

2. 短期担保借款

担保借款，又称抵押借款，是指借款公司以本公司的某些资产作为偿债担保品而取得的借款。借款公司可以用自己拥有的应收账款、存货、固定资产或其他资产作为担保品。担保借款需要借贷双方签订抵押借款合同，在合同中必须注明担保品的名称及有关说明，同时应将该合同送一份到有关政府机关备案，以保证债权人的权益。

银行贷款的安全程度取决于担保品的价值大小和变现速度。在借款者不能偿还债务时，银行就可变卖担保品，当出售担保品所得价款超过债务本息时，要将其差额部分归还借款者；当所得价款低于债务本息时，其差额部分则变为一般无担保债权。通常担保品的价值越大，变现力越强，银行贷款的风险就越小。短期借款的担保品一般包括应收账款、应收票据和存货等。

（1）应收账款借款。应收账款筹资是指以应收账款作为抵押品筹措资金，主要包括应收账款抵押和应收账款让售两种形式。在应收账款抵押借款方式下，借款公司以应收账款的债权作为担保品，贷款银行拥有应收账款的受偿权，还可以对借款公司行使追偿权。因此，运用应收账款担保方式获得的短期借款，借款公司仍要承担应收账款违约的风险。在美国，按《统一商业法规》，一旦公司与贷款人建立了应收账款抵押关系，公司应定期将销售发票送交贷款人，以便分析确定应收账款的回收率和收账费用。凡不符合贷款人要求的销售发票都不得作为抵押品。在应收账款抵押业务的各个阶段，贷款人都有一套自我保护方法。通常，贷款人选择信用等级较高的销售发票作为抵押品，以尽量减少贷款风险；以应收账款担保取得借款时，借款人仍然保留应收账款的所有权，一旦商品购买者不能支付货款，贷款人仍然可以向借款人提出求偿权；此外，贷款人的贷款数通常小于抵押的应收账款总额。

应收账款让售又称应收账款保理，是指借款人将其所拥有的应收账款债权卖给贷款银行或有关金融机构，当购货方无力支付账款时，贷款银行或有关金融机构不能对借款人行使追索权，而要自行承担坏账损失。在应收账款让售业务中，公司与贷款人也要签订抵押协议书，以明确双方应遵守的基本程序和承担的法律责任。但其基本程序与应收账款抵押有所不同。当公司收到买方订单时，应填写信用评估表送交贷款人审查。如果贷款人认同并批准贷款，即将销售发票寄往买方，并要求买方直接付款给有关贷款人。如果贷款人不同意这笔买卖业务，公司（卖方）一般应拒绝签订单，但如果公司擅自成交了这笔业务，贷款人会拒绝购买这笔应收账款。在应收账款让售业务中，贷款人一般行使三项职能：信用审查、提供贷款和承担风险。

对公司来说，以应收账款作为抵押物来获取短期银行借款不仅可以解决应收账款投资的资金来源，而且可以在一定程度上转让应收账款，从而减少风险。其缺点是当公司发票数量多且每张发票金额小时，应收账款筹资的管理成本较高。

（2）存货担保借款。存货是流动资产中变现速度较慢的资产，而且其性质和品种千差万别，银行难以与公司签订极为完善的担保协定。因此，银行一般只愿意接受易于保管、容易变现的存货作为短期银行贷款的担保品。在某种情况下，银行与公司签订的契约还可能包括借款公司对担保品保持有形占有，银行对担保品的数量和质量有持续的检查权。正是由于存货作为担保品给银行带来许多不便，因此，其利率要高于以应收账款为担保品的借款利率。

在存货担保借款中，贷款人主要考虑的各项因素：第一，存货的变现性、耐久性、市场价格稳定性；第二，存货的清理价值，即当公司违约时抵押存货的清理价值是否足以补偿贷款的本金和利息；第三，审查公司的现金流动状况，以确定公司的偿债能力。担保贷款通常按存货市价的一定百分比发放，百分比随存货变现性、市场稳定性和耐久性而变化。

> **小资料**
>
> 按抵押方式的不同，存货担保借款可分为存货总留置权法、动产抵押法、信托收据法和仓库收据法等。在存货总留置权法下，公司以存货总额作为借款的抵押品，银行对公司全部的存货拥有留置权。但公司仍保有存货的所有权，可以随时提取，因而银行难以进行严密控制，故贷款利率相对较高。在动产抵押法下，贷款人应先明确存货的种类，并对这些存货拥有所有权，银行对此部分存货拥有留置权，借款人未经贷款人同意不得随意出售。当借款不能偿还时，银行只有通过法院同意才可以以存货抵偿欠款。在信托收据法下，贷款者对存货拥有所有权，委托借款人销售，并以销售所得偿还借款。为保证借款的足额偿还，需要了解借款人所销货物的变现性，并控制销售款的流向。在仓库收据法下，借款人以存放在公共仓库中的特定存货为担保取得借款。产品完工后，借款人即将存货送入银行指定的公共仓库中，并以仓库收据证明存放在仓库中的存货确属公司所有。产品销售时必须先征得银行同意才能到仓库中提货，并以销货款偿还借款本息。

12.2 短期筹资策略及现金预算

12.2.1 流动资产组合策略

公司的流动资产一般分为临时性资产（波动性流动资产）和永久性资产两部分。前者是指由于季节性或临时性原因占用的流动资产，如销售旺季增加的应收账款和存货等；后者是指用于满足公司长期稳定需要的流动资产，如保险储备中的存货或现金等。与此相对应，公司的资本也分为临时性资本需求和永久性资本需求两部分。前者一般是通过短期负债筹资满足公司临时性流动资产需要，后者一般是通过长期负债和股权资本筹资满足公司永久性流动资产和固定资产的需要。

流动资产组合策略就是指如何配置流动资产与其资本来源等问题。对临时性和永久性流动资产的筹资策略一般有三种类型，即稳健型、激进型和折中型。

1. 稳健型筹资策略

这是一种较为谨慎的筹资策略，如图 12-1 所示。图中虚线在永久性流动资产线以上，这表明公司的长期资本不但能满足永久性资产的资本需求，而且还能满足部分短期或临时性流动资产的资本需求。长期资本来源超出永久性资产需求部分,通常以可迅速变现的有价证券形式存在,当临时性流动资产需求处于低谷时,这部分证券可获得部分短期投资收益,当临时性资产需求处于高峰时则将其转换为现金。

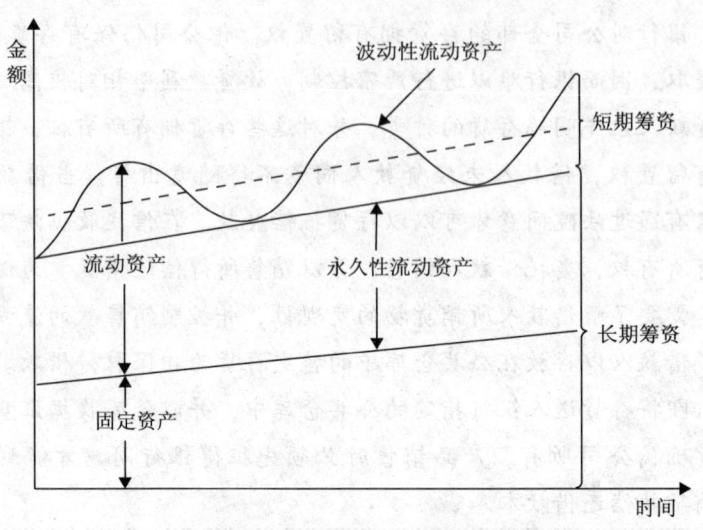

图 12-1 稳健型筹资策略

稳健型策略的主要目的是规避风险。采取这一策略,公司短期负债比例相对较低,其优点是可增强公司的偿债能力,降低利率变动风险。但这种策略可使公司的资本成本增加,利润减少;如用股权资本代替负债,还会丧失财务杠杆利益,降低股东的收益率。这种策略通常适合于公司长期资本多余,但又找不到更好的投资机会的公司。

2. 激进型筹资策略

这是一种扩张型筹资策略,如图 12-2 所示。图中虚线在永久性流动资产以内,这表明公司长期资本不能满足永久性资产的资本需求,要依赖短期负债来弥补。激进型筹资策略的主要目的是追求高利润。但采取这种策略,一方面降低了公司的流动比率,加大了偿债风险;另一方面短期负债筹资利率的多变性又增加了公司盈利的不确定性。因此短期负债的低成本所带来的收益将被这些高风险所抵消。这种策略一般适合于长期资本来源不足,或短期负债成本较低的公司。

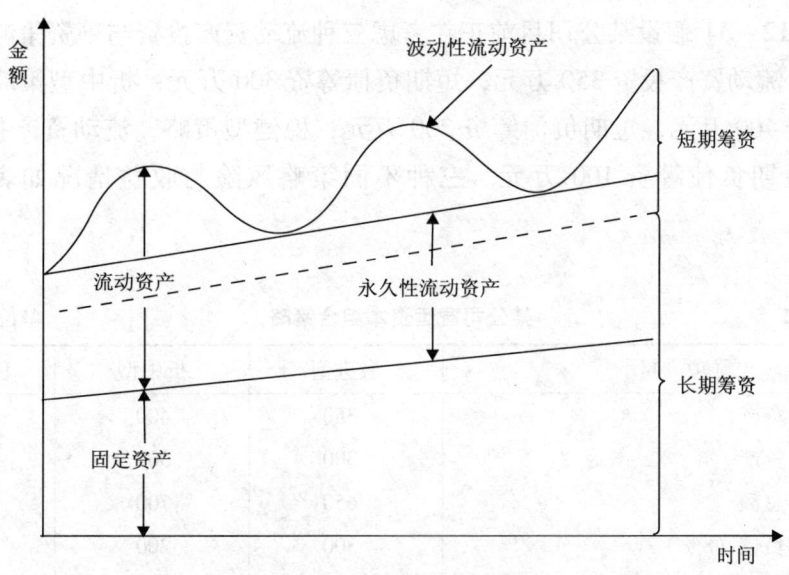

图 12 – 2 激进型筹资策略

3. 折中型筹资策略

这是一种介于上述两者之间的一种筹资策略,如图 12 – 3 所示。图中虚线刚好与永久性流动资产线相重合,这表明公司的长期资本正好满足永久性资产的资本需求量,而临时性流动资产的资本需要则全部由短期负债筹资解决。这种策略的风险介于稳健型和激进型策略之间。这种策略要求公司负债的到期结构与公司资产的寿命周期相匹配,这样一方面可以减少公司到期不能偿债风险;另一方面可以减少公司闲置资本占用量,提高资本的利用效率。这种策略是一种理想的筹资策略,但是较难以在现实经济活动中得以完满的实现。

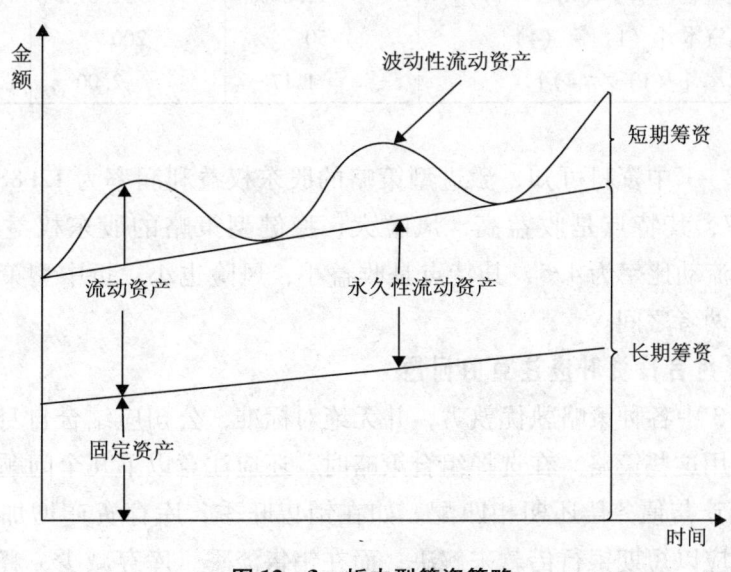

图 12 – 3 折中型筹资策略

【例 12-3】 假设某公司目前正在考虑三种流动资产投资与筹资策略：激进型策略，流动资产投资 350 万元，短期负债筹资 300 万元；折中型策略，流动资产投资 400 万元，短期负债筹资 200 万元；稳健型策略，流动资产投资 450 万元，短期负债筹资 100 万元。三种不同策略风险与收益情况如表 12-1 所示。

表 12-1　　　　　　　　　某公司营运资本组合策略　　　　　　　　　单位：万元

项　目	激进型	折中型	稳健型
(1) 流动资产	350	400	450
(2) 固定资产	300	300	300
(3) 资产总额	650	700	750
(4) 流动负债（8%）	300	200	100
(5) 长期负债（10%）	90	220	350
(6) 负债总额	390	420	450
(7) 股东权益	260	280	300
(8) 负债与股东权益总额	650	700	750
(9) 预期息税前利润	100	103	106
(10) 利息费用			
短期负债	24	16	8
长期负债	9	22	35
(11) 税前利润	67	65	63
(12) 所得税（50%）	33.5	32.5	31.5
(13) 税后利润	33.5	23.5	31.5
(14) 股东权益收益率 [(13)/(7)]	12.88%	11.61%	10.50%
(15) 净营运资本 [(1)-(4)]	50	200	350
(16) 流动比率 [(1)/(4)]	1.17	2.00	4.5

从表 12-1 中资料可知，激进型策略的股东权益利润率为 12.88%，流动比率为 1.17，其特点是收益高，风险大；稳健型策略的股东权益利润率为 10.5%，但流动比率为 4.5，其特点是收益小，风险也小；折中型策略的收益和风险介于两者之间。

4. 选择组合投资时应注意的问题

例 12-3 中各种策略孰优孰劣，并无绝对标准，公司应结合自身的实际情况，灵活运用这些策略。在选择组合策略时，还应注意以下几个问题：

(1) 资产与债务偿还期相匹配。如在销售旺季，库存资产增加所需要的资本，一般应以短期银行借款来解决；而在销售淡季，库存减少，释放出的现金即可用于归还银行借款。如果采用长期资本，在销售淡季就会出现资本闲置，即使投资于有价证券，其收益相对也较低。相反，如果固定资产投资以短期银行借款筹资，则无法用该项投资产生的现金流入量还本付息。按照资产与债务偿还期匹配的原则，公司应采用长期资本来源用于固定资产投资。因为不论公司的盈利能力如何，如果没有足够的现金支付到期债务或当前费用，公司就会陷入财务危机。

（2）净营运资本应以长期资本来源来解决。

（3）保留一定的资本盈余。这样可使公司在需要时能够更方便地使用资本，保留一定的资本盈余并非一定意味着公司实际上拥有一部分现金节余，它还包括公司的借贷能力，即公司保留一部分向银行借款的能力不用，在必要时用这部分能力随时从银行取得借款。但这一原则容易造成资本使用效率低下，导致某种机会成本的损失，因此，公司应在资本使用方便和资本使用效率之间寻找一个合适的均衡点。

12.2.2 短期负债各项目的组合策略

短期负债本身也是由各种不同项目所组成的，如短期银行借款、应付账款、应付票据以及由于法规和结算上的原因形成的其他应付款项。短期负债不同项目的资本成本和偿还期限是不一样的，它们对风险与收益的影响也各有差异。相对来说，短期银行借款的基本特征是低风险、高成本，当公司由于某种原因暂时不能偿还借款时，银行一般不会立即诉诸法律，而是采取提高利率的方法来制约公司。应付账款筹资一般则是低成本、高风险，当公司不能按期付款时，债权人有可能会诉诸法律，如能按期付款，其成本比较小，甚至没有成本。由于法律和结算原因形成的各种应付税金、应付工资、应计费用属于"自然筹资"方式，对于这种负债，公司一般只是加以合理利用。短期负债各项目的组合策略主要是根据生产经营的规律性，合理安排短期银行借款、应付账款、应付票据的借款期限、还款期限和支用期限，即按不同的偿还期限筹措各种短期资本来源，以保证既能满足生产经营需要，又能及时清偿各种到期债务。

12.2.3 现金预算

现金预算是短期筹资计划的基本工具。通过现金预算，可以确定公司一定时期内现金需求数量及其筹集方式，为经营管理者合理处理现金收支业务、正确调度资金、保证资金的正常流转提供参考依据。

1. 现金预算的构成

现金预算主要由现金流入量、现金流出量、现金净流量、现金筹措与运用四部分构成。

（1）现金流入量。它是指期初的现金结存数和预算期内发生的现金收入，如现销收入、收回的应收账款、应收票据到期兑现和票据贴现收入等。

（2）现金流出量。它是指预算期内预计发生的现金支出，如采购材料支付货款、支付工资、支付部分制造费用、支付三项费用（销售费用、管理费用、财务费用）、偿还应付款项、缴纳税金、支付利润以及资本性支出（设备购置费）等。

（3）现金净流量及现金需求量。现金净流量是指现金流入量与现金流出量之间的差额。差额为正，表示现金多余；差额为负，表示现金不足。根据现金净流量及其他资料确定现金需求量。

（4）现金筹措与运用。根据计划期现金净流量及公司有关资金管理的各项政策，确定筹集或运用现金的数额。如果现金不足，可向银行取得借款，或发放短期商业票据以筹集资金，并预计还本付息的期限和数额；如果现金多余，除了可用于偿还借款外，还可用于购买有价证券进行短期投资。

2. 现金预算的编制

现金预算一般以年、季、月、旬、周甚至日为编制期，为简化，在这里以季度为单位介绍现金预算的编制方法。下面以某公司为例说明现金预算的编制方法。

（1）现金流入量。某公司的现金流入量主要是产品销售收入，根据市场预测、销售合同以及公司的生产能力，首先预测2015年各季度产品销售收入，假设该公司各季度产品销售收入分别为8 750万元、7 850万元、11 600万元和13 100万元。如果公司采取赊销方式，则从销售收入到现金收入，存在一个时间差，其长短取决于公司的信用政策和客户的支付能力。据估计，在各季销售收入中有80%能于当季收到现金，其余20%要到下季收讫。假设该公司2014年第四季度销售收入为7 500万元，年末应收账款余额为1 500万元。据此可编制销售收入收现计划，如表12-2所示。

表12-2　　　　　　　　　某公司销售收入计划　　　　　　　　　单位：万元

项　　目	第一季度	第二季度	第三季度	第四季度
期初应收账款	1 500	1 750	1 570	2 320
销售收入	8 750	7 850	11 600	13 100
现金收入				
其中：上季收现	1 500	1 750	1 570	2 320
本季收现	7 000	6 280	9 280	10 480
现金收入合计	8 500	8 030	10 850	12 800
期末应收账款	1 750	1 570	2 320	2 620

表12-2中，上季收现数等于期初应收账款数，即上季应收账款在本季全部收现；本季收现数等于本季销售收入乘以80%；期末应收账款数等于本季销售收入乘以20%。

该公司除产品销售收入外，还包括其他现金收入，如固定资产报废残值收入、按政策规定退回的已缴税款等。通常公司筹措长期资金（如发行债券或股票等）也是公司的一项资金来源，为简化，假设该公司在计划期内未筹措长期资金。假设公司在第一季度和第二季度发生其他现金收入，分别为150万元和1 250万元。

（2）现金流出量。该公司的现金支出主要包括：一是材料采购支出计划。根据销售收入计划和生产计划确定材料采购支出计划，公司购买各种原料、零件、能源时可在当季付款，也可根据供应商的信用条件和公司的支付能力延期付款，延期付款可在一定时间内占用供应商的资金，成为公司的短期现金来源，但在存在现金折扣的情况下，延期付款所承担的机会成本是很高的，因此一般公司都应尽可能及时支付货款。假设该公司材料采购支出均在当季付现。二是工资、管理费用（不包括折旧费）、销售费用等现金支出。三是资本支出，指长期投资现金支出。该公司长期投资支出主要发生在第一季度。四是所得税、利息及股利支出，利息支出包括全部长期债务利息支出，但不包括为弥补该年度资金不足而借入的短期债务的利息支出。该公司现金支出计划如表12-3所示。

表12-3　　　　　　　　某公司现金支出计划　　　　　　　　单位：万元

项　目	第一季度	第二季度	第三季度	第四季度
材料采购支出	6 500	6 000	5 500	5 000
工资、管理费、销售费支出	3 000	3 000	3 000	3 000
资本支出	3 250	130	550	800
所得税、利息、股利支出	400	400	450	500
合计	13 150	9 530	9 500	9 300

（3）现金净流量及现金需求计划。根据现金流入量和现金流出量计划编制现金需求计划，如表12-4所示。在表中，该公司前两个季度的现金流出量大于现金流入量，其原因是：首先，第一季度的资金支出较高；其次，第一、二季度的销售收入较低。随着销售收入增加和资金支出减少，在后两个季度中现金流入量大于现金流出量。根据预计的现金流量，即可确定公司的现金需求计划。假设该公司年初现金余额为500万元，也是公司确定的最低现金持有量。

表 12-4　　　　　　　　　某公司现金需求计划　　　　　　　　单位：万元

项　目	第一季度	第二季度	第三季度	第四季度
(1) 现金收入	8 650	8 030	12 100	12 800
其中：销售收现收入	8 500	8 030	10 850	12 800
其他现金收入	150	0	1 250	0
(2) 现金支出	13 150	9 530	9 500	9 300
(3) 现金净流量 (1) - (2)	-4 500	-1 500	2 600	3 500
(4) 现金需求计划				
(5) 期初现金余额	500	-4 000	-5 500	-2 900
(6) 期末现金余额 (3) + (5)	-4 000	-5 500	-2 900	600
(7) 最低现金余额	500	500	500	500
(8) 累计现金余（缺）额 (6) - (7)	-4 500	-6 000	-3 400	100

表 12-4 表明，该公司在第一、二、三季度累计现金余（缺）额分别为 4 500 万元、6 000 万元和 3 400 万元，只有在第四季度才有现金节余 600 万元，扣除最低现金余额后，可将剩余的 100 万元进行其他投资。

上述现金流量及资金需求计划只是一个预期值，由于未来是不确定的，其实际值会偏离预期值，如销售收入下降，应收账款不能按期收回，成本费用增加等。如有可能，公司应进一步进行敏感性分析，以观察各项因素变化对现金流量的影响。

12.3　短期财务计划

12.3.1　财务计划的要素

财务计划是以价值形式展示的未来某一特定期间内公司全部经营活动的各项目标及其资源配置的定量说明。财务计划主要由以下内容构成：

(1) 确定在计划期内的战略目标、经营目标和财务目标，以确保财务计划与公司的总体任务、长期目标、面临的机会和环境约束等保持一致。

(2) 列示编制财务计划期间有关公司可能面临的商业环境和经济环境的基本假设。

(3) 分析公司各个主要部门的现有业务以及在计划期内可能新增的业务，以便正确进行销售预测、成本估计及每一业务的资金需求。

(4) 编制预计资产负债表、预计损益表、预计现金流量表。预计财务报表的准确性依赖于公司销售预测及公司对环境假设的准确性。

(5) 确定资金需求与筹集计划。根据预计财务报表等有关资料，确定公司在计划期内各项投资及生产发展所需的资金数量及时间安排，包括需追加的营运资金的数量。在此基础上，结合公司的股利政策、目标资本结构或债务方针等财务政策，比较资金来源与资金运用之间的差异，确定资金来源计划。

(6) 分析各种因素对预计财务报表和财务计划的敏感程度，确保计划与公司战略、经营目标、财务目标相一致，确保财务计划实施的可行性。在这一步骤中，财务经理需要运用比率分析对预计财务报表加以分析。

12.3.2 预计财务报表

预计财务报表与一般财务报表在形式和内容上完全相同，所不同的是资料均为预测数而非实际数。除了预计财务报表外，公司还制定一些更详细的具体预算，如销售预算、生产预算、采购预算、资本预算、现金预算、研究与开发预算、管理预算等。其目的是为预计财务报表提供各种必要的信息。编制预计财务报表的方法很多，如销售百分比法、线性回归法和专门项目预测法等。其中，最简单和最常用的方法是销售百分比法。

1. 财务报表各项目的变量关系

在销售百分比法下，首先要判断财务报表中各变量与销售之间的关系，以便确定哪些项目可以估计为销售的百分比，哪些必须依据其他信息来预测。根据财务报表各变量之间的关系，可分为以下四种变量：

(1) 主变量。在销售百分比法下，通常以销售收入作为主变量，其他变量的价值在很大程度上是由主变量决定的。一旦确定了销售收入，就可确定其他变量，如根据销售水平可确定销售成本、存货水平等。

(2) 政策变量。有些变量是由公司的政策决定的，如应收账款、应付账款价值量的多少在一般情况下取决于公司或供应商的信用政策。

(3) 技术变量。有些变量是由其与另一种变量的技术关系决定的，如销售成本占销售收入的百分比取决于产品的性能、设备性能以及制造过程的特性等。

(4) 会计定义变量。有些变量与会计定义有关，如毛利＝销售收入－销售成本，所得税＝税前利润×所得税税率等。

2. 编制预计利润表，确定留存收益增加数

根据预测的销售水平和财务报表各要素与销售水平的关系编制预计财务报表。其中，根据利润表各项目与销售收入的比例关系，编制预计利润表，确定留存收益变动额。留存收益虽然随着产销量的增长而增长，但两者之间并没有一定的比例关系。如果预测期公司股利支付率为零，则净收益就是留存收益的增加额；如果计划年度对投资者分配股利，则净收益×（1－股利支付率）所得的数值为留存收益的增加额。

3. 编制预计资产负债表，确定资金需要量

在预计资产负债表时，首先要确定各个变量与销售收入主变量之间的关系，即将资产负债表中的项目划分为敏感性项目与非敏感性项目两类。凡是资产负债表中与销售增减有直接关系的项目，称为敏感性项目；反之，称为非敏感性项目。一般来说，现金、银行存款、应收账款、存货等称为敏感性资产；应付费用、应付账款等称为敏感性负债。长期资产和长期负债、股本一般属于非敏感性项目，但对于一些特殊情况需另作分析，例如，固定资产净值，如果生产能力已饱和，增加销售收入，将会引起固定资产增加，这时应将其视为敏感性项目；如果固定资产并未满负荷运转，且产销量的增长未超过固定资产生产能力的限度，则产销量增加不需要增加固定资产的投入，此时固定资产净值称为非敏感性项目；如果固定资产未满负荷运转，但产销量的增长将超过固定资产生产能力的限度，则产量增长超过固定资产生产能力限度的部分就要相应增加固定资产的投入，此时固定资产净值应列为敏感性项目。

确定敏感性项目与销售收入的比例关系一般是将基期各敏感性项目的金额分别除以基期销售收入，计算敏感性项目占销售收入的百分比。如果某类资产与销售收入之间为线性相关，则可以利用简单线性回归方法估计销售增加时需追加的资金额。假设美林公司是一家小家电生产商，在最近 5 年内，该公司的销售额、存货、应收账款的数据如表 12 - 5 所示。

表 12 - 5　　　　　美林公司销售额、存货、应收账款数据　　　　　单位：万元

年份	销售额	存货	应收账款
2006	2 058	387	268
2007	2 534	398	297
2008	2 472	409	304
2009	2 850	415	315
2010	3 000	615	375

根据表 12 - 5 的数据，利用 Excel 电子表格或其他统计分析软件，可以得到存货与销售收入、应收账款与销售收入的线性回归方程分别为：

存货 = -35.7 + 0.186 × 销售收入

应收账款 = 61.997 + 0.0967 × 销售收入

以存货为例，根据存货与销售收入之间的线性回归方程，就可以预测 2015

年的存货水平。假设 2015 年预计销售收入为 3 300 元,则 2015 年存货水平预计为 578 万元,即:

$$存货 = -35.7 + 0.186 \times 3\,300 = 578 （万元）$$

同理,利用 2015 年的预计销售收入以及应收账款与销售额之间的线性回归方程也可以预测 2015 年的应收账款。

【例 12-4】假设光明公司 2014 年的利润表和资产负债表中的相关数据列于表 12-6、表 12-7 的第二栏(基期),表中列示了有关项目与销售收入的比例关系,凡与销售无关的项目用"N/A"表示。公司预计明年可筹资 150 万元,该公司想知道这些资金能否满足预计销售增长的需要。

为分析方便,假设:(1) 2015 年公司销售收入预计增长 10%;(2) 销售成本继续保持 75% 的比率,管理费用(不包括折旧)预计增长 5%,折旧费用预计增长 10%,利息费用由借款数额与利率决定,所得税税率为 25%;(3) 公司股利支付率为 66.67%;(4) 公司没有剩余生产能力,资产类项目增长率与销售收入增长率相同;(5) 公司提取折旧形成的现金流量全部用于当年固定资产更新改造;(6) 公司应付账款增长率与销售收入增长率相同,长期借款暂时保持不变;(7) 公司下年度既不发行新股也不回购股票,即股本总额保持不变;(8) 留存收益 = 公司上年留存收益 + 本年净收益 - 本年分配股利后的累积数。

根据以上资料,编制光明公司预计利润表和预计资产负债表,见表 12-6 和表 12-7 的第五栏。

表 12-6　　　　　　　　　光明公司实际与预计利润表　　　　　　　　单位:万元

项目	2014 年 基期	预测基准		2015 年 第一次预测
		占销售百分比	说明	
销售收入	4 000.00	100%	增长 10%	4 400.00
销售成本	3 000.00	75%	增长 10%	3 300.00
毛利	1 000.00	25%		1 100.00
管理费用	600.00	N/A	增长 5%	630.00
其中:折旧	300.00	N/A	增长 10%	330.00
息税前收益	400.00	10%		470.00
利息(10%)	80.00	N/A	暂时保持不变	80.00
税前收益	320.00			390.00
所得税(25%)	80.00	N/A		97.50
净收益	240.00			292.50
股利(66.67%)	160.01	N/A		195.01
留存收益	79.99	N/A		97.49

表 12-7　　　　　　　　光明公司实际与预计资产负债表　　　　　　　单位：万元

项　目	2014年 基期	预测基准 占销售百分比	预测基准 说明	2015年 第一次预测
资产				
现金	80.00	2%	增长10%	88.00
应收账款	320.00	8%	增长10%	352.00
存货	400.00	10%	增长10%	440.00
流动资产合计	800.00	20%	增长10%	880.00
固定资产净值	1 600.00	40%	增长10%	1 760.00
资产总计	2 400.00	60%	增长10%	2 640.00
负债和股东权益				
应付账款	400.00	10%	增长10%	440.00
长期负债	800.00	N/A	暂时保持不变	800.00
股本	1 100.00	N/A	保持不变	1 100.00
留存收益	100.00	N/A	留存收益累计	197.49
权益总计	2 400.00	N/A	权益总计（调整前）	2 537.49
外部资金需要量				102.51

表 12-7 第五栏中的外部资金需要量是指资产总额 2 640 万元与调整前的权益总计 2 537.49 万元之间的差额，以保持资产与权益的平衡关系。

12.3.3　外部资金需要量预测

通常，满足公司增长需要的资金来源于三个方面：一是经营活动自然产生的资金（如应付账款），这部分资金主要解决部分短期资金来源；二是公司内部留存资金（除留存收益外，如果当年折旧计提数大于当年折旧使用数，其差额可作为公司的内部资金）；三是外部筹措的资金。一般来说，公司主要的资金来源应是生产经营中产生的收益留存部分，当内部资金不能维持现存资产和为新的、可创造价值的投资机会提供资金时，公司就不得不以债务或股权资金的形式从外部筹措资金。

为了确定公司在未来一定时期（如下一年度）的外部资金需要量，除可根据预计的资产负债表预测外，也可根据下列因素进行估算：（1）预测期的销售增长率；（2）预测与销售增长有关的其他变量，如资产、负债、费用以及利润的变动情况；（3）预计股利支付率以及内部资金（主要指留存收益）；（4）如果内部资金小于公司资产预期增长的资金需要量，两者的差额即为公司所需筹措的外部资金。其公式如下：

$$\text{外部资金需求总额} = \text{增量销售收入} \times \left(\frac{\text{敏感性资产总额}}{\text{基期销售收入}} - \frac{\text{敏感性负债总额}}{\text{基期销售收入}}\right) - \text{内部筹资数额} - \text{折旧} \tag{12.4}$$

式（12.4）中，敏感性资产总额、敏感性负债总额是指与销售收入变动有关的资产类项目或负债类项目的现行数额。内部筹资数额可按式（12.5）计算：

$$\text{内部筹资额} = \text{预计净收益} \times (1 - \text{股利支付率}) \tag{12.5}$$

根据表12-7的资料，光明公司与销售收入变动有关的基期资产和负债额（应付账款）分别为2 400万元和400万元，股利支付率为66.67%；公司当年折旧全部用于当年固定资产更新改造。用公式（12.4）和公式（12.5）计算，公司外部资金需要量为：

$$\text{外部资金需求总额} = 4\,000 \times 10\% \times \left(\frac{2\,400}{4\,000} - \frac{400}{4\,000}\right) - 292.5 \times (1 - 66.67\%)$$

$$= 240 - 40 - 97.49 = 102.51(\text{万元})$$

上述计算结果表明，光明公司需要追加240万元的资金支持其销售增长，随着销售收入增长的自然性筹资（应付账款）提供40万元的资金，公司创造的净收益为292.5万元，支付股利195.01万元后留存收益为97.49万元。这样资金缺口仅为102.51万元，而该公司可筹措资金150万元，因此其运营资金较为宽裕。

在实务中，通过编制公司预计现金流量表也可确定外部资金需要量。根据光明公司的资产负债表和利润表，该公司预计现金流量表如表12-8所示。

表12-8　　　　光明公司预计现金流量表（2015年）　　　　单位：万元

项　目	金　额
现金流入量	
净收益	292.50
折旧	330.00
应付账款增加（440 - 400）	40.00
现金流入量合计	662.50
现金流出量	
现金增加（88 - 80）	8.00
应收账款增加（352 - 320）	32.00
存货增加（440 - 400）	40.00
固定资产增加（1 760 - 1 600）	160.00
固定资产更新改造	330.00
股利支出	195.01
现金流出量合计	765.01
现金净流量	-102.51

在表 12-8 中，以净收益为起点，调整非现金费用和资产负债表增减变动项目之后，现金净流量为 -102.51 万元。这恰恰与预计资产负债表（表 12-7）中所要平衡的数额——追加外部筹资额相同。由此可知，我们不必单独编制预计现金流量表，只要估计一下资产负债表和利润表，就能了解所需要的现金流量信息，而编制现金流量表的目的是为了分析现金净流量变化的原因。

> **小案例**
>
> **财务计划的欠缺毁了三九集团的帝国梦** ①
>
> 曾几何时，三九集团一度拥有超过 200 亿元的总资产、3 家上市公司和 400 余家子公司，涉足药业、农业、房地产、食品、汽车、旅游等产业。不过今日，三九集团已经风光不再。
>
> 2003 年 9 月 28 日，有媒体刊文《98 亿贷款：银行逼债三九集团》，披露三九集团共欠银行贷款余额 98 亿元，已经陷入巨额财务危机。此文一出，顿时把三九集团的资金窘境曝光天下。在接下来的一个多月里，"讨债大军"纷至沓来，三九集团总部一片混乱，一些性急的银行开始封存三九集团的资产，冻结质押股权，并向法院提起了诉讼。三九集团在全国各地的数百家子、孙公司都成了银行逼债的对象。其中做得最绝的是浙江湖州的工商银行，索性冻结了三九集团湖州药厂的银行账户，将所有进入的流动资金全数扣押，造成药厂资金链断裂，生产经营陷入停顿，只好宣布破产。
>
> 资料显示，在 1995~1997 年间，三九集团收购企业近 50 家，1999 年以后，三九集团进一步通过并购等方式进行快速扩张。截至 2004 年年底，三九集团的下属企业已达 443 家，一时间，三九集团成为子公司林立、跨行业、产权关系复杂的庞然大物。三九集团内部资金严重失控，集团公司和成员企业在没有认真进行可行性分析的情况下就盲目扩张，到处投资，并从银行借入大量债务，导致集团的财务风险大增。而由于集团内部复杂的组织结构，集团对于各子公司的资产、负债情况缺乏必要的了解，导致集团财务极度混乱，更加剧了集团的风险。
>
> 2005 年 12 月 23 日，三九集团原董事长赵新先被批准逮捕，更使三九集团问题成为人们关注的焦点。

本 章 小 结

1. 短期筹资是指为满足公司临时性流动资产需要而进行的筹资活动。与

---

① 选自沈洪涛、樊莹、罗淑贞编著：《初级财务管理》，东北财经大学出版社 2008 年版。

长期负债筹资相比，短期负债筹资具有如下特点：速度快、弹性高、成本低、风险大。

2. 商业信用是指在商品交易中以延期付款或预收货款进行购销活动而形成的借贷关系，它是公司间直接的信用行为。商业信用产生于商品交换之中，其具体形式主要是应付账款、应付票据、预收账款等。

3. 商业信用筹资的主要优势体现在：一是易于取得；二是无须担保。这种方式的弊端也显而易见，主要体现在三个方面：一是筹资时间短；二是筹资限制较大；三是隐性成本较大。

4. 在我国，短期银行借款主要用于满足公司生产周转性资金、临时资金和结算资金等需求。短期借款按有无担保分为无担保短期借款和担保短期借款两种。

5. 无担保短期借款是指公司凭借自身的信誉从银行取得的贷款。银行分析后决定是否向公司贷款，并拟定具体的贷款条件。这些条件主要是：信用额度、周转信贷协议、补偿性余额、利息率和逐笔贷款。短期担保借款的担保品一般包括应收账款、应收票据和存货等。

6. 流动资产组合策略就是指如何配置流动资产与其资本来源等问题。对临时性和永久性流动资产的筹资策略一般有三种类型，即稳健型、激进型和折中型。

7. 现金预算是短期筹资计划的基本工具。通过现金预算，可以确定公司一定时期内现金需求数量及其筹集方式，为经营管理者合理处理现金收支业务、正确调度资金、保证资金的正常流转提供参考依据。现金预算主要由现金流入量、现金流出量、现金净流量、现金筹措与运用四部分构成。

8. 财务计划是以价值形式展示的未来某一特定期间内公司全部经营活动的各项目标及其资源配置的定量说明。

9. 预计财务报表与一般财务报表在形式和内容上完全相同，所不同的是资料均为预测数而非实际数。除了预计财务报表外，公司还制定一些更详细的具体预算，如销售预算、生产预算、采购预算、资本预算、现金预算、研究与开发预算、管理预算等。

10. 通常，满足公司增长需要的资金来源于三个方面：一是经营活动自然产生的资金；二是公司内部留存资金；三是外部筹措的资金。一般来说，公司主要的资金来源应是生产经营中产生的收益留存部分，当内部资金不能维持现存资产和为新的、可创造价值的投资机会提供资金时，公司就不得不以债务或股权资金的形式从外部筹措资金。

第 13 章 金融衍生工具

学习索引

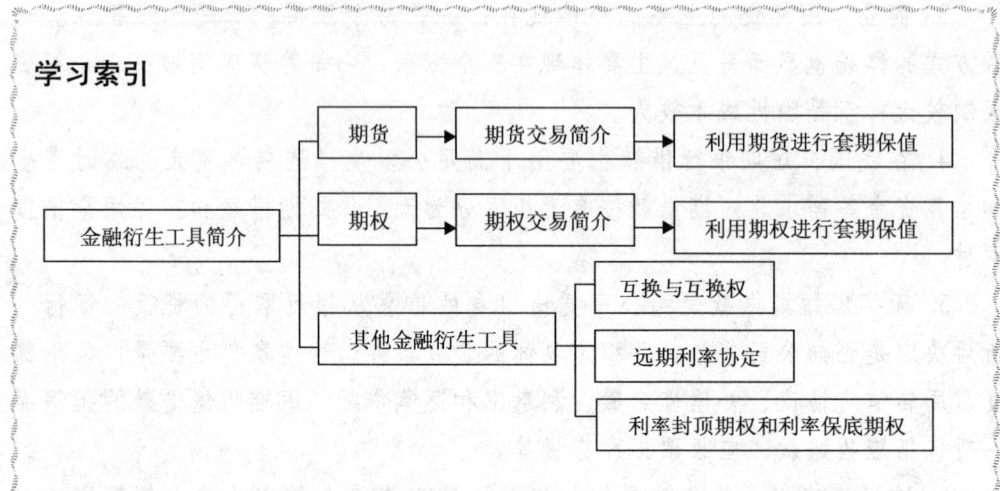

学习目标

了解金融衍生工具的产生和发展，理解金融衍生工具的特征；了解期货交易的基本常识，理解并掌握如何利用期货进行套期保值；了解期权交易的基本常识，理解并掌握如何利用期权进行套期保值；了解互换与互换权、远期利率协定等其他金融衍生工具的基本内容。

1995 年 2 月 26 日，巴林银行，古老的英国投资银行与证券交易商，因期货、期权与其他衍生证券交易的巨额损失而倒闭。自此，金融衍生工具受到越来越多的重视。随着金融创新的发展，金融衍生工具不断推陈出新，已经成为经济全球化和金融一体化发展的主要推动力量。无论是 20 世纪 70 年代金融期货、期权的诞生，还是 80 年代货币互换的兴起；无论是 20 世纪 90 年代信用衍生产品的问世，还是 21 世纪出现的资产证券化（Asset-Backed Securities，ABS）、抵押贷款证券化（Mortgage–Backed Securitization，MBS）、债务抵押证券（Collateralized Debt Obligation，CDO）、信贷违约掉期（Credit Default Swap，COS）等，资本市场衍生产品交易种类和结构的变化都让人叹为观止。

13.1 金融衍生工具简介

13.1.1 金融衍生工具的产生

金融衍生工具（financial derivative instrument），又可以译为金融衍生产品、衍生金融产品、衍生金融工具等，是指以另一（或另一些）金融工具的存在为前提，以这些金融工具为买卖对象，价格也由这些金融工具决定的金融工具，它是20世纪七八十年代全球金融创新（financial innovation）浪潮中的高科技产品，金融创新工具的重要组成部分。金融衍生工具是在传统金融工具（如货币、外汇存贷款、股票、债券等）基础上衍生出来的，通过预测股价、利率、汇率等未来行情走势，采用支付少量保证金或权利金签订远期合同或互换不同金融商品等交易形式的新兴金融工具。金融衍生工具的产生归于以下三类原因。

1. 规避风险的迫切要求

20世纪70年代初，维系全球的布雷顿森林体系连续出现危机，并于1973年正式瓦解，浮动汇率制取而代替固定汇率制成为世界各国的新兴汇率制度。这一世界金融史上前所未有的大动荡使得任何一个经营或持有货币的金融机构、企业和个人随时随地面临因汇率变动而造成损失的风险。同时，这一时期货币主义学说和古典主义经济学说相继为西方主要国家奉为主流派学说。受它的影响，以自由竞争和金融自由化为基调的金融创新浪潮席卷了整个西方世界，发达国家纷纷放宽或取消了对利率的管制，放松对金融机构及其业务的限制，使汇率、利率这些金融价格进入难以预料的波动之中。金融市场的种种变动，使金融机构、企业和个人时时刻刻生活在价格变动风险之中，迫切需要规避风险。而这些传统金融市场的风险是难以通过传统金融工具本身来规避的，为迎合这一强大的市场需求，以远期、期货、期权、互换为主体的金融衍生工具作为新兴风险管理手段应运而生。这些新兴金融工具能将传统金融市场上的风险进行有效分离，并集中在特定市场上进行风险的重新分配转移，使投资者能以低廉的代价将风险有效转嫁出去，也给投资者提供了以承担风险来获取高收益的市场。所以金融衍生工具一经产生，便满足了市场的强大需求，从而获得了迅猛发展。

2. 国际金融业的发展趋势

在整个金融业发展的过程中，银行面临巨大的市场竞争压力。由于信息技术革命的冲击，使得银行在搜集资金供求信息、信贷资信评估和分散风险等方面的传统优势大为减弱，原有的大客户多已通过发行股票、债券、企业间融资等直接金融（direct finance）方式筹集资金。而且，银行自身的资产在日益加剧的利率、汇率风险下，迫切需要一种新的避险工具，为了规避自身的风险，为了保住原有客户并赢得新的客户，银行便高薪聘请了金融工程师（financial engineers）设计出全新的金融衍生工具来管理资产风险，方便客户保值。

3. 新技术及金融理论的推动

通信技术和电子计算机信息处理的飞速发展，为金融衍生工具的发展提供了坚实的技术基础。

金融理论也直接推动了衍生工具的产生。1972年12月，诺贝尔经济学奖获得者米尔顿·弗里德曼（Milton Friedman）的一篇题为《货币需要期货市场》的论文，宣言"布雷顿森林货币体系已经死亡"，并为外汇期货的诞生奠定了理论基础。弗里德曼对利率期货的诞生也有决定性的影响。1973年布莱克和斯克尔斯（Black and Scholes）发表的一篇关于股票欧式看涨期权定价的论文，使得原本空泛的期权定价在理论上有了支撑，于是，当年期权交易所成立。这两位学者的模型被继续发展并延伸到其他衍生工具上，使其交易量逐步扩大。

在上述因素的推动下，金融衍生工具得以诞生并获得迅速的发展。

在衍生工具的发展过程中，首先诞生的是利率期权、利率期货、股票指数期货，随后股票指数期权、利率互换以及更新的衍生工具不断出现。英国、荷兰、加拿大、澳大利亚、法国、新加坡、中国香港、日本、印度、巴西等遍布世界各地，发展程度不同的国家和地区相继加入了衍生交易的行列。中国在1992年以推进国债期货交易为标志也跻身为该行列的一员。

13.1.2　金融衍生工具的特征

1. 金融衍生工具产生的基础

金融衍生工具是以合约为基础，合约双方的权利和义务在签订合约之日起便基本确定，但交易却要在将来某一时刻才能履行或完成。

2. 金融衍生工具的价值

由于金融衍生工具是在基础工具上派生出来的产品，因此其价值主要受基础工具变动的影响。

3. 运用金融衍生工具进行金融交易时，易做空头

以股票为例，空头就是投资者和股票商认为现时股价虽然较高，但对股市前景看坏，预计股价将会下跌，于是把借来的股票及时卖出，待股价跌至某一价位时再买进，以获取差额收益。这种先卖出后买进、从中赚取差价的交易方式称为空头。即一个投资者可以根据合约,在未来向其他投资者交割某种他不拥有的资产。

4. 能够帮助投资者规避风险和进行保值

例如在股票市场上,若要对各种股票价格变动均进行套期保值,既需要大笔费用,又极为麻烦。这时,投资者可以利用股票指数期货对其持有的股票组合进行套期保值。如果投资者认为股市趋跌,则可以卖空股票指数期货。假定股价真的下跌,则期货合约的盈利可以抵消持有股票现货的损失。但是股票不跌反升,则现货方面的盈利反会被期货合约的损失冲抵。投资者所放弃的这部分可能的盈利就是其付出的代价,以达到转移和分散价格风险的目的。

5. 高收益和高风险形影相随

在运用金融衍生工具进行交易时,只要按规定交纳较低的佣金或保证金,就可以从事大宗交易,以小搏大。投资者只要动用少量的资金便能控制大量的资源,一旦实际的变动趋势与交易者预测的一致,即可获得丰厚的收益。但是,伴随巨大受益的是巨大的风险,一旦预测有误,出现风险,就可能使投资者遭受严重损失,甚至危及整个金融市场的稳定。1995年巴林银行倒闭就是一个现实的实例。

> **小资料**
>
> 2007年美国市场的次级债券问题触发了一个几乎是全球性的金融危机,许多西方银行因资产证券化等金融衍生产品而蒙受了巨大损失。雷曼兄弟、AIG等跨国金融机构因CDS等场外金融衍生品轰然倒下,金融市场一片狼藉。在危机冲击下的中国也未能幸免,2008年多家国有企业因投资金融衍生产品失败发生巨额亏损;中国东方航空股份有限公司的航油套期保值公允价值损失约62亿元;中国国航因航油套期保值浮亏68亿元;中国远洋远期运费协议公允价值损失约40亿元;等等。一时间,金融衍生产品因其高风险成为众矢之的。实际上,金融衍生产品是一把"双刃剑",在此次全球性的次贷危机中,CDS把雷曼兄弟送上了不归之路,但在前些年的"安然倒闭事件"中,同样是由于CDS,持有12亿美元安然债券的花旗银行就幸运地躲过了一劫。

13.2 期货

13.2.1 期货交易简介

期货是一种远期合约,其持有人有权在将来某特定日期,按照特定的价格，购买或者出售特定数量的某种资产。它最基本的特点是合约的标准化，即每个合约项下资产的数量（合约大小）、金融工具或者指数、价格最小变动单位以及合约期限都是标准化的。

期货通常是在每年的3月、6月、9月和12月进行实物交割或者清算。交割日期可以是固定的将来某日，也可以是交割月中的任意一天。

由于期货是在交易所内进行交易的，合约的责任便不是交易双方（合约的买方和卖方）之间的事，而是落在交易所的清算所内。交易所成为所有买方的卖方和所有卖方的买方，这成功地消除了期货交易中的信用风险。清算所的信用靠其收取的保证金来维持。保证金是合约买卖双方在清算所暂时储存的、为维持其头寸地位而交纳的抵押金。每个合约的买卖都要缴纳初始保证金（它反映其项下资产的波动程度），保证金每日随期货头寸的变化而不断调整。

小资料

有组织的交易所

为了聚合买卖双方，期货市场实际上通过交易所来组织，每个交易所都交易特定的期货合约。这与远期市场显然不同，因为远期合约是在一个分散化的市场上通过一对一谈判而交易的。

绝大多数期货交易所的组织形式都与芝加哥期货交易所（CBOT）类似。CBOT的会员都是个人，它授权其会员在交易所进行交易，并对其运作发表意见。（虽然只有个人才能成为会员，但像美林 Merrill Lynch 这样的经纪商也被准许在交易所交易。）会员资格可以像任何其他资产一样被用来交易，也能从现有的会员手中购买或租赁。

尽管CBOT常常被比做一个"俱乐部"——其会员所有的非营利性组织，但也许把期货交易所视为营利性"合伙制企业"更为恰当。这些交易所的会员都有很强的动机来制定严厉的运行规则，以使其会员资格的价值最大化。

---

1. 利率期货

世界上第一笔利率期货（interest rate futures）是1975年芝加哥交易所推出的美国政府全国抵押协会存单合约（GNMA）。从那以后，世界各地相继出现了50多家期货和期权交易所，许多交易所都经营国内外的利率期货合约。近20年来，这些期货的交易量增长十分迅速。据芝加哥商品交易所自身统计，1982年，利率期货和期权交易量占其交易额的25.9%，而到21世纪初已增加到40%左右。其中，美国和日本政府短期利率期货以及欧洲美元利率期货又占了绝大部分。

（1）利率期货合约。长期的利率期货合约一般都规定要进行实物交割。如果合约的多头者没有在到期日之前通过数量相同、方向相反的交易进行对冲，则他必须按合约载明的价格购买特定数量的债券。例如,芝加哥交易所的美国长期财政部债券期货合约规定,期限在 15 年以上的财政部债券期货,必须通过联邦储备银行记账系统,从交割月的第一天起进行实物交割。这种以实物交割为主的合约是很少见的,多数合约都是在到期日之前,通过对冲交易进行了结。

短期的利率期货合约,如伦敦国际金融期货和期权交易所的 3 月期欧洲货币期货、芝加哥交易所的 30 天期利率期货,以及芝加哥商品交易所的欧洲货币利率基差期货,在到期时都是通过现金结算的。另外,银行间同业拆借利率期货,如芝加哥商品交易所的 1 月期伦敦银行间同业拆借利率(LIBOR)期货、法国的巴黎银行间同业拆借利率(PIBOR)期货和西班牙马德里金融期货交易所的 90 天期存款利率期货等,都可以用现金结算。

(2)利率期货的优缺点。利率期货合约有很多优点:它们是资产负债表表外项目,流动性好、信用风险小,而且市场透明度高。

然而,有些场外交易工具可以起到与利率期货相同的作用,如互换交易、远期利率协定等,与这些新工具相比,利率期货的某些缺点便显示出来了。

利率期货合约的最大缺点是其保值功能不完善。如果利率期货价格与利率的变化不是完全同步,即使交易者所买卖合约的名义价值和到期日与其在即期市场的头寸完全对称,期货的收益或损失也不会与其即期市场的收益或损失完全相抵补,这种期货与即期价格之间的基差风险是很难避免的。

另外,期货合约的标准化对于交易者来说很方便,但对于实际操作中的保值者则缺乏灵活性。只有特定数量的债券头寸可以用利率期货合约来保值。例如,某公司想对期限为 13.3 年的头寸进行保值,但市场上可能只有 10 年期的利率期货合约供他选择;要想对 1.2 万美元的头寸进行保值,可能只能选用 1 万美元的合约进行保值等,即未能对所有头寸都起到保值作用。

现在,业内人士已设计出许多复杂的保值和交易策略,尽量减小期货与未偿现金头寸之间的配合不当。但非金融机构很少有能将这些策略付诸实践的专业人士。例如,同时买入和卖出期货,可以限制单一头寸的潜在风险;通过精确计算保值率和对不同月份的期货合约搭配使用,也可以减少基差风险等,但一般公司的财务部门很少考虑这些策略。

2. 外汇期货

外汇期货(foreign exchange futures),也称货币期货(currency futures),是指买卖双方在期货交易所以公开喊价方式成交后,承诺在未来某一特定日期,以当前所约定的价格交付某种特定标准数量的货币。

外汇期货交易最早出现于 20 世纪 70 年代初期。芝加哥商业交易所在弗里德曼的倡议下,鉴于汇率的巨幅波动,认为可将行之多年的商品期货交易技巧应用于金融业。于是，1972年5月16日在该交易所内，另设一个专门交易金融期货的部门，称为国际货币市场，开办外汇期货契约，创立了世界上第一个能转移汇率风险的集中交易市场，使期货交易的对象，从农产品、初级原料及金属等实物，扩展到金融商品的范畴。1975年10月24日，芝加哥交易所首次使用金融工具的期货交易。目前，澳大利亚、加拿大、荷兰和新加坡都有从事外汇期货交易的交易所。

外汇期货合约的买卖完全基于市场参与者对该种货币价格走势的预测。如果购买一张标准期货契约后，若货币价格上升，那么投资者就获利；否则若价格下降，则损失。也就是说，若投资者的外汇期货状况是打算买进头寸，则他认为该种货币价格将是上涨的。

外汇期货是一种流动性大、透明度高的保值和投机工具。它的缺点与难点在于对基差风险和头寸展期的管理，这使它不能满足某些用户的要求，这些用户通常转而求助于远期市场。而对于那些经验丰富的机构投资者来说，外汇期货可能是最经济有效的套期保值工具之一。

3. 股票指数期货

第一个股票指数期货（equity index futures）合约在1982年由堪萨斯交易所推出。随后，股票指数期货就成为发展最快的期货之一。目前，许多市场的股票指数期货的交易量已大大超过了即期市场的交易量。

第一个重要的股票指数期货合约是1983年1月开始在芝加哥商品交易所的S&P500指数合约。后来，尽管大阪股票交易所的日经指数（Nikkei 225）期货与它展开了激烈的竞争，但现在它仍然是全球交易量最大的股票指数期货。

全球已有股票指数期货的交易量正在不断增长，同时，新的衍生交易在世界各地不断出现，新型的股票指数期货合约也不断产生。

前已述及，期货是买方与卖方之间的一种法律协议，双方同意按协定价格在将来某一特定日期交割合约项下的资产（这里指股票指数）。股票指数期货合约允许投资者和投机者买卖某种指数，期货的多头投资者必须按固定的价格水平购买该指数；而卖方，即空头者必须按此价格水平出售该指数。但股票指数期货合约一般很少保持到期，它们通常是在到期以前通过数量相同的反向交易予以冲销。

股票指数期货一般无法在到期时购买或出卖合约项下的"商品"，因为该"商品"是股票指数。因此，股票指数期货合约都是通过现金进行清算。当合约到期时，如果指数价格高于期货合约购买时的价格，卖方不是按照合约价格交割股票指数，而只要向买方支付相当于指数价格和合约价格之间差额的现金即可。如果指数价格低于期货合约购买时的价格，则由买方支付这一差额的现金。因此，股票指数期货合约实质上是在将来某一特定日期购买或出卖股票指数的现金价值的一种标准化协议。

13.2.2 利用期货进行套期保值

套期保值是指通过买卖期货合约来避免因市场价格波动给自己带来的风险。具体地说，就是通过采取与现货市场上相反的立场买卖期货，以确保现在拥有或将来拥有的财产的价格。因为，在现货市场和期货市场上做相反操作，即在现货市场买入时在期货市场卖出，或在现货市场卖出时在期货市场买入，到期时，一个市场的亏损可以由另一市场的盈余来弥补，这样就会使未来的经济收益固定在最初的价格水平上。由于期货主要包括三大类，相应地，套期保值也可以分为利率期货套期保值、外汇期货套期保值和股票指数期货套期保值。下面仅以外汇期货套期保值为例来进行说明。

外汇期货市场的套期保值功能，正是外汇期货市场最重要的功能。根据套期保值交易所采取的方向，可以分为买入套期保值和卖出套期保值两种。

1. 买入套期保值

买入套期保值是指在现货市场上处于空头地位的企业在期货市场上做一笔相应的多头地位的交易。这样做可以防止外汇汇率变动的风险。

例如，中国某企业欲从 A 国进口一批商品，3 个月后付货款 100 万 A 元，目前汇率为 1A 元 = 7.250 元人民币。但经分析，预测到 A 元价格在未来时期内将呈上升趋势。为了防范由于 A 元价格上涨所带来的风险，便在北京商品交易所购买了 40 张人民币外汇期货合约（每张合约 25 000A 元），此时期货市场上汇率为 1A 元 = 7.240 元人民币。3 个月后，A 元价格果然上涨，上涨为 1A 元 = 7.950 元人民币，而期货市场上汇率也上升为 1A 元 = 7.949 元人民币，则整个交易如表 13 – 1 所示。

表 13 – 1　　　　　　　　　　买入套期保值交易

	现货市场	期货市场
3月5日	即期汇率： 1A 元 = 7.250 元人民币	买入 6 月份到期的期货合约 40 张 成交汇率：1A 元 = 7.240 元人民币
6月5日	买入 100 万 A 元 汇率：1A 元 = 7.950 元人民币	卖出 6 月份到期的期货合约 40 张 成交汇率：1A 元 = 7.949 元人民币
结果	损失： (7.250 – 7.950) × 1 000 000 = – 700 000 元人民币	盈利： (7.949 – 7.240) × 1 000 000 = + 709 000 元人民币

由以上实例可以看出,这个企业由于采用了套期保值,在期货市场上买入外汇,而在现货市场上卖出外汇,使得在现货市场上亏损的 70 万元人民币又完全从期货市场上补了回来,从而有效地防范了该笔进口业务完全暴露在浮动汇率制下可能发生的风险。假设每张期货合约管理手续费为 75 元的话,扣除现货损失及期货合约手续费（40×75×2）,该企业还能够盈利 3 000 元（9 000 - 6 000）人民币。

由此可以看出,当期货汇率与现货汇率都上涨,即企业预测正确时,套期保值有三种结果：

（1）当期货汇率与现货汇率上涨幅度一致时,现货交易亏损完全被期货交易盈利弥补,但会损失期货合约的手续费费用。

（2）当期货汇率上涨幅度大于现货汇率上涨幅度时,现货交易亏损除被期货交易完全弥补外还有盈余,即本例中情况。

（3）当期货汇率上涨幅度小于现货汇率上涨幅度时,则可减少部分现货交易亏损,其数额为期货交易盈余扣除手续费数额。

2. 卖出套期保值

卖出套期保值是指在现货市场上处于多头地位的企业在期货市场上做一笔与之反向的空头交易。其目的也是为了防止汇率变动可能带来的损失。

例如,某企业是作为一家出口商,它在 3 个月后会收到 100 万 A 元的货款。而此时,该企业预测 A 元价格将下跌,他就可以在期货市场上先卖出期货合约,其交易过程如表 13 - 2 所示。

表 13 - 2　　　　　　　　　　卖出套期保值交易

	现货市场	期货市场
3 月 5 日	即期汇率： 1A 元 = 7.250 元人民币	卖出 6 月份到期的期货合约 40 张 成交汇率：1A 元 = 7.240 元人民币
6 月 5 日	将收到的 100 万 A 元卖出 汇率：1A 元 = 6.540 元人民币	买入 6 月份到期的期货合约 40 张 成交汇率：1A 元 = 6.510 元人民币
结果	损失： (6.540 - 7.250) × 1 000 000 = -710 000 元人民币	盈利： (7.240 - 6.510) × 1 000 000 = +730 000 元人民币

可以看出,该出口商运用卖出套期保值,结果用期货市场的盈利弥补了现货市场的亏损。假设手续费仍为 75 元的话,该出口商能盈利 14 000 元。

在运用卖出套期保值时,当期货汇率与现货汇率都下跌,即企业对汇率的预测正确时，卖出套期保值有三种结果：

（1）当期货与现货汇率下跌幅度一致时，现货交易亏损完全被期货交易盈利所弥补，但会损失期货合约的手续费。

（2）当期货汇率下跌幅度大于现货汇率下跌幅度时，现货交易亏损除被期货交易盈利弥补外还有盈余。

（3）当期货汇率下跌幅度小于现货汇率下跌幅度时，可部分减少现货交易损失，其数额也等于期货交易盈余扣除手续费。

从实例中可以看出，运用外汇期货进行套期保值可以有效地防范企业在经营中由于汇率的变动带来的风险，既可能是弥补部分损失，也可能是弥补全部损失。相应地，运用利率期货和股票指数期货进行套期保值也会达到很明显的效果，只不过在事前，要由企业根据拟防范风险的种类进行选择。利率期货套期保值主要用来防范利率变动所带来的风险。如果企业所面临的是利率的变动，可以选择利率期货，既可以利用现货金融市场和期货金融市场利率变动趋向的一致性来进行，也可以利用不同金融工具利率变动差异来进行跨金融工具的交易；如果企业对外投资，拟投资于股票，则可以选择利用股票指数期货进行套期保值，这是因为股票价格和股票价格指数变动趋向一致，所以在股票的现货市场与股价指数的期货市场作相反的操作就可以抵消出现的风险。于是，在具体的实务中，暴露在各种风险中的企业就可以根据各自所拥有的财产，有选择地运用各种期货工具来防范由于市场价格变动所带来的风险了，从而使自己的收益固定在一个比较稳定的水平上。

> **小案例**
>
> ### 要不要套期保值①——艾拉·G·卡沃勒
>
> 埃德温·查尔斯（Edwin Charles），奔左（Benzoe）公司的财务主管，计划在下个季度接受1 000万美元的贷款。其利率在放款时确定，为3个月LIBOR加上100个基点。而且这个利率在每个季度都要重新调整一次。显然，如果利率在放款前上升，那么奔左公司的利息成本会相应提高，而利率如果下降，那么其利息成本则会降低。埃德温怎样才能把利息成本控制在尽可能小的范围之内呢？
>
> 策略1：静观其变，无所作为。如果埃德温认为利率上升的可能性比较小，甚至可以忽略不计，那么这种策略就是最佳选择。当然，如果他的判断失误，那么损失也将不菲。

---

① ［美］查尔斯·W·史密森著：《管理金融风险》，中国人民大学出版社2003年版，第104～105页。

策略2：锁定今天的利率。这可以通过卖空到期日大致为贷款利率调整时间的欧洲美元期货合约来实现。虽然在这种套期保值过程中任何的不匹配都可能导致一些不确定性或"基差风险"，但这种风险肯定小于市场利率变动的风险本身。埃德温可以确保的利率比期货合约内含的利率（即100减去期货价格）高100个基点。额外的100个基点反映了银行在LIBOR之上的利差。

在放款前，无法确定到底哪种策略能使资金的成本更低。对每种可供选择的套期保值战略进行评估的标准是它的成本以及潜在收益或后果的比较。例如，使用期货的后果之一就是放弃了即期市场利率降低的好处。

假设现在3个月LIBOR为7%，而欧洲美元期货价格为92.90（换言之，其内含利率为7.1%）。在表13-3中，我考虑了两种情形——一种是3个月LIBOR上升到8%；另一种是3个月LIBOR下降到6%。

不同套期保值策略的结果如表13-3所示。

表13-3　　　　　　　　　　　不同套期保值策略的结果

套期保值策略	1. 无所作为	2. 卖空期货
情形一：即期LIBOR上升到8%		
付息给银行（基于9%）	225 000美元	225 000美元
P&L套期保值（10份合约×套期保值工具价格变动）		22 500美元
净利息支付	225 000美元	202 500美元
有效利率	9%	8.1%
情形二：即期LIBOR下降到6%		
付息给银行（基于7%）	175 000美元	175 000美元
P&L套期保值（10份合约×套期保值工具价格变动）		(27 500美元)
净利息支付	175 000美元	202 500美元
有效利率	7%	8.1%

如果查尔斯无所作为，那么资金成本就等于即期LIBOR加上100个基点——7%或9%；如果查尔斯卖空期货，那么他就把利率锁定在初始期货利率100个基点之上——8.1%。

13.3　期权

13.3.1　期权交易简介

期权，又称选择权，其交易的雏形早在公元前400年就存在。17世纪前期的阿姆斯特丹出现了最早的期权市场。18 世纪的伦敦，利率期权有所发展。第二次世界大战后，股票指数期权的发展真正现出端倪，而直到 20 世纪 80 年代，外汇期权才产生，它是已建立的股票指数期权交易的变形。

期权的产生不仅具有同样能避免风险、固定成本的作用，而且克服了期货交易的局限，即能在市场汇率向有利方向波动时获得无限大的盈利，从而因其执行灵活的特点得到国际金融市场的青睐。对于那些交易，诸如竞标国外工程或海外子公司分发红利等不确定收入或投资保值来说，期权交易尤其具有优越性。

场内交易期权与场外交易期权

期权合约的交易双方分别是期权买方（持有者）和期权卖方（售出者）。总的来看，期权的购买渠道有两条：

（1）场外交易期权（OTC 期权）是由客户和银行共同协商签订的期权合约。客户可以是非银行组织，也可以是另一家银行。银行同意向客户卖出期权，而期权的具体条款则是根据客户的特殊需要量身定制的。当然，银行也要报出客户应当支付的价钱（期权权利金）。

（2）场内交易的期权必须在期权交易所进行买卖，直到到期日之前可以继续转手卖出或买进。场内交易期权的绝大部分特征都与场外交易期权类似，但它的具体条款都是标准化的，并且只对特定货币适用。

场外交易货币期权可以针对任何基础货币，但前提条件是，客户必须找到愿意作为货币期权卖方的银行。

场内交易期权仅仅适用于特定的成对货币，它是标准化的合约形式，对货币金额作出了明确的规定。场外交易期权却允许签订任何金额的货币买卖合约。

期权合约指定了一种货币的交易金额，以及确定的汇率（即执行价格）。因此，另一种交易货币的金额也将随之确定。例如，如果一笔期权在执行时，卖方按 1 欧元 =1.04 美元的汇价卖出 100 万欧元以买入美元，那么期权卖方就必须以 104 万美元买入这笔欧元。

1. **利率期权**

利率期权（interest rate options），又称为债券期权（bond options），是随着利率期货的发展而发展起来的。第一个利率期权合约出现在美国，这种交易也是在美国发展和完善起来的。美国的许多交易所都有短期、中期和长期债券的期权交易，它们几乎包括了所有的美国财政部债券。另外，在世界各地已经建立起来的几十个期货和期权交易所中,多数都有利率期权的挂牌交易。

交易量最大的利率期权是芝加哥交易所的美国财政部债券的期货期权(option on the T-bond futures),这也是世界上交易量最大的衍生工具之一,其次是伦敦国际金融期货和期权交易所的金边债券期权以及法国国际期货交易所的债券期权。

利率期权中最重要的交易形式是期货期权交易。期货期权的购买者有权在将来某特定时间按照所规定的价格购买一定数量的债券期货。芝加哥交易所的美国财政部债券期货期权合约就属于这种情况。

多数期权交易都要求预先支付全部权利金,而有些期权则采用与期货相似的保证金制度。这种期权的定价有所不同:因为卖方不能马上收到期权费用,而买方有将这笔资金进行其他投资的机会。因此,与一般的期权相比较,采用支付部分权利金形式的期权,其价格一般会更高。

2. 外汇期权

外汇期权(foreign exchange options),又称为货币期权,是一种选择契约,其持有人,即期权买方享有在契约届期或之前以规定的价格购买或销售一定数额某种外汇资产的权利。当行市有利时,他有权买进或卖出该种外汇资产,如果行市不利,他也可不行使期权,放弃买卖该种外汇资产。而期权卖方则有义务在买方要求履约时卖出或买进期权买方买进或卖出的该种外汇资产。

外汇期权产生于费城证券交易所。早在20世纪80年代,该交易所就开始对外汇期权进行了挂牌交易。随后,这种金融工具就在世界范围内迅速发展起来。费城证券交易所的外汇期权合约为各家银行提供了对其账户头寸进行保值的手段,各银行也逐渐把外汇期权作为一种有效的保值工具进行大量交易,这极大地推动了外汇期权的发展。同时,银行之间也逐步开始进行直接的交易,使得场外交易市场(OTC)应运而生。

外汇期权的种类繁多,新式合约在不断开发出来。为了解决投资者不愿预付合约权利金的问题,市场上出现了多种结构的交易合约。每一种交易都有专门的名称,有些交易在到期时支付权利金,如波士顿期权(Boston Option),有的通过放弃部分利益来减少权利金,如"参与远期交易"(Participating Forward),甚至有的干脆全部放弃权利金,如"塞林达"交易(Cylinder)。早期的交易策略一般是不同数量或者不同协定价格的看涨期权和看跌期权的组合(有时甚至涉及外汇的即期交易和远期交易)。

现在,国际金融市场上提供了一系列富有成效的外汇期权衍生工具,使投资者可以根据自己的风险状况,随意选择和运用。另外,为了减少权利金成本，专业人士还设计出了许多所谓"奇异"的期权交易，但这些期权都往往要放弃某些利益。目前，在银行间市场上还没有出现这样的奇异期权（exotic options）。

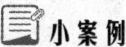

外汇期权

某荷兰公司已经对一份合同报出了美元价格。如果合同顺利成交，它将在两个月后收到220万美元的款项。随后这笔美元收入会在现货市场上立刻转换成欧元。当时的欧元对美元的即期汇率为1欧元=1.05美元。根据推测，随着公众对美国经济和美国利率的良好预期，美元将强劲攀升，而欧元将在数月内下跌。然而，该公司更关注的是近期外汇汇率的波动幅度，同时担心会出现美元有悖于预期走势而疲软，同时汇率大幅度上扬的情况。

因此，该公司决定买进美元兑欧元的卖出期权220万美元，执行价格为1欧元=1.10美元，到期期限为两个月。

通过买进执行价格为1.10美元的卖出期权，该公司为自己锁定了最低的收入200万欧元（2 200 000÷1.10），另外要减去期权费成本。当然，其前提是合同的履行和获得美元款项的收入。

如果合同没有按计划成交，假定外汇汇率降至1.10以下，期权合约可以到期作废；如果合同没有按计划成交，但是即期汇率却超过了1.10，公司仍然可以按1.10执行期权合约，期权卖方可以现金差额结算的方式向期权买方支付收益。

例如，假定到期日的即期汇率是1欧元=1.12美元，期权将依照以下的现金方式进行结算：

	欧元
执行期权：期权买方以1.10欧元的价格卖出220万美元	2 200 000.00
现汇交易：期权买方以1.12欧元的价格买进220万美元	−1 964 285.71
期权买方的净收益，现金结算差额	35 714.29

3. 股票期权

股票期权（equity options）交易已有多年的历史，然而，在1973年芝加哥期权交易所开业以前，这种交易都是通过场外市场进行的。现在，股票期权交易的场外市场依然十分繁荣，但是，其主要交易部分则是在交易所内进行的标准化合约的交易。

股票期权有许多不同形式，其中两种最重要的形式就是一般股票期权（股票期权最早的形式）和股票指数或者半指数期权。事实证明，股票期权合约非常受欢迎，其交易量经常超过其项下资产的现金价值。新的股票期权合约不断产生，新的交易方式也不断出现，例如封顶股票期权及低履约价股票期权等。几乎所有经营金融期权的衍生交易场所都有股票期权交易。

新的衍生工具交易场所的不断涌现，确保了股票期权的发展。通常，这些新交易所的第一项挂牌合约就是股票期权。

13.3.2　利用期权进行套期保值

按所赋予的权利不同，期权主要有两种方式：看涨期权和看跌期权。

看涨期权，又称延买期权或买入期权。购买这种期权可以获得在期权合约有效期内根据合约所确定的履约价格买进一种特定商品或资产的权利。由于人们购买这种期权往往是因为预测该种商品或资产的未来价格趋于上涨，故称为"看涨期权"，以此期权来规避涨价之风险。购买看涨期权能给人们带来两方面好处：一是在期权有效期内，当价格上涨到一定程度时，期权的买方通过行使期权而获利；二是在期权有效期内，如果期权的权利金上涨，投资者可以直接卖掉期权而获利。

看跌期权，又称延卖期权或卖出期权。购买这种期权可以获得一种在未来一定期限内根据合约所确定的价格卖出一种特定商品或资产的权利。人们之所以乐于购买这种期权，其原因在于人们预测某种商品或资产的未来价格趋于下跌，故称为"看跌期权"。购买看跌期权能获得的益处：一是在期权有效期内，当价格出现下跌时，期权的买方行使期权可以获利；二是在期权有效期内，看跌期权的权利金上涨，投资者可以直接卖掉期权，出让风险和机会，获取差额利润。因为当人们预测市场价格将大幅度下跌时，购买看跌期权将赚大钱，人们纷纷购此期权，引起权利金上涨，而已购得看跌期权者将从出售期权中获利。

企业利用期权理论避险主要可以采取两种方式，即买入看涨期权和买入看跌期权。

1. 买入看涨期权

若某企业是进口商，且预测A元价格将上涨，则他也可以利用买入看涨期权来防范风险。该企业可以购买一份协定价格为7.55元/A元（即1A元＝7.55元人民币）的看涨期权，权利金为0.02元人民币/A元。则其收益和风险关系如图13-1所示。

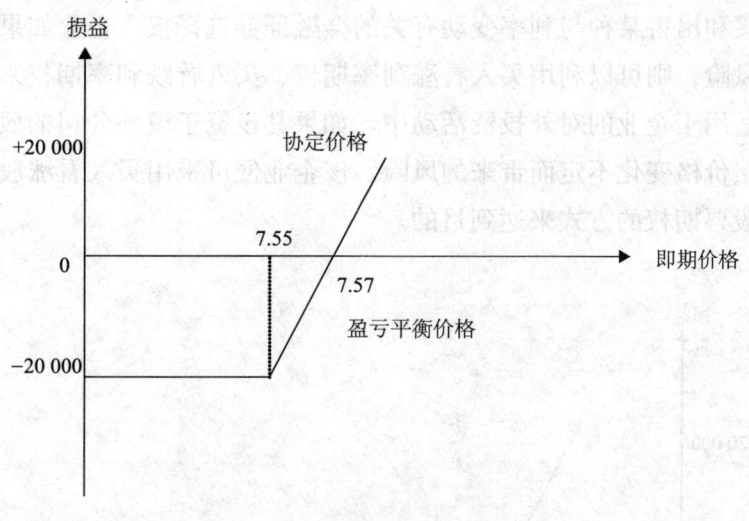

图 13-1 看涨期权收益与风险关系

从图 13-1 可以看出，当即期价格上涨至协定价格以前，该企业可以放弃期权，而用较低的即期价格购买 100 万 A 元，此时只损失权利金金额；而当即期价格上涨至协定价格以后，尤其至盈亏平衡价格之后，该企业就可以履行期权，仅以期权的协定价格购买 A 元。如果即期价格实际上涨至 1A 元 = 7.95 元人民币，该企业若不保值，则需花费 7.95 × 1 000 000 = 7 950 000 元人民币；而保值后只需花费 7.57 × 1 000 000 = 7 570 000 元人民币，少花费 380 000 元人民币，从而有效地防范了汇率变动带来的风险。

2. 买入看跌期权

若某企业作为出口商，且预测 A 元价格将下跌的话，则他可以利用买入看跌期权来避险。他可以在期权市场上购买一份协定价格为 6.85 元/A 元（即 1A 元 = 6.85 元人民币）的看跌期权，权利金仍为 0.02 元人民币/A 元。则其收益和风险关系如图 13-2 所示。

当即期价格下跌至 6.85 元/A 元，甚至低于 6.85 时，该企业可选择履行期权；否则，可以放弃期权。仍按前例，若实际价格下跌至 6.54 元/A 元，若不保值，只能收入 6.54 × 1 000 000 = 6 540 000 元人民币；而保值后可以收入 6.83 × 1 000 000 = 6 830 000 元人民币，多收入 290 000 元人民币。很明显，该企业利用期权不仅防范了可能发生的风险，而且尚有盈余。

通过以上实例可以看出，企业利用期权交易可以有效地防范风险。它使风险程度限定在可预见的范围内，当市场发生不利情况时，作为期权的买方，他可以放弃其权利，从而将损失仅仅限定在权利金之内，最大程度的损失仅仅是权利金，因而期权交易灵活性比较高。同样，利率期权是交易双方按预定价格就将来购买和出售某种与利率变动有关的金融证券选择权。企业如果要防范利率变动的风险，则可以利用买入看涨利率期权、买入看跌利率期权来避险；而股票期权适用于企业的对外投资活动中。如果其投资于境外公司的股票，为防范由于股票价格变化不定而带来的风险，该企业便可采用买入看涨股票期权或买入看跌股票期权的方式来达到目的。

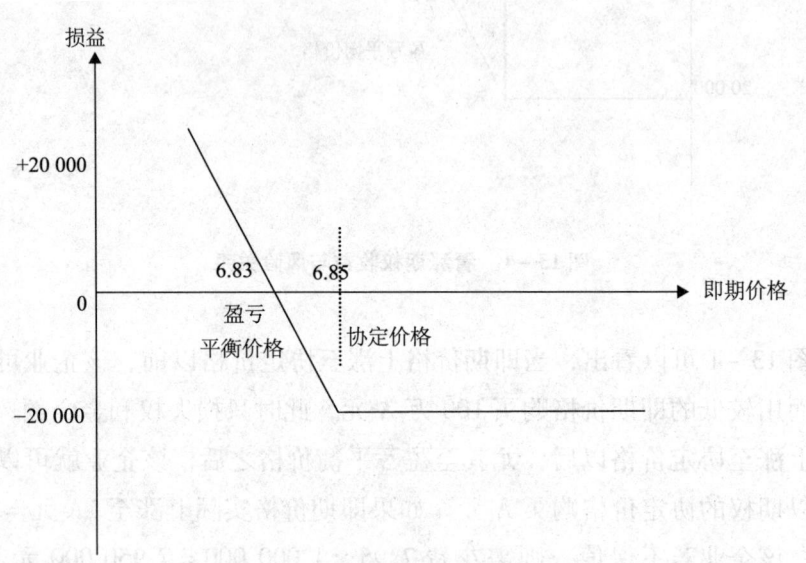

图 13-2　看跌期权收益与风险关系

运用期权套期保值与运用期货套期保值都能起到防范风险的作用，不同的是期货合约不需要单独付费购买，另外，在对市场价格走势预测错误的情况下，如价格波幅相当大时，期货套期保值将面临无限亏损的情况，但期权套期保值则能把亏损限制在一定范围内，即仅仅是权利金的损失。以上述进口商避险为例，假设即期汇率与该企业预测恰好相反，即不升反降，则运用二者计算的结果如表 13-4 所示（为简便，暂不考虑期货合约手续费费用及期权权利金，另设期货价格与现货价格一致，即期均为 7.25 元人民币/A 元）。

表 13-4　　期货保值与期权保值损失比较　　　　　单位：元

未来即期价格	期货市场损失	期权市场损失
7.22	30 000	20 000
7.21	40 000	20 000
7.20	50 000	20 000
7.19	60 000	20 000
7.18	70 000	20 000

13.4 其他金融衍生工具

13.4.1 互换与互换权

1. 互换与互换权的含义

(1) 互换。互换起源于20世纪70年代，现已成为管理债务与风险的一种重要的金融工具。大型的商业银行与投资银行推动着互换市场的发展，并且在互换市场中居于主导地位。互换是交易双方之间的一个协定，他们同意在商定的几年时间里交换彼此的支付流量。互换通常有以下几种类型：权益互换（或权益相连互换）、商品互换以及信用互换。

在权益互换中，交易双方交换彼此的支付流量。该支付流量根据一定数量的股票或股票指数的表现来确定。商品互换是交易各方交换现金流量的一个协定。该现金流量建立在商品如飞机燃油、其他等级燃油以及天然气等价格的基础之上。交易一方为一定量的商品支付一个固定的价格，而另一方则支付一个浮动价格。该浮动价格通常根据该商品在一定时期内的平均价格来确定。信用互换有两种基本类型，货币互换和利率互换，是指彼此交换建立在一定数量本金基础之上的利息支付款项，而在货币互换的情况下，通常还有本金的交换。信用互换还可以具体区分为债务互换和资产互换两大类。

债务互换指将对一项债务（负债）的支付交换成对另一项债务的支付。它使得借款者能够调整其负债，如将固定利率负债交换成浮动利率负债，或将一种货币表示的负债交换成以另一种货币表示的负债。债务互换也因此成为管理负债的一项工具。

资产互换用于将来自一项投资（资产）的收入流量交换成来自另一种可替代资源的收入流量。资产互换和债务互换的结构是一样的，用这两个术语是为了区分互换的目的。

债务互换比资产互换更普通，"债务互换"这个术语很少用于货币互换中，除非货币互换被称作资产互换，否则它即被假定为债务互换。

(2) 互换权。互换权产生于1988年，它是随着互换的发展而产生和发展的。利率互换在1982年诞生，到1987~1988年已被保值者广泛而积极地用于规避利率风险。然而，保值者（多为公司财务管理人员）面临两种选择：一是不进行保值；二是固定特定时期内的融资成本，但是，其利率水平明显高于短期利率水平。因此，他们开始寻求新的替代保值工具。互换权就是应这种需要而产生的。

2. 利用互换与互换权进行风险防范

（1）货币互换。货币互换交易是从20世纪70年代平行贷款和"背对背"贷款中发展起来的。这类贷款主要是指一国的公司把本国货币贷给另一国的公司，同时又从对方取得所需的贷款。企业可以通过这种交易逃避外汇管制或达到中期和长期套期保值的目的。

这些贷款形式曾经起到了一定的作用（有些现在仍在运用），但其合约文件比较烦琐，而且双方必须同时具有对方所需要的相同数量的货币，利率和汇率的波动也给这些贷款带来了相当的困难。

货币互换交易解决了上述问题。1981年世界银行和国际商用机器公司（IBM）首次进行了这种交易，从那以后，以银行作为中介的货币互换交易被广泛运用到风险的防范中来，根据国际互换交易商协会统计，到1990年年底，已成交的货币互换交易额已超过了5 000亿美元。

企业在具体采用货币互换之前，通常先要寻找到一个合作伙伴，而这个合作伙伴对国际金融市场上某一种货币的升贬值预测恰好和自己相反。比如中国某企业已在国际金融市场上筹集到一笔美元贷款，但他预测近期内美元将升值，为避免美元升值后导致其还本付息额增多的风险，该企业决定采用货币互换。他先找到一家外国公司，该外国公司已有一笔英镑贷款，但他预测英镑将升值，而美元将贬值，因此愿意同中国的企业合作进行货币互换。首先，中国该企业将贷款美元本金支付给外国公司，而从外国公司取回按一定汇率折合的英镑；其次，在互换有效期内，中国企业与外国公司互替对方支付利息（即中国企业支付英镑利息，而外国公司支付美元利息）；最后，双方再按原来的汇率将本金换回，各自向自己的贷款方偿还本金。

经过以上互换，无论在还款时美元对人民币的汇率如何变化，该企业都能得到由外国公司换回的美元本金，可以直接向贷款方偿还贷款，而不受当时实际汇率的影响，因此有效地防范了汇率变动带来的风险。

货币互换最初作为套利工具使用，随后被广泛应用于规避风险以及资产负债管理当中。经过10多年的发展，货币互换市场已成为国际资金市场的一个重要组成部分，货币互换在规避风险及其他管理中也将发挥越来越重要的作用。

小资料

利用货币互换防范汇率风险

A 公司是一家大型跨国公司,它希望筹集 2 000 万美元 5 年期浮动利率债务。它能够以 6 个月美元(LIBOR+0.50%)来筹集这些资金。B 银行的互换小组已经同该公司讨论了这些融资要求,并建议其以较低的利率发行瑞士法郎欧洲债券,同时将其互换成浮动利率美元。本金交换将使用目前的即期汇率 1 美元=1.3335 瑞士法郎。B 银行的 5 年期固定瑞士法郎互换利率为 4.90%~5.03%(付息利率与收息利率)。A 公司能够以 4.85% 的利率发行 5 年期瑞士法郎债券。

互换的过程如下:

A 公司以 4.85% 的利率发行 2 667 瑞士法郎债券,并在即期交割日以 1 美元=1.3335 瑞士法郎的汇率将其换成美元。

互换中的利息交换为,A 公司收到银行所支付的利率为 4.90% 的瑞士法郎利息,并支付 LIBOR 美元。在 5 年互换期末,本金将再次交换,且 A 公司将使用换回的瑞士法郎在到期时赎回债券。

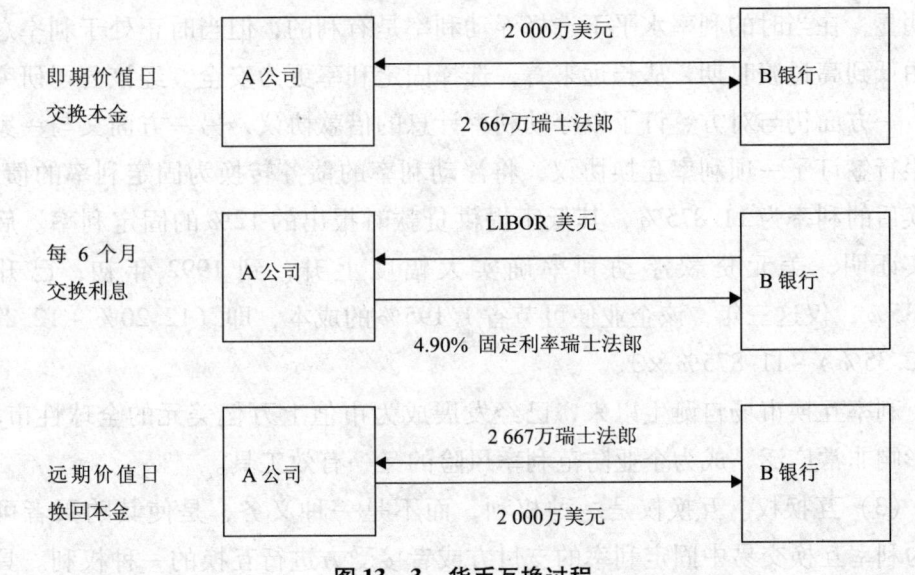

图 13-3　货币互换过程

同时,A 公司还将在以下两个方面获利:(1)它将从债券的利率(4.85%)与互换下的收息利率(4.90%)间的差异中获得瑞士法郎利润。该利润每年总计为 2 667 瑞士法郎的 0.05%,即 13 335 瑞士法郎。(2)它每年将节约美元借款成本 0.50%。因为如果它直接借入美元,需支付的利率为美元

> LIBOR+0.50%，而在互换下它仅需要支付美元 LIBOR。这样，每年将节约10万美元（2 000万美元的0.50%）①。

（2）利率互换。利率互换是一种合约交易，双方规定在合约载明的期限内，对一系列款项的支付进行交换。

利率互换产生于20世纪70年代末期，目前，该市场的市值已超过3万亿美元。1980年以前，企业都直接从市场上筹资，其结果存在两种情况：一是其所筹资金在期限、币种和利率等方面都与其资金需求相吻合；二是企业因为没有其他的选择，或者是为了获得低成本的融资，不得不接受其所筹资金与实际需要不完全相符所带来的风险和不便，如其未能按意愿取得浮动利率或固定利率的贷款，则不得不承受利率下降或上升所带来的风险等。而利率互换可以有效地防范这些风险。

1989年年初，中国某信托投资公司就成功地为国内企业做过这种业务。这是一家建筑企业，他为在美国的建筑项目申请了一笔工程项目贷款，贷款期为10年。金融市场提供给其美元贷款的利率条件是：若按固定利率，则年利率为12%；若按浮动利率，则年利率为 LIBOR+0.75%，当时 LIBOR 为11%。很明显，在当时的利率水平下选择浮动利率是有利的，但当时正处于利率总水平由低到高过渡时期，从长远来看，选择固定利率更为安全。经该公司研究决定，一方面仍与对方签订了以浮动利率计息的借款协议，另一方面又与一家外国银行签订了一项利率互换协议，将浮动利率的债务转换为固定利率的债务。互换后的利率为11.875%，其低于提供贷款时报出的12%的固定利率。后经事实证明，美元贷款浮动利率确实大幅度上升，到1992年初，已升至12.35%，仅这三年，该企业便可节省1.195%的成本，即（12.20%+12.27%+12.35%）-11.875%×3。

利率互换市场自诞生以来，已经发展成为市值上万亿美元的全球性市场，其影响非常广泛，成为企业防范利率风险的又一有效工具。

（3）互换权。互换权是一种权利，而不是一种义务，是使其购买者可以作为利率互换交易中固定利率的支付方或者接受方进行互换的一种权利。具体可以分为支付方互换权（payer swaptions）和接受方互换权（receiver swaptions）两类，在此将不进行详细阐述。

---

① 亓丕华、郑磊、陈卫星译：《货币风险管理（下）》，中信出版社2002年版，第305～306页。

13.4.2 远期利率协定

远期利率协定（forward rate agreement, FRA）市场开始于1983年，与金融期货市场相似，其主要作用是避免利率波动带来的风险。FRA是资金市场上最灵活、最简单的资产负债表表外工具（Off-Balance Sheet Instrument）。FRA的价格（将来某时期的利率）与未来市场的存款利率和资金市场的远期利率相关联，FRA的价格与其他远期市场利率的差额受到套利交易的制约。

1985年8月，英国银行家协会公布了FRA的交易条款，这些条款逐渐为市场各方所接受。因此，银行间的FRA市场便迅速发展起来，这又促进了机构投资者和借款人对该市场的参与。随着市场的成熟和流动性的增强，FRA的买卖差幅也从1983~1984年的10~25点迅速缩小到现在的3~4点，甚至还更低。1991年，国际互换交易商协会（ISDA）对交易条款进行了修改，规定所有的FRA都要在其总协定的范围内进行交易。

远期利率协定是一般公司或金融机构用以避免利率风险的一种金融工具，可以帮助一般公司或金融机构把未来某特定期限的存款和借款的有效利率事先固定在一定的水平上。实际上，FRA是一种合约，合约双方约定在到期日，双方按当时的市场利率和协定利率之间的差额进行清算。

若某公司希望把将来的借款成本固定在一定水平上，他可以购买一个FRA；如果它想把未来存款的收益固定下来，他可以出售一个FRA。在前一种情况下，如果利率上升，则按FRA协定利率进行筹资就会降低筹资成本；在后一种情况下，如果利率下降，则按FRA协定利率存款，可取得更高的利息收入。在这两种情况下，公司都要放弃利率沿有利方向变动所能带来的利益。作为回报，公司避免了利率沿不利方向运动所带来的风险。

> **小案例**
>
> **用远期利率协议进行资产——负债管理①**
>
> 中西部银行（Midwest）是一家美国地方银行，有50亿美元的资产。同这个市场中主要消费者银行与公众直接交易一样，中西部银行与小公司打交道。
>
> 中西部银行刚刚与瑞士银行纽约分行以及一家主要的美国投资银行建立了一个银团贷款。在这个组织中，中西部银行同意提供2年期固定利率的2亿美元贷款。

---

① ［美］查尔斯·W·史密森著：《管理金融风险》，中国人民大学出版社2003年版第69~70页。

中西部银行的资产与负债管理委员会（ALCO）被召集讨论银行由此而面临的增加的利率风险。在交易之前，该银行的资产和负债头寸都针对各自的期限做了配对安排。现在中西部银行的资产增加了2亿美元，这笔资金目前是从联邦基金市场的隔夜拆借中获得的。为了换出这笔联邦基金的借款，中西部银行期望它能够用州养老基金增加其6个月的大额存单（养老基金购买10万美元的大额存单，获得了一个有FDIC保障的、比其他政府债券利率高的工具）。ALCO决定发行6个月大额存单——中西部银行最便宜的基金。但是，用6个月CDs为2年的辛迪加融资使中西部银行的期限上有不匹配的头寸。

3个月后ALCO又一次开会：大额存单要滚动到下一个3个月；贷款还有1年9个月到期，但是银行经理担心利率会上升。事实上，中西部银行的管理层非常担心在他们需要发行新的大额存单时利率上升。中西部银行的经理们告诉他们的财务去完成即将要到来的再一次融资。

财务人员有一个困惑。她是现在发行新的大额存单呢，还是寻求别的资产？她是现在发行新的大额存单，还是将资金在欧洲市场投资3个月呢？不管哪种情况她都会"吹起"（增加）中西部银行的资产负债表，增加3个月的2亿美元。在资本充足率的要求下（这笔额外的2亿美元要求这家美国银行增加其资本1486万美元），这个财务人员决定管理其表外的头寸。

她给在纽约DDF银行的中西部银行联络处打电话。经过简短的讨论，她决定保留中西部银行6个月期的资金头寸，但是用一个远期利率协议锁定银行3个月后的借款成本。在路透社的屏幕上，3个月对9个月的远期利率协议的报价是3.44~3.38。即从现在开始3个月后的6个月期隐含利率大约是3.41%。中西部银行的财务总监将把利率锁定在3.44%，大概与报价区间的中点有3个基点的差异。

在学会了管理银行利率风险的这种技术后，财务总监认为远期利率协议是比实际持有和交易基金更好的管理利率风险的手段。因此，她雇用了一名远期利率协议交易员来管理中西部银行的风险。这个交易员将紧临着中西部银行的基金办公室工作并处理中西部银行的风险。财务总监现在可以以市场上最便宜的资源（在本案例中是大额存单）来进行资产融资了，并且根据其资产的到期状况利用远期利率协议重构中西部银行的利率风险。她不用再在负债方面的各种工具上积极工作——从联邦基金到债券——目的只是要转移利率风险。

13.4.3 利率封顶期权和利率保底期权

1985年，美国20多家大银行联合发行了27.5亿美元的浮动利率债券（FRNs），自此，利率封顶期权和利率保底期权便应运而生。浮动利率债券都含有一种期权性质,使发行人的浮动利率风险限定在一定的范围内。为了降低发行者的筹资成本,银行将这些利率封顶期权从债券中分离出来并在市场上出售,以赚取手续费。那些靠筹集短期资金来发放长期贷款的存贷协会则是利率封顶期权的最大买主,他们以此来对其头寸进行保值。

从那以后,许多公司都开始利用利率封顶期权来避免浮动利率风险。早期的利率封顶期权和利率保底期权大多数都是被一般公司所采用,但银行很快就认识到这种金融工具的潜在利益,并开始为自己的账户进行交易。随着越来越多的银行涉足这一领域,各种货币的利率封顶期权和利率保底期权的交易量得到迅速增长。

一般公司和金融机构都可以利用利率封顶期权和利率保底期权来防止利率反向变化的风险。

在典型的利率封顶期权交易中,如果参考利率超过了合约的协定利率上限,合约卖方要向买方支付一笔差价金额,为了补偿卖方的这一风险,买方要向卖方支付一笔权利金,即期权的价格。而合约的到期日、协定利率、参考浮动利率(通常是LIBOR)和名义本金数额都由买方来选择。

在许多情况下,利率封顶期权和利率保底期权比其他的保值工具有更大的优势。这两种期权都属于场外交易工具,可以满足客户特殊的金融需要。例如,利率封顶期权可以使买方更灵活地从低利率中获益,即以较低的成本进行筹资,而把利率上升的风险控制在一定的范围内。如果通过互换(成为固定利率的支付者)或期货(卖空交易)进行保值,则会把投资者束缚于固定利率之中。

利率封顶期权和利率保底期权给那些信用级别较低的公司提供了保值机会。由于在互换市场上要对公司进行双向的信用风险评估,很多公司都无法进入这些市场,而利率封顶期权和利率保底期权则只存在卖方对买方的信用风险。目前,公司对利率封顶期权和利率保底期权的需求主要来自那些利用长期债务购入全部产品或股权的公司和房地产开发公司。

例如,1986年,英国丰年公司(Goodyear)为避免被詹姆斯公司(Sir James Goldsmith)吞并,便决定调整其经营结构,用利率封顶期权来防止额外的浮动利率风险。为此,该公司购买了10亿美元的2年期利率封顶期权,平均协定利率为7.25%,权利金为1 150万美元。

以上各种金融衍生工具都能起到防范及控制风险的目的,只是,不同种类的衍生工具特点各不相同,并且正是因为如此,企业在防范风险的时候就可以选择使用:

期货合约的最大特点是其避险功能不完善。如果期货价格与现货的变化不是完全同步，期货的收益和损失就不会与其即期市场的收益或损失完全相抵补，这种期货与即期价格之间的基差风险是很难避免的，而且，获利和损失的数额会无限大；另外，期货合约的标准化对于避险者来说缺乏灵活性，这也是它的不便之处。

如果利用期权避险，则既可以获得价格朝有利方向变动时的全部收益，也可以用微小的代价避免价格朝不利方向变动时的损失，即期权交易的潜在收益是无限的，但损失却限定在权利金金额内。另外，利用期权进行套期保值还具有很大的主动灵活性，亦即，作为期权的买方，企业可以自主作出履行期权或放弃期权的决定，而不必像其他保值措施那样，不论情况如何，都必须于结算日履约。

但利用期货和期权等传统的衍生工具进行避险，需要经常性的管理和对冲；而利用利率互换进行保值，则在很长期限内不需要这种持续的管理与调整。另外，利率互换的衍生工具也在不断发展，如互换权、利率封顶期权和利率保底期权等，并已成为当今金融市场上的正规金融产品。对有跨国业务的企业来讲，利率互换在有效管理利率风险方面可能是一种无与伦比的选择。

本章小结

1. 金融衍生工具是指以另一（或另一些）金融工具的存在为前提，以这些金融工具为买卖对象，价格也由这些金融工具决定的金融工具，它是20世纪七八十年代全球金融创新浪潮中的高科技产品，金融创新工具的重要组成部分。

2. 金融衍生工具的产生归于三类原因：一是规避风险的迫切要求；二是国际金融业的发展趋势；三是新技术及金融理论的推动。

3. 金融衍生工具主要具有的特征：（1）金融衍生工具是以合约为基础；（2）金融衍生工具价值主要受基础工具变动的影响；（3）易做空头；（4）能够帮助投资者规避风险和进行保值；（5）高收益和高风险形影相随。

4. 期货是一种远期合约，其持有人有权在将来某特定日期，按照特定的价格，购买或者出售特定数量的某种资产。

5. 期货的主要种类有：利率期货、外汇期货和股票指数期货。相应地，套期保值也可以分为利率期货套期保值、外汇期货套期保值和股票指数期货套期保值。

6. 期权，又称选择权，不仅具有同样能避免风险、固定成本的作用，而且克服了期货交易的局限，能在市场汇率向有利方向波动时获得无限大的盈利。

7. 期权的主要种类有：利率期权、外汇期权和股票期权。企业利用期权理论避险主要可以采取两种方式，即买入看涨期权和买入看跌期权。

8. 互换是交易双方之间的一个协定，他们同意在商定的几年时间里交换彼此的支付流量。互换通常有以下几种类型：权益互换（或权益相连互换）、商品互换以及信用互换。互换权产生于1988年，它是随着互换的发展而产生和发展的。

9. 利用互换与互换权进行风险防范包括利用货币互换、利用利率互换和利用互换权。

10. 远期利率协定市场开始于1983年，与金融期货市场相似，其主要作用是避免利率波动带来的风险。公司和银行可以利用利率封顶期权和利率保底期权对浮动利率最高和最低额度的范围限制来达到防范风险的目的。

第14章 跨国公司财务管理

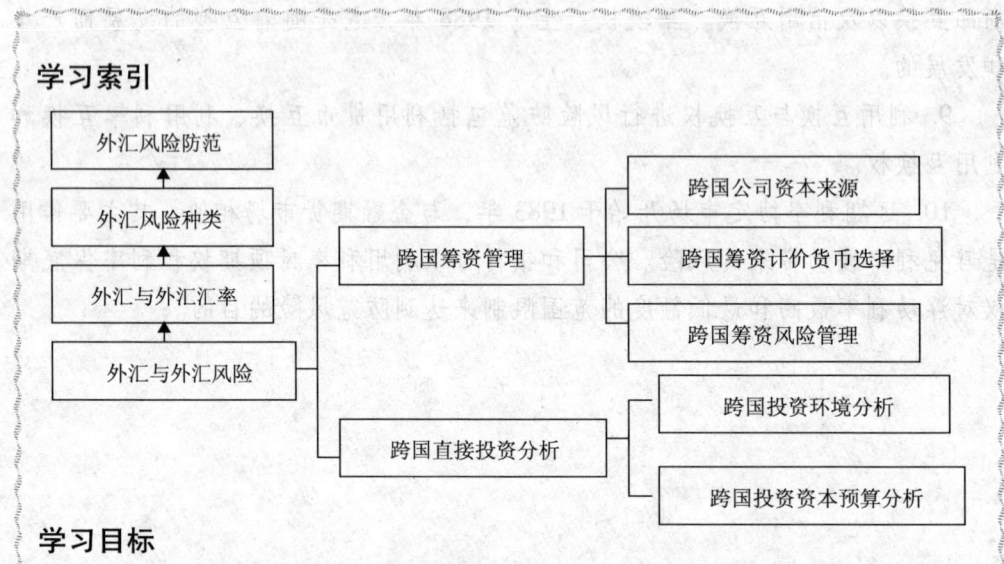

学习索引

学习目标

　　了解外汇的基本信息，理解外汇风险产生的原因和外汇风险的种类，熟悉并掌握外汇风险防范的财务策略；了解跨国公司的资本来源，理解并掌握跨国筹资计价货币的选择方法，熟悉并掌握跨国筹资的风险管理；理解并掌握跨国投资环境分析，熟悉并掌握跨国投资的资本预算分析。

　　党的十七大报告明确指出："坚持对外开放的基本国策，把'引进来'和'走出去'更好地结合起来，扩大开放领域，优化开放结构，提高开放质量，完善内外联动、互利共赢、安全高效的开放型经济体系，形成经济全球化条件下参与国际经济合作和竞争的新优势。"这预示着我国"走出去"、"引进来"的双向开放战略开始向纵深发展。"引进来"旨在积极利用外资，进一步扩大商品和服务贸易，实施市场多元化战略，发挥我国的比较优势，巩固传统市场，开拓新兴市场，努力扩大出口；作为海外战略投资战略的"走出去"，则旨在支持本土企业进行全球布局，同时发展本国和国际市场。而无论是"引进来"还是"走出去"，都离不开跨国公司的发展和壮大。以我国为例，2013年9月9日，商务部、国家统计局、国家外汇管理局联合发布《2012年度中国对外直接投资统计公报》（以下简称《公报》），正式公布了2012年我国对外直接投资的年度数据。《公报》显示，2012年我国对外直接投资创下流量878亿美元的历史新高，同比增长17.6%，首次成为世界三大对外投资国之一。进入2013年，仅2013年1~10月，我国非金融类对外直接投资就达695.2亿美元，同比增长19.5%。从投资的国家和地区分布看，仍多分布在亚洲、欧洲和北美洲地区；从投资的行业构成情况看，近九成的投资流向商务服务业、采矿业、批发和零售业、制造业、建筑业五大门类；对外承包工程业务完成营业额973.3亿美元、新签合同额1 246.1亿美元；对外劳务合作派出各类劳务人员38.8万人。①

14.1 外汇与外汇风险

跨国公司财务一个显著的特征就是外汇管理与财务管理密切结合，外汇管理渗透于财务管理的方方面面，因此，了解跨国公司财务管理的首先前提就是理解有关外汇的内容。本节将对外汇及外汇风险的有关内容进行详细的阐述。

14.1.1 外汇与外汇汇率

1. 外汇

外汇（foreign exchange）是"国际汇兑"一词的简称。其动态的含义是把一个国家的货币兑换成另一个国家的货币，借以清偿国际上债权债务关系的一种专门性的经营活动；其静态的含义是指它是以外币表示的用于国际结算的支付手段。财务管理中的外汇一般都是指的其静态含义。

外汇一般需要具备三个条件：(1) 必须是以外币表示的资产；(2) 必须可以兑换成其他形式的资产或以外币表示的支付手段；(3) 必须能被实行一定货币制度的一国政府所控制。

外汇是以外币表示的信用工具和有价证券。中国外汇管理条例规定，外汇的具体内容包括：(1) 外国货币，包括纸币、铸币；(2) 外币支付凭证，包括票据、银行存款凭证、邮政储蓄凭证；(3) 外币有价证券，包括政府债券、公司债券、股票等；(4) 特别提款权（SDR）、欧洲货币单位（ECU）；(5) 其他外汇资产。

---

① 中华人民共和国商务部2013年商务工作年终述评，整理自商务部网站（http://www.mofcom.gov.cn）。

> 📋 **小资料**
>
> **常用货币代码**
>
> GBP 英镑　　　　EUR 欧元　　　　USD 美元　　　　CHF 瑞士法郎
> JPY 日本日元　　HKD 港币　　　　AUD 澳大利亚元　CNY 中国人民币元
> SEK 瑞典克朗　　DKK 丹麦克朗　　NOK 挪威克朗　　CAD 加拿大元
> NZD 新西兰元　　RUB 俄罗斯卢布　SGD 新加坡元　　MOP 澳门币
> PHP 菲律宾比索　THB 泰铢　　　　TWD 新台币元　　KRW 韩国韩元
> MRY 马来西亚林吉特（中华人民共和国国家标准译名，马来西亚译名为令吉）

2. 外汇汇率

汇率是两种货币兑换的比率，即一国货币用另一国货币表示的价格。汇率（exchange rate）又称为汇价或外汇行市。例如，1 英镑＝1.5 美元，即指 1 英镑的价格是 1.5 美元，或者说，1 美元的价格是 0.6667 英镑，因为 1÷1.5＝0.6667。通过银行将本国货币按汇率购买外汇或将外汇按汇率兑换成本国货币，就是进行外汇买卖，汇率是外汇买卖的兑换标准。

（1）外汇汇率的标价方法。确定两种不同货币之间的比价，首先要确定用哪个国家的货币作为标准。由于确定的标准不同，在国际外汇市场上便产生了两种不同的外汇汇率标价方法。

第一，直接标价法（direct quotation）。直接标价法是指以一定单位（1 个单位或 100 个单位）的外国货币作为标准，折算成若干本国货币来表示其汇率的标价方法。在直接标价法下，外国货币数额固定不变，汇率涨跌都以相对的本国货币数额的变化来表示。一定单位外币折算的本国货币增多，说明外币汇率上涨或本币汇率下跌，即外国货币币值上升，或本国货币币值下降；相反，一定单位外币折算的本国货币减少，说明外币汇率下跌或本币汇率上涨，即外国货币币值下降，或本国货币币值上升。

除英国和美国外，世界上绝大多数国家和地区都采用直接标价法。我国的人民币外汇牌价，同国际上绝大多数国家一样，也采用直接标价法。均以 100 个外币单位为标准，折算成若干人民币元来表示人民币汇率。

第二，间接标价法（indirect quotation）。间接标价法是指以一定单位的本国货币为标准，折算成若干数额的外国货币来表示其汇率的标价方法。在间接标价法下，本国货币的数额固定不变，汇率涨跌都以相对的外国货币数额的变化来表示。一定单位的本国货币折算的外币数量增多，说明本币汇率上涨或外币汇率下跌，即本国货币升值或外国货币贬值；相反，一定单位的本币折算的外币数量减少，说明本币汇率下跌或外币汇率上涨，即本币贬值或外币升值。

英国一向采用间接标价法，美国长期使用直接标价法。在第二次世界大战以后，美元在国际收付和国际储备中逐步取得统治地位，从1978年9月1日开始，除对英镑继续使用直接标价法外，对其他货币一律改用间接标价法公布美元汇率。英国和美国使用间接标价法的目的是为了与其他国家外汇市场上各国货币对英镑和美元的标价一致。

目前，在国际金融市场上，银行间报价除用英镑外，都以美元为基础标出可换取各国货币的数额，而不问这一金融市场所在地处在哪个国家，这称为"美元标价法"。

小资料

汇率的标价方法

明确本国是判断标价方法的基础，但如果在国际范围内，通常使用货币对来表示（基础货币/标价货币）汇率。

（2）外汇汇率的种类。按照不同的标准，汇率可以区分为许多不同的类型。

第一类，按银行买卖外汇的角度划分为：买入汇率（buying rate）、卖出汇率（selling rate）、中间汇率（middle rate）与现钞汇率（bank notes rate）。

买入汇率又称外汇买入价，是指银行向同业或客户买入外汇时所使用的汇率。在直接标价法下，外币折合本币数额较少的那个汇率是买入汇率，它表示银行买入一定数额的外汇需要付出多少本国货币；在间接标价法下，本币折合外币较多的那个汇率是买入汇率，它表示银行买入多少外汇需要付出一定数额的本国货币。

卖出汇率又称外汇卖出价，是指银行向同业或客户卖出外汇时所使用的汇率。在直接标价法下，外币折合本币较多的那个汇率是卖出汇率，它表示银行卖出一定数额的外汇需要收回多少本国货币；在间接标价法下，本币折合外币较少的那个汇率是卖出汇率，它表示银行卖出多少外汇应该收回一定数额的本国货币。买入汇率与卖出汇率的差价是银行买卖外汇的收益，一般为1‰~5‰。

中间汇率又称为中间价，是指外汇买入价和卖出价的平均数。中间汇率经常作为汇率的一般水平在报刊电台上报道，套算汇率有时也使用有关货币的中间汇率计算。

现钞汇率是指银行买入或卖出外币现钞时所使用的汇率。从理论上讲，现钞买卖价同外币支付凭证、外币有价证券等外汇形式的买卖价应该相同。但由于一般国家都规定，不允许外国货币在本国流通，需要把买入的外币现钞运送

到各发行国或能够流通的地区去,这就要花费一定的运费和保险费,这些费用需要由客户来承担。因此,银行在收兑外币现钞时使用的汇率,稍低于其他外汇形式的买入汇率;而银行卖出外币现钞时使用的汇率则与外汇卖出价相同。

> **小资料**
>
> 中国银行的外汇牌价(如表 14-1 所示)
>
> 表 14-1　　　　　2014 年 12 月 2 日中国银行外汇牌价
>
> | 货币名称 | 现汇买入价 | 现钞买入价 | 现汇卖出价 | 现钞卖出价 | 中行折算价 | 发布日期 |
> |---|---|---|---|---|---|---|
> | 澳大利亚元 | 521.38 | 505.29 | 525.04 | 525.04 | 520.67 | 2014-12-02 |
> | 巴西里亚尔 | | 230.55 | | 252.17 | 240.24 | 2014-12-02 |
> | 加拿大元 | 540.53 | 523.84 | 544.87 | 544.87 | 541.41 | 2014-12-02 |
> | 瑞士法郎 | 634.11 | 614.54 | 639.21 | 639.21 | 637.33 | 2014-12-02 |
> | 丹麦克朗 | 102.58 | 99.41 | 103.4 | 103.4 | 103.04 | 2014-12-02 |
> | 欧元 | 763.63 | 740.06 | 768.99 | 768.99 | 765.37 | 2014-12-02 |
> | 英镑 | 963.3 | 933.57 | 970.06 | 970.06 | 965.35 | 2014-12-02 |
> | 港币 | 79.12 | 78.49 | 79.42 | 79.42 | 79.08 | 2014-12-02 |
> | 印尼卢比 | | 0.0484 | | 0.0518 | 0.0501 | 2014-12-02 |
> | 日元 | 5.171 | 5.0115 | 5.2074 | 5.2074 | 5.188 | 2014-12-02 |
> | 韩国元 | | 0.5363 | | 0.5815 | 0.5552 | 2014-12-02 |
> | 澳门元 | 76.94 | 74.35 | 77.23 | 79.71 | 77.06 | 2014-12-02 |
> | 林吉特 | 178.98 | | 180.24 | | 179.22 | 2014-12-02 |
> | 挪威克朗 | 88.04 | 85.32 | 88.74 | 88.74 | 88.44 | 2014-12-02 |
> | 新西兰元 | 482.54 | 467.65 | 485.92 | 488.83 | 482.78 | 2014-12-02 |
> | 菲律宾比索 | 13.69 | 13.26 | 13.79 | 14.22 | 13.74 | 2014-12-02 |
> | 卢布 | 12.03 | 11.69 | 12.13 | 12.53 | 12.04 | 2014-12-02 |
> | 瑞典克朗 | 82.22 | 79.68 | 82.88 | 82.88 | 82.67 | 2014-12-02 |
> | 新加坡元 | 469.48 | 454.99 | 472.78 | 472.78 | 470.06 | 2014-12-02 |
> | 泰国铢 | 18.68 | 18.1 | 18.83 | 19.4 | 18.76 | 2014-12-02 |
> | 新台币 | | 19.14 | | 20.52 | 19.84 | 2014-12-02 |
> | 美元 | 613.59 | 608.67 | 616.05 | 616.05 | 613.25 | 2014-12-02 |

第二类,按照制定汇率的方法划分为:基本汇率(basic rate)与套算汇率(cross rate)。

基本汇率指一国货币对某一关键货币的比率。关键货币是指在国际上普遍接受的可兑换货币或在国际收支中使用最多的货币，在一般情况下，各国都把美元当作制定汇率的主要货币，即常把本国货币对美元汇率作为基本汇率。

套算汇率又称交叉汇率，是指两种货币以第三种货币为中介推算出来的汇率。在实际中，第三种货币往往是关键货币。由于国际主要外汇市场只公布按美元标价计算的外汇汇率，人们要想知道美元以外的两种货币之间的比率时，就必须借助于套算汇率来计算。

第三类，按照外汇交易的期限划为：即期汇率（spot rate）与远期汇率（forward rate）。

即期汇率是指外汇买卖成交以后，买卖双方在当天或在两个营业日内进行交割的交易所使用的汇率。所谓交割是指外汇交易双方交钱、付汇的过程。

远期汇率是指银行进行远期外汇交易所使用的汇率。所谓远期外汇交易是指外汇买卖成交后，根据合同规定的到期日，按约定的汇率办理交割的外汇交易。远期交易的期限一般按月计算，从1个月到12个月不等。银行也相应制定1个月到12个月期限的远期汇率，同当日的即期汇率一起挂牌公布。

如果某种货币的远期汇率高于即期汇率，那么该远期汇率就被称为远期升水；如果远期汇率小于即期汇率，则称为远期贴水。远期汇率的标价等于即期汇率加上升水或减去贴水。

此外，汇率还可以做其他分类。例如，按银行外汇汇兑的方式，可以划分为电汇汇率、信汇汇率与票汇汇率；按外汇管制的宽严程度，可以划分为官方汇率和市场汇率；按国际汇率制度，可以划分为固定汇率与浮动汇率；按外汇市场营业时间划分，可以分为开盘汇率和收盘汇率；按外汇买卖对象划分，可以分为银行同业汇率和商业汇率等。

14.1.2 外汇风险种类

1. 外汇风险的概念

外汇风险是指国际债权债务中约定以外币支付时，因汇率变动给公司持有的，以外币计价的资产、负债、收入和支出带来的不确定性。这种不确定性所带来的影响是双向的，既可能是有利影响，给公司带来收益；也可能是不利影响，使公司发生损失。从规避风险的角度分析，通常把外汇风险视为外汇损失的可能性。理解外汇风险概念时，应弄清两个问题：

（1）外汇风险对象。承担外汇风险的不是公司持有的全部外币资产和负债，而只是其中的一部分。这部分承担外汇风险的外币资本通常称为"受险部分"、"外汇敞口"或"风险头寸"。例如，在外汇买卖中，风险头寸表现为外汇持有额中"超买（overbought）"或"超卖（oversold）"的部分，在公司经营中则表现为其外币资产与外币负债不相匹配的部分，如外币资产大于或小于外币负债，或外币资产与外币负债在金额上相等，但在时间长短期限上不一致。

（2）外汇风险的构成要素。外汇风险一般是由外币、时间和汇率变动三个因素共同构成的。以产品出口为例，如果产品外销的应收货款以本币计价结算，成交到收款的时间不论多长，由于不涉及外币，与汇率变动无关，故不存在外汇风险；如果产品外销的货款虽以外币计价结算，但成交日立即收到货款（不存在时间因素），汇率无变动，因而也不存在外汇风险；如果产品外销的应收货款以外币计价结算，成交到收款经过一段时间，但在这一段时间内汇率无变动，也不存在外汇风险；只有产品外销的应收货款以外币计价结算，成交到收款经过一段时间，而且在这一期间内汇率发生了变化，在三个因素同时存在的情况下，才能形成外汇风险。从成交到收款的时间越长，汇率变动的可能性越大，外汇风险就越大；外币与本币的汇率变动幅度越大，外汇风险也越大。

2. 外汇风险的类型

公司的外汇风险一般可以分为交易风险（transaction exposure）、折算风险（translation exposure）和经济风险（economic exposure）。

（1）交易风险是指公司以外币计价的各种交易过程中，如以信用方式进行的商品进出口交易、外汇借贷交易、外汇买卖、远期外汇交易、以外汇进行投资等，由于汇率变动使折算为本币的数额增加或减少的风险。交易风险具体又可以分为：

第一，商品进出口交易的外汇风险，是指公司进行商品、劳务进出口的交易过程中，用外币计价结算，由于成交日到结算日汇率变动，使公司以本币计算的收入、支出可能增加或减少而导致的风险。具体又包括出口交易的外汇风险和进口交易的外汇风险。

第二，外汇借款的汇率风险，是指公司借入某种外汇，由于借入日到偿还日汇率变动，使公司还本付息折合本币数额增多或减少的风险。

第三，外汇买卖的汇率风险，是指公司买入外汇，持有一段时间后卖出，由于买入到卖出这一期间内汇率发生变动从而使本币数额增多或减少的风险。

第四，远期外汇交易的汇率风险，是指在远期外汇交易中，由于合约规定的远期汇率与合约到期日的即期汇率不一致，而使按远期汇率付出的货币数额多于或少于按即期汇率付出的货币数额而发生的风险。

第五，对外投资中外汇汇出、利润汇回和原本撤回的汇率风险。公司以外汇对境外投资，在外汇汇出到汇回利润和原本这一期间，汇率变动会使公司发生外汇风险。

第六，其他获得外币资产或带来外币债务的交易活动的汇率风险。

以下举例说明商品出口交易的外汇风险。

位于中国的某公司6月1日向美国进口商出口了两批产品，货款各为100万美元。其中一批为一次收款，另一批为分次收款。由于发生交易日到该公司实际交割日（9月1日）期间汇率发生了变化，因此给该公司带来了一定的损失。事后，该公司将汇率、收款数额和时间以及外汇风险情况进行了归纳，如表14-2所示。

表14-2　　　　　　　　　　　商品出口交易外汇风险

一次收款的出口	风险敞口
（1）6月1日成交时： 外币计价的出口货款100万美元 汇率：1美元=6.3元人民币 货款折合人民币为630万元	100万美元
（2）9月1日交割时： 汇率：1美元=6.15元人民币 货款折合人民币为615万元 风险损失：15万元人民币	0
（3）6月1日成交时： 外币计价的出口货款100万美元 汇率：1美元=6.3元人民币 货款折合人民币为630万元	100万美元
（4）分次交割时： 第一次收款20万美元（7月1日） 汇率：1美元=6.26元人民币 20万美元折合人民币为125.2万元	80万美元
第二次收款40万美元（8月1日） 汇率：1美元=6.2元人民币 40万美元折合人民币为248万元	40万美元
第三次收款40万美元（9月1日） 汇率：1美元=6.15元人民币 40万美元折合人民币为246万元 100万美元折合人民币合计数为619.2万元 风险损失：10.8万元人民币	0

(2) 折算风险也可以称为会计风险。所谓折算是指将国外附属公司的外币会计报表,采用一定的方法,按照一定的汇率进行折算,以母公司所在国的货币来表示,以便汇总编制整个公司的合并会计报表。折算风险就是指由于汇率变动,报表的不同项目采用不同汇率折算,因而产生损失或利得的风险。

一家由美国母公司拥有 100% 股权的海外子公司 ABC 公司以当地货币 LC 表示的 2012 年 12 月 31 日和 2013 年 12 月 31 日比较资产负债表及 2012 年度利润表如表 14 - 3 和表 14 - 4 所示。

表 14 - 3　　　　　　　　　　ABC 公司比较资产负债表　　　　　　　　　单位：LC

	2012 年 12 月 31 日	2013 年 12 月 31 日
现金	5 000	2 000
应收账款	25 000	22 000
存货（按成本，先进先出）	30 000	28 000
固定资产（净额）	200 000	180 000
	2009 年 12 月 31 日	2010 年 12 月 31 日
资产总额	260 000	232 000
应付账款	50 000	45 000
长期负债	55 000	25 000
实收资本	100 000	100 000
留存收益	55 000	62 000
负债及股东权益总额	260 000	232 000

表 14 - 4　　　　　　　　　　　ABC 公司利润表

2013 年度（至 12 月 31 日）　　　　　　　　　　　　　　　　　单位：LC

销货		230 000
成本和费用		
销货成本	130 000	
折旧费用（直线法）	20 000	
其他费用	23 000	173 000
税前收益		57 000
所得税		15 900
净收益		41 100
留存收益，2012 年 12 月 31 日		55 000
合计		96 100
股利		34 100
留存收益，2013 年 12 月 31 日		62 000

续表

其他有关资料如下：

股份发行及固定资产取得日的汇率　　　　　　　　　　　　　　　　LC = US$0.50

存货计价采用先进先出法，据估计，每年年终存货基本上是在第四季度购入。全年的销货收入、购货支出、所得税费用及其他费用在年内是平均发生的。

2012 年第四季度平均汇率　　　　　　　　　　　　　　　　　　　LC = US$0.52

2012 年 12 月 31 日的汇率　　　　　　　　　　　　　　　　　　LC = US$0.53

2013 年度的平均汇率　　　　　　　　　　　　　　　　　　　　　LC = US$0.54

2013 年第四季度的平均汇率　　　　　　　　　　　　　　　　　　LC = US$0.56

2013 年 12 月 31 日的汇率　　　　　　　　　　　　　　　　　　LC = US$0.58

股利支付日汇率　　　　　　　　　　　　　　　　　　　　　　　　LC = US$0.55

2012 年 12 月 31 日留存收益折算金额为 US$23 050

根据以上资料，该公司对外币会计报表，包括资产负债表和利润表进行了折算（具体折算过程略）。在时态法下，该公司发生了 US$551 的折算利得；而在现行汇率法下，该公司的折算利得是 US$11 221。

（3）经济风险是指由于汇率变动对公司产销数量、价格、成本等经济指标产生影响，从而使公司未来一定时期利润和现金净流量减少或增加，引起公司价值变化的一种潜在风险。经济风险举例如下：

我国 A 公司在 B 国有一个独资的子公司，该子公司利用当地原料、人工进行生产，产品一半内销，一半外销，所有销售均以 B 元为计量单位。应收账款等于年销售量的 1/4（即平均收账期为 90 天）。存货也等于销售量的 1/4，并按直接成本计价。该子公司可以扩大或缩小其生产量而不致影响其单位直接成本和一般及行政费用总额。厂房设备的折旧每年为 120 万 B 元，公司所得税税率为 50%。

在 2013 年 1 月 1 日该子公司尚未开始任何营业活动之前，B 元出人意料地贬值 25%，即由原来的 1B 元 = 4 元人民币变为 1B 元 = 3 元人民币，汇率的这一变化对该子公司的现金流量产生了很大的影响。但这些影响要依变化后的新汇率对销售量、售价或营业成本的影响情况而定。

（1）对产品销售量的影响。如果该子公司产品价格不上升，则 B 国可以减少进口产品，增加国内销售，同时还可以增强 B 国产品的国际竞争力，使该子公司产品外销量增加。

（2）对产品价格的影响。该子公司可以维持按 B 元计算的原价格不变，也可以适当提高产品价格。两者之间如何选择，取决于该种产品的需求价格弹性。

（3）对产品成本的影响。该子公司生产产品所用的原材料或零部件如有一部分是从 B 国以外进口的，汇率变动后，以 B 元表示的价格会相应提高。B 元贬值后，B 国的物价和劳动工资也可能随之上升。

于是，A 公司从以下五个方面测算了 B 元贬值后，对该子公司未来的各项经济指标、利润和现金流量所产生的一系列影响（具体测算过程略）。这五个方面是：销售量、售价和成本都不变；销售量增加、售价和成本不变；销售量不变、售价提高、成本不变；销售量不变、部分产品售价提高、成本不变；销售量不变、售价提高、成本上升。

根据以上的资料测算出，在第一和第五种情况下，该公司将面临经济损失；而在第二、第三和第四种情况下，该公司将面临经济收益。

上述三种风险对公司的影响程度是不同的。对交易风险来说，汇率的变化随时间的变化而不断对交易过程产生影响；对折算风险来说，汇率变化只对某一变动点之前或到这一变动点时的过去情况发生影响；对经济风险来说，汇率变化只对变动后的情况产生影响。在这三种风险中，按其影响的重要性不同排序依次应为经济风险、交易风险和折算风险。

14.1.3　外汇风险防范的财务策略

对于外汇风险防范，汇率的预测是国际财务管理人员应负责的重要工作之一。外汇预测不仅用于外汇风险管理，而且还用于其他领域，例如，公司根据对未来汇率的预测，才能制订经营计划和预算；许多跨国公司根据计划完成情况来综合评价子公司经营业绩等，但是汇率预测最主要的用途还是帮助国际财务经理在外汇风险管理方面做出正确的决策，采取可靠的措施和适当的方法。汇率预测涉及各种理论，如购买力平价理论（purchasing power parity）、费雪效应（fisher effect）、国际费雪效应（international fisher effect）、利率平价说（interest rate parity）以及无偏差理论（unbiased theory）等，这些内容将不在本教材中进行论述（有关内容详见"国际金融"，外汇汇率的预测），本部分将具体阐述各种外汇风险防范的其他财务策略。

1. 交易风险的管理

对于交易风险的管理，一般可以采取以下方法：

（1）选择有利的计价货币。第一，进出口商品如果能够采用本国货币计价的话，则不论汇率如何变动，也没有外汇风险。交易双方的实力对于决定合同货币影响很大，此外还有按照国际惯例决定结算货币的情况。如果某国的货币是可以与其他货币自由兑换的货币，则该国的货币成为结算货币的机会较多。国外的一些外汇方面的专家也认为，进出口以本国货币计价比用外币计价是有利的。第二，在进出口贸易中，对出口收汇应争取用硬货币，进口付汇应争取用软货币。当然，对计价软硬货币的选择还要与商品的购销意图、国际市场价格等结合起来全面考虑。既要防止选用货币不当而受到汇率风险的损失，又要避免因为单纯考虑汇率风险而影响商品出口和急需物质的进口。一般来说，用硬货币报价时，货物价格要便宜一些；用软货币报价时，货物价格要贵一些。但如果出口商品是畅销货，国际市场价格趋于上涨，用硬货币报价，即使不便宜一些，对方也容易接受。如果出口商品是滞销货，国际市场价格趋于下降，用硬货币报价就不易成交。为了打开销路，出口商也可以接受用软货币计价成交。对急需物资的进口，如果对方坚持用硬货币，而买方又急于成交，也可以用硬货币计价结算。此外，为了使交易双方分担汇率风险，还可以采取软硬货币各半的方式，硬货币币值上升，软货币币值下降，相互抵消，可以减少汇率变动的风险。第三，在进行外币借款时，一般应争取借软货币。当然，还要考虑利率高低。一般来说，借硬货币利率较低，借软货币利率较高，有时两者相差很大，需要进行预测、计算、比较，然后加以选择。此外，还应该注意使公司外汇借款的货币与公司进口付汇的货币尽量一致，与公司出口收汇的货币尽量一致，这样有利于避免汇率风险。从一个公司来说，借入多种货币比较适宜。借入多种货币，汇率有升有降，利率有高有低，可以分散风险；借入一种货币，往往很难准确判断其汇率变动情况。

（2）在合同中订立货币保值条款。在交易谈判时经过双方协商，在合同中订立适当的保值条款，以防止汇率变动的风险。可以采用的货币保值工具有硬货币保值、"一篮子"货币保值和黄金保值等。以硬货币保值为例，硬货币保值是在交易合同中规定，货款用某种软货币结算，用某种硬货币保值，在合同中记载两种货币当时的汇率。在收付货款时，如果结算货币贬值超过合同规定幅度，则按结算货币与保值货币的新汇率将货款加以调整。例如，某公司对A国出口一批商品，合同规定货款用A元结算，用美元（当时美元与A元相比，美元较硬）保值。如果A元兑换美元的汇率上下浮动各达3%时，就按照A元对美元的汇率变化幅度，相应调整A元的价格；上下浮动幅度不到3%时，价格不变。例如，某出口商品合同单价为16A元，用美元保值折合为2美元（当时汇率为1美元＝8A元）。到收款时，汇率变为1美元＝8.5A元，由于汇率变动超过3%，因此单价应改为17A元（2美元×8.5A元）；如果汇率变为1美元＝7.5A元，则单价应改为15A元（2美元×7.5A元）。由以上可知，从美元角度分析，不论A元对美元的汇率是涨是跌（指超过3%而言），双方都不承担汇率风险。

（3）适当调整商品的价格。在进出口贸易中，一般应坚持出口收硬币、进口付软币的原则,但有时由于某些原因使出口不得不用软币成交、进口不得不用硬币成交,这样就存在外汇风险。为了弥补风险,可以采取调整价格法,主要包括加价保值和压价保值两种。加价保值法用于出口交易,出口商接受软货币计价成交时,将汇率损失加入出口商品价格中,以转嫁汇率风险。压价保值法用于商品进口交易,进口商接受硬货币计价成交时,将汇率损失从进口商品价格中剔除,以转嫁汇率风险。

(4) 在合同中加列汇率风险分摊条款。当使用某一种货币计价成交时,可以在合同内加列风险分摊条款,注明如计价货币汇率发生变动,则以汇率变动幅度的一半重新调整货物价格,由双方共同分摊汇率变动带来的损失或收益。

(5) 提前或延期结汇。这种方法是指在国际支付中,通过预测支付货币汇率的变动趋势,提前或延期支付有关款项,即通过更改外汇资本收付日期来抵补外汇风险或得到外汇汇率上升的好处。例如,美国母公司预测未来的英镑对美元汇率下降,就要求在英国的子公司对产品、劳务、利息、分期偿还的债务、红利等提前支付给母公司。与此同时,母公司还把子公司扩展业务所需要的美元贷款推迟到贬值以后再贷款,英镑提前支付,使等量英镑兑换美元的数额多于预测支付期所得;美元推迟贷放使所兑换的英镑多于预测支付期所得。提前或延期结汇,即通过由弱币到强币国家的加速支付或通过由强币到弱币国家的推迟支付,使公司减少在弱币国家的汇率风险。

(6) 以远期外汇交易防范风险。在进行远期外汇交易时,公司与银行签订合同,在合同中规定买入卖出货币的名称、金额、远期汇率、交割日期等。从签订合同到交割这段时间内汇率被以远期外汇合约的方式固定下来,可以及早确定公司收支的数额,排除日后汇率变动的风险。

随着外汇市场的不断发展,现在一些国家的大商业银行和投资银行已提供长期的远期外汇合约。公司在取得中长期借款时,如果利用长期的远期外汇合约买进支付利息和偿还本金所需要的外汇,就可以固定以本币计算的融资成本,避免借款的外汇风险。

(7) 以外汇期权交易防范风险。所谓外汇期权,是外汇期权交易双方按照协定的汇率,就将来是否购买某种货币,或是否出售某种货币的选择权,预先签订的一个合约。外汇期权合约给期权买方的是权利,而不是义务,在将来规定的日期内按规定的汇率,买或卖一定数量的外汇。期权分为看涨期权和看跌期权。前者是给予期权持有者以外汇买进的权利,后者是给予外汇卖出的权利;按行使期权合约的时间不同,期权合约还可以分为欧式期权和美式期权。前者是期权买方只能在合约到期日决定是否行使期权,而后者是指期权买方可以在合约到期日之前的任何时间行使期权。期权买方得到了权利，同时必须付给期权卖方一定数额的期权费。外汇期权交易包括柜台期权交易（指与银行达成的期权交易）和交易所内的期权交易。在交易所内进行的外汇期权交易，其合约金额是标准的，例如，每份英镑期权合约的标准金额是 12 000 英镑等。

外汇期权交易与远期外汇交易相比，具有一定的灵活性，到期是否执行合同可以选择，既能使公司避免汇率的不利变动所带来的影响，又能从汇率的有利变动中获得好处，但支付的费用较多。

（8）以外汇期货交易防范风险。外汇期货交易是在期货交易所内，交易双方通过公开竞价达成在将来规定的日期、地点、价格，买进或卖出规定数量外汇的合约交易。目前国际上外汇期货交易通常涉及的货币有美元、英镑、欧元、日元、加拿大元、澳大利亚元等。期货市场包括两部分，一是交易所，二是清算中心。凡是在交易所进行的交易，一旦成交，买卖双方就立即向交易所负责机构登记成交的合同，交纳保证金。登记完后，买卖双方就毫无关系，他们的对方均转移到了期货市场，到期由清算中心负责交割，买卖双方都不用担心对方信誉。外汇期货交易的数量用合同个数来表示，最少是一个合同，也可多达几十个合同，几百个合同。合同价格用一个外币等于多少美元来表示，每个合同根据货币种类的不同都有标准（固定）的金额。合同的到期日一年中只有三月份、六月份、九月份和十二月份的第三个星期三，目前最远的可做 15 个月的期货合同。当购买了若干期货合同后，如果又认为不需要了，那么可以卖出相同数量的相同合同，轧平头寸，结清今后应履行的义务，不需要再去实际收回或支付所买卖的货币。

公司因国际贸易和与外国有经济往来而拥有债权或债务者，都可以利用外汇期货市场进行套期保值，以避免或减少汇率变动造成的损失。

（9）以外汇调期交易防范风险。外汇调期交易又称时间套汇，是在买进即期的甲种货币、卖出即期的乙种货币的同时，卖出远期的甲种货币、买回远期的乙种货币。交易可以是在买进（或卖出）即期某种货币的同时，卖出（或买进）远期的同种货币；也可以是在买进期限较短的某种远期货币的同时，卖出期限较长的同一种远期货币，或者相反。调期交易一般是在两个当事人之间同时成交两笔相反方向的交易，如一方是买近卖远，另一方就是买远卖近。这种方式的作用是为了解决不同货币的资金需求，在把一种货币换成另一种货币进行投资时，也常用这种方法避免汇率风险。

（10）在国际货币市场通过借款和投资防范风险。当公司有短期外汇应收款，预测该种外币将贬值时，可以用借款和投资方法来融通资金和防范外汇风险。其步骤如下：

第一步，借入应收款的计价货币。借款期限应等于应收款的期限，借款金额的确定有以下两种做法：一是借款金额加上利息正好等于外汇应收款数额；二是借款金额等于外汇应收款数额。

第二步，将外币兑换为本币。将借款额按借款时的即期汇率兑换为本国货币。

第三步，在本国从事投资。可购买国库券或其他短期债券，如果本公司利润水平高而且需要补充资金，也可以投资在公司内部。如果投资获利应缴纳所得税，应计算投资的税后利润。

第四步，用收回的外汇应收款偿还外币借款。如果借款金额的确定采用第二种方法，还须另外计算应付利息，并按还款时的即期汇率用本币购买外汇进行支付。

2. 折算风险的管理

对折算风险进行管理，主要采用资产负债平衡的方法。此外，远期外汇合同法和货币市场借款和投资法也可用于折算风险的管理。

资产负债平衡法主要是将有风险的资产和有风险的负债进行平衡。当面对风险的资产和面对风险的负债相等时，例如，某公司的 A 元资产与 A 元负债相等，假如 A 元贬值的话，一方面 A 元资产价值会下降，但另一方面 A 元的负债也相应下降；假如 A 元升值的话，一方面是 A 元的负债增加，但另一方面 A 元的资产价值也相应增加，风险就可以相互抵消。当风险资产数额大于风险负债数额时，有两种类型的资产负债平衡法可以应用，一是减少风险资产，二是增加风险负债。资产负债平衡的方法通常用于减少折算风险，但也用来抵消交易风险和经济风险。

3. 经济风险的管理

经济风险涉及销售、生产、原料供应以及工厂位置等各个方面，因此，对经济风险管理的决策超越了财务经理的职能，往往需要总经理直接参与决策。经济风险的管理目标，是预测汇率变动对未来现金流量的影响，并采取必要的措施。因此，经济风险的管理重要的方法是走多元化道路，不仅是财务方面，而且更重要的是经营方面的多元化。

（1）经营方面的多元化。经营多元化既是指在不同业务领域经营（如生产、流通、服务、金融等业务领域，而且在生产领域生产多种产品，在流通领域买卖多种商品），又是指在不同地区、不同国家经营（如在若干个国家设立工厂、销售机构，从不同国家购买材料、设备等）。如果公司经营行业的面和跨越的地区、国家相当广泛，由于资产组合的效应，使汇率改变对公司现金流通的影响，可能会因多元化经营而减少。

（2）财务方面的多元化。一是筹资多元化。公司从多个国家的金融市场筹集资金，用多种货币计算，如果有的外币贬值，另外的外币升值，就可以使外汇风险相互抵消。二是投资多元化。公司可以向多个国家投资，创造多种外汇收入，就可以适当避免单一投资带来的风险。三是公司可以将外币应收款与外币应付款进行配合。例如，使美元应收款与美元应付款的数额基本上相等，如果美元贬值，使应收款的实际数值减少，但应付款的实际数值也相应减少，使风险抵消。

> **小案例**
>
> **日本本田公司的经济风险管理**
>
> 20世纪80年代后期以来，日元对美元不断升值，曾对企业经济造成了重大影响。1985年，本田公司在日本设计了一种新型汽车，成本为 2 380 000 日元，把它运到美国，标明售价为 12 000 美元，当时 1 美元 = 238 日元，12 000美元的售价就相当于 2 856 000 日元，那么本田公司有20%的成本加价。但是三年后，美元贬值为 1 美元 = 128 日元，现在如果这种汽车仍然卖 12 000 美元的话，本田公司就只能得到 1 536 000 日元了，该公司每卖一辆汽车就会损失35%的成本。美元的价格影响了本田公司，美元对日元贬值了46%，使公司本来的盈利变成了现在的亏损。而如果本田公司仍想保持20%的成本加价率的话，就得在美国卖到 22 312.50 美元，会因为汽车价格过高无法在美国销售出去。到1996年，这种情况就变得更糟了。于是促使本田公司在美国俄亥俄州的 Marysville 建厂生产最受欢迎的 Accord 型号汽车，其成本为 10 000 美元左右，价格不高于 12 000 美元，在美国很畅销。本田公司基本上保持了原有的盈利水平。

14.2 跨国筹资管理

与非跨国公司一样，筹资及投资管理也都是跨国公司财务管理的重要内容。本节将阐述跨国公司的筹资管理，投资管理将在下一节进行介绍。跨国公司筹资管理主要包括以下三个方面，即跨国公司资本来源、跨国公司计价货币的选择以及跨国公司筹资风险管理。

14.2.1 跨国公司资本来源

1. 跨国公司内部筹资

公司内部筹资是指资本从母公司流向子公司或从一个子公司流向另一个子

公司。其形式主要有：（1）股权筹资，即母公司通过购买子公司股票，即向子公司投资，使资本流向子公司；（2）举债筹资，即母公司利用自有资本或从银行取得借款向子公司放贷；（3）其他子公司向某一子公司放贷；（4）公司内部转移等。通过母公司来源取得的股票筹资，其主要优点是：加强母公司对子公司的所有权和控制权；加强海外子公司的举债能力，便于其筹措资本。缺点是：外汇风险较大；汇付利润和偿还投资资本的风险较高；财产被没收和国有化的风险较大。通过母公司来源的举债筹资，优点是：支付利息可以获得税收利益；易于得到较低成本的资本；易于汇付利润和偿还资本。缺点是：子公司从国外借入资本的外汇风险较大。

2. 东道国筹资

东道国是跨国公司补充资本的重要来源。跨国公司可以根据东道国的经济状况和金融环境筹集所需要的资本。如通过当地的证券市场进行股权或债券筹资，或通过当地银行取得借款等。通过东道国筹资的优点是：政治风险低；支付利息扣税；外汇风险小；可与当地公司或其他金融机构建立良好的关系。缺点是：东道国资本可供量有限；母公司对子公司的控制权较弱。

3. 国际代理机构和第三国来源筹资

跨国公司可以通过各种国际机构，如通过世界银行、国际开发协会、亚洲开发银行、进出口银行筹集所需要的资本，也可向第三国银行借款或向第三国资本市场发行股票或债券筹资。

> **小案例**
>
> **世界银行为中国提供的贷款**①
>
> 中国在改革开放过程中得到了世界银行最直接的经济援助。迄今为止，世行共向中国提供贷款近385亿美元，贷款总额在世行所有借款国中名列第一。其中硬贷款（低息贷款）283亿美元，软贷款（无息贷款）102亿美元，支持了260个项目，其中约90个项目还在实施中。世行支持的项目几乎遍布中国所有省、市、自治区和国民经济的各个部门。交通、能源、工业和城市发展等基础设施项目占贷款总额一半以上，其余为农业、教育、卫生、环保、供水等项目。

跨国公司通过各种金融机构贷款可以分为两种情况：一种是意向贷款，即贷款与一定的目的（例如商品出口、工程项目招标）相联系，这种贷款一般是利率低、期限长，有时带有一定的优惠条件。另一种是自由外汇贷款，即由国际金融市场上的外国商业银行提供，这种贷款与其他国家贷款方式相比，优

---

① 朱光耀：《求是》，2013年8月2日。

点是贷款方式灵活、手续简便；资本供应充足，允许借款者选择借款币种；贷款可以自由使用，不受贷款银行限制。缺点是贷款利率较高，期限较短。

4. 国际贸易筹资

跨国公司在对外贸易结算中，通常会有筹资活动伴随发生，如远期汇票折现、出口押汇、包理账款（出售应收账款）、进口押汇、信托押汇等。

14.2.2 跨国公司筹资计价货币的选择

跨国公司在举债筹资中面临的一个重要问题就是如何权衡利率水平和外汇风险水平之间的关系。

1. 无风险条件下计价货币的选择

所谓无风险条件下计价货币的选择是指在借款利率不变、未来汇率变动已知的情况下计价货币的选择。在这种情况下，一般是通过比较两种货币借款成本的大小进行选择。

[例14-1] 假设某公司年初准备借入一笔一年期借款，当时国际金融市场上有美元和欧元两种货币可供选择，两种货币当时的汇率为 1 欧元 = 0.80 美元。该公司可以直接从银行借入 500 万美元，假定一年期借款利率为 15%；也可以先借入 625 万欧元，一年期借款利率为 10%，然后兑换成 500 万美元。假设借款在年末一次还本付息。如果公司借入欧元，年末还须用美元购买欧元以偿还欧元借款本息 687.5（625 + 625 × 10%）万欧元。公司将选择哪一种计价货币呢？①

解：在利率不变的情况下，期末汇率（一年后的即期汇率）的变动相对于期初汇率（现行的即期汇率）来说，有三种情况：

（1）如果期末汇率仍然为：0.80US$/EUR，该公司显然应选择欧元借款，因为欧元借款的利率低于美元借款利率。如借欧元，一年后还本付息数为 687.5 万欧元，相当于 550 万美元，其借款成本为 50（550 - 500）万美元。如借美元，一年后还本付息数为 575 万美元，其借款成本为 75 万美元。

（2）如果期末汇率为 0.85US$/EUR，即欧元升值。如借欧元，一年后需还本付息数仍为 687.5 万欧元，按期末汇率换算美元数为 584.375 万美元，这表明公司必须支付 584.375 万美元认购 687.5 万欧元，借款成本为 84.375 万美元。如借美元，借款成本为 75 万美元。因此，当欧元升值时，该公司需要用更多的美元才能购得等额的欧元。在这种情况下，公司应选择美元作为其债务的计价货币。

---

① 谷祺、刘淑莲主编：《财务管理》，东北财经大学出版社 2003 年版，第 444 页。

(3) 如果期末汇率为 0.75US$/EUR，即欧元贬值。如借欧元，一年后还本付息数为 687.5 万欧元，按期末汇率换算美元数为 515.625 万美元，这表明公司只需用 515.625 万美元便可以认购 687.5 万欧元。因此，当欧元贬值时，公司可用较少的美元购入等额的欧元。在这种情况下，公司应选择欧元作为其债务的计价货币。

如果公司的管理者能够准确地预测一年后，即贷款偿还时的汇率，计算和比较预测汇率下的美元或欧元借款成本，就可以做出正确的筹资决策。但事实上，汇率受各种因素的影响，无法确切预知，大多数情况下公司都是在风险条件下进行计价货币的选择。

2. 风险条件下计价货币的选择

虽然借款人不可能事先得知未来的确切汇率，但可以在充分分析汇率未来走势的基础上，对汇率的不确定性进行量化。

【例 14-2】假设上例中该公司对未来汇率变化情况进行分析测算，得知如下资料：

| 汇率（US$/EUR） | 0.70 | 0.80 | 0.90 | 1.00 |
| 概率（P） | 0.25 | 0.20 | 0.45 | 0.10 |

$$汇率期望值 = 0.70 \times 0.25 + 0.80 \times 0.20 + 0.90 \times 0.45 + 1.00 \times 0.10 = 0.84$$

根据以上资料，采用公式分析法和临界分析法比较每种贷款方案的预期成本。

解：(1) 公式分析法。这种方法是将借款方案的成本表示为期末汇率的函数。假设期末汇率用 X_1 表示，则欧元的借款成本为：

$$C_{EUR} = 借款本金 \times (期末汇率 - 期初汇率) + 借款利息 \times 期末汇率$$
$$= 625(X_1 - 0.80) + 62.5 X_1$$
$$= 687.5 X_1 - 500$$

当 $X_1 = 0.84$ US$/EUR 时，代入上式可得欧元借款的预期成本为 77.5 万美元。如前所述，美元借款成本为 75 万美元，由于 $C_{EUR} > C_\$$，即借欧元成本高于美元借款成本，该公司应选择成本较低的美元借款。

(2) 临界分析法。公式分析法是先将期末汇率的不确定性数量化为 X_1，然后通过预期成本与汇率的函数关系求出欧元借款成本。临界分析法不必用特定的概率将风险数量化，只需要求出两种借款成本相等时的汇率 X_b，然后加以决策。按上例，当 $C_{EUR} = C_\$$ 时，可以得到下式：

$$687.5 X_b - 500 = 75$$

$$X_b = \frac{500 + 75}{687.5} = 0.8364$$

上式中的 0.8364US$/EUR 是两个借款方案成本相等时的汇率，也称成本重合点。如果期末汇率 $X_1 < 0.8364US\$/EUR$，则欧元借款便宜；反之，美元借款更合适。上述结果如图 14-1 所示。

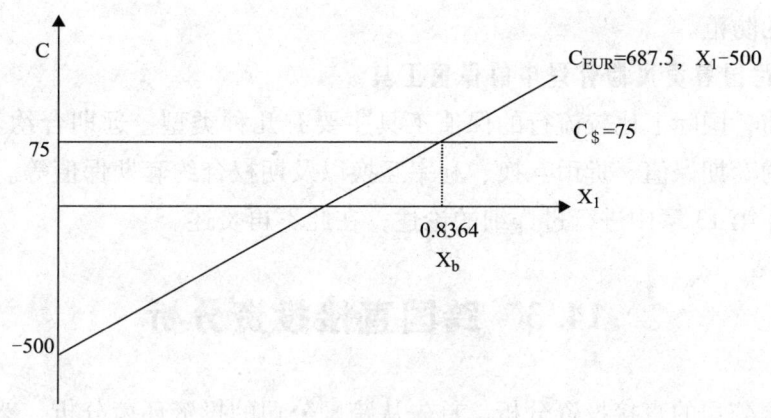

图 14-1 计价货币选择临界

图 14-1 中 C_{EUR} 线是根据函数 $C_{EUR} = 687.5, X_1 - 500$ 绘制而成的；$C_\$$ 线表示函数式 $C_\$ = 75$ 万美元。两条直线的交点所决定的均衡汇率为 $X_1 = X_b = 0.8364$。从图中可知，当 $X_1 > X_b$ 时，欧元借款成本高于美元借款成本；当 $X_1 < X_b$ 时，美元借款成本高于欧元借款成本。因此，公司可以根据预期汇率做出正确的筹资决策。按上例，当期望汇率 $X_1 = 0.84US\$/EUR$ 时，由于 $X_1 > X_b$，则该公司应选择美元借款。

除此之外，借款的计价货币与投资项目的收益货币保持一致也是计价货币选择中的一个重要原则。

14.2.3 跨国筹资风险管理

1. 跨国筹资风险管理的原则

筹资风险管理主要是控制与防范在对外筹资过程中以及所筹资本在使用和偿还过程中发生的利率和汇率风险。在进行风险管理时应坚持以下原则：

（1）均衡原则。主要指筹资币种和使用币种和偿还币种相平衡、软货币与硬货币相平衡；筹资长短期限相平衡；总体利率结构（固定利率与浮动利率）相平衡；筹资市场结构相平衡；筹资成本结构（利率、汇率、费用）相平衡等。

（2）保值原则。筹资管理的目的是为了防范和减少因汇率和利率等变化所引起的对外债务的增加，而不是为了获利。由于一些防范风险的金融工具，

如掉期交易,既可以用来保值,也可以用作投机性交易,因此在使用时应明确使用目的。

(3) 全过程原则。风险管理要贯穿始终,包括借、用、还三个环节,即不仅筹措阶段要采取防范风险的措施,在所筹资本使用阶段和偿还阶段同样应注重风险的防范。

2. 跨国筹资风险管理中的保值工具

目前,国际上比较流行的保值工具主要有几种类型:远期合约套期保值、期货合约套期保值、货币互换、利率互换以及期权合约套期保值等。因大部分内容已在第13章中进行过详细的论述,在此不再赘述。

14.3 跨国直接投资分析

跨国公司的直接投资分析,首先从跨国公司的投资环境分析,然后通过具体实例来阐述跨国投资的资本预算分析。

14.3.1 跨国投资环境分析

国际投资可以分为直接投资和间接投资两种基本方式。间接投资是指投资者在国际金融市场上购买外国公司的股票、债券等,其目的是获取证券投资的股息或债息。直接投资是指投资者在国外经营公司,并通过直接控制或参与其生产经营管理以获取利润的投资。直接投资的结果通常是建立子公司或分公司。在这里,我们将以跨国公司为例介绍和直接投资有关的几个问题。

1. 国外直接投资的风险

国外直接投资是一项冒险事业,跨国公司除面临国内公司所具有的风险外,还面临着国际政治、经济环境等各种风险。

政治风险主要是指国有化、战争和转换风险。在国际经济中,国有化就是将外国投资及资产没收归东道国所有,受到国有化伤害的跨国公司往往得不到补偿。战争风险包括内战、边境战争、骚乱以及与政治因素有关的恐怖事件所导致的风险。这类事件带有突发性,难以预测,而且其带来的破坏性,可以波及国内外许多公司。公司因战争、骚乱等蒙受的经济损失,一般都无法得到补偿。转换风险是指东道国政府通过外汇管制等措施,使跨国公司无法将其投资所得利润、资本等汇回本国或转换到其他国家。此外,东道国还可以采取大幅度调整汇率的办法,人为地使本币非正常贬值,达到减少外国投资者正当利益的目的。这种汇率波动不同于因国际收支不平衡发生的汇率风险,而是旨在剥夺投资者的收益,限制资本外流。

第14章 跨国公司财务管理

> **小资料**
>
> **中国在利比亚的投资**①
>
> 利比亚是中国对外承包工程业务的重要市场之一。在2011年被利比亚国内称为"2月17日革命"的动乱发生之前,利比亚国内正掀起一轮建设高潮,以弥补其被制裁期间的建设停滞。为配合2009年利比亚革命胜利40周年,其政府还上马了一大批形象工程和政绩工程。自2005年,利比亚开始大量招募外国公司在其国内投标建设。中国公司大规模进入利比亚是从2007年开始的。截至本次动乱发生前,在利比亚有75家中国企业承建了50个工程承包项目,涉及金额188亿美元。这些企业中包括13家央企,投资主要集中在房屋建设、配套市政、铁路建设、石油和电信领域。
>
> 利比亚在此次内外战争中,人员伤亡惨重,基础设施遭到严重损毁。其政局动荡也对我国在利从事承包工程的企业造成相当大的影响。合同搁浅、项目停止、驻地遭袭、大规模撤侨等,利比亚局势动荡给中国企业带来的损失显而易见。据相关专家估计,中国近200亿美元资金在利比亚利益洗牌中有可能"打水漂"。

跨国公司面临的经济风险主要是指宏观经济风险,如汇率变动、利率变动、通货膨胀、贸易条件变化等引起的风险。对跨国公司而言,所有这些既是遭受损失的原因,也是获得收益的条件。

除此以外,各国的文化环境、自然资源、风土人情、地理位置的差异也会增加国外投资的难度,并且制约和影响着对外投资项目的选择、效益的评价。因此研究和评价国际投资环境是跨国公司财务管理人员经常面临的一个重要课题。

2. 国际投资环境分析法

所谓国际投资环境,是指在国际投资过程中影响国际资本运行的东道国(资本输入国)的综合条件。它由硬环境和软环境组成。投资的硬环境主要由城市和工业基础设施和自然地理条件等基本因素构成;投资的软环境主要由政治法律、经济(经济政策、经济发展水平、市场规模、个人消费水平、市场健全程度与开放程度、物价状况与经济稳定性),以及社会、文化和教育等基本因素构成。对于国际投资环境分析方法的研究,国外已进行多年,主要有以下几种:

(1)投资障碍分析法。分析时,列出有关国家阻碍投资的不利因素(如

---

① 引自和讯新闻,http://news.hexun.com/2011-05-09/129420084.html。

政局动荡、经济停滞、外汇短缺、劳动力成本高、基础设施不良、资金融通困难、技术人员和熟练工人短缺、实施国有化政策、对外国投资者实行歧视政策、当地政府对公司干预过多、实行外汇管制和限制利润汇回等），并加以比较。如果某一国家的阻碍因素比另一国家少，那么该国的投资环境可以被认为比较好。

（2）"冷热"国对比法。这是美国学者伊西·利特法克等人提出的方法，归纳出影响国外投资环境"冷热"（即优劣）的七大因素（政治稳定性、市场机会、经济发展、文化一元化、法令阻碍、实质阻碍、地理文化差距）。当政治稳定、市场机会大、经济增长快、文化统一、法规限制小、地理文化差距不大时，它们就是有利于投资的"热"因素，具有这些有利条件的国家即为"热"国，否则即为"冷"因素和"冷"国。投资者应该到"热"国去进行投资经营。

（3）多因素评分分析法。对国际投资环境的冷热分析，主要是从宏观因素进行的，对于干扰国际投资环境的微观因素考虑较少。为此，美国学者罗伯特·斯托鲍夫提出了"投资环境多因素评分分析法"，作为投资环境的评析标准。这种分析法是从东道国政府对外国投资者的限制和鼓励政策着眼，具体分析了影响投资环境的八大微观因素。评分是按八大因素各自在投资环境中的作用大小确定不同的评分，从而避免了对不同因素平等看待的缺点。这八大因素是：资本抽回程度、外商股权所占份额、对外商的管制程度、货币稳定性、政治稳定性、给予关税保护的意愿、当地资本可供程度以及近五年的通货膨胀率。详细分析方法可参见有关教材。

此外，还有体制评估法和抽样评估法等。不同的评估方法主要在于因素选择方面侧重点不同。作为国际投资的决策人员应了解影响国外投资的基本因素，善于运用适当的评估方法来识别对本公司投资活动有利的投资环境。

14.3.2 跨国投资资本预算分析

1. 国外投资现金流量分析应注意的问题

从方法论上讲，国外投资现金流量分析与国内投资现金流量分析并无差别，但国外投资面临的实际情况更为复杂。在分析时，应注意以下几个问题：

（1）跨国公司对外直接投资后形成了分处两个国家中的不同经济实体，母公司的现金流量和国外投资项目的现金流量。两种不同的现金流量因其国别不同，性质也不同，因此投放在项目上的现金流量与流向母公司的现金流量必须严加区分。

（2）在分析时要充分认识各国在税收体系、金融机构、外汇管制、会计准则以及金融资产流动的限制等方面对现金流量的影响。

（3）汇率、利率变化、通货膨胀率变化不仅会改变国外投资项目的竞争地位，还会改变母公司与子公司之间的现金流量的价值，因此，在投资分析中应给予充分的重视。

（4）跨国资本市场之间的隔离，既可以创造财务利得的机会，也可能引起财务成本的增加，因此在分析时要注意研究投资项目的筹资结构及其变化对现金流量的影响。

（5）在跨国投资中，政治风险的高低会使对外投资的价值发生很大变化。

2. 现金流量分析

（1）国外子公司投资现金流量及现值分析。国外子公司投资现金流量表与国内一般项目现金流量表编制方法的基本原理是一样的，但必须考虑以下两点：第一，在估计投资项目的成本和收益时，要充分考虑汇率变化、通货膨胀率变化引起的货币贬值、东道国干预等因素；第二，对外投资发生的有关成本和收益的货币与母公司的货币不同。

确定国外投资项目的净现值一般有两种方法。第一种方法是以子公司所在国货币估计现金流量，并按计划汇率换算成母公司所在地货币，然后按母公司所在地货币的资本成本折现，从而得出以母公司所在地货币表示的投资净现值。第二种方法是为了避免外汇汇率预测，跨国公司完全以子公司所在国货币计算净现值，然后按现行汇率将计算结果换算成母公司所在地货币。假设美国某跨国公司在中国建立一子公司，其净现值的计算步骤如表 14-5 所示。

表 14-5   国外投资项目净现值计算步骤比较

方法一	方法二
第一，以人民币估计未来的现金流量	第一，以人民币估计未来的现金流量
第二，根据预测汇率将人民币换算成美元	第二，根据人民币折现率计算现值
第三，根据美元的折现率计算现值	第三，根据即期汇率将人民币换算成美元

这两种方法的差别在于外汇汇率的预测是否准确，只要各国的利率、汇率、通货膨胀率之间存在着简单的平价关系，那么这两种方法所得出的结论是一致的。

（2）母公司现金流量分析。国外投资项目的评价不但应从投资项目本身进行评价，还要站在母公司的立场上评价该项目。在评价时应考虑以下几个问题：净现金流量从子公司转换到母公司的可能性；子公司所在国有关汇兑资本方面的税收规定；两国外汇汇率变化等。从母公司角度进行分析，其现金流入量主要来自子公司的净现金流量、许可证收入、监管费收益等。现金流出量主要是从子公司获得股利收入而应向本国政府缴纳的各种税款等。现金流入量减现金流出量的净现金流量是母公司可以运用的净收益。据此可以按最低收益率计算母公司进行国外投资的净现值和内部收益率。

国际投资决策分析过程举例如下。[①]

某跨国公司，其总部设在 A 国，准备在 B 国进行一项投资。目前，项目分析小组已经收集到如下资料：

① A 国一家跨国公司准备在 B 国建立一家独资公司，以便生产和销售 B 国市场上急需的电子设备。该项目的固定资产需投资 12 000 万 B 元，另需垫支营运资金 3 000 万 B 元。采用直线法折旧，项目使用寿命为 5 年，5 年后固定资产残值预计为 2 000 万 B 元。5 年中每年的销售收入为 8 000 万 B 元，付现成本第 1 年为 3 000 万 B 元，以后随设备陈旧，逐年将增加修理费 400 万 B 元。

② B 国公司所得税税率为 30%，A 国公司的所得税税率为 34%。如果 B 国子公司把税后利润汇回 A 国，则在 B 国交纳的所得税可以抵减 A 国的所得税。

③ B 国投资项目产生的税后净利可以全部汇回 A 国，但折旧不能汇回，只能留在 B 国补充有关的资金需求。但 A 国母公司每年可从 B 国子公司获得 1 500 万 B 元的特许费及原材料的销售利润。

④ A 国母公司和 B 国子公司的资本成本均为 10%。

⑤ 投资项目在第 5 年底时出售给当地投资者继续经营，估计售价为 9 000 万 B 元。

⑥ 在投资项目开始时，汇率为 800B 元/A 元。预计 B 元相对 A 元将以 3% 的速度贬值。因此，各年末的汇率预计详见表 14-6。

表 14-6　　　　　　　　　　各年末汇率预测

年	计算过程	汇率（B 元/A 元）
0	—	800.00
1	$800 \times (1+3\%)$	824.00
2	$800 \times (1+3\%)^2$	848.72
3	$800 \times (1+3\%)^3$	874.18
4	$800 \times (1+3\%)^4$	900.40
5	$800 \times (1+3\%)^5$	927.42

---

① 李相国、王化成主编：《国际财务管理》，中国人民大学出版社 1995 年版，第 150 页。

第14章 跨国公司财务管理

要求根据以上资料分别以 B 国子公司和 A 国母公司为主体评价投资方案是否可行。

首先，以 B 国子公司为主体进行评价。

第一，计算该投资项目的营业现金流量，详见表 14-7。

表 14-7　　　　　　　投资项目营业现金流量计算　　　　　　　单位：万 B 元

t	1	2	3	4	5
销售收入（1）	8 000	8 000	8 000	8 000	8 000
付现成本（2）	3 000	3 400	3 800	4 200	4 600
折旧（3）	2 000	2 000	2 000	2 000	2 000
税前净利（4）＝（1）－（2）－（3）	3 000	2 600	2 200	1 800	1 400
所得税（5）＝（4）×30%	900	780	660	540	420
税后净利（6）＝（4）－（5）	2 100	1 820	1 540	1 260	980
现金流量（7）＝（1）－（2）－（5）＝（3）＋（6）	4 100	3 820	3 540	3 260	2 980

第二，计算该项目的全部现金流量，详见表 14-8。

表 14-8　　　　　　　投资项目现金流量计算　　　　　　　单位：万 B 元

t	0	1	2	3	4	5
固定资产投资	－12 000					
营运资金垫支	－3 000					
营业现金流量		4 100	3 820	3 540	3 260	2 980
终结现金流量						9 000
现金流量合计	－15 000	4 100	3 820	3 540	3 260	11 980

第三，计算该项目的净现值，详见表 14-9。

表 14-9　　　　　　　　　投资项目净现值计算　　　　　　　　单位：万 B 元

t	各年的 NCF（1）	现值系数（2）	现值（3）=（1）×（2）
1	4 100	0.909	3 727
2	3 820	0.826	3 155
3	3 540	0.751	2 659
4	3 260	0.683	2 227
5	11 980	0.621	7 440
未来报酬的总现值			19 208
减：初始投资			15 000
净现值			4 208

第四，以子公司为主体进行评价。该投资项目有净现值 4 208 万 B 元，说明是一个比较好的投资项目，可以进行投资。

其次，再以 A 国母公司为主体进行评价。

第一，计算收到子公司汇回股利的现金流量。子公司汇回的股利可视为母公司的投资收益，应按 A 国税法纳税，但因在 B 国纳税的部分可以抵减 A 国所得税，因此，要在考虑两国所得税的情况下对股利产生的现金流量进行调整，详见表 14-10。

表 14-10　　　　　　　　　股利现金流量调整

时间 项目	单位	1	2	3	4	5
汇回股利（1）		2 100	1 820	1 540	1 260	980
汇回股利折算成税前利润（2）	万 B 元	3 000	2 600	2 200	1 800	1 400
B 国所得税（3）		900	780	660	540	420
汇率（4）		824	848.72	874.18	900.40	927.42
汇回股利（5）=（1）÷（4）		2.55	2.14	1.76	1.40	1.06
汇回股利折算成税前利润 （6）=（2）÷（4）		3.64	3.06	2.52	2.00	1.51
A 国所得税（7）=（6）×34%	万 A 元	1.24	1.04	0.86	0.68	0.51
B 国所得税（8）=（3）÷（4）		1.09	0.92	0.76	0.60	0.45
向 A 国实际交纳所得税 （9）=（7）-（8）		0.15	0.12	0.10	0.08	0.06
税后股利（10）=（5）-（9）		2.40	2.02	1.66	1.32	1.00

第二，计算因增加特许费及原材料销售利润所产生的现金流量，见表14－11。

表 14－11　　特许费及原材料销售利润产生现金流量计算

	1	2	3	4	5
每年特许费收入及原材料销售利润（万 B 元）	1 500	1 500	1 500	1 500	1 500
汇率	824	848.72	874.84	900.40	927.42
每年特许费收入及原材料销售利润（万 A 元）	1.82	1.77	1.72	1.67	1.62
所得税（税率34%）	0.62	0.60	0.58	0.57	0.55
税后现金流量	1.20	1.17	1.14	1.10	1.07

第三，计算 A 国母公司的现金流量。为此，要先把初始现金流量和终结现金流量折算为 A 元。初始现金流量为 15 000 万 B 元，折算成 A 元为 18.75 万 A 元（15 000÷800）。终结现金流量为 9 000 万 B 元，折算成 A 元为 29.7 万 A 元。下面通过表 14－12 计算 A 国母公司的现金流量。

表 14－12　　　　　　　投资项目现金流量计算　　　　　　单位：万 A 元

t	0	1	2	3	4	5
初始现金流量	－18.75					
营业现金流量						
税后股利		2.40	2.02	1.66	1.32	1.00
特许费收入及原材料销售利润（税后）		2.02	1.17	1.14	1.10	1.07
终结现金流量						9.70
现金流量合计	－18.75	3.60	3.19	2.80	2.42	11.77

第四，计算该项目的净现值，详见表 14－13。

表14-13　　　　　　　　投资项目净现值计算　　　　　　　　单位：万A元

t	各年的NCF（1）	现值系数（2）	现值（3）=（1）×（2）
1	3.60	0.909	3.27
2	3.19	0.826	2.64
3	2.80	0.751	2.10
4	2.42	0.683	1.64
5	11.77	0.621	7.31
未来报酬的总现值			16.96
减：初始投资			18.75
净现值			-1.79

第五，以母公司为主体进行评价。从母公司的角度来看，该投资方案有负的1.79万A元净现值，说明投资项目效益不好，故不能投资。

这一实例说明，采用的评价主体不一样，得出的结论也可能不一样。究竟上例是否应该进行投资，取决于财务经理对待评价主体的态度。如果财务经理认为应以国外投资项目为评价主体，则此项目可行；反之，如果财务经理认为应以A国母公司为评价主体，则此项目不可行，不能进行投资。

3. 跨国投资风险调整方法

国外投资风险的调整与一般投资项目风险调整的方法基本相同。可以采用的方法有：缩短投资回收期、提高折现率、调整现金流量等。例如，如果预计投资回收可能会受到东道国外汇管制的限制，跨国母公司可以将正常的折现率10%提高到12%，或者把原定5年的回收期缩短到3年。又如，为防止投资风险可以从每年的现金流量中提取一笔保险金用于政治和经济风险的保险。保险金可以用于向保险公司购买保险，也可以用于其他规避风险的费用。如为了防止汇率变动的损失，可以利用远期外汇市场进行套期保值等。

本章小结

1. 外汇的含义是把一个国家的货币兑换成另一个国家的货币，借以清偿国际债权债务关系的一种专门性的经营活动；其静态的含义是指它是以外币表示的用于国际结算的支付手段。财务管理中的外汇一般都是指其静态含义。

2. 外汇一般需要具备三个条件。中国外汇管理条例规定，外汇的具体内容包括：(1)外国货币；(2)外币支付凭证；(3)外币有价证券；(4)特别提款权、欧洲货币单位；(5)其他外汇资产。

3. 汇率是两种货币兑换的比率，即一国货币用另一国货币表示的价格。

由于确定的标准不同,在国际外汇市场上便产生了两种不同的外汇汇率标价方法。按照不同的标准,汇率可以区分为许多不同的类型。

4. 外汇风险是指国际债权债务中约定以外币支付时,因汇率变动给公司持有的、以外币计价的资产、负债、收入和支出带来的不确定性。这种不确定性所带来的影响是双向的,既可能是有利影响,给公司带来收益;也可能是不利影响,使公司发生损失。

5. 公司的外汇风险一般可以分为交易风险、折算风险和经济风险。其中,交易风险的管理可以采用十种;折算风险的管理可以采用三种方法;经济风险的管理可以采用两种方法。

6. 跨国公司资本来源包括跨国公司内部筹资、东道国筹资、国际代理机构和第三国来源筹资以及国际贸易筹资。

7. 无风险条件下计价货币的选择是指在借款利率不变、未来汇率变动已知的情况下计价货币的选择。在这种情况下,一般是通过比较两种货币借款成本的大小进行选择。风险条件下计价货币的选择,可以采用公式分析法和临界分析法。

8. 筹资风险管理主要是控制与防范在对外筹资过程中以及所筹资本在使用和偿还过程中发生的利率和汇率风险。在进行风险管理时应坚持均衡原则、保值原则和全过程原则。国际上比较流行的保值工具主要有以下几种类型:远期合约套期保值、期货合约套期保值、货币互换、利率互换以及期权合约套期保值等。

9. 国外直接投资是一项冒险事业,跨国公司除面临国内公司所具有的风险外,还面临着国际政治、经济环境等各种风险。国际投资环境分析法包括投资障碍分析法、"冷热"国对比法、多因素评分分析法以及体制评估法和抽样评估法等。

10. 从方法论上讲,国外投资现金流量分析与国内投资现金流量分析并无差别,但国外投资面临的实际情况更为复杂,因此需注意:(1) 投放在项目上的现金流量与流向母公司的现金流量必须严加区分;(2) 充分考虑环境的影响;(3) 考虑汇率、利率等的影响;(4) 注意研究投资项目的筹资结构及其变化对现金流量的影响;(5) 政治风险的影响。

附 表

附表 1　复利终值系数表

$$(F/P, i, n) = (1+i)^n$$

n\i	1	2	3	4	5	6	7	8	9	10	11	12	13	14	i\n
1%	1.01000	1.02010	1.03030	1.04060	1.05101	1.06152	1.07214	1.08286	1.09369	1.10462	1.11567	1.12683	1.13809	1.14947	1%
2%	1.02000	1.04040	1.06121	1.08243	1.10408	1.12616	1.14869	1.17166	1.19509	1.21899	1.24337	1.26824	1.29361	1.31948	2%
3%	1.03000	1.06090	1.09273	1.12551	1.15927	1.19405	1.2297	1.26677	1.30477	1.34392	1.38423	1.42576	1.46853	1.51259	3%
4%	1.04000	1.08160	1.12486	1.16986	1.21665	1.26532	1.31593	1.36857	1.42331	1.48024	1.53945	1.60103	1.66507	1.73168	4%
5%	1.05000	1.10250	1.15763	1.21551	1.27628	1.34010	1.40710	1.47746	1.55133	1.62889	1.71034	1.79586	1.88565	1.97993	5%
6%	1.06000	1.12360	1.19102	1.26248	1.33823	1.41852	1.50363	1.59385	1.68948	1.79085	1.89830	2.01220	2.13293	2.26090	6%
7%	1.07000	1.14490	1.22504	1.31080	1.40255	1.50073	1.60578	1.71819	1.83846	1.96715	2.10485	2.25219	2.40985	2.57853	7%
8%	1.08000	1.16640	1.25971	1.36049	1.46933	1.58687	1.71382	1.85093	1.99900	2.15892	2.33164	2.51817	2.71962	2.93719	8%
9%	1.09000	1.18810	1.29503	1.41158	1.53862	1.67710	1.82804	1.99256	2.17189	2.36736	2.58043	2.81266	3.06580	3.34173	9%
10%	1.10000	1.21000	1.33100	1.46410	1.61051	1.77156	1.94872	2.14359	2.35795	2.59374	2.85312	3.13843	3.45227	3.79750	10%
12%	1.12000	1.25440	1.40493	1.57352	1.76234	1.97382	2.21068	2.47596	2.77308	3.10585	3.47855	3.89598	4.36349	4.88711	12%
14%	1.14000	1.29960	1.48154	1.68896	1.92541	2.19497	2.50227	2.85259	3.25195	3.70722	4.22623	4.81790	5.49241	6.26135	14%
16%	1.16000	1.34560	1.56090	1.81064	2.10034	2.43640	2.82622	3.27841	3.80296	4.41144	5.11726	5.93603	6.88579	7.98752	16%
18%	1.18000	1.39240	1.64303	1.93878	2.28776	2.69955	3.18547	3.75886	4.43545	5.23384	6.17593	7.28759	8.59936	10.1472	18%
20%	1.20000	1.44000	1.72800	2.07360	2.48832	2.98598	3.58318	4.29982	5.15978	6.19174	7.43008	8.91610	10.6993	12.8392	20%
24%	1.24000	1.53760	1.90662	2.36421	2.93163	3.63522	4.50767	5.58951	6.93099	8.59443	10.6571	13.2148	16.3863	20.3191	24%
28%	1.28000	1.63840	2.09715	2.68435	3.43597	4.39805	5.62950	7.20576	9.22337	11.8059	15.1116	19.3428	24.7588	31.6913	28%
32%	1.32000	1.74240	2.29997	3.03596	4.00746	5.28985	6.98261	9.21704	12.1665	16.0598	21.1989	27.9825	36.9370	48.7568	32%
36%	1.36000	1.84960	2.51546	3.42102	4.65259	6.32752	8.60543	11.7034	15.9166	21.6466	29.4393	40.0375	54.4510	74.0534	36%
40%	1.40000	1.96000	2.74400	3.84160	5.37824	7.52954	10.5414	14.7579	20.6610	28.9255	40.4957	56.6939	79.3715	111.120	40%
50%	1.50000	2.25000	3.37500	5.06250	7.59375	11.3906	17.0859	25.6289	38.4434	57.6650	86.4976	129.746	194.620	291.929	50%

续表

n\i	15	16	17	18	19	20	21	22	23	24	25	26	27	28	n\i
1%	1.16097	1.17258	1.18430	1.19615	1.20811	1.22019	1.23239	1.24472	1.25716	1.26973	1.28243	1.29526	1.30821	1.32129	1%
2%	1.34587	1.37279	1.40024	1.42825	1.45681	1.48595	1.51567	1.54598	1.57690	1.60844	1.64061	1.67342	1.70689	1.74102	2%
3%	1.55797	1.60471	1.65285	1.70243	1.75351	1.80611	1.86029	1.91610	1.97359	2.03279	2.09378	2.15659	2.22129	2.28793	3%
4%	1.80094	1.87298	1.94790	2.02582	2.10685	2.19112	2.27877	2.36992	2.46472	2.56330	2.66584	2.77247	2.88337	2.99870	4%
5%	2.07893	2.18287	2.29202	2.40662	2.52695	2.65330	2.78596	2.92526	3.07152	3.22510	3.38635	3.55567	3.73346	3.92013	5%
6%	2.39656	2.54035	2.69277	2.85434	3.02560	3.20714	3.39956	3.60354	3.81975	4.04893	4.29187	4.54938	4.82235	5.11169	6%
7%	2.75903	2.95216	3.15882	3.37993	3.61653	3.86968	4.14056	4.43040	4.74053	5.07237	5.42743	5.80735	6.21387	6.64884	7%
8%	3.17217	3.42594	3.70002	3.99602	4.31570	4.66096	5.03383	5.43654	5.87146	6.34118	6.84848	7.39635	7.98806	8.62711	8%
9%	3.64248	3.97031	4.32763	4.71712	5.14166	5.60441	6.10881	6.65860	7.25787	7.91108	8.62308	9.39916	10.2451	11.1671	9%
10%	4.17725	4.59497	5.05447	5.55992	6.11591	6.72750	7.4025	8.14027	8.95430	9.84973	10.8347	11.9182	13.1100	14.4210	10%
12%	5.47357	6.13039	6.86604	7.68997	8.61276	9.64629	10.8038	12.1003	13.5523	15.1786	17.0001	19.0401	21.3249	23.8839	12%
14%	7.13794	8.13725	9.27646	10.5752	12.0557	13.7435	15.6676	17.8610	20.3616	23.2122	26.4619	30.1666	34.3899	39.2045	14%
16%	9.26552	10.7480	12.4677	14.4625	16.7765	19.4608	22.5745	26.1864	30.3762	35.2364	40.8742	47.4141	55.0004	63.8004	16%
18%	11.9737	14.1290	16.6722	19.6733	23.2144	27.3930	32.3238	38.1421	45.0076	53.1090	62.6686	73.9490	87.2598	102.967	18%
20%	15.4070	18.4884	22.1861	26.6233	31.9480	38.3376	46.0051	55.2061	66.2474	79.4968	95.3962	114.475	137.371	164.845	20%
24%	25.1956	31.2426	38.7408	48.0386	59.5679	73.8641	91.5915	113.574	140.831	174.631	216.542	268.512	332.955	412.864	24%
28%	40.5648	51.9230	66.4614	85.0706	108.890	139.380	178.406	228.360	292.300	374.144	478.905	612.998	784.638	1004.34	28%
32%	64.3590	84.9538	112.139	148.024	195.391	257.916	340.449	449.393	593.199	783.023	1033.59	1364.34	1800.93	2377.22	32%
36%	100.713	136.969	186.278	253.338	344.540	468.574	637.261	866.674	1178.68	1603.00	2180.08	2964.91	4032.28	5483.90	36%
40%	155.568	217.795	304.913	426.879	597.630	836.683	1171.36	1639.90	2295.86	3214.20	4499.88	6299.83	8819.76	12347.7	40%
50%	437.894	656.841	985.261	1477.89	2216.84	3325.26	4987.89	7481.83	11222.7	16834.1	25251.2	37876.8	56815.1	85222.7	50%

附表 2 复利现值系数表

$(P/F, i, n) = (1+i)^{-n}$

n\i	1	2	3	4	5	6	7	8	9	10	11	12	13	14	i\n
1%	0.99010	0.98030	0.97059	0.96098	0.95147	0.94205	0.93272	0.92348	0.91434	0.90529	0.89632	0.88745	0.87866	0.86996	1%
2%	0.98039	0.96117	0.94232	0.92385	0.90573	0.88797	0.87056	0.85349	0.83676	0.82035	0.80426	0.78849	0.77303	0.75788	2%
3%	0.97087	0.94260	0.91514	0.88849	0.86261	0.83748	0.81309	0.78941	0.76642	0.74409	0.72242	0.70138	0.68095	0.66112	3%
4%	0.96154	0.92456	0.88900	0.85480	0.82193	0.79031	0.75992	0.73069	0.70259	0.67556	0.64958	0.62460	0.60057	0.57748	4%
5%	0.95238	0.90703	0.86384	0.82270	0.78353	0.74622	0.71068	0.67684	0.64461	0.61391	0.58468	0.55684	0.53032	0.50507	5%
6%	0.94340	0.89000	0.83962	0.79209	0.74726	0.70496	0.66506	0.62741	0.59190	0.55839	0.52679	0.49697	0.46884	0.44230	6%
7%	0.93458	0.87344	0.81630	0.76290	0.71299	0.66634	0.62275	0.58201	0.54393	0.50835	0.47509	0.44401	0.41496	0.38782	7%
8%	0.92593	0.85734	0.79383	0.73503	0.68058	0.63017	0.58349	0.54027	0.50025	0.46319	0.42888	0.39711	0.36770	0.34046	8%
9%	0.91743	0.84168	0.77218	0.70843	0.64993	0.59627	0.54703	0.50187	0.46043	0.42241	0.38753	0.35553	0.32618	0.29925	9%
10%	0.90909	0.82645	0.75131	0.68301	0.62092	0.56447	0.51316	0.46651	0.42410	0.38554	0.35049	0.31863	0.28966	0.26333	10%
12%	0.89286	0.79719	0.71178	0.63552	0.56743	0.50663	0.45235	0.40388	0.36061	0.0332197	0.28748	0.25668	0.22917	0.20462	12%
14%	0.87719	0.76947	0.67497	0.59208	0.51937	0.45559	0.39964	0.35056	0.30751	0.26974	0.23662	0.20756	0.18207	0.15971	14%
16%	0.86207	0.74316	0.64066	0.55229	0.47611	0.41044	0.35383	0.30503	0.26295	0.22668	0.19542	0.16846	0.14523	0.12520	16%
18%	0.84746	0.71818	0.60863	0.51579	0.43711	0.37043	0.31393	0.26604	0.22546	0.19106	0.16192	0.13722	0.11629	0.09855	18%
20%	0.83333	0.69444	0.57870	0.48225	0.40188	0.33490	0.27908	0.23257	0.19381	0.16151	0.13459	0.11216	0.09346	0.07789	20%
22%	0.81967	0.67186	0.55071	0.45140	0.37000	0.30328	0.24859	0.20376	0.16702	0.13690	0.11221	0.09198	0.07539	0.06180	22%
24%	0.80645	0.65036	0.52449	0.42297	0.34111	0.27509	0.22184	0.17891	0.14428	0.11635	0.09383	0.07567	0.06103	0.04921	24%
26%	0.79365	0.62988	0.49991	0.39675	0.31488	0.24991	0.19834	0.15741	0.12493	0.09915	0.07869	0.06245	0.04957	0.03934	26%
28%	0.78125	0.61035	0.47684	0.37253	0.29104	0.22737	0.17764	0.13878	0.10842	0.08470	0.06617	0.05170	0.04039	0.03155	28%
30%	0.76923	0.59172	0.45517	0.35013	0.26933	0.20718	0.15937	0.1259	0.09430	0.07254	0.05580	0.04292	0.03302	0.02540	30%
35%	0.74074	0.54870	0.40644	0.30107	0.22301	0.16520	0.12237	0.09064	0.06714	0.04974	0.03684	0.02729	0.02021	0.01497	35%

续表

n\i	15	16	17	18	19	20	21	22	23	24	25	26	27	28	i\n
1%	0.86135	0.85282	0.84438	0.83602	0.82774	0.81954	0.81143	0.80340	0.79544	0.78757	0.77977	0.77205	0.76440	0.75684	1%
2%	0.74301	0.72845	0.71416	0.70016	0.68643	0.67297	0.65978	0.64684	0.63416	0.62172	0.60950	0.59758	0.58586	0.57437	2%
3%	0.64186	0.62317	0.60502	0.58739	0.57029	0.55368	0.53755	0.52189	0.50669	0.49193	0.47761	0.46369	0.45019	0.43708	3%
4%	0.55526	0.53391	0.51337	0.49363	0.47464	0.45639	0.43883	0.42196	0.40573	0.39012	0.37512	0.36069	0.34682	0.33348	4%
5%	0.48102	0.45811	0.43630	0.41552	0.39573	0.37689	0.35894	0.34185	0.32557	0.31007	0.29530	0.28124	0.26785	0.25509	5%
6%	0.41727	0.39365	0.37136	0.35034	0.33051	0.31180	0.29416	0.27751	0.26180	0.24698	0.23300	0.21981	0.20737	0.19563	6%
7%	0.36245	0.33873	0.31657	0.29586	0.27651	0.25842	0.24151	0.22571	0.21095	0.19715	0.18425	0.17220	0.16093	0.15040	7%
8%	0.31524	0.29189	0.27027	0.25025	0.23171	0.21455	0.19866	0.18394	0.17032	0.15770	0.14602	0.13520	0.12519	0.11591	8%
9%	0.27454	0.25187	0.23107	0.21199	0.19449	0.17843	0.16370	0.15018	0.13778	0.12640	0.11597	0.10639	0.09761	0.08955	9%
10%	0.23939	0.21763	0.19784	0.17986	0.16351	0.14864	0.13513	0.12285	0.11168	0.10153	0.09230	0.08391	0.07628	0.06934	10%
12%	0.18270	0.16312	0.14564	0.13004	0.11611	0.10367	0.09256	0.08264	0.07379	0.06588	0.05882	0.05252	0.04689	0.04187	12%
14%	0.14010	0.12289	0.10780	0.09456	0.08295	0.07276	0.06383	0.05599	0.04911	0.04308	0.03779	0.03315	0.02908	0.02551	14%
16%	0.10793	0.09304	0.08021	0.06914	0.05961	0.05139	0.04430	0.03819	0.03292	0.02838	0.02447	0.02109	0.01818	0.01567	16%
18%	0.08352	0.07078	0.05998	0.05083	0.04308	0.03651	0.03094	0.02622	0.02222	0.01883	0.01596	0.01352	0.01146	0.00971	18%
20%	0.06491	0.05409	0.04507	0.03756	0.03130	0.02608	0.02174	0.01811	0.01509	0.01258	0.01048	0.00874	0.00728	0.00607	20%
22%	0.05065	0.04152	0.03403	0.02789	0.02286	0.01874	0.01536	0.01259	0.01032	0.00846	0.00693	0.00568	0.00466	0.00382	22%
24%	0.03969	0.03201	0.02581	0.02082	0.01679	0.01354	0.01092	0.00880	0.00710	0.00573	0.00462	0.00372	0.00300	0.00242	24%
26%	0.03122	0.02478	0.01967	0.01561	0.01239	0.00983	0.00780	0.00619	0.00491	0.00390	0.00310	0.00246	0.00195	0.00155	26%
28%	0.02465	0.01926	0.01505	0.01175	0.00918	0.00717	0.00561	0.00438	0.00342	0.00267	0.00209	0.00163	0.00127	0.00100	28%
30%	0.01954	0.01503	0.01156	0.00889	0.00684	0.00526	0.00405	0.00311	0.00239	0.00184	0.00142	0.00109	0.00084	0.00065	30%
35%	0.01109	0.00822	0.00609	0.00451	0.00334	0.00247	0.00183	0.00136	0.00101	0.00074	0.00055	0.00041	0.00030	0.00022	35%

附表3 年金终值系数表

$$(F_A/A, i, n) = [(1+i)^n - 1]/i$$

n \\ i	1	2	3	4	5	6	7	8	9	10	11	12	13	14
1%	1.00000	2.01000	3.03010	4.06040	5.10101	6.15202	7.21354	8.28567	9.36853	10.4622	11.5668	12.6825	13.8093	14.9474
2%	1.00000	2.02000	3.06040	4.12161	5.20404	6.30812	7.43428	8.58297	9.75463	10.9497	12.1687	13.4121	14.6803	15.9739
3%	1.00000	2.03000	3.09090	4.18363	5.30914	6.46841	7.66246	8.59234	10.1591	11.4639	12.8078	14.1920	15.6178	17.0863
4%	1.00000	2.04000	3.12160	4.24646	5.41632	6.63298	7.89829	9.21423	10.5828	12.0061	13.4864	15.0258	16.6268	18.2919
5%	1.00000	2.05000	3.15250	4.31012	5.52563	6.80191	8.14201	9.54911	11.0266	12.5779	14.2068	15.9171	17.7130	19.5986
6%	1.00000	2.06000	3.18360	4.37462	5.63709	6.97532	8.39384	9.89747	11.4913	13.1808	14.9716	16.8699	18.8821	21.0151
7%	1.00000	2.07000	3.21490	4.43994	5.75074	7.15329	8.65402	10.2598	11.9780	13.8164	15.7836	17.8885	20.1406	22.5505
8%	1.00000	2.08000	3.24640	4.50611	5.86660	7.33593	8.92280	10.6366	12.4876	14.4866	16.6455	18.9771	21.4953	24.2149
9%	1.00000	2.09000	3.27810	4.57313	5.98471	7.52333	9.20043	11.0285	13.0210	15.1929	17.5603	20.1407	22.9534	26.0192
10%	1.00000	2.10000	3.31000	4.64100	6.10510	7.71561	9.48717	11.4359	13.5795	15.9374	18.5312	21.3843	24.5227	27.9750
12%	1.00000	2.12000	3.37440	4.77933	6.35285	8.11519	10.0890	12.2997	14.7757	17.5487	20.6546	24.1331	28.0291	32.3926
14%	1.00000	2.14000	3.43960	4.92114	6.61010	8.53552	10.7305	13.2328	16.0853	19.3373	23.0445	27.2707	32.0887	37.5811
16%	1.00000	2.16000	3.50560	5.06650	6.87714	8.97748	11.4139	14.2401	17.5185	21.3215	25.7329	30.8502	36.7862	43.6720
18%	1.00000	2.18000	3.57240	5.21543	7.15421	9.44197	12.1415	15.3270	19.0859	23.5213	28.7551	34.9311	42.2187	50.8180
20%	1.00000	2.20000	3.64000	5.36800	7.44160	9.92992	12.9159	16.4991	20.7989	25.9587	32.1504	39.5805	48.4966	59.1959
22%	1.00000	2.22000	3.70840	5.52425	7.73958	10.4423	13.7396	17.7623	22.6700	28.6574	35.9620	44.8737	55.7459	69.0100
24%	1.00000	2.24000	3.77760	5.68422	8.04844	10.9801	14.6153	19.1229	24.7125	31.6434	40.2379	50.8950	64.1097	80.4961
26%	1.00000	2.26000	3.84760	5.84798	8.36845	11.5442	15.5458	20.5876	26.9404	34.9449	45.0306	57.7386	73.7506	93.9258
28%	1.00000	2.28000	3.94840	6.01555	8.69991	12.1359	16.5339	22.1634	29.3692	38.5926	50.3985	65.5100	84.8529	109.612
30%	1.00000	2.30000	3.99000	6.18700	9.04310	12.7560	17.5828	23.8577	32.0150	42.6195	56.4053	74.3270	97.6250	127.913
35%	1.00000	2.35000	4.17250	6.63288	9.95438	14.4384	20.4919	28.6640	39.6964	54.5902	74.6967	101.841	138.485	187.954

续表

n \ i	15	16	17	18	19	20	21	22	23	24	25	26	27	28	i \ n
1%	16.0969	17.2579	18.4304	19.6147	20.8109	22.0190	23.2392	24.4716	25.7163	26.9735	28.2432	29.5256	30.8209	32.1291	1%
2%	17.2934	18.6393	20.0121	21.4123	22.8406	24.2974	25.7833	27.2990	28.8450	30.4219	32.0303	33.6709	35.3443	37.0512	2%
3%	18.5989	20.1569	21.7616	23.4144	25.1169	26.8704	28.6765	30.5368	32.4529	34.4265	36.4593	38.5530	40.7096	42.9309	3%
4%	20.0236	21.8245	23.6975	25.6454	27.6712	29.7781	31.9692	34.2480	36.6179	39.0826	41.6459	44.3117	47.0842	49.9676	4%
5%	21.5786	23.6755	25.8404	28.1324	30.5390	33.0660	35.7193	38.5052	41.4305	44.5020	47.7271	51.1135	54.6691	58.4026	5%
6%	23.2760	25.6725	28.2129	30.9057	33.7600	36.7856	39.9927	43.3923	46.9958	50.8156	54.8645	59.1564	63.7058	68.5281	6%
7%	25.1290	27.8880	30.8402	33.9990	37.3790	40.9955	44.8652	49.0057	53.4361	58.1767	63.2490	68.6765	74.4838	80.6977	7%
8%	24.2149	30.3243	33.7502	37.4502	41.4463	45.7620	50.4229	55.4568	60.8933	66.7648	73.1059	79.9544	87.3508	95.3388	8%
9%	29.3609	33.0034	36.9737	41.3013	46.0185	51.1601	56.7645	62.8733	69.5319	76.7898	84.7009	93.3240	102.723	112.968	9%
10%	31.7725	35.9497	40.5447	45.5992	51.1591	57.2750	64.0025	71.4027	79.5430	88.4973	98.3471	109.182	121.100	134.210	10%
12%	37.2797	42.7533	48.8837	55.7497	63.4397	72.0524	81.6987	92.5026	104.603	118.155	133.334	150.334	169.374	190.699	12%
14%	43.8424	50.9804	59.1176	68.3941	78.9692	91.0249	104.768	120.436	138.297	158.659	181.871	208.333	238.499	272.889	14%
16%	51.6595	60.9250	71.6730	84.1407	98.6032	115.380	134.841	157.415	183.601	213.978	249.214	290.088	337.502	392.503	16%
18%	60.6953	72.9390	87.0680	103.740	123.414	146.628	174.021	206.345	244.487	289.494	342.603	405.272	479.221	566.481	18%
20%	72.0351	87.4421	105.931	128.117	154.740	186.688	225.026	271.031	326.237	392.484	471.981	567.377	681.853	819.223	20%
22%	85.1922	104.935	129.020	15.405	194.254	237.989	291.347	356.443	435.861	532.750	650.955	795.165	971.102	1185.74	22%
24%	100.815	126.011	157.253	195.994	244.033	303.601	377.465	469.056	582.630	723.461	898.092	1114.63	1383.15	1716.10	24%
26%	119.347	151.377	191.735	242.585	306.658	387.389	489.110	617.278	778.771	982.251	1238.64	1561.68	1968.72	2481.59	26%
28%	141.303	181.868	233.791	300.252	385.323	494.213	633.593	811.999	1040.36	1332.66	1706.80	2185.71	2798.71	3583.34	28%
30%	167.286	218.472	285.014	371.518	483.973	630.165	820.215	1067.28	1388.46	1806.00	2348.80	3054.44	3971.78	5164.31	30%
35%	254.738	344.897	466.611	630.925	852.748	1152.21	1556.48	2102.25	2839.04	3833.71	5176.50	6989.28	9436.53	12740.3	35%

附表 4　年金现值系数表

$(P_A/A, i, n) = [1 - (1+i)^{-n}]/i$

n\i	1	2	3	4	5	6	7	8	9	10	11	12	13	14	i\n
1%	0.99010	1.97040	2.94099	3.90197	4.85343	5.79548	6.72819	7.65168	8.56602	9.47130	10.3676	11.2551	12.1337	13.0037	1%
2%	0.98039	1.94156	2.88388	3.80773	4.71346	5.60143	6.47199	7.32548	8.16224	8.98259	9.78685	10.5753	11.3484	12.1062	2%
3%	0.97087	1.91347	2.82861	3.71710	4.57971	5.41719	6.23028	7.01969	7.78611	8.53020	9.25262	9.95400	10.6350	11.2961	3%
4%	0.96154	1.88610	2.77509	3.62990	4.45182	5.24214	6.00206	6.73275	7.43533	8.11090	8.76048	9.38507	9.98565	10.5631	4%
5%	0.95238	1.85941	2.72325	3.54595	4.32948	5.07569	5.78637	6.46321	7.10782	7.72173	8.30641	8.86325	9.39357	9.89864	5%
6%	0.94340	1.83339	2.67301	3.46511	4.21236	4.91732	5.58238	6.20979	6.80169	7.36009	7.88687	8.38384	8.85268	9.29498	6%
7%	0.93458	1.80802	2.62432	3.38721	4.10020	4.76654	5.38929	5.97130	6.51523	7.02358	7.49867	7.94269	8.35765	8.74547	7%
8%	0.92593	1.78326	2.57710	3.31213	3.99271	4.62288	5.20637	5.74664	6.24689	6.71008	7.13896	7.53608	7.90378	8.24424	8%
9%	0.91743	1.75911	2.53130	3.23972	3.88965	4.48592	5.03295	5.53482	5.99525	6.41766	6.80519	7.16073	7.48690	7.78615	9%
10%	0.90909	1.73554	2.48685	3.16987	3.79079	4.35526	4.86842	5.33493	5.75902	6.14457	6.49506	6.81369	7.10336	7.36669	10%
12%	0.89286	1.69005	2.40183	3.03735	3.60478	4.11141	4.56376	4.96764	5.32825	5.65022	5.93770	6.19437	6.42355	6.62817	12%
14%	0.87719	1.64666	2.32163	2.91371	3.43308	3.88867	4.28830	4.63886	4.94637	5.21612	5.45273	5.66029	5.84236	6.00207	14%
16%	0.86207	1.60523	2.24589	2.79818	3.27429	3.68474	4.03857	4.34359	4.60654	4.83323	5.02864	5.19711	5.34233	5.46753	16%
18%	0.84746	1.56564	2.17427	2.69006	3.12717	3.49760	3.81153	4.07757	4.30302	4.49409	4.65601	4.79322	4.90951	5.00806	18%
20%	0.83333	1.52778	2.10648	2.58873	2.99061	3.32551	3.60459	3.83716	4.03097	4.19247	4.32706	4.43922	4.53268	4.61057	20%
22%	0.81967	1.49154	2.04224	2.49364	2.86364	3.16692	3.41551	3.61927	3.78628	3.92318	4.03540	4.12737	4.20277	4.26456	22%
24%	0.80645	1.45682	1.98130	2.40428	2.74538	3.02047	3.24232	3.42122	3.56550	3.68186	3.77569	3.85136	3.91239	3.96160	24%
26%	0.79365	1.42353	1.92344	2.32019	2.63507	2.88498	3.08331	3.24073	3.36566	3.46481	3.54350	3.60595	3.65552	3.69485	26%
28%	0.78125	1.39160	1.86844	2.24097	2.53201	2.75938	2.93702	3.07579	3.18421	3.26892	3.33509	3.38679	3.42718	3.45873	28%
30%	0.76923	1.36095	1.81611	2.16624	2.43557	2.64275	2.80211	2.92470	3.01900	3.09154	3.14734	3.19026	3.22328	3.24867	30%
35%	0.74074	1.28944	1.69588	1.99695	2.21996	2.38516	2.50752	2.59817	2.66531	2.71504	2.75188	2.77947	2.79939	2.81436	35%

续表

n\i	1	2	3	4	5	6	7	8	9	10	11	12	13	14	i\n
1%	13.8651	14.7179	15.5623	16.3983	17.2260	18.0456	18.8570	19.6604	20.4558	21.2434	22.0232	22.7952	23.5596	24.3164	1%
2%	12.8493	13.5778	14.2919	14.9920	15.6785	16.3514	17.0112	17.6580	18.2922	18.9139	19.5235	20.1210	20.7069	21.2813	2%
3%	11.9379	12.5611	13.1661	13.7535	14.3238	14.8775	15.4150	15.9369	16.4436	16.9355	17.4131	17.8768	18.3270	18.7641	3%
4%	11.1184	11.6523	12.1657	12.6593	13.1339	13.5903	14.0292	14.4511	14.8568	15.2420	15.6221	15.9828	16.3296	16.6631	4%
5%	10.3797	10.8378	11.2741	11.6896	12.0853	12.4622	12.8212	13.1630	13.4886	13.7986	14.0939	14.3752	14.6430	14.8981	5%
6%	9.71225	10.1059	10.4773	10.8276	11.1581	11.4699	11.7641	12.0416	12.3034	12.5504	12.7834	13.0032	13.2105	13.4062	6%
7%	9.10791	9.44665	9.76322	10.0591	10.3356	10.5940	10.8355	11.0612	11.2722	11.4693	11.6536	11.8258	11.9867	12.1371	7%
8%	8.55948	8.85137	9.12164	9.37189	9.60360	9.81815	10.0168	10.2007	10.3711	10.5288	10.6748	10.8100	10.9352	11.0511	8%
9%	8.06069	8.31256	8.54363	8.75563	8.95011	9.12855	9.29224	9.44243	9.58021	9.70661	9.82258	9.92897	10.0266	10.1161	9%
10%	7.60608	7.82371	8.02155	8.20141	8.36492	8.51356	8.64869	8.77154	8.88322	8.98474	9.07704	9.16095	9.23722	9.30657	10%
12%	6.81086	6.97399	7.11963	7.24967	7.36578	7.46944	7.56200	7.64465	7.71843	7.78432	7.84314	7.89566	7.94255	7.98442	12%
14%	6.14217	6.26506	6.37286	6.46742	6.55037	6.62313	6.68696	6.74294	6.79206	6.83514	6.87293	6.90608	6.93515	6.96066	14%
16%	5.57546	5.66850	5.74870	5.81785	5.87746	5.92884	5.97314	6.01133	6.04425	6.07263	6.09709	6.11818	6.13636	6.15204	16%
18%	5.09158	5.16235	5.22233	5.27316	5.31624	5.35275	5.38368	5.40990	5.43212	5.45095	5.46691	5.48043	5.49189	5.50160	18%
20%	4.67547	4.72956	4.77463	4.81219	4.84350	4.86958	4.89132	4.90943	4.92453	4.93710	4.94759	4.95632	4.96360	4.96967	20%
22%	4.31552	4.35673	4.39077	4.41866	4.44152	4.46027	4.47563	4.48822	4.49854	4.50700	4.51393	4.51962	4.52428	4.52810	22%
24%	4.00129	4.03330	4.05911	4.07993	4.09672	4.11026	4.12117	4.12998	4.13708	4.14281	4.14743	4.15115	4.15415	4.15657	24%
26%	3.72607	3.75085	3.77052	3.78613	3.79851	3.80834	3.81615	3.82234	3.82725	3.83115	3.83425	3.83670	3.83865	3.84020	26%
28%	3.48339	3.50265	3.51769	3.52945	3.53863	3.54580	3.55141	3.55579	3.55921	3.56118	3.56397	3.56560	3.56688	3.56787	28%
30%	3.26821	3.28324	3.29480	3.30369	3.31053	3.31579	3.31984	3.32296	3.32535	3.32719	3.32861	3.32970	3.33054	3.33118	30%
35%	2.82545	2.83367	2.83975	2.84426	2.84760	2.85008	2.85191	2.85326	2.85427	2.85502	2.85557	2.85598	2.85628	2.85650	35%

附表 5 正态分布曲线的面积

Z	0.00	0.01	0.02	0.03	0.04	0.05	0.06	0.07	0.08	0.09
0.00	0.0	0.0040	0.0080	0.0120	0.0160	0.0199	0.0239	0.0279	0.0319	0.0359
0.10	0.0398	0.0438	0.0478	0.0517	0.0557	0.0596	0.0636	0.0675	0.0714	0.0753
0.20	0.0793	0.0832	0.0871	0.0910	0.0948	0.0987	0.1026	0.1064	0.1103	0.1141
0.30	0.1179	0.1217	0.1255	0.1293	0.1331	0.1368	0.1406	0.1443	0.1480	0.1517
0.40	0.1554	0.1594	0.1628	0.1661	0.1700	0.1736	0.1772	0.1808	0.1844	0.1879
0.50	0.1915	0.1950	0.1985	0.2010	0.2054	0.2088	0.2123	0.2157	0.2190	0.2224
0.60	0.2257	0.2291	0.2324	0.2357	0.2389	0.2422	0.2454	0.2486	0.2517	0.2549
0.70	0.2580	0.2611	0.2642	0.2673	0.2703	0.2734	0.2764	0.2793	0.2823	0.2852
0.80	0.2881	0.2910	0.2939	0.2967	0.2995	0.3023	0.3051	0.3078	0.3106	0.3133
0.90	0.3159	0.3186	0.3212	0.3238	0.3264	0.3289	0.3315	0.3340	0.3365	0.3389
1.00	0.3413	0.3438	0.3461	0.3485	0.3508	0.3531	0.3554	0.3577	0.3599	0.3621
1.10	0.3643	0.3665	0.3686	0.3703	0.3729	0.3749	0.3770	0.3790	0.3810	0.3830
1.20	0.3849	0.3869	0.3888	0.3907	0.3925	0.3943	0.3962	0.3980	0.3997	0.4015
1.30	0.4032	0.4049	0.4066	0.4082	0.4099	0.4115	0.4115	0.4147	0.4162	0.4177
1.40	0.4192	0.4207	0.4222	0.4236	0.4251	0.4265	0.4279	0.4292	0.4306	0.4319
1.50	0.4332	0.4345	0.4357	0.4370	0.4382	0.4394	0.4406	0.4418	0.4429	0.4441
1.60	0.4452	0.4463	0.4474	0.4484	0.4495	0.4550	0.4515	0.4525	0.4535	0.4545
1.70	0.4554	0.4564	0.4573	0.4582	0.4591	0.4599	0.4608	0.4616	0.4625	0.4633
1.80	0.4641	0.4649	0.4656	0.4664	0.4671	0.4678	0.4686	0.4693	0.4699	0.4706
1.90	0.4713	0.4719	0.4726	0.4732	0.4738	0.4744	0.4750	0.4756	0.4761	0.4767
2.00	0.4772	0.4778	0.4783	0.4788	0.4793	0.4798	0.4803	0.4808	0.4812	0.4812
2.10	0.4821	0.4826	0.4830	0.4834	0.4838	0.4842	0.4846	0.4850	0.4854	0.4857
2.20	0.4861	0.4864	0.4868	0.4871	0.4875	0.4878	0.4881	0.4884	0.4887	0.4890
2.30	0.4893	0.4896	0.4898	0.4901	0.4904	0.4906	0.4909	0.4911	0.4913	0.4916
2.40	0.4918	0.4920	0.4922	0.4925	0.4927	0.4929	0.4931	0.4932	0.4934	0.4936
2.50	0.4938	0.4940	0.4941	0.4943	0.4945	0.4946	0.4948	0.4949	0.4951	0.4952
2.60	0.4953	0.4955	0.4956	0.4957	0.4959	0.4960	0.4961	0.4962	0.4963	0.4964
2.70	0.4965	0.4966	0.4967	0.4968	0.4969	0.4970	0.4971	0.4972	0.4973	0.4974
2.80	0.4974	0.4975	0.4976	0.4977	0.4977	0.4978	0.4979	0.4979	0.4980	0.4981
2.90	0.4981	0.4982	0.4982	0.4983	0.4984	0.4984	0.4985	0.4985	0.4986	0.4986
3.00	0.4986	0.4987	0.4987	0.4988	0.4988	0.4989	0.4989	0.4989	0.4990	0.4990
3.10	0.4990	0.4991	0.4991	0.4991	0.4992	0.4992	0.4992	0.4992	0.4993	0.4993
3.20	0.4993	0.4993	0.4994	0.4994	0.4994	0.4994	0.4994	0.4995	0.4995	0.4995
3.30	0.4995	0.4995	0.4995	0.4996	0.4996	0.4996	0.4996	0.4996	0.4996	0.4997
3.40	0.4997	0.4997	0.4997	0.4997	0.4997	0.4997	0.4997	0.4997	0.4997	0.4998
3.50	0.4998	0.4998	0.4998	0.4998	0.4998	0.4998	0.4998	0.4998	0.4998	0.4998
3.60	0.4998	0.4998	0.4999	0.4999	0.4999	0.4999	0.4999	0.4999	0.4999	0.4999
3.70	0.4999	0.4999	0.4999	0.4999	0.4999	0.4999	0.4999	0.4999	0.4999	0.4999
3.80	0.4999	0.4999	0.4999	0.4999	0.4999	0.4999	0.4999	0.4999	0.4999	0.4999
3.90	0.5000	0.5000	0.5000	0.5000	0.5000	0.5000	0.5000	0.5000	0.5000	0.5000

注：Z 为标准差的个数，表中数据是平均数和 Z 个标准差之间的那部分正态曲线下的总面积。

主要参考文献

[1] 王棣华：《财务管理案例精析》，中国市场出版社2014年版。

[2] 刘淑莲、任翠玉主编：《高级财务管理》，东北财经大学出版社2014年版。

[3] 王满、宋淑琴主编：《国际财务管理》，清华大学出版社2014年版。

[4] 夏乐书、李琳编著：《国际财务管理》，东北财经大学出版社2014年版。

[5] 熊楚熊、衣龙新、赵晋琳编著：《公司理财理论与实务》，2014年版。

[6] 理查德·A·布雷利、斯图尔特·C·迈尔斯著：《公司财务原理（原书第10版）》（赵英军译），机械工业出版社2013年版。

[7] 刘淑莲、牛彦秀主编：《公司理财》，东北财经大学出版社2013年版。

[8] 刘淑莲主编：《财务管理》，东北财经大学出版社2013年版。

[9] [美]尤恩、[美]雷斯尼克著，《国际财务管理》，机械工业出版社，2013年1月第6版。

[10] 宋效中主编：《公司理财》，机械工业出版社2012年版。

[11] 张元萍主编：《金融衍生工具教程》，首都经济贸易大学出版社2011年版。

[12] 财政部会计资格评价中心编：《财务管理》，中国财政经济出版社2010年版。

[13] 王允平等主编：《跨国公司财务管理》，首都经济贸易大学出版社2010年版。

[14] [英]理查德·A·布雷利、斯图尔特·C·迈尔斯、弗兰克林·艾伦著：《公司理财原理（精要版）》（罗菲译），东北财经大学出版社2010年版。

[15] 艾伦·C·夏皮罗、奥图亚·沙林著：《跨国公司财务管理基础》（蒋屏译），中国人民大学出版社2010年版。

[16] 乔纳森·伯克、彼得·德马佐著：《公司理财》（姜英兵、陈梅译），中国人民大学出版社2009年版。

[17] 斯蒂芬·A·罗斯、伦道夫·W·威斯特菲尔德、杰弗利·F·杰富

主编：《公司理财》，机械工业出版社 2009 年版。

［18］斯坦利·B·布洛克、杰弗瑞士 A·赫特、巴特利 R·丹尼尔森著：《财务管理基础》，机械工业出版社 2009 年版。

［19］刘淑莲、罗菲主编：《公司财务管理习题与案例》，中国财政经济出版社 2003 年版。

［20］Pike, R. and Neale B., *Corporate Finance and Investment: Decisions & Strategies*, 6th edition, FT Prentice Hall, 2009.

［21］Shackman, J. D., "The Equity Premium and Market Integration: Evidence from International Data", *Journal of International Financial Markets*, Institutions and Money, 2006, Vol. 16, No. 2, pp. 155 – 179.

［22］Ryan, P. A., Ryan G. P., "Capital Budgeting Practices of the Fortune 1000: How Have Things Changed", *Journal of Business and Management*, 2002, 8 (4): 355 – 364.

［23］Graham J. R., Harvey C. R., "The Theory and Practice of Corporate Finance: Evidence from the Field", *Journal of financial Economics*, 2001, 60: 187 – 243.

相关信息网站

1. 北京天则研究所（http：//www.unirule.org.cn）
2. 产经研究（http：//www.unirule.org.cn/industry/research.html）
3. 新民生理财（http：//www.bjnewmission.com.cn/bjms/index.htm）
4. 经济论坛（http：//sunjinhua.363.net/index.htm）
5. 国家会计学院网（http：//www.nai.edu.cn）
6. 中华财会网（http：//www.e521.com）
7. 中国注册会计师协会网（http：//www.cicpa.org.cn）
8. 中华会计网校（http：//www.chinaacc.com）
9. 财会时空网（http：//www.fahnet.com）
10. 财经网（http：//pula.financenet.gov/）
11. 国际证券委员会组织（www.iosco.org）
12. 香港证券及期货事务监察委员会（www.hksfc.org）
13. 美国证券和交易委员会（www.sec.gov）
14. 英国金融服务权威机构（www.fsa.gov.uk）
15. 日本财政部证券管理局（www.mof.go.Jp）
16. 上海证券交易所（www.sse.com.cn）
17. 香港联合证券交易所（www.sehk.com.hk）
18. 美国证券交易所（www.amex.com）
19. 纽约股票交易所（www.nyse.com）
20. 芝加哥期货交易所（www.cbot.com）
21. 新加坡国际金融交易所（www.simex.com.sg）
22. 伦敦股票交易所（www.londonstockex）
23. 东京证券交易所（www.tse.or.jp）
24. 中国银行（www.bank-of-china.com）
25. 中国人民银行（www.cei.gov.cn/homepage/gov/rmyh.htm）
26. http：//fx.sauder.ubc.ca/
27. http：//oanda.com/
28. http：//www.caing.com/
29. http：//www.cnki.net

30. http://www.casc.gov.cn/
31. http://www.chinabond.com.cn
32. http://glossary.reuters.com.cn/wiki/
33. http://papers.ssrn.com/
34. http://www3.interscience.wiley.com
35. http://www.som.yale.edu/Faculty/sunder/

《公司理财（第二版）》
操作与习题手册

罗菲 编

经济科学出版社

说　　明

《〈公司理财（第二版）〉操作与习题手册》（以下简称《手册》）是东北财经大学网络教育学院现代远程教育系列教材《公司理财（第二版）》（经济科学出版社）的配套学习指导书，旨在帮助学员巩固所学的知识，深刻理解公司财务的基本理论和基本方法，把握课程的重点和难点，增强学生的思考能力和分析能力，掌握实际业务的操作技能。

《手册》与教材内容完全一致，各章设有单项选择题、多项选择题、判断题、计算分析题、上机练习题或案例分析。对于前四种题型，每章设置的习题一般都能够提供计算分析所需要的全部数据和信息，学生只要掌握并运用对应章节的公式、定理或模型，就可以计算出所需答案，并且一般只有一个标准答案。某些后续章节的习题可能会涉及前述章节的有关内容，因此学生不但要掌握各章的内容，还需要了解各章之间的相互关系，这样才会融会贯通，提高计算分析问题的能力。为方便，对各章的练习题都附有答案，但建议学生先尝试自行回答，然后再与答案核对。

上机练习题或案例分析（既包括虚拟案例，也包括真实案例）一般都是综合性的，每个题目都具有一定的难度和复杂性。由于有些案例的结果并不是唯一的，因此《手册》中给出的案例分析结果仅供参考。从应试的角度考虑，上机练习题和案例分析均不作为考试内容。

《手册》最后还附有2014年3月的全真考试试题与参考答案两套作为样卷。试题答题时间为一个半小时。

《手册》在编写过程中参阅了大量的文献，并得到了我的研究生种小柏、崔琳琳、贾振国、曹国建、何艳、臧冬霞、刘淑伊的大力帮助，在此表示诚挚的感谢！

在《手册》的编写过程中，虽然对内容进行了反复的推敲和审校，但由于时间仓促，加之水平所限，书中难免有不妥和疏漏之处，恳请各位专家、同仁、读者批评指正。

罗　菲
2014年12月于东财

目 录

第 1 章　财务管理概述 1
　　一、练习题 1
　　二、参考答案 5

第 2 章　货币时间价值 7
　　一、练习题 7
　　二、参考答案 12

第 3 章　证券价值评估 17
　　一、练习题 17
　　二、参考答案 23

第 4 章　风险与收益 28
　　一、练习题 28
　　二、参考答案 34

第 5 章　资本成本 38
　　一、练习题 38
　　二、参考答案 44

第 6 章　资本预算方法 49
　　一、练习题 49
　　二、参考答案 56

第 7 章　资本预算风险 63
　　一、练习题 63
　　二、参考答案 72

第 8 章　长期筹资 81
　　一、练习题 81
　　二、参考答案 88

第 9 章　资本结构 96
　　一、练习题 96
　　二、参考答案 101

第 10 章　股利政策 103
　　一、练习题 103
　　二、参考答案 109

第 11 章　流动资产管理 ··· 112
　　一、练习题 ··· 112
　　二、参考答案 ·· 116

第 12 章　短期筹资 ··· 119
　　一、练习题 ··· 119
　　二、参考答案 ·· 124

第 13 章　金融衍生工具 ··· 128
　　一、练习题 ··· 128
　　二、参考答案 ·· 132

第 14 章　跨国公司财务管理 ·· 134
　　一、练习题 ··· 134
　　二、参考答案 ·· 139

公司理财 A 卷（闭卷）·· 141
公司理财 A 卷（答案）·· 144
公司理财 B 卷（闭卷）·· 146
公司理财 B 卷（答案）·· 149

第1章 财务管理概述

一、练习题

（一）单项选择题

1. 下列有关公司财务管理目标，相对来说较为完善的是（　　）。
   A. 利润最大化　　B. 股东财富最大化　　C. 公司价值最大化　　D. 社会价值最大化
2. 以股东财富最大化作为财务管理目标，其优点不包括（　　）。
   A. 适用于上市公司和非上市公司　　　　B. 能够避免公司的短期行为
   C. 考虑了风险因素　　　　　　　　　　D. 体现了公司所有者对资本增值的要求
3. 金融市场按组织方式可以分为（　　）。
   A. 拍卖市场和柜台市场　　　　　　　　B. 长期金融市场和短期金融市场
   C. 有价证券市场和保值市场　　　　　　D. 一级市场和二级市场
4. 财务管理外部环境的构成不包括（　　）。
   A. 经济环境　　B. 公司环境　　C. 法律环境　　D. 社会文化环境
5. 利率的决定因素不包括（　　）。
   A. 资本的预期收益能力　　　　　　　　B. 投资者的风险厌恶程度
   C. 消费者的时间偏好　　　　　　　　　D. 上期银行存款利率
6. 解决股东与经营者之间的委托代理关系冲突的方法不包括（　　）。
   A. 股东加强对经营者的监管　　　　　　B. 对经营者的权利范围进行限制
   C. 股东出售股票　　　　　　　　　　　D. 激励经营者
7. 公司的股利政策用于确定（　　）。
   A. 对投资者的股利发放　　　　　　　　B. 对再投资的分配
   C. 对经营者的激励　　　　　　　　　　D. 确定如何在股利和再投资之间分配
8. 公司的对内投资不包括（　　）。
   A. 购置无形资产　　　　　　　　　　　B. 购置固定资产
   C. 购买债券　　　　　　　　　　　　　D. 购买其他资产
9. 所有权与经营权的分离产生的问题是（　　）。
   A. 道德风险　　B. 逆向选择　　C. 委托代理问题　　D. 收益分配问题
10. 当公司知道存在巨大社会成本且无法追索时，公司的财务管理目标应当（　　）。
    A. 应坚持公司利益　　　　　　　　　　B. 退出经营
    C. 协调公司利益与社会利益　　　　　　D. 服从于广义的社会利益
11. 不可控制的财务环境不包括（　　）。
    A. 技术状况　　B. 经济体制环境　　C. 政治环境　　D. 自然地理环境
12. 公司制下，委托代理关系不表现为（　　）。

A. 公司与客户　　B. 公司与社会　　C. 股东与经营者　　D. 股东与债权人
13. 金融资产的价值取决于它能带来的（　　）。
A. 公允价值　　B. 现金流入量　　C. 账面价值　　D. 实际购入价格
14. 公司价值最大化的公司价值是指（　　）。
A. 公司资产未来现金流量　　　　B. 公司资产的账面价值
C. 公司全部资产的市场价值　　　D. 公司股票市场价值
15. 金融市场上资金的最大需求者是（　　）。
A. 政府　　B. 银行　　C. 保险公司　　D. 企业

（二）多项选择题

1. 公司的筹资活动的方式有（　　）。
A. 股东投资　　　　B. 发行债券　　　　C. 银行借款
D. 社会捐赠　　　　E. 商业信用借款
2. 股利政策用于确定的分配内容有（　　）。
A. 债券利息　　　　B. 借款利息　　　　C. 再投资
D. 所得税　　　　　E. 股利
3. 对内投资活动包括（　　）。
A. 购买其他公司股票　　B. 购置无形资产　　C. 购置固定资产
D. 以联营形式投资　　　E. 垫支流动资金
4. 财务管理的内容可以分为（　　）。
A. 营运资本管理　　B. 投资管理　　C. 筹资管理
D. 长期筹资管理　　E. 长期投资管理
5. 以利润最大化作为财务管理目标没有考虑的问题是（　　）。
A. 货币的时间价值　　B. 投资风险问题　　C. 利润与投入资本的关系
D. 与社会利益的冲突　　E. 忽视公司的长期发展
6. 以股东财富最大化或公司价值最大化作为财务管理目标都存在的问题是（　　）。
A. 公司的短期行为问题　　B. 与社会利益的冲突　　C. 非上市公司难以适用
D. 股票价值受众多因素影响　　E. 没有考虑投资风险因素
7. 公司制下，委托代理关系表现为（　　）。
A. 公司与客户　　B. 公司与社会　　C. 公司与债权人
D. 股东与经营者　　E. 股东与债权人
8. 解决股东与经营者之间冲突的方法不包括（　　）。
A. 股东对经营者进行监督　　B. 股东更换经营者　　C. 股东限制经营者的收入
D. 股东提供必要的激励　　　E. 经营者谋求最大的非货币性收益
9. 公司内部的财务环境是指（　　）。
A. 市场状况　　B. 经营规模　　C. 经济形势
D. 技术状况　　E. 资产结构
10. 经济发展周期处于繁荣期时，公司采取的财务对策可以是（　　）。
A. 扩充厂房　　B. 停止长期采购　　C. 保持市场份额

D. 提高产品价格　　　　　E. 增加劳动力
11. 在市场经济体制下，企业的财务活动一般包括（　　）。
   A. 企业资金由国家提供　B. 设立自己的财务目标　C. 企业没有独立的理财权利
   D. 自主筹资　　　　　　E. 通过市场预测来制订财务计划
12. 财务会计法规包括（　　）。
   A. 《中华人民共和国会计法》　B. 《公司法》　　　C. 《审计法》
   D. 《中华人民共和国证券法》　E. 《商标法》
13. 有价证券市场构成了金融市场的核心部分，它包括（　　）。
   A. 期权市场　　　　　　B. 外汇市场　　　　　　C. 股票市场
   D. 货币市场　　　　　　E. 商品期货市场
14. 真实利率所包含的风险溢酬指的是（　　）。
   A. 道德风险　　　　　　B. 流动性风险　　　　　C. 逆向选择
   D. 违约风险　　　　　　E. 到期风险
15. 金融资产是对未来现金流入量的索取权，它具有的特征是（　　）。
   A. 增值性　　　　　　　B. 套期保值　　　　　　C. 不确定性
   D. 期限性　　　　　　　E. 时间性

（三）判断题

1. 公司财务是研究公司当前经营活动所需财务资源的取得和使用的一种管理活动。（　　）
2. 如果不将利润作为股利发放给股东，股东的财富就不会增加。（　　）
3. 投资筹资共同作用的结果实现公司价值的最大化。（　　）
4. 在CFO应具备的技能中，会计专业技能、战略视野和沟通能力同等重要。（　　）
5. 利润最大化的观点在目前的财务管理实务中已经没有影响力了。（　　）
6. 对于非上市公司，股东财富最大化理论并不适用。（　　）
7. 现代企业中，所有权与经营权的分离对于大企业和小企业都是必要的。（　　）
8. 股东与经营者的矛盾源于双方都对货币性收益目标的追求。（　　）
9. 长远来看，公司价值与社会责任对公司同等重要。（　　）
10. 真实利率当中包含了预期通货膨胀的利率。（　　）
11. 财务管理环境中，经济环境比法律环境和社会环境更重要。（　　）
12. 委托代理问题是由于公司经营者和所有者追求不同的目标产生的。（　　）
13. 财务管理环境是指对公司财务活动产生影响作用的公司外部的各种条件。（　　）
14. 一般来说，公司的内部环境和外部环境都是不可以控制的。（　　）
15. 与其他因素相比，资本供求对利率高低的影响最大。（　　）

（四）计算分析题

1. 什么是财务资源的使用？财务资源的使用包括什么？
2. 简述财务经理面临的两个问题是什么？你认为财务经理的重要技能有哪些？
3. 什么是不可控制财务管理环境，企业如何应对不可控财务管理环境？

4. 简述利率的决定因素。

5. 金融市场对公司财务管理有哪几个方面的作用？

6. 资本预期收益能力受什么因素影响？它和市场利率有什么关系？

7. 某上市公司2013年净利润2 000万元。公司召开股东大会，拟派发现金股利100万元，剩余利润留作未来的投资项目。

请问：（1）什么是股利政策，该上市公司的股利政策是什么？（2）公司的这项股利政策是投资活动还是筹资活动？请说明理由。

8. 甲、乙两企业均为未上市公司，甲企业为一家企业IT方案解决公司，目前经营业绩良好，当年净利润为1 000万元，但是市场竞争激烈，该公司只提供低端的解决方案。乙企业为一生物制药公司，主要研发制造流感疫苗，公司处于起步阶段，当年净利润为10万元，其中大部分的收入都投入到了研究开发中，目前市场同类企业较少，并且该类企业将来会享受到国家扶持。

请问：（1）在追求利润最大化的财务目标下，哪家公司市场表现更好？（2）假设甲、乙都为上市公司，哪家公司会更被投资者偏好？

9. B为一建材公司，受金融危机以及国家政策的影响，该公司近三年的收入持续下滑。随着经济的回暖以及房屋需求的上升，经B公司财务人员分析认为市场需求不久将上升。

请问：（1）B公司所在行业正处于经济发展周期的哪个阶段？（2）针对这一阶段的特点，B公司应该采取什么样的财务对策？

10. 如果以利润最大化作为中小企业的财务管理目标，你认为会存在什么问题，应该如何克服这些问题？

（五）案例分析题

案例概述：A公司为一大型钢铁股份有限公司。当年的财务报表中，主营业务收入237亿元，净利润3.7亿元。公司目前面临的经营环境为：国内外市场对钢材的需求和铁矿石成本预期未来几年会略微上升；国内的劳动力成本会大幅上升；为配合节能减排的需要，近几年国家会出台相关针对高能源消耗、高污染企业的限制政策。公司目前面临的经营决策为：（1）公司目前使用的高炉已经老化，若更新高炉，可以增加铁矿石的转化效率，节约成本，但是购置费用会减少未来几年的净利润。（2）目前有一套新的炼钢工艺，可以减少能源和原料的消耗并减少污染物的排放，但需要更新部分设备。经过计算，新设备带来的预计未来现金流入量的现值相比更换设备前有增加，但是略微低于增加设备的成本。因此公司总的预计未来现金流入量的现值不会因为更换设备而增加。

请问：（1）教材中提出的财管管理目标分别是利润最大化、股东财富最大化和公司价值最大化。请说明，与股东财富最大化相比较，公司价值最大化的优点是什么？（2）请分别用利润最大化观点和股东财富最大化观点回答公司面临经营决策（1）时，应该如何选择？（3）如果你是A公司的高级管理人员，面对决策（2）时，你应该如何选择，并说明理由。

二、参考答案

（一）单项选择题

1. C 2. A 3. A 4. B 5. D
6. C 7. D 8. C 9. C 10. D
11. A 12. A 13. B 14. C 15. D

（二）多项选择题

1. ABCE 2. CE 3. BCE 4. ADE 5. ABCDE
6. CD 7. BDE 8. CD 9. BDE 10. ADE
11. BDE 12. BCE 13. CD 14. BDE 15. CE

（三）判断题

1. √ 2. × 3. √ 4. × 5. ×
6. √ 7. × 8. × 9. √ 10. ×
11. √ 12. √ 13. × 14. × 15. √

（四）计算分析题

1. 解：所谓资源的使用就是指投资活动，也就是将筹集到的资本用于能够提高公司价值的各项活动。财务资源的使用包括对内投资，如购置固定资产、无形资产等；对外投资，如购买其他单位或经济组织的股票、债券，或以联营形式投资等。

2. 解：财务经理需要回答两个问题：一是哪些实物资产值得公司进行投资，为公司创造价值；二是如何在金融市场上筹集资本，为投资者创造价值。财务经理不仅要具备扎实的会计专业技能，固守职业操守，还应能够参与部署公司战略并与市场进行良好的沟通，既要在资本经营、价值工程、风险管理、公共关系、业绩评价、财务信息提供等方面发挥重要的作用，又要具备战略视野。

3. 解：不可控财务管理环境是指那些对财务管理活动有着重要影响，且不能被公司所控制的环境因素。对于不可控环境因素，公司应财务适应的态度，调整财务管理决策以适应环境因素。

4. 解：利率作为资本使用权的转移价格，一般受四个因素的影响：（1）资本预期收益能力，其大小受制于技术进步状况和其他一些资源因素（如自然资源、劳动力）和市场对资本所生产的货物和服务的需求情况。（2）资本供求关系，在其他因素不变的条件下，资本供小于求则利率趋于上升，资本供大于求则利率趋于下降。（3）消费者的时间偏好，人们具有消费的时间偏好。这种时间偏好越强，对推迟消费要求的补偿就越大，市场利率水平就越高，反之亦然。（4）投资者的风险厌恶程度，金融市场提供了这样一种机制，市场参与者要想投资于无风险资产，他们就必须放弃部分收益，而接受风险的市场参与者将因此获得风险补偿。整个市场对风险的厌恶程度越大，接受风险的投资者要求的风险补偿就越大。

5. 解：金融市场对公司财务管理的作用主要表现为以下几个方面：资本的筹措和投放、分散风险、转售或交换金融资产、降低交易成本及确定金融资产价格。

6. 解：资本预期收益的大小受制于技术进步状况和其他一些资源因素，如自然资源、劳动力和市场对资本所生产的货物和服务的需求情况。对资本的预期收益越高，市场利率水平就越高。

7. 解：（1）股利政策用于确定公司的利润如何在股利和再投资这两个方面之间进行分配。该公司的股利政策是100万元用于股利分配，剩下的1 900万元用于将来的投资。（2）因为该公司已经决定将剩余的利润用于再投资，在投资既定的情况下，公司的股利政策可以看做是筹资活动的一个组成部分。

8. 解：（1）在追求利润最大化的财务目标下，甲企业表现得更好。（2）乙企业会更加受到偏好，因为乙企业有更好的盈利潜力。

9. 解：（1）因为产品需求预期会有增加，因此该行业处于经济发展的复苏期。（2）引入或者开发新的产品，增加产品库存，扩大生产规模。

10. 解：首先，货币的时间价值没有被考虑；其次，不同行业的风险是不一样的，同等的利润数值在不同行业中的意义也不相同；再次，没有反映创造的利润与投入资本之间的关系，因而不利于不同资本规模的贵公司之间或不同期间之间的比较；最后，片面追求利润最大化，可能导致公司的短期行为，如忽视科技开发、产品开发、人才培养、生产安全、技术装备水平、生活福利设施、履行社会责任等。

解决对策是：加强公司的资金管理，把应收账款、存货控制在合理的范围之内；对经营风险加强防范措施，维持信用度，保证借款和贷款的来源；避免盲目投资；尽量避免短期行为，多考虑自身的发展和扩张。

（五）案例分析题

解析：（1）股东财富最大化目标在实际工作中可能导致公司所有者与其他利益主体之间的矛盾和冲突。而公司价值最大化有利于社会资源的合理配置。社会资本通常流向公司价值最大的公司或行业，从而实现社会效益最大化。（2）在利润最大化下，A公司应选择不更新高炉以获得未来几年更高的利润。在股东财富最大化下，A公司应当选择更新高炉，因为新高炉可以降低能源和原材料的消耗，以及维护费用，从长远来看，会使公司的总利润上升。（3）选择更新炼钢工艺。因为新的工艺虽然成本高于其带来的额外的利润，但是在未来的市场环境下，原材料价格的上涨和国家政策对企业排污的限制都可能会使企业承担更多的额外成本。另外，减少污染的排放也符合社会的利益，增大了社会的效益。

第2章 货币时间价值

一、练习题

（一）单项选择题

1. 货币时间价值是（　　）。
   A. 货币经过投资后所增加的价值
   B. 没有通货膨胀情况下的社会平均资本利润率
   C. 没有通货膨胀和风险条件下的社会平均资本利润率
   D. 没有通货膨胀条件下的利率
2. 一次性收付款复利现值的计算公式为（　　）。
   A. $P = F(1+i)^{-n}$ 　　　　　　　　B. $P = F(1+i)^n$
   C. $P = A\left[\dfrac{(1+i)^n - 1}{i}\right]$ 　　　　D. $P = A\left[\dfrac{1-(1+i)^n}{i}\right]$
3. 年偿债基金是（　　）。
   A. 复利终值的逆运算 　　　　　　B. 年金现值的逆运算
   C. 年金终值的逆运算 　　　　　　D. 复利现值的逆运算
4. 盛大资产拟建立一项基金，每年年初投入500万元，若利率为10%，5年后该项基金本利和将为（　　）。
   A. 3 358万元　　B. 3 360万元　　C. 4 000万元　　D. 2 358万元
5. 若债券每半年复利一次，其有效利率（　　）。
   A. 大于名义利率 　　　　　　　　B. 小于名义利率
   C. 是名义利率的2倍 　　　　　　D. 是名义利率的50%
6. 有5年期的国库券，面值1 000元，票面利率12%，单利计息，到期时一次还本付息，假设收益率为10%（复利、按年计息），其价值为（　　）。
   A. 1 002元　　B. 990元　　C. 993.48元　　D. 898.43元
7. 下列不属于年金形式的是（　　）。
   A. 折旧　　　　B. 债券本金　　C. 租金　　　　D. 保险金
8. 在整个经济运行正常、不存在通货膨胀压力和经济衰退情况下应出现的是（　　）。
   A. 债券的正收益曲线 　　　　　　B. 债券的反收益曲线
   C. 债券的拱收益曲线 　　　　　　D. 债券的平收益曲线
9. 已知（P/F，8%，5）= 0.6806，（F/P，8%，5%）= 1.4693，（P/A，8%，5）= 3.9927，（F/A，8%，5）= 5.8666，则 i = 8%，n = 5时的资本回收系数为（　　）。
   A. 0.2505　　　B. 0.6808　　　C. 1.4693　　　D. 0.1705
10. 假设以10%的年利率借得30 000元，投资于某个寿命为10年的项目，为使该投资项目成为有利的项目,每年至少应收到的现金数额为(　　)。

　　A. 6 000元　　　　B. 3 000元　　　　C. 4 882元　　　　D. 5 374元

11. 增长型永续年金的例子是(　　)。

　　A. 债券利息　　　B. 保险金　　　C. 普通股股利　　　D. 优先股股利

12. 某项永久性奖学金,每年计划颁发100 000元奖金。若复利率为8.5%,该奖学金的本金应为(　　)。

　　A. 1 234 470.59元　　　　　　　　B. 205 000.59元
　　C. 2 176 470.45元　　　　　　　　D. 1 176 470.59元

13. 下列关于名义利率和有效利率的公式正确的是(　　)。

　　A. $EAR = \left(1 - \frac{r_{nom}}{m}\right)^m - 1$　　　　B. $EAR = \left(1 + \frac{r_{nom}}{m}\right)^m - 1$

　　C. $EAR = \left(1 - \frac{r_{nom}}{m}\right)^m + 1$　　　　D. $EAR = \left(1 + \frac{r_{nom}}{m}\right)^m + 1$

14. 普通年金属于(　　)。

　　A. 永续年金　　　　　　　　　　B. 预付年金
　　C. 每期期末等额支付的年金　　　D. 每期期初等额支付的年金

15. 基准利率又称无风险利率,即投资于风险资产而放弃无风险的机会成本,其构成因素为(　　)。

　　A. 市场平均收益率和预期通货膨胀率　　B. 实现收益率和预期通货膨胀率
　　C. 真实无风险利率和实现收益率　　　　D. 真实无风险利率和预期通货膨胀率

16. 某人以10%的单利借出1 200元,借期为2年,然后以8%的复利将上述借出金额的本利和再借出,借期为3年。已知:(F/P,8%,3) = 1.260,则此人在第5年年末可以获得本利和为(　　)。

　　A. 1 512.0元　　　B. 1 663.2元　　　C. 1 814.4元　　　D. 1 829.5元

(二) 多项选择题

1. 某公司计划购置一台设备,付款条件是从第2年开始,每年年末支付5万元,连续支付10年,在折现率为10%的条件下,其折现的模式为(　　)。

　　A. 5×[(P/A,10%,11) - (P/A,10%,2)]
　　B. 5×[(P/A,10%,13) - (P/A,10%,3)]
　　C. 5×[(P/A,10%,11) - (P/A,10%,1)]
　　D. 5×(P/A,10%,10)(P/F,10%,2)
　　E. 5×(P/A,10%,10)(P/F,10%,1)

2. 下列表述正确的是(　　)。

　　A. 年金现值系数与年金终值系数互为倒数
　　B. 偿债基金系数是年金终值系数的倒数
　　C. 偿债基金系数是年金现值系数的倒数
　　D. 资本回收系数是年金现值系数的倒数
　　E. 资本回收系数是年金终值系数的倒数

3. 关于货币时间价值的说法，下列正确的是（   ）。
   A. 货币随着时间自行增值
   B. 货币经过一段时间的投资和再投资所增加的价值
   C. 现在的一元钱与几年后的一元钱的经济效用不同
   D. 没有考虑通货膨胀条件下的社会平均资本利润率
   E. 没有考虑通货膨胀和风险条件下的社会平均资本利润率

4. 等额系列现金流量又称年金，按照现金流量发生的不同情况，年金可分为（   ）。
   A. 普通年金　　　　　　B. 预付年金　　　　　　C. 增长年金
   D. 永续年金　　　　　　E. 递延年金

5. 风险溢价从以下几个方面进行分析（   ）。
   A. 债券信用质量　　　　B. 债券流动性　　　　　C. 债券到期期限
   D. 契约条款　　　　　　E. 外国债券特别风险

6. 在下述名义利率与有效利率的说法中正确的是（   ）。
   A. 按年计息时，名义利率等于有效利率
   B. 有效利率真实地反映了货币时间价值
   C. 名义利率真实地反映了货币时间价值
   D. 名义利率相同时，计息周期越短与有效利率差值越大
   E. 名义利率越小，计息周期越短与有效利率差值越大

7. 下列表述正确的有（   ）。
   A. 在利率大于零，计息期大于1的情况下，年金现值系数一定都大于1
   B. 在利率大于零，计息期大于1的情况下，年金终值系数一定都大于1
   C. 在利率大于零，计息期大于1的情况下，复利终值系数一定都大于1
   D. 在利率大于零，计息期大于1的情况下，复利现值系数一定都小于1
   E. 在利率大于零，计息期大于1的情况下，复利终值系数一定都小于1

8. 下列各项中，既有现值又有终值的是（   ）。
   A. 复利　　　　　　　　B. 普通年金　　　　　　C. 预付年金
   D. 永续年金　　　　　　E. 递延年金

9. 下列各项中，互为逆运算的是（   ）。
   A. 年金现值与年金终值　　　　　　　B. 年金终值与年偿债基金
   C. 年金现值与年等额资本回收额　　　D. 复利终值与复利现值
   E. 年金现值与年偿债基金

10. 在利率一定的条件下，随着预期使用年限的增加，下列表述不正确的是（   ）。
    A. 复利现值系数变大　　　　　　　B. 复利终值系数变小
    C. 普通年金现值系数变小　　　　　D. 普通年金终值系数变大
    E. 复利现值系数变小

11. 实际工作中以普通年金形式出现的是（   ）。
    A. 采用加速折旧法所计提的各年的折旧费　　B. 租金
    C. 定额奖金　　　　　　　　　　　　　　　D. 特定资产的年保险费
    E. 普通股股利

12. 有一项银行存款 100 元，年利率是 10%，每季复利一次，期限是 2 年，那么其终值为（　　）。
    A. 100×(F/P,10%,2)　　　　　　　　B. 100×(F/P,2.5%,8)
    C. 100×(F/P,10.38%,2)　　　　　　D. 100×(F/P,5%,4)
    E. 100×(F/P,10%,8)

13. 某公司拟购置一处房产，付款条件是从第 6 年开始每年年初支付 100 万元，连续支付 10 次，共 1 000 万元，在利率为 10% 的情况企业现在应该存入银行的金额为（　　）。
    A. 100×[(P/A,10%,15)−(P/A,10%,5)]
    B. 100×[(P/A,10%,15)−(P/A,10%,6)]
    C. 100×[(P/A,10%,16)−(P/A,10%,6)]
    D. 100×[(P/A,10%,10)(P/F,10%,5)]
    E. 100×[(P/A,10%,10)−(P/F,10%,5)]

14. 下列说法不正确的有（　　）。
    A. 在不考虑其他条件的情况下，利率与年金终值反方向变化
    B. 在不考虑其他条件的情况下，利率与年金现值同方向变化
    C. 在不考虑其他条件的情况下，利率与一次性收付款终值同方向变化
    D. 在不考虑其他条件的情况下，利率与一次性收付款现值同方向变化
    E. 在不考虑其他条件的情况下，利率与一次性收付款终值反方向变化

15. 以下关于递延年金的说法中正确的有（　　）。
    A. 递延年金的现值与递延期有关　　　　B. 递延年金的终值与递延期无关
    C. 递延年金的第一次支付发生在若干期以后　D. 递延年金只有现值没有终值
    E. 递延年金既有现值又有终值

（三）判断题

1. 普通年金现值是复利现值之和。　　　　　　　　　　　　　　　　　　　（　　）
2. 利用普通年金现值系数的倒数，可以把年金现值转化为年金，成为资本回收系数。
　　　　　　　　　　　　　　　　　　　　　　　　　　　　　　　　　　（　　）
3. 在通货膨胀条件下采用固定利率，可使债权人减少损失。　　　　　　　　（　　）
4. 在利率和计息期相同的条件下，复利现值系数与复利终值系数互为倒数。（　　）
5. 名义利率指一年内多次复利时给出的年利率，它等于每期利率与年内复利次数的乘积。　　　　　　　　　　　　　　　　　　　　　　　　　　　　　　　（　　）
6. 陈飞购房款为 100 万元，现有两种方案可供选择：一是五年后付 120 万元；二是从现在起每年年末付 20 万元，连续 5 年，若目前的银行存款利率是 7%，为了最大限度地减少付现总额，陈飞应选择方案一。　　　　　　　　　　　　　　　　　　（　　）
7. 分期付款赊购、分期偿还贷款、发放养老金、分期支付工程款、每年相同的销售收入等，都属于年金收付形式。　　　　　　　　　　　　　　　　　　　　　（　　）
8. 普通年金现值系数加 1 等于同期、同利率的预付年金现值系数。　　　　（　　）
9. 货币的时间价值是由时间创造的，因此，所有的货币都有时间价值。　　（　　）
10. 在本金和利率相同的情况下，若只有一个计息期，单利终值与复利终值是相同的。
　　　　　　　　　　　　　　　　　　　　　　　　　　　　　　　　　　（　　）

11. 即期利率是远期利率的算术平均数，而远期利率可以看成是未来某一段时期借款或贷款的边际成本。（　　）

12. 名义无风险利率是指无违约风险，无再投资风险的收益率。在实务中，名义无风险利率就是与所分析的现金流期限相同的零息政府债券利率。（　　）

13. 递延年金的第一次现金流并不是发生在第一期的，但如果将发生递延年金的第一期设为时点 1，则用时间轴表示的递延年金与普通年金完全不同，因此递延年金终值的计算方法与普通年金终值的计算不同。（　　）

14. 永续年金与其他年金一样，既有现值，又有终值。（　　）

15. 6 年期分期付款购物，每年年初付款 500 元，设银行存款利率为 10%，该项分期付款相当于现在一次现金支付的购价是 2 395.42 元。（　　）

（四）计算分析题

1. 你的公司提议购买一项 335 元的资产，这项投资非常安全。3 年后你可以把该资产以 400 元卖掉。你也可以把 335 元投资到其他风险非常低、报酬率为 10% 的项目上，你觉得该资产投资方案如何？

2. 某公司拟购置一台设备，有两个方案可供选择：一是：从现在起，每年年初支付 10 万元，连续支付 10 年，共 100 万元。二是：从第五年开始，每年年末支付 20 万元，连续支付 10 次，共 200 万元。假定该公司的资金成本率为 10%。求两个方案的现值，并为该公司做出选择。

3. 某单位年初从银行借款 106 700 元，借款的年利率为 10%，在借款合同中，银行要求该单位每年年末还款 20 000 元。求企业需几年才能还清借款本息？

4. 某厂现存入银行一笔款项，计划从第 6 年年末起每年从银行提取现金 30 000 元，连续 8 年，银行存款年利率为 10%。求该厂现在应存入的款项是多少？

5. 李先生为了在第 8 年年末得到一笔一次性支取 10 000 元的款项，愿意在第 1 年年末存 1 000 元，第 3 年年末存 4 000 元，并在第 8 年年末再存一笔钱，假设年利率为 6%，第 8 年年末他要存多少？

6. 郭先生计划为今后购房准备一笔 30 000 元的首付款，如果目前存 10 000 元，银行已每月计息的年名义利率为 12%，郭先生要多长时间才能凑足首付款？

7. 某人拟于明年年初借款 42 000 元，从明年年末开始，每年年末还本付息均为 6 000 元，连续 10 年还清，假设借款利率 8%，此人是否能按计划借到款项？

8. 某人计划年初存入一笔钱，计划从第 9 年开始，每年年末提取现金 6 000 元，连续提取 10 年，在利率为 7% 的情况下，现应存入多少钱？

9. 假如你有一笔期限为 10 年的房屋抵押贷款，房款为 500 000 元，首付款为房款的 20%，其余每月分期付款，当前贷款月利率为 0.42‰。按等额本息法、等额本金法两种偿还方式计算贷款偿还总额（可采用 Excel 电子表格计算）。

10. 王先生计划将 100 000 元投资于政府债券，投资期至少为 4 年，这种债券到期一次还本付息。有关资料如下表所示：

到期日	1年	2年	3年	4年	5年
利率（%）	4.00	4.35	4.65	4.90	5.20

请问：（1）根据以上资料，你认为王先生有多少种投资选择（至少列出五种投资组合）？（2）王先生在每种投资选择中的投资价值（本金加利息）是多少？假设收益率曲线保持不变。（3）假设王先生投资于一个 5 年期债券，在第 4 年年末出售该债券，债券的出售价应为多少？如果王先生在第 4 年年末需要现金 123 000 元，这一投资选择能否满足他的要求？请列示计算过程。

（五）上机练习题

ABC 公司正在整理一项财务计划，这项计划将涉及公司未来 3 年的活动，需要预测公司的利息费用及相应的税收节减。公司最主要的债务是其分期偿还的房地产抵押贷款。这笔贷款额为 85 000 万元，年利率为 9%，按月付息，偿还期为 25 年。根据与银行签订的贷款条款规定，这笔抵押贷款的月利率应按公式 $\left(1+\frac{r}{2}\right)^{\frac{1}{6}}-1$ 计算，其中 r 为年利率。

要求：（1）根据 Excel 财务函数计算月有效利率、抵押贷款月偿还额（分别列示每月利息和月本金偿还额）、每期期初和期末贷款余额（只计算前 3 年的贷款偿还额）。（2）计算利率为 9%、9.5%、10%、10.5%、11%时每月贷款偿还额。

二、参考答案

（一）单项选择题

1. C 2. A 3. C 4. A 5. A
6. C 7. B 8. A 9. A 10. C
11. C 12. D 13. B 14. C 15. C
16. C

（二）多项选择题

1. CE 2. BD 3. BCE 4. ABDE 5. ABCDE
6. ABD 7. ABCD 8. ABCE 9. BCD 10. ABC
11. BCD 12. BC 13. AD 14. ABDE 15. ABCE

（三）判断题

1. √ 2. √ 3. × 4. √ 5. √
6. × 7. √ 8. × 9. × 10. √
11. × 12. √ 13. × 14. × 15. √

（四）计算分析题

1. 解：$335 \times (1+10\%)^3 = 446 > 400$

或 $400/(1+10\%)^3 = 300.35 > 300$

因此该投资方案可行。

2. 解：方案一：$P = 10 \times (P/A, 10\%, 10)(1+10\%) = 10 \times 6.1446 \times 1.1 = 67.59$（万元）

   方案二：$P = 20 \times [(P/A, 10\%, 14) - (P/A, 10\%, 4)] = 20 \times (7.3667 - 3.1699) = 83.94$（万元）

   应选择方案一。

3. 解：$10\,700 = 20\,000 \times (P/A, 10\%, n)$

   查年金现值系数表得 $n = 8$

4. 解：$30\,000 \times (P/A, 10\%, 8) \times (1+10\%)^{-5} = 99\,377.08$（元）

   该厂现在应存入的款项是 99 377.08 元。

5. 解：$1\,000 \times (1+6\%)^7 + 4\,000 \times (1+6\%)^5 + x = 10\,000$

   $x = 3\,053.23$ 元

   第 8 年年末李先生要存 3 053.23 元。

6. 解：$10\,000 \times \left(1 + \dfrac{i}{12}\right)^{12 \times n} = 30\,000$（元）

   $12n = \dfrac{\ln 3}{\ln 1.01} = 110.41$

   故 $n = 110.41 \div 12 = 9.2$（年）

7. 解：方法一：$P = 6\,000 \times (P/A, 8\%, 10) = 6\,000 \times 6.7101 = 40\,260.6 < 42\,000$

   方法二：$A = \dfrac{42\,000}{(P/A, 8\%, 10)} = \dfrac{42\,000}{6.7101} = 6\,259.22 > 6\,000$

   因此，此人不能按计划借到款项。

8. 解：方法一：$P = 6\,000 \times (P/A, 7\%, 10) \times (P/F, 7\%, 8)$
   $= 6\,000 \times 7.0236 \times 0.5820$
   $= 24\,526.4$（元）

   方法二：$P = 6\,000 \times (P/A, 7\%, 18) - 6\,000 \times (P/A, 7\%, 8)$
   $= 6\,000 \times (10.0591 - 5.4713)$
   $= 24\,526.8$（元）

9. 解：两种偿还方式下的贷款偿还额如下表所示：

	等额本息法	等额本金法
每期偿还额	4 250.45	3 333.33
10 年偿还总额	510 053.47	501 640.00*

注：* 为如用 Excel 计算，结果为 500 793.330。

10. 解：

(1) 王先生可以选择的投资组合为：

投资选择	投资组合方式
1	当期投资 4 年期债券
2	各年年初分别投资 1 年期债券
3	首先投资 1 年期债券，第二年年初再投资 3 年期债券
4	第一年年初、第二年年初分别投资 1 年期债券，第三年年初再投资 2 年期债券
5	第一年年初、第三年年初分别投资 2 年期债券

（2）如果收益率曲线不变，各种投资组合价值计算如下：

选择 1：当前投资 4 年期债券。

$100\,000 \times 1.049^4 = 121\,088$（元）

选择 2：各年年初分别投资 1 年期债券。

第一年：$100\,000 \times 1.04 = 104\,000$（元）

第二年：$104\,000 \times 1.04 = 108\,160$（元）

第三年：$108\,160 \times 1.04 = 112\,486$（元）

第四年：$112\,486 \times 1.04 = 116\,986$（元）

选择 3：首先投资 1 年期债券，第二年年初再投资 3 年期债券。

第一年：$100\,000 \times 1.04 = 104\,000$（元）

第二年：$104\,000 \times 1.0465^2 = 119\,193$（元）

选择 4：第一年年初、第二年年初分别投资 1 年期债券，第三年年初再投资 2 年期债券。

第一年：$100\,000 \times 1.04 = 104\,000$（元）

第二年：$104\,000 \times 1.04 = 1\,081\,60$（元）

第三年：$108\,160 \times 1.0435^2 = 117\,774$（元）

选择 5：第一年年初、第三年年初分别投资 2 年期债券。

第一年：$100\,000 \times 1.0435^2 = 108\,889$（元）

第三年：$108\,889 \times 1.0435^2 = 118\,568$（元）

（3）如果王先生购买 5 年期债券，则 5 年期债券投资价值为：

$100\,000 \times 1.052^5 = 128\,848.29$（元）

由于王先生在第四年需要现金，假设他在第四年年末出售该债券，则出售价为：

债券价值 $= \dfrac{128\,848.29}{1.04} = 123\,895$（元）

这种投资策略能够满足王先生的要求。

（五）上机练习题

（1）月有效利率 $= \left(1 + \dfrac{9\%}{2}\right)^{\frac{1}{8}} - 1 = 0.736\%$

在电子表格中输入"PMT（0.00736，300，-85 000）"回车后，得到月偿还额为 703.56 元。

还款期限	期初余额	每月偿还额	利息	本金	期末余额
0					85 000.00
1	85 000.00	703.56	625.60	77.96	84 922.04
2	84 922.04	703.56	625.03	78.54	84 843.50
3	84 843.50	703.56	624.45	79.12	84 764.38
4	84 764.38	703.56	623.87	79.70	84 684.69
5	84 684.69	703.56	623.28	80.28	84 604.40
6	84 604.40	703.56	622.69	80.88	84 523.53
7	84 523.53	703.56	622.09	81.47	84 442.05
8	84 442.05	703.56	621.49	82.07	84 359.98
9	84 359.98	703.56	620.89	82.67	84 277.31
10	84 277.31	703.56	620.28	83.28	84 194.03
11	84 194.03	703.56	619.67	83.90	84 110.13
12	84 110.13	703.56	619.05	84.51	84 025.62
13	84 025.62	703.56	618.43	85.14	83 940.48
14	83 940.48	703.56	617.80	85.76	83 854.72
15	83 854.72	703.56	617.17	86.39	83 768.33
16	83 768.33	703.56	616.53	87.03	83 681.30
17	83 681.30	703.56	615.89	87.67	83 593.63
18	83 593.63	703.56	615.25	88.31	83 505.32
19	83 505.32	703.56	614.60	88.96	83 416.35
20	83 416.35	703.56	613.94	89.62	83 326.73
21	83 326.73	703.56	613.28	90.28	83 236.45
22	83 236.45	703.56	612.62	90.94	83 145.51
23	83 145.51	703.56	611.95	91.61	83 053.90
24	83 053.90	703.56	611.28	92.29	82 961.61
25	82 961.61	703.56	610.60	92.97	82 868.64
26	82 868.64	703.56	609.91	93.65	82 774.99
27	82 774.99	703.56	609.22	94.34	82 680.65
28	82 680.65	703.56	608.53	95.03	82 585.62
29	82 585.62	703.56	607.83	95.73	82 489.88
30	82 489.88	703.56	607.13	96.44	82 393.45
31	82 393.45	703.56	606.42	97.15	82 296.30
32	82 296.30	703.56	605.70	97.86	82 198.43
33	82 198.43	703.56	604.98	98.58	82 099.85
34	82 099.85	703.56	604.25	99.31	82 000.54
35	82 000.54	703.56	603.52	100.04	81 900.50
36	81 900.50	703.56	602.79	100.78	81 799.73

（2）不同利率下的每月贷款偿还额如下表所示：

年利率（%）	月有效利率（%）	每月偿还额（元）	第36个月偿还额（元）	
			利息	本金
9.00	0.736	703.56	602.79	100.77
9.50	0.776	731.56	637.24	94.32
10.00	0.816	759.97	671.76	88.20
10.50	0.856	788.75	706.34	82.41
11.00	0.896	817.90	740.97	76.93

第3章 证券价值评估

一、练习题

(一) 单项选择题

1. 某股票现时价格为25元,投资者预期1年后可获得每股2元的股利,预计1年后的价格为28元,则股东的预期收益率为( )。
   A. 20%　　　　B. 18%　　　　C. 15%　　　　D. 8%

2. A公司5年前发行一种面值为1 000元的20年期债券,每年付息一次,息票率为10%,同类债券目前的收益率为8%,则此债券的现值为( )。
   A. 1 171.19元　　B. 1 000元　　C. 1 200元　　D. 980元

3. 如果债券息票率和违约风险保持不变,期限越长,债券价格波动的幅度将( )。
   A. 不变　　　　B. 越大　　　　C. 越小
   D. 债券价格波动幅度与期限长短没有关系

4. 下列因素中,不能影响债券价值波动幅度的是( )。
   A. 息票率　　　B. 市场利率　　C. 票面价值　　D. 期限

5. 某企业于2014年1月1日以900元购得面额为1 000元的新发行债券,票面利率为10%,每年付息一次,到期还本,该公司若持有该债券之到期日,其到期收益率为( )。
   A. 高于10%　　B. 等于10%　　C. 小于10%　　D. 不确定

6. 亿德公司发行面值为800元的10年期债券,债券票面利率为10%,半年付息一次,且市场利率始终保持在10%,则下列说法中正确的是( )。
   A. 债券应溢价发行,发行后债券的价值在两个付息日之间周期性波动
   B. 债券应平价发行,发行后债券的价值在两个付息日之间周期性波动
   C. 债券应折价发行,发行后债券价值随到期时间的缩短而逐渐上升,至到期日,债券价值等于面值
   D. 债券应溢价发行,发行后债券价值随到期时间的缩短而逐渐下降,至到期日,债券价值等于面值

7. 市场利率下降一定幅度引起的债券价值上升幅度,与市场利率上升同一幅度引起的该债券价值下降的幅度,二者的关系是( )。
   A. 前者高于后者　B. 前者低于后者　C. 前者等于后者　D. 前者与后者相同

8. 债券期限越短,其价值变动的幅度( )。
   A. 越趋近于1　　B. 越小　　　　C. 越趋近于-1　D. 越大

9. 如果市场是有效的,债券的票面价值可以得到公平的反映,则( )。
   A. 债券的内在价值与市场价值一致　　B. 债券的票面价值与有效价值一致

C. 债券的内在价值与票面价值一致 D. 债券的市场价值与有效价值一致

10. 关于股利稳定增长模型，下列表述错误的是（   ）。
   A. 每股股票的预期股利越高，股票价值越大
   B. 必要收益率越小，股票价值越小
   C. 股利增长率越大，股票价值越大
   D. 股利增长率为一常数，且折现率大于股利增长率

11. 如果债券预期利息和到期本金（面值）的现值与债券现行市场价格相等，则等式所隐含的折现率为（   ）。
   A. 赎回收益率   B. 到期收益率   C. 实现收益率   D. 期间收益率

12. 某公司年初以40元购入一只股票，预期下一年将收到现金股利2元，预期一年后股票出售价格为48元，则此公司的预期收益率为（   ）。
   A. 4.5%   B. 5%   C. 30%   D. 25%

13. "公司销售收入持续高增长，股利政策以股票鼓励为主，很少甚至不发放现金股利；长期负债率比较低"，符合这一特征的公司属于（   ）。
   A. 收益型股票公司   B. 增长型股票公司
   C. 衰退型股票公司   D. 稳定型股票公司

14. 票面利率为10%的两只债券，在市场利率为14%的水平下，20年期债券的久期为6.98年，则10年期债券的久期应（   ）。
   A. 大于6.98年   B. 小于6.98年   C. 等于6.98年   D. 没有对应关系

15. 令债券预期利息和到期本金（面值）的现值与债券现行市场价格相等时所求解出的贴现率为（   ）。
   A. 赎回收益率   B. 到期收益率   C. 实现收益率   D. 期间收益率

（二）**多项选择题**

1. 下列关于债券价值的表述中，正确的有（   ）。
   A. 债券面值越大，债券价值越大
   B. 息票率越大，债券价值越大
   C. 必要收益率越大，债券价值越小
   D. 如果必要收益率高于息票率，债券价值低于面值
   E. 随着到期时间的缩短，债券价值逐渐接近其票面价值

2. 某债券面值为1 000元，期限为5年，以折价方式发行，期内不计利息，到期按面值偿还，当时市场利率为8%，如果公司决定购买，且这一决策较为经济，则债券当时的市场价格可能为（   ）。
   A. 681元   B. 600元   C. 590元
   D. 720元   E. 900元

3. 在现金流量折现法下，影响股票价值的因素主要有（   ）。
   A. 增长率   B. 折现率   C. 股票面值
   D. 现金流量   E. 可比公司市场价值

4. 关于股票股价与债券股价模型的表述中，正确的有（   ）。

A. 股票和债券的价值等于期望未来现金流量的现值
B. 普通股价值取决于持续到永远的未来期望现金流量
C. 普通股未来现金流量必须以对公司未来盈利和股利政策的预期为基础进行估计
D. 股票股利与债券利息相同，在预测公司价值时均应使用税后值
E. 债券利息与股票股利不同的是债券利息可以税后支付

5. 下列各项中，属于收益型股票公司的特征的是（　　）。
   A. 公司现时没有大规模的扩张性资本支出，成长速度较低
   B. 内部产生的经营现金流量可以满足日常维护性投资支出的需要，财务杠杆比较高
   C. 再投资收益率小于资本成本，现金股利支付率比较高
   D. 现金流入和现金股利支付水平较为稳定，且现金股利支付率比较高
   E. 具有较好的投资机会，公司收益主要用于再投资

6. 可赎回债券持有者的现金流量包括（　　）。
   A. 债券发行价格　　B. 资本赎回费用　　C. 利息收入
   D. 面值　　　　　　E. 赎回溢价

7. 影响债券价值的因素有（　　）。
   A. 债券面值　　　　B. 债券发行价　　　C. 票面利率
   D. 投资者要求的报酬率　　E. 付息方式

8. 乘数估价法中的乘数是指股价与财务报表上某一指标的比值，常用的报表指标有（　　）。
   A. 每股收益　　　　B. 息税折旧摊销前收益　　C. 现金流量
   D. 销售收入　　　　E. 账面价值

9. 下列关于债券票面利率与到期收益率说法中正确的是（　　）。
   A. 溢价发行债券时，每年付息一次，票面利率与到期收益率相等
   B. 折价发行债券时，每半年付息一次，票面利率与到期收益率不等
   C. 平价发行时，每半年付息一次，票面利率与到期收益率相等
   D. 溢价发行时，每半年付息一次，票面利率与到期收益率相等
   E. 折价发行债券时，每年付息一次，票面利率与到期收益率相等

10. 稳定增长模型主要适用的公司特征为（　　）。
    A. 公司以一个与名义经济增长率相当或稍低的速度增长
    B. 公司已在未来继续执行已确定的股利政策
    C. 公司的股利支付必须与稳定性的假设一致
    D. 公司处于超常增长的行业
    E. 公司的经营范围有进入壁垒

11. 下列表述正确的是（　　）。
    A. 一般而言，债券的期限越长，利率风险越小
    B. 票面利率不能作为评价债券收益水平的标准
    C. 如果不考虑风险，债券价值大于市场价值，买进债券的决策是合理的
    D. 债券到期收益率是能使未来现金流入现值等于买入价格的贴现率

E. 票面利率越低，债券价值越大

12. 下列有关债券价值表述正确的是（　　）。
   A. 平价债券，利息支付频率对债券价值没有改变
   B. 折价债券，利息支付频率提高会使债券价值上升
   C. 随到期时间缩短，必要报酬率变动对债券价值的影响越来越小
   D. 在债券估价模型中，折现率实际上就是必要报酬率，折现率越大，债券价值越低
   E. 溢价债券，随着到期时间的缩短，债券价值会逐渐上升

13. 下列行为中会使债券到期收益率发生变化的事项为（　　）。
   A. 债券市价上升　　　　　B. 公司债券信用等级下降
   C. 经济出现萧条　　　　　D. 债券发行公司面临重大的财务困难
   E. 通货膨胀

14. 影响债券价格波动率的因素主要有（　　）。
   A. 债券的息票率　　　B. 到期期限　　　C. 市场利率
   D. 债券市场价格　　　E. 票面利率

15. 在股利折现模型下，股票投资的现金流量包括（　　）。
   A. 折现率　　　　　　　　B. 每期的预期股利
   C. 股票出售时的预期价值　D. 股票最初买价
   E. 股票面值

16. 下列各项中，属于计算股权自由现金流量中的非现金调整项的有（　　）。
   A. 折旧　　　　　　　　B. 债券折价摊销　　　　C. 无形资产摊销
   D. 长期资产处置收益　　E. 资产减值类重组费用

（三）判断题

1. 价格与收益率之间的关系不呈线性，当必要收益率下降时，债券价格以加速度上升，而当必要收益率上升时，债券价格却以减速度下降。（　　）
2. 由于受资本利得的影响，债券实现收益率往往高于债券到期收益率。（　　）
3. 债券价值波动性分析认为，对同一债券，市场利率下降一定幅度引起的债券价值上升幅度往往要低于由于市场利率上升同一幅度引起的债券价值下跌的幅度。（　　）
4. 如果债券每年付息一次，到期一次还本，当溢价购买时，债券到期收益率大于票面利率。（　　）
5. 如果市场是有效的，债券的内在价值应该高于票面价值。（　　）
6. 某公司按面值800元发行可赎回债券，票面利率为8%，期限为10年，每年付息一次，到期偿还本金。契约规定，三年后公司可以900元的价格赎回。目前同类债券的利率为10%，则根据市场利率与债券实际利率的比较来看，投资人购买此债券有利可图。（　　）
7. 随着到期期限的延长，债券久期以递减速度下降，所以到期期限较长的债券久期通常较短。（　　）
8. 一般来说，债券内在价值既是发行者的发行价值，又是投资者的认购价值，如果市场是有效的，债券的内在价值与票面价值应该是一致的。（　　）

9. 公司自由现金流量是指归属于股东的剩余现金流量,即公司在履行了所有的财务责任,并满足其本身再投资需要之后的"剩余现金流量"。（　　）

10. 一种 10 年期,票面利率 5% 的债券与另外一种 8 年期,票面利率 5% 的债券相比,当市场利率上涨时,前一种债券价格下降得更多。（　　）

11. 利用到期收益率、赎回收益率和期间收益率等单一利率来折现债券的所有现金流量并使之与债券的当前市场价格相等,往往会低估债券的价值。（　　）

12. 某一债券面值为 1 000 元,息票率为 5%,期限 10 年,每年付息一次,当市场收益率分别为 9% 和 11% 时,债券发行价格的变化幅度为 -10%。（　　）

13. 在一个有效的市场上,债券的内在价值与票面价值应该是一致的,即债券的票面价值可以公平地反映债券的真实价值。（　　）

14. 如果债券中含有可转换权或认股权,投资者可以运用该权利获得公司的普通股股票,则利率较低;如果证券含有赎回权,公司有权提前偿还债务,则其利率也相对较低。（　　）

15. 一种 10 年期的债券,票面利率为 10%;另一种 5 年期的债券,票面利率也是 10%,两种债券的其他方面没有区别。那么在市场利息率急剧上涨时,前一种债券价格下跌得更多。（　　）

（四）计算分析题

1. 假设投资者现面临两个可供选择的投资策略:（1）投资于一个面值为 500 元,年利率（折现率）为 12% 的 5 年期零息债券;（2）投资于一个面值为 500 元,年利率为 10% 的 2 年期债券,同时签订一个远期合约,以远期利率 11% 在 2 年后再投资于一个 3 年期的零息债券。请帮投资者做出投资策略的选择。

2. 某企业 2014 年 1 月 1 日购买某公司 2013 年 1 月 1 日发行的面值为 10 万元,票面利率为 10%,期限 5 年,每半年付息一次的债券,若此时的市场利率为 12%,计算该债券的价值。若该债券此时的市场价值为 9 万元,是否应该购买?如果按 9 万元购入债券,则此时购买债券的到期实际收益率为多少?

3. 某公司准备发行面值为 500 元的企业债券,年利率为 8%,期限为 5 年。就下列条件分别计算债券的发行价。问:（1）每年计息一次,请分别计算市场利率在 6%、8%、10% 条件下的企业债券发行价;（2）到期一次还本付息（单利）,分别计算市场利率在 6%、8%、10% 条件下的企业债券发行价;（3）到期一次还本付息,分别计算市场利率在 6%、8%、10% 条件下的企业债券发行价。

4. A、B 两家公司同时于 2012 年 1 月 1 日发行面值为 1 000 元,票面利率 10% 的 4 年期债券,A 公司债券不计复利,利息同本金一起在第四年年末支付。B 公司债券一年两次付息,付息日在 6 月末和 12 月末,到期还本。问:（1）若 2013 年 1 月 1 日 A 债券的市场利率为 12%,A 债券的市价为 1 100 元,A 债券是否存在高估的问题?（2）若 2013 年 1 月 1 日 B 债券市场利率为 12%,B 债券市场价值也为 1 100 元,B 债券是否存在高估的问题?

5. 晨光公司 2012 年按面值购买了附送认股权证的低息债券,该证券为 1 000 元/张,票面利息率为 4%,每年付息,4 年到期后一次还本。附送的认股权证共计 20 张,认购价格为 15 元/张。假设在第 2 年,该普通股市场价格上扬到 30 元/股,晨光公司立即行使了全部的认股权,则晨光公司此次投资的实际收益率为多少?

6. B公司于2014年1月1日购入同日发行的公司债券,该公司债券的面值为5 000元,期限为5年,票面利率为10%,每年的6月30日和12月31日支付两次利息,到期一次偿还本金。要求:(1)当市场利率为8%时,计算该债券的发行价格;(2)当市场利率为12%时,计算该债券的发行价格;(3)假定该债券当时的市场价格为4 800元,试计算该债券的到期收益率,并考虑是否值得购买。

7. 某公司于2013年1月1日发行一种3年期的新债券,该债券的面值为1 000元,票面利率为14%,每年付息一次。求:(1)如果债券的发行价为1 040元,该公司实现的收益率是多少?(2)假定2014年1月1日的市场利率为12%,债券市价为1 040元,是否应该购买该债券?(3)假定2014年7月1日的市场利率下降到10%,那么此时债券的价值是多少?(4)假定2014年7月1日的债券市价是950元,此时购买债券实现的收益率为多少?

8. 甲公司2009年每股收益为2.1元,支付股利每股0.69元,同时预期2010~2014年收益将每年增长15%,在这期间股利支付率保持不变。2014年以后收益增长率预计将会降至6%的稳定水平,但股利支付率会上升至65%。目前,与甲公司具有相同风险的股票投资收益率为13.95%,2014年以后预期股票收益率为12.3%。求:(1)2014年年末公司股票的预期价格是多少?(2)根据二阶段模型计算的股票预期价格是多少?

9. 某公司欲筹资1 200万元,使用期限10年,公司可以发行票面利率为10%的普通债券,也可以发行票面利率为12%的可赎回债券。可赎回债券只可以在第6年年末赎回,赎回价格等于面值。第6年年末新债券的发行费用为20万元,第6年年末的市场利率的可能值和概率如下表所示。请代企业做出债券发行的决策。

第6年年末的市场利率的可能值和概率

市场利率	6%	8%	10%	12%	14%
概率	0.2	0.1	0.3	0.2	0.2

10. 胜利科技公司2012年1月1日平价发行面值1 000元,利率为10%,期限为5年,每年年末付息到期还本的债券,当时市场利率为10%,2年后,市场利率上升至12%,假定现在是2015年1月1日,则该债券的市场价值是多少?

(五)上机练习题

申能(集团)有限公司[①]2005年7月18日发行的05申能债(120501)与苏州工业园区地产经营管理公司2005年7月22日发行的05苏园建(120502)票面利率相同,均为5.05%,假设个人所得税税率为20%,其余相关资料如下表所示:

[①] 刘淑莲:《公司理财习题与解析》,北京大学出版社2008年版,第35页。

债券名称	05 申能债（120501）	05 苏园建（120502）
发行额（亿元）	10	12
发行价（元）	100	100
期限（年）	10	10
年利率（%）	5.05%	5.05%
计息日	2-2	5-19
到期日	2015-2-1	1020-5-18
债券类型	浮动	浮动
付息方式	年付	年付
信用级别	11	11
剩余年限（年）	7.4164	7.70608
2007-9-4 收盘价（元）	107.8	97.8

要求：如果选择其中一家公司债券为投资对象，你认为哪只债券收益率较高？请代投资人做出投资决策，利用 Excel 软件计算并填列下表：

债券投资决策计算表

12	B	C	D	E
13	项目	利息	到期收益率	到期税后收益率
14	05 申能债			
15	05 苏园建			

二、参考答案

（一）单项选择题

1. A	2. A	3. B	4. C	5. A
6. B	7. A	8. B	9. C	10. B
11. B	12. D	13. D	14. B	15. B

（二）多项选择题

1. ABCDE	2. ABC	3. ABD	4. ABC
5. ABD	6. CDE	7. ACDE	8. ABCDE
9. BC	10. ABC	11. BCD	12. ACD
13. ABCD	14. ABC	15. BC	16. ABCDE

（三）判断题

1. √	2. ×	3. ×	4. ×	5. ×
6. √	7. ×	8. ×	9. ×	10. √
11. ×	12. ×	13. √	14. ×	15. √

（四）计算分析题

1. 解：（1）求第一种投资策略下的债券发行价格为：

$$\frac{500}{(P/A,12\%,5)} = 283.71 \text{（元）}$$

（2）当同等发行价格时，求第二种投资策略下的远期利率水平，设此发行价格下远期利率水平为 f。

$$283.71 \times (1+10\%)^2 \times (1+f)^3 = 500 \text{（元）}$$

$$f = 13.35\%$$

投资策略选择，由于 13.35% > 11%，则应选择第一种投资策略进行投资。

2. 解：（1）此时债券的价值 = 100 000 × 5% ×（P/A，6%，8）+ 100 000 ×（P/F，6%，8）= 93 790（元）

（2）值得购买。

（3）100 000 × 5% ×（P/A，i，8）+ 100 000 ×（P/F，i，8）= 90 000（元）

当 i 为 6% 时，

100 000 × 5% ×（P/A，6%，8）+ 100 000 ×（P/F，6%，8）= 93 790（元）

当 i 为 7% 时，

100 000 × 5% ×（P/A，7%，8）+ 100 000 ×（P/F，7%，8）= 88 057（元）

采用内插法，

$$\frac{6\% - i}{93\,790 - 900\,000} = \frac{7\% - i}{88\,057 - 900\,000}$$

$$i = 6.67\%$$

3. 解：（1）每年计息一次：

市场利率 6% 的发行价 = 500 ×（P/F，6%，5）+ 500 × 8% ×（P/A，6%，5）
= 500 × 0.7473 + 500 × 8% × 4.2124 = 542.15（元）

市场利率 8% 的发行价 = 500 ×（P/F，8%，5）+ 500 × 8% ×（P/A，8%，5）
= 500 × 0.6806 + 500 × 8% × 3.9927 = 500.00（元）

市场利率 10% 的发行价 = 500 ×（P/F，10%，5）+ 500 × 8% ×（P/A，10%，5）
= 500 × 0.6209 + 500 × 8% × 3.7908 = 462.37（元）

（2）到期一次还本付息（单利）：

市场利率 6% 的发行价 = 500 ×（1 + 8% × 5）×（P/F，6%，5）
= 500 ×（1 + 8% × 5）× 0.7473 = 523.11（元）

市场利率 8% 的发行价 = 500 ×（1 + 8% × 5）×（P/F，8%，5）
= 500 ×（1 + 8% × 5）× 0.6806 = 476.42（元）

市场利率 10% 的发行价 = 500 ×（1 + 8% × 5）×（P/F，10%，5）
= 500 ×（1 + 8% × 5）× 0.6209 = 434.63（元）

（3）到期一次还本付息：

市场利率 6% 的发行价 = 500 ×（F/P，8%，5）×（P/F，6%，5）
= 500 × 1.4693 × 0.7473 = 549.00（元）

市场利率 8% 的发行价 = 500 ×（F/P，8%，5）×（P/F，8%，5）

$$= 500 \times 1.4693 \times 0.6806 = 500.00（元）$$

市场利率10%的发行价 $= 500 \times (F/P, 8\%, 5) \times (P/F, 10\%, 5)$
$$= 500 \times 1.4693 \times 0.6209 = 456.14（元）$$

4. 解：(1) A 债券价值 $= 1\,000 \times (1 + 4 \times 10\%) \times (P/S, 12\%, 3) = 810.19（元）$

A 债券被高估。

(2) B 债券价值 $= 1\,000 \times 5\% \times (P/A, 6\%, 6) + 1\,000 \times (P/S, 6\%, 6)$
$$= 950.83（元）$$

B 债券也被高估。

5. 解：

$$1\,000 = \sum_{i=1}^{4} \frac{1\,000 \times 4\%}{(1+i)^t} + \frac{1\,000}{(1+i)^4} + \frac{(30-15) \times 20}{(1+i)^2}$$

当 i = 12% 时，右式 = 996.17

当 i = 11% 时，右式 = 1\,026.32

则：$\dfrac{1\,026.32 - 996.17}{11\% - 12\%} = \dfrac{1\,026.32 - 1\,000}{11\% - i}$

i = 11.87%

6. 解：

(1) $P = 5\,000 \times 5\% \times (P/A, 4\%, 10) + 5\,000 \times (P/F, 4\%, 10)$
$$= 5\,000 \times 5\% \times 8.1109 + 5\,000 \times 0.6756$$
$$= 5\,406（元）$$

(2) $P = 5\,000 \times 5\% \times (P/A, 6\%, 10) + 5\,000 \times (P/F, 6\%, 10)$
$$= 5\,000 \times 5\% \times 7.3601 + 5\,000 \times 0.5584$$
$$= 4\,632（元）$$

(3) 设债券的到期收益率为 x，则

$4\,800 = 5\,000 \times 5\% \times (P/A, x, 10) + 5\,000 \times (P/F, x, 10)$

x = 11%

市场利率大于11%时，不值得购买，市场利率小于11%时，值得购买。

7. 解：

(1) $r = [1\,000 \times 14\% + (1\,000 - 1\,040) \div 3] \div [(1\,000 + 1\,040) \div 2]$
$$= 12.42\%$$

(2) $P = 1\,000 \times 14\% \times (P/A, 12\%, 2) + 1\,000 \times (P/F, 12\%, 2)$
$$= 1\,000 \times 14\% \times 1.6901 + 1\,000 \times 0.7972$$
$$= 1\,033.81（元） < 1\,040 元$$

∵ 1\,033.81 元 < 1\,040 元　∴ 应该购买该债券

(3) $P = 1\,000 \times 14\% \times (P/A, 10\%, 1) + 1\,000 \times (P/F, 10\%, 1)$
$$= 1\,000 \times 14\% \times 0.9091 + 1\,000 \times 0.9091$$
$$= 1\,036.37（元）$$

(4) $r = [1\,000 \times 14\% + (1\,000 - 950) \div 1] \div [(1\,000 + 950) \div 2]$
$$= 19.49\%$$

8. 解：2009～2015 年甲公司股票相关数据如下表所示：

年份	2009	2010	2011	2012	2013	2014	2015
每股收益	2.100	2.415	2.777	3.194	3.673	4.224	4.477
每股股利	0.690	0.794	0.913	1.049	1.207	1.388	2.910
股利现值		0.696	0.703	0.709	0.716	0.722	
2014 年年末股票预计价格						46.194	
2014 年年末股票预计价格现值						24.044	
2010～2014 年股利现值						3.547	
当前股票价格						27.589	

(1) $P_{2014} = \dfrac{2.91}{12.3\% - 6\%} = 46.194$（元）

(2) $P_0 = \left\{ 0.69(1+15\%) \times \left[- \left(\dfrac{1+15\%}{1+13.95\%} \right)^5 \right] \right\} \div (13.95\% - 15\%)$

$\qquad + \dfrac{2.91}{(12.3\% - 6\%)(1+13.95\%)^5}$

$= 3.5466 + 24.043$

$= 27.589$（元）

9. 解：(1) 普通债券成本 = 1 200 × 10% × 10 = 1 200（万元）

(2) 可赎回债券前 6 年成本 = 1 200 × 12% × 6 = 864（万元）

可赎回债券后 4 年成本：

当市场利率为 6% 时，可赎回债券后 4 年成本 = 1 200 × 6% × 4 + 20 = 308（万元）

当市场利率为 8% 时，可赎回债券后 4 年成本 = 1 200 × 8% × 4 + 20 = 404（万元）

当市场利率为 10% 时，可赎回债券后 4 年成本 = 1 200 × 10% × 4 + 20 = 500（万元）

当市场利率为 12% 时，可赎回债券后 4 年成本 = 1 200 × 12% × 4 + 20 = 596（万元）

当市场利率为 14% 时，可赎回债券后 4 年成本 = 1 200 × 12% × 4 + 20 = 596（万元）

则　可赎回债券后 4 年

成本的期望值 = 308 × 0.2 + 404 × 0.1 + 500 × 0.3 + 596 × 0.2 + 596 × 0.2

$\qquad$ = 490.4（万元）

则：可赎回债券成本 = 864 + 490.4 = 1 354.4（万元）

由上述分析可知，企业应发行普通债券，因为发行普通债券的成本低于发行可赎回债券的成本。

10. 解：该债券价值 = 1 000 × 10% × (P/A, 12%, 2) + 1 000 × (P/F, 12%, 2)

$\qquad$ = 100 × 1.6901 + 1 000 × 0.7972

$\qquad$ = 966.21（元）

（注意：计算债券价值时，只需要考虑未来的现金流入，本题中债券的到期日为 2017 年 1 月 1 日，计算的是 2015 年 1 月 1 日的债券价值，只需要考虑 2015 年 1 月 1 日至 2017 年 1 月 1 日的现金流入，包括 2015 年 12 月 21 日的利息，2016 年 12 月 31 日的利息和 2017 年 1 月 1 日收回的本金即债券面值）

（五）上机练习题

债券投资决策计算表

12	B	C	D	E
13	项目	利息	到期收益率	到期税后收益率
14	05 申能债	5.05	3.82%	2.86%
15	05 苏园建	5.05	5.41%	4.38%

注：C14 = E2 * C3；D14 = RATE（C5，C9，-E5，E2）；E14 = RATE（C5，C9 * (1-20%)，-E5，E2）

05 苏园建同理计算。投资决策：应该选择 05 苏园建。

第4章 风险与收益

一、练习题

（一）单项选择题

1. 影响企业价值的两个最基本的因素是（　　）。
   A. 利润和成本　　B. 时间和利润　　C. 风险和贴现率　　D. 风险和收益
2. 可以通过组合投资予以分散的风险是（　　）。
   A. 系统风险　　B. 市场风险　　C. 非系统风险　　D. 经营风险
3. 证券 A 与证券 B 两个投资项目，它们的预期收益率相等，但证券 A 的标准差大于证券 B 的标准差。下列论述正确的是（　　）。
   A. 证券 A 取得更高收益或遭受更大损失的可能性均大于证券 B
   B. 证券 A 取得更高收益或遭受更大损失的可能性均小于证券 B
   C. 证券 A 实际取得的收益低于其预期收益
   D. 证券 B 实际遭受的损失高于其预期损失
4. 关于标准离差率表述不正确的是（　　）。
   A. 标准离差同期望报酬率的比值
   B. 期望报酬率不相等时，应当计算标准离差率对比风险
   B. 标准离差率要越小，风险越小
   D. 标准离差率就是风险报酬率
5. 两种完全正相关的股票相关系数为（　　）。
   A. $\rho = 0$　　B. $\rho = 1$　　C. $\rho = -1$　　D. $\rho = \infty$
6. 如果投资组合中的两种股票为完全负相关时（　　）。
   A. 不能分散风险　　　　　　B. 能分散一部分风险
   C. 能分散全部系统风险　　　D. 能分散全部非系统风险
7. β 系数是衡量资产的（　　）。
   A. 财务风险　　B. 非系统风险　　C. 系统风险　　D. 可分散风险
8. 已知证券 M 的 β 系数等于 0.6，则该证券（　　）。
   A. 风险非常低　　　　　　　B. 与市场组合的风险相等
   C. 低于市场组合的风险　　　D. 预期收益率高于市场组合收益
9. 一个证券组合由 120 股每股价值 50 元的 A 股票和 150 股每股价值 20 元的 B 股票组成，这一组合中两只股票的权重是（　　）。
   A. 2/3，1/3　　B. 4/9，5/9　　C. 2，1/2　　D. 1/3，2/3
10. 假设无风险利率是 3.7%，市场的风险溢酬为 7.5%，G 股票的期望收益率为

14.2%，该股票的 β 系数为（　　）。

    A. 2.8   B. 1.4   C. 1.3   D. 2.6

11. 已知市场上的期望收益率是15%，政府债券利率为7%，股票P的 β 系数为1.5，根据资本资产定价模型，股票P的期望收益率为（　　）。

    A. 15%   B. 29.5%   C. 19%   D. 5%

12. A公司在2009年年初购买B公司1 000股股票，每股25元。B公司在2009～2013年，每年年末发放现金股利4元。在2013年年末，A公司以每股37元的价格将持有的B公司股票卖出，则A公司的投资收益是（　　）元。

    A. 12 000   B. 28 000   C. 37 000   D. 32 000

13. 某投资组合中包括A、B、C三种证券，其中20%的资金投入到A，预期收益率为18%；50%的资金投入到B，预期收益率为15%；30%的资金投入到C，预期收益率为8%。则该投资组合的预期收益率为（　　）。

    A. 9.5%   B. 10.8%   C. 13.5%   D. 15.2%

14. 下列因素引起的风险中，公司能通过组合投资予以分散的是（　　）。

    A. 市场呈现疲软现象   B. 劳动纠纷
    C. 银行调整利率水平   D. 国家政治形势变化

15. 下列关于非系统风险的表述，正确的是（　　）。

    A. 非系统风险归因于广泛的价格趋势和时间
    B. 非系统风险不能通过投资组合得以分散
    C. 非系统风险通常以 β 系数进行衡量
    D. 非系统风险归因于某一投资企业特有的价格因素和事件

（二）多项选择题

1. 风险的特点有（　　）。

    A. 客观性   B. 时间性   C. 相对性
    D. 可测性   E. 收益性

2. 按风险产生的阶段，可以分为（　　）。

    A. 筹资风险   B. 经营风险   C. 投资风险
    D. 财务风险   E. 分配风险

3. 根据风险是否可以分散，可以分为（　　）。

    A. 财务风险   B. 系统风险   C. 经营风险
    D. 非系统风险   E. 筹资风险

4. 衡量风险大小的指标有（　　）。

    A. 概率及分布   B. 期望收益率   C. 方差
    D. 标准差   E. 标准离差率

5. 下列表述正确的有（　　）。

    A. 如果A、B两个证券完全负相关，含有A、B的投资组合的风险完全抵消
    B. 如果A、B两个证券完全正相关，含有A、B的投资组合的风险完全抵消
    C. 如果A、B两个证券完全负相关，含有A、B的投资组合的风险既不扩大也不

减少

  D. 如果 A、B 两个证券完全正相关，含有 A、B 的投资组合的风险完全抵消

  E. 如果 A、B 两个证券不相关，含有 A、B 的投资组合的风险既不扩大也不减少

6. 衡量收益的指标有（　　）。
  A. 内部收益率 B. 投资回报率 C. 期望收益率
  D. 必要收益率 E. 实际收益率

7. 下列关于 β 系数的表述，不正确的有（　　）。
  A. 如果某种证券的 β 系数大于 1，该种证券的风险高于证券市场的风险
  B. 如果某种证券的 β 系数小于 1，该种证券的风险高于证券市场的风险
  C. 如果某种证券的 β 系数等于 0，该种证券的风险与证券市场的风险相同
  D. 如果某种证券的 β 系数等于 1，该证券获得无风险收益
  E. 如果某种证券的 β 系数越小，该证券的风险越小，获得的收益越小

8. 根据资本资产定价模型，影响某种证券预期收益率的因素有（　　）。
  A. 无风险收益率 B. 预期通货膨胀率
  C. 该证券预期资本利得收益率 D. 该证券 β 系数
  E. 市场证券组合收益率

9. 下列是资本资产定价模型的假设条件有（　　）。
  A. 所有投资者均追求单期财富的期望效用最大化，并以各备选组合的期望报酬和标准差为基础进行组合选择
  B. 所有的资产均可被完全细分，拥有充分的流动性且没有交易成本
  C. 只考虑公司所得税
  D. 所有资产的数量是给定的和固定不变的
  E. 投资者各自的买卖活动不影响市场价格

10. 下列关于证券市场线表述正确的有（　　）。
  A. 资本资产定价模型用图形加以表示，即为证券市场线
  B. 它说明证券期望收益率与系统风险 β 系数之间的关系
  C. 证券市场线体现了资本市场达到均衡时，不同风险的证券的必要收益率
  D. 证券市场线是不会改变的
  E. 证券市场线的斜率是 β 系数

11. 下列关于资本资产定价模型阐述正确的有（　　）。
  A. 资本资产定价模型存在着一些明显的局限
  B. 资本资产定价模型只能大体描述出证券市场运动的基本状况
  C. 资本资产定价模型给出的结果是精确的
  D. 资本资产定价模型的最大贡献在于对风险与收益之间的关系进行了实质性的表述
  E. 资本资产定价模型中的各个参数的数据很容易找到

12. 下列各项表述中，能够正确揭示证券市场线（SML）特征的表述有（　　）。
  A. 证券市场线的斜率是市场补偿率
  B. 如果投资者对风险的厌恶程度减少，证券市场线的斜率降低

C. 在市场均衡的情况下，所以证券都落在证券市场线上

D. 证券市场线表明投资必要收益率与市场风险的相关，财务经理不能控制证券市场线的斜率和截距

E. 若证券市场线的斜率为负，根据 CAPM，证券投资的预期收益率低于无风险收益率

13. 关于投资者要求的投资报酬率，下列说法中正确的有（　　）。
    A. 风险程度越高，要求的报酬率越低
    B. 无风险报酬率越高，要求的报酬率越高
    C. 无风险报酬率越低，要求的报酬率越高
    D. 风险程度、无风险报酬率越高，要求的报酬率越高
    E. 市场溢价越高，要求的报酬率越高

14. 下列关于投资组合的表述，正确的是（　　）。
    A. 投资组合的收益率为组合中各单项资产预期收益率的加权平均数
    B. 投资组合的风险是各单项资产风险的加权平均
    C. 两种证券完全正相关时可以消除风险
    D. 两种证券正相关的程度越小，其组合产生的风险分散效应就越大
    E. 当两种证券的相关系数为零时，它们的组合可以完全消除风险

15. 下列关于收益率的表述，正确的是（　　）。
    A. 实际收益率是在特定情况下实际获得的收益率
    B. 预期收益率是投资者在下一个时期所能获得的收益预期
    C. 必要收益率是指投资者进行投资要求得到的最低收益率
    D. 在一个完善的资本市场中，预期收益率等于必要收益率
    E. 实际收益率与预期收益率之间的差异越大，风险就越大

（三）判断题

1. β 系数衡量的是资产的可分散风险。（　　）
2. 证券市场线（SML）的斜率是 β 系数。（　　）
3. 如果两种股票完全正相关，多样化的投资组合不能减少风险。（　　）
4. 无风险利率通常用政府债券的利率来衡量。（　　）
5. 所有投资者都更偏好于投资股票而不是债券，因为股票的长期回报率比债券高。（　　）
6. 在一个完全有效的资本市场，预期收益率等于必要收益率。（　　）
7. 当经济走向繁荣或市场利率下跌时，证券市场线（SML）的斜率就会下降。（　　）
8. 投资组合的 β 系数完全取决于投资组合内单项资产的 β 系数。（　　）
9. 股票的投资收益由两部分组成：一部分是股利；另一部分是出售时获得的增值。（　　）
10. 必要收益率是货币的时间价值与风险溢酬之和。（　　）
11. 投资组合的风险通常等于投资组合中个单项资产风险的加权平均数。（　　）
12. 投资组合的方差就是各种资产收益方差的加权平均数。（　　）

13. 根据 CAPM 模型，如果一项投资的 β 系数为负数，则期望收益率将小于政府债券利率。（   ）

14. 一般来说，股票收益率与 β 系数成正比。（   ）

15. β 系数实质上是不可分散风险的指数，用于反映个别证券收益变动相对于市场收益变动的灵敏程度。（   ）

（四）计算分析题

1. ELEX 公司准备购买 A 公司的股票，它对 A 公司股票的收益分布情况作了分析，具体如下表所示：

经济状况	发生的概率	A 公司股票的收益率（%）
萧条	0.1	-3.5
衰退	0.2	4.5
正常	0.4	8.0
繁荣	0.3	12

试计算 A 公司股票的期望收益率、标准差、标准离差率。

2. 某投资组合由 A、B 两种股票组合构成，股票 A 与股票 B 的预期收益率分别为 7% 和 15%，而股票 A 与股票 B 的标准差分别为 10% 与 25%，假设股票 A 与股票 B 的协方差为 -2.4%。

求：(1) 计算股票 A 与股票 B 的相关系数并说明该投资组合的风险会发生怎样的变化；(2) 当投资由 60% 的股票 A 和 40% 的股票 B 组合时，计算该投资组合的预期收益率和标准差；(3) 当投资组合由相等份额股票 A 和股票 B 组成时，计算该组合的预期收益率和标准差。

3. 一个证券组合为：F 股票 150 股，每股价值 20 元；G 股票 140 股，每股价值 50 元。其中 F 股票每年的期望收益率为 12%，标准差为 9%；而 G 股票每年的期望收益率为 18%，标准差为 25%。请问：(1) 该证券组合的期望收益率是多少；(2) 如果 F 和 G 这两种股票收益之间的相关系数是 0.2，那么上述组合的标准差是多少。

4. 假设 A 和 B 两种股票，它们的收益是不相关的。股票 A 的收益为 15% 的概率是 40%，而收益为 10% 的概率是 60%；股票 B 的收益为 35% 的概率是 50%，而收益为 -5% 的概率也是 50%。请问：(1) 列示可能的盈利状况及概率；(2) 如果 50% 的资金投资于股票 A，而 50% 的股票投资于股票 B，该投资组合的期望收益是多少。

5. 市场的预期收益率为 14%，政府债券利率为 7%。SKY 公司股票的 β 系数值为 1.5。假设资本资产定价模型成立。请问：(1) SKY 公司股票的预期收益率是多少；(2) 如果政府债券利率降低了 3%，则 SKY 公司的股票预期收益率是多少。

6. 无风险利率为 6.5%，P 公司股票的 β 系数值为 1.8，预期收益率为 15.5%。假设资本资产定价模型成立。请问：(1) 预期市场风险溢价是多少；(2) 如果 Q 公司股票的 β 系数值为 0.9，则 Q 公司的股票预期收益率是多少；(3) 假设你准备对 P 公司和 Q 公司股票共投资 10 000 元，该投资组合的 β 系数为 1.17。计算你对 P、Q 公司股票投资的金额及该投资组合的预期收益率。

7. 某投资者购买了 X 公司股票 1 000 股，该股票刚刚支付的每股股利为 4 元，现行国库券利率为4%，市场平均股票的风险报酬率为12%，该股票的 β 系数为1.2。请问：（1）假设该股票在未来时间里股利保持不变，计算该 X 公司股票的市场价值；（2）假设该股票股利固定增长，增长率为3.6%，则该股票的市场价值为多少。

8. NOW 公司股票的预期收益率为15%，收益率的标准差为0.16，该股票与市场组合间的相关系数为0.3，市场组合的预期收益率为18%，标准差为0.12。请问：（1）NOW 公司股票的 β 系数是多少；（2）无风险收益率是多少。

9. 目前，市场上证券组合的收益率为12%，无风险利率为4%。请问：（1）市场风险溢价是多少；（2）当 β 系数值为1.5时，必要收益率是多少；（3）如果一项投资项目的 β 系数值为0.9，期望收益率为10%，是否应当投资于该项目；（4）如果某股票的必要收益率为12%，则该股票的 β 系数值为多少。

（五）上机练习题

平安银行股份有限公司（简称平安银行，股票代码000001），是2012年4月24日根据《中国银监会关于深圳发展银行吸收合并平安银行的批复》（银监复〔2012〕192号）的批准，吸收合并平安银行成立的，深圳发展银行同意本公司的中文名称变更为"平安银行股份有限公司"，并取得新的《企业法人营业执照》。深圳证券交易所中上市的证券简称自2012年8月2日由"深发展 A"变更为"平安银行"。

为了研究平安银行的收益情况，我们把平安银行股票在2014年各月的收盘价列示在下列 Excel 表格中。

平安银行2014年每月股票收盘价与收益率

A	B	C	D	E
日期	收盘价	离散型收益率（r_j）	$r_j - \bar{r}_{AM}$	$(r_j - \bar{r}_{AM})^2$
2013-11-29	13.60			
2013-12-31	12.25			
2014-01-30	11.40			
2014-02-28	11.13			
2014-03-31	10.77			
2014-04-30	11.14			
2014-05-30	11.50			
2014-06-30	9.91			
2014-07-31	10.87			
2014-08-29	10.25			
2014-09-30	10.14			
2014-10-31	11.03			
2014-11-28	12.44			
合计				
算数平均值（月）				
方差（月）				
标准差（月）				
标准差（年）				

资料来源：和讯网（http://stockdata.stock.hexun.com/000001.shtml）。

要求：
（1）利用Excel表格计算平安银行股票离散型的月投资收益率；
（2）采用算数平均法计算平安银行股票的平均月投资收益率、月方差、月标准差、年标准差。

二、参考答案

（一）单项选择题

1. D   2. C   3. A   4. D   5. B
6. D   7. A   8. C   9. A   10. B
11. C   12. D   13. C   14. B   15. D

（二）多项选择题

1. ABCDE   2. ACE   3. BD   4. ABCDE   5. AC
6. CDE   7. BCD   8. ADE   9. ABDE   10. ABC
11. ABD   12. ABCE   13. BDE   14. AD   15. ABCDE

（三）判断题

1. ×   2. ×   3. √   4. √   5. ×
6. √   7. √   8. ×   9. ×   10. √
11. ×   12. ×   13. √   14. √   15. √

（四）计算分析题

1. 解：（1）A公司股票的期望收益率：

$$E(R) = (-3.5\%) \times 10\% + 4.5\% \times 20\% + 8\% \times 40\% + 12\% \times 30\% = 7.35\%$$

（2）A公司股票的方差：

$$\sigma^2 = (-3.5\% - 7.35\%)^2 \times 10\% + (4.5\% - 7.35\%)^2 \times 20\% + (8\% - 7.35\%) \times 40\%$$
$$+ (12\% - 7.35\%)^2 \times 30\%$$
$$= 0.00200525$$

A公司股票的标准差：

$$\sigma = \sqrt{0.00200525} = 4.478\%$$

（3）A公司股票的标准离差率：

$$CV = \frac{\sigma}{E(R)} = \frac{4.478\%}{7.35\%} = 60.93\%$$

2. 解：（1）股票A与股票B的相关系数：

$$\rho_{AB} = \frac{COV(R_A, R_B)}{\sigma_A \sigma_B} = \frac{-2.4\%}{10\% \times 25\%} = -0.96$$

计算结果表明股票A与股票B呈完全负相关，理论上包括股票A与股票B的投资组合的风险会完全抵消。

(2) 该投资组合的预期收益率：
$E(R_p) = 7\% \times 60\% + 15\% \times 40\% = 10.2\%$
该投资组合的标准差：
$\sqrt{60\%^2 \times 10\%^2 + 2 \times 60\% \times 40\% \times (-2.4\%) + 40\%^2 \times 25\%^2} = 4.56\%$

(3) 该投资组合的预期收益率：
$E(R_p) = 7\% \times 50\% + 15\% \times 50\% = 11\%$
该投资组合的标准差：
$\sqrt{50\%^2 \times 10\%^2 + 2 \times 50\% \times 50\% \times (-2.4\%) + 50\%^2 \times 25\%^2} = 7.83\%$

3. 解：(1) 持有 F 股票的价值：$150 \times 20 = 3\,000$（元）
　　　　　持有 G 股票的价值：$140 \times 50 = 7\,000$（元）
　　　　　F 股票占证券组合所占权重：$3\,000/10\,000 = 30\%$
　　　　　G 股票占证券组合所占权重：$7\,000/10\,000 = 70\%$
该证券组合的期望收益率是：
$E(R_p) = 12\% \times 30\% + 18\% \times 70\% = 16.2\%$
F 股票与 G 股票的投资组合的协方差为：
$0.2 \times 9\% \times 25\% = 0.45\%$

(2) F 股票与 G 股票的投资组合的标准差：
$\sqrt{30\%^2 \times 9\%^2 + 2 \times 30\% \times 70\% \times (0.45\%) + 70\%^2 \times 25\%^2} = 18.23\%$

4. 解：(1) 可能的盈利状况及概率：

状况	股票 A 的收益率	股票 B 的收益率	概率
1	15%	35%	$0.4 \times 0.5 = 0.2$
2	15%	-5%	$0.4 \times 0.5 = 0.2$
3	10%	35%	$0.5 \times 0.6 = 0.3$
4	10%	-5%	$0.5 \times 0.6 = 0.3$

(2) 该投资组合的期望收益：
$E(R_p) = 0.2 \times [0.5 \times 0.15 + 0.5 \times 0.35] + 0.2 \times [0.5 \times 0.15 + 0.5 \times (-0.5)]$
　　　　$+ 0.3 \times [0.5 \times 0.1 + 0.5 \times 0.35] + 0.3 \times [0.5 \times 0.1 + 0.5 \times (-0.05)]$
　　　　$= 13.5\%$

5. 解：(1) SKY 公司股票的预期收益率是：
$E(R_s) = R_f + \beta_s \times (R_m - R_f) = 7\% + 1.5 \times (14\% - 7\%) = 17.5\%$

(2) 降低 3% 后的政府债券利率是 4%
SKY 公司股票的预期收益率是：
$E(R_s) = R_f + \beta_s \times (R_m - R_f) = 4\% + 1.5 \times (14\% - 4\%) = 19\%$

6. 解：(1) 预期市场风险溢价是：
$E(R_p) = R_f + \beta_Q \times (R_m - R_f)$
$15.5\% = 6.5\% + 1.8 \times (R_m - R_f)(R_m - R_f) = 5$

(2) 根据资本资产定价模型（CAPM），Q 公司的股票预期收益率是：

$$E(R_Q) = R_f + \beta_Q \times (R_m - R_f) = 6.5\% + 0.9 \times 5\% = 11\%$$

(3) $\beta = W_p\beta_p + W_q\beta_q$

$1.17 = W_p \times 1.8 + (1 - W_p) \times 0.9$

$W_p = 0.3 \quad W_q = 0.3$

应分别对 P 公司投资 $10\,000 \times 0.3 = 3\,000$（元）

Q 公司投资 $10\,000 \times 0.7 = 7\,000$（元）

由 P、Q 公司股票构成的投资组合的预期收益率为：

$$E(R_p) = 15.5\% \times 30\% + 11\% \times 70\% = 12.35\%$$

7. 解：（1）根据资本资产定价模型（CAPM），股票的资本成本为：

$$K_s = R_f + \beta_s \times (R_m - R_f) = 4\% + 1.2 \times (12\% - 4\%) = 13.6\%$$

根据股利折现模型，每股股票的价格为：

$$P = \frac{Div}{K_s} = \frac{4}{13.6\%} = 29.41(元)$$

则该股票的市值为：$29.41 \times 1\,000 = 29\,410$（元）

（2）根据股利折现模型：

$$P = \frac{Div(1 + g)}{K_s - g} = \frac{4 \times (1 + 3.6\%)}{13.6\% - 3.6\%} = 41.44(元)$$

则该股票的市值为：$41.44 \times 1\,000 = 41\,440$（元）

8. 解：（1）NOW 公司股票的 β 系数 $= \dfrac{0.16}{0.12} \times 0.3 = 0.4$

（2）根据资本资产定价模型：

$K_s = R_f + \beta_s \times (R_m - R_f)$

$15\% = R_f + 0.4 \times (18\% - R_f)$

$R_f = 13\%$

无风险收益率是 13%。

9. 解：（1）市场风险溢价 $= 12\% - 4\% = 8\%$

（2）必要收益率 $= 4\% + 1.5 \times 8\% = 16\%$

（3）该投资项目的必要收益率 $= 4\% + 0.9 \times 8\% = 11.2\%$

该投资项目的必要收益率大于期望收益率，不应该投资该项目。

（五）上机练习题

解：

A	B	C	D	E
日期	收盘价	离散型收益率（r_j）	$r_j - \overline{r}_{AM}$	$(r_j - \overline{r}_{AM})^2$
2013 - 11 - 29	13.60			
2013 - 12 - 31	12.25	-0.09926	-0.094967616	0.0090188
2014 - 01 - 30	11.40	-0.06939	-0.069387755	0.0048147
2014 - 02 - 28	11.13	-0.02368	-0.023684211	0.0005609
2014 - 03 - 31	10.77	-0.03235	-0.032345013	0.0010462

续表

A	B	C	D	E
日期	收盘价	离散型收益率（r_j）	$r_j - \bar{r}_{AM}$	$(r_j - \bar{r}_{AM})^2$
2014－04－30	11.14	0.034355	0.034354689	0.0011802
2014－05－30	11.50	0.032316	0.032315978	0.0010443
2014－06－30	9.91	－0.13826	－0.138260870	0.0191161
2014－07－31	10.87	0.096872	0.096871847	0.0093842
2014－08－29	10.25	－0.05704	－0.057037718	0.0032533
2014－09－30	10.14	－0.01073	－0.010731707	0.0001152
2014－10－31	11.03	0.087771	0.087771203	0.0077038
2014－11－28	12.44	0.127833	0.127833182	0.0163413
合计		－0.05157		7.36%
算数平均值（月）		－0.4297%		
方差（月）				0.6132%
标准差（月）				7.8304%
标准差（年）				27.1255%

资料来源：和讯网（http://stockdata.stock.hexun.com/000001.shtml）。

操作说明：

C4 ＝（B4 － B3）/B3，C5: C15 使用自动填充

C16 ＝ SUM（C4: C15），C17 ＝ C16/12

D4 ＝ C4 － C17，D5: D15 使用自动填充

E4 ＝ D4 * D4，E5: E15 使用自动填充；E16 ＝ SUM（E4: E15）；E18 ＝ E16/12

E19 ＝ SQRT（E18）；E20 ＝ SQRT（E18 * 12）

第5章 资本成本

一、练习题

（一）单项选择题

1. 根据风险收益对等原则，各种筹资方式的资本成本由大到小依次为（　　）。
   A. 公司债券、优先股、普通股　　　　B. 普通股、公司债券、优先股
   C. 普通股、优先股、公司债券　　　　D. 公司债券、普通股、优先股
2. 在个别资本成本的计算中，不需要考虑筹资费用影响因素的是（　　）。
   A. 普通股资本成本　　　　　　　　　B. 债券资本成本
   C. 优先股资本成本　　　　　　　　　D. 留存收益资本成本
3. 债券资本成本一般要低于普通股资本成本，主要是因为（　　）。
   A. 债券的利息是固定的　　　　　　　B. 债券风险比普通股低、利息有抵税作用
   C. 债券的到期日是固定的　　　　　　D. 债券的筹资费用率低
4. G公司向银行借长期借款500万元，年利率10%，银行要求维持贷款限额20%的补偿性余额，那么公司实际承担的资本成本为（　　）。
   A. 12.5%　　　　B. 10%　　　　C. 10%　　　　D. 20%
5. 下列项目中，与优先股资本成本成正比例关系的是（　　）。
   A. 所得税税率　　　　　　　　　　　B. 优先股股利
   C. 优先股筹资费率　　　　　　　　　D. 优先股的发行价格
6. P公司发行面值1 000元、10年期的公司债券，票面利率8%，每年付息一次，10年后一次还本，筹资费率为5%，公司所得税率为25%，该债券采用折价发行，发行价格为900元，则该债券的资本成本为（　　）。
   A. 8%　　　　　B. 6%　　　　　C. 8.4%　　　　D. 7%
7. Q公司去年发放每股股利4元。该股票现在价格为60元。据估计该股票在以后每年以固定不变的增长率6%稳定增长。则该公司股票的资本成本为（　　）。
   A. 13.07%　　　B. 7.06%　　　C. 12.67%　　　D. 10.67%
8. K公司发行面值为1 000元的优先股，规定年股息率为10%。该优先股为溢价发行，发行价格为1 100元，筹资费率为发行价格的5%，所得税率为25%，则该公司发行的优先股的资本成本为（　　）。
   A. 7.18%　　　　B. 10%　　　　C. 9.09%　　　　D. 9.57%
9. 关于资本成本，下列表述正确的是（　　）。
   A. 资本成本等于筹资费用与用资费用之和与筹资费用之比
   B. 一般而言，债券的资本成本要高于银行借款的资本成本
   C. 在各种资本成本中，普通股的资本成本不一定是最高的

D. 使用留存收益不必付出代价，故其资本成本为零

10. 下列不属于权益性筹资的是（　　）。
    A. 普通股　　　　　B. 优先股　　　　　C. 发行债券　　　　　D. 留存收益

11. 资金每增加一个单位而增加的成本是（　　）。
    A. 综合资本成本　　B. 个别资本成本　　C. 边际资本成本　　D. 自由资本成本

12. RAX 公司目前发放的每股股利为 3 元，股利按 7% 的固定比例逐年递增，若不考虑筹资费用，据此计算出的资本成本为 11%，则该股票目前的每股市价是（　　）元。
    A. 80.25　　　　　B. 27.27　　　　　C. 29.18　　　　　D. 37.25

13. Watta 公司的资产负债率为 50%，税前的债务成本为 9%，股权资本成本为 10%，所得税税率为 25%，求该公司的加权平均资本成本（　　）。
    A. 9.5%　　　　　B. 8.38%　　　　　C. 8.25%　　　　　D. 8%

14. MOTT 公司的负债和股权资本的比例为 3∶4，加权资本成本为 15%，若个别资本成本和资本结构保持不变，当公司发行 60 万元的普通股时，筹资总额的分界点为（　　）万元。
    A. 140　　　　　　B. 120　　　　　　C. 130　　　　　　D. 105

15. 计算边际资本成本的中心思想是（　　）。
    A. 资本成本会随着市场利率的变动而变化
    B. 资本成本会随着筹资总额的增加而上升
    C. 资本成本会随着资本结构的变化而变化
    D. 资本成本会随着筹资方式的改变而变化

（二）多项选择题

1. 下列哪项资本成本具有抵税的作用（　　）。
    A. 普通股资本成本　　　　B. 公司债券资本成本　　　　C. 优先股资本成本
    D. 留存收益资本成本　　　E. 银行长期借款资本成本

2. 在计算个别资本成本时需要考虑筹资费率的有（　　）。
    A. 普通股资本成本　　　　B. 公司债券资本成本　　　　C. 优先股资本成本
    D. 留存收益资本成本　　　E. 银行长期借款资本成本

3. 关于资本成本的表述，下列正确的是（　　）。
    A. 拟订筹资方案的依据　　B. 企业选择投资方案的依据
    C. 选用筹资方式的标准　　D. 确定最优资本结构须考虑的一项因素
    E. 是投资者要求的最低报酬率

4. 在加权平均资本成本的计算过程中，权数的确定方法有（　　）。
    A. 票面价值法　　　　　　B. 预算价值法　　　　　　C. 账面价值法
    D. 市场价值法　　　　　　E. 目标价值法

5. 影响债券资本成本的因素有（　　）。
    A. 债券的票面利率　　　　B. 债券的发行价格　　　　C. 筹资费用的多少
    D. 所得税税率　　　　　　E. 补偿性余额

6. 当企业进行资本结构、筹资方式和追加筹资方案比较的决策时，应该依据的成本有

（　　）。
  A. 个别资本成本   B. 股权资本成本   C. 综合资本成本
  D. 债券资本成本   E. 边际资本成本

7. 以下事项中，会导致公司加权平均资本成本降低的有（　　）。
  A. 所得税税率降低
  B. 市场流动性提高了
  C. 长期负债占全部资本的比重增加
  D. 总体经济环境变化，导致无风险报酬率降低
  E. 公司具有较强的偿债能力

8. 发行债券筹集资金的主要原因有（　　）。
  A. 债券成本较低   B. 可以利用财务杠杆   C. 保证股东控制权
  D. 调整资本结构   E. 期限短，到期日固定

9. 当股利以固定的增长率逐年递增时，计算留存收益资本成本时需要考虑的因素有（　　）。
  A. 筹资费率   B. 股利年增长率   C. 普通股的发行价格
  D. 所得税税率   E. 第一年发放的股利

10. 下列关于边际资本成本的表述，不正确的是（　　）。
  A. 公司追加筹资决策的重要依据
  B. 新增资本的加权平均资本成本
  C. 每增加1个单位而增加的成本
  D. 保持资本结构不变时的加权资本成本
  E. 保持个别资本成本不变的加权平均资本成本

11. 假设市场上无风险利率为6%，市场组合的平均风险为12%，DEP公司的β系数为1.5。DEP公司为筹集资金，发行了50 000股，共计100 000元，股利固定不变，筹资费率为2%，则下列表述正确的是（　　）。
  A. 该股票的期望收益率是15%
  B. 该股票的期望收益率是24%
  C. 该股票的股利是0.3元
  D. 股票的资本成本是15.3%
  E. 留存收益的资本成本是15%

12. 关于留存收益资本成本，下列表述正确的是（　　）。
  A. 它是一种机会成本
  B. 计算时不必考虑筹资费用
  C. 实质上是股东对企业追加投资
  D. 计算与普通股资本成本计算相同
  E. 在实际业务中一般不予考虑

13. 决定综合资本成本高低的因素有（　　）。
  A. 个别资本的数量   B. 总成本的数量   C. 个别资本成本
  D. 加权平均权数   E. 个别资本的种类

14. 影响企业资本成本的内部因素包括（　　）。
    A. 利率　　　　　　　　B. 资本结构　　　　　　　C. 投资政策
    D. 市场风险溢价　　　　E. 市场投资组合收益率
15. MAX公司的资本总额中长期债券占40%，当长期债券在80 000元以内时，债券的资本成本为6%；当长期债券在80 000～100 000元时，债券的资本成本为8%，当长期债券在1 000 000元以上时，债券的资本成本为10%，则筹资总额分界点为（　　）元。
    A. 200 000　　　　　　B. 300 000　　　　　　　C. 250 000
    D. 180 000　　　　　　E. 240 000

（三）判断题

1. 在投资活动中，资本成本是资金需求者为了获得资本所必须支付的最低价格。
（　　）
2. 在筹资活动中，资本成本是投资者要求获得的最低报酬率。（　　）
3. 不管债券溢价还是折价发行，应当以债券的面值为基础计算债券的资本成本。
（　　）
4. 如果债券溢价发行，其实际的资本成本大于债券的票面利率。（　　）
5. 与公司债券相比，发行普通股筹资没有固定的利息负担，因此其资本成本较低。
（　　）
6. 在市场利率大于票面利率的情况下，债券的发行价格低于面值。（　　）
7. 公司的留存收益是由公司税后净利润形成的，它属于普通股股东，因而公司使用利润并不花费什么成本。（　　）
8. 综合资本成本是指企业全部长期资本成本中各个个别资本成本率的平均数。（　　）
9. 边际资本成本是实现目标资本结构的资本成本率。（　　）
10. 筹资总额是指定筹资方式成本变化的分界点。（　　）
11. 一般而言，资本成本会随着筹资规模的增加而上升。（　　）
12. 在计算公司加权资本成本时，以账面价值为权数能够真实反映实际的资本成本水平，有利于进行财务决策。（　　）
13. 如果预期的通货膨胀水平上升，公司的资本成本也会上升。（　　）
14. 用市场价值权数计算的加权平均资本成本更适用于筹措新资金。（　　）
15. 超过筹资总额分界点筹集资金，只要维持现有的资本结构，其资本成本就不会增加。（　　）

（四）计算分析题

1. HYDRA公司发行债券筹集所需资金，债券面值1 000元，6年后到期，票面利率为5%，该债券每年付息一次，到期还本付息，债券的发行费用为债券面值的3%，企业所得税税率为25%，该债券的发行价格为1 100元。求：（1）该债券的资本成本是多少；（2）该债券的资本成本与票面利率有着什么样的关系。
2. WEB公司为解决规模快速扩张而引起的资金不足问题，向银行借入长期借款1 000万元，银行贷款利率为12%，期限10年，每年付息，到期还本付息。在借款过程中，

WEB 公司向银行支付各种手续费和评估费,为贷款总额的 5%,企业所得税税率为 25%。求:(1)计算该企业长期借款的资本成本;(2)如果银行要求维持贷款限额 20% 的补偿性余额,那么 WEB 公司实际承担的资本成本是多少。

3. TXL 公司拟发行 50 万股优先股,共筹集资金 1 000 万元,年股息率为 4%。市场上投资者对同类优先股要求的最低报酬率为 8%,该优先股的筹资费用率为发行价格的 2%。求:(1)TXL 公司的优先股的发行价格是多少;(2)发行的优先股的资本成本是多少。

4. VES 公司普通股现行市价为每股 25 元,现增发新股 70 000 股,预计筹资费用率为 5%,目前每股股利 2 元,股利增长率为 3%,增长率保持不变。求:(1)计算该新增发的普通股资本成本;(2)如果公司用本年度的留存收益筹资,那么留存收益的资本成本是多少。

5. HOLD 公司发行股票为公司的扩大生产筹集资金,该股票的 β 系数为 0.8,市场溢价为 6%,国库券利率为 6%。目前 HOLD 公司每股股利为 1.2 元,该公司股利将以固定每年 8% 的增长率递增。根据证券交易市场的资料,HOLD 公司现在的股票价格为 45 元。此外,HOLD 公司的资产负债率为 50%,其税前的债务资本成本为 9%,公司适用的所得税税率为 25%。求:(1)HOLD 公司的股权资本成本是多少;(2)HOLD 公司的加权平均资本成本是多少。

6. FLY 公司拟追加筹资 2 500 万元。其中发行平价债券 1 000 万元,筹资费率 3%,债券年利率为 5%,两年期,每年付息,到期还本;优先股 500 万元,筹资费率为 4%,年股息率为 7%;普通股 1 000 万元,现在每股市价 20 元,第一年预期股利为 2 元,以后每年固定增长 5%,预计筹资费率为 6%。假定企业所得税率为 25%。求:(1)分别计算债券、优先股、普通股的资本成本;(2)计算该筹资方案的综合资本成本。

7. FILER 公司拥有 11 万股发行在外的普通股股票,股票目前的市价为 68 元,每股票面金额为 6 元;FILER 公司同时还有两种发行在外的公司债券,其中一种债券的面值为 70 万元,票面利率为 7%,发行价格为票面值的 93%;另一种债券的面值为 55 万元,票面利率为 8%,发行价格为票面值的 104%,第一种债券的到期日是 10 年,第二种债券的到期日是 6 年。求:(1)根据账面价值,FILER 公司的资本结构的权数是多少;(2)根据市场价值,FILER 公司的资本结构的权数是多少;(3)上述根据账面价值和市场价值计算的资本结构的权数哪一个更相关?为什么?

8. OPO 公司准备为其中标的一个投资项目筹集资金 1 700 万元,具体信息为:(1)发行债券筹资 260 万元,每张债券面值 1 000 元,票面利率 7%,期限 5 年,每年付息一次,到期偿还本金,债券溢价发行,为面值的 103%,筹资费率为 2%;(2)向银行取得长期借款 340 万元,期限为 4 年,借款利率为 5.2%,每年付息一次,到期偿还本金,筹资费率 3%;(3)按面值 95% 的价格发行优先股 50 万股,优先股面值 10 元,预计年股息率为 8%,筹资费率为 5%;(4)发行普通股 400 万元,每股面值 5 元,发行价格每股 8 元,筹资费率为 4%,预计第一年发放每股股利为 0.6 元,以后每年以固定 3% 的增长率递增;(5)该投资项目所需的其余资金通过留存收益获得;(6)公司所得税税率为 25%。求:(1)分别计算债券、银行借款、优先股、普通股的资本成本;(2)留存收益筹资额以及留存收益的资本成本;(3)计算 OPO 公司评估投资项目的综合资本成本。

9. PEX 公司目前的资本结构较为理想,其中长期借款占 20%,长期债券占 30%,普通股占 50%。PEX 公司根据经营的需要,计划追加筹资,并以原有的资本结构为目标资本结构。根据对金融市场的研究和分析，得出各种不同的筹资额及有关的资本成本数据，如下表所示。

资本来源	资本结构（%）	筹资规模（元）	资本成本（%）
长期借款	20	80 000 以内	4
		80 000～120 000	5
		120 000 以上	6
长期债券	30	90 000 以内	7
		90 000～210 000	9
		210 000 以上	10
普通股	50	250 000 以内	12
		250 000～400 000	14
		400 000 以上	15

求：（1）计算各种筹资条件下的筹资总额分界点；（2）计算不同筹资范围内的边际资本成本。

（五）案例分析题

案例概述：KFP 公司是一家在美国纳斯达克上市的餐饮服务公司，KFP 公司于十年前由 CEO 鲍勃成立，目前已经在美国开有 174 家店面，KFP 公司在美国餐饮界占有一席之地，为了提高公司的知名度，扩大其在餐饮业的规模和影响。CEO 鲍勃计划并购一家过去几年在餐饮业小于名气的 NGN 公司，NGN 公司的儿童食品深受美国青少年的喜爱。但 NGN 公司最近几年由于经营不善，业绩一直低迷。但 CEO 鲍勃很看好 NGN 公司的前景，准备竞标购买 NGN 公司来增强其在儿童食品方面的质量和影响，增加 KFP 公司的利润。假如你是美国会计专业硕士毕业的学生，受雇于 KFP 公司财务管理部门。CEO 鲍勃想了解本公司的资本成本情况以为竞标做准备，他还想知道其并购目标 NGN 公司的市场价值是多少，他把这两项任务都交给了你，希望你能做出一份完整的报告。KFP 公司和 NGN 公司的财务信息如下表所示：

单位：百万美元

	KFP 公司	NGN 公司
固定资产	36	25
流动资产	7	7
资产合计：	43	32
流动负债	3	4
长期债券	15	20
负债合计：	18	24
普通股	15	5
留存收益	10	3
权益合计：	25	8
负债和所有者权益合计：	43	32

条件说明：（1）KFP 公司发行的长期债券票面利率为 7%，该债券的票面值为 100 美元，发行价格为 94.74 美元。（2）KFP 公司发行在外的普通股的面值为 0.5 美元，目前市场价格为每股 4.2 美元，股票的 β 系数为 1.2，KFP 公司的市盈率（P/E）为 8。（3）NGN 公司的权益资本成本为 12%，并且很多年保持相同的股利支付率（dividend payout ratio）45%。NGN 公司现在的每股收益（EPS）是每股 0.8 美元。据估计如果 KFP 公司接手 NGN 公司，它的股利会以平均每年 4.5% 的速度增长。NGN 公司股票的票面价值是 0.5 美元。（4）政府发行的长期债券的利率为 4%，市场上平均收益率为 10.5%，且所得税税率为 30%。

请问：（1）以市场价值为基础，KFP 公司的加权平均资本成本是多少？（2）利用收益法原则，根据 KFP 公司的市盈率（P/E）计算 NGN 公司的价值。（3）利用股利折现模型，计算 NGN 公司的价值。

二、参考答案

（一）单项选择题

1. C   2. D   3. B   4. A   5. B
6. D   7. A   8. D   9. B   10. C
11. C   12. A   13. B   14. D   15. B

（二）多项选择题

1. BE   2. ABCE   3. ABCDE   4. CDE   5. ABCD
6. ACE   7. ABDE   8. ABCD   9. BCE   10. DE
11. ACDE   12. ABC   13. CDE   14. BCE   15. AC

（三）判断题

1. √   2. √   3. ×   4. ×   5. ×
6. √   7. √   8. √   9. √   10. √
11. √   12. ×   13. √   14. ×   15. ×

（四）计算分析题

1. 解：（1）债券资本成本 = $\dfrac{债券面值 \times 债券利息率 \times (1 - 所得税税率)}{债券发行额 \times (1 - 筹资费费率)}$

$$R_b = \dfrac{1\,000 \times 5\% \times (1 - 25\%)}{1\,100 \times (1 - 3\%)} = 3.51\%$$

（2）当债券溢价发行，债券的票面利率大于债券的资本成本；当债券折价发行，债券的票面利率小于债券的资本成本。

2. 解：（1）长期借款资本成本 = $\dfrac{1\,000 \times 12\% \times (1 - 25\%)}{1\,000 \times (1 - 5\%)} = 9.47\%$

（2）银行要求维持贷款限额 20% 的补偿性余额，WEB 公司实际承担的资本成本是：

长期借款资本成本 = $\dfrac{1\,000 \times 12\% \times (1 - 25\%)}{1\,000 \times 80\% - 1\,000 \times 5\%} = 12\%$

3. 解：(1) 该优先股面值为：1 000 万元/50 万股 = 20 元/股
   则该优先股的股息为：20 × 4% = 0.8（元/股）
根据股利折现模型，得出该优先股的发行价格为：
$$P = \frac{Div}{K_s} = \frac{0.8}{8\%} = 10(元)$$

(2) 优先股资本成本 = $\dfrac{优先股股息}{优先股市场价格 \times (1 - 筹资费率)}$

$$= \frac{0.8}{10 \times (1 - 2\%)} = 8.16\%$$

4. 解：(1) 新增发的普通股资本成本：
$$K_s = \frac{D_1}{P_0 \times (1 - f)} + g = \frac{2 \times (1 + 3\%)}{25 \times (1 - 5\%)} + 3\% = 11.67\%$$

(2) 留存收益的资本成本是：
$$K_e = \frac{D_1}{P_0} + g = \frac{2 \times (1 + 3\%)}{25} + 3\% = 11.24\%$$

5. 解：(1) 根据资本资产定价模型（CAPM），得出股权资本成本为：
$$K_S = R_f + \beta_S \times (R_m - R_f) = 6\% + 0.8 \times 6\% = 10.8\%$$

根据股利折现模型，得出股权资本成本为：
$$K_S = \frac{D_1}{P_0} + g = \frac{1.2 \times (1 + 8\%)}{45} + 8\% = 10.88\%$$

根据两种方法计算得出的股权资本成本很相近，我们取它们的平均值作为股权资本成本为 10.84%。

(2) 税后的债务资本成本为：9% × (1 - 25%) = 6.75%

HOLD 公司的加权平均资本成本是：
$$\begin{aligned} WACC &= S/(S+D) \times K_S + D/(S+D) \times K_D \\ &= 50\% \times 10.84\% + 50\% \times 6.75\% \\ &= 8.795\% \end{aligned}$$

6. 解：(1) FLY 公司发行债券的资本成本：

债券资本成本 = $\dfrac{1\,000 \times 5\% \times (1 - 25\%)}{1\,000 \times (1 - 3\%)} = 3.87\%$

FLY 公司发行优先股的资本成本：

优先股资本成本 = $\dfrac{500 \times 7\%}{500 \times (1 - 4\%)} = 7.29\%$

FLY 公司发行普通股的资本成本：
$$K_s = \frac{D_1}{P_0 \times (1 - f)} + g = \frac{2}{20 \times (1 - 6\%)} + 5\% = 15.64\%$$

(2) FLY 公司的该筹资方案的综合资本成本为：
$$\begin{aligned} WACC &= S/(S+D+P) \times K_S + D/(S+D+P) \times K_D + P/(S+D+P) \times K_p \\ &= 1\,000/2\,500 \times 15.64\% + 1\,000/2\,500 \times 3.87\% + 500/2\,500 \times 7.29\% \\ &= 9.262 \end{aligned}$$

7. 解：(1) 股票的账面价值是 11 × 6 = 66（万元）

债券的账面价值是 $70 + 55 = 125$（万元）

FILER 公司以账面价值为基础的资本结构的权数是：

$S/(S+D) = 66/(66+125) = 34.55\%$

$D/(S+D) = 125/(66+125) = 65.46\%$

（2）股票的市场价值是 $11 \times 68 = 748$（万元）

债券的市场价值是 $70 \times 93\% + 55 \times 104\% = 122.3$（万元）

FILER 公司以市场价值为基础的资本结构的权数是：

$S/(S+D) = 748/(748+122.3) = 85.95\%$

$D/(S+D) = 122.3/(748+122.3) = 14.05\%$

8. 解：（1）OPO 公司债券的资本成本为：

$$K_b = \frac{1\,000 \times 7\% \times (1-25\%)}{1\,000 \times 103\% \times 98\%} = 5.2\%$$

OPO 公司银行借款的资本成本：

$$K_L = \frac{340 \times 5.2\% \times (1-25\%)}{340 \times (1-3\%)} = 4.02\%$$

OPO 公司优先股的资本成本：

$$K_P = \frac{10 \times 8\%}{10 \times 95\% \times (1-5\%)} = 8.86\%$$

OPO 公司普通股的资本成本：

$$K_S = \frac{D_1}{P_0} + g = \frac{0.6}{8 \times (1-4\%)} + 3\% = 10.81\%$$

（2）留存收益筹资额为：$1\,700 - 260 - 340 - 50 \times 9.5 - 400 = 225$（万元）

OPO 公司留存收益的资本成本是：

$$K_e = \frac{D_1}{P_0} + g = \frac{0.6}{8} + 3\% = 10.5\%$$

（3）OPO 公司的综合资本成本是：

$WACC = (B/V) \times K_B + (L/V) \times K_L + (P/V) \times K_P + (S/V) \times K_S + (E/V) \times K_e$

$= (260/1\,700) \times 5.2\% + (340/1\,700) \times 4.02\% + (475/1\,700) \times 8.86\%$

$\quad + (400/1\,700) \times 10.81\% + (225/1\,700) \times 10.5\%$

$= 8\%$

9. 解：（1）筹资总额分界点如下表所示。

资本来源	筹资总额分界点（元）	总筹资规模（元）	资本成本（%）
长期借款	80 000/20% = 400 000 120 000/20% = 600 000	400 000 以内 400 000 ~ 600 000 600 000 以上	4 5 6
长期债券	90 000/30 = 300 000 210 000/30 = 700 000	300 000 以内 300 000 ~ 70 0000 700 000 以上	7 9 10
普通股	250 000/50 = 500 000 400 000/50 = 800 000	500 000 以内 500 000 ~ 800 000 800 000 以上	12 14 15

(2)

筹资总额范围（元）	资本来源	资本结构（%）	资本成本（%）	边际资本成本（%）
300 000 以内	长期借款 长期债券 普通股	20 30 50	4 7 12	4% ×20% +7% ×30% +12% ×50% =8.9
300 000 ~ 400 000	长期借款 长期债券 普通股	20 30 50	4 9 12	4% ×20% +9% ×30% +12% ×50% =9.5
400 000 ~ 500 000	长期借款 长期债券 普通股	20 30 50	5 9 12	5% ×20% +9% ×30% +12% ×50% =9.7
500 000 ~ 600 000	长期借款 长期债券 普通股	20 30 50	5 9 14	5% ×20% +9% ×30% +14% ×50% =10.7
600 000 ~ 700 000	长期借款 长期债券 普通股	20 30 50	6 9 14	6% ×20% +9% ×30% +14% ×50% =10.9
700 000 ~ 800 000	长期借款 长期债券 普通股	20 30 50	6 10 14	6% ×20% +10% ×30% +14% ×50% =11.2
800 000 以上	长期借款 长期债券 普通股	20 30 50	6 10 15	6% ×20% +10% ×30% +15% ×50% =11.7

（五）案例分析题

10. 解：(1) KFP 公司的股权资本成本：

$K_S = R_f + \beta_S \times (R_m - R_f) = 4\% + 1.2 \times (10.5\% - 4\%) = 11.8\%$

KFP 公司的债务资本成本：

税后票面利息费用 = 100 ×7% × (1 −30%) = 4.9（美元）

利用内插法计算债券的资本成本：当折现率为 5% 时，NPV = +4.71；当折现率为 10% 时，NPV = −19.59

根据内插法，$K_d = 5\% + (10\% - 5\%) \times \dfrac{4.71}{4.71 + 19.59} = 6\%$

得出税后的债务资本成本等于 6%

KFP 公司发行的股票数为：15/0.5 = 300（百万股）

权益的市场价值（S）为：300 × 4.2 = 126（百万元）

KFP 公司发行的债券价值（D）为：15 × 94.74/100 = 14.211（百万元）

企业总价值（V）：126 + 14.211 = 140.211（百万元）

$WACC = S/(V) \times K_S + D/(V) \times K_D$

$= 126/140.211 \times 11.8\% + 14.211/140.211 \times 6\%$

= 11.2%

(2) 市盈率方法（P/E）。

NGN 公司的 EPS 为 0.8 美元。

KFP 公司的市盈率（P/E）为 8，以 KFP 公司的 P/E 为参照基准计算 NGN 公司的价值。

则 NGN 公司的股票价格为每股 $0.8 \times 8 = 6.4$（美元）

NGN 公司发行的普通股数为 $5/0.5 = 10$（百万股）

所以，NGN 公司的价值为：$6.4 \times 10 = 6\,400$（万美元）

(3) 股利折现方法。

NGN 公司的股利 $= 0.8 \times 45\% = 0.36$（美元）

$$P = \frac{Div_0(1+g)}{K_s - g} = \frac{0.36(1 + 4.5\%)}{12\% - 4.5\%} = 5.02 (美元)$$

所以，NGN 公司的价值为 $5.02 \times 10 = 5\,020$（万美元）

第6章 资本预算方法

一、练习题

（一）单项选择题

1. 下列不属于终结现金流量内容的是（ ）。
   A. 固定资产折旧　　　　　　B. 固定资产残值收入
   C. 垫支流动资金的收回　　　D. 停止使用的土地的变价收入
2. 下列各项中，属于投资项目现金流入量的是（ ）。
   A. 经营付现成本　　　　　　B. 固定资产折旧费用
   C. 固定资产投资支出　　　　D. 垫支的营运资本
3. 下列属于初始现金流量的是（ ）。
   A. 经营现金收入　　　　　　B. 付现成本
   C. 经营现金支出和缴纳的税金　D. 固定资产投资支出
4. 下列投资决策方法中，不是使用现金流量为计算基础的是（ ）。
   A. 净现值法　　　　　　　　B. 内部收益率法
   C. 现值指数法　　　　　　　D. 会计收益率
5. 当折现率与内部收益率相等时，下列表述正确的是（ ）。
   A. 净现值大于零　　　　　　B. 净现值小于零
   C. 净现值等于零　　　　　　D. 净现值不确定
6. 某投资项目初始投资12万元，当年完工投产，项目运营期为3年，每年的现金净流量4.6万元，则该项目的内部收益率是（ ）。
   A. 6.68%　　　B. 7.33%　　　C. 7.68%　　　D. 8.32%
7. 下列表述不正确的是（ ）。
   A. 当净现值大于零时，现值指数小于1
   B. 当净现值大于零时，说明该方案可行
   C. 当净现值为零时，说明此时内部收益率等于折现率
   D. 净现值是未来总报酬的总现值与初始投资额现值之差
8. 计算投资项目的内部收益率不需要考虑的因素是（ ）。
   A. 投资项目的现金净流量　　B. 投资项目的经营期限
   C. 投资项目的初始投资　　　D. 投资项目的必要收益率
9. 在资本限额的条件下，投资项目组合应当选择（ ）。
   A. PI最大的投资组合　　　　B. IRR最大的投资组合
   C. NPV最大的投资组合　　　D. ARR最大的投资组合
10. DEX公司为一投资项目购进机器设备一台，支付500万元，该机器设备使用年限

为5年，期末无残值，采用直线法计提折旧。预计该机器设备每年可产生税前净利润120万元，所得税税率为25%，则该项目的投资回收期是（ ）。

　　A. 5.6年　　　B. 2.6年　　　C. 4.2年　　　D. 3.5年

11. 某投资项目每年的营业收入为20 000元，年经营成本为7 000元，年折旧费用为1 000元，所得税税率为25%，该投资项目每年的经营现金流量是（ ）。

　　A. 9 750元　　B. 10 000元　　C. 10 750元　　D. 8 750元

12. 某投资项目的原始投资额为100万元，当年建设当年投产，投产后第1~5年每年净收益为10万元，第6~10年每年净收益为20万元，则该项目的会计收益率为（ ）。

　　A. 5%　　　　B. 10%　　　　C. 15%　　　　D. 30%

13. 计算经营现金净流量时，每年现金净流量的公式为（ ）。

　　A. NCF = 每年营业收入 – 付现成本
　　B. NCF = 每年营业收入 – 付现成本 – 所得税
　　C. NCF = 净利润 + 折旧 + 所得税
　　D. NCF = 净利润 + 折旧 – 所得税

14. 按名义现金流量计算净现值时，若真实利率为8%时，预期通货膨胀率为3%，则名义的折现率为（ ）。

　　A. 11.24%　　B. 8.24%　　C. 11%　　　D. 8.78%

15. 已知某投资项目原始投资额为200万元，使用寿命为10年，已知该项目第10年的经营净现金流量为25万元，期满处置固定资产残值收入及回收流动资本共6万元，则该投资项目第10年的净现金流量为（ ）。

　　A. 8万元　　　B. 25万元　　　C. 31万元　　　D. 43万元

（二）多项选择题

1. 属于现金流量预测原则的是（ ）。

　　A. 实际现金流量原则　　　B. 企业自由现金流量原则
　　C. 增量现金流量原则　　　D. 经营现金流量原则
　　E. 税后现金流量原则

2. 在遵循增量现金流量原则预测现金流量时，应注意的问题有（ ）。

　　A. 机会成本　　　B. 沉没成本　　　C. 无关成本
　　D. 对营运资本的影响　　　E. 间接费用

3. 投资项目决策中属于初始现金流量的是（ ）。

　　A. 固定资产上的投资　　　B. 流动资金的投资
　　C. 原有固定资产的变价收入
　　D. 其他投资费用　　　E. 营业费用

4. 确定一个投资项目可行的必要条件是（ ）。

　　A. 回收期小于1　　　B. 现值指数大于1　　　C. 内部收益率大于1
　　D. 净现值大于零　　　E. 内部收益率大于投资项目的资本成本

5. 在投资决策分析中考虑了货币的时间价值的指标有（ ）。

　　A. 净现值　　　B. 内部报酬率　　　C. 投资回收期
　　D. 获利指数　　　E. 平均报酬率

6. 对于同一投资项目，下列表述正确的是（ ）。

A. 资本成本越高，净现值越高
B. 资本成本越高，净现值越低
C. 资本成本等于内部收益率时，净现值等于零
D. 资本成本高于内部收益率时，净现值小于零
E. 资本成本高于内部收益率时，净现值大于零

7. 在使用净现值法评估投资项目时，影响净现值的因素有（　　）。
   A. 投资项目本身的收益率
   B. 现行银行贷款利率
   C. 投资项目各年的现金净流量
   D. 投资项目的计算期
   E. 投资者要求的最低收益率

8. 采用年均费用法进行设备更新决策的适用条件有（　　）。
   A. 使用新旧设备使用年限不同
   B. 使用新旧设备使用年限相同
   C. 使用新旧设备给企业带来年收入不同
   D. 使用新旧设备给企业带来年收入相同
   E. 使用新旧设备给企业带来的年付现成本相同

9. 采用净现值法评价投资项目可行性时，所采用的折现率通常有（　　）。
   A. 投资项目的资金成本率
   B. 投资的机会成本
   C. 行业平均资金收益率
   D. 投资项目的内部收益率
   E. 投资者要求的最低收益率

10. 净现值率指标的优点是（　　）。
    A. 考虑了货币时间价值
    B. 考虑了项目计算期的全部净现金流量
    C. 考虑了投资风险
    D. 可从动态上反映项目投资的资金投入与净产出之间的关系
    E. 能够使企业价值最大化

11. P公司拟投资一个100 000元的项目，项目投产后预计每年产生的现金流入为90 000元，每年付现成本40 000元，项目运营期为5年，P公司按直线法计提折旧，期满无残值，所得税税率为25%，则下列关于该投资项目的表述正确的是（　　）。
    A. 年经营现金净流量为57 500元
    B. 年经营现金净流量42 500元
    C. 投资回收期为1.74年
    D. 投资回收期为2.35年
    E. 会计收益率为45%

12. 计算经营现金净流量时，每年现金净流量的公式为（　　）。
    A. NCF = 每年营业收入 – 付现成本
    B. NCF = 税后净利润 + 折旧
    C. NCF = 净利润 + 折旧 – 所得税
    D. 税后收入 – 税后成本 + 折旧抵税额
    E. NCF = 每年营业收入 – 付现成本 – 所得税

13. 关于净现值、内部收益率和获利指数三种投资决策指标比较的表述，下列说法不正确的是（　　）。
    A. 这三个指标在采纳与否的决策中都能够得出正确的结论
    B. 在互斥选择决策中，净现值法有时会得出错误的结论

C. 在这三种方法中，净现值是最好的评估方法

D. 一般来说，内部收益率法只能用于资本限量的情况下

E. 在多数情况下，运用净现值和内部收益率得出的结论是相同的

14. 在计算投资的净现值时，被当做增量现金流量的是（   ）。

  A. 由该投资引起的公司其他产品销售量的减少

  B. 投资中每年的折旧费用

  C. 过去三年承担的与生产相关的研发成本

  D. 公司支付的股利

  E. 项目结束时，工厂固定设备的残值

15. 在资本限额的条件下，对投资项目评估一般选用什么方法相结合（   ）。

  A. PI 最大的投资组合　　　　　　B. IRR 最大的投资组合

  C. NPV 最大的投资组合　　　　　D. ARR 最大的投资组合

  E. PP 最短的投资组合

（三）判断题

1. 投资项目中的初始现金流量只包括在固定资产上的投资。（   ）
2. 初始现金流量与经营现金流量之和就是终结现金流量。（   ）
3. 每年现金净流量既等于每年营业收入与付现成本和所得税之差，又等于税后净利润与折旧之和。（   ）
4. 在投资决策中，沉没成本属于决策无关成本，在计算现金流量时不予考虑。（   ）
5. 非折现投资决策方法主要包括投资回收期、会计收益率和现值指数。（   ）
6. 投资回收期指标既考虑了回收期内的现金流量，又考虑了货币的时间价值。（   ）
7. 会计利润的计算比现金流量的计算有更大的主观随意性，作为决策的主要依据不太可靠。（   ）
8. 当每年的经营现金净流量不相等的时候，投资回收期的计算应采用累计现金流量法。（   ）
9. 内部收益率反映了投资项目的真实报酬率。（   ）
10. 由于现值指数是用相对数来评估投资项目，所以现值指数法优于净现值法。（   ）
11. 对于同一独立项目的评价时，净现值、内部收益率和现值指数可能会得出不同的结论。（   ）
12. 在有多个备选方案的互斥选择决策中，一定要选用净现值最大的方案。（   ）
13. 在互斥选择决策中，净现值法有时可能做出错误决策，而内部收益率法始终能做出正确的决策。（   ）
14. 总费用现值法适用于收入相同、计算其相同的方案进行评价。（   ）
15. 在资本限额条件下，应按照各个投资项目现值指数的大小顺序为标准进行排列组合，并挑选在资本限量内净现值合计数最大的组合。（   ）

（四）计算分析题

1. VET 公司因为公司扩大生产，准备购入一套机器设备。现有 A、B 两种方案可供选

择，其中 A 方案需要投资设备买价 15 万元，使用寿命 5 年，VET 公司采用直线法计提折旧，期满无残值。在运营期的 5 年中每年销售收入为 7 万元，每年的付现成本为 3 万元。B 方案需要投资设备买价 25 万元，仍采用直线法计提折旧，使用寿命 5 年，期满有残值 5 万元。在运营期的 5 年中每年的销售收入为 12 万元，付现成本的第一年为 4 万元，以后随着设备不断陈旧，每年增加机器设备修理费 2 000 元，在设备投产时另需垫支流动资金 3 万元，并于期末收回。所得税税率为 25%。求：（1）计算 A、B 两个方案的现金净流量；（2）如果 VET 公司的资本成本为 7%，用净现值法评估 A、B 两个方案。

2. AGA 公司准备计划投资一个项目开拓新的市场，项目投资前，AGA 公司委托一咨询公司对该项目做了可行性分析，支付咨询费用 10 万元。该项目在确定可行性后开始投资，厂房和机器设备共需投资 700 万元，预计可使用 5 年，期满有净残值 50 万元，AGA 公司按直线法计提折旧。此外，需要垫支流动资金 100 万元，并于项目终结时一次性收回。该项目无建设期，投资即可投产使用，预计每年给 AGA 公司带来现金销售收入 640 万元，付现成本 340 万元，企业所得税税率为 25%。求：（1）计算该投资项目每年的折旧额；（2）计算该投资项目每年的现金净流量。

3. MAX 公司决定新建一厂房以扩大生产规模，该厂房的建造安装费用为 30 万元，预计使用年限为 6 年，期末无残值，MAX 公司采用直线法计提折旧。预计该厂房建成后为企业每年带来的税后净利润分别为 10 万元、12 万元、15 万元、17 万元、17 万元、20 万元。求：（1）计算该厂房投资每年的现金净流量；（2）计算该厂房投资的会计收益率（ARR）是多少？（3）计算该厂房投资的投资回收期（PP）是多少。

4. JONG 公司正在考虑投资于以下两个互斥项目的方案：

单位：元

年份	项目 A 的现金净流量	项目 B 的现金净流量
0	-43 000	-43 000
1	23 000	7 000
2	17 900	13 800
3	12 400	24 000
4	9 400	26 000

求：（1）项目 A 和项目 B 的内部收益率（IRR）分别是多少；根据 IRR 的决策规则 JONG 公司应当采取哪个项目？这个决策在这种条件下正确吗？

（2）如果 JONG 公司要求的必要收益率是 11%，则项目 A 和项目 B 的净现值（NPV）是多少？

5. WIN 公司现有甲、乙两个投资项目，它们的初始投资额均为 100 万元，资本成本均为 8%，A、B 两个项目预计的现金净流量如下图所示。求：（1）分别计算 A、B 两个项目的投资回收期、净现值、现值指数；（2）如果这两个项目是互相独立的，哪个项目会被接受，请说明理由。

单位：万元

年限 项目	0	1	2	3	4	5
A 项目	−100	28	28	28	28	28
B 项目	−100	55	35	25	20	15

6. PILOT 公司准备更新某机器设备。该机器设备于 4 年前以 39 000 元购入，可使用 9 年，期满按税法规定有净残值 3 000 元，目前该设备账面价值为 23 000 元。使用该设备每年实现的销售额为 35 000 元，发生的付现成本为 20 000 元。拟购置的新设备价款为 51 000 元，预计使用年限为 5 年，5 年后按税法规定的净残值为 1 000 元。新设备启用后，销售额每年将上升到 45 000 元，并且由于生产效率提高使每年付现成本降低至 17 000 元，期满出售该设备估计可获得 5 000 元。假设年初更新设备即可投入使用，原有设备即可变现，变现价值为 18 000 元，新、旧设备均采用直线法计提折旧，所得税税率为 25%。求：（1）计算更新设备项目的各年增量现金净流量；（2）假设折现率为 10%，计算增量净现值，并以此为决策依据评价公司以新设备替换旧设备的方案是否可行（上述计算结果保留整数）。

7. WEILAND 公司是，主要从事计算机辅助设计，正计划投资于两个互斥的设计项目，关于两个项目的具体信息如下：

单位：元

年份	项目 A 的现金净流量	项目 B 的现金净流量
0	−53 000	−16 000
1	27 000	9 100
2	27 000	9 100
3	27 000	9 100

求：（1）如果公司适用的资本成本为 10%，WEILAND 公司准备用现值指数方法（PI）评估两个项目，WEILAND 公司应该接受哪个项目？（2）如果 WEILAND 公司采用净现值方法（NPV），应该接受哪个项目？（3）比较（1）与（2）中的结果，并作出说明解释。

8. AMLO 水果罐装公司的财务人员，计划投资项目 A、B、C。假设 AMLO 公司所使用的折现率为 12%。三种方案的现金流量具体情况如下表所示。

年份	项目 A	项目 B	项目 C
0	−100 000	−200 000	−100 000
1	70 000	130 000	75 000
2	70 000	130 000	60 000

求：（1）计算三个项目的获利指数（PI）；（2）计算三个项目的净现值（NPV）；（3）假设 AMLO 公司的资本预算是 300 000 元，项目不可分，那么 AMLO 公司应该投资哪些项目。

9. ABC 公司的资本结构是由股权资本与债务资本构成,资产负债率为 40%。已知 ABC 公司股票的 β 系数为 1.5,政府债券利率为 4%,市场投资组合收益率为 9%。负债的利率为 6%,企业所得税税率为 25%。现在 ABC 公司拟投资一项新的项目,预计初始投资为 40 万元,该项目第一年预计为公司带来的现金净流量为 10 万元,并以每年 5% 的增长率递增。ABC 公司以公司的加权资本成本作为决策依据。求:(1) ABC 公司的内部收益率至少应是多少?(2) ABC 公司是否应该投资于此新项目。

(五) 上机练习题

STARWOOD 国际海洋石油公司 (SIMP) 正在考虑实施一个补充现有业务的新项目。该项目所需的机器设备成本为 320 000 元。市场部预测该项目第一年的销售额将为 400 000 元,而后的四年将以每年 5% 的增长率递增。该项目实施 5 年后,市场将不存在。STARWOOD 对该项目的机器设备在其经济寿命期以直线法计提折旧,期末有残值 20 000 元。现在 STARWOOD 需要立即增加 70 000 元的净营运资本,这一追加的净营运资本将在项目终结时一次性全部恢复。企业所得税税率为 25%,STARWOOD 要求的投资回报率为 10%。该机器设备投产后的付现成本数据在下面 Excel 表格中列示。

单位:元

A	B	C	D	E	F	G
新项目现金净流量预测							
年份	0	1	2	3	4	5
初始现金净流量:						
机器设备成本	-320 000					
垫支营运资本	-70 000					
初始现金流量合计						
经营现金净流量:						
销售收入		400 000				
经营付现成本:						
其中:直接材料费用		250 000	263 000	269 000	276 000	280 000
直接人工费用		34 000	36 800	37 400	39 000	40 700
制造费用		26 000	28 400	29 200	30 600	31 300
经营付现成本合计						
机器设备年折旧额						
税前净利润						
所得税(25%)						
税后净利润						
经营现金净流量合计						
终结现金净流量:						
营运资本收回						70 000

续表

A	B	C	D	E	F	G
机器设备残值						20 000
终结现金净流量合计						
现金净流量合计：						
新项目投资决策指标的计算						
现金净流量现值（10%）						
净现值（NPV）						
获利指数（PI）						
内部收益率（IRR）						
会计收益率（ARR）						

求：（1）利用 Excel 表格计算 STARWOOD 准备投资的新项目预计产生的现金净流量；（2）利用 Excel 表格的财务函数功能计算用于评估该投资项目的投资决策指标，净现值（NPV）、现值指数（PI，PI＝初始投资以后所有预期未来现金净流量的现值与初始投资的比值）、内部收益率（IRR）、会计收益率（ARR）。

二、参考答案

（一）单项选择题

1. A　　2. B　　3. D　　4. D　　5. C
6. B　　7. A　　8. D　　9. C　　10. B
11. B　　12. D　　13. B　　14. A　　15. C

（二）多项选择题

1. ACE　　2. ABCDE　　3. ABCD　　4. BDE　　5. ABD
6. BCD　　7. CDE　　8. AD　　9. ACDE　　10. ABCE
11. BDE　　12. BDE　　13. BD　　14. ABE　　15. AC

（三）判断题

1. ×　　2. ×　　3. √　　4. √　　5. ×
6. ×　　7. √　　8. √　　9. √　　10. ×
11. ×　　12. ×　　13. ×　　14. √　　15. √

（四）计算分析题

1. 解：（1）A 方案每年的折旧额：15/5＝3（万元/年）

　　　　　 B 方案每年的折旧额：(25－5)/5＝4（万元/年）

方案 A 的现金净流量　　　　　　　　　　　　　　　　　　　　单位：万元

A 方案	0	1	2	3	4	5
固定资产投资	-15					
销售收入		7	7	7	7	7
付现成本		3	3	3	3	3
折旧额		3	3	3	3	3
税前净利润		1	1	1	1	1
所得税		0.25	0.25	0.25	0.25	0.25
税后净利润		0.75	0.75	0.75	0.75	0.75
现金净流量		3.75	3.75	3.75	3.75	3.75

方案 B 的现金净流量

B 方案	0	1	2	3	4	5
固定资产投资	-25					
垫支流动资金	-3					
销售收入		12	12	12	12	12
付现成本		4	4.2	4.4	4.6	4.8
折旧额		4	4	4	4	4
税前净利润		4	3.8	3.6	3.4	3.2
所得税		1	0.95	0.9	0.85	0.8
税后净利润		3	2.85	2.7	2.55	2.4
经营现金流量		7	6.85	6.7	6.55	6.4
固定资产残值						5
流动资金收回						3
现金净流量	-28	7	6.85	6.7	6.55	14.4

（2）A 方案的净现值为：

NPV = $-15 + 3.75 \times (P/A, 7\%, 5)$

　　= $-15 + 3.75 \times 4.1002$

　　= 0.37575（万元）= $3\,757.5$（元）

NPV > 0，应该接受 A 方案。

B 方案的净现值为：

NPV = $-28 + 7 \times (P/F, 7\%, 1) + 6.85 \times (P/F, 7\%, 2) + 6.7 \times (P/F, 7\%, 3) + 6.55$
　　$\times (P/F, 7\%, 4) + 14.4 \times (P/F, 7\%, 5)$

　　= $-28 + 7 \times 0.9346 + 6.85 \times 0.8734 + 6.7 \times 0.8163 + 6.55 \times 0.7629 + 14.4$
　　　$\times 0.7130$

　　= 5.2584（万元）= $52\,584$（元）

NPV > 0，应该接受 B 方案。

2. 解：（1）该投资项目的折旧额：$(700 - 50) / 5 = 130$（万元/年）

（2）咨询费用 10 万元属于沉没成本，在计算每年现金净流量时不予以考虑。

$NCF_0 = -(700+100) = -800(万元)$

NCF_1 到 $NCF_4 = (640-340-130) \times (1-25\%) + 130 = 127.5(万元)$

$NCF_5 = (640-340-130) \times (1-25\%) + 50 + 100 = 277.5(万元)$

3. 解：(1) 该厂房每年的折旧费用为：30/6 = 5（万元/年）

$NCF_0 = -30(万元)$

$NCF_1 = 10 + 5 = 15(万元)$

$NCF_2 = 12 + 5 = 17(万元)$

$NCF_3 = 15 + 5 = 20(万元)$

$NCF_4 = 17 + 5 = 22(万元)$

$NCF_5 = 17 + 5 = 22(万元)$

$NCF_6 = 20 + 5 = 25(万元)$

(2) 该厂房投资的会计收益率（ARR）为：

$ARR = \dfrac{(10+12+15+17+17+20)/6}{30/2} = 1.01$ 该厂房投资的投资回收期（PP）是：

年份	现金净流量	累计现金流量
0	-30	-30
1	15	-15
2	17	2
3	20	22
4	22	44
5	22	66
6	25	91

(3) 投资回收期：$1 + 15/17 = 1.88$（年）

4. 解：(1) 项目 A 的内部收益率（IRR）：

$0 = NPV = -43\,000 + 23\,000 \times (P/F, IRR, 1) + 17\,900 \times (P/F, IRR, 2) + 12\,400 \times (P/F, IRR, 3) + 9\,400 \times (P/F, IRR, 4)$

经过反复测试，当折现率为20%和21%时，NPV 最接近零，即：当折现率为20%时，NPV = +305.16；当折现率为21%时，NPV = -381.14

根据内插法，内部收益率 $= 20\% + (21\% - 20\%) \times \dfrac{305.16}{305.16 + 381.14} = 20.446\%$

项目 B 的内部收益率：

$0 = NPV = -43\,000 + 7\,000 \times (P/F, IRR, 1) + 13\,800 \times (P/F, IRR, 2) + 24\,000 \times (P/F, IRR, 3) + 26\,000 \times (P/F, IRR, 4)$

经过反复测试，当折现率为18%和19%时，NPV 最接近零，即：当折现率为18%时，NPV = +869.4；当折现率为19%时，NPV = -171.2

根据内插法，$IRR = 18\% + (19\% - 18\%) \times \dfrac{869.4}{869.4 + 171.2} = 18.84\%$

根据 IRR 的决策规则 JONG 公司应当采取项目 A，因为项目 A 的内部收益率大于项目 B 的内部收益率。但对于在此种条件下，应用内部收益率决策规则不正确。应当采用增量现金量法，计算增量内部收益率比较项目 A 和项目 B。

（2）项目 A 的净现值（NPV）：

$$NPV = -43\,000 + 23\,000 \times (P/F,11\%,1) + 17\,900 \times (P/F,11\%,2) + 12\,400 \\ \times (P/F,11\%,3) + 9\,400 \times (P/F,11\%,4)$$
$$= 7\,507.61$$

项目 B 的净现值：

$$NPV = -43\,000 + 7\,000 \times (P/F,11\%,1) + 13\,800 \times (P/F,11\%,2) + 24\,000 \\ \times (P/F,11\%,3) + 26\,000 \times (P/F,11\%,4)$$
$$= 9\,182.29$$

5. 解：（1）A 项目的投资回收期：$100/28 = 3.57$（年）

    B 项目的投资回收期：$2 + 10/25 = 2.4$（年）

由于每年的现金净流量不同，应当采用累计现金净流量方法计算。

年份	现金净流量	累计现金流量
0	-100	-100
1	55	-45
2	35	-10
3	25	15
4	20	35
5	15	51

A 项目的净现值（NPV）：

$$NPV = -100 + 28 \times (P/A,8\%,5) = -100 + 28 \times 3.9927 = 11.80$$

B 项目的净现值：

$$NPV = -100 + 55 \times (P/F,8\%,1) + 35 \times (P/F,8\%,2) + 25 \times (P/F,8\%,3) + 20 \\ \times (P/F,8\%,4) + 15 \times (P/F,8\%,5)$$
$$= 25.684$$

A 项目的现值指数：$PI = PV/I = 111.8/100 = 1.118$

B 项目的现值指数：$PI = PV/I = 125.684/100 = 1.257$

（2）如果这两个项目是互相独立的，A 项目和 B 项目都会被接受，因为两个项目的 NPV 都大于零，PI 都大于零。

6. 解：（1）旧设备折旧额：$(39\,000 - 3\,000)/9 = 4\,000$（元/年）

    新设备折旧额：$(51\,000 - 1\,000)/5 = 10\,000$（元/年）

以旧设备继续使用的第五年或者以新设备开始使用的第一年为基准。

旧设备的初始现金流：$NCF_0 = 0$

新设备的初始现金流：$NCF_0 = -51\,000 + 18\,000 + (23\,000 - 18\,000) \times 25\%$
$$= -31\,750(元)$$

$\Delta NCF_0 = -31\,750 - 0 = -31\,750$（元）

旧设备经营现金流：$NCF_1 - NCF_4 = (35\,000 - 20\,000 - 4\,000) \times (1 - 25\%) + 4\,000$
$$= 12\,250(元)$$

新设备经营现金流：$NCF_1 - NCF_4 = (45\,000 - 17\,000 - 10\,000) \times (1 - 25\%) + 10\,000$
$$= 23\,500(元)$$
$\Delta NCF_1 - NCF_4 = 23\,500 - 12\,250 = 11\,250(元)$
旧设备终结现金流：$NCF_5 = 12\,250 + 3\,000 = 15\,250(元)$
新设备残值变现收入 $= 5\,000 - (5\,000 - 1\,000) \times 25\% = 4\,000(元)$
新设备终结现金流：$NCF_5 = 23\,500 + 4\,000 = 27\,500(元)$
$\Delta NCF_5 = 27\,500 - 15\,250 = 12\,250(元)$

(2) 增量净现值等于：
$$\begin{aligned}\Delta NPV &= -31\,750 + 11\,250 \times (P/A, 10\%, 4) + 12\,250 \times (P/F, 10\%, 5) \\ &= -31\,750 + 11\,250 \times 3.1699 + 12\,250 \times 0.6209 \\ &= 11\,517(元)\end{aligned}$$

由于增量净现值为11 517元，大于零，所以应该更新旧设备，使用新设备。

7. 解：(1) 项目 A 的现值指数：$PI = PV/I = 27\,000 \times (P/A, 10\%, 3)/53\,000 = 1.267$
项目 B 的现值指数：$PI = PV/I = 9\,100 \times (P/A, 10\%, 3)/16\,000 = 1.414$
因为项目 B 的 PI 大于项目 A 的 PI，所以应当接受项目 B。

(2) 项目 A 的 NPV $= -53\,000 + 27\,000 \times (P/A, 10\%, 3) = 14\,145(元)$
项目 B 的 NPV $= -16\,000 + 9\,100 \times (P/A, 10\%, 3) = 6\,630(元)$
由于项目 A 的净现值大于项目 B 的净现值，所以应该接受项目 A。

(3) 前两问中所选的项目不同，原因是项目 A 和项目 B 是互斥项目，且两个项目的投资规模不同，项目 A 的投资规模比项目 B 的投资规模大。综合 NPV 和 PI，我们应当以 NPV 作为选择的标准。

8. 解：(1) 项目 A 的获利指数：$PI = PV/I = 70\,000 \times (P/A, 12\%, 2)/100\,000 = 1.183$
项目 B 的获利指数：$PI = PV/I = 130\,000 \times (P/A, 12\%, 2)/200\,000 = 1.099$
项目 C 的获利指数：$PI = PV/I = [75\,000 \times (P/F, 12\%, 1) + 60\,000 \times (P/F, 12\%, 2)]/100\,000 = 1.148$

(2) 项目 A 的净现值：$NPV = PV - I = 70\,000 \times (P/A, 12\%, 2) - 100\,000 = 18\,303.57(元)$
项目 B 的净现值：$NPV = PV - I = 130\,000 \times (P/A, 12\%, 2) - 200\,000 = 19\,706.63(元)$
项目 C 的净现值：$NPV = PV - I = [75\,000 \times (P/F, 12\%, 1) + 60\,000 \times (P/F, 12\%, 2)] - 100\,000 = 14\,795.92(元)$

(3) 资本预算为300 000元，项目不可分，因此可供选择的组合有：A 和 B；B 和 C；A 和 C。因为项目 A 的净现值大于项目 C 的净现值，B 的净现值最大，因此选择项目 A 和项目 B。

9. 解：(1) 股权资本成本：
$$K_S = R_f + \beta_S \times (R_m - R_f) = 4\% + 1.5 \times (9\% - 4\%) = 11.5\%$$
税后的债务成本 $= 6\% \times (1 - 25\%) = 4.5\%$
该公司的加权平均资本成本：
$$WACC = 11.5\% \times (1 - 40\%) + 4.5\% \times 40\% = 8.7\%$$
该投资项目的内部收益率至少应该超过加权平均资本成本为8.7%。

(2) 新投资项目的内部收益率（IRR）：

根据股利折现模型得出：

$\because \dfrac{10}{IRR - 5\%} - 40 = 0 \quad \therefore IRR = 30\%$ 或者

$\because \dfrac{10}{1 + IRR} + \dfrac{10 \times (1 + 5\%)}{IRR - 5\%} \times \dfrac{1}{1 + IRR} - 40 = 0 \quad \therefore IRR = 30\%$

新投资项目的内部收益率为30%，大于公司的加权平均资本成本，应该投资该新项目。

（五）上机练习题

操作结果：参考答案见下表。

A	B	C	D	E	F	G	H
新项目现金净流量预测							
年份	0	1	2	3	4	5	
初始现金净流量：							
机器设备成本	-320 000						
垫支营运资本	-70 000						
初始现金流量合计	-390 000						B6 = SUM（B4:B5）
经营现金净流量：							
销售收入		400 000	420 000	441 000	463 050	486 203	D8 = C8 *（1 + 5%） E8 = D8 *（1 + 5%） F8、G8 自动填充
经营付现成本：							
其中：直接材料费用		250 000	263 000	269 000	276 000	280 000	C13 = SUM（C10:C12） D13、E13、F13、 G13 自动填充
直接人工费用		34 000	36 800	37 400	39 000	40 700	
制造费用		26 000	28 400	29 200	30 600	31 300	
经营付现成本合计		31 0000	32 8200	33 5600	34 5600	35 2000	
机器设备年折旧额		60 000	60 000	60 000	60 000	60 000	C14 = B4/G2 同行自动填充
税前净利润		30 000	31 800	45 400	57 450	74 203	C15 = C8 - C13 - C14 同行自动填充
所得税（25%）		7 500	7 950	11 350	14 363	18 551	C16 = C15 * 25% 同行自动填充
税后净利润		22 500	23 850	34 050	43 087	55 652	C17 = C15 - C16 同行自动填充
经营现金净流量合计		82 500	83 850	94 050	103 087	115 652	C18 = C17 + C14 同行自动填充
终结现金净流量：							
营运资本收回						70 000	
机器设备残值						20 000	
终结现金净流量合计						90 000	G22 = G20 + G21

续表

A	B	C	D	E	F	G	H
现金净流量合计：	-390 000	82 500	83 850	94 050	103 087	205 652	G23 = G18 + G22
新项目投资决策指标的计算							
现金净流量现值（10%）	-390 000	75 000	69 298	70 661	70 410	127 694	利用 PV 函数计算
净现值（NPV）	23 063						利用 NPV 函数 B26 = SUM（C25:G25）+ B25
获利指数（PI）	1.06						B27 = SUM（C25:G25）/B25
内部收益率（IRR）	12%						B28 = IRR（B23:G23）
会计收益率（ARR）	29.86%						B29 = AVERAGE（C15:G15）/（-B4/2）

第7章 资本预算风险

一、练习题

（一）单项选择题

1. 在进行投资项目风险分析时，易夸大远期现金流量风险的方法是（　　）。
   A. 调整现金流量法　B. 风险调整折现率法　C. 净现值法　D. 内含报酬率法
2. 在进行投资项目评价时，投资者要求的风险报酬率取决于该项目的（　　）。
   A. 经营风险　　　B. 财务风险　　　C. 系统风险　　　D. 特有风险
3. 假设未来经济有四种可能状态：繁荣、正常、衰退、萧条，对应地发生的概率是0.2、0.4、0.3、0.1，某理财产品在四种状态下的收益率分别是9%、12%、10%、5%，则该理财产品收益率的标准差是（　　）。
   A. 2.07%　　　　B. 2.65%　　　　C. 3.10%　　　　D. 3.13%
4. 假设价值1 000元资产组合中有三个资产，其中资产X的价值是300元，期望收益率是9%；资产Y的价值是400元，期望收益率是12%；资产Z的价值是300元，期望收益率是15%，则该资产组合的期望收益率是（　　）。
   A. 10%　　　　　B. 11%　　　　　C. 12%　　　　　D. 13%
5. 下列因素能引发股票系统性风险的是（　　）。
   A. 发行公司减资　　　　　　　　　B. 经济走向衰退
   C. 发行公司更换高层管理人员　　　D. 公司的关键项目的失败
6. 某企业投资一个新项目，经测算其标准离差率为48%，如果该企业以前投资相似项目的投资报酬率为16%，标准离差率为50%，无风险报酬率为6%并一直保持不变，则该企业投资这一新项目的预计投资报酬率为（　　）。
   A. 15.6%　　　　B. 15.9%　　　　C. 16.5%　　　　D. 22.0%
7. 下列有关投资风险的说法不正确的是（　　）。
   A. 确定风险报酬率可以由决策人员根据自己的经验和各行业的情况进行主观判断
   B. 投资的风险价值有风险报酬额和风险报酬率两种表现形式
   C. 风险价值是指投资者因在投资活动中冒风险而取得的超过资金时间价值的额外报酬
   D. 投资风险越大，投资者实际获得的报酬就越多
8. 已知甲方案投资收益率的期望值为15%；乙方案投资收益率的期望值为12%，两个方案都存在投资风险。比较甲乙两方案风险大小应采用的指标是（　　）。
   A. 方差　　　　　B. 净现值　　　　C. 标准离差　　　D. 标准离差率
9. 甲乙两投资方案的预计投资报酬率均为25%，甲方案的标准离差率小于乙方案的标准离差率，则下列表述正确的是（　　）。

A. 甲方案风险小于乙方案风险
B. 甲乙两方案风险相同
C. 甲方案风险大于乙方案风险
D. 甲乙两方案风险大小依各自的风险报酬系数大小而定

10. 风险调整折现率法使用的折现率是（　　）。
  A. 风险调整折现率　　　　　　　　B. 无风险报酬率
  C. 借款利息率　　　　　　　　　　D. 市场平均报酬率

11. 运用肯定当量法进行投资风险分析，需要调整的项目是（　　）。
  A. 有风险的折现率　　　　　　　　B. 无风险的折现率
  C. 有风险的现金流量　　　　　　　D. 无风险的现金流量

12. 可以根据各年不同的风险程度对方案进行评价的方法是（　　）。
  A. 风险调整贴现率法　　　　　　　B. 肯定当量法
  C. 内含报酬率法　　　　　　　　　D. 现值指数法

13. 敏感性分析是衡量（　　）。
  A. 全部因素的变化对项目评价标准（如 NPV、IRR）的影响程度
  B. 确定因素的变化对项目评价标准（如 NPV、IRR）的影响程度
  C. 不确定因素的变化对项目净利润的影响程度
  D. 不确定因素的变化对项目评价标准（如 NPV、IRR）的影响程度

14. 在采用风险调整折现率法评价投资项目时，下列说法中错误的是（　　）。
  A. 项目风险与企业当前资产的平均风险相同，只是使用企业当前资本成本作为折现率的必要条件之一，而非全部条件
  B. 评价投资项目的风险调整折现率法会缩小远期现金流量的风险
  C. 采用实体现金流量法评价投资项目时应以加权平均资本成本作为折现率，采用股权现金流量法评价投资项目时应以股权资本成本作为折现率
  D. 如果净财务杠杆大于零，股权现金流量的风险比实体现金流量大，应使用更高的折现率

15. 如果企业某一投资项目预计未来 5 年内各年现金流量不独立，则应该采用哪种项目风险分析方法（　　）。
  A. 概率分析　　　　　　　　　　　B. 敏感性分析
  C. 盈亏平衡分析　　　　　　　　　D. 决策树分析

（二）多项选择题

1. 下列关于净现值的表述正确的是（　　）。
  A. 净现值是项目计算期内各年现金净流量现值的代数和
  B. 净现值的计算可以考虑投资的风险性
  C. 净现值反映投资的效率
  D. 净现值大于 0，投资项目的报酬率大于预定的折现率
  E. 净现值可以在任何情况下比较两个项目的优劣

2. 对于风险调整折现率法，下列说法正确的有（　　）。

A. 它把时间价值和风险价值区别开来，据此对现金流量进行贴现
B. 它把时间价值和风险价值混在一起，并据此对现金流量进行贴现
C. 它是用调整净现值公式分子的办法来考虑风险的
D. 它意味着风险随时间的推移而加大
E. 它是用调整净现值公式分母中的折现率的办法来考虑风险的

3. 假设未来经济有四种状态：繁荣、正常、衰退、萧条，对应地，四种经济状况发生的概率分别是20%、30%、40%和10%；基金X的收益率分别是50%、30%、10%和−12%；基金Y的对应收益率为45%、25%、13%和−6%。下列说法正确的是（　　）。
A. 两个基金有相同的期望收益率
B. 投资者等额分配资金于基金X和Y，不能提高资金的期望收益率
C. 基金X的风险要大于基金Y的风险
D. 基金X的风险要小于基金Y的风险
E. 基金X的收益率和基金Y的收益率的相关系数是负的

4. 按其来源不同，与投资项目有关的风险一般可以分为（　　）。
A. 公司风险　　　B. 项目特有风险　　　C. 市场风险
D. 总风险　　　　E. 财务风险

5. 分析投资项目的风险可以采用的方法有（　　）。
A. 概率分析　　　B. 敏感性分析　　　　C. 决策树分析
D. 盈亏平衡分析　E. 蒙特卡罗模拟分析

6. 与财务会计使用的现金流量表中的现金流量相比，项目投资决策所使用的现金流量的特点有（　　）。
A. 只反映特定投资项目的现金流量
B. 只反映某一会计年度的现金流量
C. 只反映经营活动的现金流量
D. 所依据的数据是预计信息
E. 可以分为筹资、投资和经营活动三大类

7. 下列表述正确的有（　　）。
A. 风险调整折现率法把时间价值和风险价值混在一起，并据此对现金流量进行贴现
B. 调整现金流量法有夸大远期风险的特点
C. 调整现金流量法可以和净现值法结合使用，也可以和内含报酬率法结合使用
D. 调整现金流量法的主要困难是确定合理的当量系数
E. 风险调整折现率法中的风险报酬斜率可以根据经验确定

8. 下列关于项目评价的"投资人要求的报酬率"的表述中，正确的有（　　）。
A. 它因项目的系统风险大小不同而异
B. 它因不同时期无风险报酬率高低不同而异
C. 它受企业负债比率和债务成本高低的影响
D. 当项目的预期报酬率超过投资人要求的报酬率时，股东财富将会增加
E. 投资人要求的报酬率就是其实际得到的报酬率

9. 下列关于风险的说法正确的是（　　）。
   A. 如果投资者选择一项资产并把它加入已有的投资组合中，那么该资产的风险完全取决于它如何影响投资组合收益的波动性
   B. 投资项目的风险大小是一种客观存在，但投资人是否冒风险，则是其主观可以决定的
   C. 风险是在一定条件下，一定时期内可能发生的各种结果的变动程度
   D. 在充分组合的情况下，公司特有风险与决策是不相关的
   E. 投资项目的风险大小是投资人主观可以决定的

10. 投资决策中用来衡量项目风险的，可以是项目的（　　）。
    A. 预期报酬率　　　　　　　　　　B. 各种可能的报酬率的概率分布
    C. 预期报酬率的方差　　　　　　　D. 预期报酬率的标准差
    E. 预期报酬率的标准离差率

11. 敏感性分析的不确定因素可以选取（　　）。
    A. 建设期　　　B. 经营成本　　　C. 固定资产余值
    D. 流动资金　　E. 建设投资

12. 下列项目中，其变动可以改变盈亏平衡点位置的因素有（　　）。
    A. 单价　　　　B. 单位变动成本　　C. 销量
    D. 固定成本　　E. 销售收入

13. 项目投资决策之所以要以现金流量作为投资评价的依据，其主要原因包括（　　）。
    A. 采用现金流量有利于科学地考虑时间价值因素
    B. 采用现金流量保证了评价的客观性
    C. 在投资分析中，现金流动状况比盈亏状况更为重要
    D. 采用现金流量考虑了投资的逐步回收问题
    E. 现金流量比较容易预计

14. 敏感性分析法存在的局限性包括（　　）。
    A. 这一方法仅仅提供了针对一个数值的分析结果，但是无法给出一组数值发生的可能性
    B. 在进行敏感性分析时，只允许一个假设发生变动，而其他假设必须保持不变
    C. 对敏感性分析结果的主观性应用
    D. 只能给出每一个数值发生的可能性
    E. 不能考虑不确定性因素在未来变动的概率情况

15. 对投资项目进行敏感性分析的步骤包括（　　）。
    A. 确定具体的项目效益指标作为敏感性分析对象
    B. 确定影响分析对象的全部因素
    C. 选择不确定因素
    D. 调整现金流量
    E. 确定个因素变化对净现值的影响

（三）判断题

1. 市场组合的 β 系数等于 0。　　　　　　　　　　　　　　　　　　　　　　（　　）

2. 市场风险是指市场收益率整体变化所引起的市场上所有资产的收益率的变动性，它是影响所有资产的风险，因而不能被分散掉。（　　）

3. 风险调整折现率法和调整现金流量法一样，均对远期现金流量予以较大的调整。（　　）

4. 某投资人投资开发一片新果园，因投资有风险，所以应以风险调整贴现率法评价其可行性。（　　）

5. 风险调整折现率法和调整现金流量法区别在于前者调整净现值公式中的分母，而后者调整分子。（　　）

6. 决策树分析是就每年现金流量不独立的风险投资项目进行决策分析的一种方法。（　　）

7. 风险调整折现率法就是调整净现值公式的分母，项目的风险越大，折现率就越高，项目收益的现值就越大。（　　）

8. 风险调整折现率也可用资本资产定价模型算出。（　　）

9. 标准离差率越低，风险越小，确定当量系数就越小。（　　）

10. 敢于冒风险的人可能选择较高的确定当量系数，而不愿意冒风险的人可能会选择较低的确定当量系数。（　　）

11. 采用确定当量法对现金流量进行调整从而作出投资决策，克服了风险调整折现率法夸大远期风险的缺点。（　　）

12. 盈亏平衡分析和敏感性分析没有联系。（　　）

13. 按风险程度对现金流量进行调整后，计算出的净现值为正数，因此该投资项目可行。（　　）

14. 市场风险，是指站在拥有高度多元化投资组合的公司股票持有者的角度来衡量投资项目风险，是可以分散的风险。（　　）

15. 若A、B两个方案现金流量的分布不同，风险也不同。（　　）

（四）计算分析题

1. KBJ公司正在评估一投资项目，购置生产设备需720 000元，使用年限为8年，采用直线法计提折旧，期满无残值。每年产品销售量为120 000件，单价18元，单位变动成本为12元，年固定成本（不包括折旧）为500 000元，所得税率为25%，该项目投资必要收益率为10%。求：（1）计算该投资项目的现金净流量和净现值（计算结果保留整数）；（2）当销售量减少1 000件时，求净现值相对于销售量变化的敏感程度（计算结果保留两位小数）。

2. 某公司正准备进行一项投资，目前有A、B、C、D四个方案可供选择。不同的经济状况的收益率及发生概率如下表所示。

各方案的收益率和发生概率

经济状况	发生概率	收益率			
		A方案	B方案	C方案	D方案
衰退	0.2	11%	22%	5%	6%
一般	0.6	11%	14%	15%	11%
繁荣	0.2	11%	−4%	25%	31%

求：（1）求出各方案的预期收益率、标准差和标准离差率。（2）如何评价这四个方案？

3. STB公司投资215 000元购入一台新设备。该设备预计净残值为5 000元，可使用5年，按直线法计提折旧。设备投入使用后预计每年增加的收入和付现成本如下表所示。

现金流量预测 单位：元

年限 项目	1	2	3	4	5
增加的收入	180 000	230 000	210 000	160 000	120 000
增加的付现成本	124 000	166 000	152 000	98 000	63 000

若该公司适用的所得税税率为25%，无风险收益率为8%，β系数为0.5，市场平均投资收益率为12%。

求：（1）预测未来五年每年的税后收益及现金净流量；（2）计算在无风险的条件下该投资项目的净现值，并分析该项投资的财务可行性；（3）如果考虑风险调整后的净现值，分析（2）中的决策是否会改变（上述计算结果均保留整数）。

4. 假设华丰公司准备投资开发一件新产品，可能获得的报酬和概率资料如下。若已知产品所在行业的风险报酬系数为8%，无风险报酬率为6%，计算华丰公司此项业务的风险报酬率和风险报酬。

市场状况	预计报酬（万元）	概率
繁荣	600	0.3
一般	300	0.5
衰退	0	0.2

5. 凌峰公司拟开发一种新产品，预计市场情况为：畅销的概率$p_1=0.6$；滞销的概率$p_2=0.4$。备选方案有：A方案，建造一个新车间，使用期为10年；B方案，对现有资产进行技术改造，既维持原来生产，又组成新产品的生产线，使用期为10年；C方案，前期与B方案相同，如果市场情况好，3年后进行扩建，扩建项目使用期7年。该企业要求收益率为10%，有关数据如下表所示。求：用决策树法判断投资哪个方案最有利。

单位：万元

方案	投资额		年收益			
	当前	三年后	前三年		后七年	
			畅销	滞销	畅销	滞销
A	240	0	80	−20	80	−20
B	120	0	30	20	30	20
C	120	180	30	20	90	20

6. A 公司是一个钢铁企业，拟进入前景看好的汽车制造业。准备投资一个新项目。预计该项目需固定资产投资 750 万元，可以持续五年。会计部门估计每年固定成本为（不含折旧）40 万元，变动成本是每件 180 元。固定资产折旧采用直线法，折旧年限为 5 年，估计净残值为 50 万元。营销部门估计各年销售量均为 40 000 件，单价每件 250 元。生产部门估计需要 250 万元的净营运资本投资。公司投资人要求的报酬率为 10%，为简化计算，假设没有所得税。求：(1) 计算项目的净现值；(2) 假如预计的固定成本和变动成本、固定资产残值、净营运资本和单价只在 ±10% 以内是准确的，这个项目最差情况下的净现值是多少（请将结果填写给定的"计算最差情况下的净现值"表格中，不必列示计算过程）？(3) 计算利润为零、营业现金流量为零、净现值为零时的年销售量。

7. 某项目的现金流量如下表，估计投资额有可能在 ±20% 的范围内波动，产品价格和变动成本有可能在 ±15% 的范围内波动，$i = 10\%$，试进行敏感性分析。

年份	投资	销售收入	固定成本	变动成本	销售税金	残值	净现金流量
0	15 000						−15 000
1							0
2~10		22 000	3 200	12 000	2 200		4 600
11		22 000	3 200	12 000	2 200	2 000	6 600

8. 我们正评估一项投资，购置生产设备需 960 000 元，使用年限为 6 年，采用直线法计提折旧，到期账面无余额，无残值收入。每年产品销售量为 150 000 件，单价 19.95 元，单位变动成本为 12 元。年固定成本（不包括折旧）为 750 000 元，所得税率为 35%，投资必要收益率为 12%。计算基础方案情况下的现金流量和 NPV 值。当销售量减少 500 件时，求 NPV 相对于销售量变化的敏感程度。

9. 公司经理要求你对即将购买的磨碎机进行评估。这台机器的价格是 18 万元，为专门需要，公司需要对这台机器进行改进，耗资 2 万元，这台机器使用年限为 3 年，（第一年折旧率为固定资产总值的 34%，后 2 年折旧率各为 33%），3 年后按 80 000 元出售。使用该机器需要增加 7 500 元的净营运资本。这台机器不会对收入产生影响，但每年可以节省税前营运成本 75 000 元，该公司的所得税率为 34%。

求：(1) 处于编制预算的需要，该机器第 1 年初的净现金流量为多少？(2) 第 1 年至第 3 年内，每年的经营净现金流量为多少？(3) 第 3 年的非经营净现金流量为多少？

10. 你是 ABC 公司的财务顾问。该公司正在考虑购买一套新的生产线，估计初始投资为 3 000 万元，预期每年可产生 500 万元的税前利润（按税法规定生产线应以 5 年期直线法折旧，净残值率为 10%，会计政策与此相同），并已用净现值法评价方案可行。然而，董事会对该生产线能否使用 5 年展开了激烈的争论。董事长认为该生产线只能使用 4 年，总经理认为能使用 5 年，还有人说类似生产线使用 6 年也是常见的。假设所得税税率 25%，资本成本为 10%，无论何时报废净残值收入均为 300 万元。

他们请你就问题发表意见：（1）该项目可行的最短使用寿命是多少年（假设使用年限与净现值呈线性关系，内插法求解，计算结果保留小数点后两位）？（2）他们的争论是否有意义（是否影响该生产线的购置决策）？为什么？

（五）上机练习题

某企业拟投资开发一项专有技术，其初始投资为 12 万元，该项技术预计在 3 年内有效，3 年内每年为企业带来的现金流量是不确定的，其有关资料如表所示。该企业的资本成本为 15%，试对该投资项目的可行性进行评价。求将表中的数据填列在 Excel 上，并通过 Excel 计算，写出计算步骤。

投资项目有关资料　　　　　　　　　　　　单位：万元

项目初始投资	12	寿命/年	3	贴现率	15%
第 1 年		第 2 年		第 3 年	
净现金流量	概率	净现金流量	概率	净现金流量	概率
7.5	0.6	10	0.7	14	0.6
				11	0.3
				7.5	0.1
		6	0.3	9	0.4
				7	0.4
				4	0.2
4	0.4	8	0.2	10	0.3
				9	0.4
				8	0.3
		7	0.4	9	0.7
				5	0.3
				7.5	0.1
		5	0.4	5	0.3
				2.5	0.6

（六）案例分析题

FMT公司[①]正在制订一项投资计划，该投资项目初始投资额为560万元，经营期限为5年。公司的市场经理经过调研和分析，认为未来市场情况可能会出现繁荣、一般和萧条三种，而且在不同的情形下，该项目每年预计的现金净流量如下表所示。

预计现金净流量　　　　　　　　　　　　　　　　　　　　单位：万元

市场情况	1年	2年	3年	4年	5年
繁荣	165	188	232	216	194
一般	100	145	184	172	156
萧条	88	116	152	135	124

当这一投资项目的计划方案送至公司财务经理时，财务经理认为应该考虑该项目的投资风险。若该公司现行的资本结构债务资本为40%，股权资本为60%，其中债务是通过发行债券筹集，其资本成本为6.28%（不考虑相关的手续费用），该公司股票的β系数为1.3，无风险收益率为5%，预计市场风险溢价为4%，公司的所得税税率为25%。

要求：

（1）如果该项目的风险与公司目前其他资产的风险相一致，并且项目的资本来源结构与公司现行的资本结构相同，计算该投资项目适用的折现率以及不同市场情况下项目的净现值（计算折现率时保留整数）；评价该项目的财务可行性。

（2）如果公司财务经理认为，市场繁荣发生的概率为30%，市场一般发生的概率为50%，市场萧条发生的概率为20%。根据这一信息，假设净现值服从正态分布，结合（1）中的分析，计算该项目净现值为负数的概率，以及该项目具备财务可行性的概率？

（3）作为分析的一部分，财务经理决定使用风险调整折现率法来调整项目风险，他认为该项目投资属于跨行业投资，于是从新投资项目所在行业选取了三家公司作为可比公司，用它们的有关资料来评价该项目的风险及相应的投资必要收益率。这三家公司的β_L系数平均为1.12，资本结构平均为：债务资本占30%，股权资本占70%，平均所得税税率为20%。此时，计算该投资项目所要求的必要收益率，并结合（2）分析该投资项目的期望净现值（计算折现率时保留整数），以此进行项目投资评价（假设该投资项目所需要的资本来源结构与公司现行的资本结构相同）。

（4）为了完整分析，财务经理又使用了风险调整现金流量法来调整项目的风险。根据现金流量的风险状况，决定使用下表中的确定等值系数。

确定等值系数

年限	0	1	2	3	4	5
确定等值系数	1.00	0.96	0.92	0.88	0.85	0.80

根据以上信息，结合（2）分析该项目的期望净现值，并据此进行项目投资评价。

[①] 刘淑莲主编：《公司理财习题与解析》，北京大学出版社2008年版，第110页。

二、参考答案

（一）单项选择题

1. B   2. C   3. A   4. C   5. B
6. A   7. D   8. D   9. A   10. A
11. C   12. A   13. D   14. B   15. D

（二）多项选择题

1. ABD   2. BDE   3. BC   4. ABC   5. ABCDE
6. AD   7. ACDE   8. ABCD   9. ABCD   10. BCDE
11. ABE   12. ABD   13. ACD   14. BCE   15. BCD

（三）判断题

1. ×   2. ×   3. ×   4. ×   5. √
6. √   7. √   8. √   9. √   10. √
11. √   12. ×   13. √   14. ×   15. √

（四）计算分析题

1. 解：(1) 项目初始投资的现金流出量为 720 000 元

项目的年折旧额 = $\frac{720\,000}{8}$ = 90 000（元）

每年的现金净流量 = [120 000 × (18 − 12) − 500 000 − 90 000] × (1 − 25%) + 90 000
                = 187 500（元）

净现值 = 187 500 × (P/A, 10%, 8) − 720 000
      = 187 500 × 5.33493 − 720 000
      = 280 299（元）

(2) 当销售量减少 1 000 件时。

每年的现金净流量 = [119 000 × (18 − 12) − 500 000 − 90 000] × (1 − 25%) + 90 000
                = 183 000（元）

净现值 = 183 000 × (P/A, 10%, 8) − 720 000
      = 183 000 × 5.33493 − 720 000
      = 256 292（元）

敏感性分析：

销售量变动百分比：(−1 000) ÷ 120 000 = −0.83%

净现值变动百分比：(256 292 − 280 299) ÷ 280 299 = −8.56%

可见，销售量下降 0.83%，引起净现值下降 8.56%，即销售量变动为 1%，净现值变动为 10.31%。

2. 解：(1) 方案 A 预期收益率 11% 不变

$E(r_B) = 0.2 \times 22\% + 0.6 \times 14\% + 0.2 \times (−4\%) = 12\%$

$\sigma_B = \sqrt{0.2 \times (22\% − 12\%)^2 + 0.6 \times (14\% − 12\%)^2 + 0.2 \times (−4\% − 12\%)^2} = 0.086$

$$CV_B = \frac{\sigma_B}{E(r_B)} = \frac{0.086}{12\%} = 0.72$$

$$E(r_C) = 0.2 \times 5\% + 0.6 \times 15\% + 0.2 \times 25\% = 15\%$$

$$\sigma_C = \sqrt{0.2 \times (5\% - 15\%)^2 + 0.6 \times (15\% - 15\%)^2 + 0.2 \times (25\% - 15\%)^2} = 0.063$$

$$CV_C = \frac{\sigma_C}{E(r_B)} = \frac{0.063}{15\%} = 0.42$$

$$E(r_D) = 0.2 \times 6\% + 0.6 \times 11\% + 0.2 \times 31\% = 14\%$$

$$\sigma_D = \sqrt{0.2 \times (6\% - 14\%)^2 + 0.6 \times (11\% - 14\%)^2 + 0.2 \times (31\% - 14\%)^2} = 0.087$$

$$CV_D = \frac{\sigma_D}{E(r_D)} = \frac{0.087}{14\%} = 0.62$$

各方案的预期收益率、标准差及标准离差率的计算结果如下表所示。

计算结果汇总

项目	A方案	B方案	C方案	D方案
预期收益率	11%	12%	15%	14%
标准差	0	0.086	0.063	0.087
标准离差率	0	0.72	0.42	0.62

（2）方案 A 无风险，但预期收益率较低。在四个方案中，方案 C 的预期收益率最高，风险也较小。对方案 B 和方案 D 来说，$E(r_B) < E(r_D)$，但 $\sigma_B < \sigma_D$，仅从预期收益率和标准差这两个指标很难判断，但 $CV_B > CV_D$，说明方案 B 的相对风险很大，若淘汰一个方案，则应淘汰方案 B。

$$年折旧额 = \frac{215\,000 - 5\,000}{5} = 42\,000（元）$$

3. 解：（1）未来各年税后收益及现金净流量的计算如下表所示。

投资项目税后收益及现金净流量计算 单位：元

项目 \ 年限	0	1	2	3	4	5
初始投资支出：						
设备购置支出	-215 000					
经营现金流量：						
增加的收入		180 000	230 000	210 000	160 000	120 000
增加的付现成本		124 000	166 000	152 000	98 000	63 000
增加的折旧额		42 000	42 000	42 000	42 000	42 000
税前收益		14 000	22 000	16 000	20 000	15 000
所得税（25%）		3 500	5 500	4 000	5 000	3 750
税后收益		10 500	16 500	12 000	15 000	11 250
经营现金净流量		52 500	58 500	54 000	57 000	53 250
残值回收额						5 000
现金净流量	-215 000	52 500	58 500	54 000	57 000	58 250

(2) 在无风险的条件下,该投资方案的净现值为:

$NPV = -215\,000 + 52\,500 \times (P/F,8\%,1) + 58\,500 \times (P/F,8\%,2) + 54\,000 \times (P/F,8\%,3) + 57\,000 \times (P/F,8\%,4) + 58\,250 \times (P/F,8\%,5)$
$= 8\,173(元)$

在无风险的条件下,该投资项目的净现值大于零,具备财务可行性。

(3) $R_f = 8\%$,$R_m = 12\%$,$\beta = 0.5$

风险调整折现率 $= 8\% + 0.5 \times (12\% - 8\%) = 10\%$

$NPV = -215\,000 + 52\,500 \times (P/F,10\%,1) + 58\,500 \times (P/F,10\%,2) + 54\,000 \times (P/F,10\%,3) + 57\,000 \times (P/F,10\%,4) + 58\,250 \times (P/F,10\%,5)$
$= -3\,254(元)$

考虑风险因素后,该项目风险调整后的净现值为 $-3\,254$ 元,小于零,因此该项目不具备财务可行性。

4. 解:期望报酬额 $= 600 \times 0.3 + 300 \times 0.5 + 0 \times 0.2 = 330$(万元)

标准离差 $= 210$(万元)

标准离差率 $= 210/330 \times 100\% = 63.64\%$

风险报酬率 $=$ 风险报酬系数 $\times$ 标准离差率 $= 8\% \times 63.64\% = 5.1\%$

投资收益率 $=$ 无风险报酬率 $+$ 风险报酬率 $= 6\% + 5.1\% = 11.1\%$

风险报酬额 $= 330 \times (5.1\% / 11.1\%) = 151.62$(万元)

5. 解:方案 A 的期望净现值 $= [80 \times 0.6 + (-20) \times 0.4] \times (P/A,10\%,10) - 240$
$= 5.78$(万元)

方案 B 的期望净现值 $= [30 \times 0.6 + 20 \times 0.4] \times (P/A,10\%,10) - 120 = 39.76$(万元)

方案 C 的期望净现值:

① 期望净现值 $= 90 \times (P/A,10\%,7) \times (P/F,10\%,3) - 180 \times (P/F,10\%,3)$
$= 193.96$(万元)

② 期望净现值 $= 30 \times (P/A,10\%,7) \times (P/F,10\%,3) - 0 = 109.73$(万元)

比较①和②的期望净现值,除去②。

方案 C 的期望收益值 $= [193.96 + 30 \times (P/A,10\%,3)] \times 0.6 + 20 \times (P/A,10\%,10)$
$\times 0.4 - 120$
$= 90.3$(万元)

因为各方案经营期一致,故可直接比较各方案期望收益值的大小,除去期望收益值较小的方案 A 和 B,选择期望收益值大的方案 C。

6. 解:(1)

单位:元

时间	0	1	2	3	4	5	合计
固定资产投资	-7 500 000						
营运资金投资	-2 500 000						
营业收入		10 000 000	10 000 000	10 000 000	10 000 000	10 000 000	50 000 000

续表

时间	0	1	2	3	4	5	合计
变动成本		7 200 000	7 200 000	7 200 000	7 200 000	7 200 000	36 000 000
付现固定成本		400 000	400 000	400 000	400 000	400 000	2 000 000
营业现金流量		2 400 000	2 400 000	2 400 000	2 400 000	2 400 000	12 000 000
回收残值						500 000	
回收营运资金						2 500 000	
现金净流量	−10 000 000	2 400 000	2 400 000	2 400 000	2 400 000	5 400 000	5 000 000
折现系数（10%）	1.0000	0.9091	0.8264	0.7513	0.6830	0.6209	
净现值	−10 000 000	2 181 840	1 983 360	1 803 120	163 920	3 352 860	960 380

注：营业现金流量＝（营业收入－付现成本－折旧）×（1－税率）＋折旧，本题中税率为0，则有：营业现金流量＝营业收入－付现成本。

（2）单价＝225元，单位变动成本＝198元，固定成本＝440 000元，产量＝40 000件，残值＝450 000元，营运资金投资＝2 750 000元。

单位：元

时间	0	1	2	3	4	5	合计
固定资产投资	−7 500 000						
营运资金投资	−2 750 000						
营业收入		9 000 000	9 000 000	9 000 000	9 000 000	9 000 000	45 000 000
变动成本		7 920 000	7 920 000	7 920 000	7 920 000	7 920 000	39 600 000
付现固定成本		440 000	440 000	440 000	440 000	440 000	2 200 000
营业现金流量		640 000	640 000	640 000	640 000	640 000	3 200 000
残值						450 000	
收回营运资金						2 750 000	
现金净流量	−10 250 000	640 000	640 000	640 000	640 000	3 840 000	−3 850 000
折现系数（10%）	1.0000	0.9091	0.8264	0.7513	0.6830	0.6209	
净现值	−10 250 000	581 824	528 896	480 832	437 120	2 384 256	−5 837 072

（3）①利润＝（单价－单位变动成本）×销售量－固定成本＝0

销售量＝固定成本/（单价－单位变动成本）

折旧＝（7 500 000－500 000）/5＝1 400 000(元)

利润为零的销售量＝（400 000＋1 400 000）/（250－180）＝25 714(件)

②营业现金流量为零的销售量：

营业现金流量＝（单价－单位变动成本）×销售量－付现的固定成本＝0

销售量＝付现的固定成本/（单价－单位变动成本）

Q＝400 000/（250－180）＝5 714(件)

③净现值为零的销售量：

净现值 = 营业现金净流量×(P/A,10%,5) - 固定资产投资 - 营运资金投资 + (残值 + 回收营运资金)×(P/S,10%,5) = 0

= [(250 - 180)×Q - 400 000]×3.7908 - 7 500 000 - 2 500 000 + (2 500 000 + 500 000)×0.6209 = 0

Q = 36 380(件)

7. 解:选净现值作为分析指标

$NPV = -15\,000 + 4\,600 \times (P/A,10\%,10) \times 1.1^{-11} + 2\,000 \times 1.1^{-11} = 11\,397$(万元)

投资额,产品价格和变动成本为不确定性因素;

(1) 设投资变动百分比为X,则 $NPV = -15\,000(1+X) + 4\,600 \times (P/A,10\%,10) \times 1.1^{-11} + 2\,000 \times 1.1^{-11}$

(2) 设价格变动百分比为Y,则 $NPV = -15\,000 + [22\,000(1+Y) - 3\,200 - 12\,000 - 2\,200(1+Y)] \times (P/A,10\%,10) \times 1.1^{-11} + 2\,000 \times 1.1^{-11}$

(3) 设变动成本百分比为Z,则 $NPV = -15\,000 + [22\,000 - 3\,200 - 12\,000(1+Z) - 2\,200] \times (P/A,10\%,10) \times 1.1^{-11} + 2\,000 \times 1.1^{-11}$

不同不确定因素的敏感性分析如下表所示:

因素	-20%	-15%	-10%	-5%	+5%	+10%	+15%	+20%
投资额	14 397	13 647	12 897	12 147	10 647	9 897	9 147	8 397
产品价格		-5 194	336	5 867	16 927	22 457	27 987	
变动成本		21 452	18 100	14 748	8 045	4 693	1 342	

结论:产品价格为敏感性因素。因为在价格波动范围内,NPV有可能为负值,此项目有一定风险,对此项目投资要慎重。

8. 解:(1)企业初始投资的现金流出量960 000元。

每年的净现金流量 = [150 000×(19.95 - 12) - 750 000 - 160 000]×(1 - 35%) + 160 000 = 343 625(元)

净现值 = 343 625×4.1114 - 960 000 = 452 780(元)

(2)当销售量减少500件时,每年的净现金流量为341 041元。

净现值 = 341 041×4.1114 - 960 000 = 442 157(元)

敏感性分析:

(-500)÷150 000 = -0.33%

(442 157 - 452 780)÷452 780 = -2.3%

(-2.3%)÷(-0.33%) = 6.97

即销售量变动1%,净现值变动6.97%。

9. 解:(1) $NCF_0 = -180\,000 - 7\,500 - 20\,000 = -207\,500$(元)

(2) 经营 $NCF_1 = 75\,000 \times (1 - 34\%) + (180\,000 + 20\,000) \times 34\% \times 34\% = 72\,620$(元)

经营 $NCF_2 = 75\,000 \times (1 - 34\%) + (180\,000 + 20\,000) \times 33\% \times 34\% = 71\,940$(元)

经营 $NCF_3 = 71\,940$(元)

（3）非经营现金流量 $NCF_3 = 80\,000 \times (1-34\%) + 7\,500 = 60\,300$（元）

10. 解：税法规定的年折旧额为 540 万元时，

每年经营现金净流量 = 税后经营利润 + 折旧 = $500 \times (1-25\%) + 540 = 915$（万元）

（1）$NPV(4) = \begin{matrix}每年经营现金\\净流量现值\end{matrix} + 残值现值 + \begin{matrix}清理净损失\\减税现值\end{matrix} - 原始投资$

$= 915 \times (P/A,10\%,4) + 300 \times (P/F,10\%,4) + 540 \times 25\% \times (P/F,10\%,4) - 3\,000$

$= 915 \times 3.1699 + 300 \times 0.683 + 135 \times 0.683 - 3\,000$

$= 2\,900.46 + 204.9 + 92.21 - 3\,000$

$= 197.57$（万元）

$NPV(3) = $ 每年经营现金净流量现值 + 残值现值 + 清理净损失减税现值 - 原始投资

$= 915 \times (P/A,10\%,3) + 300 \times (P/F,10\%,3) + 540 \times 2 \times 25\% \times (P/F,10\%,3) - 3\,000$

$= 915 \times 2.4869 + 300 \times 0.7513 + 540 \times 2 \times 0.25 \times 0.7513 - 3\,000$

$= 2\,275.51 + 225.39 + 202.85 - 3\,000 = -296.25$（万元）

$n = 3.6$(年)

（2）他们的争论是没有意义的。因为，现金流入持续时间达到 3.6 年方案即为可行。

（五）上机练习题

答案：Excel 格式如图所示

投资项目概率分析

	A	B	C	D	E	F	G	H	I	J	K
1				投资项目的概率分析计算				单位：万元			
2			原始数据				计算结果				
3	项目初始投资	12	寿命(年)	3	贴现率	15%	各现金流序列的净现值	联合概率	净现值期望值	净现值标准差	净现值为负的概率
4	第1年		第2年		第3年						
5	净现金流量	概率	净现金流量	概率	净现金流量	概率					
6	7.5	0.6	10	0.7	14	0.6	11.29	0.252	5.21	4.86	0.144
7	7.5	0.6	10	0.7	11	0.3	9.32	0.126			
8	7.5	0.6	10	0.7	7.5	0.1	7.01	0.042			
9	7.5	0.6	6	0.3	9	0.4	4.98	0.072			
10	7.5	0.6	6	0.3	7	0.4	3.66	0.072			
11	7.5	0.6	6	0.3	4	0.2	1.69	0.036			
12	4	0.4	8	0.2	10	0.5	4.10	0.024			
13	4	0.4	8	0.2	8	0.4	3.45	0.032			
14	4	0.4	8	0.2	5	0.3	2.79	0.024			
15	4	0.4	7	0.4	9	0.7	2.69	0.112			
16	4	0.4	7	0.4	5	0.3	0.06	0.048			
17	4	0.4	5	0.4	7.5	0.1	1.05	0.016			
18	4	0.4	5	0.4	5	0.3	-1.45	0.048			
19	4	0.4	5	0.4	2.5	0.6	-3.10	0.096			

具体计算步骤如下：

（1）在单元格 G6 中输入第一种现金流序列情况下的净现值计算公式 "= NPV(F3, A6, C6, E6) - B3"，然后将此单元格复制到单元格 G7~G19。

（2）在单元格 H6:H19 中输入联合概率计算公式 "= B6:B19 * D6:D19 * F6:F19"（数组公式输入）。

（3）在单元格 I6 中输入净现值期望值计算公式 "= SUMPRODUCT(G6:G19, H6:H19)"。

(4) 在单元格 J6 中输入净现值标准差计算公式"= SQRT(SUMPRODUCT(H6:H19,(G6:G19 − I6)^2))"。

(5) 在单元格 J6 中输入净现值为负的概率计算公式"= SUMIF(G6:G19,"<0", H6:H19)"。

可见，该项目的期望净现值为 5.21 万元，净现值为负的概率很小。只有 0.144，该项目的获利能力较高而风险不大，故该项目是可行的。

(六) 案例分析题

解析：(1) FMT 公司的股权资本成本 = 5% + 1.3 × 4% = 10.20%

FMT 公司的加权资本成本 = 6.28% × (1 − 25%) × 40% + 10.20% × 60% = 8%

所以，该项目适用的折现率为 8%。

$$NPV_{繁荣} = -560 + 165(P/F,8\%,1) + 188(P/F,8\%,2) + 232(P/F,8\%,3)$$
$$+ 216(P/F,8\%,4) + 194(P/F,8\%,5)$$
$$= -560 + 165 \times 0.92593 + 188 \times 0.85734 + 232 \times 0.79383$$
$$+ 216 \times 0.73505 + 194 \times 0.68058$$
$$= 228.93(万元)$$

$$NPV_{一般} = -560 + 100(P/F,8\%,1) + 145(P/F,8\%,2) + 184(P/F,8\%,3)$$
$$+ 172(P/F,8\%,4) + 156(P/F,8\%,5)$$
$$= -560 + 100 \times 0.92593 + 145 \times 0.85734 + 184 \times 0.79383$$
$$+ 172 \times 0.73505 + 156 \times 0.68058$$
$$= 35.57(万元)$$

$$NPV_{萧条} = -560 + 88(P/F,8\%,1) + 116(P/F,8\%,2) + 152(P/F,8\%,3)$$
$$+ 135(P/F,8\%,4) + 124(P/F,8\%,5)$$
$$= -560 + 880 \times 0.92593 + 116 \times 0.85734 + 152 \times 0.79383$$
$$+ 135 \times 0.73505 + 124 \times 0.68058$$
$$= -74.78(万元)$$

经分析，在市场出现繁荣和一般的情况下，该项目具备财务可行性，因为在这两种可能情况下该项目的净现值均大于零，而在市场出现萧条的情况下，该项目的净现值小于零，不具备财务可行性。由于未来市场出现何种情况并不确定，投资具有一定的风险，因此不能直接判定项目是否具备可行性，需进一步考虑项目投资的风险因素。

(2) 计算期望净现值 $E(NPV)$：

$$E(NPV) = 0.3 \times 228.93 + 0.5 \times 35.57 + 0.2 \times (-74.78) = 71.50(万元)$$

计算标准差：

$$\sigma(NPV) = \sqrt{(228.93 - 71.50)^2 \times 0.3 + (35.57 - 71.50)^2 \times 0.5 + [(-74.78) - 71.50]^2 \times 0.2}$$
$$= 111.18(万元)$$

净现值为负值的概率：

$$Z(NPV < 0) = \frac{0 - 71.50}{111.18} = -0.64$$

查正态分布曲线面积表可知，0.64 个 σ 为 0.2389，即净现值小于零的概率为：

26.11%（50% − 23.89%）。

若使该项目具有可行性，其净现值应大于等于0，所以项目具有可行性的概率为：

$Z(NPV \geq 0) = 1 - Z(NPV < 0) = 1 - 26.11\% = 73.89\%$

（3）根据三家可比公司的 β_L 系数计算该项目的 β_L 系数：

可比公司的 $\beta_U = 1.12 \left[\dfrac{30\%}{70\%}(1-20\%) \right] = 0.8340$

该投资项目的 $\beta_L = 0.8340 \times \left[1 + \dfrac{40\%}{60\%}(1-25\%) \right] = 1.251 \approx 1.25$

该投资项目要求的必要收益率 $= 5\% + 1.25 \times 4\% = 10\%$

$NPV_{繁荣} = -560 + 165(P/F,10\%,1) + 188(P/F,10\%,2) + 232(P/F,10\%,3)$
$\qquad\qquad + 216(P/F,10\%,4) + 194(P/F,10\%,5)$
$\qquad = -560 + 165 \times 0.90909 + 188 \times 0.82645 + 232 \times 0.75131$
$\qquad\qquad + 216 \times 0.68301 + 194 \times 0.62092$
$\qquad = 187.67(万元)$

$NPV_{一般} = -560 + 100(P/F,10\%,1) + 145(P/F,10\%,2) + 184(P/F,10\%,3)$
$\qquad\qquad + 172(P/F,10\%,4) + 156(P/F,10\%,5)$
$\qquad = -560 + 100 \times 0.90909 + 145 \times 0.82645 + 184 \times 0.75131$
$\qquad\qquad + 172 \times 0.68301 + 156 \times 0.62092$
$\qquad = 3.33(万元)$

$NPV_{萧条} = -560 + 88(P/F,10\%,1) + 116(P/F,10\%,2) + 152(P/F,10\%,3)$
$\qquad\qquad 135(P/F,10\%,4) + 124(P/F,10\%,5)$
$\qquad = -560 + 88 \times 0.90909 + 116 \times 0.82645 + 152 \times 0.75131$
$\qquad\qquad + 135 \times 0.67301 + 124 \times 0.62092$
$\qquad = -100.73(万元)$

期望净现值：$E(NPV) 0.3 \times 187.67 + 0.5 \times 3.33 + 0.2 \times (-100.73) = 37.82(万元)$

可见，考虑项目投资风险，采用风险调整折现率法分析，该投资项目的期望净现值大于零，具备财务可行性。

（4）投资项目现金流量（风险调整折现金流量法）

	年限	0	1	2	3	4	5
	确定等值系数	1.00	0.96	0.92	0.88	0.85	0.80
繁荣	风险现金流量	−560	165	188	232	216	194
	确定等值	−560	158.40	172.96	204.16	183.60	155.20
一般	风险现金流量	−560	100	145	184	172	156
	确定等值	−560	96	133.40	161.92	146.20	124.80
萧条	风险现金流量	−560	88	116	152	135	124
	确定等值	−560	84.48	106.72	133.76	114.75	99.20

$NPV_{繁荣} = -560 + 158.40(P/F,5\%,1) + 172.96(P/F,5\%,2) + 204.16(P/F,5\%,3)$
$\qquad\qquad + 183.60(P/F,5\%,4) + 155.20(P/F,5\%,5)$

$$= -560 + 158.40 \times 0.95238 + 172.96 \times 0.90703 + 204.16 \times 0.86384$$
$$+ 183.60 \times 0.82270 + 155.20 \times 0.748353$$
$$= 196.75(万元)$$

$$NPV_{一般} = -560 + 96(P/F,5\%,1) + 133.40(P/F,5\%,2) + 161.92(P/F,5\%,3)$$
$$+ 146.20(P/F,5\%,4) + 124.80(P/F,5\%,5)$$
$$= -560 + 96 \times 0.95238 + 133.40 \times 0.90703 + 161.92 \times 0.86384$$
$$+ 146.20 \times 0.82270 + 124.80 \times 0.748353$$
$$= 10.36(万元)$$

$$NPV_{萧条} = -560 + 84.48(P/F,5\%,1) + 106.72(P/F,5\%,2) + 133.76(P/F,5\%,3)$$
$$+ 114.75(P/F,5\%,4) + 99.20(P/F,5\%,5)$$
$$= -560 + 84.48 \times 0.95238 + 106.72 \times 0.90703 + 133.76 \times 0.86384$$
$$+ 114.75 \times 0.82270 + 99.20 \times 0.748353$$
$$= -95.07(万元)$$

期望净现值：$E(NPV) = 0.3 \times 196.75 + 0.5 \times 10.36 + 0.2 \times (-95.07) = 41.19(万元)$

可见，考虑项目投资风险，采用风险调整现金流量法分析，该投资项目的期望净现值大于零，具备财务可行性。

第8章 长期筹资

一、练习题

（一）单项选择题

1. 从筹资的角度，下列筹资方式中筹资风险较小的是（　　）。
   A. 债券　　　　B. 长期借款　　　　C. 融资租赁　　　　D. 普通股
2. 某企业按年利率10%从银行借入款项800万元，银行要求企业按贷款限额的15%保持补偿余额，该借款的实际年利率为（　　）。
   A. 11%　　　　B. 11.76%　　　　C. 12%　　　　D. 11.5%
3. 债券筹资的缺点不包括（　　）。
   A. 财务风险大　　　　　　　　B. 资金成本较高
   C. 不利于现金流量安排　　　　D. 筹资数额有限
4. 下列各项中，不属于长期借款一般保护性条款的有（　　）。
   A. 贷款的专款专用　　　　　　B. 红利与股票回购的现金限制
   C. 资本支出限制　　　　　　　D. 流动资本要求
5. 下列关于可转换债券的性质，表述不正确的有（　　）。
   A. 是一种典型的混合金融产品，兼有债券、股票和期权的某些特征
   B. 是发行人依法发行的，随时按事先约定转换成股份
   C. 赋予持有者一种特殊的选择权
   D. 转换前属公司的债务资本，权利行使后，则成为公司的权益资本
6. 根据债券价格的计算公式，不影响债券发行价格的因素有（　　）。
   A. 债券面额　　　　B. 财务弹性　　　　C. 市场利率　　　　D. 债券期限
7. 大海股份有限公司发行认股权证筹集资金，规定每张认股权证可按每股5元认购2股普通股票。公司普通股票市价为7元，则认股权证的理论价值为（　　）。
   A. 5元　　　　B. 2元　　　　C. 4元　　　　D. 2.5元
8. 以下关于优先股的说法中，不正确的是（　　）。
   A. 优先股有面值
   B. 股利是发行时就确定了的
   C. 发行优先股的公司不会因为不能支付优先股股利而破产
   D. 拖欠的优先股股利应该按照复利滚存
9. 相对于借款购置设备而言，融资租赁设备的主要缺点是（　　）。
   A. 筹资速度较慢　　　　　　B. 融资成本较高
   C. 到期还本负担重　　　　　D. 设备淘汰风险大
10. 出租人既出租某项资产，又以该项资产为担保借入资金的租赁方式是（　　）。

A. 经营租赁　　　　B. 售后回租　　　　C. 杠杆租赁　　　　D. 直接租赁

11. 下列筹资方式按一般情况而言，企业所承担的财务风险由大到小排列为（　　）。
    A. 融资租赁、发行股票、发行债券　　B. 融资租赁、发行债券、发行股票
    C. 发行债券、融资租赁、发行股票　　D. 发行债券、发行股票、融资租赁

12. 某公司拟发行 5 年期债券进行筹资，债券票面金额为 500 元，票面利率为 12%，到期一次还本付息，当时市场利率为 10%，那么，该公司债券发行价格应为（　　）元。
    A. 462.08　　　　B. 500　　　　C. 537.90　　　　D. 347.70

13. 甲公司去年普通股每股税后利润为 0.5 元，今年甲公司计划增发新股筹资，市盈率为 25。计算该股票的发行价格（　　）。
    A. 12.50　　　　B. 12.60　　　　C. 0.20　　　　D. 25

14. 我国《公司法》规定，累计债券总额不超过公司净资产额的（　　）。
    A. 20%　　　　B. 40%　　　　C. 30%　　　　D. 50%

15. 下列不属于可转换债券筹资特点的是（　　）。
    A. 期权性　　　　B. 债券性与股权性　　　　C. 风险性　　　　D. 回购性

（二）多项选择题

1. 在事先确定企业资金规模的前提下，吸收一定比例的负债资金，可能产生的结果有（　　）。
   A. 降低企业资金成本　　　　B. 降低企业财务风险
   C. 加大企业财务风险　　　　D. 提高企业经营能力
   E. 降低企业经营能力

2. 以公开、间接方式发行股票的特点是（　　）。
   A. 发行范围广，易募足资本　　　　B. 股票变现性强，流通性好
   C. 有利于提高公司知名度　　　　D. 发行成本低
   E. 发行费用高

3. 普通股融资的资本成本较高，其原因主要有（　　）。
   A. 投资普通股的风险较高
   B. 在各种证券中，普通股的发行费用一般最高
   C. 在通货膨胀期间，不动产升值时，普通股也谁知升值
   D. 普通股股利在税后支付，不存在抵税的作用
   E. 普通股没有到期还本的压力

4. 与其他长期负债筹资相比，长期借款筹资的特点表现在（　　）。
   A. 筹资速度较快　　　　B. 限制性条款较多
   C. 筹资成本较高　　　　D. 借款弹性较大
   E. 筹资风险大

5. 债券筹资的缺点，主要表现在（　　）。
   A. 筹资数量有限　　　　B. 债券成本低
   C. 有利于调整资本结构　　　　D. 偿债压力大
   E. 可利用财务杠杆作用

6. 股票发行实际定价方式有（　　）。
   A. 固定价格定价法　　　　　　　　B. 市盈率法
   C. 市场询价法　　　　　　　　　　D. 投标竞价法
   E. 未来收益现值法
7. 与普通股筹资相比，优先股筹资的特点有（　　）。
   A. 不支付股利不会导致公司破产　　B. 一般不会稀释股东权益
   C. 成本相对较高　　　　　　　　　D. 股利通常视为固定成本
   E. 优先股股东一般不参与公司经营决策
8. 在租赁合同分别约定租金和手续费的情况下，租金包括（　　）。
   A. 资产购置成本　　　　　　　　　B. 相关利息
   C. 出租人的营业成本　　　　　　　D. 出租人的利润
   E. 出租设备的折旧费
9. 下列关于典型的经营租赁和典型的融资租赁的说法正确的是（　　）。
   A. 典型的经营租赁的期限短
   B. 典型的融资租赁的租金超过资产全部成本
   C. 典型的经营租赁不可以提前终止
   D. 典型的融资租赁由承租人负责维护
   E. 典型的经营租赁由租入方计提折旧
10. 普通股股票的特征包括（　　）。
    A. 永久性　　　B. 有限性　　　C. 剩余性
    D. 附属性　　　E. 法定性
11. 按照有无抵押担保可将债券分为（　　）。
    A. 收益债券　　B. 信用债券　　C. 抵押债券
    D. 担保债券　　E. 收入债券
12. 债券与股票的区别在于（　　）。
    A. 债券是债务凭证，股票是所有权凭证
    B. 债券的投资风险大，股票的投资风险小
    C. 债券的收入一般是固定的，股票的收入一般是不固定的
    D. 股票在公司剩余财产分配中优先于债券
    E. 债券在公司剩余财产分配中优先于股票
13. 普通股股东的权利包括（　　）。
    A. 对公司的管理权　　　　　　　　B. 收益分配权
    C. 优先认股权　　　　　　　　　　D. 优先分配剩余财产权？
    E. 优先于优先股分配股利权
14. 普通股资金成本之所以比债务资金高，主要原因有（　　）。
    A. 股利要从税后利润中支付　　　　B. 股东人数众多
    C. 发行费用较高　　　　　　　　　D. 股利率较高
    E. 普通股是没有到期期限的
15. 优先股通常的类型有（　　）。

A. 累积优先股与非累积优先股 B. 参与优先股与非参与优先股
C. 可转换优先股与不可转换优先股 D. 可赎回优先股与不可赎回优先股
E. 分配优先股与不可分配优先股

（三）判断题

1. 可转换债券转换成普通股后，公司不再支付债券利息，因此综合资本成本将下降。（ ）

2. 按照国际惯例，大多数长期借款合同中，为了防止借款企业偿债能力下降，都严格限制借款企业资本性支出规模，而不限制借款企业租赁固定资产的规模。（ ）

3. 股票面值的主要功能是表明在有限公司中股东对每股股票所负有限责任的最高限额。（ ）

4. 清算价值，又称净值，是指股份有限公司进行清算时，股票每股所代表的实际价值。（ ）

5. 可转换债券筹资存在股价上扬风险，如果转换时股价大幅度上扬，公司只能以较低的固定转换价格换出股票，便会降低公司的股权筹资额。（ ）

6. 可转换优先股对股东是有利的，可赎回优先股对公司是有利的。（ ）

7. 优先认股权是优先股股东的优先权。（ ）

8. 杠杆租赁中出租人也是借款人，他既收取租金又偿付债务，从这个角度看，杠杆租赁与直接租赁是不同的。（ ）

9. 债券面值的基本内容即票面金额。（ ）

10. 市盈率定价法下，机构大户容易操纵发行价格。（ ）

11. 认股权证不能为企业筹集额外的现金。（ ）

12. 股东持有的股份不可以自由转让。（ ）

13. 售后租回是一种涉及三方面关系人的租赁形式。（ ）

14. 优先股的股利要从企业的税后利润中支付，因此不能得到税收优惠。（ ）

15. 股票面值几乎没有实质性的经济意义。（ ）

（四）计算分析题

1. 华丰公司准备筹集长期资金 1 500 万元，筹资方案如下：发行长期债券 500 万元，年利率 6%，筹资费用率 2%；发行优先股 200 万元，年股息率 8%，筹资费用率 3%；发行普通股 800 万元，每股面额 1 元，发行价为每股 4 元，共 200 万股；今年期望的股利为每股 0.20 元，预计以后每年股息率将增加 4%，筹资费用率为 3.5%，该企业所得税率为 33%。该企业的加权平均资金成本为多少？

2. 某企业目前拥有资本 1 000 万元，其结构为：债务资本 20%（年利息为 20 万元），普通股权益资本 80%（发行普通股 10 万元，每股面值 80 元）。现准备加筹资 400 万元，有两种筹资方案可供选择：(1) 全部发行普通股：增发 5 万股，每股面值 80 元。(2) 全部筹措长期债务：利率为 10%，利息为 40 万元。企业追加筹资后，息税前利润预计为 160 万元，所得税率为 33%。求：计算每股盈余无差别点及无差别点的每股盈余额。

3. 某股份有限公司 2012 年年末发行在外的普通股 4 000 万股,资产总额 32 500 万元,资产负债率 60%。计划 2013 年 4 月 1 日按 10:3 增资配股,当年实现净利润 1 536 万元。求:(1) 按计划市盈率 20 倍计算普通股发行价;(2) 按净资产溢价 2 倍计算普通股发行价。

4. 某公司准备发行面值为 500 元的企业债券,年利率为 8%,期限为 5 年。就下列条件分别计算债券的发行价:(1) 每年计息一次请分别计算市场利率在 6%、8%、10% 的条件下的企业债券发行价。(2) 到期一次还本付息(单利)分别计算市场利率在 6%、8%、10% 的条件下的企业债券发行价。(3) 到期一次还本付息分别计算市场利率在 6%、8%、10% 的条件下的企业债券发行价。(4) 无息折价债券分别计算市场利率在 6%、8%、10% 的条件下的企业债券发行价。

5. 某公司年息税前利润为 500 万元,全部资金由普通股组成,股票账面价值 2 000 万元,所得税率 40%,该公司认为目前的资金结构不够合理,准备用发行债券购回部分股票的办法予以调整。经过调查,目前的债务利率和权益资金的成本情况如下表所示。求:利用公司价值分析法确定该公司最佳的资金结构。

债券的市场价值 (万元)	债务利率 (%)	股票 β 系数	无风险报酬率 (%)	平均风险股票的必要报酬率 (%)
0	—	1.20	10	14
2	10	1.25	10	14
4	10	1.30	10	14
6	12	1.35	10	14
8	14	1.55	10	14
10	16	2.10	10	14

6. ABC 公司是一个制造公司,拟添置一台大型设备,该设备预计需要使用 5 年,正在研究是通过自行购置还是租赁取得。有关资料为:(1) 如果企业自行购置该设备,预计购置成本 1000 万元。该项固定资产税法折旧年限为 8 年,法定残值率为购置成本的 5%。预计该资产 5 年后变现价值为 280 万元。(2) 如果以租赁方式取得该设备,租赁公司要求每年租金 210 万元,租期 5 年,租金在每年初支付,租赁期内不得退租,租赁期满设备所有权不转让。(3) 已知 ABC 公司的所得税率 30%,税前借款(有担保)利率 10%。项目要求的必要报酬率为 15%。

求:(1) 如果你是 ABC 公司的财务顾问,请进行租赁与自购设备的决策。(2) 计算 ABC 公司所能接受的最高租金。ABC 公司与租赁公司的谈判中,最高可接受的租金是多少?

7. A 公司 2015 年年初打算添置一条生产线,使用寿命为 10 年,有以下两个方案可供选:

方案一:自行购置,预计购置成本为 350 万元,税法规定的折旧年限为 15 年,法定残值率为购置成本的 10%。预计该资产 10 年后的变现价值为 75 万元。

方案二：以经营租赁方式取得，租赁公司要求每年年末支付租金 36 万元，租期为 10 年，租赁期内不得退租，租赁期满设备所有权不转让。承租人需要自行支付运输费、安装调试费和途中保险费等合计 25 万元（在第一年末抵税）。甲公司适用的所得税率为 25%，税前借款（有担保）利率为 8%，项目要求的必要报酬率为 10%。

要求：（1）计算租赁方案融资的数额；（2）计算购置方案折旧抵税现值；（3）计算租金抵税现值和租金现值；（4）计算购置方案 10 年后该资产变现的相关现金净流入量现值；（5）计算承租人支付的 25 万元费用在第一年末抵税的现值；（6）用差量现金流量法计算租赁方案相对于自购方案的净现值，为甲公司做出正确的选择。

（五）上机练习题

这里有一张租赁公司价目表，请利用 Excel 建立租赁筹资基本模型，通过这张价目表上提供的租金总额、支付租金方法，自定义租赁年限、租赁年利率、每年付款次数，计算每期应付租金数量。

租赁公司价格表

生产厂家	设备名称	租金总额	支付方法
德国	TY220 机床（德国）	2 500 000	先付
美国	TY220 机床（美国）	2 300 000	先付
日本	TY220 机床（日本）	2 100 000	先付
美国	486 计算机（AST）	20 000	后付
美国	486 计算机（IBM）	10 000	后付
美国	TY110 机床（美国）	1 000 000	先付
日本	TY110 机床（日本）	1 500 000	先付

（六）案例分析题

1. 1997 年 3 月 25 日，国务院证券委员会发布了《可转换公司债券管理暂行办法》（以下简称《暂行办法》），同时国务院决定在 500 家重点国有公司中未上市公司进行可转换债券的工作。作为正式试点的第一家公司可转换债券——"南化转债"在距《暂行办法》颁布 16 个月之际，终于揭开了我国又一金融创新活动的序幕。"南化转债"的成功运作，是国企拓展融资渠道的又一典范。请上网查找南化转债的相关资料。求：（1）南化转债的发行信息及相关条款。（2）南化转债发行人近三年的主要财务指标。（3）可转换债券的发行，能给发行公司带来哪些好处？

2. 中国石油化工股份有限公司[①]，简称中石化，证券代码 600028，于 2000 年 2 月 28 日以独家发起方式成立，2000 年 10 月 18 日在纽约、19 日在香港和伦敦成功挂牌上市，发行股票共计 180.385 亿股，共筹资 37.3 亿美元。其中发售 H 股 167.8 亿股，发行价为 1.35 港元，市盈率为 11。

2001 年为了寻找新的战略突破点，该公司管理层根据发展战略拟定了三个重要的投资

[①] 刘淑莲、牛彦秀主编：《企业财务管理习题与解析》，东北财经大学出版社 2008 年版，第 268 页。

项目：（1）拟投资64.461亿元收购集团公司所持有的重组后的新星公司100%的权益。新星公司属于一个较有前途的资源性公司，收购后将会加大该公司油气开采力度，从而使其经济效益上升；（2）拟投资20.92亿元建设宁波—上海、南京进口原油管道工程项目。通过实施该项目可以将从宁波进口的原油直接运送到所需的上海和南京，从而增大原油的储存能力，有效地锁定成本；（3）拟投资34.8亿元建设大西南成品油管道工程项目。实施该项目可以及时满足大西南成品油的需求，从而扩大成品油的销量。

为了满足投资所需的资金，该公司拟向银行借款16.716亿元，并决定发行A股筹资。事实上，该公司所需股权资本可以继续通过增发B股解决，但考虑到B股市场长期低迷，再加之中国当时在海外上市的一些公司市场表现不佳，从而导致海外投资者对中国企业了解不足，因此该公司决定调整发行计划，于2001年6月22日刊登招股意向书，宣布增发A股28亿，并详细规定了对法人投资者的配售办法，配售对象有战略投资者（与其有密切联系的法人）、一般法人投资者和证券投资基金。

此次股本发行，中石化采用在网下向法人投资者配售和向一般投资者上网定价发行相结合的发售方式，选择的承销商是中国国际金融有限公司，由其组织承销团并以余额包销方式承销，承销期为2001年6月22日至7月23日，承销商可以根据网上中签率确定是否启动股票回拨机制，并最终确定网上、网下的配售比例。

2001年7月2日中石化开始接受网下法人投资者报价申购并公布了报价区间。原定网上、网下配售比例为30%、70%，规定：当网上申购中签率（网上发行量/有效申购量×100%）低于2%时，主承销商可以将7亿股网下股票回拨至网上，从而使网上、网下配售股票的数量比例为55%、45%；网下法人投资者申购报价的区间为每股3.9～4.3元，报价时间为7月2日～7月9日。

主承销商和发行人于7月2日～7月9日对机构投资者的申购进行了簿记建档，拟根据网下簿记建档情况确定发行价格，考虑的因素主要有：（1）公司发行当年的盈利情况及预计的今后数年的收益增长情况；（2）发行时的市场情况；（3）同行业上市公司的股价情况；（4）预路演、路演时投资者对公司的反映；（5）公司对资金的需求情况。

7月3日～7月5日，中石化管理层先后在北京、上海、深圳三地举行了现场推介会，7月12日又在全景网络上进行了4个小时的网上路演，随后公布本次股票的发行价格为每股4.22元，预计承销费用为1.7724亿元，2001年预计实现净利润180.23亿元，稀释每股收益为0.21元，稀释后的发行市盈率为20.10倍。

7月13日在路演完毕和发行价格确定后，中石化在各大媒体公布了网上发行的相关事项并对此进行了详细地说明，规定网上申购投资者可在7月16日之前进行申购并存入资金。在申购过程中，主承销商启动了股票回拨机制，回拨股票7亿股。

申购日后的两天内（即7月17日～7月18日），各证券营业部根据申购者的资金确认申购是否有效；申购日后的第三天，公布申购号和中签率，并摇号抽签，进行股份确认；申购日后的第四日，公布了摇号结果；7月23日公布了网下配售情况。

中石化此次A股发行获得圆满成功，募集资金总额为118.16亿元，本次实际上网发行量为15.4亿股，实际有效申购户数为2 399 947户，有效申购股数为1 347.56491亿股，上网发行中签率为1.14280209%；战略投资者配售5.7亿股，一般法人投资者区分A、B、C三类，配售的股数分别为：0.637695亿股、4.850772亿股、1.411533亿股。上网发行的15.4亿股于2001年8月8日在上交所挂牌交易，C类一般法人投资者配售购入的股票于11月8日开始上市流通；A类、B类一般法人投资者配售购入的股票于12月10日开始上市流通；战略投资者配售购入的股票于2002年4月8日开始上市流通。

根据所给材料，请回答以下几个问题：

(1) 中石化为什么要筹资？其数额是如何确定的？筹资结构如何？

(2) 为什么说B股市场低迷？中石化为什么不发行B股筹资而是选择发行A股筹资？

(3) 简要说明中石化股票发行的具体程序。

(4) 说明中石化采用的股票发行方式。

二、参考答案

（一）单项选择题

1. D 2. B 3. B 4. A 5. B
6. B 7. C 8. D 9. B 10. C
11. C 12. C 13. A 14. B 15. C

（二）多项选择题

1. AC 2. ABCE 3. ABD 4. ABDE 5. AD
6. ACD 7. BDE 8. AB 9. ABD 10. ABCD
11. BCD 12. AC 13. ABCD 14. AC 15. ABCD

（三）判断题

1. × 2. × 3. × 4. × 5. √
6. √ 7. × 8. √ 9. × 10. ×
11. × 12. × 13. × 14. √ 15. √

（四）计算分析题

1. 解：长期债券资金成本 = 6%(1 − 33%)/(1 − 2%) = 4.102%

长期债券比重 = 500/1 500 × 100% = 33.333%

优先股资金成本 = 8% / (1 − 3%) = 8.247%

优先股比重 = 200 / 1500 × 100% = 13.333%

普通股资金成本 = (0.2 / 4)/(1 − 3.5%) + 4% = 9.181%

普通股比重 = 4 × 200/1 500 = 53.334%

加权平均资金成本 = 4.102% × 33.333% + 8.247% × 13.333% + 9.181% × 53.334%
　　　　　　　　= 7.363%

2. 解：A方案：

(1) 各种筹资占总额的比重

长期债券：500/1 000 = 0.5

普通股：300/1 000 = 0.3　　　　　　优先股：200/1 000 = 0.2

（2）综合资金成本 = 0.5×5% + 0.3×10% + 0.2×8% = 0.071

B方案：

（1）各种筹资所占总额的比重

长期债券：200/1 000 = 0.2

普通股：500/1 000 = 0.5　　　　优先股：300/1 000 = 0.3

（2）综合资金成本 = 0.2×3% + 0.5×9% + 0.2×6% = 0.067

通过计算得知A方案的综合资金成本大于B方案的综合资金成本，所以应选B方案进行筹资。

3. 解：（1）按计划市盈率20倍计算普通股发行价

每股收益 = 1 536/[4 000 + 4 000×30%×(12-4)/12] = 0.32(元/股)

发行价 = 0.32×20 = 6.40(元/股)

（2）按净资产溢价2倍计算普通股发行价

每股净资产 = 32 500×(1-60%)/4 000 = 3.25（元）

发行价 = 3.25×2 = 6.50（元/股）

4. 解：（1）每年计息一次：

市场利率6%的发行价 = 500×(P/F,6%,5) + 500×8%×(P/A,6%,5)
$$= 500×0.7473 + 500×8%×4.2124 = 542.15(元)$$

市场利率8%的发行价 = 500×(P/F,8%,5) + 500×8%×(P/A,8%,5)
$$= 500×0.6806 + 500×8%×3.9927 = 500.00(元)$$

市场利率10%的发行价 = 500×(P/F,10%,5) + 500×8%×(P/A,10%,5)
$$= 500×0.6209 + 500×8%×3.7908 = 462.37(元)$$

（2）到期一次还本付息（单利）：

市场利率6%的发行价 = 500×(1+8%×5)×(P/F,6%,5)
$$= 500×(1+8%×5)×0.7473 = 523.11(元)$$

市场利率8%的发行价 = 500×(1+8%×5)×(P/F,8%,5)
$$= 500×(1+8%×5)×0.6806 = 476.42(元)$$

市场利率10%的发行价 = 500×(1+8%×5)×(P/F,10%,5)
$$= 500×(1+8%×5)×0.6209 = 434.63(元)$$

（3）到期一次还本付息：

市场利率6%的发行价 = 500×(F/P,8%,5)×(P/F,6%,5)
$$= 500×1.4693×0.7473 = 549.00(元)$$

市场利率6%的发行价 = 500×(F/P,8%,5)×(P/F,8%,5)
$$= 500×1.4693×0.6806 = 500.00(元)$$

市场利率10%的发行价 = 500×(F/P,8%,5)×(P/F,10%,5)
$$= 500×1.4693×0.6209 = 456.14(元)$$

（4）零息发行到期还本：

市场利率6%的发行价 = 500×(P/F,6%,5) = 500×0.7473 = 373.65(元)

市场利率8%的发行价 = 500×(P/F,8%,5) = 500×0.6806 = 340.30(元)

市场利率10%的发行价 = 500×(P/F,10%,5) = 500×0.6209 = 310.45(元)

5. 解：该公司债务为600万元时的资金结构是最佳的资金结构。

债券的市场价值（万元）	股票的市场价值（万元）	公司的市场价值（万元）	债务成本（%）	普通股成本（%）	加权平均成本（%）
0	20.27	20.27	—	14.80	14.80
2	19.20	21.20	6.0	15.00	14.10
4	18.16	22.16	6.0	15.20	13.36
6	16.46	22.46	7.2	15.40	12.94
8	14.37	22.37	8.4	16.20	13.08
10	11.09	21.09	9.6	18.40	14.00

6. 解：(1) 租赁与自购设备的决策。

第一步：判别该租赁合同的租金是否可以直接抵税。

根据我国税法规定：(1) 该项租赁在期满时资产所有权不转让；(2) 租赁期比资产使用年限 = 5/8 = 62.5% 低于税法规定的75%；(3) 租赁最低付款额的现值 = 210 × (P/A, 10%, 5)(1 + 10%) = 875.67 低于租赁资产公允价值的90%（1 000 × 90% = 900）；(4) 租金在租赁期内是等额支付的。由此可以判断该租赁合同的租金是可以直接抵税的。

第二步：分析承租人的现金流量

单位：元

年度	0	1	2	3	4	5
避免资产购置支出	1 000					
租赁期现金流量：	(147)	(182.625)	(182.625)	(182.625)	(182.625)	(35.625)
(1) 租金	(210)	(210)	(210)	(210)	(210)	
(2) 租金抵税	63	63	63	63	63	
(3) 损失折旧抵税		(35.625)	(35.625)	(35.625)	(35.625)	(35.625)
失去期末残值变现净得						(317.875)

说明：租金抵税 = 210 × 30% = 63

年折旧 = 1 000(1 - 5%)/8 = 118.75 折旧抵税 = 118.75 × 30% = 35.625

期末资产账面价值 = 1 000 - 118.75 × 5 = 406.25

期末资产余值变现 = 280

变现损失 = 406.25 - 280 = 126.25 减税 = 126.25 × 30% = 37.875

期末残值变现净得 = 280 + 37.875 = 317.875

第三步：计算净现值（承租人）

净现值 = 现金流入的现值 - 现金流出的现值
= 1 000 - 147 - 182.625 × (P/A,7%,4) - 35.625 × (P/S,7%,5) - 317.875 × (P/S,15%,5)
= 1 000 - 147 - 182.625 × 3.3872 - 35.625 × 0.7130 - 317.875 × 0.4972
= 50.97(万元)

结论：ABC公司选择租赁方案优于购置方案。

(2) 设租金为 x，则根据损益平衡租金计算模型，得到下式：

$0 = 1\,000 - 0.7x - (0.7x + 35.625) \times (P/A,7\%,4) - 35.625 \times (P/S,7\%,5) - 317.875 \times (P/S,15\%,5)$

解得：$x = 226.5952$（万元）

结论：ABC 公司在与租赁公司的谈判中，最高可接受租金为 226.5952 万元。

7. 解：(1) 租赁方案融资的数额 = 350 - 25 = 325（万元）

(2) 购置方案的每年折旧 = 350 × (1 - 10%) ÷ 15 = 21（万元）

每年折旧抵税额 = 21 × 25% = 5.25（万元）

折现率 = 8% × (1 - 25%) = 6%

折旧抵税现值 = 5.25 × (P/A,6%,10) = 5.25 × 7.3601 = 38.64（万元）

(3) 折现率 = 8% × (1 - 25%) = 6%

每年的租金抵税 = 36 × 25% = 9（万元）

租金抵税现值 = 9 × (P/A,6%,10) = 9 × 7.3601 = 66.24（万元）

租金现值 = 36 × (P/A,6%,10) = 264.96（万元）

(4) 变现收入为 75 万元

变现时资产的账面价值 = 350 - 21 × 10 = 140（万元）

变现损失减税 = (140 - 75) × 25% = 16.25（万元）

相关现金净流入量 = 75 + 16.25 = 91.25（万元）

折现率为 10%

现值 = 91.25 × (P/F,10%,10) = 35.18（万元）

(5) 承租人支付的 25 万元的费用在第一年末抵税的现值

抵税现值 = 25 × 25% × (P/F,6%,1)

= 25 × 25% × 0.9434

= 5.90（元）

(6) 租赁方案相对于自购方案的净现值

净现值 = 325 - 38.64（折旧抵税现值） - 264.96（租金现值） + 66.24（租金抵税现值）

- 35.18（资产变现相关流入现值） + 5.90（第 1 年年末费用抵税现值）

= 58.36（万元）

由于租赁方案相对于自购方案的净现值大于 0，因此，正确的选择是租赁。

（五）上机练习题

具体操作如下

执行视图→工具栏→窗体按钮，点击得到：

在 Excel 的 B3 单元格输入"租赁项目名称"在之后 C3 单元格插入一个组合框该组合框属性设置操作如下：

1. 双击该组合框，弹出。

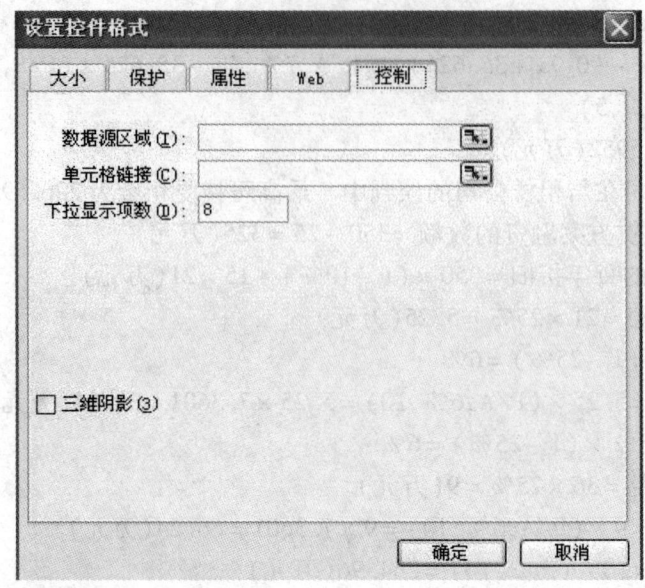

2. 数据源区域选择设备名称一栏中的七个设备名称，单元格连接选定 A3 单元格，下拉显示项数默认即可，到这里该组合框属性已经设定完毕！

在 Excel 的 B4 单元格输入"租金"在单击的 C4 单元格输入函数 =INDEX（租金总额，A3）；同理，在 Excel 的 B5 单元格输入"支付租金方法"在单击的 C5 单元格输入函数 =INDEX（支付方法，A3）；在 Excel 的 B6 单元格输入"每年付款次数"再单击的 C6 单元格输入函数 =A6，在之后 D6 单元格插入一个微调项，其属性设置如下图所示。

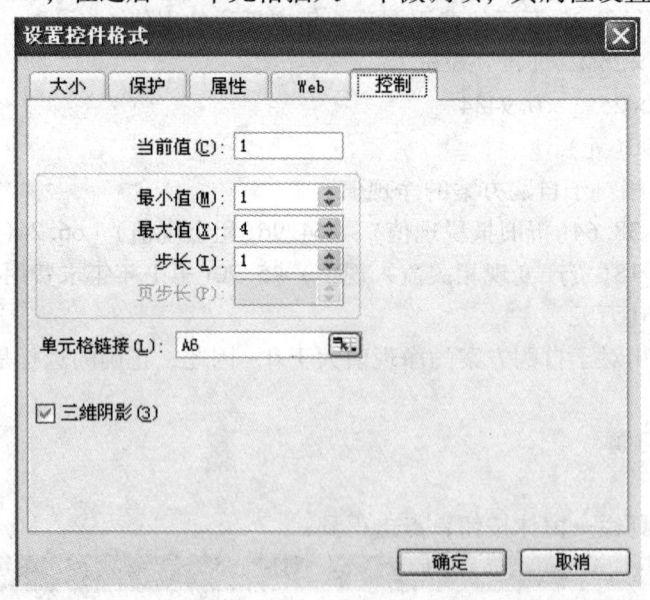

同样，在 B7 单元格键入"租赁年利率"在其后 c7 单元格输入公式 =A7/100 目的是为了形成百分比（C7 单元格格式应该定义为百分数属性）在 D7 单元格插入一个滚动条，属性设置如下。

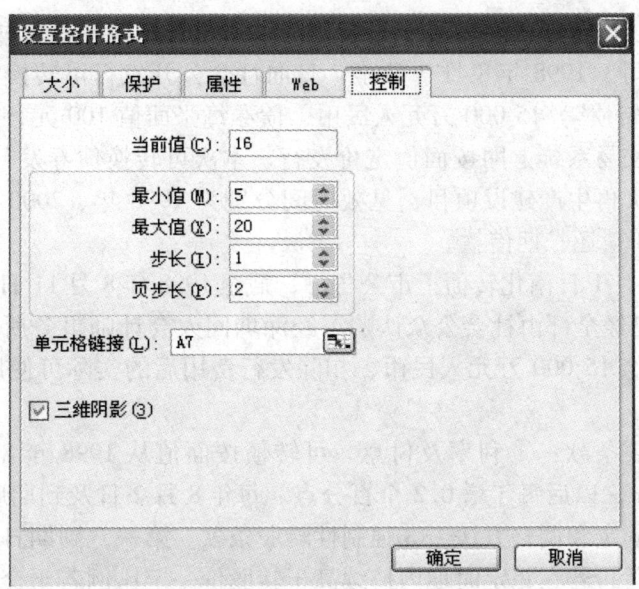

在 B8 单元格键入"租赁年限"再单击的 C8 单元格输入函数 = A8，在之后 D8 单元格插入一个微调项，其属性设置如下图所示。

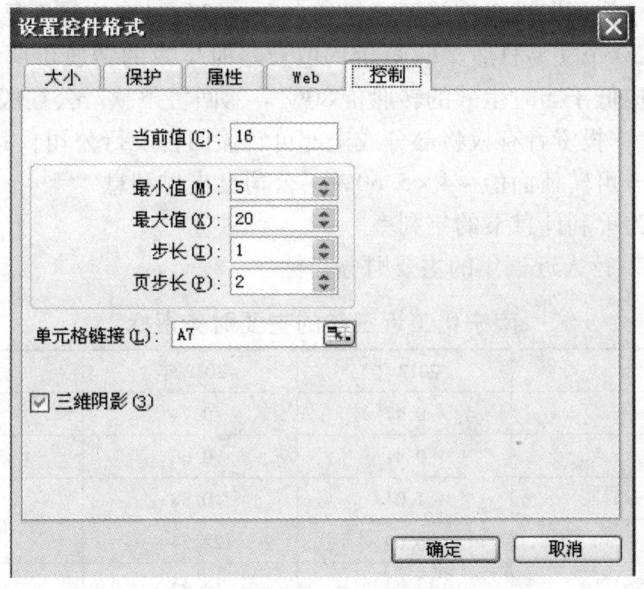

在 B9 单元格键入"总付款次数"再单击的 C9 单元格输入函数 = c6 * c8；在 B10 单元格键入"每期应付租金"——这正是我们所要的目标；在 C10 单元格输入公式：
= IF(支付租金方法 = "先付", ABS(PMT(租赁年利率/每年付款次数, 总付款次数, 租金, 0, 1)), ABS(PMT(租赁年利率/每年付款次数, 总付款次数, 租金)))

（六）案例分析题

1. 解析：（1）经中国证监会批准，南宁化工股份有限公司成立于 1998 年 6 月 15 日，以南宁化工集团有限责任公司（以下简称"南化集团"）作为主要发起人，联合南宁统一糖业有限责任公司、南宁味精厂、邑宁县纸业有限公司及广西一赖氨酸厂共同发起设立，经证监会批准，公司于1998年8月3日至7日向社会公开发行可转换期限为五年的公司债券（简称"南化转债"）15 000万元人民币，债券每张面值100元，共计150万张。债券通过上海证交所交易系统上网按面值定价发行，本次可转换债券发行所筹集到的资金，将主要用于三项扩大再生产建设项目，见效时间分别为1998年、2000年。另外，还将其中的6 900万元用于偿还长期借款。

根据1998年9月1日南化转债上市公告书，截至1998年8月11日，本次公开发行的150万张南化转债已经全部由社会公众认购。经深圳同人会计师事务所审验，南化公司已收到投资者投入资金15 000万元人民币，扣除发行费用后的实际可使用筹集资金为1 453万元人民币。

南化转债的主要条款：①利率及付息。可转债按面值从1998年8月3日开始计息，首年票面利率为1%，以后每年增0.2个百分点。每年8月2日及到期后15个交易日内付息。②转股价格的确定和调整方法。③强制性转股条款。第一，到期日前有条件强制性转股。公司股票上市后，若在一定时期内持续高于转股价一定比例若干交易日以上，则公司有权按强制性转股登记日适用的转股价将剩余可转债全部或部分转换为公司股票。第二，到期无条件强制性转股。可转债到期日仍未转换为股票的，将于到期日强制转换为公司股票。投资者无权要求公司以现金清偿可转债的本金，但公司将兑付不足一股的剩余可转债本金，以到期日前30个交易日股票收盘价均值及当时生效的转股价两者较低者作为转股价，但该转债价不应低于当时生效的转股价80%。④回售条款。公司股票未在可转债到期日12个月以前上市，投资者有权将部分或全部可转债回售发行公司，其回售价计算如下：

可转债回售价 = 可转债面值 + 4 × 5.60% − 公司已支付利息

式中：5.60%为单利计息下的年利率。

（2）南化转债发行人近三年的主要财务指标。

南宁化工近三年的主要财务指标

财务指标	2013年	2012年	2011年
流动比率	0.47	0.74	1.10
速动比率	0.41	0.66	0.91
资产负债率（%）	1.01	0.88	0.77
应收账款周转率（%）	16.09	22.54	36.57
存货周转率（%）	13.83	14.43	16.23
净资产收益率（%）	1.94	—	−0.88
每股净利（元）	0.20	−1.21	−0.91

（3）利用可转债筹资的好处在于：

第一，可获取低资本成本的融资。一方面，转债附带公司的股票期权，作为其补偿，允许其票面利率低于普通的公司债券。另一方面，转债发行条款中规定了有利于投资者的保护性条款，使投资者的投资兴趣提高。

公司通过发行转债筹资，不仅提高了低利率债券在转换之前的吸引力，大大减轻债券融资的利息负担，而且有机会在将来以高于现时股价的价格售出公司的股票，获取发行溢价。

第二，可实现多元筹资，优化资本结构。可转债同时兼有债券和股票期权的双重性。当公司经营状况良好，公司股票价值增值，市场价格超过转换价格时，债券持有人将执行其股票期权，将所持债权转换为股权。

第三，可减轻还本付息压力，使可转债筹资成为公司的稳定资金来源。这主要是由于与其他筹资方式比，可转债的票面利率很低，每年需支付的债券利息数额不大，压力较小，且期限较长。

2. 解析：（1）中石化之所以要筹资是由拟上的投资项目所决定的，三个投资项目预计共需资金 120.181（64.461 + 20.92 + 34.8）亿元，其中向银行借款 16.716 亿元，资金缺口为 103.465 亿元，如果拟发行股票 28 亿股，申购报价的区间为每股 3.9~4.3 元，以每股 3.9 元计算，可获资金 109.2 亿元，扣除筹资费率，完全可以弥补资金缺口。从筹资结构来看，股票筹资约占 86.01%，可见存在对外部股权融资的偏好。

（2）B 股市场低迷表现为发行价和市盈率指标偏低，中石化发行 H 股的发行价为每股 1.35 港元，市盈率为 11，而 A 股的发行价格为每股 4.22 元，市盈率为 20.1 倍，显然 A 股市场具有更大的吸引力。中石化之所以不发行 B 股，原因有两个：一是 B 股市场发行价格低，二是海外投资者对中国企业了解不足。

（3）中石化发行 A 股的程序如下：2001 年 6 月 22 日刊登招股意向书并作出相关的规定；7 月 2 日公布价格区间；7 月 2 日~7 月 9 日接受网下法人投资者报价申购，并对机构投资者的申购进行簿记建档，同时在 7 月 3 日~7 月 5 日进行了路演；7 月 12 日进行网上路演并确定了发行价格；7 月 13 日~7 月 16 日进行网上申购；7 月 17 日~7 月 18 日确认申购是否有效；7 月 19 日公布中签率并摇号抽签；7 月 20 日公布摇号结果；7 月 23 日公布网下配售情况。

（4）中石化发行的 A 股为有偿增资发行；从发行对象来看，为公募发行与私募发行相结合；从中介机构来看，该公司委托中国国际金融有限公司采用余额包销方式承销，属于直接筹资。

第9章 资本结构

一、练习题

（一）单项选择题

1. 杠杠分析的基本假设不包括（　　）。
   A. 公司仅销售一种产品，且价格不变
   B. 经营成本中的单位变动成本和固定成本总额在相关范围内保持不变
   C. 所得税税率为 50%
   D. 所得税税率为 25%
2. 公司经营杠杠系数是用来衡量公司的（　　）。
   A. 应收账款风险 B. 总风险
   C. 经营风险 D. 财务风险
3. 经营杠杠系数中涉及的收益指的是（　　）。
   A. 净收益 B. 息税前收益
   C. 收益总额 D. 经营收益
4. 经营杠杠是由于固定成本的存在产生的，而财务杠杆则来自（　　）。
   A. 固定的筹资成本 B. 固定的经营成本
   C. 变动的筹资成本 D. 变动的经营成本
5. 形成财务风险的原因是（　　）。
   A. 举债经营 B. 拥有普通股
   C. 存在固定成本 D. 存在变动成本
6. 普通股每股收益变动率相当于息税前收益变动率的倍数是指（　　）。
   A. 总杠杠系数 B. 财务杠杠系数
   C. 经营杠杠系数 D. 生产杠杠系数
7. 如果经营杠杠系数为 1.5，总杠杠系数为 3，息税前收益变动率为 20%，则普通股每股收益变动率为（　　）。
   A. 20% B. 30%
   C. 40% D. 50%
8. 经营杠杠产生的原因是企业存在（　　）。
   A. 固定经营成本 B. 财务费用
   C. 销售费用 D. 管理费用
9. 每股收益变动率相当于销售量变动率的倍数是指（　　）。
   A. 总杠杠系数 B. 财务杠杠系数
   C. 经营杠杠系数 D. 生产杠杠系数

10. MM 理论的基本假设不包括（　　）。
    A. 公司只有长期负债和普通股两项长期资本
    B. 公司增长率为零，且全部收入均以现金股利形式发放
    C. 经营成本中的单位变动成本和固定成本总额在相关范围内保持不变
    D. 没有公司和个人所得税，没有财务危机成本
11. 在考虑所得税的情况下，公司的价值会随着负债比率的提高而增加，原因是（　　）。
    A. 财务杠杠的作用   B. 不考虑财务危机成本
    C. 总杠杆的作用   D. 利息可以抵税
12. 在信息不对称理论中，公司的筹资优先考虑的是（　　）。
    A. 内部筹资   B. 债务筹资
    C. 股票筹资   D. 优先股筹资
13. 每股收益无差别点，是指不同筹资方式下每股收益都相等时的（　　）。
    A. 固定成本   B. 变动成本
    C. 息税前收益   D. 销售收入
14. 权衡理论的观点中不涉及的是（　　）。
    A. 公司所得税   B. 代理成本
    C. 财务危机成本   D. 个人所得税
15. 与经营杠杠系数同方向变化的是（　　）。
    A. 销售量   B. 单位变动成本
    C. 产品价格   D. 销售收入

（二）多项选择题

1. 财务管理中的杠杆效应，包括（　　）。
    A. 经营杠杠   B. 财务杠杠   C. 总杠杠
    D. 经济杠杠   E. 产品杠杠
2. 财务杠杠的产生是由于企业存在（　　）。
    A. 股票股利   B. 债务利息   C. 普通股股利
    D. 优先股股利   E. 经营费用
3. 影响财务风险的因素主要有（　　）。
    A. 资本供求变化   B. 利率水平变化   C. 获利能力变化
    D. 资本结构变化   E. 产销需求的变化
4. 与经营杠杠系数成同方向变化的影响因素是（　　）。
    A. 销售量   B. 单价   C. 单位变动成本
    D. 销售收入   E. 固定成本
5. 下列各项中，可以用来计算财务杠杠系数的计算公式是（　　）。
    A. $\dfrac{EBIT}{EBIT - I - D/(1-T)}$ B. $\dfrac{MC}{EBIT}$ C. $\dfrac{\Delta EPS/EPS}{\Delta EBIT/EBIT}$
    D. $\dfrac{\Delta EBIT/EBIT}{\Delta Q/Q}$ E. $\dfrac{DTL}{DOL}$

6. 影响经营风险的因素有（　　）。
    A. 固定成本　　　　　　B. 单位变动成本　　　　C. 销售量
    D. 单价　　　　　　　　E. 经营杠杠

7. 如果一家公司正在考虑一项资本支出，为了抵消较低财务杠杠系数的影响以确保一个适宜的总杠杆系数，则可以采取的措施是（　　）。
    A. 降低销售量　　　　　B. 降低单价　　　　　　C. 降低单位变动成本
    D. 降低变动成本　　　　E. 降低固定成本

8. 西方经济学家对资本结构进行了广泛的研究，出现的经典理论有（　　）。
    A. MM 理论　　　　　　B. 权衡理论　　　　　　C. 代理理论
    D. 信息不对称理论　　　E. 控制权理论

9. 根据 MM 资本结构理论，在无赋税条件下，公司资本结构不会影响（　　）。
    A. 公司价值　　　　　　B. 资本成本　　　　　　C. 每股收益
    D. 税前利润　　　　　　E. 负债比率

10. 企业要想降低经营风险，可以采取的措施有（　　）。
    A. 增加销售量　　　　　B. 降低单位变动成本　　C. 提高产品售价
    D. 增加固定成本　　　　E. 增加变动成本

11. 影响公司资本结构的因素有（　　）。
    A. 企业经营状况的稳定性和成长率
    B. 企业的财务状况和信用等级
    C. 企业资产结构
    D. 企业投资人和管理当局的态度
    E. 经济环境的税务政策和货币政策

12. 资本结构的优化方法主要有（　　）。
    A. 每股收益分析法　　　B. 每股股利分析法　　　C. 现金收益分析法
    D. 平均资本成本比较法　E. 公司价值分析法

13. MM 资本结构理论的基本假设包括（　　）。
    A. 公司只有长期负债和普通股两项长期资本
    B. 公司资产总额不变
    C. 公司预期的息税前收益为一常数
    D. 公司增长率为零
    E. 没有公司和个人所得税，没有财务危机成本

14. 与 MM 资本结构理论比较，权衡理论考虑了（　　）。
    A. 利息费用　　　　　　B. 代理成本　　　　　　C. 财务危机成本
    D. 公司所得税　　　　　E. 个人所得说

15. 代理成本论认为债务筹资可能降低由于两权分离产生的代理成本，主要表现在（　　）。
    A. 减少股东监督经营者的成本
    B. 举债并用借款回购股票会在两方面减少股权筹资的代理成本
    C. 举债引起的破产机制会减少代理成本

D. 可以改善资本结构

E. 增加负债后，经营者所占的份额一定会增加

（三）判断题

1. 如果企业的固定成本为零，则经营杠杆系数为1。（   ）
2. 企业的产品售价和固定成本同时发生变化，经营杠杆系数有可能不变。（   ）
3. 经营风险之所以存在是由于企业经营中有固定的筹资成本存在。（   ）
4. 一般来说，公司总杠杆系数越大，每股收益随销售量增长而扩张的能力就越强，但风险也随之越大。（   ）
5. 某公司正在考虑一项资本支出，为了抵消较高经营杠杆的影响，公司可在其资本结构中减少债务或优先股的比重。（   ）
6. MM无公司税理论的基本观点是，在没有公司税的情况下，公司总体价值大小与负债比率高低有关。（   ）
7. 权衡理论认为最佳资本结构应是边际节税价值与边际财务危机成本和债务代理成本之间的平衡。（   ）
8. 杠杆效应可以产生杠杆利益，但不能带来杠杆风险。（   ）
9. 财务危机成本大小与债务比率同方向变化。（   ）
10. 不同销售水平下的经营杠杆系数是相同的。（   ）
11. 一般而言，公司对经营风险的控制程度相对大于对财务风险的控制。（   ）
12. 影响经营风险的因素主要有资本供求变化、利率水平变化、获利能力变化、资本结构变化等。（   ）
13. 公司的总风险是经营风险和财务风险共同作用的结果。（   ）
14. 在信息不对称理论中，公司的筹资优先顺序为：首先是内部留存收益；其次是股票筹资；最后才是债务筹资。（   ）
15. 资本结构优化的目标是降低平均资本成本或提高普通股每股收益。（   ）

（四）计算分析题

1. 如果单价为10元，单位变动成本为5元，销售量为16 000件，经营杠杆系数为2，则固定成本总额是多少？

2. XY公司资本总额为250万元，负债比率为45%，其债务利率为14%。该企业销售额为320万元，固定成本为48万元，变动成本占销售收入的百分比为60%。分别计算经营杠杆系数、财务杠杆系数和总杠杆系数。

3. XY公司目前资本结构为：总资本1 000万元，其中债务资本600万元（年利息60万元）；普通股资本400万元（400万股，面值1元，市价5元）。企业由于有一个比较好的新投资项目，需要追加筹资500万元，有以下两种方案可供选择：A方案，向银行取得长期借款500万元，年利息率16%；B方案，增发普通股100万股，每股发行价格5元。

根据财务人员预测，追加筹资后销售额可望增加到1 200万元，变动成本率为40%，固定成本为400万元。所得税税率20%。假设不考虑筹资费用，问该公司应选择哪种方案？

4. XY 公司需要筹集 200 万元长期资本，可以用贷款、发行债券、发行普通股三种方式进行筹集，其个别资本成本已经分别测定，假设其他因素对方案的选择影响比较小，可以忽略不计，如下表所示。请选择最优的资本结构。

XY 公司资本成本与资本结构数据　　　　　　　　单位:%

筹资方式	资本结构			个别资本成本率
	甲方案	乙方案	丙方案	
贷款	30	40	10	6
债券	20	25	20	7
普通股	50	35	70	9
合计	100	100	100	

5. XY 公司是一家食品公司，在没有负债经营的时候，公司股票的账面和市场价值 2 000 万元，此时公司的股本成本为 10%。该公司正在考虑通过举债 400 万元来改变其资本结构，假定利息率为 6%，所得税税率为 50%，计算确定改变资本结构后的股本成本。

6. XY 公司债券 50 000 元，年利率 5%；优先股 500 股，每股面值 50 元，年股利率 7%；息税前收益为 10 000 元，XY 公司所得税税率为 50%，计算财务杠杆系数。

7. XY 公司是一家钢铁公司，流通在外的普通股共 15 000 股，目前市场价值为每股 10 元。公司经理比股东掌握更多、更准确的信息。公司拟自行研制新型钢材。根据预测，此产品一经面世需求量很大，将使销售额猛增。因此公司内部认为股票实际价值为每股 20 元。现有一项目，需要资本 6 万元，预计有 3 万元净现值。若通过增发新股来满足资本需求。

请问：(1) 如果发行股票时信息是对称的，计算新股价；(2) 计算信息不对称时的新股价；(3) 说明发行新股筹资实施该项目对新老股东的影响，并作出是否接受该项目的决策。

8. XY 公司生产一种产品，售价为 80 元，单位变动成本为 30 元，固定成本为 50 000 元，假定本年销售该产品 3 000 件。求 (1) 计算该公司的经营杠杠系数；(2) 如果财务杠杠系数为 2，则总杠杠系数是多少？(3) 如果本年的每股收益为 8 元，预计明年息税前收益较本年增长 20%，则明年的每股收益是多少？

9. 如果 XY 公司无负债时的股权资本成本为 20%，息税前利润为 2 000 万元，所得税税率为 30%，计算该公司的公司价值。

10. XY 公司 2014 年年初的负债及所有者权益总额为 9 000 万元，其中，公司债券为 1 000 万元（按面值发行，票面年利率为 8%，每年年末付息，三年后到期）；普通股股本为 4 000 万元（面值 1 元，4 000 万股）；资本公积为 2 000 万元；其余为留存收益。

2014 年该公司为扩大生产规模，需要再筹集 1 000 万元资金，有以下两个筹资方案可供选择：方案一，增加发行普通股，预计每股发行价格为 5 元；方案二，增加发行同类公司债券，按面值发行，票面年利率为 8%。预计 2014 年可实现息税前收益为 2 000 万元，适用的企业所得税税率为 25%。

求：(1) 计算增发普通股方案下 2014 年增发普通股股份数，2014 年全年债券利息；(2) 计算增发公司债券方案下的 2014 年全年债券利息；(3) 计算每股收益的无差别点，并据此进行筹资决策。

二、参考答案

（一）单项选择题

1. D	2. C	3. B	4. A	5. A
6. B	7. C	8. A	9. A	10. C
11. D	12. A	13. C	14. D	15. B

（二）多项选择题

1. ABC	2. BD	3. ABCD	4. CE	5. ABCE
6. ABCD	7. AB	8. ABCDE	9. AB	10. ABC
11. ABCDE	12. ADE	13. ABCDE	14. BCD	15. ABC

（三）判断题

1. √	2. √	3. ×	4. √	5. √
6. ×	7. √	8. ×	9. √	10. ×
11. ×	12. ×	13. √	14. ×	15. √

（四）计算分析题

1. 解：根据公式：$DOL = \dfrac{Q(P-V)}{Q(P-V)-F}$，计算可得 F = 40 000

2. 解：$EBIT = Q(P-V) - F = 320 \times (1-60\%) - 48 = 80$ $Q(P-V) = 128$

   根据公式：$DOL = \dfrac{Q(P-V)}{Q(P-V)-F}$，得 DOL = 1.6

   $I = 250 \times 45\% \times 14\% = 15.75$

   根据公式：$DFL = \dfrac{EBIT}{EBIT - I - D/(1-T)}$，得 DFL = 1.25

   $DTL = DOL \times DFL = 1.6 \times 1.25 = 2$

3. 解：将已知数据代入无差别点公式：

   $$\dfrac{(\overline{EBIT} - 60)(1-20\%)}{400 + 100} = \dfrac{(\overline{EBIT} - 60 - 500 \times 16\%)(1-20\%)}{400}$$

   可以计算出，$\overline{EBIT} = 460$（万元）

   因此，460万元是这两个筹资方案的每股收益无差别点，在这点上，两个方案的每股收益相等，都是0.64元。因为企业预期追加筹资后的销售额为1 200万元，此时预期获利280万元，即1 200×（1-40%）-400=320（万元），低于无差别点460万元，因此应当采取财务风险较小的B方案，即增发普通股方案。在1 200万元的销售额水平上，B方案的EPS为0.416元，比A方案的EPS（0.36元）高0.056元。

4. 解：首先，分别计算三个方案的综合资本成本率：

   甲方案 = 30%×6% + 20%×7% + 50%×9% = 7.7%

乙方案 = 40% × 6% + 25% × 7% + 35% × 9% = 7.3%

丙方案 = 10% × 6% + 20% × 7% + 70% × 9% = 8.3%

其次，在本例中，乙方案的综合资本成本就是最低的。这样，该公司的资本结构安排就可以是贷款 80 万元，发行债券 50 万元，发行普通股 70 万元。

5. 解：当公司举债 400 万元时：

公司价值 = 2 000 + 400 × 50% = 2 200（万元）

股权资本 = 2 200 - 400 = 1 800（万元）

股本成本 = 10% +（10% - 6%）× 50% × 400/1 800 = 10.4%

6. 解：财务杠杆系数计算如下：

$$DFL = \frac{10\,000}{10\,000 - 2\,500 - 1\,750/(1 - 50\%)} = 2.5(倍)$$

7. 解：（1）当信息对称时，投资者与经营者对公司的未来发展有着同样的预计，也认为股票价值为每股 20 元，因此公司增发普通股 3 000 股（60 000/20），则新股价计算如下：

$$新股价 = \frac{15\,000 \times 20 + 60\,000 + 30\,000}{15\,000 + 3\,000} = 21.67(元)$$

（2）当信息不对称时，投资者不了解公司的情况，投资者对未来发展的预计与经营者不同，但公司又不能对相关信息进行披露。因此，公司只能以每股 10 元发行新股。此时需要发行新股 6 000 股。

$$新股价 = \frac{15\,000 \times 20 + 60\,000 + 30\,000}{15\,000 + 6\,000} = 18.57(元)$$

（3）在信息对称时，新股价值为 21.67 元，使得新老股东都受益，应该接受该项目；信息不对称时，新股价值为 18.57 元，使得老股东每股损失 1.43 元，新股东每股得益 8.57 元，因此，公司不会实施该项目。

8. 解：（1）根据公式：$DOL = \dfrac{Q(P - V)}{Q(P - V) - F}$，计算可得 DOL = 1.5

（2）根据公式：DTL = DOL × DFL = 2 × 1.5 = 3

（3）根据公式：$DFL = \dfrac{\Delta EPS/EPS}{\Delta EBIT/EBIT}$，计算可得 EPS = 11.2（元）

9. 解：根据公式 V = S + B，其中 B = 0，所以 V = S

$$S = \frac{(EBIT - I)(1 - T)}{K_S} = \frac{2\,000 \times (1 - 0.3)}{0.2} = 7\,000(万元)$$

10. 解：（1）增发股票方案：

2014 年增发股份数 = 1 000/5 = 200（万股）

2014 年全年债券利息 = 1 000 × 8% = 80（万元）

（2）增发公司债券方案：

2014 年全年的债券利息 = 2 000 × 8% = 160（万元）

（3）每股收益无差别点的息税前收益：

（160 × 4 200 - 80 × 4 000）/（4 200 - 4 000）= 1 760（万元）

因为预计 2014 年实现的息税前收益 2 000 万元 > 每股收益无差别点的息税前收益 1 760 元，所以应采用方案二，负债筹资。

第10章 股利政策

一、练习题

（一）单项选择题

1. 有观点认为，股利政策不会对企业价值产生任何影响。这种理论观点是指（   ）。
   A. "一鸟在手"理论　　　　　　　B. 股利政策无关论
   C. 差别税收理论　　　　　　　　D. 差别收入理论

2. 由于股利比资本利得具有相对的确定性，因此公司应该维持较高的股利支付率。这种观点属于（   ）。
   A. 股利政策无关论　　　　　　　B. "一鸟在手"理论
   C. 差别税收理论　　　　　　　　D. 差别收入理论

3. 如果企业每期支付的股利随企业投资机会和盈利水平的变动而变动，则这种股利政策指的是（   ）。
   A. 剩余股利政策　　　　　　　　B. 固定股利或稳定增长股利政策
   C. 固定股利支付率政策　　　　　D. 低正常股利加额外股利政策

4. 如果每年发放的股利固定在某一固定的水平上并在较长的时期内不变，只有当企业认为未来盈余的增加足以使它能将股利维持到一个更高的水平时，企业才会提高股利的发放额，则这种股利政策是（   ）。
   A. 剩余股利政策　　　　　　　　B. 固定股利或稳定增长股利政策
   C. 固定股利支付率政策　　　　　D. 低正常股利加额外股利政策

5. 如果企业的股利支付与企业的盈利状况之间保持稳定，股利支付额随盈利额的变动而相应变动，能使股利支付与企业盈利得到很好的配合，则这种股利政策是（   ）。
   A. 剩余股利政策　　　　　　　　B. 固定股利或稳定增长股利政策
   C. 固定股利支付率政策　　　　　D. 低正常股利加额外股利政策

6. 若企业每年向股东支付固定的、数额较低的股利，当企业盈利有较大幅度增加时，再根据实际情况向股东加付一部分额外股利，则这种股利政策指的是（   ）。
   A. 剩余股利政策　　　　　　　　B. 固定股利或稳定增长股利政策
   C. 固定股利支付率政策　　　　　D. 低正常股利加额外股利政策

7. 当公司的盈余和现金流量都不稳定时，对股东和企业都有利的股利分配政策是（   ）。
   A. 剩余股利政策　　　　　　　　B. 固定股利或稳定增长股利政策
   C. 固定股利支付率政策　　　　　D. 低正常股利加额外股利政策

8. 提取法定盈余公积金的比例是（   ）。
   A. 5%　　　　B. 10%　　　　C. 15%　　　　D. 20%

9. 公司当年可以不提取法定盈余公积金的标志是：当年盈余公积金累计额达到公司注册资本的（   ）。
   A. 30%   B. 10%   C. 40%   D. 50%
10. 按照《公司法》规定的利润分配顺序，在计提法定盈余公积金后应（   ）。
    A. 计提公益金   B. 向优先股股东支付股利
    C. 计提任意盈余公积金   D. 向普通股股东支付股利
11. 下列各项中，不能用于股利分配的是（   ）。
    A. 盈余公积   B. 税后净利润
    C. 资本公积   D. 上年度未分配利润
12. 能产生与发放股票股利相似的方式是（   ）。
    A. 股票分割   B. 股票回购   C. 股票反分割   D. 股票出售
13. 若发放股票股利，不会受其影响的指标是（   ）。
    A. 每股收益   B. 每股市价
    C. 股东权益各项目的比例   D. 股东权益总额
14. 与现金股利十分相似的是（   ）。
    A. 股票回购   B. 股票股利   C. 股票分割   D. 股票出售
15. 下列各项中，投资者需要支付较高所得税的是（   ）。
    A. 股票回购   B. 股票股利   C. 股票分割   D. 现金股利

（二）多项选择题

1. 右派观点的代表理论主要有（   ）。
   A. 股利政策无关论   B. 差别税收理论   C. "一鸟在手"理论
   D. MM 理论   E. "信号理论"
2. 股利政策的具体影响因素包括（   ）。
   A. 法律因素   B. 行业因素   C. 契约性约束
   D. 股东因素   E. 企业内部因素
3. 常用的股利政策类型包括（   ）。
   A. 剩余股利政策   B. 固定或持续增长的股利政策
   C. 固定股利支付率政策   D. 低正常股利加额外股利政策
   E. 低股利支付率政策
4. 根据我国《公司法》规定，公司利润分配的项目包括（   ）。
   A. 盈余公积金   B. 公益金   C. 股利
   D. 资本公积金   E. 税前补亏
5. 根据我国《公司法》规定，公司可以在税后提取的项目有（   ）。
   A. 法定盈余公积金   B. 公益金   C. 任意盈余公积金
   D. 偿债基金   E. 股利
6. 一般而言，企业的股利发放经过的日期包括（   ）。
   A. 股利宣告日   B. 股权登记日   C. 除息日
   D. 股利支付日   E. 股权宣告日

7. 常见的股利支付方式有（　　）。
   A. 现金股利　　　　　B. 股票股利　　　　　C. 财产股利
   D. 信用股利　　　　　E. 负债股利
8. MM理论是建立在完美市场假设基础之上的，这些假设包括（　　）。
   A. 投资者与管理者拥有相同的信息，信息完全对称
   B. 投资者都是理性的
   C. 企业发行证券没有发行费用
   D. 不存在税收
   E. 证券交易瞬间完成，没有交易成本
9. 若采用固定股利支付率政策，可能对公司产生的不利影响表现在（　　）。
   A. 传递给股票市场的是企业经营不稳定的信息
   B. 企业的信用地位下降
   C. 不利于实现企业价值最大化
   D. 稀释了股权
   E. 无法保持较低的资本成本
10. 如果一个公司认为，该公司的股票市价过高，要想降低公司的股票价格，可以采用的方式有（　　）。
    A. 发行股票股利　　　B. 回购股票　　　　　C. 进行股票分割
    D. 发放现金股利　　　E. 进行股票反分割
11. 相关法律规定，如果公司当年亏损，但为维持其股票声誉，（　　）。
    A. 可以用盈余公积金发放股利
    B. 必须支付优先股股利
    C. 可以用资本公积金发放股利
    D. 留存的盈余公积金不得低于注册资本的25%
    E. 留存的资本公积金不得低于注册资本的25%
12. 采用低正常股利加额外股利政策的理由是（　　）。
    A. 可以向市场传递公司正常发展的信息
    B. 综合资本成本最低
    C. 使股东有比较稳定的收入
    D. 使公司比较有灵活性
    E. 公司可以连续支付额外股利
13. 现金股利和股票回购具有相似之处，主要表现在（　　）。
    A. 增加公司的资产　　B. 减少公司的资产　　C. 需要支付较高的所得税
    D. 需要支付一定数量的股票　E. 需要支付一定数量的现金
14. 公司进行股票回购后会使得（　　）。
    A. 每股市价上升　　　B. 每股市价下降　　　C. 股东权益总额不变
    D. 每股市价不变　　　E. 股东权益减少
15. 股票股利和股票分割的相同之处表现为（　　）。
    A. 会计处理相同　　　　　　B. 都没有增加股东的现金流量

C. 都使流通在外的普通股股数增加
D. 都使股票市场价格下降
E. 都没有改变股东权益总额

（三）判断题

1. "右派"观点的代表理论是差别税收理论。（　　）
2. 采用剩余股利政策是为了保持理想的资本结构。（　　）
3. 若发放股票股利，每股市价不会受其影响。（　　）
4. "一鸟在手"理论认为，股利支付水平的高低不会影响企业的价值，股利政策无优劣之分。（　　）
5. 股利政策的制定主要依赖对具体企业所处的具体环境进行定性分析，以实现各种利益关系的均衡。（　　）
6. 固定或持续增长的股利政策是指企业每期股利的支付率保持不变，每股股利是每股盈利的函数，随每股收益的变动而变动。（　　）
7. 公司分配当年税后利润时，应当按税后利润20%的比例提取法定盈余公积金。（　　）
8. 按我国《公司法》规定，公司利润分配的项目包括盈余公积金、公益金、股利和资本公积金。（　　）
9. 企业是否发放股利由董事会决定，一旦董事会宣布发放股利，股利就会成为企业一项不可撤销的负债。（　　）
10. 常见的股利支付方式有现金股利、股票股利、财产股利和负债股利等，其中现金股利与股票股利、股票回购与股票分割十分相似。（　　）
11. 股票股利会对公司的每股收益和每股价格产生影响。（　　）
12. 无论在何种股利理论下，投资者更注重股利的取得而不是股利的变化。（　　）
13. 现金股利是公司在分配股利时最常用的方式，也是投资者最容易接受的方式。（　　）
14. 法定盈余公积金的提取由股东会根据需要决定。（　　）
15. "一鸟在手"理论和"信号理论"认为，投资者偏好实实在在的股利，高股利可以提高企业的价值。（　　）

（四）计算分析题

1. 某公司需投资100万元，目前企业的负债率为30%，现有盈余为120万元。如果采用剩余股利政策，则需要支付的股利是多少？
2. 一位股东持有甲公司的股票10 000股，该公司宣布发放10%的股票股利，假定发放股票股利前的每股收益为5元，发放股票股利后的每股收益为4.2元，则该股东所持股票的市场价值是多少？
3. 某公司本年实现的税后净利润为100万元，公司年初未分配利润为30万元，下年度公司将面临一项投资机会，需投资50万元，公司的最佳资本结构权益/负债=3/2。公司计提公积金比例为10%，计提公益金的比例为5%。现公司决定采用剩余股利政策进行股利分配。求：（1）计算应提取的盈余公积金和公益金的数额；（2）计算本年应发放的股利额；（3）计算年末未分配利润。

4. 某公司本年实现的税后净利润为 100 万元，公司年初未分配利润为 30 万元，公司计提公积金比例为 10%，计提公益金比例为 8%，公司发行在外的普通股为 40 万股，公司决定采用剩余股利政策进行股利分配，计算每股收益和每股股利。

5. 某公司以 30% 的资产负债率作为目标资本结构，公司当年的税后净利润为 800 万元，预计公司未来的总资产要达到 1 300 万元，现有的权益资本为 200 万元。求：（1）若采用剩余股利政策，当年股利支付率是多少；（2）若股利支付率为 100%，计算在市盈率为 5、每股收益为 2 元条件下应增发的普通股股数。

6. 某上市公司在 2013 年发放股票股利前，其资产负债表上的股东权益账务情况如下（单位：万元）。

股东权益：

普通股（面值 1 元，流通在外的普通股股数为 3 000 万股）	3 000
资本公积	4 000
盈余公积	2 000
未分配利润	2 000
股东权益总额	11 000

假设该公司宣布发放 20% 的股票股利，现有股东每持 10 股即可获得赠送的 2 股普通股，该公司发放的普通股为 600 万股，随着股票股利的发放，未分配利润中有 600 万元的资金要转移到普通股的股本账户上。股票股利发放后的资产负债表上股东权益部分如下：

股东权益：

普通股（面值 1 元，流通在外的普通股股数为 3 600 万股）	3 600
资本公积	4 000
盈余公积	2 000
未分配利润	1 400
股东权益总额	11 000

假设一位股东派发股票股利之前持有公司的普通股为 3 000 股，那么派发股利后，股票的数量和股份的比例是多少？

7. MM 上市公司在 2013 年年末，其资产负债表的股东权益账户情况如下（单位：万元）。

股东权益：

普通股（面值 1 元，流通在外的普通股股数为 3 000 万股）	3 000
资本公积	4 000
盈余公积	2 000
未分配利润	2 000
股东权益总额	11 000

求：（1）假设该公司宣布发放 30% 的股票股利，即现有股东每持有 10 股，即可获得赠送的 3 股普通股。发放股票股利后，股东权益有何变化？每股净资产是多少？（2）假设该公司按照 1:5 的比例进行股票分割。股票分割后，股东权益有何变化？每股净资产是

多少？

8. XY 公司利润分配前的股东权益项目如下（单位：万元）。

股东权益：
普通股（面值 2 元，流通在外的普通股股数为 3 000 万股）	6 000
资本公积	4 000
未分配利润	20 000
股东权益总额	30 000

公司股票的每股现行市价为 30 元。如果公司按每 10 股送 1 股的方案发放股票股利，并按发放股票股利后的股数派发每股现金股利 0.2 元，股票股利的金额按现行市价计算。计算股利分配后的股东权益各项数额。

9. POM 公司目前流通在外的普通股股数为 10 000 股，并奉行 60% 的股利支付率政策。公司适用的折现率为 10%，目前的净利润为 48 000 元，两年后公司的期望价值为 1 210 000 元。

求：(1) 计算公司目前的股价；(2) 按照目前的股利政策，计算公司除息后的股价。

10. TT 公司是一家上市公司，其利润分配前的股东权益项目中，股本总额为 400 万元（每股面值 2 元，共有 200 万股），资本公积为 200 万元，未分配利润为 850 万元。所有者权益合计 1 450 万元。公司股票的每股现行市价为 30 元。现在公司拟出两个股利分配方案：(1) 发放股票股利，计划按每 10 股送 1 股的比例发放，股票股利的金额按现行市价计算。(2) 进行股票分割，按 1 股换 2 股的比例进行。

计算两个方案对股东权益总额和各项目的影响，并比较两个不同方案的相同点和不同点。

（五）案例分析题

NM 集团股利决策案例

美国 NM 集团是 NM 银行的母公司，由于巨额房地产贷款损失和一些其他问题，于 2011 年宣布暂停其股利支付。新闻报道透露银行监管者开始着手结束银行的监管活动，并迫使 NM 银行暂停股利支付，直到它的资本复原。到 2013 年，NM 集团的状况大为改善。

从 2010 年年末到 2013 年年末，该集团控制的资本从 160 亿美元升至 235 亿美元并且其第一层杠杆资本比率达到 6.8%（最低要求为 4%）。现在 NM 集团正在考虑重新开始支付股利。

在暂停股利支付前 2 年，NM 集团的股利分配方案如下表所示。

季度	股利分配方案（美元）	季度	股利分配方案（美元）
2010（1）	现金股利 0.405	2011（1）	现金股利 0.25
2010（2）	现金股利 0.445	2011（2）	现金股利 0.25
2010（3）	现金股利 0.445	2011（3）	现金股利 0.25
2010（4）	现金股利 0.445	2011（4）	暂停支付（2011 年 10 月 15 日）

NM 集团过去数年的每股盈余和 1994 年 4 月以后数年的预期每股盈余（用 F 表示）如下表所示。

年份	2008	2009	2010	2011	2012	2013	2014	2015	2016
每股盈余（美元）	4.87	1.16	0.57	-3.22	1.35	3.53	6.00	6.50	7.50

NM集团在重新确定现金股利时需要考虑可比同类银行的股利政策。如下表提供了它所考虑的一些信息。

银行	净值与资产比率（%）			股利支付率（%）			股利收益率（%）
	1991年	1992年	1993年	1991年	1992年	1993年	
NM银行	4.4	5.2	6.5	—	—	—	—
A银行	7.4	8.6	8.9	131	36	32	1.7
B银行	7.0	8.6	9.2	25	31	29	4.1
C银行	5.3	5.3	4.9	34	33	26	5.1
D银行	5.5	6.8	8.0	38	35	63	4.1
E银行	5.2	7.1	7.4	955	31	24	4.2
F银行	5.9	6.9	7.4	36	32	29	4.3
G银行	5.9	6.6	6.3	195	33	33	4.0

股利收益率＝4×最近一季季度股利/每股价格

请问：（1）2010年NM集团的股利支付率为多少？（2）为什么NM集团在2011年的第1个季度要削减股利？（3）2012年可比银行的平均股利支付率为多少？2013年呢？（4）你认为在2014年春季，当NM集团宣告发放现金股利时，市场将如何反应？这一信息传递可信吗？

二、参考答案

（一）单项选择题

1. B 2. B 3. A 4. B 5. C
6. D 7. D 8. B 9. D 10. A
11. C 12. A 13. D 14. A 15. D

（二）多项选择题

1. CE 2. ABCDE 3. ABCD 4. ABC 5. ABCE
6. ABCD 7. ABCE 8. ABCDE 9. ABC 10. AC
11. AD 12. CD 13. BE 14. AE 15. BCDE

（三）判断题

1. × 2. √ 3. × 4. × 5. √
6. × 7. × 8. × 9. √ 10. ×
11. √ 12. × 13. √ 14. × 15. √

(四) 计算分析题

1. 解：需要支付的股利 = 120 − 100 × (1 − 30%) = 50 (万元)
2. 解：市场价值 = 10 000 × 4.2 × (1 + 10%) = 46 200 (元)
3. 解：(1) 盈余公积金 = 100 × 10% = 10 (万元)

   公益金 = 100 × 5% = 5 (万元)

   (2) 50 × 3/(3 + 2) = 30

   发放的股利额 = 100 + 30 − 10 − 5 − 30 = 85 (元)

   (3) 年末未分配利润为 30 万元。
4. 解：每股收益 = 100/40 = 2.5 (元)

   每股股利 = (100 + 30 − 100 × 10% − 100 × 8%)/40 = 2.8 (元)
5. 解：(1) 未来所需权益资本 = 1300 × (1 − 30%) = 910 (万元)

   需补充的权益资本 = 910 − 200 = 710 (万元)

   当年的股利支付率 = (800 − 710)/800 = 11.25%

   (2) 每股市价 = 5 × 2 = 10 (元)

   增发的普通股股数 = 710/10 = 71 (万股)
6. 解：派发股票股利之前的股权比例为：3 000 股/3 000 万股 = 0.01%

   派发股利后，股票数量和股份比例为：

   3 000 股 + 600 万股 × 0.01% = 3 600 股

   3 600 股/3 600 万股 = 0.01%
7. 解：(1) 股东权益：

普通股 (面值1元，流通在外的普通股股数为3 900万股)	3 900
资本公积	4 000
盈余公积	2 000
未分配利润	1 100
股东权益总额	11 000

   每股的净资产为：11 000/(3 000 + 900) = 2.82

   (2) 股东权益：

普通股 (面值0.2元，流通在外的普通股股数为15 000万股)	3 000
资本公积	4 000
盈余公积	2 000
未分配利润	2 000
股东权益总额	11 000

   每股净资产为：11 000/(3 000 × 5) = 0.733

8. 解：普通股股数：3 000 + 3 000/10 = 3 300 (万股)

   普通股股本总额 = 3 300 × 2 = 6 600 (万元)

   资本公积 = 4 000 + (30 − 2) × 300 = 12 400 (万元)

   现金股利 = 0.2 × 3 300 = 660 (元)

   未分配利润 = 20 000 − 660 − 30 × 300 = 10 340 (万元)

9. 解：（1）公司期望价值的现值 = 1 210 000/(1.1×1.1) = 1 000 000（元）

　　　　公司目前的股价 = (1 000 000 + 48 000)/10 000 = 104.8（元/股）

　（2）除息后的股价 = (1 048 000 - 48 000×60%)/10 000 = 91.92（元/股）

10. 解：（1）发放股票股利对所有者权益和各项目的影响：

　　　　发放股票股利后普通股股数：200 + 200/10 = 220（万股）

　　　　发放股票股利后普通股资本：220×2 = 440（万元）

　　　　资本公积额：200 + (30 - 2)×20 = 760（万元）

　　　　未分配利润：850 - 30×20 = 250（万元）

　　　　所有者权益总额 = 440 + 760 + 250 = 1 450（万元）

（2）进行股票分割后对所有者权益和各项目的影响：

普通股股数：200×2 = 400（万股）

普通股资本：400×1 = 400（万元）

资本公积额：200万元

未分配利润：850万元

所有者权益总额 = 400 + 200 + 850 = 1 450（万元）

（3）两个方案的相同点表现在：两个方案实行前后所有者权益总额为1 450元，因此两个方案不会影响所有者权益总额；不会影响公司的资产和负债总额；不会影响股东的持股比例。

两个方案的不同点表现在：对每股面值的影响不同；对股东权益内部结构的影响不同。适用范围不同。一般来讲，只有在公司股价暴涨且预期难以下降时，才采用股票分割的方法降低股价；而在公司股价上涨幅度不大时，往往通过发放股票股利就可以将股价维持在理想的范围之内。

（五）案例分析题

解：（1）股利2010年的平均股利 = (0.405 + 0.445 + 0.445 + 0.445)/4 = 0.435

股利支付率 = 0.435/0.57 = 0.763

（2）NM集团从2008~2010年每股盈余逐渐下降，到2011年的每股收益为负值，可见公司由于巨额房地产贷款损失和一些其他问题影响了公司的净利润。2011年的净值与资产比率与可比公司相比最低，所以要从第一季度进行削减股利。

（3）2012年平均股利支付率 = (36% + 31% + 33% + 35% + 31% + 32% + 33%)/7 = 33%

2013年平均股利支付率 = (32% + 29% + 26% + 63% + 24% + 29% + 33%)/7 = 33.7%

（4）2014年春季，当NM集团宣告发放现金股利时，市场反应会有所改变，股价可能会上升，因为2014年4月以后数年的预期每股盈余会逐渐上升且比之前的每股盈余大幅上升。

第 11 章　流动资产管理

一、练习题

（一）单项选择题

1. 下列不属于企业持有一定量的现金的目的的是（　　）。
   A. 交易性动机　　　　　　　　　　B. 预防性动机
   C. 收益性动机　　　　　　　　　　D. 投机性动机
2. 在采用成本分析模型确定目标现金持有量时，通常会发生的成本不包括（　　）。
   A. 机会成本　　　　　　　　　　　B. 交易成本
   C. 管理成本　　　　　　　　　　　D. 短缺成本
3. 在确定最佳现金持有量时，成本分析模型、存货模型和随机模型均需要考虑的因素是（　　）。
   A. 持有现金的机会成本　　　　　　B. 固定性转换成本
   C. 现金短缺成本　　　　　　　　　D. 现金保管费用
4. 企业6月10日赊购商品时双方约定"2/10，N/20"。在6月15日有能力付款，但直到6月20日才支付款项。其目的是运用现金日常管理策略中的（　　）。
   A. 力争现金流量同步　　　　　　　B. 使用现金浮游量
   C. 加速收款　　　　　　　　　　　D. 推迟付款
5. 按照随机模型，确定现金持有量的下限时，应该考虑的因素有（　　）。
   A. 企业现金最高余额　　　　　　　B. 有价证券的日利息率
   C. 有价证券的每次转换成本　　　　D. 管理人员对风险的态度
6. 信用的5C评估法中，条件是指（　　）。
   A. 顾客的财务实力和财务状况，表明顾客可能偿还债务的背景
   B. 顾客拒付款项或者无力支付款项时能被用作抵押的资产
   C. 影响顾客付款能力的经济环境
   D. 顾客的信誉，即履行偿债义务的可能性
7. 属于应收账款机会成本的是（　　）。
   A. 收款费用　　　　　　　　　　　B. 坏账损失
   C. 应收账款占用资金的应计利息　　D. 对客户信用进行调查的费用
8. 在信用期间、现金折扣的决策中，必须考虑的因素是（　　）。
   A. 货款结算需要的时间差　　　　　B. 公司所得税税率
   C. 销售增加引起的存货资金增减变化　D. 应收账款占用资金的应计利息
9. 采用成本分析模型控制现金持有量时，若现金持有量超过总成本线最低点时（　　）。
   A. 机会成本上升的代价大于短缺成本下降的好处

B. 机会成本上升的代价小于短缺成本下降的好处
C. 机会成本上升的代价等于短缺成本下降的好处
D. 机会成本上升的代价大于转换成本下降的好处

10. 若企业采用随机模型对现金持有量进行控制，当现金持有额达到上限时，企业要投资10万元于有价证券，企业认为无论何时其现金余额均不能低于2万元。若企业目前的现金余额是17万元，则需要投资有价证券的数额为（　　）。

  A. 5万元   B. 7万元   C. 10万元   D. 15万元

11. 公司持有有价证券的年利率为6%，公司的现金最低持有量为2 500元，现金余额的最优返回线为9 000元，如果公司现有现金21 200元，则根据随机模型应投资证券的数额为（　　）。

  A. 0   B. 2 500元   C. 9 000元   D. 12 200元

12. 企业持有一定量的短期有价证券，主要是为了维护企业资产的流动性和（　　）。

  A. 企业资产的及时变现性，从而维护企业良好的信誉
  B. 正常情况下的现金需要
  C. 非正常情况下的现金需要
  D. 企业资产的收益性

13. 某企业规定在任何情况下其现金余额不能低于5 000元，现已知现金返回线的数值为6 250元，则其现金量的控制上限为（　　）。

  A. 8 750元 B. 11 250元 C. 6 250元 D. 5 000元

14. 下列成本中，属于变动性订货成本的是（　　）。

  A. 采购人员计时工资   B. 采购部门管理费用
  C. 订货业务费   D. 预付订金的机会成本

15. 如果企业的借款能力较强，保障程度较高，则可以适当（　　）。

  A. 增加预防性现金的数额   B. 降低预防性现金的数额
  C. 增加投机性现金的数额   D. 降低投机性现金的数额

（二）多项选择题

1. 公司持有一定量的现金主要是为了满足（　　）。

  A. 交易性动机   B. 预防性动机   C. 收益性动机
  D. 投机性动机   E. 盈利性动机

2. 在成本分析模型下，公司持有一定量的现金通常会发生的成本有（　　）。

  A. 机会成本   B. 管理成本   C. 短缺成本
  D. 坏账成本   E. 交易成本

3. 企业预防性现金数额的大小（　　）。

  A. 与企业现金流量的可预测性成反比
  B. 与企业现金流量的可预测性成正比
  C. 与企业借款能力成反比
  D. 与企业业务交易量成反比
  E. 与企业偿债能力成正比

4. 下列说法中,正确的是(   )。
   A. 现金持有量越大,机会成本越高
   B. 现金持有量越低,短缺成本越大
   C. 现金持有量越大,管理成本越大
   D. 现金持有量越大,收益越高
   E. 现金持有量越小,管理成本越大

5. 应收账款成本包括(   )。
   A. 机会成本   B. 管理成本   C. 坏账成本
   D. 短缺成本   E. 交易成本

6. 信用的 5C 评估法的具体内容是(   )。
   A. 品质   B. 能力   C. 资本
   D. 抵押   E. 条件

7. 企业恰当的信用政策的内容包括(   )。
   A. 确定收账方法   B. 确定信用标准   C. 确定信用条件
   D. 确定信用期间   E. 确定折扣条件

8. 制定企业的信用政策,需要考虑的因素包括(   )。
   A. 等风险投资的最低报酬率   B. 收账费用   C. 存货数量
   D. 现金折扣   E. 坏账损失

9. 某企业采用随机模型控制现金余额,当现金达到上限时,企业通常要投资 50 万元于有价证券,若企业认为任何时候其现金余额均不能低于 10 万元,则下列表述正确的是(   )。
   A. 最优返回线为 35 万元
   B. 上限为 85 万元
   C. 当现金降到下限时,企业应转让有价证券 25 万元
   D. 下限为 10 万元
   E. 上限为 70 万元

10. 对信用期间的叙述,不正确的是(   )。
    A. 信用期间越长,企业坏账风险越大
    B. 信用期间越长,企业坏账风险越小
    C. 信用期间越长,表明客户享受的信用条件越优越
    D. 延长信用期间,不利于销售收入的扩大
    E. 信用期间越长,应收账款的机会成本越低

11. 在确定经济订货量时,下列说法中正确的是(   )。
    A. 经济订货量是指通过合理的进货批量和进货时间,使存货的总成本最低的采购批量
    B. 随每次进货批量的变动,变动订货成本和变动储存成本成反方向变化
    C. 变动储存成本的高低与每次进货批量成正比
    D. 变动订货成本的高低与每次进货批量成反比
    E. 在基本模型假设条件下,年储存变动成本与年订货变动成本相等时的采购批

量，即为经济订货量

12. 在存货陆续供应和使用的过程中，导致经济批量增加的因素有（　　）。
   A. 存货年需要量增加　　B. 一次订货成本增加　　C. 每日耗用量增加
   D. 每日耗用量降低　　　E. 单位储存变动成本增加
13. 在企业供货提供数量折扣的情况下，影响经济订货量的因素有（　　）。
   A. 购置成本　　　　　　B. 储存成本中的固定成本
   C. 储存成本中的变动成本　D. 订货成本中的固定成本
   E. 订货成本中的变动成本
14. 引起缺货问题的原因主要有（　　）。
   A. 需求量的变化　　　　B. 交货期日需求量增大　　C. 延迟交货
   D. 存货过量使用　　　　E. 存货使用效率太低
15. 下列因素中，会引起经济订货量占用资金上升的是（　　）。
   A. 存货年需要量增加　　B. 单位存货年储存变动成本增加
   C. 单价上升　　　　　　D. 单价下降
   E. 每次订货的变动成本增加

（三）判断题

1. 现金是流动性最强，营利性最差的资产。　　　　　　　　　　（　）
2. 短期有价证券可被视作"现金"的一部分。　　　　　　　　　（　）
3. 公司临时借款能力的强弱不影响预防性需要所持有的现金余额。（　）
4. 现金持有量与机会成本成正比，与短缺成本也成正比。　　　（　）
5. 现金支出管理的主要目的是在不影响本企业商业信誉的前提下，尽可能地延迟现金的支出时间。　　　　　　　　　　　　　　　　　　　　　　　　（　）
6. 企业如果能够正确预测现金浮游量，并加以利用，就可以相应地减少银行存款余额，提高现金利用率。　　　　　　　　　　　　　　　　　　　　　　（　）
7. 坏账成本与应收账款的额度成反比。　　　　　　　　　　　　（　）
8. 公司产品的销售量与信用期限之间存在着一定的依存关系。　　（　）
9. 采购成本是指由买价和运杂费构成的成本，其数额仅取决于采购数量。（　）
10. 单位采购成本一般不随采购数量的变动而变动。　　　　　　（　）
11. 储存成本是固定成本。　　　　　　　　　　　　　　　　　（　）
12. 订货成本可分为固定订货成本和变动订货成本。　　　　　　（　）
13. ABC 分析法是对存货各项目按种类、品种或规格分清主次，重点控制的方法。
　　　　　　　　　　　　　　　　　　　　　　　　　　　　　　（　）
14. 现金持有量越大，机会成本越小。　　　　　　　　　　　　（　）
15. 现金持有量越大，收益越高。　　　　　　　　　　　　　　（　）

（四）计算分析题

1. ABC 公司的财务人员预计公司每月需要现金 720 000 元，现金与有价证券转换的交易成本为每次 100 元，有价证券的月利率为 1%，试计算：（1）该公司最佳现金持有量；

(2) 每月有价证券交易次数；(3) 持有现金的总成本。

2. 已知某公司现金收支平衡，预计全年（按 360 天计算）现金需要量为 250 000 元，现金与有价证券的转换成本为每次 500 元，有价证券的年利率为 10%。求：(1) 计算最佳现金持有量；(2) 计算最佳现金持有量下的全年现金管理总成本、全年现金转换成本和全年现金持有机会成本；(3) 计算最佳现金持有量下的全年有价证券交易次数和有价证券交易间隔期。

3. 某公司根据现金流动性要求和有关补偿性余额的协议，该公司的最低现金持有量为 5 000 元，每日现金流量的标准差为 900 元，有价证券年利率为 10%，有价证券转换的每次交易成本为 72 元，假设一年按 360 天计算，那么在随机模型下，请计算该公司最优现金返回线（R）、上限（H）以及平均现金持有量。

4. 假设某公司根据现金流动性要求和有关补偿性余额的协议，该公司的最低现金持有量为 10 000 元，每日现金流量的标准差为 900 元，有价证券年利率为 10%，有价证券转换的每次交易成本为 200 元。每日现金流量的标准差为 33 407 元，假设一年按 360 天计算，利用随机模型。求：(1) 计算该公司最优现金返回线和现金存量的上限（结果保留整数）；(2) 若此时现金余额为 25 万元，应如何调整现金？(3) 若此时现金余额为 28 万元，应如何调整现金？

5. 某公司利用 A 材料加工生产，全年耗用 A 材料 12 000 千克，每次订货成本 10 元，每千克材料的年储存成本 6 元。请分别计算：(1) 经济订货批量 Q^*；(2) 最低年成本 T^*；(3) 最佳订货次数 A/Q^*。

6. 某企业每年耗用 A 材料 45 000 件，单位材料年储存成本 20 元，平均每次订货费用为 180 元，A 材料全年平均单价为 240 元。假定不存在数量折扣，不会出现陆续到货和缺货的现象。求：(1) 计算 A 材料的经济订货批量；(2) 计算 A 材料的年度最佳订货批数；(3) 计算 A 材料的相关订货成本；(4) 计算 A 材料的相关储存成本；(5) 计算 A 材料经济订货批量平均占用资金。

7. 某企业生产中使用的 A 标准件既可以自制又可以外购。若自制，单位成本为 6 元，每次生产准备成本 500 元，日产量 40 件；若外购，购入价格是单位自制成本的 1.5 倍，一次订货成本是 20 元。A 标准件全年共耗用 7 200 件，储存变动成本为标准件价值的 10%，假设一年有 360 天。求：(1) 企业应自制还是外购 A 标准件？（结果保留整数）(2) 企业自制与外购的平均存货占用资金为多少？

8. 已知 ABC 公司与库存有关的信息为：(1) 年需求量为 30 000 单位（假设每年 360 天）；(2) 购买价格为每单位 100 元；(3) 库存储存成本是商品买价的 30%；(4) 订货成本每次 60 元；(5) 公司希望的安全储备量为 750 单位；(6) 订货数量只能按 100 的倍数（四舍五入）制定；(7) 订货至到货的时间为 15 天。

求：(1) 最优经济订货量是多少？(2) 存货水平为多少时应补充订货？(3) 存货平均占用资金？

二、参考答案

（一）单项选择题

1. C   2. B   3. A   4. D   5. D

6. C   7. C   8. D   9. A   10. C
11. A   12. D   13. A   14. C   15. B

（二）多项选择题
1. ABD   2. ABC   3. AC   4. AB   5. ABC
6. ABCD 7. BCDE 8. ABCDE 9. ABCD 10. ADE
11. ABCDE 12. ABC 13. ACE 14. ABCDE 15. ACE

（三）判断题
1. √   2. √   3. ×   4. ×   5. √
6. √   7. ×   8. √   9. ×   10. √
11. ×   12. √   13. √   14. ×   15. ×

（四）计算分析题

1. 解：（1）该公司最佳现金持有量：

$$C^* = \sqrt{\frac{2 \times 720\,000 \times 100}{1\%}} = 120\,000（元）$$

（2）每月有价证券交易次数 = 720 000/120 000 = 6（次）

（3）公司每月现金持有量的总成本为：

$$TC = (120\,000/2) \times 1\% + (720\,000/120\,000) \times 100$$
$$= 600 + 600$$
$$= 1\,200（元）$$

2. 解：（1）最佳现金持有量 $= \sqrt{\dfrac{2 \times 250\,000 \times 500}{10\%}} = 5\,000（元）$

（2）全年现金管理总成本 $= \sqrt{2 \times 250\,000 \times 500 \times 10\%} = 5\,000（元）$

全年现金转换成本 = (250 000/5 000) × 500 = 2 500（元）

全年现金持有机会成本 = (500 000/2) × 10% = 2 500（元）

（3）交易次数 = 250 000/50 000 = 5（次）

有价证券交易间隔期 = 360/5 = 72（天）

3. 解：$R = \sqrt[3]{\dfrac{3 \times 72 \times 900^2}{4 \times (10\% \div 360)}} + 5\,000$

$= 5\,400 + 5\,000$

$= 10\,400$（元）

$H = 3 \times 10\,400 - 2 \times 5\,000 = 21\,200（元）$

平均现金持有量 $= \dfrac{4 \times 10\,400 - 5\,000}{3} = 12\,200$（元）

4. 解：（1）最优现金返回线为：$R = \sqrt[3]{\dfrac{3 \times 200 \times 33\,407^2}{4 \times (10\% \div 360)}} + 10\,000$

$= 94\,467$（元）

现金存量的上限为：$H = 3 \times 94\ 467 - 2 \times 10\ 000 = 263\ 401$（元）

(2) 当现金余额为 25 万元时，不进行现金调整。

(3) 当现金余额为 28 万元时，应投资 185 533 元（即 280 000 − 94 467）于有价证券。

5. 解：

(1) $Q^* = 2 \times \sqrt{\dfrac{12\ 000 \times 10}{6}} = 200$（千克）

(2) $T^* = \sqrt{2 \times 12\ 000 \times 10 \times 6} = 1\ 200$（元）

(3) $A/Q^* = 12\ 000/200 = 60$（次）

6. 解：(1) A 材料的经济订货批量 $Q^* = \sqrt{\dfrac{2 \times 45\ 000 \times 180}{20}} = 900$（件）

(2) A 材料的年度最佳订货批数 $A/Q^* = 45\ 000/900 = 50$（次）

(3) A 材料的相关订货成本 $= 50 \times 180 = 9\ 000$（元）

(4) A 材料的相关储存成本 $= \dfrac{900}{2} \times 20 = 9\ 000$（元）

(5) A 材料经济订货批量平均占用资金 $= \dfrac{240 \times 900}{2} = 108\ 000$（元）

7. 解：(1) 自制：$Q^* = \sqrt{\dfrac{2 \times 500 \times 7\ 200}{6 \times 10\%} \times \dfrac{40}{40-20}} = 4\ 899$（件）

$TC(Q^*) = \sqrt{2 \times 500 \times 7\ 200 \times 6 \times 10\% \times \dfrac{40}{40-20}} = 1\ 470$（元）

$TC = 7\ 200 \times 6 + 1\ 470 = 44\ 670$（元）

外购：$Q^* = \sqrt{\dfrac{2 \times 20 \times 7\ 200}{6 \times 1.5 \times 10\%}} = 566$（件）

$TC(Q^*) = \sqrt{2 \times 20 \times 7\ 200 \times 6 \times 1.5 \times 10\%} = 509$（元）

$TC = 7\ 200 \times 6 \times 1.5 + 509 = 65\ 309$（元）

因为外购总成本大于自制总成本，所以企业应自制 A 标准件。

(2) 自制：平均存货占用资金 $= \dfrac{4\ 899}{2} \times \left(1 - \dfrac{20}{40}\right) \times 6 = 7\ 348.5$（元）

外购：平均存货占用资金 $= \dfrac{566}{2} \times 6 \times 1.5 = 2\ 547$（元）

8. 解：(1) 经济订货量 $Q^* = \sqrt{\dfrac{2 \times 30\ 000 \times 60}{100 \times 30\%}} = 346$（单位）$\approx 300$（单位）

(2) 再订货点 $= 30\ 000 \div 360 \times 15 + 750 = 2\ 000$（单位）

(3) 存货平均占用资金 $= \dfrac{300}{2} \times 100 + 750 \times 100 = 90\ 000$（元）

第12章 短期筹资

一、练习题

（一）单项选择题

1. 下列各项中，不属于短期筹资特点的是（   ）。
   A. 速度快   B. 有弹性   C. 成本低   D. 风险小
2. 商业信用产生于商品交换之中，不属于其具体形式的是（   ）。
   A. 应付账款   B. 应付票据   C. 短期借款   D. 预收账款
3. 下列各项中，说法正确的是（   ）。
   A. 与短期借款相比，长期借款具有再投资风险
   B. 短期筹资就是短期借款
   C. 利率较低是短期筹资券融资的优点
   D. 代收筹资在我国可以运用
4. 下列筹资方式中，属于短期筹资方式的是（   ）。
   A. 商业信用   B. 发行股票   C. 发行债券   D. 融资租赁
5. 即使企业处于经营低谷也必须保留的流动资产称为（   ）。
   A. 长期性流动资产   B. 临时性流动资产
   C. 永久性流动资产   D. 关键性流动资产
6. 下列筹资方式中，没有筹资代价的是（   ）。
   A. 应付账款   B. 应计费用   C. 经营租赁   D. 短期筹资券
7. 下列各项中，属于永久性流动资产的是（   ）。
   A. 销售旺季增加的应收账款   B. 春节前后增加的库存商品
   C. 季节性存货   D. 保险储备现金
8. 如果企业采用激进型筹资策略，则临时性流动资产的来源应该是（   ）。
   A. 权益资本   B. 长期负债   C. 短期负债   D. 债券
9. 某企业生产经营淡季时资产为1 000万元，生产经营旺季时资产为1 200万元。企业的长期负债、自发性负债和权益性资本可提供的资金为900万元，则企业采取的是（   ）。
   A. 稳健型筹资策略   B. 激进型筹资策略
   C. 折中型筹资策略   D. 乐观型筹资策略
10. 下列各项中，不属于折中型筹资策略的特点的是（   ）。
    A. 在季节性低谷时，企业只有永久性负债
    B. 临时负债既满足临时性也满足永久性流动资产的资本需求
    C. 固定资产和永久性流动资产的资本需求全部由长期筹资来满足

D. 长期筹资线与永久性流动资产线重合
11. 如果某企业的长期筹资线在永久性流动资产线的上方，则该企业采用的是（　　）。
A. 稳健型筹资策略　　　　　　B. 激进型筹资策略
C. 折中型筹资策略　　　　　　D. 悲观型筹资策略
12. 采用销售百分比预测法预测资金需要量时，下列各项目中被视为不随销售收入的变动而变动的是（　　）。
A. 现金　　　B. 应付账款　　　C. 存货　　　D. 公司债券
13. 下列各项中属于临时性流动资产的是（　　）。
A. 保险储备的存货　　　　　　B. 保险储备的现金
C. 销售旺季增加的应收账款　　D. 以上都不是
14. 编制短期筹资计划必须首先编制（　　）。
A. 销售预算　　B. 生产预算　　C. 现金需求预算　　D. 资本预算
15. 编制短期筹资计划时，必须充分考虑现金需求预算中提供的（　　）。
A. 现金流入信息　　　　　　　B. 现金流出信息
C. 累计现金余缺信息　　　　　D. 现金净流量信息

（二）多项选择题

1. 与长期筹资相比，短期筹资具有的特点是（　　）。
A. 筹资速度快　　　B. 筹资成本低　　　C. 筹资有弹性
D. 筹资风险高　　　E. 筹资更灵活
2. 下列各项中，企业可能采取稳健型筹资策略的是（　　）。
A. 长期资本来源不足　　B. 长期资本来源众多　　C. 预计短期负债成本较低
D. 预计短期负债成本较高　　E. 预计长期负债成本较低
3. 在兼顾盈利性的同时，企业为了提高资金的流动性会保持一定的变现能力，通常指的情况有（　　）。
A. 存在待变现的长期资产
B. 对外界保持良好的信誉
C. 与银行保持良好的关系
D. 具备较好的短期贷款能力
E. 不断借入资金并在银行中形成储备，以备不时之需
4. 为了合理地安排企业的短期负债结构，可以考虑的角度有（　　）。
A. 资金需要量的角度　　B. 筹资期限的角度　　C. 激进的角度
D. 稳健的角度　　　　　E. 折中的角度
5. 编制预计财务报表的方法很多，主要有（　　）。
A. 销售百分比法　　B. 线性回归法　　C. 专门项目预测法
D. 资金习性预测法　　E. 定性预测法
6. 如果采用商业信用筹资，没有成本代价的情况是（　　）。
A. 存在现金折扣，买方在信用期限内付款
B. 没有现金折扣，买方在信用期限内付款

C. 买方在现金折扣期限内付款
D. 采用预收账款的形式
E. 采用无息的商业票据形式

7. 下列各项中，属于短期筹资方式的是（　　）。
    A. 商业信用　　　　　　B. 债券筹资　　　　　　C. 经营租赁
    D. 融资租赁　　　　　　E. 应计费用

8. 现金预算的内容构成包括（　　）。
    A. 现金流入量　　　　　B. 现金流出量　　　　　C. 现金净流量
    D. 现金筹措　　　　　　E. 现金运用

9. 流动资产组合策略包括的具体内容有（　　）。
    A. 稳健型筹资策略　　　B. 乐观型筹资策略　　　C. 激进型筹资策略
    D. 折中型筹资策略　　　E. 悲观型筹资策略

10. 在实际中，虽然无法确保长期筹资线与永久性流动资产线完全重合，但折中型筹资策略的思想应该借鉴。企业筹资中，应该做到（　　）。
    A. 资产与负债的偿还期相匹配
    B. 临时性资本需求用短期负债形式来补充
    C. 临时性资本需求用长期负债形式来补充
    D. 固定资产投资所需的资本用短期资本形式来补充
    E. 固定资产投资所需的资本用长期资本形式来补充

11. 通常满足企业增长的资金来源有（　　）。
    A. 当年预计的留存收益
    B. 随着销售增长的流动负债
    C. 随着销售增长的流动资产
    D. 为偿还债券而进行的借款
    E. 发行新股

12. 在运用销售百分比法预测计划期内需要追加的外部资金量时，假定一些因素与销售存在着稳定的百分比关系，这些因素主要有（　　）。
    A. 利得　　　　　　　　B. 资产　　　　　　　　C. 负债
    D. 费用　　　　　　　　E. 收入

13. 在利用销售百分比法预测计划期的外部筹资数额时，不随销售变动的资产有（　　）。
    A. 无形资产　　　　　　B. 应付票据　　　　　　C. 应收账款
    D. 尚未充分利用的机器设备　　　　　　　　　　E. 存货

14. 下列关于外部筹资的说法正确的是（　　）。
    A. 股利支付率和股本不变时，外部筹资需要数额与企业未来的获利能力成正比
    B. 企业未来的获利能力不变时，资产负债率和股利支付率是调整量
    C. 企业未来获利能力和股本不变时，股利政策和资产负债率是调整量
    D. 企业未来获利能力和股本不变时，外部筹资数额随留存收益的增加而增加
    E. 外部筹资数额随股利支付率的增大而增加

15. 下列关于短期筹资计划的说法中，正确的有（　　）。

A. 它也称为现金筹资预算
B. 其预算编制期很灵活
C. 它包括短期筹资计划和现金需求预算
D. 资金不足时，可以考虑短期筹资方式
E. 资金不足时，可以考虑长期筹资方式

（三）判断题

1. 与长期负债筹资相比，短期负债筹资的期限短、成本低，风险也相对较小。（   ）
2. 短期筹资中的其他筹资方式主要有经营租赁、短期筹资券、担保借款三种。（   ）
3. 应计费用不属于企业间的直接信用行为。（   ）
4. 短期筹资组合策略是指如何配置流动资产资金来源地政策。（   ）
5. 在激进型筹资策略下，临时负债小于临时性流动资产的资金需求。（   ）
6. 折中型筹资策略和稳健型筹资策略的共同点事，全部临时性流动资产的资本需求都由临时性流动负债来满足。（   ）
7. 稳健型筹资策略要优于激进型筹资策略。（   ）
8. 编制短期筹资计划时需要首先预测销售水平。（   ）
9. 如果采用销售百分比法预测计划期需要追加的外部筹资数额，可以采用的预测公式可以是：需要追加的外部筹资数额＝计划期总资产－计划期总负债－计划期所有者权益。（   ）
10. 无论在何种资金需要量预测方法下，外部筹资数额均受到预计销售收入、未来的盈利水平、股利分配政策、资本结构等因素的影响。（   ）
11. 如果其他因素不变，只是销售变动，销售的变动会使资金需求反方向变动。（   ）
12. 如果外部筹资销售增长比为0，则外部筹资需要也是0。（   ）
13. 编制完短期筹资计划并不意味着编制工作的结束，还需要对短期筹资计划进行评估和调整。（   ）
14. 外部筹资数额不能为负数。（   ）
15. 现金预算就是现金流入量和现金流出量的预算。（   ）

（四）计算分析题

1. ABC 公司购买一批商品，信用折扣条件是 "2/10，n/30"，商品价值为 10 000 元。如果公司在 10 天内付款，则可获得最长为 10 天的免费筹资，并可获得现金折扣 200 元（即 10 000×2%），免费筹资额为 9 800 元（即 10 000－200）。如果公司放弃这笔折扣，在第 30 天付款，付款总额为 10 000 元。求：（1）公司放弃现金折扣的实际利率是多少？（2）计算结果表明放弃现金折扣有代价吗？

2. 某公司向银行借入短期借款 10 000 元，支付银行贷款利息的方式同银行协商后的结果是，银行提出三种方案：（1）采用收款法付息，利息率为 7%；（2）采用贴现法付息，利息率为 6%；（3）采用加息法付息，利息率为 5%。如果你是该公司的财务经理，你会选择哪种支付利息的方式,并说明理由。

3. A 公司向 B 公司购进材料一批,价款 100 000 元,双方商定 6 个月后付款,采用商业承兑汇票结算。B 公司于 3 月 1 日开出汇票,并经 A 公司承兑。汇票到期日为 9 月 1 日。如 B 公司急需资本,于 4 月 1 日办理贴现,其月贴现率为 0.6%,那么,该公司贴现息及应付贴现款分别是多少?

4. 某公司拟采购一批零件,供应商报价如下:(1) 立即付款,价格为 9 630 元;(2) 30 天内付款,价格为 9 750 元;(3) 31 至 60 天内付款,价格为 9 870 元;(4) 61~90 天内付款,价格为 10 000 元。那么,对相关的问题进行回答:(1) 假设银行短期贷款利率为 15%,每年按 360 天计算,计算放弃现金折扣的成本(比率),并确定对该公司最有利的付款日期和价格。(2) 若目前有一短期投资机会,报酬率为 40%,确定对该公司最有利的付款日期和价格。

5. ABC 公司与某商业银行有一份 100 万元的循环周转信贷协定,作为可信赖的客户,其贷款利率定为银行资金成本(即可转让定期存单利率)加上 2%。另外周转信贷限额中的未使用部分,银行收取 0.5% 的承诺费。请问:(1) 如果 2010 年可转让定期存单利率预期为 4%,且公司平均使用总承诺限额的 60%,则 2010 年这项贷款的年预期成本总额为多少万元?(2) 如果同时还考虑到支付的承诺费,贷款的实际年利率是多少?

6. 某企业在生产经营的淡季,需占用 450 万元的流动资产和 750 万元的固定资产;在生产经营的高峰期,会额外增加 250 万元的季节性存货需求。

(1) 若无论经营淡季还是旺季企业的权益资本、长期负债和自发性负债的筹资额始终保持为 1 200 万元,其余靠短期借款调节余缺,要求判断该企业采取的是哪种筹资策略,并计算其在经营高峰期和经营低谷期的易变现率。注:易变现率 =(长期资金来源 − 长期资产)/经营性流动资产。

(2) 若无论经营淡季还是旺季企业的权益资本、长期负债和自发性负债的筹资额始终保持为 1 100 万元,要求判断该企业采取的是哪种筹资策略,并计算其在经营高峰期和经营低谷期的易变现率。

(3) 若无论经营淡季还是旺季企业的权益资本、长期负债和自发性负债的筹资额始终保持为 1 300 万元,要求判断该企业采取的是哪种筹资策略,并计算其在经营高峰期和经营低谷期的易变现率。

7. 甲公司 2013 年实现的销售收入为 100 万元,净利润为 4 万元,发放了股利 2 万元,该年年末的所有者权益为 52 万元,流动负债为 15 万元,长期负债为 23 万元。该公司预计 2014 年销售收入将增长至 120 万元,销售净利率与股利支付率仍保持 2013 年的水平,若甲公司资产总额、流动负债与销售收入之间有稳定的百分比关系。求:(1) 预测甲公司 2014 年的外部筹资需要量;(2) 如果预计 2014 年的通货膨胀率为 8%,公司销售量增长 5%,预测其外部筹资销售增长比;(3) 如果甲公司 2014 年资产周转率(按年末数计算)比上年提高了 0.2,其余假设条件不变,甲公司是否需要对外筹资?

8. 乙公司 2014 年实现的销售收入为 4 000 万元,净利润为 200 万元,发放现金股利 60 万元,没有发放其他形式的股利。其他资料如下表所示。

求:(1) 假设 2015 年的计划销售收入为 5 000 万元,且保持目前的股利支付率、销售净利率和资产周转率不变,计算外部筹资额。(2) 假设该公司始终不发行新股,且保持

2014年的经营效率和财务政策不变,则2015年可实现的销售额为多少?预期股利发放额为多少?(3)假设该公司2015年的计划销售增长率为10%,其他条件与(2)相同,则销售净利率应达到多少?

项目	金额(万元)	占销售额的百分比
流动资产	1 400	35%
长期资产	2 600	65%
短期借款	600	无稳定关系
应付账款	400	10%
长期负债	1 000	无稳定关系
实收资本	1 200	无稳定关系
留存收益	800	无稳定关系

(五)上机练习题

某公司2010~2014年的产销量和资金需要量如下表所示。如果2015年的预计产销量为7.8万吨。

1/A	B	C	D
2	年度	产销量(X)(万吨)	资金需要量(Y)(万元)
3	2010	6.00	500.00
4	2011	5.50	475.00
5	2012	5.00	450.00
6	2013	6.50	520.00
7	2014	7.00	550.00

根据Excel电子表格,利用回归分析法,预测2015年资金需要量,完成下表。

8/A	B	C
9	项目	计算结果
10	a	
11	b	
12	r^2	
13	预计销售量(万吨)	
14	预计资金需要量(万元)	

二、参考答案

(一)单项选择题

1. D 2. C 3. C 4. A 5. C
6. B 7. D 8. C 9. B 10. B

11. A　　　　12. D　　　　13. C　　　　14. C　　　　15. C

（二）多项选择题

1. ABCD　　2. BDE　　3. ABCD　　4. AB　　5. ABC
6. BCDE　　7. ACE　　8. ABCDE　　9. ACD　　10. ABE
11. ABCE　　12. BCDE　　13. AD　　14. BDE　　15. BCD

（三）判断题

1. ×　　2. ×　　3. √　　4. √　　5. ×
6. ×　　7. ×　　8. √　　9. √　　10. √
11. ×　　12. √　　13. √　　14. ×　　15. ×

（四）计算分析题

1. 解：（1）公司为推迟付款20天，需多支付200元。这种情况可以看作一笔为期20天，金额为9 800元的借款，利息为200元，其借款的实际利率为：

    20天的实际利率 =（200/9 800）×100% = 2.04%

    实际年利率 = 2.04% ×360/20 = 36.73%

    （2）计算结果表明，公司放弃现金折扣以取得这笔为期20天的资金使用权，是以承担36.73%的年利率为代价的。

2. 解：（1）采用收款法付息的实际利率为：名义利率 = 7%

    （2）采用贴现法付息的实际利率为：(10 000×6%)÷[10 000×(1 - 6%)] = 6.38%

3. 解：贴现息 = 100 000×150×0.6%÷30 = 3 000（元）

    应付贴现票款 = 100 000 - 3 000 = 97 000（元）

4. 解：（1）如果立即付款。

    折扣率 =（10 000 - 9 630）/10 000 = 3.70%

    放弃折扣成本 = [3.70%/(1 - 3.70%)]×[360/(90 - 0)] = 15.37%

    （2）如果30天付款：

    折扣率 =（10 000 - 9 750）/10 000 = 2.50%

    放弃折扣成本 = [2.50%/(1 - 2.50%)]×[360/(90 - 30)] = 15.38%

    如果60天付款：

    折扣率 =（10 000 - 9 870）/10 000 = 1.3%

    放弃折扣成本 = [1.3%/(1 - 1.3%)]×[360/(90 - 60)] = 15.81%

    （3）最有利的是第60天付款9 870元。

    （4）应该选择第90天付款10 000元。

5. 解：年预期成本额 = 60×6% + 40×0.5% = 3.8(万元)

    年实际利率 = 3.8/60 = 6.33%

6. 解：（1）企业采取的是折中型筹资策略。

    在经营高峰期的易变现率 = $\dfrac{1\,200 - 750}{450 + 250}$ = 64.29%

在经营低谷期的易变现率 = $\frac{1\,200 - 750}{450}$ = 100%

（2）企业采取的是激进型筹资策略。

在经营高峰期的易变现率 = 优先股资本成本 = $\frac{500 \times 7\%}{500 \times (1-4\%)}$ = 7.29%

在经营低谷期的易变现率 = $\frac{1\,100 - 750}{450}$ = 77.7%

（3）企业采取的是稳健型筹资策略。

在经营高峰期的易变现率 = $\frac{1\,300 - 750}{450 + 250}$ = 78.57%

在经营低谷期的易变现率 = $\frac{1\,300 - 750}{450}$ = 122.22%

7. 解：（1）随销售变动的资产百分比 = $\frac{52 + 15 + 23}{100} \times 100\%$ = 90%

随销售变动的负债百分比 = $K_P = \frac{10 \times 8\%}{10 \times 95\% \times (1 - 5\%)}$ = 8.86%

销售净利率 = $\frac{4}{100} \times 100\%$ = 4%

股利支付率 = $\frac{2}{4} \times 100\%$ = 50%

外部筹资需要量 = 120 × (90% - 15%) - 120 × 4% × (1 - 50%) = 87.6（万元）

（2）名义周增长率 = (1 + 8%) × (1 + 5%) - 1 = 13.4%

外部筹资销售增长比 = 90% - 15% - 4% × $\frac{1 + 13.4\%}{13.4\%}$ × (1 - 50%) = 58.07%

（3）2014 年的资产周转率 = $\frac{100}{90}$ + 0.2 ≈ 1.31（次）

预计 2014 年的总资产 = 120 ÷ 1.31 ≈ 91.60（万元）

预计 2014 年的对外筹资额 = (91.6 - 90) - 20 × 15% - 120 × 4% × (1 - 50%)
= -3.8（万元）

出现负值，所以不需要对外筹资。

8. 解：（1）销售净利率 = $\frac{200}{4\,000} \times 100\%$ = 5%

股利支付率 = $\frac{60}{200} \times 100\%$ = 30%

外部筹资额 = (5\,000 - 4\,000) × (100% - 10%) - 5\,000 × 5% × (1 - 30%)
= 725（万元）

（2）资产周转率 = 4\,000 ÷ 4\,000 = 1

权益乘数 = $\frac{4\,000}{1\,200 + 800}$ = 2

可持续增长率 = $\frac{5\% \times 2 \times (1 - 30\%)}{1 - 5\% \times 2 \times (1 - 30\%)}$ ≈ 7.53%

2015 年的预计销售额 = 4\,000 × (1 + 7.53%) = 4\,301.2（万元）

预期股利发放额 = 4 301.2 × 5% × 30% = 64.518(万元)

(3) 根据题意建立方程：$10\% = \dfrac{X \times 2 \times 70\%}{1 - X \times 2 \times 70\%}$

解方程得：销售净利率 $X \approx 6.49\%$

(五) 上机练习题

解：

A/8	B	C
9	项目	计算结果
10	a	205.00
11	b	49.00
12	r^2	0.9971
13	预计销售量（万吨）	7.8
14	预计资金需要量（万元）	587.20

注：C10 = intercept（D3:D7，C3:C7）

　　C11 = slope（D3:D7，C3:C7）

　　C12 = index（linest（D3:D7，C3:C7，true），3，1）

　　C14 = C10 + C11 * C13

第13章 金融衍生工具

一、练习题

（一）单项选择题

1. 金融期货的标的物是（　　）。
   A. 美元　　　　　B. 国库券　　　　C. 股票　　　　D. 金融工具
2. 标志中国跻身衍生交易的行列，即中国推荐国债期货交易的年份是（　　）。
   A. 1972　　　　　B. 1982　　　　　C. 1992　　　　D. 1986
3. 世界上第一张利率期货合约为（　　）。
   A. 美国联邦政府长期国债期货合约
   B. 美国联邦政府中期国债期货合约
   C. 美国联邦政府短期国债期货合约
   D. 美国政府全国抵押协会存单合约（GNMA）
4. 金融期货产生的顺序依次是（　　）。
   A. 利率期货、外汇期货、股指期货　　B. 股指期货、利率期货、外汇期货
   C. 外汇期货、股指期货、利率期货　　D. 外汇期货、利率期货、股指期货
5. 期权的买方在支付权利金后，便取得了在未来某特定时间买入或卖出某特定产品的权利，"在未来某特定时间"是指（　　）。
   A. 合约到期日之后的任意一天
   B. 期权合约签订日这一天
   C. 交易所规定可以行使权利的那一天
   D. 合约到期日或到期日之前的任意一个交易日
6. 到期时支付权利金的期权合约是（　　）。
   A. 美式期权　　B. 欧式期权　　C. 波士顿期权　　D. 纽约期权
7. 在期权交易中，保证金缴纳方为（　　）。
   A. 买方　　　　B. 卖方　　　　C. 买卖双方　　　D. 中间人
8. 买入看涨期权锁定风险的作用机制是实际上相当于确定了一个（　　）。
   A. 最高的买价　　B. 最低的买价　　C. 最高的卖价　　D. 最低的卖价
9. 生产制造商、仓储商和加工商为了规避已购进原材料价格下跌的风险，常用的保值方法除了卖出期货合约以外，还可以使用买进看跌期权或（　　）。
   A. 卖出看涨期权　　　　　　　　B. 购买期货
   C. 卖出看跌期权　　　　　　　　D. 买进看涨期权
10. 期货期权的价格是（　　）。
    A. 期权的权利金　　　　　　　　B. 现货合约的价格

C. 标的期货合约的价格   D. 期货期权的执行价格
11. 现货交易中交换的是实物商品，期货交易中所交换的是（   ）。
   A. 期货商品   B. 现货商品
   C. 远期商品   D. 代表一定商品所有权关系的期货合约
12. 期货市场的基本经济功能之一就是其价格风险的规避机制，而达到此目的可以利用的手段就是进行（   ）。
   A. 投机交易   B. 多头交易   C. 套期保值交易   D. 空头交易
13. 期货交易中套期保值者的目的是（   ）。
   A. 通过期货交易规避现货市场的价格风险
   B. 通过期货交易从价格波动中获得风险利润
   C. 利用不同的交割月份期货合约的差价进行套利
   D. 在未来某一日期活的或让渡一定数量的某种货物
14. 远期利率协定市场开始于（   ）。
   A. 1988 年   B. 1989 年   C. 1983 年   D. 1981 年
15. 外汇期货可以用来规避汇率风险，其标的物是（   ）。
   A. 本币   B. 外币   C. 利率   D. 汇率

（二）多项选择题

1. 金融衍生工具的产生的原因包括（   ）。
   A. 规避风险的迫切要求   B. 国际金融业的发展趋势
   C. 新技术及金融理论的推动   D. 布雷顿森林体系瓦解
   E. WTO 的形成
2. 金融衍生工具的特征有（   ）。
   A. 金融衍生工具是以合约为基础
   B. 金融衍生工具价值主要受基础工具变动的影响
   C. 易做空头
   D. 能够帮助投资者规避风险和进行保值
   E. 高收益和高风险形影相随
3. 期货的主要种类有（   ）。
   A. 利率期货   B. 外汇期货   C. 股票指数期货
   D. 股票期货   E. 现货
4. 可以进行套期保值的工具主要有（   ）。
   A. 现货   B. 利率期货   C. 外汇期货
   D. 股票指数期货   E. 股票期货
5. 互换通常的类型有（   ）。
   A. 权益互换   B. 商品互换   C. 信用互换
   D. 利润互换   E. 风险互换
6. 利用互换与互换权进行风险防范包括（   ）。
   A. 利用货币互换   B. 利用利率互换   C. 利用互换权

D. 利用利润互换　　　　　　E. 利用风险互换
7. 下列关于期权的说法，不正确的有（　　）。
   A. 买方面临无限风险
   B. 权利金随着标的价格的变化而变化
   C. 买方行权时有选择标的的权利
   D. 权利金随距离到期日剩余时间的变化而变化
   E. 买方的风险是固定的
8. 股票期货的优点有（　　）。
   A. 卖空更便捷　　　B. 交易费用低廉　　　C. 具有杠杆效应
   D. 可降低系统风险　E. 时间价值大
9. 利率期货合约的优点有（　　）。
   A. 流动性好　　　　B. 信用风险小　　　　C. 市场透明度高
   D. 保值功能不完善　E. 可随时交割
10. 利率期货合约的缺点有（　　）。
    A. 保值功能不完善　B. 实际操作缺乏灵活性　C. 流动性好
    D. 信用风险小　　　E. 市场透明度高
11. 目前，从事外汇期货交易的交易所主要分布在（　　）。
    A. 澳大利亚　　　　B. 加拿大　　　　　　　C. 荷兰
    D. 新加坡　　　　　E. 中国
12. 外汇期货的优点有（　　）。
    A. 对基差风险和头寸展期的管理难度大，这使它不能满足某些用户的要求
    B. 流动性大
    C. 透明度高
    D. 风险性高
    E. 保值功能完善
13. 根据套期保值交易所采取的方向，可以分为（　　）。
    A. 看跌期权　　　　B. 看涨期权　　　　　　C. 买入套期保值
    D. 卖出套期保值　　E. 抛补套利
14. 互换权具体可以分为（　　）。
    A. 卖方互换权　　　B. 支付方互换权　　　　C. 接受方互换权
    D. 买方互换权　　　E. 利率互换
15. 公司和金融机构为了防止利率反向变化的风险，一般可以利用的工具包括（　　）。
    A. 利率封顶期权　　B. 利率保底期权　　　　C. 浮动利率
    D. 汇率　　　　　　E. 物价水平

（三）判断题

1. 20 世纪 70 年代初，维系全球的布雷顿森林体系连续出现危机，并于 1973 年正式瓦解，浮动汇率制取而代替固定汇率制成为世界各国的新兴汇率制度。　　　　（　　）
2. 期货通常仅在每年的 6 月和 12 月进行实物交割或者清算。交割日期可以是固定的

将来某日，也可以是交割月中的任意一天。   （   ）

3. 世界上第一笔利率期货是 1985 年芝加哥交易所推出的美国政府全国抵押协会存单合约（GNMA）。   （   ）

4. 长期的利率期货合约一般都规定要进行实物交割。   （   ）

5. 银行间同业拆借利率期货，不可以用现金结算。   （   ）

6. 利率期货合约的最大缺点是其保值功能不完善。   （   ）

7. 外汇期货交易最早出现于 19 世纪 70 年代初期。   （   ）

8. 目前，股票指数期货是全球成交量最大的期货品种。   （   ）

9. 持有外币资产的人，为了防止外币的汇价将来下跌，可进行多头套期保值。 （   ）

10. 互换权一种义务，是使其购买者可以作为利率互换交易中固定利率的支付方或者接受方进行互换的一种义务。   （   ）

（四）计算分析题

1. 某生产企业在 5 月份以 15 000 元/吨卖出 4 手（1 手 25 吨）9 月份交割的铜期货合约，为了防止价格上涨，于是以 500 元/吨的权利金，买入 9 月份执行价格为 14 800/吨的铜看涨期权合约 4 手。当 9 月份期权到期前一天，期货价格涨到 16 000 元/吨，该企业若执行期权后并以 16 000 元/吨的价格卖出平仓 4 手 9 月份的期货合约，再完成 4 手期货合约的交割，则该企业实际卖出铜的价格是多少？

2. 某投机者卖出 2 张 9 月份到期的日元期货合约，每张金额为 12 500 000 日元，成交价为 0.006835 美元/日元，半个月后，该投机者将 2 张合约买入对冲平仓，成交价格为 0.007030 美元/日元。则该笔投机的结果是什么？

3. 小李存入保证金 10 万元，在 5 月 1 日买入小麦期货合约 40 手（每手 10 吨），成交价格为 2 000 元/吨，同一天他卖出平仓 20 手小麦合约，成交价格为 2 050 元/吨，当日结算价为 2 040 元/吨，交易保证金比例为 5%，则小李的当日盈亏（不含手续费、税金等费用）和结算准备金余额分别是多少？

4. 2 月 1 日，投资者买入 1 份 3 月份期货合约，价格为 1 280 元/吨，同时卖出 1 份 5 月份期货合约，价格为 1 310 元/吨；2 月 24 日，3 月份的期货合约价格为 1 250 元/吨，5 月份期货合约的价格为 1 295 元/吨。则该投资策略的盈亏情况为多少元/吨？

5. 已知外汇市场的行情为：US\$ = CAN\$1.4510/20；US\$ = HK\$7.7860/80
求 1 加拿大元兑港币的汇率。

6. 下列银行报出 USD/CHF、USD/JPY 的汇率，你想卖出瑞士法郎，买进日元，请问：（1）哪家银行卖出瑞士法郎，买进美元？（2）哪家银行卖出美元，买进日元？（3）用对你最有利的汇率计算的 CHF/JPY 的交叉汇率是多少？

银行	USD/CHF	USD/JPY
A	1.4247/57	123.74/98
B	1.4246/58	123.74/95
C	1.4245/56	123.70/90
D	1.4248/59	123.73/95
E	1.4249/60	123.75/85

（五）上机练习题

利用网络查询纽约市场的年利率、伦敦市场的年利率、即期汇率及 3 个月的汇率升贴水。试计算：（1）3 个月的远期汇率是多少？（2）如果英国某投资者有 20 万英镑资金可闲置 3 个月。他是否应该到纽约市场进行抛补套利？为什么？

二、参考答案

（一）单项选择题

1. D	2. C	3. D	4. D	5. D
6. C	7. A	8. A	9. A	10. A
11. D	12. C	13. A	14. C	15. B

（二）多项选择题

1. ABC	2. ABCDE	3. ABC	4. BCD	5. ABC
6. ABC	7. AC	8. ABC	9. ABC	10. AB
11. ABCD	12. BC	13. CD	14. BC	15. AB

（三）判断题

| 1. √ | 2. × | 3. × | 4. √ | 5. × |
| 6. √ | 7. × | 8. √ | 9. × | 10. × |

（四）计算分析题

1. 解：期货合约的获利为：$(16\,000 - 14\,800) \times 4 \times 25 - 500 \times 4 \times 25 = 70\,000$（元）

   每吨期权合约的获利为：$70\,000/100 = 700$（元）

   企业实际卖出的铜价为：$15\,000 + 700 = 15\,700$（元）

2. 解：期货合约上涨了 $7\,030 - 6\,835 = 195$ 个点，该投资者亏损 $195 \times 12.5 \times 2 = 4\,875$（美元）

3. 解：平仓盈亏 $= (2\,050 - 2\,000) \times 20 \times 10 = 10\,000$（元）

   持仓盈亏 $= (2\,040 - 2\,000) \times (40 - 20) \times 10 = 8\,000$（元）

   当日盈亏 $= (2\,050 - 2\,040) \times 20 \times 10 + (2\,040 - 2\,000) \times (40 - 20) \times 10 = 18\,000$（元）

   当日结算准备金余额 $= 100\,000 - 2\,040 \times 20 \times 10 \times 5\% + 18\,000 = 97\,600$（元）

4. 解：3 月份期货合约平仓盈亏 $= 1\,250 - 1\,280 = -30$（元/吨）

   5 月份期货合约平仓盈亏 $= 1\,310 - 1\,295 = 15$（元/吨）

   $-30 + 15 = -15$（元），所以该投资策略净亏损 15 元/吨

5. 解：CAN\$1 = HK\$5.3623/5.3673

6. 解：（1）C；（2）E；（3）交叉相除计算 CHF/JPY，卖出瑞士法郎，买进日元，为银行瑞士法郎的买入价选择对自己最有利的价格是最高的那个买入价，此时得到的日元最多。

（五）上机练习题

解：（1）公式：远期汇率＝即期汇率＋汇水，把查询到的数据代入公式即可求出。

（2）根据查到的汇率进行计算，决定是否到纽约市场进行抛补套利。

20万×（1＋伦敦市场年利率×3/12）＝A，若投资者选择到纽约市场进行抛补套利，则首先在即期外汇市场以1英镑＝X美元的汇率卖出20万英镑得到B美元；然后在远期外汇市场上，以1英镑＝Y美元的汇率卖出B×（1＋8%×3/12）＝C美元的三个月远期，得到C/远期汇率＝D英镑。再与闲置资金比较，看套利是否可以使他多获利。

第14章 跨国公司财务管理

一、练习题

（一）单项选择题

1. 某日，美国银行公布的外汇牌价为1美元兑6.21元人民币，这种外汇标价方法为（ ）。
   A. 间接标价法　　　B. 直接标价法　　　C. 美元标价法　　　D. 浮动标价法
2. 某日，中国银行公布的外汇牌价为1美元兑6.32元人民币，这种外汇标价方法为（ ）。
   A. 间接标价法　　　B. 直接标价法　　　C. 美元标价法　　　D. 浮动标价法
3. 由于外汇汇率波动而引起的应收资产与应付债务价值变化的外汇风险是（ ）。
   A. 经济风险　　　B. 交易风险　　　C. 储备风险　　　D. 投资风险
4. 由于汇率变动，报表的不同项目采用不同汇率折算，因而产生损失或利得的风险是（ ）。
   A. 交易风险　　　B. 储备风险　　　C. 投资风险　　　D. 折算风险
5. 三种外汇风险按其影响的重要性大小排序依次应为（ ）。
   A. 经济风险、交易风险和折算风险　　B. 交易风险、经济风险和折算风险
   C. 折算风险、交易风险和经济风险　　D. 折算交易、经济风险和交易风险
6. 银行买入或卖出外币现钞时所使用的汇率是（ ）。
   A. 买入汇率　　　B. 卖出汇率　　　C. 现钞汇率　　　D. 中间汇率
7. 在一般情况下，各国制定汇率的关键货币是（ ）。
   A. 日元　　　B. 欧元　　　C. 人民币　　　D. 美元
8. 外汇买卖在成交以后，买卖双方在当天或在两个营业日内进行交割的交易所使用的汇率是（ ）。
   A. 远期汇率　　　B. 即期汇率　　　C. 现钞汇率　　　D. 中间汇率
9. 投资者目前持有一期权，其有权选择在到期日之前的任何一个交易日购买或不购买1 000份美国长期国债期货合约，则该投资者买入的是（ ）。
   A. 美式看涨期权　　B. 美式看跌期权　　C. 欧式看涨期权　　D. 欧式看跌期权
10. 对折算风险进行管理可以采用的方法是（ ）。
    A. 远期外汇合同法　　　　　　　　B. 货币市场借款和投资法
    C. 资产负债平衡法　　　　　　　　D. 多元化经营
11. 跨国公司补充资本的最重要来源是（ ）。
    A. 东道国筹资　　　　　　　　　　B. 跨国公司内部筹资

C. 国际代理机构和第三国来源筹资　　D. 国际贸易筹资

12. 筹资风险管理中注意使用币种和偿还币种相平衡、软货币与硬货币相平衡遵循了（　）。

　　A. 保值原则　　B. 均衡原则　　C. 全过程原则　　D. 避险原则

13. 下列属于远期外汇交易的是（　）。

　　A. 客户同银行约定有权以1USD=6.28元的价格在一个月内买入100万美元

　　B. 客户以期交所规定的标准数量和交割月份买入100万美元，价格1USD=6.28CNY

　　C. 客户通过电话从银行处以1美元兑换6.28元人民币的价格买入100万美元，T+2日交割

　　D. 客户从银行处以1USD=6.28CNY的价格买入100万美元，一个月以后交割

14. 对一国汇率基本走势起决定作用的主导因素是（　）。

　　A. 利率水平　　B. 货币政策　　C. 国际收支　　D. 财政状况

15. 一般来说，会导致本国货币贬值的情况是（　）。

　　A. 本国顺差扩大　　B. 本国存在严重的通货膨胀

　　C. 提高本币利率水平　　D. 国外游资大量流入

（二）多项选择题

1. 外汇所具备的条件是（　）。

　　A. 必须是以外币表示的资产

　　B. 必须可以兑换成其他形式的资产或以外币表示的支付手段

　　C. 必须能被实行一定货币制度的一国政府所控制

　　D. 必须在一定条件下才可使用

　　E. 以上都不正确

2. 在我国，外汇的具体内容包括（　）。

　　A. 外国货币　　B. 外币支付凭证

　　C. 外币有价证券　　D. 特别提款权（SDR）、欧洲货币单位（ECU）

　　E. 其他外汇资产

3. 在国际外汇市场使用的外汇汇率标价方法有（　）。

　　A. 美元标价法　　B. 直接标价法　　C. 间接标价法

　　D. 欧元标价法　　E. 人民币标价法

4. 从银行买卖外汇的角度划分，汇率可以区分为（　）。

　　A. 现钞汇率　　B. 中间汇率　　C. 买入汇率

　　D. 卖出汇率　　E. 远期汇率

5. 公司的外汇风险一般可以分为（　）。

　　A. 交易风险　　B. 折算风险　　C. 经济风险

　　D. 贬值风险　　E. 其他风险

6. 对于外汇风险的管理，一般可以采取以下方法（　）。

　　A. 多元化经营　　B. 在合同中订立货币保值条款

C. 选择有利的计价货币　　D. 提前或延期结汇　　E. 财务方面多元化

7. 经济风险的管理主要是多元化经营，多元化经营指的是（　　）。

    A. 在不同业务领域经营　　B. 不同地区、不同国家经营

    C. 筹资多元化　　D. 投资多元化　　E. 财务方面多元化

8. 下列关于远期外汇交易的说法中正确的有（　　）。

    A. 远期外汇交易没有交易场所、结算为中介，面临着对手的违约风险

    B. 在套期保值时，远期外汇交易的针对性只比外汇期货强，可以对冲掉所有风险

    C. 远期外汇交易由于交易数量、期限、价格可由交易双方自行商定，因而流动性远远高于外汇期货交易

    D. 远期外汇交易是由交易双方在成交时约定于未来某日期按成交时确定的汇率交收一定数量某种外汇的交易方式

    E. 以上都正确

9. 在分析外汇期货价格的决定因素时，不仅要对每个国家进行单独研究，而且应该对它们作比较研究，衡量一国经济状况好坏的因素，主要有（　　）。

    A. 通货膨胀率

    B. 货币供应增长率和利息率水平

    C. 一国的物价水平影响着该国的进出口

    D. 一国国内生产总值的实际增长率（指扣除了通货膨胀影响的增长率）

    E. 以上都不正确

10. 通过国际代理机构和第三国来源筹资的缺点是（　　）。

    A. 东道国资本可供量有限　　B. 母公司对子公司的控制权较弱

    C. 贷款利率较高　　D. 期限较短　　E. 外汇风险小

11. 进行风险管理时应坚持的原则有（　　）。

    A. 均衡原则　　B. 保值原则　　C. 全过程原则

    D. 避险原则　　E. 重要性原则

12. 下列属于外汇期货产生背景的有（　　）。

    A. 金融商品的持有者面临日益严重的汇率风险

    B. 在浮动汇率制下汇率波动频繁，外汇风险增大

    C. 各国经济发展状况不平衡是汇率动荡的根本原因

    D. 由于多次美元危机，最终导致固定汇率制度的崩溃

    E. WTO 形成

13. 跨国公司资本来源包括（　　）。

    A. 跨国公司内部筹资　　B. 东道国筹资　　C. 国际代理机构

    D. 第三国来源筹资　　E. 国际贸易筹资

14. 国际上比较流行的保值工具主要有（　　）.

    A. 远期合约套期保值　　B. 期货合约套期保值　　C. 货币互换

    D. 利率互换　　E. 期权合约套期保值

15. 国外投资面临的实际情况比国内投资更为复杂，国外投资现金流量分析更需注意（　　）。

A. 投放在项目上的现金流量与流向母公司的现金流量必须严加区分
B. 充分考虑环境的影响
C. 考虑汇率、利率等的影响
D. 注意研究投资项目的筹资结构及其变化对现金流量的影响
E. 政治风险的影响

（三）判断题

1. 对于外汇期货来说，随着欧元的流通，德国、意大利、法国等国家的货币被欧元取代，导致外汇市场交易品种减少，外汇期货的交易量也有所减少。（ ）
2. 如果某国货币采取浮动汇率制度，在其他条件不变的情况下，该国的国际收支状况改善，或顺差过大，或逆差缩小，外汇收入增加，该国货币就贬值。（ ）
3. 世界各大金融中心的国际银行所公布的外汇牌价，都是以美元对其他主要货币的汇率。非美元货币之间的汇率则通过各自兑美元的汇率套算，作为报价的基础。（ ）
4. 外汇期货交易主要是为人们提供一种购买外汇的工具。（ ）
5. 外汇期货套期保值，一般可分为空头套期保值和多头套期保值两类。（ ）
6. 英国一向采用直接标价法，美国长期使用间接标价法。（ ）
7. 从成交到收款的时间越长，汇率变动的可能性越大，外汇风险就越小；外币与本币的汇率变动幅度越大，外汇风险也越小。（ ）
8. 三种风险中，按其影响的重要性大小排序依次应为经济风险、交易风险和折算风险。（ ）
9. 在进出口贸易中，对出口收汇应争取用硬货币，进口付汇应争取用软货币。（ ）
10. 国际贸易筹资的缺点是子公司从国外借入资本的外汇风险较大。（ ）

（四）计算分析题

1. 某日国际外汇市场上汇率报价如下：

   LONDON   1GBP = JPY158.10/20
   NY   1GB = USD1.5230/40
   TOKYO   1USD = JPY104.20/30

   如果用1亿日元套汇可得多少利润？

2. 美国某公司从日本进口了一批货物，价值1 136 000 000日元。根据合同规定，进口商在3个月后支付货款。由于当时日元兑美元的汇率呈上升趋势，为了避免进口付汇的损失，美国进口商决定采用远期合同来防范汇率风险。纽约外汇市场的行情如下：即期汇率 USD = JPY141.00/142.00，3个月的远期日元的升水 JPY0.5 – 0.4

   请问：（1）通过远期外汇合同进行套期保值，这批进口货物的美元成本是多少？（2）如果该美国进口尚未进行套期保值，3个月后，由于日元相对于美元的即期汇率为USD1 = JPY139.00/141.00，该进口商的美元支出将增加多少？

3. 如果你是银行，你向客户报出美元/港元汇率 7.8000/10，客户要以港元向你买进100万美元。请问：（1）你应该给客户什么汇价？（2）如果客户以你的上述报价，向你购买了500万美元，但没有支付给你港元。随后，你打电话给一经纪想购买美元平仓，几家经纪的报价是：经纪 A 为 7.8030/40；经纪 B 为 7.8010/20；经纪 C 为 7.7980/90；经纪 D 为 7.7990/98。你该同哪一个经纪交易对你最为有利？汇价是多少？

4. 下表列举的是银行报出的 GBP/USD 的即期与远期汇率，你将从那家银行按最佳汇率买进远期英镑？远期汇率是多少？

银行	A	B	C
即期	1.6830/40	1.6831/39	1.6832/42
3 个月	39/36	42/38	39/36

5. 新加坡进口商根据合同进口一批货物，1 个月后须支付贷款 10 万美元；他将这批货物转口外销，预计 3 个月后收回亿美元计价的货款。为避免风险，该进口商应如何操作？

新加坡外汇市场汇率为：1 个月期美元汇率：USD1 = SGD（1.8213 – 1.8243）；3 个月期美元汇率：USD1 = SGD（1.8218 – 1.8242）。

（五）案例分析题

中远集团的海外扩展[①]

中国远洋运输（集团）公司（以下简称"中远集团 COSCO"）成立于 1961 年 4 月 27 日，是中国大陆最大的航运企业，中国中央政府直管的特大型国有企业，全球最大的海洋运输公司之一，2011 年中国物流企业 50 强排名第一，2013 年《财富》世界 500 强企业排名第 401。中远集团是最早进入国际资本市场的中国企业之一。1993 年 10 月，中远在新加坡借壳上市，顺利进入国际资本市场，成为第一家进入海外资本市场的中国国企。目前在境内外控股和参股的有中国远洋、中远投资、中远太平洋、中远国际、中远航运和中集集团 6 家上市公司。

中远集团始终在参与国际竞争中不断发展壮大，是中央企业实施"走出去"战略最早的企业之一，也是国际化经营程度最高的中国企业之一。目前，中远已形成以北京为中心，以中国香港、美洲、欧洲、新加坡、日本、澳洲、韩国、西亚、非洲九大区域公司为辐射点的全球架构，在 50 多个国家和地区拥有千余家企业和分支机构，员工总数 13.5 万人，其中境外员工 4 600 多人，资产总额超过 3 300 亿元人民币，海外资产和收入已超过总量的半数以上。

20 世纪 80 年代以来，中远集团主要的海外扩展活动大体如下：

1988 年 11 月 29 日，中远总公司收购"中好船务代理有限公司"英方股份，使之成为中远在英国的独资公司，并于 1989 年 8 月 18 日更名为"中远（英国）有限公司"。这是中远第一家海外独资公司。从此，中远开始了跨国经营的历程。

1989 年 2 月 15 日，由中远总公司德国航运代表处改组的中远总公司海外独资企业——中远欧洲有限公司成立。

1993 年 9 月 30 日，中远集团与日本正和海运株式会社在日本合资组建"远和船务有限公司"（中远总公司于 1995 年 10 月将日方 50% 的股份买断后，成为独资的中远日本公

---

① 根据中远集团公司网站（http://www.cosco.com/）及相关网站（如经济观察网：http://www.eeo.com.cn/2011/0902/210446.shtml 等）资料整理。

司)。

1993年10月，中远投资（新加坡）有限公司在新加坡证券交易所买壳上市，是中远集团第一家海外上市公司，同时也是第一家中国国有企业在海外上市的公司。

1994年8月28日，中远（香港）集团有限公司正式成立。同年11月1日，中远（香港）集团有限公司正式开业。

1994年12月，中远太平洋有限公司在香港联交所挂牌上市，2003年6月9日起，入选香港恒生指数成分股。

1995年6月28日，中远韩国有限公司在韩国成立。

1997年5月7日，中远集团在阿联酋迪拜市独资设立"中远西亚有限责任公司"。

2005年6月30日，中国远洋控股股份有限公司（简称"中国远洋1919 HK"）股票开始在香港联合交易所有限公司主板正式挂牌交易。

2008年11月25日，中远获得希腊"比雷埃夫斯集装箱码头专营权"。

2009年10月1日，中远太平洋全资附属公司 Piraeus Container Terminal S. A.（PCT）正式接管希腊比雷埃夫斯集装箱码头。

但中远集团的海外投资也曾有过失败。

早在2007年6月，中远集团就与菲律宾总统初步达成投资意向，计划在菲律宾投资兴建造船厂、海运物流中心等，总投资约50亿美元，而菲律宾方面也表示，"期待中远这样有实力的中资企业能够扩大与菲律宾的海运合作。"但在投资意向达成两年以后，中远集团最终放弃了在菲律宾的综合投资项目。究其放弃的原因，可能与当时航运业的整体低迷有关，但更大的原因在于投资所在地的投资环境不佳，如果进行投资，工期将要延长，而这极大增加了中远集团的经营风险。另外，在2011年，中远集团旗下的中国远洋还曾经使用"拒付手段"，以逼使船东接受其提出的租船费率下调的请求。虽然最终中远支付了款项，但曾有船东，同时也是某公司的 CEO 对中远进行过这样的评价："中国远洋缺乏处理长期国际租赁合同的经验，未能在合同中对冲租金变化风险。"

阅读以上案例，回答以下问题：

（1）中远集团进行跨国经营的主要目的是什么？

（2）近年来，越来越多的国内公司进入国外市场成为跨国公司。你认为与非跨国公司相比，跨国公司这样做的好处是什么？它们的目标可能包括哪些方面？

（3）中远集团海外投资失败给我们带来什么启示？

二、参考答案

（一）单项选择题

1. A	2. B	3. B	4. D	5. A
6. C	7. D	8. B	9. A	10. C
11. A	12. B	13. D	14. C	15. B

（二）多项选择题

1. ABC	2. ABCDE	3. BC	4. ABCD	5. ABC

6. ABCDE	7. AB	8. ABD	9. ABCD	10. CD
11. ABC	12. ABCD	13. ABCDE	14. ABCDE	15. ABCDE

（三）判断题

1. √	2. ×	3. √	4. ×	5. √
6. ×	7. ×	8. √	9. √	10. ×

（四）计算分析题

1. 解：求出 LONDON 和 NY 的套汇价为：1USD = JPY103.7402/103.8739，可以看出这两个市场的日元比 TOKYO 贵，在这两个市场卖出日元，到 TOKYO 把日元换回来，就可以得到利润。在 LONDON 买日元得到英镑，再到 NY 卖出英镑买进美元，然后将美元在 TOKYO 换回日元。（1 亿÷158.20）×1.5230×104.20 = 1.003 亿（日元），利润为 30 万日元。

2. 解：3 个月的远期汇率：USD = JPY140.5 – 141.6

（1）远期买入日元，卖出美元，1 136 000 000/140.5 = 8 085 409（美元）

（2）如果不进行套期保值，则按照 3 个月后的即期汇率买进日元，美元成本 = 1 136 000 000/139 = 8 172 661；8 172 661 – 8 085 409 = 87 252（美元）

3. 解：（1）7.8010 美元

（2）你（银行）买进美元，即经纪卖出美元，为美元的卖出价：对银行来说价格越低越好，经纪 C 的报价（7.7990）最有利。

4. 解：A 银行：1.6791/1.6804；B 银行：1.6789/1.6801；C 银行：1.6793/1.6806。从 B 银行买进远期英镑，远期汇率为 1.6801，最便宜。

5. 解：以 1.8243 的价格买进 1 个月远期美元；以 1.8218 的价格卖出 3 个月远期美元。

现货市场亏损:300×(1.5255 – 1.5235) = 0.6(万美元)

期货市场盈利:30×(1.5290 – 1.5260) = 0.9(万美元)

总盈余:0.9 – 0.6 = 0.3(万美元)

（五）案例分析题

解：（1）从占领海外市场，获取利润等方面论述。

（2）它们的目标可能包括：为了获得高额利润；为了开拓新的需求来源；为了绕过国际贸易壁垒，维护和扩大国际市场；为了开发和利用国外自然资源；为了利用国外原材料；为了发扬自身优势；为了充分利用现有设备、技术和人力；为了带动国内技术、设备、零部件、半成品和劳务的出口；为了获得和利用国外的先进技术和科学管理经验；为了分散和减少预期收益的风险等。

（3）要正确地进行海外投资决策。

公司理财 A 卷（闭卷）

注：答案请写在答题纸上。

一、单项选择题（下列每小题的备选答案中，只有一个符合题意的正确答案，多选、错选、不选均不得分。本题共 10 个小题，每小题 2 分，共 20 分）

1. 观察下图，最佳风险投资点是（　　）。

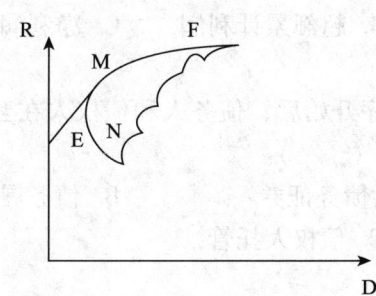

  A. 点 F   B. 点 M   C. 点 N   D. 点 E

2. 市盈率指标是投资者进行股价分析时的重要指标，它的计算公式是（　　）。

  A. $\dfrac{普通股每股收益}{普通股每股净资产}$ B. $\dfrac{普通股每股市价}{普通股每股收益}$

  C. $\dfrac{普通股每股收益}{普通股每股市价}$ D. $\dfrac{普通股每股市价}{普通股每股净资产}$

3. 以下不是用来衡量资产风险的是（　　）。

  A. 方差   B. 标准离差率   C. 期望收益率   D. 标准差

4. 从财务学的角度出发，任何一项资产或筹资的价值都是指其未来（　　）的现值。

  A. 现金流量   B. 资产价格   C. 本息和   D. 资产总值

5. 由于股利比资本利得具有相对的确定性，因此公司应维持较高的股利支付率，这种观点属于（　　）。

  A. 统一税收理论   B. 股利政策无关论

  C. "一鸟在手" 理论   D. 差别税收理论

6. 公司经理在进行投资决策时，无须考虑股东的偏好，只需要选择净现值大于零的投资机会，其运用的原理是（　　）。

  A. 套利定价模型   B. MM 定理

  C. 费雪分离原理   D. 资本资产定价模型

7. 从经济意义上来看，只有公司的投资收益（　　）其资本成本时，才能为投资者创造价值。

  A. 等于   B. 没有关系   C. 小于   D. 大于

8. 以下属于系统性风险的是（　　）。
   A. 消费者偏好　　　B. 通货膨胀　　　C. 公司经营失误　　　D. 劳资纠纷
9. 进行并购价值评估选择折现率时，股权自由现金流量应该选择的折现率是（　　）。
   A. 加权平均资本成本　　　　　　　B. 股权资本成本
   C. 市场利率　　　　　　　　　　　D. 债权资本成本
10. β系数越大，单一资产或者组合资产的（　　）风险越大。
    A. 非系统性　　　B. 系统性　　　C. 经营　　　D. 财务

二、多项选择题（下列每小题的备选答案中，只有两个或两个以上符合题意的正确答案，多选、少选、错选、不选均不得分。本题共5小题，每小题3分，共15分）

11. 我国相关的法律对公司股利的分配进行了一定的限制，主要内容包括（　　）。
    A. 资本保全　　　B. 超额累计利润　　　C. 净利润　　　D. 公司积累
    E. 兼顾各方利益
12. 自愿和解是指破产程序开始后，债务人和债权人在互谅互让的基础上就有关事项达成协议，和解的方式主要有（　　）。
    A. 发行证券交换未偿债务证券　　　B. 债务展期　　　C. 破产重组
    D. 债务减让　　　E. 债权人托管
13. 货币的时间价值是指（　　）。
    A. 没有考虑通货膨胀和风险条件下的社会平均资金利润率
    B. 现在的一元钱与几年后的一元钱的经济效用不同
    C. 需要考虑通货膨胀条件下的社会平均资金利润率
    D. 货币随着时间自行增值的特性
    E. 货币经过一段时间的投资和再投资所增加的价值
14. 下列项目中，为了满足现金的交易性需要而产生的活动是（　　）。
    A. 交纳所得税　　　B. 取得银行借款　　　C. 购买股票
    D. 支付工资　　　E. 临时采购原材料
15. 影响财务风险的主要因素有（　　）。
    A. 资本供求变化　　　B. 利率水平变化　　　C. 获利能力变化
    D. 资本结构变化　　　E. 产销需求变化

三、判断题（正确的填"√"；错误的填"×"。本题共5小题，每题2分，共10分）

16. 利率互换的优点是在特定时间内固定了利率，消除了利率风险。（　　）
17. 通常情况下，欧式股票期权的持有者在到期日之前的任意时间均可履约。（　　）
18. 经营杠杆是由于筹资成本（利息或优先股股息）的存在而产生的。（　　）
19. 对大多数公司来说，应付账款是一种持续性的信贷形式，它的最主要优点是易于取得，公司不需要办理任何手续即可取得商业信用。（　　）
20. 在对国际投资环境进行分析的冷热分析法中，应把影响投资环境的因素分为八大类。（　　）

四、名词解释（本题共 4 小题，每小题 5 分，共 20 分）

21. 债券赎回收益率
22. 盈余公积金
23. 短期筹资
24. 破产财产

五、简答题（本题共 2 小题，每小题 5 分，共 10 分）

25. 投资项目敏感性分析的步骤有哪些？
26. 鲍摩尔模型的局限性是什么？

六、计算题（本题共 2 小题，第 27 题 10 分，第 28 题 15 分，共 25 分）

27. 某公司发行两种债券，一种是 5 年期，另一种是 20 年期，面值都是 10000 元，利率 8%，每年付息一次。如果市场利率上升到 9% 时和下降到 7% 时，这两种债券的价值分别是多少？

（P/A,9%,5）= 3.8897；（P/A,9%,20）= 9.1285；（P/A,7%,5）= 4.1002；
（P/A,7%,20）= 10.594；（P/F,9%,5）= 0.6499；（P/F,9%,20）= 0.1784；
（P/F,7%,5）= 0.7130；（P/F,7%,20）= 0.2584

28. 将 20 万元进行投资，可投资于无风险债券，年终时可得 21 万元；也可以投资于普通股，有 50% 的可能在年终时获得 50 万元的收入，也有 50% 的可能一无所有。

（1）投资于债券的期望收益率是多少？投资于股票的期望收益率是多少？
（2）如果你是投资者，你会选择债券还是股票？
（3）股票的期望利润和期望收益率多大才能吸引你对它进行投资？
（4）若 20 万元可以用来购买 20 种股票，这 20 种股票都是有 50% 的可能性在年终获得 50 万元，也有 50% 的可能性在年终一无所有。这对你的选择会有什么影响？

公司理财 A 卷（答案）

注：答案请写在答题纸上。

一、单项选择题

1.~5. B、B、C、A、C   6.~10. C、D、B、B、B

二、多项选择题

11. ABCD   12. ABDE   13. ABE   14. ABD   15. ABD

三、判断题

16.~20. √ × × √ ×

四、名词解释

21. 债券赎回收益率

如果负债契约中载明允许发行公司在到期日前将债券从持有者手中购回的条款，则当市场利率下降时，公司会发行利率较低的新债券，并以所筹措的资本赎回高利率的旧债券。在这种情况下估算的债券预期收益率就是债券赎回收益率。

22. 盈余公积金

盈余公积金是从税后净利润中提取的，用于弥补公司亏损、扩大公司生产经营或转增公司资本的资金。盈余公积金分为法定盈余公积金和任意盈余公积金。

23. 短期筹资

短期筹资是指为满足公司临时性流动资产需要而进行的筹资活动。由于短期资本一般是通过流动负债方式取得，因此短期筹资也可以称为流动负债筹资或短期负债筹资。

24. 破产财产

破产财产是依照破产程序在破产债权人之间进行分配的公司财产。

五、简答题

25. 投资项目敏感性分析的步骤有哪些？

敏感性分析是衡量不确定因素变化对项目评价标准的影响程度。其步骤包括：第一，确定敏感性分析对象；第二，选择不确定因素；第三，调整现金流量。

26. 鲍摩尔模型的局限性是什么？

鲍摩尔模型的局限性表现为：（1）这一模型的假设与现实不完全符合；（2）这一模型假设计划期内只有现金流出，没有现金流入，事实上，绝大多数公司在每一个工作日内都会发生现金流入和现金流出；（3）这一模型没有考虑安全现金库存，以减少发生现金短缺的可能性。

六、计算题

27．（1）利率上升到9%时：

$n=5$，$P_0 = 800 \times (P/A, 9\%, 5) \div 10\,000 \times (P/F, 9\%, 5)$
$= 800 \times 3.8897 \div 10\,000 \times 0.6499 = 9\,610.76$

$n=20$，$P_0 = 800 \times (P/A, 9\%, 20) \div 10\,000 \times (P/F, 9\%, 20)$
$= 800 \times 9.1285 \div 10\,000 \times 0.1784 = 9\,086.8$

（2）利率下降到7%时：

$n=5$，$P_0 = 800 \times (P/A, 7\%, 5) \div 10\,000 \times (P/F, 7\%, 5)$
$= 800 \times 4.1002 \div 10\,000 \times 0.7130 = 10\,410.16$

$n=20$，$P_0 = 800 \times (P/A, 7\%, 20) \div 10\,000 \times (P/F, 7\%, 20)$
$= 800 \times 10.594 \div 10\,000 \times 0.2584 = 11\,059.2$

28．（1）债券的期望收益率：$\dfrac{21-20}{20} \times 100\% = 5\%$

股票的期望收入：$50 \times 50\% + 0 \times 50\% = 25$

股票的期望收益率：$\dfrac{25-20}{20} \times 100\% = 25\%$

（2）这主要取决于投资者的个人偏好。

（3）这主要取决于投资者的个人偏好。

（4）若股票的收益完全正相关，对投资不会有影响。若股票的收益不完全正相关，股票的收益会保持不变，而股票的风险随着相关度减弱而降低。当完全负相关时，投资于这一股票的组合风险为零。

公司理财 B 卷（闭卷）

注：答案请写在答题纸上。

一、单项选择题（下列每小题的备选答案中，只有一个符合题意的正确答案，多选、错选、不选均不得分。本题共 10 个小题，每小题 2 分，共 20 分）

1. 某公司当初以 300 万元购入一块土地，当前市价为 350 万元，如果公司计划在这块土地上兴建厂房，应（　　）。
   A. 以 350 万元作为投资分析的沉没成本
   B. 以 300 万元作为投资分析的机会成本
   C. 以 50 万元作为投资分析的机会成本
   D. 以 350 万元作为投资分析的机会成本

2. 按照哈佛大学高登·唐纳森教授的排序理论观点，企业最先考虑的筹资方式应该是（　　）。
   A. 内部筹资　　B. 优先股筹资　　C. 普通股筹资　　D. 负债筹资

3. 财务管理理论的前提是（　　）。
   A. 财务管理环境　B. 财务管理概念　C. 财务管理假设　D. 财务管理目标

4. "年金现值系数"被记作（　　）。
   A. （P/A, i, n−m）
   B. （A/P, i, n）
   C. （F/A, i, n）
   D. （P/A, i, n）

5. 以下属于非系统性风险的是（　　）。
   A. 财政政策的变化
   B. 新产品试制失败
   C. 利率的波动
   D. 政权更迭

6. 在 CAPM 模型中，用来测定某一种资产或资产组合的市场风险，反映某一资产收益与市场投资组合收益之间的关系的是（　　）。
   A. β_j　　　B. ε_j　　　C. R_j　　　D. α_j

7. 如果已知美元兑港币的价格和美元兑日元的价格，来计算港币兑日元的价格，则该价格属于（　　）。
   A. 卖出汇率　　B. 买入汇率　　C. 基本汇率　　D. 套算汇率

8. 下列关于市盈率的说法中不正确的是（　　）。
   A. 市盈率很高则投资风险大
   B. 市盈率很高则投资风险较小
   C. 债务比重大的公司市盈率较低
   D. 预计发生通货膨胀时，市盈率会普遍下降

9. 交易双方交换彼此的支付流量，该支付流量是根据一定数量股票或股票指数表现

确定的,这种交换是( )。

　　A. 资产互换　　B. 权益互换　　C. 商品互换　　D. 债务互换

10. 在一组项目中,采用其中某一项目意味着放弃其他项目时,这一组项目被称为( )。

　　A. 投资项目　　B. 互斥项目　　C. 重置项目　　D. 独立项目

二、多项选择题（下列每小题的备选答案中,只有两个或两个以上符合题意的正确答案,多选、少选、错选、不选均不得分。本题共 5 小题,每小题 3 分,共 15 分）

11. 按卖方提供的信用条件,买方利用商业信用筹资需付出机会成本的情况有( )。
　　A. 由于机会成本是客观存在的,故买方必然需付出机会成本
　　B. 买方放弃现金折扣,仍在信用期内付款
　　C. 买方享有和利用现金折扣
　　D. 卖方不提供现金折扣
　　E. 卖方提供现金折扣,而买方逾期支付

12. 影响资本结构的决策因素中,负债筹资的有利因素有( )
　　A. 筹资成本　　B. 保持控制权　　C. 信息不对称
　　D. 股权代理成本　　E. 公司所得税

13. 信用风险分析时,采用的"5C"评估法中,5C 包括( )。
　　A. 资本结构　　B. 能力　　C. 资本
　　D. 抵押品　　E. 品德

14. 判断一个独立投资项目是否具有财务可行性的评价标准有( )。
　　A. 净现值大于 0　　　　　　　　B. 净现值大于 1
　　C. 内部收益率大于投资者要求的最低收益率
　　D. 内部收益率大于 0　　　　　　E. 获利指数大于 0

15. 影响股利政策的因素有( )
　　A. 契约性约束　　B. 税收因素　　C. 股东因素
　　D. 法律因素　　E. 公司因素

三、判断题（正确的填"√";错误的填"×"。本题共 5 小题,每小题 2 分,共 10 分）

16. 会计盈亏平衡分析作为项目的一种分析方法简便易行,但有时不能真实反映公司的盈亏状况。　　　　　　　　　　　　　　　　　　　　　　　　( )

17. 如果市场是有效的,意味着证券总能按照其公允价格出售,因此,选择发行时机是无关紧要的。　　　　　　　　　　　　　　　　　　　　　　　　　( )

18. 按照储蓄与投资的关系,可以将公司的资本分为直接筹资与间接筹资两大类。
　　　　　　　　　　　　　　　　　　　　　　　　　　　　　　　　( )

19. 如果在一项租赁中,与资产所有权有关的全部风险或收益实质上已经转移,这种租赁可称为筹资性租赁,否则称为经营性租赁。　　　　　　　　　　　( )

20. 就公司管理当局而言,实行股票分割的目的和动机主要是提高股票市价及为新股

发行做准备。   （   ）

四、名词解释（本题共 4 小题，每小题 5 分，共 20 分）

21. 股票股利
22. 代理成本
23. 年均费用法
24. 投资回收期

五、简答题（本题共 2 小题，每小题 5 分，共 10 分）

25. 根据公司价值最大化的原则，利用净现值标准进行项目决策的原则是什么？
26. 套利定价理论的假设条件是什么？

六、计算题（本题共 2 小题，第 27 题 10 分，第 28 题 15 分，共 25 分）

27. 某企业年末流动负债 60 万元，速动比率 2.5，流动比率 3.0，销货成本 81 万元。已知年初和年末的存货相同。

　　要求：计算存货周转率。

28. 某公司预计全年需要现金 40 万元，该公司的现金收支状况比较稳定，因此当公司现金短缺时，公司就准备用短期有价证券变现取得，现金与有价证券每次的转换成本为 50 元，有价证券的年利率为 10%。

　　要求：计算该公司的最佳现金持有量、最低现金持有成本和有价证券的最佳交易次数。

公司理财 B 卷（答案）

注：答案请写在答题纸上。

一、单项选择题

1.~5. D、A、C、D、B   6.~10. A、D、B、B、B

二、多项选择题

11. BE   12. ABCDE   13. BCDE   14. AC   15. ACDE

三、判断题

16.~20. √ √ × √ ×

四、名词解释

21. 股票股利

股票股利是指公司将应分给投资者的股利以股票的形式发放。从会计的角度看，股票股利只是资本在股东权益账户之间的转移，而不是资本的运用。

22. 代理成本

代理成本是指为鼓励代理人采取使委托人利益最大化的行为而付出的代价，如设计和实施各种监督、约束、激励和惩罚等措施而发生的成本。

23. 年均费用法

适用于收入相同但计算期不同的项目比选。年均费用（AC）小的项目为中选项目。在重置投资项目比选中，如果新旧设备的使用年限不同，必须站在"局外人"观点分析各项目的现金流量，而不应根据实际现金流量计算各项目的成本现值。即从"局外人"的角度将购置旧设备或购置新设备作为两个可比方案。

24. 投资回收期

投资回收期是指通过项目的净现金流量来回收初始投资所需要的时间，一般以年为单位。

五、简答题

25. 根据公司价值最大化的原则，利用净现值标准进行项目决策的原则是什么？

根据公司价值最大化的原则，利用净现值标准进行项目决策的原则是：如果项目的净现值大于或等于零，表明该项目投资获得的收益大于资本成本，或获得了与投资风险相适应的收益，则项目是可行的；如果项目的净现值小于零，则应当放弃该项目，以避免更大的损失。当一个投资项目有多种方案可选择时，应选择净现值大的方案，或是按净现值大小进行项目排队，对净现值大的项目应优先考虑。

26. 套利定价理论的假设条件是什么？

套利定价理论的假设条件是：（1）影响证券收益率的因素不止一个，而是 N 个因素；（2）资本市场是完全竞争的市场；（3）实行多元化投资，可消除只影响单一证券的特定风险——非系统风险；（4）在市场均衡时，投资组合的套利收益为零；（5）投资者属于风险规避类型。

六、计算题

27. 流动比率 − 速动比率 = 平均存货 ÷ 流动负债

即：3 − 2.5 = 平均存货 ÷ 60

则：平均存货 = 30（万元）

存货周转率 = 81 ÷ 30 = 2.70

28. 答案：最佳现金持有量为 20 000（元）

最低现金持有成本为 2 000 元

有价证券的最佳交易次数为 20 次

分析：最佳现金持有量 $= \sqrt{(2 \times 400\,000 \times 50) \div 10\%} = 20\,000$（元）

最低现金持有成本 $= \sqrt{(2 \times 400\,000 \times 50) \times 10\%} = 2\,000$（元）

有价证券的最佳交易次数 = 400 000 ÷ 20 000 = 20（次）